上海博物馆·学人文丛

陈克伦陶瓷与博物馆论集

陈克伦 著

上海古籍出版社

陈克伦

上海博物馆研究馆员，2000–2015 年担任上海博物馆副馆长，国家文物鉴定委员会委员，兼任上海交通大学博物馆馆长，复旦大学兼职教授。在文物学、考古学和博物馆学领域有系统研究，发表、出版过近百篇（部）学术论著，涉及考古、历史及博物馆学理论与实践等诸多领域。

1998 年 9 月，法国总统希拉克在巴黎爱丽舍宫授予"法兰西国家功勋骑士勋章"，以表彰其为文物研究、中国博物馆事业发展及中法文化交流做出的卓越贡献。2012 年获得中国国务院颁发的"为发展我国文化艺术事业做出的突出贡献"证书。2015 年获"美国上海博物馆之友"卓越学者奖。

以学术创新为抓手，打造国际文博学术高地（代序）

◎ 褚晓波

　　为加快将上海建设为具有世界影响力的社会主义现代化国际大都市，以中华优秀传统文化创造性转化、创新性发展，更好地回应时代之变、人民之需，在建馆70周年之际，上海博物馆"大博物馆计划"应时而生。"大博物馆计划"之"大"，重在大思路、大理念、大格局，其中很重要的一个抓手就是要促进大科研，助推上海博物馆建设成为"中国特色　世界一流"的博物馆。

　　上海博物馆馆藏文物102万余件，其中珍贵文物14.4万件，文物收藏包括32个门类，藏品种类齐全、体系完整，被誉为"包罗中国古代艺术万象"的顶级艺术博物馆。依托馆藏文物资源，上海博物馆在文物学与艺术史、考古学、博物馆学等领域均确立了学术领先地位，举办过各类高规格学术研讨会，学术研究成果丰硕。

　　上海博物馆拥有一批在国内外享有盛誉的专家学者，包括国家级领军人才、国家文物鉴定委员会委员、文化名家暨"四个一批"人才、国务院特殊津贴专家、上海市领军人才、文化部优秀专家等。同时，上海博物馆注重青年人才培养，在近年获批的各类项目中，5项国家社会科学基金项目、2项国家自然科学基金项目均由青年科研人员主持。2020年，上海博物馆经批准设立了博士后科研工作站。

　　为从不同层面不断扩大上海博物馆在学术引领、文化传承、艺术普及等的积极作用，上海博物馆统筹馆内学术出版项目，主要分为"藏品研究大系""典藏丛刊""学人文丛""青年文库"四大板块。四者各有侧重，优势互补，以学术创新为切入点，推动博物馆事业的高质量发展。

　　"藏品研究大系"主要是结合馆藏文物，发挥馆内专家在研究上的优势，融馆藏文物与研究为一体。目前已经出版了《中国古代封泥》《中国古代纸钞》《明代官窑瓷器》《中国古代玉器》《中国古砚》《清代雍正—宣统官窑瓷器》《明清竹刻》等七种。

　　"典藏丛刊"为馆内进一步加快将文物资源分享给社会、分享给人民大众，坚持"保护第一、加强管理、挖掘价值、有效利用、让文物活起来"的工作方针，特别策划选编的一套图文并茂的学术著作，尤其关注那些以往没有或较少有机会进入展厅与公众见面的精品，让它们亮相于世。目前已出版《上海博物馆藏楹联》《上海博物馆藏碑帖珍本丛刊》《上海博物馆藏雕漆》三种。《上海博物馆藏碑帖珍本丛刊》第一、二辑一经出版面世,即获得了社会各界的广泛关注和一致好评,荣获中国出版政府奖印刷复制奖提名奖、上海图书奖一等奖、"金牛杯"优秀美术图书金奖、全国古籍百佳图书奖二等奖、第二十三届华东地区古籍优秀图书奖等一系列含金量极高的大奖。这是社会对上海博物馆学术成果的肯定。

"学人文丛"为馆内专家个人高质量科研论文的集结,优中选优,精中选精。目前已出版《孙慰祖玺印封泥与篆刻研究文选》《周亚吉金文集》两种,并在学术界和社会上产生了一定的影响,特别是2019年出版的《孙慰祖玺印封泥与篆刻研究文选》荣获2021年第七届中国书法兰亭奖金奖(理论研究方向)。后续还有《陆明华陶瓷文集》《陈克伦陶瓷与博物馆论集》《宋建考古文集》等将陆续出版。

"青年文库"为进一步加大对馆内青年科研人员的科研创新支持力度,加强人才队伍建设而特设的出版资助项目。以此为抓手,加快培养具有国际领先水平的学科带头人、具有创新能力和发展潜力的青年学术骨干。

"大博物馆计划"提出,到2025年,上海博物馆基本实现建成全国文物科技创新中心、世界文博科研前沿阵地、全球文博人才聚集高地的目标,为中国文博事业高质量发展、融入国际科技创新中心建设赋能增彩。

面对实现"大博物馆计划"的短期目标和长期愿景,上博人深感责任之重大、任务之艰巨。建馆七十多年来,上博人始终不畏艰难、永立潮头。随着东馆、北馆的逐步建成和全面开放,上博人将迸发出新的学术思想,进一步做好"以物论史""以史增信"两篇大文章,发出上博的学术声音,传播上博的学术力量,扩大上博的学术影响力,增强国际学术话语权,扎扎实实以学术创新助力上海博物馆成为全球顶级的艺术殿堂、国际文博的学术高地、文旅融合的卓越典范、人民城市的重要标识、文明互鉴的形象大使。

2022年12月

目　录

综合研究

陶 瓷 研 究

明洪武朝景德镇颜色釉瓷器考辨

　　我国烧制高温颜色釉有着十分悠久的历史,传统的青釉、黑釉和黄釉就是以铁为呈色剂的高温色釉。而颜色比较纯正的高温红釉和高温蓝釉的烧制成功,则是元代景德镇窑所取得的令人瞩目的成就之一。红釉是以适量的铜为呈色剂掺入釉中,在高温还原气氛中可以烧成鲜艳的红色,因此又称作"铜红釉"。在江西丰城曾发现两件出土于景德镇的元代红釉文吏俑[1]。蓝釉是以适量的钴料作为呈色剂,在一定的温度下可以烧成幽菁深沉的蓝色,因此又称作"钴蓝釉"。在河北保定发现的一处元代瓷器窖藏中,就有蓝釉金彩的匜、盘和杯[2]。传世的元代蓝釉瓷器,在国内较为著名的是分别藏于扬州博物馆和故宫博物院的蓝釉白龙梅瓶和盘。

　　长期以来,人们对洪武朝景德镇瓷器的认识一直不是十分明确,而对洪武颜色釉瓷器的认识更是十分模糊,其主要原因,一是历代文献中不见有关记载;二是至今所发现的有关考古资料十分有限。这就给我们认识和研究明洪武朝景德镇颜色釉瓷器增加了困难。但是,如对现有的资料细加分析,还是有可能发现一些线索的。

　　1964年春,南京疏浚环绕明故宫宫墙的玉带河,南京博物院在西段长约400米范围内,距西岸地表下深1.4—1.7米的河底淤泥中,发现大量明代瓷片,其中绝大多数是景德镇的产品,有青花、釉里红、青白瓷、红彩和颜色釉等品种[3]。由于南京明故宫在建文四年(1402)就被"靖难之役"的战火焚毁,因此,在这个宫殿的废墟中出土的瓷片应有相当部分是明洪武时期宫廷用器物残片。

　　南京明故宫瓷片的发现,为洪武朝颜色釉瓷器的鉴别提供了可靠的根据。在明故宫遗址出土了酱色釉碗和外酱色釉里钴蓝釉印花云龙纹大碗的残片。从标本看,这种里外施不同颜色釉的碗胎质稍厚,砂底,底心有明显施纹,圈足略外侈,足端稍厚,与元瓷风格相近,唯足跟平切,与元瓷稍不同。碗的外壁酱褐色,下腹部有线刻的双勾仰莲瓣一周,莲瓣内有变形云头;碗的内壁为钴蓝釉,尚可见内壁印有云龙纹;碗心为浅刻的云纹,上下为两个如意云头,中间以横S形云带相连,在云带两弧形的外侧各有半个如意云头。这种形式的云纹被形象地称为"风带如意云"。在美国堪萨斯城的纳尔逊

[1] 杨后礼、万良田:《江西丰城县发现元代纪年青花釉里红瓷器》,《文物》1981年第11期。
[2] 河北省博物馆:《保定市发现一批元代瓷器》,《文物》1965年第2期。
[3] 南京博物院:《南京明故宫出土洪武时期瓷器》,《文物》1976年第8期。

阿特金斯艺术博物馆（Nelson-Atkins Museum of Art）收藏有一件外酱釉里钴蓝釉高足碗，碗心有浅刻风带如意云，内壁为印花云龙纹，其纹饰与上述明故宫出土的大碗残片几乎完全一致。龙纹为两条同向而行的五爪龙，龙的形象也与明故宫遗址出土的红彩云龙盘大致相似[1]。据英国学者艾惕思先生介绍，纳尔逊收藏的这件二色釉高足碗，碗身与高足是用褐色釉相连接的[2]。而高足杯与高足是胎接还是釉接，正是区别元、明高足杯的根据之一。

根据上述标本和器物的特点，在过去认为是元代的瓷器当中可以辨认出一批明洪武时期景德镇生产的二色釉瓷器，主要有：

里蓝釉外红釉印花云龙纹高足杯　英国大英博物馆藏[3]

里蓝釉外红釉印花云龙纹盘　英国大英博物馆藏[4]

里蓝釉外酱色釉碗　英国大英博物馆藏[5]

里红釉外白釉印花云龙纹盘　英国大英博物馆藏[6]

里红釉外蓝釉碗　英国伦敦大学大维德基金会藏[7]

里蓝釉外白釉印花云龙纹盘　美国布里斯托美术馆藏[8]

里蓝釉外白釉印花云龙纹碗　英国 W. Sedgwick 夫人藏[9]

里黑釉外白釉印花云龙纹碗　日本奈良大和文华馆藏[10]

里红釉外蓝釉印花云龙纹碗　日本东京出光美术馆藏[11]

它们的共同特点是：器物内壁均有印花云龙纹，龙纹均为五爪；器物内底心有浅刻的云纹，除了上述"风带如意云"外，还有一种为三朵品字形排列的如意云纹，其特点是如意云头为双重的，云脚较短，且向一侧飘。这两种云纹均与元瓷上的云纹不同，而与明故宫出土瓷片标本上的纹饰相同。

根据上述器物内壁印五爪行龙、器心浅刻如意云纹的特征，我们还可以进一步从一些过去认为是元代或明永乐、宣德时期的单色釉瓷器中辨别出明洪武时期的产品，重要的有：

红釉印花云龙纹碗　日本安宅藏[12]

红釉印花云龙纹碗　台北故宫博物院藏[13]

---

[1]《世界陶磁全集》第十三卷，东京小学馆，1981年。

[2]《世界陶磁全集》第十三卷，东京小学馆，1981年。

[3]《东洋陶磁》第5卷《大英博物馆》，日本讲谈社，1980年。

[4]《东洋陶磁》第5卷《大英博物馆》，日本讲谈社，1980年。

[5]《世界陶磁全集》第十三卷，东京小学馆，1981年。

[6]《东洋陶磁》第5卷《大英博物馆》，日本讲谈社，1980年。

[7]《世界陶磁全集》第十三卷，东京小学馆，1981年。

[8]［日］矢部良明：《宋元の龙文样と元磁》，日本东京国立博物馆 Museum 第242号。

[9]［日］矢部良明：《宋元の龙文样と元磁》，日本东京国立博物馆 Museum 第242号。

[10]《世界陶磁全集》第十三卷，东京小学馆，1981年。

[11]《世界陶磁全集》第十三卷，东京小学馆，1981年。

[12]［日］矢部良明：《元の染付》（《陶磁大系》41卷），东京平凡社，1974年。

[13]《中国陶瓷精品》，台北佳乐图书有限公司，1984年。

红釉印花云龙纹盘　英国大英博物馆藏[1]

红釉印花云龙纹碗　英国维多利亚和亚伯特博物馆藏[2]

红釉印花云龙纹小碗　台北故宫博物院藏[3]

红釉印花云龙纹盘　北京故宫博物院藏[4]

红釉印花云龙纹高足杯　北京故宫博物院藏[5]

红釉印花云龙纹碗　日本大阪市立东洋陶瓷美术馆藏[6]

红釉印花云龙纹盘　日本东京出光美术馆藏[7]

红釉印花云龙纹碗　美国S. A. Miuikin夫妇藏[8]

红釉印花云龙纹碗　美国克利夫莱美术馆藏[9]

蓝釉印花云龙纹盘　英国大英博物馆藏[10]

上述器物表明，明洪武时期颜色釉瓷可以分为两种类型：一类是二色釉，即器物里外施不同颜色的釉；另一类是单色釉。釉色有红釉、蓝釉、酱色釉和黑釉等。红釉以氧化铜为呈色剂，在还原焰中可以烧成鲜红色，由于铜红的烧成要求比较高，故红釉瓷的发色一般偏于暗淡，但也有发色鲜亮者。蓝釉以钴为呈色剂，可以烧成纯正的宝蓝色；酱色釉和黑釉均以氧化铁为主要呈色剂，黑釉中还含有锰。它们的装饰特点比较一致，内壁绝大多数印有云龙纹，龙纹都为五爪龙纹，器心有浅刻云纹。器形不外乎墩式碗（有大小两种，大者口径为19—20厘米左右；小者口径在6—10厘米之间），大足盘和高足杯三种，制作比较规整，碗盘类一般为砂底无釉；高足杯则多为釉接。这些瓷器各方面的特征比较一致，说明它们是同一时期的产品。

从考古发现和传世实物看，元代的颜色釉瓷器以钴蓝釉瓷器为多，铜红釉瓷器比较少见。蓝釉瓷器的装饰一般以金彩描绘和蓝底白花常见，不见有印花的；红釉瓷器亦不见确凿是元代而有印花者。明永乐、宣德及以后各期的颜色釉瓷器均无以印花为装饰者。因此，上述颜色釉瓷器的特点应是明洪武颜色釉瓷的特征，特别是二色釉瓷器为明洪武朝所独有。

原载《景德镇陶瓷》1990年第2期

[1]《东洋陶磁》第5卷《大英博物馆》，日本讲谈社，1980年。

[2]《东洋陶磁》第6卷《维多利亚和亚伯特博物馆》，日本讲谈社，1980年。

[3]《明代初年瓷器》，台北佳乐图书有限公司，1984年。

[4] 见北京故宫博物院陶瓷陈列室。

[5] 见北京故宫博物院陶瓷陈列室。

[6] 大阪市立东洋陶瓷美术馆：《元の染付展》，1985年。

[7] [日] 矢部良明：《元の染付》（《陶磁大系》41卷），东京平凡社，1974年。

[8] [日] 矢部良明：《宋元の龙文样と元磁》，日本东京国立博物馆《Museum》第242号。

[9] Jenifer Neils, "The World of Ceramics", *The Cleveland Museum of Art*, 1982.

[10] [日] 矢部良明：《元の染付》（《陶磁大系》41卷），东京平凡社，1974年。

景德镇洪武青花瓷器考辨

　　我国在陶瓷器上使用钴料着色的历史开始于唐代,唐三彩陶器上的蓝彩,是目前所见最早的使用实例。几乎与此同时,青花瓷器也开始出现。不过,从唐代到元代前期这一漫长的时期内,青花瓷器的发展十分缓慢。一直到元代后期,即14世纪30年代以后,随着大型器物制作技术的成熟和进口青料的引入,再加上当时海外贸易发达,所有这些都促使景德镇青花瓷器生产在一个较短的时期内得到迅速的发展,导致以器形硕大雄健、纹饰层次繁缛、描绘工整细腻、青料发色浓翠为主要特点的典型元青花的出现和大量生产。

　　自从20世纪50年代初美国弗利尔美术馆的约翰·波普博士从英国伦敦大维德基金会收藏的一对有"至正十一年"纪年铭的青花象鼻双耳瓶入手,对元代青花瓷器进行了开创性的研究[1]以后,经过几十年考古材料的不断充实,人们对景德镇生产的典型元青花——至正型青花瓷器已经有了一个基本的认识。明代永乐、宣德朝景德镇官窑生产的青花瓷器由于传世至今者较多,有的器物上还有帝王年号款,加上文献记载也比较翔实,故对它们的认识也已经比较全面。唯独对处于元代和明代永乐、宣德朝之间的洪武时期景德镇所生产的青花瓷器的认识比较模糊。由于洪武瓷器正处于自元到明的转变过程之中,因此对它进行研究,既有助于人们了解景德镇元瓷向明瓷演变的过程,也有利于完善中国瓷的发展历史,还便于对洪武瓷器进行正确鉴定,具有十分重要的意义。

一、洪武青花瓷的文献记载和考古资料

　　人们至今对洪武瓷器认识不清楚的原因之一,是历代文献中有关这方面的记载少而简略,使人们无法从中得到一个比较全面的认识。与此同时,至今所发现的有关考古资料也十分有限。

(一)洪武青花瓷器的文献记载

　　有关洪武青花瓷器的文献记载,仅见于曹昭的《格古要论》。曹昭是明洪武时松江

---

[1]　Pope, J. A., "Some Blue and White in Istanbul", *Transaction of the oriental Ceramic Society*, Vol. 26, 1950-1951.

人。据其自序云,其父"贞隐处士"好古博雅,蓄藏书画、古琴、鼎彝之属甚多,因此,他自幼也很嗜爱这些东西,并且常常"见一物必遍阅图谱、究其来历、格其优劣、别其否而后已"。可见曹氏平素接触了许多实物,并核阅文献才写出这部书来。《格古要论》通称三卷,成书于洪武二十年(1387),但洪武刻本历来未能得见。流传较广的三卷本为收入明代著名丛书的《夷门广牍》本,是万历二十五年的刻本。《格古要论》在《夷门广牍》中被列为"博雅五种"之一,分为上、中、下三卷,卷首有曹昭自序。是书"古饶器"条作:

> 御上(应为土)窑者,体薄而润最好,有素折腰样毛口者,体虽厚色白且润尤佳,其价低于定。元朝烧小足印花者,内台枢府字者高。新烧者足大,素者欠润。有青花及五色花者且俗甚矣。

近来在英国发现原为独山莫氏(莫天麟)所藏的三卷本《格古要论》,海外有学者认为是洪武刻本。书中"古饶器"条的内容与《夷门广牍》本基本一致。如果上述三卷本的内容确为曹昭所撰的话,那么"古饶器"条中所谓"新烧者"云云当指洪武瓷器,由于记述过于简略,故无法了解洪武青花瓷器的基本情况。

此外,清乾隆时朱琰的《陶说》、清嘉庆间兰浦的《景德镇陶录》等书中也有关于洪武瓷器的记述,但大多来自《格古要论》和有关志书,并有疏误之处,其中不见关于洪武青花的记载。

(二)洪武青花瓷器的考古材料

洪武青花瓷器的考古材料并不多见,现将迄今为止所发现的有明确纪年或器物证明是洪武时并有青花瓷器出土的遗址、墓葬材料列于后:

1. 1964年春,南京市疏浚环绕明故宫内宫宫墙的玉带河,南京博物院在西段长约400米范围内距西岸地表下深1.4—1.7米的河底淤泥中,发现大量明代瓷片,其中绝大多数是景德镇的产品,有青花、釉里红、青白瓷、红彩以及颜色釉等品种,尤以青花为多。发掘者根据器物的精粗优劣,将它们分为"官窑器"和"民窑器"两大类。官窑的少,品种有青花、釉里红、釉上红彩及颜色釉瓷;民窑的较多,主要是青花和青白瓷。在所采集的标本当中没有发现具有明显元瓷特点的大型器物残片,但无论从器物的形制还是纹饰,都可以看到元瓷的深刻影响,同时又蕴藏着明显不同于元瓷的新变化[1]。

从1368年明太祖朱元璋称帝,建都南京,到永乐十九年(1421)成祖朱棣迁都北京,南京作为明代首都的历史有五十四年。但南京洪武帝皇宫的存在时间却要短得多,因为它在建文四年(1402)就被"靖难之役"的战火焚毁,至多存在了三十五年。因此,在这个宫殿的废墟出土的瓷片中应有相当部分是洪武时期宫廷所用器物的残片。虽然南

---

[1]　南京博物院:《南京明故宫出土洪武时期瓷器》,《文物》1976年第8期。

京明故宫遗址出土的瓷片还不足以反映洪武瓷器的全貌,但我们从中可以得到一些有益的启示,所以这是非常珍贵而又重要的资料。

2. 1970年10月,南京市博物馆在南京市北郊中央门外发掘了明洪武四年东胜侯汪兴祖墓。墓中出土了仿哥窑青瓷盘十一件,青花龙纹高足杯一件[1]。

汪兴祖是朱元璋起义军中大将张德胜的养子,与其父南征北战,曾参加克复东平、东河、大同等地的重要战斗。洪武元年"以都督兼右率府使从攻乐安,克汴梁、河洛",战功显赫。洪武四年战死于甘肃文州,年仅三十七岁。据墓志记载,当时追赠汪兴祖"开国辅运推诚宣力武臣荣禄大夫、柱国、东胜侯"。随葬的一件青花云龙纹高足杯,"釉质莹润,胎质洁白坚韧,青花发色苍翠浓艳。碗侈口陡腹,竹节形高足下部微撇。碗口内沿绘卷草纹一周,底心绘简笔折枝菊花。内壁模印暗龙两条,四爪;外壁绘龙一条,三爪,均细颈披发"[2]。从其造型、胎釉及纹饰看,具有较多元代后期风格。学术界颇有认为其为元代晚期制品的看法。

3. 在南京有洪武二十二年纪年的南安侯俞通源墓中出土白瓷大足印花盘十二件,青花罐一件。

俞通源在《明史》中有传。其祖为安徽凤阳人,父廷玉徙巢。元末,通源随父及兄通海等与赵普胜等"结寨巢湖,有水军千艘"与元廷相抗,后归朱元璋。俞氏父子善于水战,随朱元璋击败张士诚、陈友谅部,屡建奇功。洪武三年封为南安侯,二十二年诏还乡,未行卒于南京[3]。俞通源墓的资料尚未发表,但从目前所知墓中出土了"大足印花盘"来看,可能就是《格古要论》中"新烧者足大"的那一类瓷器。至于那件青花罐的特点却未详。

4. 在江苏江宁县牛首山麓的一座无名氏墓中,出土了一件青花人物图梅瓶,据有关材料称,这件梅瓶"白釉如玉,青花幽倩",后考证瓶上所绘的内容是戏曲故事"萧何月下追韩信"[4]。

据考证,该墓为明初重要功臣沐英之墓。沐英为朱元璋养子,是明初统治西南地区的重要将领。自洪武十四年从傅友德取云南起一直留镇滇中,洪武二十五年六月因疾而卒,年四十八岁[5]。从这件梅瓶的胎釉、造型、纹饰乃至青花发色来看,它具有元至正型青花的典型特征,但仍有人认为它是洪武年间烧制的[6]。

5. 1973年11月,在安徽省蚌埠市东郊曹山明开国元勋东瓯王汤和墓中出土了青花牡丹纹兽耳盖罐和白瓷罐各一件[7]。

汤和是明开国的重要将领,与朱元璋同乡。元至正十二年(1352)春郭子兴在凤阳

---

[1] 南京市博物馆:《南京明汪兴祖墓清理简报》,《考古》1972年第4期。
[2] 《青花釉里红》,上海博物馆、两木出版社,1987年。
[3] 《明史》卷一三三,中华书局,1974年。
[4] 李蔚然:《试论南京地区明初墓葬出土青花瓷器的年代》,《文物》1977年第9期。
[5] 《明史》卷一二六,中华书局,1974年。
[6] 李蔚然:《试论南京地区明初墓葬出土青花瓷器的年代》,《文物》1977年第9期。
[7] 蚌埠市博物展览馆:《明汤和墓清理简报》,《文物》1977年第2期。

起兵时,汤和率壮士十余人从之。后隶于朱元璋,战功卓著。洪武三年封中山侯,十年改封信国公。二十二年因老疾而遣还乡里。二十八年八月卒,年七十。朱元璋"帝为流涕,厚赐金帛为葬费,……追封东瓯王"[1]。青花盖罐作洗口、高领、斜肩、鼓腹、浅圈足,在肩腹间置对称的兽面双耳,盖钮作宝珠状。胎质洁白,通体以青料作画,花纹繁而不乱,布局严谨,青花发色浓艳。器盖为覆莲瓣纹。器身共有七层花纹,主纹为缠枝牡丹,上下各有回字纹、海涛纹、覆莲瓣、缠枝番莲、卷草、仰莲瓣等。这件器物具有浓郁的元瓷风格。

　　6.《中国陶瓷》1982年第7期刊载陶籍人《近二十年中国瓷器史研究收获述评》一文中发表了一幅据称是在景德镇珠山东侧出土的明初青花大盘残片的照片。从照片上看,大盘内外均以扁菊花纹作为主纹,口沿上有卷草纹边饰。这类扁菊花既不同于元代,也与明永乐、宣德时期的纹饰有别。

　　以上所列考古材料的年代虽然多为洪武,但所出器物并非都是洪武时所造。如江宁沐英墓出土的"萧何月下追韩信"青花梅瓶和蚌埠汤和墓出土的青花缠枝牡丹纹兽耳盖罐,它们具有不容怀疑的元至正型青花瓷器的典型特征,故其制作年代应在洪武以前。加上有的资料尚未发表,有的虽已发表但极为简略,因此真正可供研究的资料就十分有限了。这些资料当然不可能反映洪武时期景德镇青花瓷器的全貌,但我们却可以从这些有限的材料出发,通过对元代至正型青花瓷器和明永乐、宣德时期青花瓷器的比较研究,从中探寻洪武青花瓷器的概貌。

二、洪武青花瓷的确认

　　对洪武青花瓷器的确认,既根据考古发现,也借助于对洪武釉里红瓷纹饰的认识以及通过对典型元青花和永、宣青花的排比。

　　在南京明故宫遗址出土的一批青花瓷片标本中,有一件青花缠枝莲花纹碗,其纹饰的画风一改典型元青花那种刻板拘谨的风格,而以洗练潇洒的画笔,赋予纹饰以自然、生动的活力。这种纹饰风格,不同于元代。明故宫发现的另一件青花云龙纹盘的残片标本,盘心有三朵呈品字状排列的青花"风带如意云",内壁为两条印花行龙。其纹饰特点与同时出土的洪武颜色釉瓷如出一辙。南京汪兴祖墓出土的那件青花云龙纹高足杯,尽管其制作、造型特点与元代相同,主题纹饰龙纹也与元青花瓷器上的龙纹大致相当,但它的边饰卷草纹、杯底菊纹的画法都体现了漫不经心的简笔画意,青花浓重处不见黑疵,这些都与明故宫出土的青花标本颇为近似。这件高足杯的内壁有印花云龙纹,亦与明故宫出土的青花云龙纹盘残片相同。以印花和青花两种装饰手法施于同一

―――――――――――

[1]《明史》卷一二六,中华书局,1974年。

件器物之上,始于元代。如上海博物馆藏元青花瓜果纹菱口盘[1]即是:盘的沿口印有缠枝菊,用青料涂地色,以衬托凸起的白菊花,具有很强的立体感;盘内壁有印花缠枝牡丹,并以钴蓝勾出花叶的轮廓,再在白地上绘细纹水波。但元代的印花与青花是配合用于同一组纹饰的,而汪兴祖墓出土的高足杯和明故宫出土的云龙盘残片,其外壁与内心为青花描绘,内壁为印花云龙,这种以印花和青花两种装饰手法在同一件器物上分别用于不同装饰部位的装饰手法,与元代的不同,也不见于明永、宣及以后历朝的青花瓷器上。因此,似可以认为这是一种过渡时期的装饰特点,采用这种方法的青花瓷器时代可能为洪武初期。故宫博物院一件青花云龙纹盘与明故宫出土的相同,其年代也应相当。在南京明故宫遗址中发现的一件釉里红瓷器的残片上,有莲瓣纹装饰,瓷片虽然很小,但莲瓣和莲瓣里面的宝相花的形式却十分典型,它既不见于元代至正型青花,也与明永乐、宣德时期的青花、釉里红纹饰各异。根据这件标本,从上海博物馆、台北故宫博物院和美国纽约大都会博物馆分别收藏的釉里红缠枝花卉纹大碗[2]上也找到了同样的仰莲瓣纹,从而确认它们是洪武时期的釉里红瓷器。进而,又从这几件釉里红大碗上的缠枝扁菊纹、缠枝牡丹纹、缠枝莲花纹、海涛纹边饰、勾连回字纹边饰等出发,找到了一批洪武时期以线条描绘为主要特点的釉里红瓷器。根据这些釉里红瓷器的制作和纹饰特点,可以确认一些传世品为洪武青花瓷器。制作、造型特点与洪武釉里红瓷相同的有口径为20厘米或40厘米的大碗、盏托、大盘、玉壶春瓶、执壶、梅瓶等,它们分别收藏于故宫博物院、上海博物馆、首都博物馆、台北故宫博物院、英国大英博物馆、美国旧金山亚洲艺术博物馆、费城美术馆、日本出光美术馆以及瑞典国王古斯塔夫六世等。北京德胜门外出土的一件青花串枝花卉纹瓜棱盖罐与上海博物馆和日本梅沢纪念馆所藏洪武釉里红瓜棱罐相比,其造型和纹饰几乎完全相同,只是所用的绘画材料不同而已。洪武青花瓷的纹饰也与釉里红相同,以花卉为主,主题多为缠枝花卉,边饰也多具洪武釉里红的特点,此外还有云龙纹等。上海博物馆藏青花云龙纹"春寿"铭束腰梅瓶[3],从其造型看,束腰、撇足的特点与元瓷不同,而与洪武釉里红大罐近似;口部已舍弃了元代梅瓶梯形口的特征而稍作外侈;足底并无元代大型器常见的釉斑,而局部呈赭红色,似刷过一层特殊的赭色浆料;从纹饰看,龙纹为五爪,爪尖一个向左侧弯,四个向右侧弯,恰形成一个轮形。虽然龙纹在典型元青花上并不罕见,但都为三爪或四爪,绝无五爪。而明青花上的龙纹一般均为五爪,爪尖的形式也与此相同。云脚也不如元代那么细长,而富于变化,具有洪武"风带如意云"的气韵。

　　无论是考古发现还是传世品中确定的洪武青花瓷器,其青花的色泽多青中偏灰、偏淡,青花浓重处不见元青花和明永、宣青花中常见的黑疵,这说明这一时期所用的青料与元代和明永乐、宣德时期不同。据科学测定,这类青花当中氧化铁(Fe_2O_3)的含量平

[1]　《青花釉里红》,上海博物馆、两木出版社,1987年。
[2]　分别见于《青花釉里红》(上海博物馆、两木出版社,1987年);《故宫藏瓷》(台北故宫博物院编,香港开发股份有限公司,1963年);《海外遗珍》(台北故宫博物院,1986年)。
[3]　《青花釉里红》,上海博物馆、两木出版社,1987年。

均值为1.33%；氧化锰（MnO）的含量平均值为3.47%；而典型元青花中氧化铁含量为3.26%，氧化锰含量为0.12%；明永、宣青花中氧化铁、氧化锰的含量平均值分别为1.77%和0.28%[1]。很明显，典型元青花和永、宣青花都具有高铁低锰的特点；洪武青花则为高锰低铁。而前者正是进口青料的特性，后者为国产钴土矿的特征。由此，可以认为洪武时期进口青料的供应曾一度中断，故采用国产的钴土矿作为青花彩绘的原料。其原因除了战争以外，可能还与明初政权对民间的海外贸易严加控制，实行严格的"海禁"政策有关。

目前所能确认的洪武青花瓷器，无论在品种上还是数量上都明显少于釉里红瓷器。

三、洪武青花瓷特征

制瓷工艺的改进、瓷器的造型和装饰特点不可能随着王朝的更替而马上改变。虽然时代风格的形成往往需要一个过程，但风格的更替却要比制瓷技术水平相对比较低下的时代来得频繁。现将洪武朝景德镇青花瓷器的一般特征归纳小结于下：

（一）制作工艺

从瓷器的制作工艺方面看，洪武青花瓷器一般具有如下特征：

1. 器物的胎骨不及元瓷浑厚，但与永、宣青花瓷器相比仍稍感厚重，质地亦比元瓷致密。

2. 釉质肥微泛青色，有的略带元卵白釉的意味。

3. 碗和中小型盘类器的圈足直径趋于变大，圈足的高度也逐渐变矮，盘类器尤为明显，表现出正从元瓷小而高的圈足形式向明瓷大而矮的圈足形式发展的趋势。从而，器物的放置更显平稳。

4. 洪武瓷底足的旋削形式，基本上承袭了元瓷在足墙外侧斜削一周的作风，足底可见较明显的旋纹，有的足底中心也有乳钉状突起。但此时在一些碗类器物上出现底足平切的新特点，而且旋纹也比元瓷细密。这种器足的处理方法，为以后永乐、宣德瓷器所继承。

5. 元瓷大型器物底部无釉露胎部分，往往有不规则的釉斑或较大面积的釉块，这应是在制作中不慎粘上的。而洪武瓷大型器底虽亦多为砂底，但绝无元瓷常见的釉斑或釉块。

6. 在洪武时期的一些广底的大型盘、碗类器物的底部常常刷有一层赭红色的浆料，刷痕明显。这种现象多见于釉里红瓷，在一些青花瓷中也有。这是洪武瓷的一个重要特征，不见于其他时期的瓷器，它与元瓷和明瓷无釉砂底上自然形成的"火石红"也

---

[1] 据《青花釉里红》一书中所列测试数据计算。

明显不同。这种赭红色浆料多施于无釉砂底,也有施于底釉之上的。

7. 洪武青花瓷由于使用的是高锰低铁的国产钴土矿,因此发色一般青中带有较多的灰暗色调,不如典型元青花和明永、宣青花那么浓翠鲜丽,即使在青花浓重处,也不见元青花和永、宣青花那种黑疵。洪武时期青花瓷器比较少,而且青花发色不好,其主要原因可能是由于元末明初的战乱使进口的优质青料"苏麻离青"的供应中断。当然,这种中断是否持续了整个洪武朝,尚待进一步研究。

(二) 器物造型

总的看来,洪武瓷的造型仍然带有较多的元代瓷器造型硕大雄健、古朴浑厚的遗风,但也显露出它正力图摆脱元瓷厚重粗笨的作风,孕育着以秀美飘逸而著称于世的明永乐瓷器造型的雏形。目前能够确认的洪武青花瓷器的器形并不多,主要有碗、盘、盏托、玉壶春瓶、执壶、梅瓶、盖罐、高足杯等。其中大部分器物继承了元代瓷器的造型,但多有显著的变化。同时,这个时期还出现了一些新的器形,其中有几种器物既为元代所没有,也为明永乐、宣德时所不见,是洪武瓷特有的造型。

1. 碗 洪武时期的青花瓷中有一部分是口径为20厘米或40厘米左右的大碗和特大碗,造型作深腹、直口或侈口,圈足大而矮,有的器底施釉。这种器物既与元青花瓷中口径为30厘米左右的坦口、浅腹、小圈足的大碗不同,也不见于后代,应该是典型的洪武瓷造型。

2. 盘 有两类,一类是口径在44厘米以上的大盘,从元代到明永、宣均有制作。与元代大盘一样,洪武大盘多作板沿,有圆口和菱花口两种。菱花口大盘一般为模制,盘壁多作十二或十六瓣模印莲瓣,整个大盘形如一朵盛开的莲花。这种莲花造型的瓷盘在元代已有制作,但不见于大盘,而且制作也不如洪武精细。另一类是中小型盘,此时已不见元代流行的折腰小圈足盘,盘的造型多见撇口或收口式,广底,圈足大而矮,与永、宣瓷盘相类。

3. 盏托 其造型与上述莲花形大盘相近,但器形要小些,口径一般在20厘米左右,器身也较浅,一般作八个莲瓣,在盘心有一周突起的凸棱,应是扣在承托的器物圈足之内,用作稳定被承托器物的。这种以釉里红或青花花卉为装饰的莲花形盏托,是洪武时特有的典型器物。

4. 玉壶春瓶 元代的玉壶春瓶多袭宋制,为敞口,颈部瘦长,颈部以下渐广,椭圆形腹,圈足略高并稍稍外撇。洪武玉壶春瓶与元代相比,颈部明显粗短,腹部也略为丰满,圈足浅矮。这种造型颇具永乐玉壶春瓶的风格。

5. 执壶 器身作玉壶春瓶形,一侧为长流,流口略低于壶口,流与壶身之间以如意形云板相连。另一侧为柄,高度与壶口齐平,上端有一小环,应是以金属链连结壶盖之用。壶身的特征与同时代的玉壶春瓶相同,据此可以断代。

6. 梅瓶 元代梅瓶的造型特点为:口部为六棱形或圆形,口沿以下部分多呈上窄下宽的梯形,广肩,从肩部到器底急剧收敛(敛腹)。而洪武梅瓶的口部不再为梯形,一般多作直口或侈口卷唇,肩部也较元代圆润,表现出向永、宣梅瓶小口外侈圆唇、圆肩、瓶腹相对比较丰满的造型过渡的趋势。上海博物馆和日本、英国分别收藏的青花"春寿"铭梅瓶,造型作束腰、撇足式的比较特殊,为元代所无,永乐梅瓶个别有类似造型,但腰收束及足外撇的程度洪武远甚于永乐。

7. 盖罐 洪武时期青花盖罐仅见北京德胜门外出土的一件,其造型为侈口、丰肩、敛腹、撇足,腹部作瓜棱形,高度在50厘米以上。这种青花串枝花卉纹大罐,是洪武时期特有的造型,也是洪武瓷中少见的大型器物。

8. 高足杯 洪武高足杯基本上沿袭元代的造型,杯身多作撇口、直腹,杯柄为竹节形。唯洪武高足杯开始采用釉接新工艺,当然不排除此时仍有沿用胎接工艺的高足杯。

(三)装饰特点

洪武青花瓷器装饰的题材基本上以花卉为主,其次是云龙纹。与元代相比,题材比较单纯,动物纹的比例有较大幅度的减少,这就奠定了永乐瓷器以花卉纹饰题材为主的基础。

从装饰的布局上看,纹饰的层次比元代明显减少,图案主题鲜明,边饰仅仅起衬托主题和辅助装饰的作用,而没有元瓷那种纹饰层次繁多,主题不突出的倾向。但纹饰的繁密程度减弱却不很明显,特别与永乐青花装饰的疏朗清新风格比较,虽然更显华丽,但却给人一种滞重的感受。

1. 缠枝菊花 在洪武青花瓷中,常见一种扁形菊花纹,有的以扁菊为主纹,这在元瓷当中是很少见的。洪武的扁菊花呈椭圆形,花芯作斜网格纹,花芯外以双线描轮廓,菊花瓣有两重,里层为线描不填色,外层花瓣填色,并在每一花瓣的顶端和一侧留有白边,用来表现花瓣之间的间隔,使花叶的每一层轮廓和层次表现得很清楚;菊花也一般在两侧各有两个分叉,但并不规矩,也有每侧只有一个开叉或一侧为两个开叉,另一侧为一个开叉的,显得比较活泼。这种扁菊花形式脱胎于元青花瓷上的菊花纹,但元代者或没有二重花瓣,或无网格形花芯,或花形周圆。个别元代青花大盘上的菊花与洪武扁菊类似,但花瓣间的留白要比洪武窄,花芯外只以单线描轮廓,而且花叶每侧均为三个开叉,比较规矩,终不能完全一样。洪武瓷上的扁菊到永、宣时就十分罕见了。

2. 缠枝牡丹 也是洪武青花瓷常见的主题纹饰。牡丹花的画法与元代十分相似,花瓣内填色,并在花瓣周缘以单线勾边。唯牡丹叶显得瘦削,远不及元代那么圆浑饱满,叶形也较多变化,没有元代那么规矩、呆板。

3. 缠枝莲花 元代和明初瓷器上的莲花,因其花形多具图案色彩,故又称为"番莲"。元代的莲花花瓣一般为麦粒形,花芯有两种形式:一种为石榴形,也称作"海石榴花";一种为心形或圆形花芯。莲叶为规矩的葫芦形。洪武莲花在元代的基础上有新的变化和发展,花瓣除了麦粒形外,还有变形莲瓣和变形的麦粒形;花芯除了石榴形和圆形外,还出现了在圆形花芯周围缀以联珠纹的新形式,花形更显得图案化而具有宝相花的意味。花叶虽然仍然带有葫芦形,但已不那么规矩,也比元代的小。总之,莲花的形式与永、宣的缠枝莲更为接近。

　　缠枝花卉是以植物的枝干或蔓藤作骨架,向上下、左右延伸,形成二方连续或四方连续,或者作装饰面的填充。洪武的缠枝花卉多以二方连续的形式,主要装饰于器物的周壁。枝干缠转流畅,节奏鲜明,具有很强的装饰性。元代的缠枝花卉形式稍有不同,多将主花置于骨架之上,使枝干隐现,缠枝显得比较平直。也有似洪武缠枝花卉那样作圆弧形环绕的,但环绕一般只有半周,而洪武则几近一周。这也是洪武与元代及永乐、宣德朝缠枝花卉图案的区别之一。

　　4.云龙纹　在元代景德镇生产的瓷器上,云龙纹是重要的装饰主题之一。元青花上的龙纹,矫健有力,其体态大都作小头、细颈、长身、四肢露骨有力,三爪或四爪,头部描绘简单,双角,多无毛发。龙多作飞天状,并以云纹等衬托,喻其云游四海。在洪武青花上虽然开始出现五爪龙,但仍以三爪或四爪龙为多见。洪武龙纹的形态,基本上继承了元代的风格,以小头、细颈、长身为基本特点,但头部大多已有平直后掠的披发。竖发龙应出现于洪武晚期或永乐朝初。

　　与龙纹相伴的云头,元代多作如意形,云脚细而长。这种大头细尾的特点被形象地比喻为"蝌蚪云";洪武时云纹多作"风带如意"形,云头如意形也不如元代那么规整,常作二重如意形。云脚较粗、较短,并向一侧弯曲。永乐宣德以后的云纹,常常有二出、三出或四出的风带,与洪武时不同。

　　5.云肩　以如意形云头饰于器物的肩部,称之为"云肩"。元代的云肩比较宽大,一般为四个或六个,在圆形器物的肩部作对称分布,云头与云头之间边线相连,恰似一个反方向的如意头。云头内有以水波为地,绘以白马、荷花之类,也有绘以各种串枝或缠枝花卉。总之,纹饰十分细致繁复。洪武青花瓷器上的云肩发生了一些令人瞩目的变化。首先,云头变小,仅仅作为不十分醒目的一周带状纹饰。个别的仍较大,但仍比元代的要瘦小,并且是一大一小相间分布。云头之间的连线也较简单,仅以双弧曲线相连。其次,云头内的纹饰大大简化,有的在云头内绘以折枝花卉,个别的绘以叶脉纹状线条,有的仅仅填色。到永、宣以后,内填绘折枝花卉的形式一直延续下去,而那一类填色的云头则进一步简化为仅以线条描绘的如意纹。

　　6.变形莲瓣　变形莲瓣是最常见的边饰,多作为琢器肩部和胫部的装饰。与元代比较,洪武瓷器上的变形仰覆莲瓣纹开始出现边框只勾线而不填色,而元代莲瓣勾线后必填色;洪武的莲瓣纹常见每瓣间互借用边线相连,而元代则每瓣分开各自独立不借用边线。莲瓣内,元代常常精心描绘各种花卉、如意云头或杂宝等,而洪武却多见单线勾描的涡卷纹、宝相花纹等。永乐、宣德时期的莲瓣纹或作双层重叠,在外层每两个莲瓣之间露出里层莲瓣的瓣尖;或在莲瓣内填色,完全改变了元代和明初洪武时期的形式。

　　7.蕉叶纹　在长颈瓶之类器物的颈部饰以一周蕉叶,会使器物更显挺拔。瓷器上的蕉叶实际上是借用了青铜器的装饰手法。元代的蕉叶纹中茎满色,洪武蕉叶纹的中茎仅以线条勾出而不填色,留有白地;永乐、宣德的蕉叶纹沿袭了洪武的画法。

　　8.回字纹　用回字纹作为器物口沿或圈足的边饰,为元代和明初瓷器上所常见。

元代的回字纹边饰都是以单个回字排列而成,回字纹屈折的方向一致;而洪武的回字纹均作一正一反相连成对,与青铜器上的勾连云雷纹相类似。永乐以后的回字纹亦继承了洪武的形式,因此可以把它作为区别元瓷和明瓷的标准之一。

9. 海涛纹　元代的青花瓷器上常以海涛纹装饰大罐、大盘的口沿或云龙纹下方,有时也用作不同纹饰之间的间隔。元代的海涛纹极富特点,先以较粗的线条绘出波涛的外缘,然后在粗线之上绘以细密的曲线。洪武青花上海涛纹的运用明显减少,一般仅见于盘、碗类的口沿。波涛的风格应与元代一脉相承,但形式却要简单得多,先以较粗的线条在中间画一条连续的不规则曲线表示浪涛,其间缀以几个小圆圈表示水珠,在曲线的两侧分别绘上较短的竖线表示水纹。从形式上看,它明显脱胎于元代的海涛边饰,但不如元代那样富有动感。到永乐、宣德时期,海涛纹的画法发生了较大的变化,采取写实的手法,在蓝色的水波中以白色表示浪涛,十分逼真,又具有一定的装饰性。因此,元代、洪武和永乐、宣德青花上的海涛纹各具特色,有鲜明的时代特征。

原载《江西文物》1992年第2期

明洪武朝景德镇瓷器研究

  元代是景德镇制瓷业蓬勃发展时期。宋元战火未灭之时,元王朝就在统一中国的前一年——至元十五年(1278)于景德镇设立全国唯一的瓷业管理机构"浮梁瓷局",这就为景德镇瓷业的进一步发展创造了条件。加上强大的蒙古帝国横扫欧亚大陆,中西往来频繁,海外贸易发达,也在一定程度上刺激了景德镇的瓷业生产。在工艺方面,元代景德镇首先将高岭土引入瓷胎,采用瓷土加高岭土的"二元配方"法制胎,提高了胎中氧化铝的含量和瓷胎的耐火性,使胎的烧成温度范围增宽,减少了烧制过程中的变形,从而提高了产品的成品率,也降低了生产成本。与此同时,当时景德镇除了继续生产优质青白瓷之外,又创烧成功卵白釉、钴蓝釉、铜红釉等单色釉品种,特别是青花、釉里红的创烧成功,使中国瓷器装饰艺术从此进入一个崭新的时代,景德镇也因其产品质量的提升和品种的创新,在诸名窑中独树一帜,在全国制瓷业中占据越来越重要的地位。从明代起,中国瓷业改变了以往名窑并立、产品各具特色的局面,景德镇成为"天下窑器所聚",所谓"有明一代,至精至美之瓷,莫不出于景德镇"[1]。至此,景德镇终于成为中国瓷业的中心。

  自从20世纪50年代初美国华盛顿佛利尔美术馆(The Freer Gallery of Art)的约翰·波普博士(Dr. John Alexander Pope)从英国伦敦大维德中国艺术基金会(Percival David Foundation of Chinese Art)收藏的一对有"至正十一年"纪年铭的青花云龙纹双耳瓶入手,对元代青花瓷器进行了开创性的研究[2]之后,几十年来考古资料不断充实,今天人们对元代景德镇所生产的各类瓷器已经有了一个基本的认识。明代永乐、宣德年间的瓷器由于传世品较多,有的还有帝王年号款,加上文献记载比较翔实,因此对它们的认识也比较全面。唯独对处于元代与明永乐之间的洪武时期景德镇生产的各类瓷器认识比较模糊。由于洪武的瓷器风格正处于自元代向明代永乐、宣德风格的转变过程中,因此对它进行研究,既有助于廓清景德镇元代瓷器向明代瓷器的演变过程,提出洪武瓷器的特征,也有利于更完整地阐述中国瓷器的发展历史,从而有十分重要的意义。

---

[1] (明)王世懋:《二酉委谭》,清顺治两浙督学周南李际期宛委山堂刻本。
[2] Pope. J. A., "Some Blue and White in Istanbul", *Transaction of the Oriental Ceramic Society*, Vol. 26, 1950–1951.

一、有关洪武时期景德镇瓷器的文献记载

有关景德镇洪武瓷器的文献记载,最早见于曹昭的《格古要论》。《格古要论》通称三卷,成书于洪武二十年(1387),但洪武刻本历来未能得见,流传较广的三本为收入明代著名丛书《夷门广牍》本,是万历二十五年的刻本。《格古要论》在《夷门广牍》中被列为"博雅五种"之一,分为上中下三卷,卷首有曹昭作序。是书"古饶器"条作:

> 御上(应为"土")窑者,体薄而润最好,有素折腰样毛口者,体虽厚色白且润尤佳,其价低于定。元朝烧小足印花者,内有枢府字者高。新烧者足大素者欠润,有青花及五色花者且俗甚矣。

20世纪80年代在英国发现一册原为莫氏(莫天麟)所藏的三卷本《格古要论》,海外有学者认为是洪武刻本,但尚缺乏根据。书中"古饶器"条的内容与《夷门广牍》本基本一致。如果上述三卷本的内容确为曹昭所撰的话,那么"古饶器"条中应包含了有关洪武时期景德镇瓷器的情况。

目前所见最早的《格古要论》刻本是明天顺六年(1462)徐氏善得书堂的《新增格古要论》十三卷本。卷首有曹昭、舒敏二人的序言,书前题"明曹昭撰,王佐增补"。王佐增补的重点是墨迹、石刻、金石文字部分,几乎占全书的一半,而对其他部分增补不多。卷七有"古窑器论",其中"古饶器"条与三卷本相比内容略有增加,为:

> 古饶器,出今江西饶州府浮梁县。御土窑者,体薄而润,最好,有素折腰样。毛口者,体虽薄(一作厚),色白且润,尤佳。其价低于定器。元朝烧小足印花者,内有枢府字者高。新烧大足素者欠润,有青色及五色花者,且俗甚。今烧此器,好者色白而莹,最高。又有青黑色戗金者,多是酒壶、酒盏,甚可爱。

与三卷本比,增补了饶器产地及"今烧此器"以下内容。

综合以上各种版本,可以认为三卷本中"新烧者"云云当指洪武瓷器;十三卷本中所增补的"今烧此器"等是指景泰、天顺年间景德镇的产品。

其次是朱琰的《陶说》。朱琰是清乾隆间海盐人,是书刻于乾隆三十九年(1774)。卷三有"洪武窑"条:

> 明洪武三十五年,始开窑烧造,解京供用。有御器厂,厂东为九江道,有官窑。

窑之名六,曰：风火窑、色窑、大小爁熿窑、大龙缸窑、匣窑、青窑。

【按】《志》称：官窑除龙缸外,青窑烧小器,色窑烧颜色。圆而狭,每座只容小器三百余件。民间青窑长而阔,每座容小器千余件。民窑烧器,窑九行,前二行,粗器障火,三行间有好器,杂火中间；前四、中五、后四皆好器,后三、后二皆粗器,视前行。官窑重器一色,前以空匣障火。官窑器纯,民窑器杂。官窑涂欲密,砌欲固,使火气全,而陶器易熟,不至松泄。官窑之异于民窑如此。

其主要内容均来自明万历王宗沐的《江西省大志·陶书》,其中"窑之名六"等内容,是抄录了该书对明宣德时御器厂的描述。由于朱琰在乾隆三十一年到三十四年为江西巡抚吴绍诗的幕僚时曾留心江西瓷业,故"按语"中对瓷窑以及官窑、民窑的说明,间杂了清代的一些情况,据此很难考察明洪武瓷器以及当时的生产情况。

再次,是清嘉庆年间蓝浦的《景德镇陶录》,该书卷五"历代窑考"中有"洪窑"条：

洪武二年设厂于镇之珠山麓,制陶供上方,称官瓷,以别民窑。除大龙缸外,有青窑、色窑、风火窑、匣窑、爁熿窑共二十座。至宣德中将龙缸窑之半改作青窑,厂官窑遂增至五十八座,多散建厂外民间,迨正德始称御器厂。洪器土骨细腻,体薄,有青、黑二色,以纯素为佳。其制器必坯干,经年重用车碾薄,上釉候干入火,釉漏者,碾去再上釉,更烧之。故汁水莹如堆脂,不易茅篾,此民窑所不得同者。若颜色器中,惟青黑戗金壶盏甚好。

上述记载中,除了"洪武二年设厂"说脱胎于志书中之"洪武初"说外,关于当时瓷窑种类及洪武瓷器特点的记述均引自《江西省大志》和《格古要论》。但《江西省大志》中所记述的内容并非为洪武时；《格古要论》之"古饶器"的内容则包括了自宋至明各个时期,三卷本中"新烧"以下当指洪武瓷器,以上则是宋元瓷器的特点。十三卷本后增的"今烧"以下则可能是指景泰、天顺时的情况。《景德镇陶录》的作者不加考证,就根据其他书籍的记载,附会补充来叙述所谓"洪器",是很疏误的。

《景德镇陶录》卷三"镇器原起"中还有关于唐英督窑时曾经仿制洪武官窑器的记载：

洪器,仿于唐窑,本明之洪武厂器。

说明至少在清乾隆时对洪武瓷器是有明确的认识。但我们在众多流传至今的乾隆官窑瓷器中并未见到所谓"唐窑仿洪器"。其原因无非有二,或者这条记载不可靠,或者乾隆时对"洪器"的认识与我们今天完全不同。

此外,在清代诸如《古铜瓷器考》等书中也有"洪武窑"的记载,究其内容,无非是《景德镇陶录》的翻版,而有关志书中所记均无涉及洪武瓷器的有关情况。

二、有关洪武瓷器的考古资料

有关洪武瓷器的考古资料并不多见。迄今为止所发现的有明确纪年或器物证明是洪武时期并有瓷器出土的遗址、墓葬材料有：

1. 1964年春，南京市疏浚环绕明故宫内宫宫墙的玉带河，南京博物院在西段长约400米范围内距西岸地表下深1.4—1.7米的河底淤泥中发现大量明代瓷片，其中绝大多数是景德镇的产品，有青花、釉里红、青白瓷、红彩以及颜色釉等品种，尤以青花居多。发掘者根据器物的精粗优劣，将它们分为官窑器和民窑器两大类。官窑器少，品种有青花、釉里红、釉上红彩及颜色釉瓷等；民窑器较多，主要是青花和青白瓷。在所采集的标本中没有发现具有明显元瓷特点的大型器物残片，但无论从器物的造型还是纹饰，都可以看到元瓷的深刻影响，同时又蕴藏着明显不同于元瓷的新变化。[1]

从1368年明太祖朱元璋称帝建立明朝，以应天府为南京，到永乐十九年（1421）明成祖朱棣迁都北京，南京作为明代国都的历史有54年。但南京洪武皇宫的存续时间却要短得多，因为它始建于明朝建立的前一年（元至正二十七年，1367），一直到洪武二十五年才基本建成，而其主殿乾清宫在建文四年（1402）就被"靖难之役"的战火焚毁。朱棣登基称帝后，虽然仍居于应天皇宫中，但同时下令升北平为北京，并改为行在所，准备迁都。永乐十八年，北京宫殿建成，次年朱棣迁都北京，此后南京宫殿不再使用，但仍作为留都宫殿，委派皇族和内臣管理。因此，在这个宫殿废墟出土的瓷片中有相当部分是洪武时期宫廷用瓷的残片。虽然南京明故宫遗址出土的瓷片不足以反映洪武瓷器的全貌，但从中我们可以得到一些有益的启示。

2. 1949年以后，南京市文物保管委员会在配合城市建设局抢修部分倒塌城墙的工程中，发现有洪武四年至十年烧制的白瓷砖。砖长37—44、宽19—21、厚8.3—11厘米，重18—20千克。砖质地洁白细密，有的表面略呈淡红色。砖侧印有府县主持造砖官吏、造砖工匠、被摊派户的姓名以及制作时间等，如"临江府新喻县洪武四年均工夫造""袁州府萍乡县提调官县丞唐季静司吏何立之烧砖人李胜轻人户甘清洪武十年　月　日"等。所记府县均属江西。[2]

---

[1] 南京博物院：《南京明故宫出土洪武时期瓷器》，《文物》1976年第8期。
[2] 李蔚然：《试论南京地区明初墓葬出土青花瓷器的年代》，《文物》1977年第9期。

3. 1970年10月，南京市博物馆在南京市中央门外发掘了明洪武四年东胜侯汪兴祖墓，出土仿哥窑青瓷盘11件，青花高足杯1件。[1]

汪兴祖是朱元璋起义军大将张德胜的养子，与其养父南征北战，战功显赫。洪武四年战死于甘肃文州，年仅37岁。随葬的一件青花云龙纹高足杯"釉质莹润，胎质洁白坚韧，青花发色苍翠浓艳。碗侈口陡腹。竹节形高足下部微撇。碗口内沿绘卷草纹一周，底心绘简笔折枝菊花。内壁模印暗龙两条，四爪。外壁绘龙一条，三爪，均细颈披发"[2]。从其胎釉、造型及纹饰看，具有较多元代后期的风格。

4. 1970年春到1971年初，在山东邹县九龙山南麓发掘了有洪武二十二年纪年的明鲁荒王朱檀的墓葬。在随葬品中有瓷器6件，均系青白瓷，有暗花云龙纹。其中"瓷坛一，……荷叶形盖，内盛梨、枣、肉、米饭、鸡蛋、茶叶等。瓷瓶一，小口有盖，……内盛酒。瓷盘四件"。据报告称，根据"其形制、花纹、釉色均与元瓷有所不同，很可能就是洪武瓷"[3]。

据《明史》卷一一六记载，朱檀为朱元璋第十子，善作文章诗歌，但其整日沉湎于炼丹，终因吞食金石药中毒伤目，并于洪武二十二年死去，年仅19岁。根据发掘报告，可知出土瓷器中一件为荷叶盖罐，一件为梅瓶。但报告对器物的描述极为简略，仅从照片中可大致了解它们的造型。有学者认为那件青白釉刻花云龙纹荷叶盖罐"具有不可否认的元瓷特征"[4]。

5. 在南京有洪武二十二年纪年的南安侯俞通源墓中出土了白瓷大足印花盘12件，青花罐1件。

俞通源在《明史》中有传。元末他随父兄"结寨巢湖，有水军千艘"与元廷相抗，后随朱元璋击败张士诚、陈友谅部，洪武三年俞通源被封为"南安侯"。后随廖永忠进攻四川、随徐达出战漠北、平定甘肃；又进攻云南，平定广西叛乱，屡建战功。洪武二十二年返乡，未行先死，卒于南京[5]。俞通源墓的资料尚未发表，但从目前所知墓中出土了"大足印花盘"来看，可能就是《格古要论》中"新烧者足大"的一类瓷器。

6. 在江苏江宁县牛首山的一座无名氏墓中，出土了一件青花人物图梅瓶。据

[1] 南京市博物馆：《南京汪兴祖墓清理简报》，《考古》1972年第4期。
[2] 汪庆正：《青花釉里红》，上海博物馆、两木出版社，1987年。
[3] 山东省博物馆：《发掘明朱檀墓纪实》，《文物》1972年第5期。
[4] 耿宝昌：《明清瓷器鉴定》上册，中国文物商店总店，1985年。
[5] 《明史》卷一百三十三，中华书局，1974年。

有关材料称，这件梅瓶"白釉如玉，青花幽倩"，后考证瓶上所绘内容是戏曲故事"萧何月下追韩信"。[1]

据认为，该墓是明初重要功臣西平侯沐英之墓。沐英为朱元璋义子，是明初统治西南地区的重要将领。自洪武十四年傅友德取云南起一直留镇滇中，洪武二十五年六月因疾而卒于任上，年48岁[2]。从这件梅瓶的胎釉、造型、纹饰乃至青花发色来看，具有元至正型青花的典型特征，也有学者认为是洪武年间烧制的[3]。

7. 1973年11月，在安徽省蚌埠市东郊曹山明开国元勋东瓯王汤和墓中出土了青花牡丹纹兽耳盖罐和白瓷罐各1件。[4]

汤和是明代开国的重要将领。他南征北战，战功显赫。洪武三年封中山侯，十年改封信国公。二十二年因老疾而遣还乡里。二十八年八月卒，年70。墓中出土的青花盖罐作洗口、高领、斜肩、鼓腹、浅圈足。在肩腹间置对称的兽面双耳，盖纽作宝珠状，胎质洁白。通体饰以青花，花纹繁而不乱，布局严谨，青花发色浓艳。器身共有7层花纹，主纹为缠枝牡丹，主纹上下还有回字、波涛、莲瓣、番莲、卷草等纹饰。器盖绘莲瓣、卷草和钱纹，带有浓郁的元瓷风格。白瓷罐作直领、圆唇、鼓腹，有荷叶形盖。

8.《中国瓷器》1982年第7期刊载陶藉人《近廿年中国瓷器史研究收获述评》一文中发表了一幅据称是在景德镇珠山东侧出土的明初青花大盘残片的照片，大盘内外均以扁菊纹作为主纹，口沿上有卷草纹边饰。这种扁菊花既不同于元代，也与明永乐、宣德时期的瓷器纹饰有别。

9. 1955年2月，在合肥西郊安徽农学院附近的一项修路工程中发现的一座砖室墓中，出土了一件釉里红开光花鸟纹盖罐。同墓还发现了100多枚铜钱，年号最晚的是"洪武通宝"[5]，据此可以判定墓葬的年代应为明初洪武时。

釉里红盖罐造型为直口、圆肩、鼓腹、浅圈足，盖纽作碗状。器盖纹饰清晰，有一周双钩的覆莲瓣纹。器身纹饰晕散不清，可看出肩部有一周覆莲瓣，莲瓣内填涡卷纹；腹部四周的菱形开光中分别绘有"池塘鸳鸯""凤穿牡丹"两组纹饰，开光外绘有三角形的卷云纹。这件盖罐无论造型还是纹饰都与1980年在江西高安一处窖藏中发现的釉里红开光花鸟纹罐十分相似，唯后者盖缺失，开光内的纹饰为"孔雀牡丹"和"鹤穿菊花"，

[1] 李蔚然:《试论南京地区明初墓葬出土青花瓷器的年代》,《文物》1977年第9期。
[2] 《明史》卷一百二十六,中华书局,1974年。
[3] 刘新园在《明代洪武朝における用瓷と景德镇御器厂设置年代について》中亦持此说,见《三上次男博士紀念论文集·陶磁编》。
[4] 蚌埠市博物展览馆:《明汤和墓清理简报》,《文物》1977年第2期。
[5] 《安徽合肥西郊清理了一座明墓》,《文物参考资料》1955年第9期。

十分清晰[1]。

　　10. 江西省文物商店于1980年在江西玉山县征集到一件出土的洪武款青白瓷小罐。其造型为直口、丰肩、圆腹、假圈足。器壁厚重，胎色灰白，质较粗松，底部露胎有粘沙。肩部有印花牡丹，腹部中用竹刀刻划一周行楷"洪武七年七月二十九日造此"，字体较流畅，为窑工随手刻划。这是目前所见唯一有洪武年款的器物。[2]

　　11. 1955年，在南京北郊红山西麓发现的一座砖室墓中出土了一件青瓷香炉、两件青瓷杯和一对青白瓷瓶。瓶的造型为小口，口部有一周凸棱，长颈、圆腹、圈足，颈部有二贯耳。墓中还有24枚铜钱，已朽，可认出有"洪武通宝"字样。[3]

　　12. 1956年4月，在山东省梁山县西北18里的宋金河支流内发现一条明初的兵船，出土铸有"洪武十年造"铭的铜炮和"洪武五年造"铭的铁锚各1件；铜钱4枚，其中"洪武通宝"2枚，另2枚为"皇宋通宝"和"大观通宝"。据此可以判断该船沉没的年代为明初洪武时期。与船同出的还有青瓷碗1件，绿釉高足杯4件。[4]

　　以上所列考古资料的年代虽然多为洪武，但所出器物并非都是洪武时所造。如江宁沐英墓出土的"萧何月下追韩信"青花梅瓶和蚌埠汤和墓出土的青花缠枝牡丹纹兽耳盖罐都具有不容怀疑的元至正型青花瓷器的典型特点，故其制作年代应在洪武以前。另外，南京出土白瓷城砖是建筑材料，不在本文研究范围之内；山东梁山兵船出土的瓷器不是景德镇所造，对其制作年代需作进一步研究；南京红山明墓出土的青白瓷瓶，由于造型特殊，对其年代和产地亦需作进一步研究。这样，所剩下可能是明洪武年间景德镇生产瓷器的考古资料就不多了。再加上有的资料尚未发表，有的虽已发表但极为简略，因此真正可供研究的资料就十分有限了。仅仅依靠这些资料，当然无法反映洪武时期景德镇瓷器的全貌，但是我们却可以从这些有限的资料入手，通过对元代瓷器和明代永乐、宣德时期瓷器进行比较，并参考其他考古资料，来探寻洪武瓷器的概貌。

　　众所周知，自从20世纪50年代初美国学者波普博士对元青花进行系统研究以来，至正型青花瓷器厚重雄健的典型特征已被人们普遍认识。到明代永乐、宣德朝，景德镇瓷器风格发生较大变化，其面貌也已比较全面地为人们掌握。在元瓷和明永、宣瓷器当中进行仔细探求，有可能找到洪武瓷器。这项工作当初波普博士已经着手进行，可惜没有引起当时陶瓷史界的足够重视。近年来，国内外一些学者又开始试图将洪武瓷从元瓷和永、宣瓷中分辨出来。目前所掌握的考古资料虽然十分有限，却为研究提供了十分珍贵的例证。

―――――――――――――――――

[1]　刘裕黑等：《江西高安县发现元青花、釉里红等瓷器窖藏》，《文物》1982年第4期。
[2]　耿宝昌：《明清瓷器鉴定》上册，中国文物商店总店，1985年。
[3]　张寄萍：《南京附近发现明墓》，《考古通讯》1956年第3期。
[4]　《山东梁山县发现明初兵船》，《文物参考资料》1958年第2期。

　　根据考古资料,我们可以将洪武时期景德镇生产的瓷器归纳为青白瓷、白瓷、颜色釉瓷、青花瓷、釉里红瓷和釉上彩瓷等几类。

三、青白瓷和白瓷

　　景德镇生产青白瓷和白瓷是有传统的,青白瓷作为"仿定"在当时一贯被视作白瓷,自宋代起生产一直延续到明代未曾间断,作为宋元时期景德镇生产的主要品种,青白瓷大量供应海内外市场;景德镇白瓷生产开始于五代,元代的卵白釉瓷器深得人们喜爱,朝廷和官府纷纷定烧,也行销海外。文献记载洪武时期所用瓷器以白瓷居多[1](其中应包括青白瓷和白瓷),如瓷质祭器中有相当部分是白瓷,说明洪武时期对白瓷仍有相应的需求。

　　明初仍继续生产青白瓷当无疑问,1980年在江西玉山县出土的有"洪武七年"刻铭的小罐(图1)就是青白瓷。尽管其胎釉、造型等均缺乏典型性,但证明青白瓷仍是当时生产的品种之一。据有关报告,在南京明故宫出土的青白瓷"坯体厚实,和元枢府窑系很相近,但胎釉等不及后者光致。……有模印凸花(细方格纹花蕊的缠枝菊)和素面两种。敞口、撇沿、矮圈足、砂底的瓷盘最多。圈足内壁旋削向外倾斜,如同明初一般青花、甜白大盘底足形式"。与元代青白瓷比较,明故宫

图1　"洪武七年"铭青白瓷罐(江西省博物馆藏)

出土的青白瓷虽胎体厚实,具有元瓷特点,但是不见大型器物,元代青白瓷常见的贴花装饰已经被模印花纹所取代,这种装饰手法来自卵白瓷。有细方格纹花蕊的缠枝菊花为洪武时期的典型纹饰。明故宫出土的瓷盘不仅底足的制法与元瓷不同,而且都是大足盘,其造型与明永、宣近而与元代碗盘"小足"特点相去甚远。明鲁荒王墓出土的青白瓷梅瓶(图2)和荷叶盖罐,器身均刻划云龙纹,其风格与元代青白瓷瓶、罐上常饰以贴花不同,显示了逐渐摆脱元瓷风格的趋势。

　　卵白釉瓷器通常被认为是景德镇元代的产品,事实是入明以后仍在继续烧造。曹昭《格古要论》中所谓"元朝烧小足印花者,内有枢府字者高。新烧大足,素者久润",这里的"新烧"者即指明洪武年间的产品,它以大足取代了元代的小足。当然,也不排除元代也有大足的,如故宫博物院收藏的卵白釉"太禧"铭印花盘就是大底足(口径17.8、底径11.4厘

---

[1]　南京博物院:《南京明故宫出土洪武时期瓷器》,《文物》1976年第8期。

图2　青白瓷刻划云龙纹梅瓶（山东省博物馆藏）

图3　印花云龙纹卵白釉盘（上海博物馆藏）

米）。但是小底足是元瓷的主流，大底足是洪武新出现的底足形式主流是无疑问的。仍以瓷盘为例，据统计，元代卵白釉瓷盘的底径在4.2—5.9厘米之间，底径与口径的比例在1∶3左右；而明初卵白釉瓷盘的底径往往超过10厘米，底径与口径之比通常为1∶1.7[1]。由此看来，山东洪武二十二年朱檀墓出土的6件青白瓷中有4件是大足瓷盘，南京洪武二十二年俞通源墓出土的12件印花白瓷盘都是大底足，它们都应是洪武的产品。洪武的卵白釉盘（图3）内壁多以印花云龙纹装饰，盘心饰有"风带如意云"或以三朵品字形排列的如意云，这两种云纹与元代瓷器上的云纹不同，而与明故宫出土瓷片标本上的云纹相同。

四、颜色釉瓷

南京明故宫遗址瓷片标本的出土，为洪武颜色釉瓷器的鉴别提供了可靠的依据。在明故宫遗址出土了酱色釉碗和外酱色里雾青釉印花云龙纹大碗的残片。从标本看，这种里外施不同颜色釉的碗胎质稍厚，砂底，底心有明显旋纹，圈足稍稍外侈，足端稍厚，与元瓷风格相近，唯足端平切，与元瓷不同。碗的外壁酱褐色，隐约可见印花痕迹；碗内壁施淡天青釉，有印花云龙纹（图4）。在美国堪萨斯的纳尔逊·阿特金斯艺术博物馆（The Nelson-Atkins Museum of Art）收藏的一件外酱釉里雾青釉高足碗，碗的外壁酱褐色，下腹部有线刻的双钩仰莲瓣一周，莲瓣内有变形云头；碗内壁施淡天青釉，有印花

---

[1]　陈文平：《卵白釉瓷年代考》，日本《陶说》第403期。

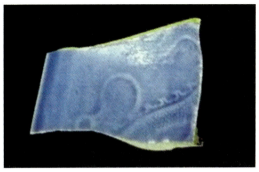

图4 外酱釉里霁青釉印花云龙纹碗(残片)(南京博物院藏)

云龙纹(图5),纹饰与南京明故宫出土的大碗残片几乎完全一致。龙纹为两条同向而行的五爪龙,龙的形象也与明故宫遗址出土的红彩云龙纹盘相似。高足碗的碗心为线刻的云纹,为上下两个如意云头,中间以S形云带相连,在云带两个弧形的外侧各有半个如意云头,这种形式的云纹被称为"风带如意云"。据英国学者艾惕思(J. M. Addis)先生介绍,这件二色釉高足碗,碗身与柄是用褐色釉粘结的[1],而高足杯或高足碗的柄和器身是胎接还是釉接,是区别元、明这类器物的根据之一。

　　根据上述标本和器物的特点,目前可以辨认的洪武二色釉瓷器还有:英国大英博物馆(The British Museum)收藏的里蓝外红印花云龙纹高足杯、里蓝外红印花云龙纹盘、里红外白印花云龙纹盘[2]和里蓝外酱色釉盘[3](图6),英国伦敦戴维德中国艺术基金会(Percival David Foundation of Chinese Art)收藏的里红外蓝釉碗[4],英国W. Sedgwick夫

图5 外酱釉里霁青釉印花云龙纹碗(美国纳尔逊·阿特金斯艺术博物馆藏)

图6 外酱釉里蓝釉印花云龙纹盘(大英博物馆藏)

[1] [日]三上次男等:《世界陶磁全集》十三卷《辽、金、元》卷,东京小学馆,1981年。
[2] [日]三上次男等:《世界陶磁全集》十三卷《辽、金、元》卷,东京小学馆,1981年。
[3] [日]《東洋陶磁》第5卷"大英博物館",日本讲谈社,1980年。
[4] [日]三上次男等《世界陶磁全集》十三卷《辽、金、元》卷,东京小学馆,1981年。

人收藏的里蓝外白印花云龙纹碗[1]，美国布里斯托尔美术馆（Bristol Art Gallery）收藏的里蓝外白印花云龙纹盘[2]，日本奈良大和文华馆收藏的里黑外白印花云龙纹碗和东京出光美术馆收藏的里红外蓝印花云龙纹碗[3]。这些器物的时代大都被标注为元代。

　　它们的共同特点是器形为盘、碗和高足杯；内壁均有印花云龙纹，且龙纹均为五爪；器物内底心有线刻的云纹，除了上述"风带如意云"外，还有一种为三朵呈品字形排列的如意云，其特点为双重如意云头，云脚短并向一侧飘逸。这两种云纹均与元代瓷器上的云纹不同，而与南京明故宫遗址出土标本上的纹饰相同。

图7　印花云龙纹红釉盘（上海博物馆藏）

　　根据上述器物的纹饰特点，还可以进一步在一些过去认为是元代或明代永乐、宣德时期的单色釉中找到具有相同特点的洪武产品。目前可以确认的大约有十数件，其中大部分是红釉的碗、盘和高足杯，它们分别收藏于北京故宫博物院、台北故宫博物院[4]、上海博物馆[5]（图7）、英国维多利亚与艾伯特皇家博物馆（Victoria and Albert Museum）[6]、大英博物馆[7]、日本安宅和东京出光美术馆[8]、大阪市立东洋陶瓷美术馆[9]、美国克里夫兰美术馆[10]和美国S. A. Miuikin夫妇[11]等处。蓝釉的只见一件盘，收藏在大英博物馆[12]。

　　通过上述器物，可知洪武时期颜色釉可分为两种类型：一类是二色釉，即器物里外施不同颜色的釉；另一类是单色釉，釉色有红、蓝、酱、黑等。红釉以铜为呈色剂，在还原焰中可以烧成鲜红色，但铜红的烧成要求较高，故洪武时期红釉的发色一般偏于暗淡。蓝釉以钴为呈色剂，在还原焰中烧成宝蓝色。酱色釉和黑釉均以氧化铁为主要呈色剂，黑釉中还含有锰。颜色釉的装饰特点比较一致，内壁绝大多数有印花云龙纹，龙都为五爪行龙，器心有线刻云纹。器形不外乎墩式碗（有大小两种，大者口径为19—20厘米左右；小者口径在9—10厘米之间）、盘和高足杯三种，制作比较规范，碗、盘类一般为砂底

［1］　［日］矢部良明：《宋元の龍紋様と元磁》，日本国立东京博物馆 Museum 第242号。
［2］　［日］矢部良明：《宋元の龍紋様と元磁》，日本国立东京博物馆 Museum 第242号。
［3］　［日］三上次男等：《世界陶磁全集》十三卷《辽、金、元》卷，东京小学馆，1981年。
［4］　《中国陶瓷精品》，台北佳乐图书有限公司，1984年。
［5］　上海博物馆收藏的洪武红釉云龙纹盘原由香港徐展堂先生收藏，1996年上海博物馆征集。
［6］　［日］《東洋陶磁》第6卷《維多利亞皇家博物館》，日本讲谈社，1980年。
［7］　［日］《東洋陶磁》第5卷《大英博物館》，日本讲谈社，1980年。
［8］　［日］矢部良明：《元の染付》（《陶磁大系》第41卷），东京平凡社，1974年。
［9］　［日］大阪市立东洋陶瓷美术馆：《元の染付展》，1985年。
［10］Jenifer Neils, *The World of Ceramics*, The Cleverland Museum of Art, 1984.
［11］［日］矢部良明：《宋元の龍紋様と元磁》，日本国立东京博物馆 Museum 第242号。
［12］［日］矢部良明：《元の染付》（《陶磁大系》第41卷），东京平凡社，1974年。

无釉，或刷有一层赭色；高足杯则多为釉接。这些器物各方面的特征比较一致，说明它们是同一时期的产品。

从考古发现和传世实物看，元代的颜色釉瓷器以钴蓝釉瓷器为多，铜红釉瓷器比较少见。蓝釉瓷器的装饰一般以金彩和蓝底白花常见，有印花者可以归为洪武时期；红釉瓷器亦不见确凿是元代而有印花者。明代永乐、宣德及以后各朝的颜色釉瓷器均无以印花为装饰者。因此，上述颜色釉瓷器的特点应是洪武颜色釉瓷的特征，特别是二色釉瓷器为洪武朝所独有。

五、釉里红瓷和青花瓷

釉里红和青花瓷器都是先在瓷坯上绘彩，然后施透明釉，用1200℃以上的高温烧成的釉下彩瓷器。所不同的是，釉里红是用铜红料着色，在还原焰中烧成后纹饰呈红色；而青花是用钴料绘彩，烧成后纹饰呈蓝色。由于铜红料对烧制的气氛、温度等十分敏感，因此尽管两者的工艺相同，但工艺要求，特别是烧成要求并不完全相同。

铜红的烧制技术在元代已逐渐被景德镇窑工所掌握，1974年出土于景德镇的青花釉里红堆塑楼阁式谷仓、青花釉里红塔式四灵盖罐和两件红釉文吏俑，其中盖罐上有纪年款"大元至元戊寅六月壬寅置"[1]，至元戊寅即后至元四年（1338）。这是目前仅见的一件有绝对年代可考的元代青花釉里红瓷器。1964年在保定一处元代瓷器窖藏中发现一对青花釉里红开光镂花大罐[2]，开光内为四种不同的花卉山石镂空贴花，花朵和山石均以铜红涂绘，花叶填以青花。苏州文物机构征集到一件釉里红白云龙纹盖罐（图8）[3]，罐体上有线刻花纹，肩部为一周如意头，腹部为云龙纹，胫部则为仰莲瓣一周，线条较随意，颇为生动活泼。罐通体施青白釉。在肩部又以铜红料草率涂刷卷草纹，腹部则在刻花云龙纹之外涂以铜红料作底色。据了解，该罐1976年4月出土于江苏吴县通安华山，现存吴县文管会。1980年11月在江西高安一处元代瓷器窖藏中发现了4件釉里红瓷

图8　釉里红云龙纹盖罐（江苏吴县文管会藏）

［1］　杨后礼、万良田：《江西丰城县发现元代纪年青花釉里红瓷器》，《文物》1981年第11期。
［2］　河北省博物馆：《保定市发现一批元代瓷器》，《文物》1965年第2期。
［3］　汪庆正：《青花釉里红》，上海博物馆、两木出版社，1987年。

器[1]，其中蟠龙纹高足杯、折枝菊花纹转杯和雁衔芦纹匜都是用粗笔涂抹，唯在开光花鸟纹罐上可见简单的线描纹。

上述元代釉里红瓷器的共同特点是纹饰用较粗大笔道涂刷，或以铜红为色地，或以色块来表现简单的纹饰；呈色一般不太纯正，往往带有灰色或茶褐色，具有早期釉里红的特征。

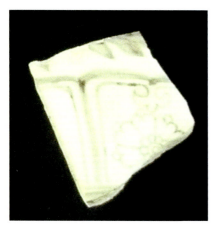

图9　南京明故宫遗址出土（釉里红标本）

在传世的元代釉里红瓷器中，还有一类是以线条描绘为装饰特征的，其纹饰描绘工整细致，纹饰布局严谨，釉里红的发色也相对比较纯正。很显然，它们应该是釉里红烧制技术进一步发展后所产生的。这些瓷器的装饰与明代相比，花纹繁密规整，笔致拘谨板滞，与典型的元代青花十分相似，故长期被认为是元代的产品。然而，在南京明故宫遗址中找到了这一类釉里红的残片，尽管数量十分稀少，却为这一类釉里红的断代提供了可靠的依据。目前所见一件莲瓣纹釉里红残片（图9），虽然很小，但莲瓣和莲瓣内宝相花的形式却十分典型，既不见于典型元青花，也与明代永乐、宣德时期青花、

釉里红纹饰迥异。根据这件标本上莲瓣纹的特点，我们从上海博物馆（图10）、台北故宫博物院和美国纽约大都会博物馆分别收藏的釉里红缠枝花卉纹大碗中找到了同样的莲瓣纹[2]，从而确认它们是洪武时期的产品。进而，从这几件釉里红大碗上的缠枝扁菊纹、缠枝牡丹纹、缠枝番莲纹、波涛纹边饰、勾连回字纹边饰等具有鲜明时代特征的纹饰图案出发，找到了一批洪武时期以线条描绘为基本特点的釉里红瓷器，见于著录的有数十

图10　釉里红缠枝花卉纹大碗（上海博物馆藏）

[1] 刘裕黑、熊琳：《江西高安县发现元青花、釉里红等瓷器窖藏》，《文物》1982年第4期。
[2] 分别见于汪庆正：《青花釉里红》（上海博物馆、两木出版社，1987年），台北故宫博物院编：《故宫藏瓷》（香港开发股份公司，1963年），《海外遗珍》（台北故宫博物院，1986年）。

件,器形主要有大碗、大盘、盏托、玉壶春瓶、执壶、梅瓶、罐等,主要收藏在中国的北京故宫博物院、台北故宫博物院、上海博物馆、广州市博物馆,美国的纽约大都会博物馆(The Metropolitan Museum of Art, New York)、布鲁克林博物馆(The Brooklyn Museum)、旧金山亚洲艺术博物馆(The Asia Art Museum of Francisco)、波士顿美术馆(The Museum of Fine Art Boston)和海牙市立博物馆(Haags Gemeente Museum),日本的东京国立博物馆、出光美术馆、大阪市立东洋陶瓷美术馆、掬粹巧艺馆、梅泽纪念馆、大和文华馆、松冈美术馆和箱根美术馆,英国的大英博物馆、大维德基金会,瑞典的斯德哥尔摩东亚博物馆(The East Asia Museum, Stockholm)。此外,1986年在南京博物院举办的"江苏省文物商店联展"上展出的一件釉里红缠枝牡丹纹玉壶春瓶(扬州市文物商店收藏)也应属此例。1957年江苏省江宁县印塘村东善桥明初将领宋晟之子宋琥和夫人安成公主墓中出土的釉里红岁寒三友图梅瓶(图11)也带有显著的洪武釉里红瓷器的典型特征。

图11　釉里红岁寒三友图梅瓶(南京博物院藏)

通观这些器物,它们的共同特点是均以较为细致的线条描绘为装饰手法。造型既有元代的遗风,又蕴藏着变化的因素,特别是直口、圆唇、深腹、体形硕大的碗(口径为40厘米或20厘米)和内心有一周凸棱的菱花口盏托(图12),为洪武时期独有的品种。纹饰布局严谨有致,图案虽比较繁密,但层次较少,主题突出。纹饰题材以缠枝花卉最多见,也有串枝和折枝花卉,还有岁寒三友、云龙等传统题材。从装饰技法看,主要是细致的线条描绘,还有以色料涂地的留白花纹,其细部纹饰仍是线描。这些器物表现出一种努力挣脱旧有规范、开创树立新貌的迹象。

1980年高安元代瓷器窖藏出土的釉里红开光花鸟纹罐已经出现线描纹饰,但是与典型洪武釉里红相比还是有所区别,主要表现在纹饰较为简单,描绘也略显潦草,纹饰中包含较多粗线条。

就目前所见,洪武时期釉里红瓷器的

图12　釉里红花卉纹盏托(上海博物馆藏)

数量要明显多于青花，是当时景德镇所生产的一类重要品种。元代景德镇的釉里红制作技术尚处于起步阶段，入明以后，该技术得到迅速发展。虽然洪武时期釉里红的发色还不太纯正，但就其纹饰细致、品种丰富、数量较多来看，无疑都冠绝有明一代。洪武釉里红瓷器得到迅速发展的原因无非有三：第一，明初执行的发展生产的政策有利于景德镇瓷器手工业的恢复和发展。第二，由于战争，元代来自西亚的优质青花料——苏麻离青进口在洪武一度中断，而用国产青料生产的青花发色灰暗，远不如元青花那么鲜丽浓艳。青花瓷器的中衰为釉里红提供了发展的机遇和条件。第三，如前所述，明初时期官府和朝廷经常向景德镇定烧瓷器，据文献记载，明太祖朱元璋十分喜欢红色，如刘辰[1]《国初事迹》："太祖以火德王，色尚赤，将士战袄、战裙、壮帽、旗帜皆用红色，……以壮军容。"因此御用瓷器也可能要求以红色作装饰。鉴于永乐、宣德时期景德镇生产的釉里红瓷器虽然发色纯正鲜艳，但是数量较少。永、宣以后釉里红制作渐趋衰落，终明一代未见其重新崛起。可以说，洪武时期是明代釉里红瓷器的鼎盛时期。

在陶瓷器上用钴料着色始于唐代的彩色釉陶，与此同时青花瓷器也开始出现。不过，从唐代晚期至元代前期的五百年间，青花瓷器的发展十分缓慢。一直到元代后期即14世纪30年代以后，随着大型器物制作技术的成熟和西亚优质青料的引入，再加上当时海外贸易发达，促使景德镇青花瓷器生产在较短期内得到迅猛发展，终于导致以器形硕大雄健、青花发色浓翠、纹饰层次繁缛、描绘工整细腻为主要特点的典型元青花的出现和大量生产。

对洪武青花的确认，既根据考古发现，也要借助于对洪武釉里红瓷、颜色釉瓷纹饰的认识以及通过对典型元青花和永乐、宣德青花的排列比较。

在南京明故宫遗址出土的一批青花瓷标本中，有一件青花云龙纹盘的残片，外壁青花龙纹，内壁为印花行龙纹，盘心有三朵呈品字形排列的青花如意云纹（图13）。其纹

图13　南京明故宫遗址出土青花盘标本

---

［1］　刘辰，字伯静，浙江金华人。曾从太祖下婺州，累官至北京刑部侍郎。永乐初编修《太祖实录》。《明史》卷一五〇有传。

饰特点与洪武时期的颜色釉瓷器如出一辙。北京故宫博物院一件青花云龙纹盘与南京明故宫出土标本相同，其年代也应相当。

　　根据洪武釉里红瓷器的制作、造型和纹饰特点，可以确认一些传世品为洪武时期的青花瓷器。器类有口径为20厘米或40厘米的大碗（图14）、盏托、大盘、玉壶春瓶、执壶、梅瓶、罐等，它们分别收藏在北京故宫博物院、台北故宫博物院、上

图14　青花缠枝牡丹纹碗（上海博物馆藏）

海博物馆、旧金山亚洲艺术博物馆、费城博物馆（The Philadelphia Art Museum）、大英博物馆、日本出光美术馆，以及瑞典古斯塔夫六世（H. K. King Gustaf VI Adolf of Sweden, Stockholm）等处。北京德胜门外出土的一件青花串枝花卉纹瓜棱盖罐（图15）与故宫博物院、上海博物馆（图16）和日本梅泽纪念馆所藏的洪武釉里红瓜棱罐相比，其造型和纹饰特征几乎完全相同，只是所用的绘彩原料不同而已。洪武青花瓷的纹饰也与釉里红瓷相同，以花卉纹为主，主题多为缠枝花卉纹，此外还有云龙纹等，边饰也多具洪武釉里红的特点。

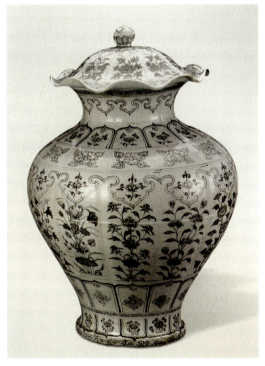

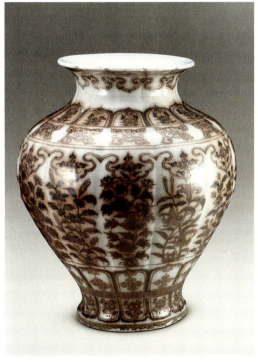

图15　明洪武　景德镇窑青花串枝花卉纹瓜棱盖罐（首都博物馆藏）

图16　明洪武　景德镇窑釉里红串枝花卉纹瓜棱罐（上海博物馆藏）

无论是考古发现还是传世品中确定的洪武青花瓷器，其青花色泽多数偏灰，青花浓重处不见元青花和明代永乐、宣德青花中常见的黑疵，说明所用青料与元代不同。据科学测定，洪武青花中氧化铁（Fe_2O_3）的含量平均值为1.33%，氧化锰（MnO）的含量平均值为3.47%；而典型元青花中氧化铁含量平均为3.26%，氧化锰为0.12%；明永乐、宣德青花中氧化铁和氧化锰平均含量分别为1.77%和0.28%[1]。显然，典型元青花和明永、宣青花都具有高铁低锰的特点，而洪武青花则为高锰低铁。前者正是进口青料苏麻离青的特性，后者为国产钴土矿的特征。由此可以认为，洪武时期进口青料的供应一度中断，景德镇采用国产钴土矿作为青花绘彩原料。其原因除了战争之外，可能还与明初政权对民间的海外贸易严加控制，实行严格的"海禁"政策有关[2]。

目前所能确认的洪武青花瓷器，无论品种还是数量都明显少于洪武釉里红瓷器。

六、釉上彩瓷

所谓釉上彩，是在已经烧制好的瓷器上进行彩绘，再放入彩炉中经800℃左右的温度烘烤而成。由于烘烤的温度不高，经受得起的色彩原料远较釉下彩为多，因此色彩比较丰富。但是由于彩没有釉层的保护，在使用过程中因摩擦及与酸碱物接触而易于褪损变色。釉上彩最早出现于宋代磁州窑，主要是红绿彩。

过去学界对明初的釉上彩瓷器了解甚少，长期停留在对宣德朝有青花红彩瓷的认识上。自从在南京明故宫遗址中发现了釉上红彩云龙纹盘残片标本、西藏萨迦寺发现了传世有"大明宣德年制"款的青花五彩莲池鸳鸯纹碗和高足碗后，才逐渐填补了这方面的空白，同时也证实了《格古要论》和《博物要览》中的有关记载。

南京明故宫遗址出土的一件釉上红彩云龙纹盘残件（图17）为敞口、圆唇、浅足、砂底，底部有细密的螺旋纹并呈现十分匀净的淡火石红。在盘壁内外各有红彩五爪行龙两条，两条龙之间以一朵如意云纹间隔，盘心为三朵品字形排列的如意云纹。云纹以单线勾勒描画，中间并不填色。对光透视，盘壁内外的花纹叠合成一体，说明其绘制极为精细。纹饰布局和形式具有典型的洪武瓷特征。尽管目前只发现了一件洪武釉上彩标本，传世品中也未见类似品种，但是这件标本的发现可以证明当时釉上彩的制作已十分成熟。

---

[1] 据汪庆正《青花釉里红》一书中所列数据计算。
[2] 据《太祖实录》等记载，明王朝建立以后，1368年曾依元代旧制分别在宁波、泉州、广州设立市舶司，6年后即罢。朱元璋曾三次严令强化海禁，"朕以海道可通外邦，故尝禁其往来"（《明太祖实录》卷七十）；"明祖定制，片板不许入海"（《明史·朱纨传》《大明律》）；"闭其关听其自服而不之讨，戒启衅也。" 1397年"中禁海外互市"，并以《户律》鼓励告发私人海外贸易者，对"私出外境与违禁下海者"的处罚："杖一百……若将人口、军器出境及下海者绞，因而走泄事情者斩"。所谓闭关锁国，自此开始。

图17　南京明故宫遗址（出土红彩云龙纹盘标本）

七、洪武瓷器特征总结

以上，我们分别考察了洪武时期白釉、颜色釉、釉里红、青花和釉上彩瓷器。当然，瓷器的制作工艺、造型和纹饰特点不会随着王朝的更迭而马上改变，但是应该看到随着制瓷技术的不断进步和生活习俗、审美观念加速转变，元代瓷器作为一种时代风格所延续的时间已不如以前那么长久了。虽然风格的形成需要一个过程，但风格的更替比以前要来得频繁。因此，自元末到洪武虽然历时并不长久，但是景德镇瓷器已经出现了一些新的变化。洪武瓷器的一般特征归纳如下：

（一）制作工艺

从制作工艺看，洪武瓷器一般具有以下特征：

1. 器物的胎骨不及元瓷浑厚，但与永乐、宣德瓷器相比仍稍感厚重。质地亦比元瓷致密。

2. 釉质肥润微泛青色，有的略带卵白釉的意味。透明釉与瓷胎高温一次烧成；颜色釉则先高温烧涩胎（图18），上颜色釉后再烧釉，其烧制温度根据不同品种有所区别。

3. 器物成型继承了元代模具成型的技术，琢器采用以外模在慢轮上分节成型、整形，然后节装的工艺，在器内壁可以看到手抹的痕迹；碗、盘等圆器则用内模成型、慢轮整形的工艺。

4. 碗和中小型盘类器的圈足直径趋于变大，圈足的高度也逐渐变矮，盘类器尤为明显，表现出瓷器圈足形式从元代小而高向明

图18　颜色釉素烧坯标本（景德镇戴家弄出土）

代大而矮的发展趋势。从而,器物的放置更显平稳。

5. 洪武瓷器的底足旋削形式,基本上承袭了元瓷在足墙外侧斜削一周的做法,挖足时在底部留下较明显的旋纹,有的中心如元瓷也有乳钉状突起。但是此时在一些碗类器物上出现圈足足端平切的新特点,旋纹也比元瓷细密。这种圈足的处理方法为以后永、宣瓷器所继承。

6. 洪武瓷器的器底,除了玉壶春瓶、执壶一般为釉底之外,部分大碗也出现了底部施釉的现象。有的器物底部和器身施两种不同的釉料,或表现为釉色、光泽不一,或表现为底釉有较小开片而器身釉面肥润无纹。元代景德镇瓷器除少数玉壶春瓶底部施釉外,其他器物大多砂底无釉。

图19　洪武釉里红大盘底部(上海博物馆藏)

7. 元代大型器物底部无釉露胎部分往往有不规则的釉斑或釉块,这应该是在制作时不慎沾上的;而洪武大型器物虽多为无釉砂底,但绝无元瓷常见的釉斑或釉块。

8. 洪武时期一些广底的大型盘、碗类器物的底部往往刷有一层赭红色的浆料,刷痕明显(图19)。这种现象多见于釉里红瓷,在一些青花瓷中也有。这种特征仅见于景德镇洪武瓷,不见于其他时期的瓷器,与元代及明代无釉砂底上自然形成的火石红也明显不同。这种赭红色的浆料多施于无釉砂底表面,也有施于底釉之上。

9. 洪武青花瓷由于使用国产钴料,发色青中带有灰暗的色调,不如使用进口苏麻离青的元青花和明永、宣青花那么浓翠鲜丽,即使在青花浓重处也不见黑疵。洪武时期青花发色不好,其主要原因可能是进口优质青料的中断。这种中断是否延续了整个洪武时期,洪武早期是否有前代遗留的进口青料? 这些问题尚待进一步研究。

10. 从现有材料看,洪武时期景德镇生产的一部分高足杯已经摒弃了元代用胎泥连接杯身和杯把的做法,而开始用釉料进行连接。这种釉接法是明代高足杯的制作特点之一。

(二) 器物造型

洪武瓷器的造型仍带有较多的元代瓷器造型硕大雄健、古朴浑厚的遗风,也显露出它正力图摆脱元瓷厚重粗笨的作风,孕育着以秀美飘逸而著称于世的明代永乐瓷器造型的雏形。目前能够确认的洪武瓷器的器形并不多,主要有碗、盘、盏托、玉壶春瓶、执壶、盖罐、高足杯、梅瓶等。其中大部分器物继承了元代瓷器的造型风格,但多有显著的变化。与此同时,这个时期还出现了一些新的器形,是元代所没有的,也为明永乐、宣德时所不见。

1. 碗　在内壁有印花的二色釉和单色釉瓷器中,大部分是碗,口径在16—20厘米之间，侈口、深腹，造型与元卵白釉印花碗相似，唯圈足稍大稍矮。洪武时期的青花和釉里红瓷器当中有一部分是口径为20厘米或40厘米的大碗和特大碗，造型作直口或侈口、深腹、圈足大而矮，有的圈足内施釉。这种与元代的大碗不同，也不见于后代，应该是典型的洪武瓷造型。

　　2. 盘　有两类，一类是口径在44厘米以上的大盘，元代及明永乐、宣德均有制作。与元代大盘一样，洪武大盘多作板沿，有圆口和菱花口两种。菱花口大盘一般为模制，盘壁多作十二或十六瓣莲瓣，整个大盘形如一朵盛开的莲花（图20）。元代的菱花口大盘一般只是口沿部分作花口，未见盘壁也作花瓣状，一种口径为30厘米左右的盘有作莲花造型的，但其圈

图20　釉里红花卉纹菱花口大盘（上海博物馆藏）

足较小。另一类是中小型盘，口沿外撇或稍敛，广底，圈足大而矮，与永、宣盘相类。

　　3. 盏托　以青花或釉里红花卉为装饰的花口盏托，是洪武时期特有的器物，口径一般在20厘米左右，器身较平坦，口部一般作八个莲瓣，盘心有一周凸棱，应是扣在承托的器物圈足之内，起稳定作用。

　　4. 玉壶春瓶　元代的玉壶春瓶多承宋制，为敞口，颈部瘦长，颈以下渐广，椭圆形腹，圈足略高并稍稍外撇。洪武玉壶春瓶与元代相比，颈部明显粗短，腹部略为丰满，圈足浅矮。这种造型颇具永乐玉壶春瓶的风格。

　　5. 执壶　有大小两种。大者高约32—33厘米，器身作玉壶春瓶形（图21），一侧为长流，流口略低于壶口，流与壶之间以如意形云板相连，另一侧为柄，高度与壶口齐平，上端有一小环，应是以金属链连接壶盖之用，柄的下端常见三个绘有钱纹的小圆饼装饰。壶身的特征与同时代的玉壶春瓶相同，据此可以断代，唯口部作盘口，以承壶盖之子口。小型执壶因其形如梨而被称作"梨壶"，又因器小似作盛放酱醋类调料之用故又称"卤壶"。洪武梨壶仅见白瓷，其造型与永乐梨壶相比略感丰满，且洪武梨壶为印花装饰，永乐多见线刻暗花，宣德则多无纹。

　　6. 盖罐　洪武的青花或釉里红盖罐的造型基本上沿袭元代风格，为直口、广肩、鼓腹、敛足，唯腹部比较浑圆，鼓出的程度往往不及元代。北京德胜门外出土的青花瓜棱大罐和上海博物馆、故宫博物院、日本梅泽纪念馆等收藏的釉里红大罐的造型相

图21　青花缠枝菊花纹执壶（故宫博物院藏）

图22　明洪武　景德镇窑青花"春寿"铭龙纹梅瓶（上海博物馆藏）

同，都为侈口、丰肩、敛腹、撇足，腹部作瓜棱形，饰以串枝花卉纹，其高度在50厘米以上，有的还有荷叶盖。这种大罐又被称为"石榴罐"，是洪武时期特有的造型。

7. 高足杯　洪武高足杯基本沿袭元代的造型，杯身多作撇口、直腹，杯柄为竹节形。唯洪武高足杯开始采用釉接新工艺，当然此时有的高足杯仍然沿用胎接工艺。

8. 梅瓶　元代梅瓶的造型特点为小口，口部为六方形或圆形，颈部剖面多呈上窄下宽的梯形，广肩，肩部以下急剧收敛直至底部。洪武梅瓶的口部一般作直口或侈口卷唇，颈部不再是梯形，肩部比元代要圆润，表现出向永、宣梅瓶小口外侈圆唇、圆肩、腹部较为丰满的造型过渡的趋势。上海博物馆和日本、英国的博物馆分别收藏的青花"春寿"铭龙纹梅瓶（图22）的造型为束腰、撇足，比较特殊。永乐个别梅瓶也有类似的造型，但是束腰、撇足的程度洪武远甚于永乐。

（三）装饰特点

从装饰技法看，洪武瓷器主要运用印花、釉下彩绘、釉上彩绘和颜色釉等。白瓷和颜色釉瓷器的装饰主要是印花，与元代的白瓷相同，而永乐、宣德的白瓷多为较浅的线刻花纹，元代和永、宣的颜色釉则少有印花装饰。以青花和印花相结合装饰同一件器物始于元代，但是元代是将这两种不同的装饰手法相结合用于同一组纹饰，如主题纹饰的花朵用印花表现，再以青花勾勒出花瓣、枝叶，形成白色花朵与青色枝叶、浮雕状的印花与平面的青花色调的对比；而洪武青花瓷上用青花表现一组纹饰，以印花表现另一组纹饰，两者分别装饰在器物的不同部位，最常见的是盘，盘心绘有青花云龙纹，盘内壁则有印花的行龙纹，这是洪武瓷器的一个特点。以两种不同的颜色釉施于同一件器物之上也是洪武所独有的装饰手法。

从装饰的布局看，洪武瓷器纹饰的层次比元代明显减少，图案主题鲜明，边饰仅仅起衬托主题和辅助装饰的作用，没有元代瓷器纹饰层次繁多的倾向。但是纹饰的繁密程度的减弱却不很明显，特别与永乐瓷器装饰的疏朗清新风格相比较，给人一种滞重的感受。

洪武瓷器装饰的题材以花卉为主，最常见的有缠枝菊花、缠枝牡丹和缠枝莲花以及其他各种花卉，也有串枝花卉和折枝花卉；其次是云龙纹。此外还有飞凤、莲池、芭蕉、山石、松竹梅等。辅助纹饰主要是各种边饰和用作间隔的带状花纹，有勾连回字、波涛、变形莲瓣、卷草、蕉叶、云肩、灵芝及缠枝或串枝的各种花卉等。与元代相比,洪武瓷器装饰题材比较单纯,动物纹的比例有较大幅度的减少,这奠定了永乐瓷器以花卉纹饰题材为主的基础。洪武瓷器纹饰的内容虽然也见于元代,但纹饰的形式或多或少发生了一些变化,与永乐、宣德时期的花纹形式也有诸多不同。

1. 缠枝菊花　在洪武的釉里红和青花瓷器中,缠枝菊花纹的一个特点是多见扁形菊花,有的还以缠枝扁菊为主题花纹。元代虽然也有缠枝菊花纹,但多作为辅助花纹。洪武的扁菊花呈椭圆形,花芯作斜网格纹,花芯外以双线描轮廓;菊花瓣有两重,里层线描不填色,外层花瓣填色,并在每一花瓣的顶端和一侧留有白边,用来表现花瓣之间的间隔,使菊花花瓣的每一层轮廓和层次都表现得很清楚;菊花叶一般在叶茎的两侧各有两个分叉,形状比较随意,也有两侧各有一个分叉或一侧为一个分叉另一侧为两个分叉的,显得比较活泼。这种扁菊花形式脱胎于元青花上的菊花纹,但是元代的菊花或无二重花瓣,或无网格纹花芯,或花形周圆。个别元代青花大盘上的菊花与洪武扁菊类似,但花瓣间的留白比洪武窄,花芯外也只以单线描画轮廓,而且花叶每侧均为三个开叉,形状比较规矩,与洪武扁菊花终不能一样。这种扁菊到永、宣时基本看不到了。

2. 缠枝牡丹　缠枝牡丹是洪武瓷器上常见的主题纹饰。牡丹的形象与元代十分相似,花瓣周缘单线勾勒,花瓣内填色。唯牡丹叶显得瘦削,远不及元代那么圆浑饱满,叶形也富有变化,没有元代那么规矩、呆板。

3. 缠枝莲花　元代和明初瓷器上的莲花因其花形与传统荷花不同,且具有图案化特点,因此被称为“番莲”。元代的莲花花瓣一般呈麦粒形;花芯一种为石榴形,称为“海石榴花”,另一种为心形或圆形花芯。莲叶为规矩的葫芦叶。洪武瓷器上的莲花有了新的变化,花瓣除麦粒形外,还有变形的莲瓣形和变形的麦粒形,花芯除了石榴形和圆形之外,还出现了在圆形花芯周围缀以联珠纹的新形式,花形更显图案化而有宝相花的意味。莲花叶虽然仍然带有葫芦形,但已不是那么规矩,而且也比元代的瘦小。总之,莲花的形式与永、宣的缠枝莲花更为接近。

缠枝花卉是以植物的枝干或藤蔓作骨架,向上下、左右延伸,形成波浪式的二方连续或四方连续的图案。洪武的缠枝花卉多为二方连续的形式,主要装饰于器物的周壁。最常见的形式是作为骨架的枝蔓显露在外作波浪形,置主花于波谷之中,在主干之上另有枝条沿主花作圆弧形环绕近一周,以连接主干与花朵,枝干缠转流畅,节奏鲜明,具有很强的装饰性。元代的缠枝花卉形式有所不同,一般将主花置于作为骨架的枝蔓之上,使枝干隐现,缠枝显得比较平直。也有似洪武缠枝花卉那样作圆弧形环绕的,但环绕一般只有半周。这也是洪武与元代及永乐、宣德朝缠枝花卉图案的区别之一。

4. 云龙纹　在元代景德镇窑生产的瓷器上,云龙纹是重要的装饰主题之一,卵白釉瓷器上有印花云龙纹,青花瓷器上有青花云龙纹,在青白瓷和釉里红器上也有刻花云龙纹。在古代中国,龙纹长期以来是最高统治者的象征,百姓不得僭越。元代对龙纹的使用曾经作出明文规定,据《元史》卷七八《舆服志》记载,仁宗在延祐元年(1314)十二月“命中书省定立服色等第”,规定“蒙古人不在禁限,及见当怯薛诸色人等,亦不在禁限，惟不许服龙凤文。龙谓五爪二角者"，连一等公民蒙古人也在"不许服龙凤文"的禁限之内。并规定"职官服""器皿""帐幕"等均不得违例。(后)至元二年四月，顺帝又下诏"禁服麒麟、鸾凤、白兔、灵芝、双角五爪龙、八龙、九龙、万寿、福寿字、赭黄等服"[1]。元代的五爪龙纹仅见于枢府卵白釉瓷器上的印花龙纹，在青白瓷及青花、釉里红瓷器上只有三爪和四爪的龙纹。实际上，元代对禁令的实施并不十分严格，以致有五爪龙纹的瓷器流入民间，如上海青浦元代任氏家族墓地就曾经出土卵白釉印花五爪龙纹高足杯[2]。1976年在韩国新安郡道德岛附近的海底发现一条沉船中出水的一万多件中国元代瓷器中，就有景德镇生产的有印花五爪龙纹的卵白釉瓷器[3]。另据元、明间著名学者陶宗仪在《元代掖庭侈政》中记述，元顺帝经常赏赐金帛给他的宠妃龙瑞娇，其中有："麒麟、鸾凤、白兔、灵芝、双角五爪龙、万寿福寿字、赭黄等缎以巨万数。娇乃开市于左掖门内发卖诸色锦缎，如有买者仍给一帖令不相禁，……由是，京师官族富民及四方商贾争相来买，其价增倍，岁得银数万……"元代瓷器上的龙纹，矫健有力，其体态大都为小头、细颈、长身、四肢露骨有力，而且头部描绘较为简单，双角，多无毛发或毛发较稀疏，整体上给人以野而不驯，具有无比神力的感觉。龙多作飞天状，以云纹等衬托，喻其云游四海。

明代初年，对龙纹的使用也有严格的规定，如洪武三年八月，朱元璋"诏中书省，申禁官民器服不得用黄色为饰及彩画古先帝、后妃、圣贤故事、日月、龙凤、狮子、麒麟、犀象之形。如旧有者限百日内毁之"[4]；不久以后，对官员则允许"自一品至六品穿四爪龙，以金绣为之"[5]；到洪武二十四年六月"己未诏六部都察院同翰林院诸儒臣参考历代礼制更定冠服居室器用制度"，规定"官员人等衣服帐幔并不许用玄黄紫并织锦龙凤文"，"官民人等所用金银磁碗等器并不许制造龙凤文"，"官民人等所用床榻不许雕刻龙凤并朱红金饰床帐不许用玄黄紫及织绣龙凤文"[6]，龙纹的禁用范围扩大到所有官员。洪武瓷器上的五爪龙纹主要见于白釉和颜色釉印花云龙纹盘和碗，青花瓷器上的龙纹基本上是三爪和四爪，五爪的特别少见。洪武龙纹的形态基本上承袭了元代的风格，以小头、细颈、长身为基本特点，头部大都已有平直后掠的披发，龙颈部的毛发向上竖起应出现在洪武末期或永乐初期。按照当时的规定，有龙纹装饰的瓷器应该是御用或官用，是朝廷或官府到景德镇定烧的，或是由当地组织生产的贡瓷。到永乐、宣德时，五爪龙已成为官窑瓷器的标准形象。在青花瓷器上，永、宣龙纹与元代及洪武相比有了明显的改变，龙的头部变大，身躯与四肢较为粗壮，颈部有浓密的毛发，或披或竖，神态凶猛、威严，强调龙象征至尊无上的地位。

元代和洪武时期的龙常与云纹相伴。元代云头多作如意形，云脚细长，这种大头细

[1]《元史》卷三九《顺帝纪二》，中华书局，1976年。
[2] 沈令昕、许勇翔：《上海市青浦县元代任氏墓葬记述》，《文物》1982年第7期。
[3] 新安海底沉船。
[4]（明）胡广等纂修：《明实录·太祖实录》卷五五，"中研院"历史语言研究所，1962年。
[5]（明）胡广等纂修：《明实录·太祖实录》卷八一，"中研院"历史语言研究所，1962年。
[6]（明）胡广等纂修：《明实录·太祖实录》卷二○九，"中研院"历史语言研究所，1962年。

尾的特点被形象地比喻为"蝌蚪云";洪武时云纹多作"风带如意"形,云头如意形不如元代规整,云脚较粗,并向一侧弯曲。另外,洪武的白釉、颜色釉和青花加印花的碗、盘的内心常饰以线刻的云纹与印花龙纹相伴,这种云纹有两种形式,一种是三朵具有二重如意头的风带云作品字形排列,另一种是上下两朵如意云头之间以较粗的S形云带相连。这两种形式的云纹均不见于元代,永、宣以后的云纹常有二出、三出或四出的风带,与洪武时截然不同。

5. 芭蕉、竹石与松竹梅   洪武青花、釉里红瓷器上的庭院,芭蕉竹石之间常常缀以栏杆、亭榭等,俨然一派江南园林的景象,具有较高的文化意境。这种题材装饰元代很少见,但是山石、芭蕉等在典型元青花上却常见。芭蕉形象洪武富于变化而元代略显呆滞,叶中茎洪武多留白而元代往往填色,叶的开叉洪武要多于元代。洪武时期山石的画法也出现了新的变化,即在山石的外缘之外再以细线勾勒,这是元代和明永、宣瓷器上所没有的特点。

松竹梅又称为"岁寒三友",是中国绘画的传统题材。在典型元青花中已有这类图案,在一些人物故事题材的器物上也有以松竹梅为背景的。元代的松针大多为扇形,也有以写实手法将松针绘成马尾形;竹叶较为宽大;梅花花瓣及花蕾均以线条勾边。洪武的松针多作团球形,与永、宣松针相似;竹叶较为狭长,向上或向下,与永、宣竹叶呈海星状分布有别;梅花五个花瓣类元代梅花但比元代清晰,而与永、宣梅花不同。

6. 云肩   以如意形云头饰于器物的肩部,称之为"云肩"。元代的云肩比较宽大,一般四个或六个绕一周,在圆形器物的肩部作对称分布,云头之间边线相连,恰似一个反方向的如意头。云头内有以水波为地,绘白马、荷花之类,也有绘有各种折枝或缠枝花卉,有的还以花卉作地绘上大雁、飞凤、麒麟等祥瑞动物。总之,元代如意云头内纹饰十分细致繁复。洪武瓷器上的云肩发生了较大的变化。首先,云头变小,仅仅作为不十分醒目的一周带状纹饰,个别虽然还比较大,但仍比元代瘦小,且呈一大一小相间分布,云头之间的连线也较简单,仅以双弧曲线相连。其次,云头内的纹饰大大简化,有的在云头内绘以折枝花卉,有的绘以叶脉纹的线条,有的仅仅填色。到永乐、宣德以后,云头内填绘折枝花卉的形式一直延续下去,而那一类填色的云头则进一步简化为仅以线条描绘的如意纹。

7. 变形莲瓣   变形莲瓣是最常见的边饰,多作为器物下部的装饰,也有装饰于口沿及器盖的边沿处。与元代相比,洪武瓷器上的变形莲瓣纹的两肩较为圆润,并开始出现边框只勾线而不填色,而元代的莲瓣两肩方折,莲瓣勾线后必填色;洪武莲瓣纹每瓣间常互相借用边线相连,而元代则每瓣分开不借用边线各自独立。在莲瓣内,元代常常精心描绘如意云头、各种花卉、杂宝等,而洪武的莲瓣内则多见单线勾描的涡卷纹、宝相花等。永乐、宣德时期的仰、覆莲瓣纹或作双层错位重叠,在外层每两个莲瓣之间露出里层莲瓣的瓣尖,莲瓣内或单纯填色,或描绘排列规则的佛教"八吉祥"——轮、螺、伞、盖、花、罐、鱼、长(盘肠)图案,完全改变了元代和明初洪武时期的形式。

8. 蕉叶纹   在颈部较长的一类器物的颈部饰以一周蕉叶纹,是元、明瓷器惯用的装饰手法。瓷器上的蕉叶纹来源于商周青铜器的纹样。元代的蕉叶纹中茎满色，洪武蕉叶纹的中茎仅以线条勾出，不填色，留白；元代蕉叶狭长瘦尖，洪武蕉叶则稍阔。永乐、宣德蕉叶纹基本沿袭洪武的画法。

9. 回字纹　瓷器上的回字纹与青铜器上的云雷纹类似。用二方连续的回字作为器物口沿或圈足的边饰为元、明瓷器所常见。元代的回字都是单个回字排列而成，纹饰屈折方向一致；洪武的回字纹均为一正一反相连，与青铜器上的勾连云雷纹相似。永乐以后的回字纹均继承了洪武的形式，因此可以把它作为区别元代瓷器和明代瓷器的标准之一。

10. 波涛纹　在一些元代瓷器的口沿或纹饰之间的间隔经常以带状的波涛纹装饰，在云龙纹之下也常见波涛纹。元代的波涛纹极富特点，先以较粗的线条绘出波涛的外缘，然后在粗线条之上绘以细密的同一方向曲线，带有抽象的意味，给人以强烈的律动感。洪武瓷器上波涛纹的运用明显减少，一般仅见于碗、盘类器物的口沿，波涛的风格来自元代，唯形式要简单许多，一般先以较粗的线条在中间画一条不规则的曲线表示主浪，其间缀以几个小圆圈表示水珠，在曲线的上下两侧分别绘以竖排的短弧线表示波纹。到明永乐、宣德时期，波涛纹的画法发生了较大变化，一般采取比较写实的手法，在蓝色的波纹中以白色表示浪涛，十分逼真。因此，元代、明洪武和永、宣的波涛纹各具特色，有鲜明的时代特色。

原载《文博研究论集》，上海古籍出版社，1992年

略论元代青花瓷器中的伊斯兰文化因素

一、导　言

　　元代景德镇生产的青花瓷器在中国陶瓷史上占有十分显要的地位,这不仅是因为其造型硕大雄健,装饰精巧鲜丽,还在于它的出现改变了以往中国瓷器重釉色、轻彩绘的传统,它将中国的绘画技巧与瓷器装饰艺术有机地结合起来,从而开创了我国明清时期绚丽多姿的彩瓷发展的先声。同时,它为元代景德镇窑的迅速崛起,继而雄踞中国瓷业的中心地位也起了相当重要的作用。

　　对元青花的认识肇始于20世纪50年代美国华盛顿弗利尔美术馆的约翰·波普博士(John Alexander Pope),当时他由伦敦大学大维德基金会(David Foundation)收藏的一对有"至正十一年"铭的青花象鼻耳云龙纹瓶入手,并对照收藏于土耳其伊斯坦布尔的托布卡普王宫博物馆(Topkapu Sarayi Museum)和伊朗阿塞拜疆的阿迪比尔圣寺(Ardebil Shrine)的具有相似风格的青花瓷器,对中国元代景德镇生产的青花瓷器进行了系统的考察,提出了著名的"至正型青花瓷器"理论[1]。此后,海内外掀起持续的研究元代青花瓷器的热潮。几十年来,随着新材料的不断发现和研究的不断深入,目前我们对中国青花瓷器起源发展的脉络已基本弄清,学术界对"至正型青花瓷器"——典型元代青花瓷器(以下或简称元青花)的生产时间也有了比较一致的看法,即为元代后期景德镇窑所生产,其上限不超过14世纪30年代,下限为至正十二年(1352)红巾军攻占饶州时止。因为此后十余年,景德镇及附近地区是元末农民起义军与元军进行战斗的中心地区之一,连年兵燹不绝,景德镇窑不可能在战争环境中维持正常的生产。综观以往的研究工作,成果卓著,但其中涉及文化内涵分析的却不多见。笔者在此试就元青花中所包含的外来文化影响——伊斯兰文化因素及其产生的原因进行一些探索,并希冀以此抛砖引玉,把这方面的研究向前推进一步。

---

[1]　见 "Fourteenth Century Blue and White: A Group of Chinese Porcelains in the Topkapu Sarayi Muzesi, Istanbul", *Freer Gallery of Art*, Washington, 1952. 及 "Chinese Porcelains from Ardebil Shrine", *Freer Gallery of Art*, Washington, 1956.

二、对"伊斯兰文化"的界定

　　本文涉及的"伊斯兰文化",是指13、14世纪中亚、西亚主要信仰伊斯兰教地区的文化。它包括思想意识、艺术和风俗,而以艺术形式为主。它既是一种宗教文化,也是一种地域文化,同时还包含了一些传统文化的因素。

　　伊斯兰教是穆罕默德于公元7世纪在阿拉伯半岛创立的一种信仰真主为唯一之神,他是创造万物、掌握一切、无形象、无方位、无所不在的宇宙主宰;穆罕默德是真主的使者;反对一切偶像崇拜的宗教。它随着阿拉伯世界的统一以及对中亚、西亚地区的征服而逐渐发展。但是伊斯兰文化并不等同于阿拉伯文化,因为伊斯兰文化的主角不仅仅限于阿拉伯民族,它同时还包括叙利亚人、伊朗人、科普特人、土耳其人、柏伯尔人和印度人等其他民族。伊斯兰文化无疑受到伊斯兰教义的深刻影响,但它并不是单纯的伊斯兰教文化,因为伊斯兰教作为一个后起的宗教,在它创立的过程中曾经吸收了其他宗教的精华和文化因素。我们可以把伊斯兰文化理解为:以阿拉伯人及其所创立的伊斯兰教为本,同时不断吸取各地区各民族优秀文化遗产而形成的一种新的融合文化。

　　13、14世纪的伊斯兰文化,正是这种深受伊斯兰教影响,同时包容了众多在中亚、西亚流行的诸如阿拉伯、波斯、拜占庭以及希腊、罗马等传统文化因素的文化。在中国的典型元青花上,我们也能看到其中所包含的伊斯兰文化因素。

三、对元代青花瓷器的造型中伊斯兰文化因素的分析

　　据不完全统计,目前全世界收藏的基本完整的典型元青花瓷器见于著录的不足三百件,其国内收藏者约六十件,大部分是1959年以后陆续出土的。国外公私收藏品为二百余件,有相当部分是当时通过贸易等途径输往中亚、西亚及南亚、东非等地,以后又辗转流传到世界各地的。土耳其伊斯坦布尔托布卡普宫博物馆和伊朗国家博物馆的收藏最富,前者有四十件之多,后者也拥有约三十件(为原阿迪比尔圣寺藏品)。

　　元青花的造型特点是硕大雄伟,与唐宋时期中国瓷器的造型风格迥异。器形包括大盘、大碗、直领盖罐、盘口兽耳盖罐、梅瓶、玉壶春瓶、盘口瓶、葫芦瓶、执壶、扁壶、高足碗、高足杯、器座、托盏和匜等。其中不乏继承传统造型演变而来的器物,而大盘、大碗、扁壶、高足碗和器座等则是明显带有伊斯兰文化因素的器形。

　　1. 大盘　造型多为折沿、弧腹、广底,圈足大而矮。有菱花口(图1)和圆口两种(图2)。菱花口大盘的口沿多作十六瓣花状,也有作十三、十四或十七瓣花形的,但盘壁一般不分瓣,这与明初洪武及永乐、宣德大盘有别。圆口大盘一般饰以白地蓝花;菱花口大盘则兼饰白地蓝花和蓝地白花,白花部分明显凸起。大盘的口径通常在40厘米以上,

图1　元　青花蕉叶山石纹菱花口大盘（上海博物馆藏）

图2　元　青花雉鸡竹石花果纹大盘（英国伦敦维多利亚与艾伯特博物馆藏）

图3　11世纪　波斯银盘（美国波士顿美术馆藏）

图4　15世纪　波斯绘画《参加宴会的贵族》（土耳其托布卡普宫博物馆藏）

有大至57厘米者，以40—50厘米最为常见。这种大盘与中国传统的瓷器造型不同，也不符合中国人的器用习惯，而与中亚、西亚地区陶制和金属制的大盘十分相似。美国波士顿美术馆有一件11世纪伊斯兰银盘，口径为43.5厘米（图3），与青花大盘类似。伊斯兰地区的饮食习俗通常是将食物置于大盘之中，众人席地或围桌而坐，共同食用。土耳其托布卡普宫博物馆图书馆收藏的15世纪波斯手抄本图书中就有生动表现这种风俗的绘画作品（图4）。中亚、西亚以及我国新疆地区的人民至今仍保留着这种习俗。在西亚、东非地区，还有将元青花大盘装饰建筑外墙、居室和陵墓的现象[1]。在现存的典型元青花中，以大盘的数量最多，国外收藏逾百件，而国内收藏仅几件，因此青花大盘应是为输出

[1]　[日]三上次男：《陶磁の道》，东京岩波书店，1969年。

图5　元　青花莲池鸳鸯纹碗(日本大阪市立东洋陶瓷美术馆藏)

图6　元　青花双龙戏珠纹扁壶(日本东京出光美术馆藏)

图7　元　青花缠枝莲花鸳鸯纹高足碗(英国牛津大学阿什莫林博物馆藏)

伊斯兰地区而生产的。

2. **大碗**　有敞口和敛口两种,深腹、圈足较小。口径一般为30厘米至40厘米,大的达58厘米(图5)。这类大碗是中东地区的常用器皿,特别是自9世纪以后,直径30厘米以上的彩绘陶碗在波斯地区十分流行。美国波士顿美术馆一幅波斯绘画表现一群男子正在野外饮酒作乐,从画面上看,盛酒的大碗大的口径达70—80厘米,小的也有30—40厘米。这幅绘画作品很形象地说明了这种大碗的用途。

3. **扁壶**　器身呈扁长方形,上有筒形小口、卷唇、两侧圆肩,各有龙形双系(图6)。这种器物带有浓郁的异国情调,明显不是中国的传统。虽然在伊斯兰陶器或金属器中我们尚未见到相似的器物,但就其功用来看,应是便于随身携带的盛器,对于善于经商而经常外出的穆斯林是非常适宜的。传世至今的元青花扁壶仅见五件,且都在国外[1]。龙泉窑青瓷中也有类似扁壶的器物。

4. **高足碗**　敛口、深腹、圜底,下连喇叭形高足(图7)。目前仅见三件,一件较大,口径37厘米,收藏于伊朗德黑兰国立考古博物馆;另两件口径为16厘米左右,一件是英国牛津大学阿什莫林博物馆的藏品;还有一件是1975年新疆伊犁霍城县一处窖藏出土的[2]。它们与美国纽约大都会博物馆的一件13世纪后半叶叙利亚的描金玻璃高足碗的造型十分相似(图8)。新疆霍城县窖藏还同出一件嵌银铜碗,除高足稍矮之外,造型也很相似,从其装饰看,无疑应是波斯、中东一带的产品。美国克利夫兰美术馆收藏的一件嵌银铜碗则与之完全相同(图9)。入元以后,高足器重新盛行,一方面是为了适应蒙古人入主

---

[1]　它们分别为土耳其托布卡普宫博物馆、伊朗国立考古博物馆、英国维多利亚和艾伯特博物馆、日本出光美术馆和Harry爵士的收藏品。

[2]　新疆博物馆:《新疆伊犁地区霍城县出土的元青花瓷等文物》,《文物》1979年第8期。

图8 13世纪 叙利亚的描金玻璃高足碗(美国 大都会博物馆藏)

图9 13世纪 中亚嵌银铜碗(美国克利夫兰美 术馆藏)

中国以后所带来的新的时尚,同时它也适合于伊斯兰地区人民惯于席地生活的传统。

5. 器座 器物上下侈口,中空无底,中段陡直,均布六个菱形镂孔(图10)。与冯先铭先生考为"盘座"的宣德青花无挡尊相比虽然造型并不完全一样,但它们应属同一类器物。其用途是将大盘置于其上,方便席地而坐的人们取食。其原型是13世纪西亚流行的黄铜盘座。

元代青花瓷器中其他器形,如梅瓶、玉壶春瓶、执壶及葫芦瓶等,虽亦见于前代,但器物造型多有所变化,特别是八方造型的器物在以前较为少见。目前所见,国内有出土的八方形梅瓶、玉壶春瓶和执壶,国外有传世的八方形梅瓶、玉壶春瓶和葫芦瓶(图11)。八方形器物与我国陶

图10 元 青花缠枝花卉纹器座(英国牛津大学 阿什莫林博物馆藏)

图11 元 青花飞凤虫草纹八方葫芦瓶(土耳其 托布卡普宫博物馆藏)

瓷器传统的回旋体造型相比较,器物的线条更鲜明,给人一种挺拔硬朗的感觉,它与中亚、西亚金属器一般为多角棱边的传统造型比较接近。在伊斯兰地区流行的几何花纹中,常见八角星形系列的各种变形图案,若将各顶角相连,即为正八边形。这种图形具有一种内聚力,给人自足、安定之感。另外,12世纪波斯纺织品上流行八边形开光装饰,美国底特律美术研究所和英国伦敦维多利亚和艾伯特博物馆分别收藏有伊朗拉伊制造的绢上就有这种装饰。建于公元7世纪著名的耶路撒冷"岩石圆顶"圣堂也采用了八边形的平面布局。将这种八边形的图形移植到瓷器造型上,就是元青花中的八方形器物。因此,它与伊斯兰艺术应该存在一些内在的联系。

四、对元代青花瓷器的装饰中伊斯兰文化因素的认识

从元代青花瓷器装饰中,亦可找出伊斯兰文化的影响。

作为青花主色调的蓝色,很容易让人联想起天空、海洋、湖泊、远山和冰雪。伊斯兰文化圈的波斯、中东地区有相当部分地处内陆高原或炎热的沙漠,蓝色会引起人们美好的联想。与此同时,蓝色又是崇高、深远、纯洁、透明的象征,蓝色的所在,往往是人类知之甚少的地方,如宇宙和深海,令人感到神秘、渺茫和静肃,与伊斯兰教所宣扬的教义及所追求的"清净"境界相符。因此用蓝色装饰器皿和建筑就成为伊斯兰文化的传统。耶路撒冷的"岩石圆顶"圣堂内部有保存完好的镶嵌画装饰,其基本色调是

图12　9世纪　白釉蓝彩树木纹陶盘(美索不达米亚出土)(伊朗国家博物馆藏)

浅蓝色、深蓝色和金色[1]。9世纪在美索不达米亚就已流行用钴料作为釉下彩装饰陶器(图12)。经检验,我国唐三彩上的蓝彩和唐青花所用的钴料正是从西亚地区输入的[2]。从12世纪起,在伊朗、伊拉克、摩洛哥及西班牙等地出现用彩色釉砖组合图案装饰清真寺和宫殿。建于14世纪的伊朗大不里士的加布多清真寺和西班牙格拉那达的阿尔罕木拉宫殿的壁画装饰就是早期彩釉砖装饰的代表作,在这些彩釉砖装饰中,蓝色发挥了很重要的作用[3]。随着这种装饰方法的发展,蓝色在伊斯兰建筑上所占的比重越来越大,终于

---

[1]　杨逸咏主编:《世界建筑全集》第三卷《回教建筑》,台北光复书局,1984年。另[法]格鲁塞:《近东与远东的文明》汉译本,上海人民美术出版社,1981年,第84页。
[2]　张志刚等:《唐代青花瓷与三彩钴蓝》,《景德镇陶瓷学院学报》1986年第1期。
[3]　杨逸咏主编:《世界建筑全集》第三卷《回教建筑》,台北光复书局,1984年。

作为最重要的颜色成为装饰的主流,如伊朗伊斯法罕的清真寺、土耳其伊斯坦布尔的宫殿等就是具有典型伊斯兰装饰风格的建筑(图13)。与此相反,蓝白相间的花纹装饰并不是我国传统的装饰色彩,就陶瓷器而言,唐三彩中蓝色仅作为点缀,始终处于从属的地位;唐、宋和元代早期的青花瓷器发展缓慢,不仅质量不高,而且数量也很少。这些都说明在一个相当长的时期内,由于蓝色花纹装饰不符合中国人的审美情趣,因此未能得到社会的认可,其发展自然受到阻滞。典型元青花是在外销的刺激下迅速发展起来的,其鲜丽浓艳的呈色当时也似乎没能引起国内人们的注意,迄今为止,国内不仅发现的元青花数量少,出土元青花标本的遗址也远不如国外多,这正说明其市场主要在国外。科学测试结果也表明,元青花所用的钴蓝料是一种高铁低锰且含砷的原料,与

图13　伊朗　伊斯法罕谢鲁杜阿拉清真寺外景

西亚的钴矿成分相近[1]。元人忽思慧在他的《饮膳正要》一书中介绍了一些产自"回回地面"的物产,如被归入"米谷品"中的"回回豆子","菜品"中的"回回葱"(洋葱),"果品"中的"八檐仁""必思答"以及"料物"中的"咱夫兰"(红花)、"马思答吉"和"回回青"。称"回回青,味甘,寒,无毒。解诸药毒,可敷热毒疮肿"[2],其性与《开宝本草》中"出大食国"的"无名异"相同。另据明代《宣德鼎彝谱》和《天工开物》记载,"无名异"是用作瓷器青色的色料[3]。由此看来,元代的"回回青"除作药用之外,还被用作青花料。"回回"是元朝时对中亚、西亚伊斯兰地区和穆斯林的称呼,"回回青"无疑就是从伊斯兰地区进口的钴料。这种输入原料、制成青花瓷再返销的做法,正是"来料加工"贸易形式的雏形!

　　典型元青花的装饰以层次丰富、布局严谨、图案满密为特点,完全改变了宋代及元代早期青花瓷器装饰以布局简疏的化卉为多的传统,形成了自己独特的、具有浓郁伊斯兰文化意味的风格,使人很容易联想起中亚、西亚地区的陶器、金属器、玻璃器、染织以及建筑装饰。就元青花纹饰的布局形式来看,在瓶、罐等琢器上,主要采用横向带

[1]　陈尧成等:《历代青花瓷器和青花色料的研究》,《硅酸盐学报》1978年第4期;[日]矢部良明:《元の染付》,见《陶磁大系》第41卷,东京平凡社,1974年。

[2]　(元)忽思慧:《饮膳正要》第三卷,《四部丛刊续编》子部。

[3]　汪庆正:《青花料考》,《文物》1982年第8期。

图14　13世纪　伊斯兰彩绘陶盘

图15　13世纪　伊斯兰彩绘陶碗

状分区的形式,纹饰的层次繁复,一般有七八个层次。在八方造型的器物上多利用器物的棱边作纵向的分区。在盘、碗等圆器上,则采用同心圆分区的方法多层次地进行装饰。这些都是典型的伊斯兰式布局,在13世纪或14世纪早期西亚的金属器皿和陶器上很容易找到它们的原型(图14)。典型元青花上纹饰的描绘以纤细工丽而著称,线条酣畅流利、笔意准确细腻、纹饰形似酷肖,加上层次繁复,遂形成一种花团锦簇、少有空隙、刻意求工的艺术格调,与波斯绘画作品表现主题一览无余、直露浅近的作风一脉相承;而与当时中国绘画崇尚简逸、讲究含蓄、重视主观意兴的抒发,把形似放在次要地位恰形成鲜明的对照。

典型元青花的装饰题材,有人物故事、动物、植物以及几何图形。人物故事一般以元曲为本,人物造型多为宋装,偶尔也可见到元装人物。这类题材前代少见,它的出现,一方面受到元代勃兴的戏曲艺术的影响,其内容大多可在唱本的版画插图上找到原形;另一方面,12至13世纪波斯彩绘陶器盛行人物形象装饰(图15),它对于中国制瓷工匠将故事画移植到瓷器装饰上或许起了一定的借鉴作用。

元青花上的动物题材也十分丰富,龙、凤、鹤、雁、鸳鸯、孔雀、鹅、鸭、鹭鸶、海马、麒麟、锦鸡、狮、鱼、螳螂、蟋蟀等都可以在瓷器纹饰上找到,几乎包括了飞禽、走兽、游鱼、鸣虫等各种动物门类。它们也是中国传统装饰中常见的题材,惟狮、马、瑞兽等形象在西亚艺术品上更为多见。

元青花上的植物纹十分发达,虽然基本上可以在唐、宋以来的传统图案中找到其渊源,但是仍然使人强烈地感受到其中带有伊斯兰地区流行的著名的"阿拉伯式花纹"的意味。所谓"阿拉伯式花纹",在世界艺术史上专指那种以柔美的曲线为主,有规律地展开的蔓延状的花、果、叶、草等植物图案,它们或为主纹、或作地纹填充于空隙,共同构成一种复杂而华丽的、有强烈装饰效果的花纹(图16)。在伊斯兰世界,这种程序化的花纹被广泛地运用于各种器皿、建筑乃至绘画和书籍装帧之中。伊斯兰地区植物花纹的发达自有其宗教的原因,根据伊斯兰教教义,偶像崇拜是被完全禁止的[1],因为伊斯兰教认为,世界万物均为神所创造,因而万物皆虚幻,但造物主却是永恒长存,真主是无形像的,是不能以任何形式来比喻和象征的[2]。进而,规定在艺术作品中不准制作和绘制人和动物的形象[3]。伊斯兰教还认为植物是无生命的[4],因此在伊斯兰地区穆斯林艺术家们便在植物花纹图案的设计和制作上驰骋自己的想象,促使植物花纹在伊斯兰艺术中迅速发展,创造出了以蔓枝花草为主要内容的"阿拉伯式花纹",并闻名于世。当然,来自印度和希腊的影响对抽象的几何、数学概念的培养,也促进了这种以几何图形为基础的图案的普及。尽管后世的伊斯兰教派并不过分拘泥于有关偶像的戒律,只要不涉及宗教内容,

图16 土耳其托布卡普宫的彩釉砖装饰

也允许艺术家创作一些人物画和有人物、动物的书籍插图,但是植物花纹作为伊斯兰装饰艺术的主体已是不可改变的了。元代青花瓷器上的植物纹,以缠枝花卉和蔓草为主,常见的题材除番莲直接移植自西亚金属器皿上的类似图案之外,菊花、牡丹花就个体来看,虽然仍带有写生的痕迹,但其描绘过于细致规矩,反而使人觉得生意顿失。花叶肥大,布局讲求对称,蔓草边饰则主要为二方连续的重复,这些都表明植物花纹已呈现图案化的趋势。布局规则的蔓枝花草不仅富有节奏、韵律之美,而且使画面表现出一种理智的整齐和有秩序的流动感,给人以延绵不断的联想——这可能正是"阿拉伯式花纹"的真髓所在。

莲瓣纹装饰早在东晋、南北朝的青瓷上就已流行,宋代瓷器上的莲瓣装饰形式也一如以往,以弧线三角为主。而元青花上的莲瓣装饰较之前代已大大地变形,多作直边、方肩的形式,故称之为"变形莲瓣"。它作为一种常用的边饰,有以仰莲的形式装饰于

---

[1] 《古兰经》第十四章三十五节:"我的主呵! 求你使这个地方变成安全的,求你使我和我的子孙远离偶像崇拜。"(汉译本,中国社会科学出版社,1981年,第195页)

[2] 《古兰经》第三十一章十三节:"你不要以任何物配主。以物配主,确是大逆不道的。"(汉译本,第314页)

[3] 据《圣训》记载,穆罕默德生前有一次看见他的妻子阿依莎给他准备了一个上面有人物绣像的枕头,便警告她:"难道你不知道,天使不进有画像的房子,在复生日还要让画像者为其所画之物注入生命以示惩罚吗?"(《布哈里圣训实录精华》汉译本,中国社会科学出版社,1981年,第95页)《圣训》是伊斯兰教创始人穆罕默德的言行和他认可的门弟子言行的集录,在伊斯兰教经典中,其地位仅次于《古兰经》,其中又以布哈里编纂的《圣训》被认为最具权威。

[4] 《圣训》中记载了穆罕默德的一个门徒伊本·艾布巴斯劝谕一位想以绘书为生的人:"你若无其他生计,仍想操此技艺(指绘画),可画些树木之类没有生命的东西。"(《布哈里圣训实录精华》汉译本,第66页)

图17　元　青花缠枝花卉纹大盘（日本大阪市立　　图18　元　青花牡丹纹梅瓶（上海博物馆藏）
东洋陶瓷美术馆藏）

图19　14世纪　伊斯兰彩绘陶盘

器物的胫部、腰部和盖沿；也有以覆莲的形式装饰在器物的肩部；在大盘、大碗的口沿、内壁及外壁也经常装饰有仰、覆莲瓣；而装饰在大盘、大碗内底的莲瓣则作放射状的布局（图17）。在莲瓣之内，常精心描绘各种图案花卉、如意云头、涡卷纹或杂宝等（图18）。在12世纪末13世纪初的波斯彩绘陶器上我们也可以看到类似的边饰，如在单把壶的口沿和腹部、大盘的口沿（图19）。这些边饰的画笔虽然不如元青花上的变形莲瓣那么精细，也很难看出它们究竟是莲瓣还是其他什么，但是这种单体呈长方形的连续图案，其一端或中央常常有规则地饰以各种圆圈、菱形等潦草的简笔花卉，抑或类似杂宝中的双角、火焰图案等，其形式与变形莲瓣十分相似。可以认为，元代青花瓷器上的变形莲瓣就是以波斯陶器上的这种边饰为祖型，再糅合进中国莲瓣装饰的传统而创造出来的一种新纹样。

以上，我们分别从造型、装饰等方面讨论了伊斯兰文化对元代青花瓷器的影响。当然，在它身上更多体现出来的是中国的传统文化，因为它毕竟是深深地扎根于中华民族传统文化的土壤之中成长起来的。但是，正是由于中国的制瓷工匠善于吸收和融汇外来文化的营养，才使青花瓷器在相当短的时期内取得了令人瞩目的成就。典型元青花在元代后期的突然出现和迅速发展,虽然有其自身的原因,如釉下彩技术的发展、景德镇制瓷水平的提高以及磁州窑、吉州窑熟练画瓷工匠的加盟等,但是其他政治、经济和文化方面的原因也是不可或缺的,这些因素共同促进了元代景德镇青花瓷器的成长,同时也加速了域外文化对青花瓷器的影响——这是我们在下面将要讨论的问题。

五、元代景德镇青花瓷器兴起和发展的原因

中国与西域的交往历史可追溯到汉代。唐代以后中西交流有了长足的发展,当时西域各国与唐王朝建立了良好的关系,相互间贸易兴盛、人员往来频繁,也带来了西域的文化。目前有充分证据表明,我国青花瓷器的起源得益于唐三彩陶器的烧制成功,而唐三彩则是我国在陶瓷器上最早使用波斯钴料绘彩的实例。据此有人推测,我国唐代青花瓷器的创烧是受到当时波斯流行的釉下蓝彩陶器的影响[1],这种推测有一定的道理。由于中西交通频繁,伊斯兰教在其创立不久后即在侨居中国沿海地区的波斯及阿拉伯商人中流行[2]。但迄于两宋,伊斯兰教及其文化在中国的传播规模还十分有限。

蒙古的崛起及其对亚欧广大地区的征服,促进了伊斯兰教文化的东渐。13世纪,成吉思汗挟统一蒙古各部族的余威,对周邻国家大肆进行侵略和掠夺。不仅中国境内的西夏、金及南宋政权先后遭到蒙古军队的进攻和掳掠,而且自1219年起,成吉思汗及其子孙还以40年的时间对西方进行了三次大规模的征伐,先后征服了花剌子模(Khwarazm,中亚阿姆河下游地区)、钦察(Kipchar,中亚咸海、里海以北地区)、黑衣大食(Taijiks,即阿拉伯帝国阿拔斯王期,名义上的伊斯兰宗主国,包括今伊拉克和阿拉伯半岛)和木剌夷(Mulahida,波斯地区),并且还占领了斡罗斯(Russia,俄罗斯)、孛烈儿(Bular,波兰)、马扎儿(Magyars,匈牙利)及奥地利等地,亚欧大陆的大部分都纳入了大蒙古的版图。在征服战争中,侵略军所到恣意烧杀抢掠,许多国家遭到毁灭,广大人民受到凌辱。但是,军事征服却在客观上加强了各国各民族之间的接触和交流,为各种文化的相互渗透提供了条件;与此同时,蒙古统治者出于落后民族统治经济文化较为先进的民族和地区的需要,也不得不吸收先进的文化武装自己,这就形成元代文化兼容并蓄的特点,于是出现了并非征服者、统治者本意的文化繁荣——这就是历史辩证法的生动体现。

随着蒙古统治者的西征,大批中亚、西亚的波斯人、阿拉伯人等迁居内地,其数量估计达二百万之巨,构成了"色目人"的主体。他们当中有入仕于元朝的官员和学者,有寓居中土的商人,更多的是在掠夺战争中被蒙古军队俘虏来的工匠和奴婢。他们不仅

[1]　汪庆正:《青花釉里红》之前言,上海博物馆、两木出版社,1987年。
[2]　据曾于9世纪到过中国的阿拉伯人伊本·瓦哈卜(Ibn Wahhab)称,当时在阿拉伯商人聚居的广州有朝廷敕封的伊斯兰教教长,他除了主持诵经、礼拜等宗教活动外,还负责仲裁教徒之间的纠纷(详见[日]田坂兴道:《中国における回教の传来こその弘通》,东洋文库,1964年,第363页)。

把伊斯兰教广泛传播于中国各地,也带来了当地的优秀文化。据记载,蒙古军西征时执行了如其入侵中原时所奉行的"惟匠得免"的政策[1],1220年成吉思汗首次西征花剌子模,攻占撒麻耳干城(古代中亚粟特的文化中心,今乌兹别克共和国撒马尔罕州首府),大肆屠杀城中守军和居民时会将"三万有手艺的人挑出来,成吉思汗把他们分给他的诸子和族人……"[2]1221年2月,成吉思汗之子拖雷出征呼罗珊(Khurasan,今伊朗北部及原苏联土库曼共和国一部分),围攻马鲁城,该城长官出城投降,拖雷伪许不杀,但蒙古军入城后就"把居民不分贵贱统统赶到郊外……除了从百姓中挑选的四百名工匠及掠走为奴的部分童男童女外,其余所有居民,包括妇女、儿童,统统杀掉,一个不留……仅点一点一眼看得见的尸体,他们就得到一百三十多万的数字"[3]。同年4月,拖雷继攻你沙不儿(Nishapur,今伊朗东北尼沙普尔),因受到守城军民的顽强抵抗,蒙古军入城后就"施行报复到连猫犬都不得留下,……仅剩下四百人,这些人因有技艺而被挑选出来……"[4]类似的记载在有关文献中屡见不鲜。这些被掳掠的工匠来到中国以后,被安置在官营手工业的各"局""院",为蒙古统治者制作武器如"回回炮""折叠弩",生产具有异域风格的生活用品如"速夫"(毛布)、"纳失失"(金锦)等,以及从事建筑、造纸、金玉器皿等各行业的劳作。《元史》卷一二〇《镇海传》:"先是,收天下童男女及工匠,置局弘州(属大同路)。既而,得西域织金绮纹工三百余户及汴京织毛褐工三百户,皆分隶弘州,命镇海世掌焉。"

蒙古统治者重视工匠的原因无非是他们对于手工业品的贪欲。因为通过战争对财富的掠夺毕竟有限,而掠夺生产者则可使统治者源源不断地得到所欲求的物品。蒙古贵族们对"回回地面"(伊斯兰地区)生产的武器和生活奢侈品特别感兴趣。工匠们带来了西方的手工业技术,也带来了充满了伊斯兰文化风格的艺术,它们随着蒙古统治者的喜好而成为流行的风尚,这就给传统的中国文化注入了新的营养。典型元青花正是在这样的文化氛围中诞生的,其中或许还有西域工匠的直接贡献。

蒙古军的西征还进一步沟通了中外交通。当时中亚、西亚乃至欧洲的一部分名义上都是元朝的藩属,因此中国与西方的关系比以往都要来得密切,特别是同伊利汗国的关系尤为紧密,这对加强中国与伊朗、阿拉伯各地的经济文化联系是十分有益的。当时陆路通达波斯、叙利亚、俄罗斯及欧洲各地;海路驶抵日本、朝鲜、东南亚、印度、波斯湾

[1]　此项政策虽不见于《元典章》,但在其他文献中有较多记载,如《元史》卷一六三《张雄飞传》:"国兵屠许(许州,今河南许昌),惟工匠得免。"(中华书局,1976年,第3819页);(元)刘因:《静修先生文集》卷二一《武遂杨翁遗事》:"保州屠城,惟匠者免。"(《四部丛刊初编》集部)等。

[2]　[波斯]志费尼:《世界征服者史》第一部十八节《撒麻尔干的征服》,汉译本,内蒙古人民出版社,1980年,第140页;另据[波斯]拉施特主编:《史集》第一卷第二编《成吉思汗纪六》记载,成吉思汗在攻占撒麻尔干时曾"分拨一千名工匠给诸子、诸妾、诸异密……"汉译本,商务印书馆,1933年,第286页。《世界征服者史》和《史集》分别成书于13世纪下半叶和14世纪初,所述史实多是作者耳闻目睹、亲身经历或采用当时的波斯文、阿拉伯文史料和伊利汗宫廷秘藏的"金册"档案,许多为汉文史料所失载,被公认为是关于13世纪蒙古兴起和强盛时期最原始最有权威的史料。

[3]　[波斯]志费尼:《世界征服史》第一部二十七节《马鲁及其命运》,汉译本,第189页。

[4]　[波斯]志费尼:《世界征服者史》第一部二十八节《你沙不尔的遭遇》,汉译本,第206页。

及非洲各地。东西方使者、商旅的往来非常方便,元朝人将之形容为"适千里者如在户庭,之万里者如出邻家"。

发达的中外交通,为对外贸易的开展创造了条件,加上元朝政府奉行鼓励海外贸易的政策,使中外贸易有了进一步的发展。随着元代航海业和船舶制造业的进步,当时对外贸易主要通过海路进行。政府在泉州、庆元、广州等地设立"市舶提举司",制订和颁布"市舶法则",对海外贸易进行管理。外贸给政府带来了巨额收入,每年的市舶收入在元政府的财政收入中占了很大的比重[1],成为"军国之所资"[2]。空前繁荣的海外贸易也极大地刺激了与外贸相关的手工业的发展。丝织品和陶瓷器是中国外贸的传统商品,由于元政府对丝织业严加控制,造成丝织业的衰落,使元代丝织品的出口大大少于唐宋二代[3],瓷器就继而成为元代出口商品的最大宗。据赵汝适《诸蕃志》和汪大渊《岛夷志略》的记载,当时在海外拥有广大市场的是龙泉窑系青瓷和景德镇生产的白瓷和青白瓷,浙江和福建沿海一些窑场仿烧的青瓷和青白瓷当然也在出口之列。出口的地区包括了东亚、东南亚、南亚、西亚及东非广大地区。为适应海外市场的需要,龙泉窑率先改变了产品的传统造型和装饰,推出直径盈尺的大盘和大碗,并为了迎合伊斯兰地区对花纹装饰的爱好,将釉下印花改为贴花和釉上露胎贴花,使花纹变得更加清晰。但是青瓷对花纹的表现力毕竟有限,于是景德镇窑在借鉴磁州窑和吉州窑釉下彩绘技术的基础上,引入西亚的钴蓝料,在景德镇传统的白瓷上加上具有伊斯兰风的釉下蓝彩,生产出了完全适合伊斯兰地区的瓷器品种。虽然文献上并没有明确记载典型元青花输出海外的情况,但是考古数据却清楚表明中亚、西亚及东非沿岸地区是典型元青花出口的重要地区,这一地区正是伊斯兰文化的中心地区。如在埃及的福斯塔特遗址、伊朗的尼沙普尔遗址、叙利亚的哈马、波斯湾的巴林岛、印度托古拉古宫殿遗址以及阿塞拜疆共和国的巴库等地都发现了典型元青花的标本,甚至在肯尼亚的哥迪和基利菲、坦桑尼亚的基尔瓦岛也能找到它们的踪迹[4]。土耳其和伊朗收藏的元青花,应该也是当时从中国输出的贸易瓷的孑遗。根据有关档案记录,托布卡普·萨莱宫殿收藏的一万余件中国瓷器是奥斯曼帝国通过贸易、赠送、献纳以及作为战利品逐步收集的;而阿迪比尔圣寺收藏的一千多件精美的中国瓷器则是1611年由波斯萨菲王朝的阿拔斯大帝捐赠的,其中一部分器物上还刻有阿拔斯名字的印记。这些丰富的考古资料与国内元青花在考古中鲜见恰形成鲜明的对照,它从一个侧面反映了元代景德镇青花瓷器的生产目的主要是为了外销,因此无论在造型还是纹饰上都必须适应输往地区的需要,对景德镇湖田窑的调查也充分说明了这一点。窑址发现的元青花标本可分为两类,一类是在南河南

---

[1]　陈高华、吴泰《宋元时期的海外贸易》一书中分析元初至元、大德年间的市舶收入之金约占元朝岁入之数中金的六分之一以上甚至更多(天津人民出版社,1981年)。按:当时市舶税率货精者为十之一,粗者为十五之一。延祐元年以后元政府将市舶税率提高了一倍[据(至正)《四明续志》卷六"赋役·市舶"条],市舶岁入也应倍增。

[2]　《元史》卷一六九《贾昔刺传》,中华书局,1976年,第3972页。

[3]　陈振中:《元代的手工业》,见《中国封建经济关系的若干问题》,生活·读书·新知三联书店,1958年。

[4]　[日]三上次男:《陶磁の道》,东京岩波书店,1969年。

岸出土的,"以大盘为主,约占青花残器的70%,其盘的器底较厚,纹饰繁缛华丽,其中多有蓝地白花,和伊朗、土耳其的传世品一致";另一类出土于北岸,"以高足杯、折腰碗、小酒杯为多,大盘仅见两件。纹饰则简洁、疏朗、草率,和菲律宾出土的完全相同"[1]。可见,当时景德镇在生产青花瓷器时,已能做到对于不同的出口地区生产风格各异的产品,以适应海外市场的需求。

根据以上的讨论,我们可得出如下结论:

第一,典型元青花是元代景德镇为适应出口的需要而生产的一种新的釉下彩瓷器。

第二,典型元青花的主要市场在中亚、西亚伊斯兰地区,也包括同属伊斯兰文化圈的东非和南亚部分地区,因此在造型和装饰方面带有浓郁的伊斯兰风格。

第三,典型元青花在元代后期出现并迅速发展,还受到移居中国的西域人所带来的伊斯兰文化的深刻影响,特别是从中亚、西亚地区来华的工匠很可能直接参与了元青花的设计和制作。

因此,景德镇元青花的出现,与其说是中国传统青花瓷器自身发展的结果,毋宁说是受到外来文化影响、在海外贸易刺激下的产物。

原载《上海博物馆集刊》第六期,上海古籍出版社,1992年

---

[1] 刘新园、白焜:《景德镇湖田窑考察纪要》,《文物》1980年第11期。

关于哥窑瓷器的讨论

上海博物馆为庆祝建馆40周年,于1992年10月21日至23日在上海举办了"哥窑瓷器学术座谈会",来自北京、江苏、安徽、浙江、上海、香港、台湾和美国、英国、日本等地的有关专家、学者40余人应邀参加了会议。

哥窑瓷器是中国古陶瓷界长期研究的课题。自明代《宣德鼎彝谱》将它列为宋代名窑瓷器以后,一直被认为是宋代的产品。但是,宋代文献中却不见任何有关记载;元、明时期的记载或语焉不详,或不可尽信。加上哥窑遗址迄今未见,墓葬和窖藏中也不见典型的"传世哥窑"器(图1),目前尚无法用考古材料与传世实物加以比较印证。因此,关于哥窑瓷器的一些问题始终未能得到解决,学术界在诸如哥窑瓷器的时代、产地、性质,哥窑与官窑的

图1　传世哥窑五足洗(上海博物馆收藏)

关系,乃至对历代文献记载的认识以及对近年各地出土相关器物的看法等方面均存在不同的观点。这次座谈会的主要目的是把长期以来哥窑研究中的问题提出来,共同探讨值得注意的问题和解决问题的途径。通过讨论、交流,以期把哥窑瓷器研究进一步推向深入。

会议期间,许多代表在论文及发言中提出了自己的观点。

汪庆正(上海博物馆)就哥窑瓷器的有关问题提出了看法,认为:

1. 明《格古要论》将"哥哥窑"分为早、晚两种,早期产品质优者与宋官窑相似;晚期产品为"元末新烧",胎土粗、釉色差且同类器物成批、成套生产。另据元《至正直纪》记载分析,早期哥哥窑的时代应在元至正十五年(1355)之前不久,而"元末新烧"的那类只能是临近元亡的几年生产的。上海青浦县任氏墓群出土文物中有几件与宋官窑十分相似的瓷器应就是上述早期哥哥窑器,且年代也相符合;而南京明初汪兴祖墓出土的瓷盘(图2)和安徽安庆、江苏溧水窖藏出土的器物则更接近元末新烧的晚期哥哥窑器。综观这些器物,可以将其比较接近的特点归纳如下:

图2   灰青釉葵口盘(江苏南京汪兴祖墓出土)

（1）基本为黑胎，多数有紫口铁足的特征。

（2）釉色主要为灰青色，有的与官窑相近，个别为月白色。

（3）器形虽属仿宋官窑，但并不十分相像。

（4）釉面主要为大纹片或细纹片，并不见大小纹片相结合者。

（5）底足处理和典型宋官窑十分接近，圈足内壁呈平滑的斜坡状，很少有类似龙泉窑厚釉器圈足内壁为凸弧形的。

（6）盘、炉、洗等多为支烧，支痕为圆形，呈深黑色。有的器物内底有套烧的支痕。

2. 传世哥窑瓷器虽然不见于考古材料，但是其本身的一些特征使人们对它的时代性产生怀疑。传世哥窑的主要特征有：

（1）多数为米黄色釉，少数是黑胎灰青釉。釉面大小纹片结合，且纹片有色，呈"金丝铁线"，这是传世哥窑的主要特征，不见于其他宋瓷。

（2）多数器物为垫烧，很少有支烧器。

（3）除台北故宫博物院收藏的贯耳扁壶等少数器物外，多数为元代流行的器形。如北京故宫博物院藏三足鼎，在新安海底沉船中也有发现。

（4）炉一类器物的内底常有因套烧而留下的圆形支痕。精致器物采用套烧工艺，在宋代和明代都十分罕见。

（5）圈足内壁多数为凸形圆弧状，很少呈平滑的斜坡状。这与宋官窑及前述哥哥窑均不同，而与龙泉窑厚釉器相类似。

据此，传世哥窑瓷器绝大部分应是元代的产品。至于是否也有宋代的产品，据目前情况，有待于对台北故宫博物院收藏的几件具有宋代造型风格的器物进行深入研究。

3. 关于哥窑瓷器的产地，在没有发现窑址以前尚难下结论。但是传世哥窑器圈足的处理方法不同于宋官窑而与龙泉厚釉器相类似则是一个值得注意的问题。

4. "传世哥窑"是一个特定的概念，它是指宫廷旧藏的一批特征相似的器物。它们既不见于墓葬，也从未在窖藏中发现，存世并不多。其性质当属官营窑场制品。

朱伯谦（浙江省文物考古研究所）将郊坛下南宋官窑和哥窑进行比较，提出了两者之间的主要区别：

1. 官窑式样丰富而哥窑较少。且官窑一部分器物上贴扉棱或铺首的现象不见于哥窑。

2. 官窑器胎薄而哥窑稍厚。官窑前期釉薄为灰青色，后期釉厚呈粉青、青绿等色，釉层纹片无色亦无大小纹片结合者；哥窑釉色多米黄、月白、灰青等，釉质润泽如酥，釉中纹片大小相间，且普遍染色，呈"金丝铁线"状。

3. 官窑前期大多采用支烧，后期产品因釉厚而改用垫烧；哥窑器则支烧、垫烧兼有。

李辉柄（北京故宫博物院）从文献研究入手，结合器物对比，提出了一些新观点：

1. 文献中的"哥窑"应指浙江龙泉大窑、溪口窑址所发现的黑胎厚釉青瓷。它们不是所谓"龙泉仿官",而就是文献中由"章生一"所主的窑。哥窑属民窑,时代为宋代。

2. 有金丝铁线特征的所谓"传世哥窑"则是文献中的"修内司官窑"。根据文献记载,其产地在杭州凤凰山,时代为南宋前期,早于乌龟山郊坛下官窑。

张福康、郭演仪(中国科学院上海硅酸盐研究所)在各自的论文和发言中都提出了哥窑瓷器是北方产品的观点。张福康根据传世哥窑的胎釉成分,对各地制瓷原料进行模拟配方计算,得出用浙江地区原料无法得到传世哥窑胎釉配方的结论,并据此提出两种设想:其一,传世哥窑是北宋官窑产品,宋室南迁时带来南方;其二,如果传世哥窑在浙江烧造,那么所用原料来自北方汝窑、临汝窑一带。郭演仪则根据传世哥窑瓷胎具有"高铝高钛"的特征和釉中含钙偏低,钾、钠含量偏高的情况,初步认为传世哥窑瓷器在河南地区与北宋官窑瓷器一起烧造的可能性最大。

王莉英(北京故宫博物院)、程方英(上海博物馆)、苏玫瑰(英国大维德基金会)等对哥窑瓷器产于北方的观点持赞同意见,并认为其时代应为金代至元代,属官窑性质。

耿宝昌(北京故宫博物院)对目前被广泛引用的"传世哥窑"成分数据标本的可靠性提出质疑。他指出:目前所用数据,均来自20世纪60年代上海硅酸盐研究所对故宫博物院提供的一件"传世哥窑"标本进行科学分析的结果。这是迄今唯一进行过的有关分析。但是这件标本并非清宫旧藏,而是1940年孙瀛洲先生从北京东四牌楼"天和斋"古玩铺购得的一个碗底,1956年随其他文物一起捐赠给故宫。因此其来源有问题,并不能代表真正的传世哥窑瓷器。

何惠鉴(美国纳尔逊艺术博物馆)从器物风格与产地地域的关系来探索哥窑的产地。指出南方青瓷的造型在北方青瓷中是找不到的。南方器物较多仿自铜器和其他工艺品造型,如鱼耳炉、贯耳瓶等即受铜器的影响;胆瓶则是受唐代琉璃器的影响。哥窑瓷器中常见的葵瓣造型的盘、碗是从南方漆器造型中来,在北方漆器中则少见这种造型。宋代南方漆器产地都在太湖南岸一带,以湖州、杭州为主。追溯到唐代的金银器中也有葵瓣造型的器物,其产地从出土情况看,主要也在淮河以南。当然不能据此得出什么结论,但在研究美术史的具体问题时,风格与地域的关系不能忽视。

张浦生(南京博物院)认为哥窑的产生与南宋官窑有着密切的关系。因为当时生产者的主观意图是生产仿官窑的器物,但后来逐步形成自己的风格。这种仿制先在南方龙泉一带,以后北方也开始仿制,因此产地既有南方、也有北方。时代也较复杂,有宋代的,也有元代和明代的。其性质则应属民窑。

荒井幸雄(日本东洋陶瓷学会)认为目前关于哥窑瓷器认识上的一些混乱,是由20年代故宫接收清宫文物登记时发生错误引起的,有些东西尚未有定论就被记录者随意确认了,造成了诸如哥窑和官窑以及和后仿哥窑的混淆,而这在清代是分得很清楚的。通过查阅《唐英日记》和《广储司文书》可以了解清代官窑生产仿哥瓷器的情况。"宋哥窑"是南宋中期烧制的有蟹爪纹、鱼子纹等开片的青瓷。"传世哥窑"则是南宋末、元代和明代初年各地民窑竞相仿制上述"宋哥窑"青瓷的产品。

　　会议结束时，主持人汪庆正先生作了总结发言。他说，会议上大家提出了许多问题和观点，因此是有收获的。首先大家基本上都肯定了哥窑的存在，大多数人认为它属官窑性质，产品仅供宫廷使用。典型的哥窑器具有米黄釉和"金丝铁线"的特征，传世至今者很少。其次，关于哥窑瓷器的产地，目前主要有三种说法：杭州，龙泉，北方。北方说是一种新观点，有待于今后对可靠的传世哥窑标本进行科学分析加以证明。再次，关于哥窑的时代，大家比较接近的观点是：典型哥窑器基本上属元代，也有可能早到南宋后期，但大都应在元代早期和中期。如果传世哥窑即南宋修内司官窑的话，那么其年代应在南宋前期。至于研究哥窑如何结合文献，元及明初文献中提到的"哥哥洞窑""哥哥窑"都说是灰青釉而接近于宋官窑，不见有米黄釉和"金丝铁线"的记载。明代中期以后的记载则多讹误，不甚可靠。那么，如何在米黄釉"金丝铁线"的哥窑和灰青釉类似宋官窑的哥窑之间建立一种联系，是今后需深入研究的重要课题。最后，明清时期仿哥器为何只见灰青釉一色开片的，是否也有米黄釉"金丝铁线"的？这也是值得注意的。

　　为了使会议更有成效，上海博物馆在各有关单位的协助下，将各地收藏和近年出土的一批与哥窑研究有关的重要文物、标本借调来沪，于会议期间供与会者观摩比较。会议采取现场观摩与即席发言相结合的形式进行讨论，会场气氛十分活跃。会议约定，将与会代表提交的有关哥窑瓷器研究的论文结集出版，以推动哥窑研究进一步发展。

原载《文物》1994年第3期

秘色瓷及其相关问题

何谓"秘色瓷"？虽然在晚唐以来的一些诗文、典籍中屡见记载，但是诗歌、笔记中的记载无非是一些文人墨客的吟赋咏唱或书斋漫录；而史籍记载则过于简略，都未能阐明其具体内涵，因此历代对"秘色瓷器"的认识均较为朦胧，据此无法结合传世实物与考古标本进行对照研究。1988年陕西省扶风县法门寺塔基地宫出土了十四件青釉瓷器，其中有十三件在同出的《监送真身使随真身供养道具及恩赐金银衣物帐》碑中被明确记载为"瓷秘色"，由此揭开了秘色瓷研究新的一页。最近，浙江上林湖越窑遗址考古又有新的发现，为秘色瓷研究增添了宝贵的材料。学者根据这些材料可结合文献和实物进行综合研究。在此，本人不揣浅陋，试就秘色瓷的一些相关问题，提出肤浅的看法，以就教于方家。

一

"秘色瓷"之"秘"当作何解？唐、五代的记载未见明确的诠释，宋人对其则有不同的看法：有人将之看作是"隐密而不可宣"之"秘"，如曾慥《高斋漫录》认为秘色瓷因"臣庶不得用，故云秘色"，以后从此说者甚众；亦有人视"秘"为一种青色，如陆游《老学庵笔记》："耀州出青瓷器，谓之越器，似以其类余姚县秘色也。"

"秘色瓷"之"秘"今人多从禾必声作"秘"，披阅历代记载，则古人多作"祕"，从示必声。翻检字书，知"祕"在东汉《说文解字》中已有收录，解为"神也"，或有"隐密"[1]"珍奇"[2]等意；"秘"虽不见于《说文》，但在《楚辞·九章·惜往日》中已见此字："秘密事之载心兮。"在北宋著名文字训诂家丁度主持编修的《集韵》中，"秘"有两种解释："黍必（合体）香也，或作秘。""秘，密也。"由此可见，至少在北宋时，"秘""祕"二字同有"密"解，但"秘"又与"祕"相通，有"香"之意。此"香"明人以为是指"香草"[3]，由此，"秘色"可解为"香草色"，"秘色瓷"即指某种青色釉的瓷器。字书中还表明，

---

[1]（宋）陈彭年：《广韵》，商务印书馆，1912年。
[2]（南朝梁）萧统辑：《文选·张衡·西京赋》，毛氏汲古阁刻本。
[3]（明）杨慎：《转注古音略》，中华书局，1985年。

"秘""祕"二字互为"俗字"（异体字），因此，"秘色瓷"亦可作"祕色瓷"。

我们再来看唐、五代的记载，虽然其中没有直接的解释，但是如果从陆龟蒙《秘色瓷器》诗中"九秋风露越窑开，夺得千峰翠色来"句来看，他所说的"秘色瓷"应该是越窑生产的一种具有"千峰翠色"般釉色的器物；徐夤《贡余秘色茶盏》诗的首句"捩翠融青瑞色新"也是描写釉色的；五代前蜀王报后梁帝的信物中有"金棱碗"，并致语云："金棱含宝碗之光，秘色抱青玉之响（《唐氏肆考》）。"则将"秘色"形容为"青玉"，凡此种种。这些记载虽然充满了诗情画意，使人难以捉摸其准确的颜色，但都指明"秘色"是一种青色则是无疑的。在法门寺塔基地宫中与文物同出的《衣物帐》中记载为"瓷秘色"，在此，"秘色"亦以理解为某种颜色最为妥帖。宋代以后，文人们将"秘色"看作"隐密"之意，虽与字意相符，却与前代人"秘色瓷"的字意相悖。因此，认为"秘色"指一种特有的青色应是适宜的。

二

根据记载，越窑贡瓷始于唐代，《新唐书·地理志》："越州……土贡……瓷器……"[1]1977年在上林湖出土的一件青瓷墓志罐上所刻"……光启三年（887）岁在丁未二月五日殡于当保贡窑之北山"，亦证明此时上林湖已有生产贡瓷的贡窑。陕西法门寺塔地宫出土的越窑秘色瓷，为皇帝所"恩赐"，当属贡瓷无疑。但是，《唐书》中并未言明贡瓷是否就是"秘色瓷"，而陆龟蒙《秘色瓷器》诗也未提及"贡瓷"。陆龟蒙对秘色瓷器赞扬有加，是与陆的嗜茶有密切关系的。据记载，陆曾在顾渚山下开辟茶园，每年采摘后必先"自判品第"[2]。众所周知，越窑青瓷在唐代被视作最好的茶具，这在陆羽《茶经》中记载颇详。陆龟蒙"爱屋及乌"，因嗜茶进而喜爱越窑"秘色瓷"是非常自然的事，他在诗中就将"秘色瓷"比作盛甘露的器皿。在陆诗中并未提及贡瓷，而陆长期的布衣隐士当无缘享用贡器。如当时陆龟蒙确已拥有或享用"秘色瓷"，那么，在晚唐时期秘色瓷应是可以为普通百姓获得的优质越窑青瓷。

记载"贡瓷"和"秘色瓷"最多、最详的，当数有关吴越国的史籍。吴越在其立国的八十多年间，钱氏虽据有两浙之地，却不图霸业，始终称臣侍北，"终不失臣节，贡献相望于道"。据新旧《五代史》《吴越备史》《册府之龟》《宋史》《宋会要辑稿》《续通鉴长编》《十国春秋》及《吴越史事编年》等书的记载，吴越钱氏王朝为了保境安民、偏安一隅，不断向统治中原的后梁、后唐、后晋、后汉、后周及北宋朝廷进贡。据不完全统计，自吴越天宝二年（909）钱镠首次以纪君武为进奉使向后梁进贡起，至北宋太平兴国三年（978）钱俶二次朝觐宋帝纳土归宋止，在七十年中先后入贡逾七十次。贡品中金银珠宝、绵绮

---

[1]《新唐书》卷四十一《地理五》，中华书局，1975年。
[2]《新唐书》卷一百九十六《陆龟蒙传》，中华书局，1975年。

绫罗、犀角象牙、龙船花舫、珍稀动物、杂宝香药、兵器盔甲、稻米茶叶、海味细酒等无所
不包,且数量巨大,甚至女乐、火箭军等均在贡献之列。其中明确记载贡品中包括瓷器
的有以下十二次:

1. 后唐同光二年(吴越宝大元年,924)"九月,两浙钱镠遣使钱询贡方物、银器、越
绫、顺绫、龙凤衣……,进万寿节金器盘……金棱秘色瓷器……等"[1]。

2. 后唐清泰二年(935)九月"杭州钱元瓘进银、绫绢各五千两匹,锦绮五百连,金花
食器二千两,金棱秘色瓷器二百事"[2]。

3. 后晋天福六年(941)十月"辛卯,(钱元瓘)又进象牙、诸色香药、军器、金装茶
床、金银棱瓷器、细茶、法酒事件万余"[3]。

4. 后晋天福七年十一月,"两浙钱弘佐遣使进铤银五千两,绢五千匹,丝一万两,谢
恩封吴越国王。又贡……又贡苏木二万斤,干姜三万斤,茶二万五千斤及秘色瓷器、鞋
履、细酒、糟姜、细纸等"[4]。

5. 后周广顺二年(952)"十一月甲寅,两浙钱弘俶遣判官贡奉御衣犀带、金银装、兵
仗、金银器、绫绢、茶、香药物、秘色瓷器、鞍屧、海味酒等"[5]。

6. 后周广顺三年十一月"乙亥,两浙钱弘俶贡谢恩绫绢二万八千匹,银器六千两,
绵五万两,茶三万五十(千)斤,御衣两袭,通犀带、戏龙金带、香药、瓷器、银装甲仗、法
酒、海味等"[6]。

7. 北宋开宝二年(969)"秋八月,宋遣使至,赐生辰礼物……是时王贡秘色窑器
于宋"[7]。

8. 北宋开宝六年"二月十二日……两浙节度使钱惟濬进长春节……,又进宫池银
装花舫二、……金棱秘色瓷器百五十事……"[8]

9. 北宋开宝九年"六月四日钱俶进谢朝觐日蒙恩礼殊等……明州节度使(钱)惟治
进……瓷器万一千事,内千事银棱"[9]。

10. 北宋太平兴国二年(977)"三月三日,(钱)俶进金银食奁二、红丝络银槌四、银
涂金扣越器二百事、银匣二"[10]。

11. 北宋太平兴国三年三月,吴越国王钱俶来朝,"绢十万匹,绫二万匹,绵十万
屯,牙茶十万斤,建茶万斤,干姜万斤,越器五万事、锦彩席千,……金扣越器百五十

[1]《册府元龟》卷一百六十九,中华书局,1960年。
[2]《册府元龟》卷一百六十九,中华书局,1960年。
[3]《册府元龟》卷一百六十九,中华书局,1960年。
[4]《册府元龟》卷一百六十九,中华书局,1960年。
[5]《册府元龟》卷一百六十九,中华书局,1960年。
[6]《册府元龟》卷一百六十九,中华书局,1960年。
[7](清)吴任臣:《十国春秋》卷八十二《吴越六·忠懿王世家下》,中华书局,1983年。
[8](清)徐松辑:《宋会要辑稿·蕃夷七》,北平国立图书馆,民国二十五年。
[9](清)徐松辑:《宋会要辑稿·蕃夷七》,北平国立图书馆,民国二十五年。
[10](清)徐松辑:《宋会要辑稿·蕃夷七》,北平国立图书馆,民国二十五年。

事……"[1]

从以上记载看，贡品中瓷器分别被称为"金棱秘色瓷器""金银棱瓷器""秘色瓷器""瓷器""银涂金扣越器""越器"和"金扣越器"等。其中明确记载进贡的是"秘色瓷器"的有六次，只言瓷器而不称"秘色瓷器"的为五次，所贡数量十分巨大。仅据《吴越备史》卷四自宋太祖、太宗两朝《贡奉录》中摘录，就包括了"金银饰陶器一十四万余事"（其中包括一部分吴越国亡后钱氏的贡品）。在以上各项记载中，秘色瓷言明数量的仅二次，分别为"金棱秘色瓷器二百事""金棱秘色瓷器百五十事"；瓷器言明数量的三次，为"瓷器万一千事，内千事棱""银涂金扣越器二百事""越器五万事、金扣越器百五十事"。可见，凡"秘色瓷"者，其数量较少；而"瓷器""越器"则数量较多。由此给人以启发：秘色瓷器应该是瓷器中的佼佼者，虽然吴越之地瓷器产量不小，但是秘色瓷器的生产却并不多。

从以上记载中我们还可看到，贡品中秘色瓷或瓷器的排位相当，一般均与当地土产干姜、细酒、茶叶、海味列在一起，这在一定程度上反映了当时秘色瓷或瓷器在人们心目的地位，至少它们还不能与金银珠宝、锦绮绫罗等相提并论。在吴越国七十余次纳贡中，仅见十二次贡品中有秘色瓷器或瓷器，说明当时瓷器并不是常年的"例贡品"，而只是作为"特贡品"不定期进贡的。

至此，我们可以初步得出以下认识：

1. 越窑贡瓷始于唐代，在晚唐、五代时，秘色瓷可作为贡瓷。但是，从陆龟蒙、徐夤等人的诗中可知，当时秘色瓷并不是全部作为贡瓷，其中一部分可以流入市场，供普通百姓使用。

2. 吴越贡瓷中，既包括秘色瓷，也包括普通越窑瓷器。

3. 五代吴越国并不经常以瓷器或秘色瓷作为贡品。

4. 在当时，秘色瓷和瓷器被看作是吴越的一种土特产，并不特别为人们所珍视。

5. 秘色瓷的数量较一般瓷器少，应是越窑青瓷中较为精致的一类。

三

据现有文献，"秘色瓷器"最早为陆龟蒙所提出。陆为晚唐诗人，其生卒年虽不明确，但他与皮日休（约834—883）是好友，时有"皮陆"之称，可知其诗作年代应为9世纪中叶以后，因此，把秘色瓷器的时代上限定在9世纪中叶稍后是适宜的。陕西法门寺塔地宫瘗封于咸通十五年（874），当时秘色瓷已经问世，由于其质量上乘而被地方官吏选作贡品是很自然的。它们又被宫廷作为随真身舍利的供养而赐给重真寺（法门寺之前身）而被埋于地宫之中则是十分可能的。

---

[1]（清）徐松辑：《宋会要辑稿·蕃夷七》，北平国立图书馆，民国二十五年。

五代时期是秘色瓷生产的重要时期,这从众多的文献记载中便可得知。

那么,秘色瓷的时代下限为何时呢?明嘉靖本《余姚县志》引《六研斋笔记》"南宋时,余姚有秘瓷,粗朴耐久,今人率以官窑目之"之说并不可信。入宋以降,由于中国经济、政治中心的北移以及当地瓷土原料和燃料日益短缺等诸多原因,越窑至迟在北宋晚期就已经衰败了。北宋末,徐兢在《宣和奉使高丽图经》中介绍当时高丽风俗时曾这样写道:"宴饮之礼,……器皿多涂金、或以银,而以青陶器为贵。……陶器色之青者,丽人谓之翡色,近年以来,制作工巧,色泽尤佳。……有狻猊香炉,亦翡色也……,诸器惟此物最精绝。其余则越州古秘色、汝州新窑大概相类。"在此,越州秘色瓷前冠以"古"字可见当时秘色瓷已被看作是历史遗物了。因此,它的生产持续到南宋似无可能。《宋会要辑稿》中"神宗熙宁元年(1068)十二月尚书户部上诸道府土产贡物……越州,绫一十匹、茜绯纱一十匹、秘色瓷器五十事"[1]。是所见文献中有关秘色瓷器最晚的记载了。在不久后的元丰三年(1080)成书的官修地理志《元丰九域志》中记载越州"土贡:越绫二十匹,茜绯花纱一十匹,轻容纱五匹,纸一千张,瓷器五十事"[2]。在此,土贡中的"秘色瓷器"已由"瓷器"所取代,而数量不变。因此,无论从越窑的发展情况还是从文献记载来看,将11世纪70至80年代视为秘色瓷器年代的下限是符合历史的。

四

以上,我们讨论了秘色瓷的定义、性质及其年代。可以从以下几方面出发,对秘色瓷进行确认:

首先,既然秘色瓷是越窑青瓷中质地较好的一类,特别表现在釉色方面。因此,我们可将越窑青瓷中制作精美、釉色纯正清亮的那类归入秘色瓷的范畴。

其次,从文献记载看,秘色瓷比较多地被用作贡瓷。那么,在晚唐王室墓葬及与王室相关的遗址中应有秘色瓷的出土;在五代吴越国王室墓葬及后梁、后唐、后晋、后汉、后周的王室墓葬中也应有秘色瓷出土;在北宋早期的王室墓葬中更应有秘色瓷的踪迹。同时,五代时吴越国与北方契丹国的关系甚为友善,双方互有使者来往,并互赠"宝器"[3],因此在契丹贵族和早期辽王室贵族墓葬中出土秘色瓷也是有可能的。当然,由于秘色瓷并不都是贡瓷,因此在一些与王室无关的墓葬和遗址中也有可能出土。

再次,秘色瓷的年代为公元9世纪中叶至11世纪80年代,因此在一般情况下,出土秘色瓷的墓葬和遗址的时代应与上述年代相符。当然也不排除在稍晚的墓葬或遗址中出土的可能性。

---

[1] (清)徐松辑:《宋会要辑稿·食货六》,北平国立图书馆,民国二十五年。
[2] (宋)王存:《元丰九域志》卷五《两浙路·越州》,中华书局,1984年。
[3] 仅据《辽史》记载,从耶律阿保机建国称大契丹起,至吴越国亡,两国互派使节达十多次。每次互赠之物,虽不见详载,但宝器、珍玩及互相罕见之物必不可少。瓷器是吴越的特产,亦应属其中之物。

根据上述条件,以下几处墓葬、遗址中出土的越窑青瓷中可能就包含有秘色瓷:

1. 1956年西安西郊枣园唐咸通十二年张叔尊墓出土的青釉八角长颈瓶[1]。

2. 1973年,在宁波市和义路码头遗址的9世纪中叶文化层中出土了一批越窑青瓷,"不论器形、釉色、装烧方法都可以在慈溪上林湖遗址中找到物证"。发掘者认为这是一批"唐皇室遗留的集群性文物",其中不乏"姣姣者"[2]。确实,这批越窑青瓷不仅制作精致,而且有的器物釉色清纯晶莹,如青釉托盏便是。

3. 1978年11月,在浙江省临安县明堂山发现吴越国王钱镠之父钱宽(卒于895年,葬于900年)墓,该墓虽已被盗,但仅存的三件青瓷中,有一件盆,器形大(口径30厘米)而规整,"釉色青中微微闪灰,润泽洁净""堪为越窑佳品"[3]。

4. 1980年7月,同在临安明堂山钱宽墓东侧,发现了钱宽之妻水邱氏墓(葬于天复元年,901)。在随葬的一百多件器物中,有二十五件青瓷,不仅"制作精细,式样优美",而且其中一些器物釉色青绿润泽,如褐彩香炉盖、花口碗、粉盒等[4]。

5. 分别于1965年在杭州玉皇山麓发现的第二代吴越王钱元瓘墓(葬于天福七年)、1958年在杭州施家山南麓发现的钱元瓘次妃钱弘俶之母吴汉月墓(葬于广顺二年)、1962年在临安功臣山下发现的钱元玩墓和在临安太庙山下发现的钱氏家族墓中均出土了一些越窑青瓷,"釉色以青和青绿为主""釉层均匀滋润"[5]。

6. 在浙江临安板桥发现的五代墓中也出土了十一件越窑青瓷,不但"制作精美,造型丰满而庄重",而且"釉薄而润泽如玉",部分器物釉色呈青绿色或青色[6]。

7. 1979年3月,在江苏苏州九龙坞七子山发现了一座五代吴越贵族墓,墓中出土的青釉扣金边碗、套盒、盖罐和洗,"釉色明亮纯洁""晶莹滋润如碧玉"[7]。

8. 1956年,在对苏州虎丘云岩寺塔抢修时,发现了许多五代时期的文物。在塔的第三层发现了一件越窑青瓷莲花连座碗,"釉色明润、光泽如玉,当是越窑稀有的精品"[8]。

9. 1975年3月在镇江市何家门一座五代砖室墓中出土了四件越窑青瓷。分别是划花花卉纹注子、划花鹦鹉纹大碗、刻花莲瓣纹唾盂和划花莲花纹托盏。釉色青或青绿,且纹饰十分精美[9]。

10. 1981年6月,北京市文物工作队在北京八宝山发掘了辽统和十三年(995)韩佚夫妇合葬墓,墓中出土的九件青瓷均属越窑产品,其中青釉划花宴乐图水注、划花鹦鹉纹注碗、刻花盏托及碟、碗等,不仅"胎薄细密、刻划工整",而且"釉色青绿,光泽莹润",

[1]　陕西省文物管理委员会:《介绍几件陕西省出土的唐代青瓷器》,《文物》1960年第4期。

[2]　林士民:《越(明)广州贡窑之研究》,见《国际讨论会文集》,上海古陶瓷科学技术研究会,1992年。

[3]　浙江省博物馆、杭州市文管会:《浙江临安晚唐钱宽墓出土天文图及"官"字款白瓷》,《文物》1979年第12期。

[4]　明堂山考古队:《临安县唐水邱氏墓发掘报告》,《浙江省文物考古所所刊》第1期。

[5]　浙江省文物管理委员会:《杭州、临安五代墓中的天文图和秘色瓷》,《考古》1975年第3期。

[6]　浙江省文物管理委员会:《浙江临安板桥的五代墓》,《文物》1975年第8期。

[7]　苏州市文管会、吴县文管会:《苏州七子山五代墓发掘简报》,《文物》1981年第2期。

[8]　苏州市文物保管委员会:《苏州虎丘灵岩寺塔发现文物内容简报》,《文物参考资料》1957年第11期。

[9]　刘和惠等:《镇江、句容出土的几件五代、北宋瓷器》,《文物》1977年第10期。

"堪称青瓷艺术之上品"[1]。

11. 1984年10月至1985年8月,河南省文物研究所等对巩县西村乡附近的宋太宗赵光义永熙陵陪葬的后陵之一元德李后陵(葬于咸平三年,1000)进行了发掘,墓中出土了三件越窑青瓷:刻花龙纹盘、划花云鹤海涛纹圆形套盒和划花卷云纹碗,瓷胎"质地细密而坚实",刻划纹"纤细匀称",青釉"薄而光洁""堪为越瓷中的上乘之作"[2]。

12. 1985年7月,在内蒙古哲里木盟奈曼旗青龙山镇东北斯布格图村北庙山的南坡上发现了一座契丹贵族墓,根据墓志,该墓为景宗皇帝的孙女陈国公主(卒于开泰七年,1018)和驸马萧绍矩的合葬墓。墓中出土的三件花口双蝶纹青瓷盘和一件花口菊纹青瓷盘均为越窑青瓷,且制作十分精细[3]。

从上述所引考古资料中,我们不难找出一些制作精美、釉色纯正的器物,这些器物,有可能就是文献中记载的"秘色瓷"。

五

众所周知,青瓷在中国虽然自东汉起就已有规模生产,且质量亦属上乘,但长期以来,青瓷的釉色却不十分稳定。对浙江上林湖窑址的调查和发掘亦表明,尽管自唐代起当地就已使用匣钵装烧,但晚唐时期产品的釉色大多数仍为青中偏黄的色调,呈比较纯正青色的少见。决定青瓷釉色的因素甚多,其中最主要的有铁含量的多少、硅/铝比、钙/钾比、烧成温度和烧成气氛、釉层的厚度以及釉的熔融状态等。我们推测:自晚唐时期起,越窑生产釉色较为纯净的秘色瓷的基础应是在生产工艺方面有可能进行了某种改革。从上林湖发掘现场传来的消息证实了这种推测。

近几年浙江省文物考古研究所对上林湖窑址进行了系统的调查和发掘,发现了一些值得注意的现象:在晚唐时期的窑址中发现了一些瓷质匣钵,有漏斗形的,也有桶形的。装烧时,在匣钵相迭处或者匣钵与盖相合处均用釉浆密封,烧成后,匣钵之间相粘接,必须打破匣钵才能取出产品。同时发现,凡用瓷质匣钵装烧的器物,比用一般匣钵装烧的器物要更精美,不仅胎体细薄,特别表现在釉色比其他器物明显纯正、清亮,基本上摆脱了传统越窑青瓷釉色青中泛黄的色调。最近,复旦大学加速器实验室对上林湖窑址晚唐地层出土的瓷质匣钵上粘连的瓷片、传统青黄釉标本和瓷质匣钵的胎、釉成分进行了质子激发X荧光分析法(PIXE)测量,结果表明釉色纯正清亮与釉色青黄两标本的胎、釉化学组成基本一致,可以说它们的配方是相同的。那么造成其呈现不同釉色的只能是烧成工艺的区别了[4]。上海硅酸盐研究所张福康教授对上林湖釉色不同的标本

[1] 北京市文物工作队:《辽韩佚墓发掘简报》,《考古学报》1984年第3期。
[2] 河南省文物研究所等:《宋太宗元德李后陵发掘报告》,《华夏考古》1988年第3期。
[3] 内蒙古文物考古研究所:《辽陈国公主附马合葬墓发掘简报》,《文物》1987年第11期。
[4] 朱伯谦、陈克伦、承焕生:《上林湖窑晚唐时期秘色瓷生产工艺的初步探讨》,见本次讨论会论文。

所进行的科学分析表明,釉色较纯正清亮者釉中 Fe^{2+}/Fe^{3+} 比值高,两者的比例达到 $1:1$ 左右;而釉色青中偏黄者釉中 Fe^{2+}/Fe^{3+} 比值则要低得多,其二价铁的含量只占釉中铁含量的 5% 左右[1]。决定釉中二价铁与三价铁比值高低的最直接因素是烧成过程中还原焰的强弱。还原气氛强,釉中相当部分的氧化铁被还原,釉色就表现为较纯净的青色,其比值就高;反之,还原气氛弱,釉中相当部分的铁仍保持氧化状态,釉色就呈现青中偏黄的色调,其比值就低。

　　如前所述,上林湖窑址用瓷质匣钵装烧者釉色较为纯正、清亮,这是因为瓷质匣钵不仅胎体较普通匣钵致密,而且还用釉浆密封,这就保证了器物在密闭的条件下烧成,相比用普通匣钵装烧者在相同的烧成条件下烧制,它就能够在开窑冷却时比较好地避免二次氧化对釉色的不良影响。瓷质匣钵虽然是一次性的,生产成本较高,但它却能够使产品的釉色变得清纯、滋润。我们认为,晚唐时期越窑正是采用了这种新的装烧工艺,才使秘色瓷的烧制成功成为可能。从窑址调查、发掘情况看,当时只有少数产品采用这种工艺生产,所以其产量也是十分有限的。不同类型的瓷质匣钵用于装烧不同造型的器物,因此晚唐秘色瓷既有法门寺塔地宫出土的碗、盘、碟、瓶类,也不应排除还有其他造型的器物。

原载《文博》1995年第6期

---

[1]　详见汪庆正:《越窑秘色瓷和艾色瓷》,见本次讨论会论文。

至正青花

——典型元代青花瓷器鉴赏

元代景德镇窑生产的青花瓷器是我国著名的釉下彩瓷器。由于古代文献中有关记载十分简略，因此人们对它的认识也比较晚。20世纪50年代初，美国学者约翰·波普博士从伦敦大维德基金会收藏的一对有"至正十一年"款的青花象鼻耳云龙纹瓶（图1）入手，并对照收藏于土耳其伊斯坦布尔托布卡普宫博物馆和伊朗阿塞拜疆的阿迪比尔圣寺的具有相似风格的青花瓷瓶，提出了著名的"至正型青花瓷器"的理论，在海内外掀起了持续的研究元代青花瓷器的热潮。从此，元青花被看作是中国古代艺术宝库中的珍品而名扬天下，并成为国际上一些著名博物馆、收藏家竞相追逐的对象。

元代青花瓷器（也被称为"典型元青花"）是用钴料在瓷坯上作画，然后上透明釉并在高温中烧制而成的。它以胎骨细腻、釉质白润、青花色泽鲜丽而著称。它的创烧成功是元代景德镇窑的突出成就之一，改变了以往中国瓷器重釉色、轻彩绘的传统，将中国的绘画技巧与瓷器装饰艺术有机地结合起来，从而开创了我国明清时期绚丽多姿的彩瓷发展的先声。

根据现有资料分析，景德镇窑生产典型元青花的时间在元代后期，其上限不超过14世纪30年代，下限为至正十二年（1352）。由于景德镇生产典型元青花的时间并不长，因此流传至今的实物就十分少见。据不完全统计，目前全世界收藏的基本完整的典型元青花瓷器不足300件，其

图1 元 "至正十一年"款青花象鼻耳云龙纹瓶
（伦敦大维德基金会藏）

图2　元　青花缠枝牡丹纹梅瓶
（上海博物馆藏）

图3　元　青花飞凤瑞兽图扁壶
（伊朗国家博物馆藏）

中大部分在国外，国内只有约60件，且大部分是1959年以后陆续出土的。由于其存世稀少，所以在国际艺术品市场上的价格就十分可观，动辄以数十、上百万美元计，于是国内外都有仿品制作者。有的是作为仿古工艺品，有的则被人利用以假乱真，牟取暴利。

鉴赏元青花，我们可以从器物造型、花纹装饰、胎釉特点以及在制作时留下的工艺特点等几方面来进行。

和元代其他品种的瓷器一样，典型元青花的造型具有硕大、丰满、浑圆、厚重的时代特点，给人以庄重、雄伟和富有力量的感觉。元青花的器形包括大盘、大碗、直领盖罐、盘口兽纽盖罐、梅瓶、玉壶春瓶、葫芦瓶、盘口瓶、执壶、扁壶、高足碗、高足杯、盘座、托盏和匜等。其中不乏从传统造型中演变而来的，如匜脱胎于青铜器；大罐、梅瓶（图2）、玉壶春瓶、葫芦瓶、执壶等也可在前代器物中找到其原型；而大盘、大碗、扁壶（图3）、高足碗、盘座等则是明显带有伊斯兰文化影响的器形。这些具有异域风格器物的出现，一方面是蒙古贵族入主中国之后带来的不同以往的生活习惯需要；另一方面，是随着横跨欧亚大帝国的建立，中西交通、贸易得到了长足的发展，从而给传统的中国文化注入了新的血液所产生的结果。八方造型也是典型元青花中比较常见的形式，如八方梅瓶、玉壶春瓶、葫芦瓶（图4）等。

纹饰繁密、层次丰富、构图严谨是典型元青花的装饰特点，它完全改变了宋代及元代早期青花瓷器布局疏简、以花卉为主的装饰传统。从布局形式看，在瓶、罐等琢器上主要采用横向带状分区的形式，纹饰的层次繁复，一般均有五六个或七八个层次；在八方造型的器物上多利用器物的棱边作纵向的分区；在盘、碗等圆器上则采用同心圆分区的方法，多层次、放射状地进行装饰。

典型元青花的纹饰以描绘工整细致而著称，线条酣畅流利、笔意准确细腻，加上层次繁复，形成了花团锦簇、刻意求工的艺术格调。

典型元青花上的纹饰题材，有人物故事、动物、植物以及几何图形等。人物故事一般以元曲为本，人物造型多为宋装，偶尔也可见到元装人物。如"昭君出塞"（图5）、"尉迟恭单鞭夺槊""萧何月下追韩信"等，其内容大多受到元代勃兴的戏曲艺术的影响，可在唱本的版画插图中找到原型。

图4　元　青花飞凤纹八角葫芦瓶（伊斯坦布尔
托布卡普宫博物馆藏）

图5　元　青花昭君出塞图盖罐（日本出光美术
馆藏）

　　元青花上的动物题材也十分丰富，龙、凤、鹤、雁、鸳鸯、孔雀、鹭鸶、海马、麒麟、锦
鸡、狮、鱼、螳螂、蟋蟀等都在瓷器纹饰中出现，几乎包括了飞禽、走兽、游鱼、鸣虫等各种
动物。它们也是中国传统装饰中的常见题材。

　　元青花上的植物纹十分发达，其内容可以在唐宋以来的传统图案中找到渊源，题材
以缠枝花卉和蔓草为主。除番莲来源于唐、宋的宝相花或移植自西亚金属器皿上的图
案外，菊花、牡丹花就个体来看，仍带有写生的痕迹，但其描绘过于细致规矩，反而觉得
生意顿失。花叶浑圆饱满，布局讲究对称，蔓草边饰主要为二方连续的重复，这些都表
明植物花纹已呈现图案化的趋势。这种布局满密，绘画工整的植物图案，使人强烈感受
到伊斯兰地区流行的"阿拉伯式花纹"意味。

　　莲瓣纹装饰也是元青花中常见的题材。此时的莲瓣多作直边、方肩形式，每瓣莲瓣
各自独立，莲瓣内常精心描绘各种花卉图案，如杂宝、如意云头或涡卷纹等。这种被称
作"变形莲瓣"的纹饰作为一种常用边饰，有以仰莲形式装饰于器物的胫部、腰部和盖
沿；也有以覆莲形式装饰在器物的肩部；在大碗、大盘的口沿、内壁及外壁也经常装饰
有仰、覆莲瓣；而装饰在大盘、大碗内底的莲瓣则作放射状的布局。

　　典型元青花的发色浓艳鲜丽，青料浓厚处有凹入胎骨的黑色疵点，并有金属般的光
泽。科学测试表明，元青花所用的钴蓝料是一种高铁低锰含砷的原料，与西亚的钴矿成

分相似。元代《饮膳正要》一书中所称"回回青"的药用功能与《开宝本草》中"出大食国"的"无名异"相同,而明代《宣德鼎彝谱》等书中则明确记载"无名异"是用作瓷器青花的色料。由此看来,元代的"回回青"就是从西亚伊斯兰地区进口的钴料,兼作药用和青花料。

景德镇生产的典型元青花的胎与同时代的青白瓷胎相似,采用瓷石加高岭土的"二元配方"法。由于胎中氧化铝含量的提高,展宽了瓷胎的烧成温度范围,减少了器物变形,为烧制大型器物提供了必要的条件。

典型元青花的釉色白中微闪青色,光润透亮。从理化测试数据看,它既与元代的青白釉不同,又与枢府卵白釉有明显的差别。具体表现在釉中的氧化钙含量稍低于青白釉,但比卵白釉要高;釉中含钾、钠的总量比青白釉要高,但比卵白釉低,正好介于青白釉和卵白釉之间。虽然它没有青白釉那么清澈透亮,但透明度要比卵白釉高得多,因此能够比较好地表现青花的呈色。

瓷器在制作时,由于不同时代的制作工艺各不相同,因此在器物上会留下不同的工艺特点。

图6　元青花大多为砂底无釉。砂底可见镟坯痕,也常见粘砂现象

这些特点往往不被人们重视,而它却是我们借以区别真伪的重要依据。典型元青花的工艺特点主要有:其一,器物大多为砂底无釉,唯玉壶春瓶有底釉。砂底可见镟坯痕并常见粘砂现象(图6)。其二,瓶、罐、壶等高大器物均为节装,接痕明显,不讲究修胎。其三,梅瓶、大罐均为接口,接边内侧毛糙,棱角明显。其四,高足杯、高足碗的足把均为胎泥接镶。其五,圈足器的足端向外倾斜、斜削,底心有乳钉状突起或呈鸡心状。其六,器底或其他无釉处有不规则的釉斑。其七,底足露胎部分有褐斑,在釉与露胎部分相交处可见"窑红"。

原载《鉴赏家》第2期,上海译文出版社,1995年

明洪武朝景德镇瓷业研究

引　　论

　　景德镇位于江西东北部,地处昌江中游,黄山、怀玉山余脉与鄱阳湖平原过渡地带,是一处群山环抱的丘陵盆地。景德镇既有丰富的优质瓷土资源,又有水运之便,因其地处昌江之南,故东晋时始设镇名"昌南",后易名"新平"。唐天宝元年(742)更名"浮梁"。北宋景德元年(1004)定名"景德",隶属浮梁县。元升浮梁为州,属江浙行省饶州路。明初洪武二年(1369)复改州为县,属饶州府,隶江浙行省,洪武十年罢行省,属江西布政使司,隶饶州府九江道。

　　根据记载,景德镇的制瓷历史可以追溯到唐代,"自唐武德四年(621),里人陶玉献假玉器,由是置务"[1]。考古资料证明,至迟自五代起,景德镇就开始生产青瓷和白瓷[2]。入宋以后,以生产青白瓷为主,其影响波及浙、闽、皖、苏等地区,形成一个以景德镇为中心的青白瓷系。元代,景德镇瓷器生产规模扩大、品种增加、质量提高,景德镇生产的青白瓷、卵白瓷以及青花、釉里红、铜红釉、钴蓝釉等产品,代表了当时中国瓷器制作的新水平,受到人们的欢迎和统治者的青睐,还大量行销海外。元代全国唯一的瓷器管理机构——"浮梁瓷局"[3]就设在景德镇。所有这些都为明代景德镇瓷业的进一步发展奠定了良好的基础。

　　长期以来,由于文献记载不详和缺乏足够的考古资料,人们对明代初年洪武朝景德镇瓷器生产情况和洪武瓷器的认识十分有限,成为中国陶瓷史研究中一个引人瞩目的缺环。近年来,国内外一些中国古陶瓷专家已经开始通过器物排比的方法,试图将洪武时期景德镇窑生产的瓷器从元代瓷器和明代永乐、宣德朝瓷器中分离出来。这主要基于对元代瓷器和明永、宣瓷器的研究逐步深入,有可能把一类既不同于典型元代风格,

---

[1]　(清)王临元修:《浮梁县志·陶政》,清康熙二十一年刻本。
[2]　2011年,江西省考古研究所和景德镇陶瓷考古研究所分别在景德镇乐平市南窑和景德镇浮梁县蓝田窑发现了唐代的青瓷窑址,由此证实了文献记载。此文撰写于25年前,仍保持原样。
[3]　《元史·百官志·将作院》:"景德镇设浮梁瓷局,属将作院,秩正九品,至元十五年立,掌烧造瓷器,并漆造、马尾、棕藤、笠帽等事,大使、副使各一员。"

又与永、宣瓷器有别的瓷器归入洪武瓷器的范畴。目前,尚不能认为缺环已被填补,但是人们对于洪武瓷器的认识已越来越趋于一致则是有目共睹的事实。然而,对于当时景德镇瓷业发展情况的研究却并不多见。笔者认为,研究明初洪武朝瓷器,首先必须对当时瓷业生产条件作一番全面的考察,这包括元末明初景德镇的历史背景、社会和经济情况、当时实行的各种制度和政策、瓷器生产的组织及其性质、当时社会对景德镇瓷器的需求等诸多问题。

一、元末明初的景德镇

(一)备遭战火洗劫的十一年

元末农民大起义,如滚滚洪流席卷中国大地,地处皖赣边界的景德镇正处在起义的中心地区,农民战争对它的影响是深刻的。下面按照时间的顺序的先后,来回顾当时的情况:

1. "至正十二年三月二十七日,蕲贼(红巾军徐寿辉部之部将)项普略陷(浮梁)城,杀戮甚惨"[1]。其时,元将"魏中立……守饶州。贼(徐寿辉部起义军)既陷湖广,分攻州郡,官军多疲懦不能拒,所在无赖子多乘间窃发,不旬日,众辄数万,皆短衣草屦,齿木为杷,削竹为枪,截绯帛为巾襦,弥野皆赤"[2]。声势十分浩大。

2. 同年"闰三月,……(顺帝)命江西行省右丞兀忽失、江浙行省左丞老老与星吉、不颜帖木儿、蛮子海牙同讨饶、信等处贼"[3]。

3. 至正十三年"四月,……公(哈迷)与韩(邦彦)元帅……之兵俱进,……倍道直捣浮梁二百里,贼垒连络,划削如破竹然"[4]。"五月,……辛未,江西行省左丞相亦怜真班、江浙行省左丞老老引兵取自信州,元帅韩邦彦、哈迷取道自徽州、浮梁,同复饶州"[5]。

4. "至正十五年二月,有诏命江浙行省参知政事恩宁普公镇御饶城。……饶处江湖之会,为江浙屏蔽,自数年来,鞠为盗区,斯民生业荡析殆尽。今遗孽尚在,军旅仍戒严"[6]。是年"十一月,……庚戌,贼(徐寿辉部将倪文俊)陷饶州路"[7]。其时"元帅韩邦彦同哈迷、平章三旦八总兵南来,(刘)翰乃仍集义旅,同共克复饶城。守仅一年,山寨军官吴宏等以兵围城,翰出城连日交锋,数犯矢石。明年,韩元帅

[1]　(清)程廷济总修,凌汝绵编纂:《浮梁县志》卷十二《武祲》,清乾隆四十八年刻本。
[2]　《元史》卷一九五《魏中立》,中华书局,1976年。
[3]　《元史》卷四二《顺帝五》,中华书局,1976年。
[4]　(元)赵汸:《东山存稿》卷五《江浙省都镇抚哈迷公纪功之碑》,清康熙四十一年刻本。
[5]　《元史》卷四三《顺帝六》,中华书局,1976年。
[6]　(明)王祎:《王忠文公集》卷四《送胡仲渊参谋序》,江苏广陵古籍刻印社,1983年。
[7]　《元史》卷四四《顺帝七》,中华书局,1976年。

死,平章不善调度,援兵不至,矢竭粮尽,于是城陷"[1]。

5. 同年,浮梁"复陷于都寇方玉"[2]。

6. 至正"十六年都昌人于光受伪天完徐寿辉节制,攻走(方)玉,民乃稍安"[3]。

7. 至正"十七年六月八日,湖口张贼掠浮梁,于光御之,败绩;张复掠东土,李昌御之,复败。八月十四日始遁"[4]。

8. 至正二十年"七月,……乙丑,陈友谅守浮梁,院判于光、左丞余椿与饶州幸同知有隙,出兵攻之。幸同知走,(于)光等遂遣人以浮梁来降。(朱元璋)命(于)光等仍守其地。既而友谅遣其参政侯邦佐复攻陷浮梁,于光等败走"[5]。

9. 至正十一年"秋七月,枢密金院邓愈兵攻浮梁不下,上(朱元璋)命理问谷继先、院判刘文旺率兵往助之"。"八月……甲申,邓愈克浮梁,陈友谅守将侯邦佐等弃城走。……庚寅,上亲帅舟师伐陈友谅,……戊申,陈友谅平章吴宏以饶州降,命仍其官,守饶州"[6]。

10. 至正二十三年"二月……都昌盗江爵等陷饶州。先是守将于光与吴宏毅等不协,爵因乘衅诱陈友谅将张定边、蒋必胜入寇,光等仓卒无备,皆走出。上时遣理问穆燮、郎中杨宪综理饶州军务。燮死于难,宪走还得免"[7]。

11. 同年七、八月间,朱元璋率部与陈友谅在鄱阳湖决战,陈友谅战死,其部几乎全军覆没,残部退于武昌。饶州及浮梁复归朱元璋部[8]。

从以上记载可以看到,从元至正十二年三月红巾军徐寿辉部攻克饶州,到至正二十三年八月朱元璋在鄱阳湖大败陈友谅,收复包括饶州在内的鄱阳湖周围地区,这十一年间景德镇及其周围地区遭到多达十一次兵祸。其中不仅有农民起义军与元军之间的战争,也有起义军之间的争夺以及土匪的骚掠。

(二) 从户口、耕地的消长看明代初年的景德镇

经过长期战争的破坏,人口减少、土地荒芜是明朝初年的普遍现象,但是如浮梁那样遭受连年兵燹之害的却不多见。战争给当地带来了深重的灾难,自元代中期以降,曾经兴旺发达的景德镇瓷业也不可避免地被战火破坏殆尽。尽管朱元璋执掌政权以后施行了诸如蠲免税粮徭役等一系列发展生产、予民休养生息的政策,但是这一地区经济的恢复却十分缓慢。由于缺乏直接的记载,我们只能通过研究宋代至明洪武年间浮梁县

[1] (明)刘炳:《春雨轩集》卷八《代佤斯干预书墓志铭》,明嘉靖十二年刘塾刻本。
[2] (清)程廷济总修,凌汝绵编纂:《浮梁县志》卷十二《武襈》,清乾隆四十八年刻本。
[3] (清)程廷济总修,凌汝绵编纂:《浮梁县志》卷十二《武襈》,清乾隆四十八年刻本。
[4] (清)程廷济总修,凌汝绵编纂:《浮梁县志》卷十二《武襈》,清乾隆四十八年刻本。
[5] (明)胡广等纂修:《明实录·太祖实录》卷八,"中研院"历史语言研究所,1962年。
[6] (明)胡广等纂修:《明实录·太祖实录》卷九,"中研院"历史语言研究所,1962年。
[7] (明)胡广等纂修:《明实录·太祖实录》卷一二,"中研院"历史语言研究所,1962年。
[8] 据《明史》《明实录·明太祖实录》等。

的户口、耕地的消长情况来观察当地的经济状况。在以农业为本的封建社会，人口和耕地是反映一个地区经济发展水平的主要指标。

关于户口：

清代乾隆四十八年刻本《浮梁县志》卷五《食货志·户口》记载了南宋至明洪武四次户籍调查的记录：

> 宋　　嘉定乙亥（嘉定八年，1215）
> 　　　　户 79 498　　　　口 121 507
> 　　　　咸淳己巳（咸淳五年，1269）
> 　　　　户 38 832　　　　口 137 053
> 元　　至元庚寅（至元二十七年，1290）
> 　　　　户 50 786　　　　口 192 148
> 明　　洪武辛未（洪武二十四年）[1]
> 　　　　户 18 731　　　　口 104 970

关于耕地：

同书《食货志·土田》记录了元代后期至明初的三次调查记录：

> 元　　皇庆（1312—1313）
> 　　　　官民田地山塘 6 716 顷 74 亩 3 角 56 步
> 　　　　延祐乙卯（延祐二年，1315）
> 　　　　官民田地山塘 7 266 顷 66 亩 2 分 6 厘 7 毫
> 明　　洪武辛未（洪武二十四年）
> 　　　　官民田地山塘 2 322 顷 8 亩 2 分

上述记载说明南宋年间浮梁的人口数是相对稳定的，自嘉定八年到咸淳五年的54年中，尽管户数从近八万减少到三万八千多，少了约一半，但是人口数增长了12.8%。自南宋咸淳五年至元代至元二十七年的二十一年中，户数的增长超过三成，人口则猛增了五万五千多，增长率达到40.2%。宋、元之间的战争不可谓不激烈，浮梁偏安一隅，基本没有受到战争的影响。由于宋、元战争，一部分北人南迁带来了北方先进的生产技术（包括制瓷技术），客观上促进了景德镇瓷业的迅速进步，加上元代以来政府鼓励外贸，景德镇的瓷器生产得到很大发展。瓷业发展带动了景德镇的经济发展，人口快速增长的原因当在于斯。从耕地情况看，元代皇庆到延祐虽历年不久，但耕地数仍有所增长，

---

[1] 洪武二十四年浮梁县户口、土地的有关数据，清康熙二十一年（1732）刻本《浮梁县志》卷四和明正德六年（1511）刻本《饶州府志》卷一的记载与之相同。

这反映了当时浮梁的社会经济稳步发展。

入明以后，情况发生了很大的变化。据洪武二十四年的统计，与百年前元代至元二十七年的数据相比，浮梁县户数骤减了五分之三，人口几乎减少了一半；耕地则不及七十六年前的三分之一。从至正二十三年朱元璋击败陈友谅收复浮梁，到洪武二十四年，历时近三十年，而对浮梁的治理和经济恢复工作从至正二十年朱元璋部将邓愈第一次攻克浮梁就已经开始，乾隆四十八年《浮梁县志》卷六《官司》："李庸，或云淮人。洪武庚子[1]知州。时初归附，庸招抚流亡，辟田野、通贸易。于光部曲横恣，每裁抑之，明赖以安。"以后，浮梁的恢复工作持续进行。同书又记载"王文德，盱眙人，洪武初知州。己酉（洪武二年）改县，即以文德为知县。寡欲勤政，时法尚严峻，文德独从宽。乃正版籍以均力役，核田亩以平赋税，兴学校以敦孝悌，可谓知治本也。"经过约30年的建设和治理，浮梁的社会经济应该比战后有了较大的恢复和提高，但是与元代相比仍有很大的差距。

全国的情况与此恰恰相反，据洪武十四年的统计，当时全国户 10 654 362，口 59 873 305[2]，基本上恢复到元代的水平；洪武二十六年，全国户口已经达到户 10 652 870，口 60 545 812[3]，与十二年以前相比，户基本持平，人口增长了近67万。与元代极盛的元世祖忽必烈时期户 11 633 281，口 53 654 337[4]相比，人口增加了近700万。

当时全国的耕地情况，据《明实录·太祖实录》对洪武元年到洪武十六年土地增辟情况的粗略统计，除五年、十一年、十五年缺载外，在有统计的十四年中累计增辟耕地180.5万顷，占洪武十四年全国官民田366.7万余顷的一半。从洪武二十年开始，明朝政府在全国普遍丈量土地，编制"鱼鳞图册"，清理出不少豪强地主隐瞒的土地，同时还不断鼓励人民开垦荒地。到洪武二十六年全国耕地数猛增到 8 507 623 顷[5]，与洪武十四年相比，十二年中新增土地480余万顷，增幅达130%以上，十分惊人。

人口和土地是封建社会国家赋税徭役的主要来源，是封建国家存在的经济基础。封建国家直接掌握的人户与土地多少，往往成为王朝盛衰的主要标志。从人口与耕地情况所反映出来的浮梁与全国经济发展水平极不平衡的原因，只能用元末明初的战争对浮梁地区所造成的破坏程度远远超过全国其他地区来解释。其时，景德镇所在的浮梁地区田园荒芜、人烟凋零、城野空虚、满目疮痍的景象不难想见，在这种情况下，景德镇制瓷业自然不可避免遭到毁灭性的破坏。元末战争之残酷在此可见一斑。

[1] 据清康熙二十一年刻本《浮梁县志》卷一《沿革》："（至正）二十年，于光取饶州，遣黄季伦、计希孟归附。明太祖命邓愈镇饶州，授于光行枢密院判官守浮梁。已而，伪汉将侯邦彦陷浮梁，于光奔金陵。二十一年，知州李庸至州开设衙门。"洪武本无庚子，据上，可断定此庚子当指元至正二十年，即1360年。
[2] （明）胡广等纂修：《明实录·太祖实录》卷一四〇，"中研院"历史语言研究所，1962年。
[3] 《明史》卷七十七《食货一》，中华书局，1974年。
[4] 《元史》卷九十三《食货一》，中华书局，1976年。
[5] 《明史》卷七十七《食货一》，中华书局，1974年。

二、明洪武朝官用瓷器情况及其产地

残酷的战争曾一度使景德镇制瓷业陷于停顿,战后随着"招抚流亡""辟田野、通贸易"等一系列恢复生产、发展经济政策的实行,制瓷业作为景德镇社会经济的一个重要产业,理应与农业、商业和其他手工业一样逐渐恢复生产。从前面所看到的元末明初景德镇的情况来看,其恢复应该是缓慢、渐进的过程,而不可能是迅速的。

关于明初洪武年间景德镇瓷器生产情况,有关史籍和地方志虽有记载,但多语焉不详,从中并不能了解当时的实际情况。我们从明政权初期官用瓷器的使用情况及其产地入手进行研究,从中可以揭示当时景德镇瓷业生产的基本情况。

(一)明洪武年间官用瓷器的消费

在一些史书中,记录了明初朝廷和官府瓷器消费的情况。据《明史》《明实录》和其他一些史籍的记载,当时朝廷和官府主要将瓷器用于祭祀、赏赐、海外贸易和日常生活。

1. 祭祀用瓷

(1)洪武元年三月丁未,朱元璋在南京太庙祭祀其高祖、曾祖、祖父母时,每位所用的祭器包括"白色登三……铏三……笾、豆各十二……簠、簋各二……酒尊三,金爵八,瓷爵十六"[1]。在各种祭器中,以瓷爵数量最多,四处共有64件。

(2)洪武二年八月丁亥"礼部奏,按《礼记·郊特牲》曰:郊之祭也,器用陶匏,瓦器尚质故也;《周礼·笾人》:凡祭祀供簠簋之实。疏曰:外祀用瓦簠。今祭祀用瓷,已合古意,惟盘、盂之属与古之簠、簋、登、豆制异。今拟凡祭器皆用瓷,其式皆仿古之簠、簋、豆、登,惟笾以竹。诏从之"[2]。

(3)关于祭祀用器皆用瓷器,以后便成为定制。《大明会典》卷二〇一:"凡祭祀器皿,洪武元年令太庙易以金造……二年定祭器皆用瓷。"

以上史料告诉我们,明初朱元璋即位以后,为了表示其正统,其所为皆合于古制,即以瓷器作为祭祀用器。为了进一步合乎古意,遂令瓷质祭器皆仿古铜器的造型制作。

(4)明初刻本《洪武礼制》[3]一卷中对洪武时期各种祭祀礼仪和所用祭器有较详尽的记述。关于祭器,"笾、豆、簠、簋俱用瓷碟(簠、簋碟稍大);酒尊三用瓷尊,每尊用盖布巾一、酒杓一;爵六用瓷爵;铏一用瓷碗……"

[1] (明)胡广等纂修:《明实录·太祖实录》卷三一,"中研院"历史语言研究所,1962年。
[2] (明)胡广等纂修:《明实录·太祖实录》卷四四,"中研院"历史语言研究所,1962年。
[3] 《洪武礼制》一书中有"洪武十四年七月初三日钦奉圣旨……"句,书中所记内容不仅仅是洪武初之事。

从这段记载看,洪武二年所定的"今拟凡祭器皆用瓷"的规定得以实施,而"其式皆仿古之簠、簋、豆、登"则没有得到很好的贯彻。仍以盘、碟、碗等代替笾、豆、簠、簋、铏之属。传世和出土的洪武朝瓷器中不见类古铜礼器之造型者,也证明了这一点。

以后"祭器皆用瓷"著为常制,除了金爵依然用于各种祭祀礼仪外,祭器主要用瓷器。如:

(5)洪武二十一年三月"乙酉,增修南郊坛壝,……享宗庙仪……共设酒尊三、金爵八、磁爵十六……执事官各以磁爵受酒献于神御前"[1]。

(6)《洪武礼制》对祭礼中所用的盥器也有记载:"盥洗,尊一用磁瓮,酌水杓一;盆一(锡、铜、磁随用),帨巾一……"

(7)当时,不仅朝廷每年要祭祀天地、社稷、祖宗、先圣,而且还规定各级地方官员也要按时"祭社稷、风云、雷电、山川、城隍之神"和"岳镇海渎帝王陵庙""守御官祭旗纛"。此外,"各府州县每岁春清明日、秋七月十五日、冬十月一日"还必须"祭无祀鬼神"。规定"以上各项祭祀,合用牲匣,笾、豆、簠、簋、尊、爵、盥洗等器并如社稷坛样制造成"[2]。

从以上规定看,上述祭器无疑都是瓷质的。

(8)洪武时期,最基层的乡村的祭祀也有规定:"凡各处乡村人民,每里一百户内立坛一所,祀五土五谷之神……其祭用一羊一豕,酒果香烛纸随用,祭毕就行会饮。仪注:祭器用磁瓦器。""凡各乡村每里一百户内立坛一所,祭无祀鬼神,……祭仪与祭里社同。"[3]

祭祀是封建社会礼制的重要组成部分,是当时朝廷、各级官府乃至基层社会组织的重要活动。如此繁多的祭礼,所用的祭器(其中大部分是瓷器)数量就蔚为可观了。

2. 对外赏赐和对外贸易用瓷

明代初年,朝廷还经常把瓷器用于对外赏赐和贸易。

(1)洪武七年"十二月……乙卯,命刑部侍郎李浩及通事梁子名使琉球国,赐其王察度文绮百匹、纱罗各五十匹,陶器六万九千五百事、铁釜九百九十口,就其国市马"。李浩等于洪武九年归国,"夏四月甲申,刑部侍郎李浩还自琉球,市马四十四、硫磺五千斤。国王察度遣其弟泰期从浩来朝,上表谢恩并贡方物。命赐察度及泰期等罗纱帛袭衣靴袜有差。浩因言其国俗市易不贵纨绮,但贵磁器铁釜等物。

[1]　(明)胡广等纂修:《明实录·太祖实录》卷一八九,"中研院"历史语言研究所,1962年。
[2]　以上记载均引自明初刻本《洪武礼制》。
[3]　以上记载均引自明初刻本《洪武礼制》。

自是赐予及市马多用磁器、铁釜等"[1]。

（2）洪武十六年"八月……乙未，遣使赐占城、暹罗、真腊国王织金文绮各三十二匹、磁器一万九千事"[2]。查《明史》卷三二四"占城、真腊、暹罗三国传"的记载，当时分别赏赐三国每国瓷器一万九千事，总计五万七千事。

（3）洪武十九年九月"癸未，遣行人刘敏、唐敬偕内史赍磁器往赐真腊等国"[3]。

瓷器是中国的特产，用它作为赠送给臣服于明王朝的邻国国君的礼品，以联络相互之间的感情，促进睦邻友好关系，是再合适不过的了。瓷器作为贸易商品也受到海外市场的欢迎，虽然洪武十九年以后不见有关瓷器输出的记载，但从朱元璋根据"市易不贵纨绮但贵磁器铁釜"的具体情况，表示今后"市马多用磁器铁釜"的记载来看，瓷器的输出应该不会停止。琉球是如此，海外其他地方也应该欢迎中国瓷器的输入。

3. 日常生活用瓷

明代初年，朱元璋严格吏治，他针对"近者官民渐生奢侈，逾越定制，恐习以成风，有乖上下之分"[4]，遂对官民日用器皿作出具体规定。洪武十七年十二月"乙未，诏定官民居定器用之制。……凡器皿，公侯酒注酒盏用金不许钑花，漆器金棱不许用朱；一品二品酒注酒盏用金、余用银俱不许钑花，漆器柿红金漆银棱，不许用朱；三品至五品酒注酒盏俱用银，余用磁，漆器银棱；六品至九品酒注酒盏用银，余用磁、漆。……庶民……酒注用锡，酒盏用银[5]，余用磁、漆"。

与金银器相比，当然瓷器的造价比较低。朱元璋之所以颁布上述法令，是与他在明政权建立之后为了尽快恢复经济，反对奢侈，提倡"用之有节"相一致的。同时也反映了洪武时期瓷器作为日用器皿为官民所普遍使用的客观情况。

综上所述，我们了解到明初洪武年间朝廷、官府对瓷器的需要并不少，祭祀要用瓷器，对入贡国的答赠需要瓷器，还要用瓷器与外国进行交换贸易；此外，官民的生活用瓷的数量也不会少。为此，当时在南京"会归门、宝善门以东及南城"设有"磁器诸库，谓之外库"[6]，专门用于储藏御用和官用的瓷器。1984年，在北京第四中学基建工地发现了数千片洪武时期的青花和釉里红瓷残片，均为景德镇的产品。同时也发现了一些龙泉窑青釉瓷片，均无使用痕迹[7]。考该处元代为大都兴盛宫之后苑，入明以后为宫廷的库房区。洪武时期，北京为燕王朱棣所镇守，这些瓷器很可能就是燕王府置办的官用瓷器。以上材料在一定程度上反映了当时瓷器的消费情况。

[1]（明）胡广等纂修：《明实录·太祖实录》卷九五，"中研院"历史语言研究所，1962年。
[2]（明）胡广等纂修：《明实录·太祖实录》卷一五六，"中研院"历史语言研究所，1962年。
[3]（明）胡广等纂修：《明实录·太祖实录》卷一七九，"中研院"历史语言研究所，1962年。
[4]（明）胡广等纂修：《明实录·太祖实录》卷八一，"中研院"历史语言研究所，1962年。
[5]（明）胡广等纂修：《明实录·太祖实录》卷一六九，"中研院"历史语言研究所，1962年。
[6]《明史》卷七九《食货志》，中华书局，1974年。
[7] 丘小君、陈华莎等：《景德镇洪武瓷新证》，《江西文物》1990年第2期。

（二）洪武年间官用瓷器的产地

明代洪武年间所用的瓷器的产地在何处？关于这个问题，《大明会典》卷一九四"陶器"条记载："洪武二十六年定：凡烧造供用器皿等物，须要定夺样制，计算人工物料。如果数多，起取人匠赴京置窑兴工；或数少，行移饶、处等府烧造。"

这条记载颇为重要。首先，表明至迟在洪武后期饶州的景德镇复成为中国瓷器的重要产地之一，另一处是处州的龙泉窑。二者都是元代最主要的制瓷窑场。1976年在韩国新安海底发现的一条中国元代运载外销瓷器的沉船，共获各类瓷器17 000余件，其中以龙泉窑的青瓷和景德镇窑的青白瓷、卵白瓷数量最多，占85%以上。据《浮梁县志》的记载，景德镇恢复烧造瓷器是在洪武初年。

"明洪武初始烧岁解"[1]。

"明洪武初，镇如旧，属饶州府浮梁县，始烧造岁解"[2]。

其次，说明在南京及附近地区应该有洪武时期烧造瓷器的窑场，但是在这一带迄今没有发现较大规模的明代初期的瓷窑遗址，加上瓷器生产与其他手工业不同，除了需要熟练的工匠外，还必须在附近有优质的制瓷原料。在南京附近尚没有具备这样的条件，因此，洪武二十六年所制定的规定或根本无法实现，"所需供用器皿"仍由"饶、处等府烧造"；所指"数多，起取人匠赴京置窑兴工"或者专指烧造内府建筑用砖瓦的"黑窑厂"和"琉璃厂"。洪武十九年十一月，朱元璋曾经"诏中军都督府……创置象房黑窑"[3]；《大明会典》卷一九○："洪武二十六年定：凡在京营造，合用砖瓦，每岁于聚宝山置窑烧造。"1959年，南京博物院在南京中华门外聚宝山发掘了一处明洪武年间设置的琉璃窑遗址，清理出许多造型优美、釉色鲜艳的琉璃建筑构件[4]。

从以上资料可以得出结论如下：

1. 明代洪武时期朝廷和官府的瓷器消费量很大。

2. 洪武时期景德镇已经恢复瓷器生产，朝廷和官府使用瓷器中有一部分产于景德镇。

三、明初景德镇制瓷手工业的性质

封建社会的手工业性质，主要分为官办和民营两种。前者是朝廷或官府自行组织的手工业工场或作坊，生产资料属于官有，强制手工业者以徭役或赋税的形式提供无偿劳动。官办手工业的目的是满足朝廷和官府的需要，其产品通常不作为商品，也不谋取利润。民营手工业是为了交换而生产，产品具有商品的性质，生产资料属于民有。

———————————

[1]（清）王临元修：《浮梁县志》卷四《陶政》，清康熙二十一年刻本。

[2]（清）程廷济总修，凌汝绵编纂：《浮梁县志》卷五《陶政》，清乾隆四十八年刻本。

[3]（明）胡广等纂修：《明实录·太祖实录》卷一七九，"中研院"历史语言研究所，1962年。

[4] 南京博物院：《明代南京聚宝山琉璃窑》，《文物》1960年第2期。

明清时期的景德镇御窑厂属于官办手工业性质,其生产目的不是为了交换以获取利润,而是为了满足封建统治者的需要,产品全部供朝廷使用,不合格的产品一律砸毁,不许进入市场。

在讨论明初洪武时期景德镇制瓷业的性质之前,先回顾一下历代御用和官用瓷器的生产形式。

(一)御用、官用瓷器的生产形式

自宋代以来,御用瓷器就分别由官窑和民窑承担。官窑为官府或朝廷自办的窑场,由官吏监督生产,产品专供宫廷官府消费、赏赐之用。如北宋时"政和间。京师自置窑烧造。名曰官窑";南宋时"有邵成章提举后苑。……袭故京遗制。置窑于修内司。造青器。名内窑"[1],专门为宫廷烧造御用瓷器,属于官办手工业。御用和官用瓷器的另一个来源是民窑所在地方的贡品和官府向民窑采办的定烧品,文献上有"本朝(北宋)以定州白磁器有芒不堪用,遂命汝州造青窑器"[2]的记载。定窑白瓷一度成为北宋宫廷用瓷,但它还生产民用瓷器,因此不能算作官窑[3]。过去一直认为北宋汝窑是官窑,1986年对河南宝丰清凉寺汝窑窑址的考古调查表明,典型的汝窑天青釉标本与大量的白瓷、黑瓷和耀州窑系青瓷等标本共存[4],且宋人在文献中说:"汝窑宫中禁烧,内有玛瑙末为釉,唯供御,拣退方许出卖,近尤难得。"[5]显然与宫中"自置窑烧造"的两宋官窑不同,因此汝窑的性质应该是民窑。汝窑属于民窑为宫廷专门生产的御用瓷器。把这类器物称为"官窑瓷器",仅仅是因为器物本身的性质,而不涉及窑场的性质。当官府或朝廷向民窑定烧产品时,为了保证质量,有时候会派遣官吏前往监督,或设置机构进行管理。但是官方并不掌握生产资料,这类民窑的性质并没有改变。

元代御用瓷器的生产基本上沿袭宋代生产的后一种形式。至元十五年,元代当局在景德镇设立"浮梁瓷局","掌烧造瓷器,并漆造、马尾、棕藤、笠帽等事"[6]。目前尚无根据证明元代的"浮梁瓷局"是专事瓷器生产的机构,从它兼及"漆造、马尾、棕藤、笠帽等事"来看,应该是一个当地的手工业管理机构,其主要功能是为朝廷定烧瓷器、采办其他手工业制品。至迟从泰定以后,凡进御瓷器"皆有命则供,否则止"[7]。也有官府向景德镇定烧的,如有"枢府""太禧"[8]铭文的卵白釉瓷器即是。定烧器若有多余,亦允许窑户向外出售[9]。这些选贡品和定烧瓷从广义上来说也可以称为"官窑瓷器"。

[1] (元)陶宗仪:《南村辍耕录》卷二九"窑器"条引南宋人叶寘《坦斋笔衡》,中华书局,1959年。
[2] (元)陶宗仪:《南村辍耕录》卷二九"窑器"条引南宋人叶寘《坦斋笔衡》,中华书局,1959年。
[3] 在一部分定窑瓷器的底部刻有"官""新官"等铭文,可见定窑同时生产官用和民用瓷器。
[4] 汪庆正等:《汝窑的发现》,上海人民美术出版社,1987年。
[5] (宋)周辉:《清波杂志》卷五,上海古籍出版社,1991年。
[6] 《元史》卷八八《百官四》,中华书局,1976年。
[7] (清)程廷济总修,凌汝绵编纂:《浮梁县志》卷五,清乾隆四十八年刻本。
[8] 分别是政府机构枢密院和太禧宗禋院。
[9] 在韩国新安海底沉船中发现了一定数量的有"枢府"铭文的景德镇窑卵白釉印花云龙纹瓷器,它们和其他瓷器一样也是外销商品。

明代的御用陶瓷器生产也有两种形式,景德镇御器厂属官营性质,御用瓷器的烧造均由御器厂负责。另外还有分派烧造,如宣德年间(1426—1435)规定,光禄寺每年将宫廷需要的缸、坛、瓶共计五万一千八百五十只、个,分派河南布政司钧、磁二州与真定府曲阳县"每年烧造,解寺应用";嘉靖三十二年(1553)又改为通行折价解部,"召商代买","如遇缺乏,止行磁州、真定烧造,免派钧州"[1]。这种分派烧造的形式属于派役性质。正统年间(1436—1449)景德镇御器厂一度停烧,由"浮梁民进瓷器五万余,偿以钞"[2],这又具有购买的性质。明嘉靖以后,御用瓷器主要由景德镇御器厂烧造,分派烧造形式逐渐停止。

清代,官用和御用的器物由官府直接经营的窑厂进行烧造。在北京有琉璃厂"以造琉璃器具;临清窑设于山东临清州,制造城砖;苏州窑设于江苏苏州府,制造金砖(皇城铺地砖)"[3],瓷器生产则主要由江西景德镇御窑厂承担。自明代晚期起,由于官窑生产任务太重,[4]御器厂不堪负担,遂将一些瓷器拿到民窑烧造。这种"官搭民烧"的生产形式自康熙起成为一种制度,"坯就后交民窑"包烧,对承担包烧任务的民窑俱"照数给值"。尽管说给值往往补所费,但是产品的设计、制坯、施釉、彩绘等主要工序仍由御器厂完成,成品的检验也是御器厂的责任。

既然在明代御用瓷器的生产有官窑、民窑之分,那么,研究明初洪武朝景德镇瓷业性质的关键则是考证明代景德镇御器厂的设置年代。因为只要有了御器厂,至少御用瓷器的生产应该是官营制瓷业的任务。

(二)明代御器厂设置年代考

景德镇在明代之所以成为中国的"瓷都",除了有它特殊的历史条件和有利的地理条件外,明代宫廷在景德镇设立御器厂还具有十分重要的作用。当然,正因为景德镇具备了一定的生产基础和先进的技术条件,才使明朝政府选择在景德镇设"御器厂"。御器厂设立以后,为了满足朝廷的需要,在瓷器的制作方面精益求精,不惜代价,不计成本,御器厂的产品不断改善质量、增加品种,技术水平得到了显著的提高。嘉靖以后,朝廷因临时需要加派的烧造任务(所谓"钦限")激增,通常采用"官搭民烧"的办法由民窑完成,这在一定程度上带动了当地民窑的发展。

明清时期的文献对明代景德镇御器厂的设置年代有几种不同的记载,人们对历史文献的解读也各异。大致可以归纳为三种观点,即洪武二年说、洪武三十五年(即建文四年)说和宣德初年(1426)说。

1. 洪武二年说

(1)清人蓝浦的《景德镇陶录》卷五《景德镇历代窑考》中有"洪窑"条:"洪武二

---

[1] 《大明会典》卷一九四《工部十四》"陶器"条。
[2] 《明史》卷八二《食货六》"烧造"条。
[3] 清嘉庆《钦定大清会典事例》卷四四《工部》。
[4] (清)郑廷桂:《陶录余论》,见(清)兰浦:《景德镇陶录》卷十,嘉庆二十年异经堂刻本。

年,就镇之珠山设御器厂,置官监督烧造解京。"

（2）清乾隆四十八年刻本《浮梁县志》卷五:"明洪武初,镇如旧,属饶州府浮梁县,始烧造岁解,有御厂一所,官窑二十座。"

（3）清康熙二十一年刻本《浮梁县志》卷四:"明洪武初始烧造岁解。"

明确提出洪武二年设御器厂的仅见于成书于清代乾隆、嘉庆年间的《景德镇陶录》。两个版本的《浮梁县志》均语焉不详,"烧造岁解"可以是官窑的产品,也可以是民窑的贡瓷;而乾隆本提到的"有御厂一所……"云云如与上句句段,则可以认为设御厂是以后的事。

2. 洪武三十五年说

（1）明代陆万垓于万历年间续补的《江西省大志》卷七《陶书》:"洪武三十五年始开窑烧造,解京供用,有御厂一所。"

（2）明嘉靖三十九年詹珊《重建敕封万硕侯师主祐陶庙碑记》:"至我朝洪武末始建御器厂,督以中官。"[1]

（3）明崇祯十年（1637）刻的《关中王老公祖鼎见赉修堂记碑》上对景德镇御器厂的始设时间作了同样的记载:"我太祖高皇帝三十五年,改陶厂为御器厂,钦命中官一员,特董烧造。"[2]

（4）清汪汲《事物会源》卷二八在谈到景德镇御器厂始设年代时这样记载:"明惠宗建文四年（即洪武三十五年）壬午,始开窑烧造,解京供用。"

（5）清朱琰《陶说》卷三"洪武窑"条亦沿用此说:"明洪武三十五年,始开窑烧造,解京供用。有御器厂,厂东为九江道。有官窑,窑之名六,曰风火窑、色窑、大小爁熿窑、大龙缸窑、匣窑、青窑。"

3. 宣德初年说

《明史》卷四三《地理志》"饶州府"条:"浮梁……西南有景德镇。宣德初置御器厂于此。"

明确记载御器厂设于宣德初年仅见上述文献。

《明史》卷八二《食货志》"烧造"条记载了明代最早派太监督造瓷器的时间也是宣德:"宣宗始遣中官张善之饶州,造奉先殿几筵龙凤纹白瓷祭器。"在正德六年刻本《饶州府志》中记载鄱阳县也有"御器厂",该书卷二《公署》"鄱阳县"条下记道:"御器厂,即旧少监厅,在月波门外,宣德年创。每岁贡瓷器,太监驻此检封以进。"在嘉靖本《江西通志》卷八中也有类似记载:御器厂"在府城月波门外,宣德间内臣驻此检封以进御。嘉靖改之,诏革内臣,唯存厂"。

我们知道,饶州府的府治在鄱阳,月波门为府城之西南门。因此,上述"宣宗始遣中官"去的应该是鄱阳的御器厂,它虽然与景德镇御器厂同名,但两者的性质却不同。

---

[1]　此碑现存景德镇陶瓷馆,但字大多以漫漶不可辨。碑文见康熙二十一年刻本《浮梁县志》卷八《艺文志》。
[2]　此碑现收藏于景德镇陶瓷馆,为该馆吴良华先生于1950年在珠山发现的。

景德镇御器厂"烧造瓷器",是为生产单位,生产任务一般通过工部直接下达[1],平时由饶州府的官吏管理,每逢大量烧造时朝廷才派宦官前往"督陶";鄱阳御器厂承担"检封瓷器以进"的责任,是为官署,并且是钦差官署,驻厂太监代表朝廷在此验收常年的供御瓷器,其地位要高于地方官衙,因此正德《饶州府志》将其列为诸公署之首。在景德镇烧造的瓷器,经昌河运往鄱阳县,通过"检封"之后经鄱阳湖、长江、运河等水路,运往南京、北京等地。鄱阳县作为景德镇瓷器的集散地具有十分重要的地位。对景德镇御器厂生产的御用瓷器检验封印,然后解运往京师,这就是明朝政府设立的鄱阳御器厂的功能。《明史·地理志》谓"宣德初置御器厂于此(景德镇)",这里不说"始置",亦不说"复置"。查阅一下明代景德镇御器厂的历史,不难发现正德以前其生产并不一直是持续不断的。因此笔者认为,景德镇御器厂设于宣德之前,由地方官吏兼管,期间生产或有停顿。到宣德初,随着御用瓷器需要量的增加,景德镇御器厂生产得到恢复并有所发展后,在鄱阳另设御器厂,专职御用瓷器的检封,由太监负责。因此,景德镇御器厂于宣德初设置一说可以基本排除。《大明会典》卷一九四:"宣德八年,尚膳监题准烧造龙凤瓷器,差本官一员,开出该监式样往饶州烧造各式瓷器四十四万三千五百件",这是所见明代最大一宗御用瓷器的生产任务。

关于明代景德镇御器厂的设置年代究竟是洪武二年还是洪武三十五年,学术界众说纷纭、莫衷一是。笔者认为,明代景德镇御器厂不可能在洪武二年设置,理由如下:

1. 从当时全国形势看,朱元璋在明建国以前,实际上只完成了歼灭陈友谅、张士诚两大势力集团,占有长江中下游的江、浙、皖、鄂、赣数省的全部或大部的任务,他还面对为数不少的敌对性势力集团。特别是元王朝虽然已经受到致命的打击,但还是位居正统,依托黄河以北广大地区以维持统治。洪武元年朱元璋登基称帝时,距离取得最后胜利、完成统一还存在相当长的路程,他必须继续进行大规模的军事行动,才能铲平尚存的势力集团和元朝的统治。到洪武十五年(1382),朱元璋在相继征服了方国珍、陈定友、明玉珍等地方割据势力,驱逐元王朝残余势力于漠北之后,才基本完成统一。至于派遣重兵"备边""防边",甚至兴师远征沙漠摧毁仍居塞外的旧元势力,则是一个长期、艰巨的任务。

洪武初年,面对这种兵戈未息、军费开支浩大、全国疮痍未治、百废待兴,许多地区"城郭空虚、土地衰残"[2]"道路皆榛塞、人烟断绝"[3]的局面,明朝政府不能也无力在景德镇新设御器厂专制御用瓷器。朱元璋曾说:"我积少而费多,取给于民,甚非得已,亦皆为军需计用。"[4]这些话绝非饰词,而是当时情况的真实写照。

2. 如前所述,元末明初十余年的战争给景德镇及其附近地区带来了深重的灾难,

[1] 据《明实录·宣宗实录》,在洪熙元年(1425,同年8月宣宗即位)九月,刚刚即位的宣宗皇帝即"命行在工部江西饶州奉先殿太宗皇帝几筵、仁宗皇帝几筵白瓷祭器"。
[2] (明)胡广等纂修:《明实录·太祖实录》卷六一,"中研院"历史语言研究所,1962年。
[3] (明)胡广等纂修:《明实录·太祖实录》卷二九,"中研院"历史语言研究所,1962年。
[4] (明)余继登:《典故纪闻》卷一,中华书局,1981年。

终洪武一朝也未能完全恢复。景德镇制瓷业当然也不可能幸免,工匠流失、窑场被毁,这也不是在短时期内能够恢复起来的。因此,景德镇并不具备在洪武初年设立御器厂的客观条件。

3.《明实录·太祖实录》卷一四六记载洪武十五年七月"壬子,给饶州等府工匠钞一千五百余锭。"虽然只是记载"饶州等府工匠",没有说明"给钞"的原因,但参照前面所述洪武十六年朝廷赏赐占城、暹罗、真腊三国瓷器多达五万七千余件来考虑,依照当时的惯例,制作任务当由饶州、处州承担,因此,此处可以理解为朝廷在景德镇定烧瓷器的花费。如果当时有了御器厂,根据规定,工匠有为政府定期服役的义务,对"工匠赴工者"只需由主管部门"月给薪米盐蔬"[1],其所需的原料——"物料"也通过土贡、采办或由官办手工业工场自行成造来解决。采办的费用照例由江西布政司公帑内拨付给御器厂,而无须由朝廷直接付钞给工匠们。这种直接给钞的做法,应该是朝廷直接向当地民窑定烧瓷器。类似的情况以后也曾经发生过,正统元年(1436)御器厂一度停烧,由"浮梁民进瓷器五万余,偿以钞"[2]。

明初对工匠的管理,虽然仍然沿袭元代的制度,专门编制"匠籍",不许变动。如洪武二年规定"凡军、民、医、匠、阴阳诸色户,许各以原报抄籍为定,不许妄行变乱,违者治罪,仍从原籍"[3],并于洪武三年命"户部榜谕天下军民,凡有未占籍而不应役者,许自首,军发卫所,民归有司,匠隶工部"[4]。但此时政府对手工业工匠的控制比元代更为宽松,洪武十年"命工部凡工匠赴工者,月给薪米盐蔬,休工者停给,听其营生勿拘。时在京工匠凡五千余人,皆便之"[5]。工匠在休工期间可以自由营生,投入社会生产,既可以减少政府的开支,同时对于手工业生产的发展无疑是有利的。如前所述,由于瓷器生产的特殊性,当时政府以摊派的形式将官用、御用瓷器的生产任务下达饶州、处州,烧造任务应由当地民窑承担。当无烧造任务时,民窑有生产经营的自由,政府则对其课以税收。正是在这种与民休养生息的政策之下,景德镇的民营制瓷业首先得到恢复。

4. 有学者根据明崇祯十年的《关中王老公祖鼎建贻休堂记》的碑文:"唐武德二年(619)建有陶厂,规制甚(以下缺损约30字)……治万姓之鸥张者,而稽陶作之勤惰,有繇来矣。我太祖高皇帝三十五年改陶厂为御器厂,钦命中官一名,特董烧造。"企图统一"洪武二年说"和"洪武三十五年说",认为洪武二年设置"陶厂",洪武三十五年将陶厂改为"御器厂"。笔者以为,这至少混淆了陶厂与御器厂的性质。从现存的碑文看,陶厂建于初唐,在当时不可能是具有官营性质的手工业工场[6];对洪武初年的情况,现存

---

[1] (明)胡广等纂修:《明实录·太祖实录》卷一一八,"中研院"历史语言研究所,1962年。
[2]《明史》卷八二《食货六》,中华书局,1974年。
[3]《大明会典》卷一九《户部六》"户口一"。
[4]《续文献通考》卷十三《户口二》。
[5] (明)胡广等纂修:《明实录·太祖实录》卷一一八,"中研院"历史语言研究所,1962年。
[6] 关于景德镇开窑烧瓷的时代,在一些清代的文献中也有唐代的说法。根据最近(2011年)的考古试掘情况,唐代景德镇确实已经开始烧制青瓷,从出土器物的特征看,其时代到不了唐代初期,也不可能是官窑。

的碑文没有反映。因此,这里所指的"陶厂"应该是泛指"陶埏"之处——即烧造陶瓷器的手工业工场,而"御器厂"则是对景德镇生产御用瓷器的官营手工业工场的专称,两者不可混淆。明政府之所以选择在景德镇设置御器厂,一个重要原因就是当时景德镇的制瓷水准高于其他窑场。将陶厂改为御器厂,正说明景德镇御器厂是在民窑的基础上建立起来的。

5. 乾隆四十八年本《浮梁县志》卷十二的下述记载被认为是支持"洪武二年说"的又一例证:"段廷珪,字宝持,清泉(今湖南衡阳)人,洪武进士。以工部员外董陶务,建署于珠山之南。轸民艰,念物力,……制器如部文之数,出此一无所取。"查朱元璋于洪武三年开科取士,洪武四年才首次"殿试",此后即作罢,直到洪武十五年才正式恢复科举制度。段廷珪若确有其人,他以进士擢官,并迁至工部员外郎董陶务,到景德镇建立御器厂,显然是洪武十五年以后的事情。另据《浮梁县志》"陶政"谓:"元更景德镇税课局监镇为提领。泰定后本路总管监陶,皆有命则供,否则止。"其时总管就是段廷珪,秩正三品[1]。据《浮梁县志》元泰定年间知州屠济亨"序"称:段廷珪,泰定时曾蒙旨董陶至浮梁州。同一个段廷珪,元泰定时已经官至正三品,50年后他又考取了明洪武朝进士。假设泰定时段廷珪30岁,那么到洪武时他已经是一个80多岁的老进士,任工部员外郎,官秩只有从五品,还要到景德镇董陶。看来,洪武的段廷珪或是误传。如果认为元泰定和明洪武景德镇各有一个段廷珪董陶,在缺乏进一步证据的情况下是难以令人置信的。

6. 1990年9月,考古工作者在景德镇珠山东麓一带离地面约5米处,发现了一些明代早期的遗物,其中一些青花与釉里红大盘的残片具有洪武瓷器的典型特征,故该地层被认为属于洪武时期。地层中还出土了一些白色的瓷砖、瓷瓦和印有"官匣"字样的筒形匣钵。在一件瓷瓦的凹面一端,有用含铁的原料书写的题记,谓:

> 壽字三號人匠王士名
> 澆 (釉)樊道名風火方南
> 作頭潘成甲首吳昌秀
> 監工浮梁縣丞趙萬初
> 監造提 (舉)周成下連都[2]

以上题记将当时制作瓷瓦的工匠及里甲首长、监工、监造等各级官吏的姓名 · 列出,记载甚全。其中监工"浮梁县丞赵万初"在康熙二十一年《浮梁县志》卷五《官制》之"洪武县丞"条下有载。元代浮梁改县为州,洪武二年改州为县。赵万初担任县丞当在洪武二年以后。类似这件瓷瓦的题记以前也曾经发现过,如南京市文物保管委员会

---

[1] 据浮梁《臧氏家谱》卷一记载段廷珪的全衔为"通议大夫饶州路总管兼管内劝农业"。据《元史·百官志》,通议大夫为正三品。
[2] 《景德镇出土陶瓷》图185,香港大学冯平山博物馆,1992年。

在配合城市建设局抢修部分倒塌城墙的工程中，曾经发现洪武四年至十年烧制的白瓷城砖，在砖的一侧印有府县主持烧造瓷砖的官吏、造砖的工匠、被摊派户的姓名及制作时间等内容的文字。如"临江府新喻县（今江西省新余市）洪武四年均工夫造""袁州府萍乡县（今江西省萍乡市）提调官县丞唐季静司吏何立之烧砖人李胜轻人户甘清洪武十年月日""袁州府提调官通判隋赟司吏任俊萍乡提调官县丞唐季静司吏何立之总甲王秀甲首张立华小甲黎政仲窑匠汤丙周保人户刘蓉可"[1]等，所记府县均属江西。景德镇出土瓷瓦上的题记与上述南京洪武城砖上的印文虽然文字不完全相同，但从内容看，无疑应属同类。据此可以认为，景德镇当时也照例承担了瓷砖、瓷瓦的烧造任务。这种任务由中央政府层层下达，并由地方官吏监造，由当地民窑烧造。现在看来，当时主要由江西各县承担。

景德镇珠山东麓之洪武地层还出土了一些印有"官匣"二字的匣钵[2]，实际上这并不能证明官窑的设置。因为在景德镇珠山明代御器厂遗址永乐至成化时期的地层中都有同类桶形匣钵出土，但从未见到匣钵上有"官匣"等类似字样。因此可以认为，有"官匣"字样的匣钵是洪武时期当地民窑承担官用和御用瓷器烧造任务时，为保证烧制质量而专门制作用于装烧这些产品的匣钵。这样便可以在装窑时与其他产品相区别，将其置于较好的窑位上。而永乐以后的御器厂是专门生产官窑瓷器的窑场，就无须再在匣钵上专门加以标注了。

综上所述，笔者认为景德镇御器厂设置于洪武二年之说缺乏客观可能性，也不符合朱元璋"天下新定，百姓财力俱困，譬如初飞之鸟不能拔其羽，新植之木不可摇其根，要安养生息之"[3]的一贯精神，缺乏主观可能性。洪武年间景德镇制瓷业主要属于民窑生产，这种生产形式赋予生产者较大的自由，有利于制瓷手工业的恢复和发展。当然，民窑也承担了官用、御用瓷器的生产任务，民窑创造最好的条件生产这些瓷器，因此质量特别精美，可以称之为洪武时期的"官窑瓷器"（即广义上的"官窑"）。同时，也不排除当时有专职或兼职的官吏在景德镇监督这些瓷器的生产。这种分派烧造的生产形式是延续了元代的传统，其特点是官府不掌握生产资料，而只对供御的产品进行管理。这正是它与御器厂的本质区别所在。据此，笔者认为洪武三十五年设置御器厂之说较为可靠，实际上是建文四年。

此外，还有人援引王宗沐《江西省大志》卷七《陶书》，认为明代景德镇御器厂始设于"正德初"。其实这是对王宗沐以下记载的一种误读："国朝洪武初，镇如旧，属饶州府浮梁县。正德初，置御器厂，颛莞（专管）御器。先是兵兴，议寝陶息民，至是复置。"很清楚，正德初设置的御器厂是"复置"而非始设，这在其他文献中也可以找到佐证。根据《明史·食货志》的记载，正统年间御器厂一度停烧，以后御器厂的生产时断时续。

[1]　李蔚然：《试论南京地区明初墓葬出土青花瓷器的年代》，《文物》1977年第9期。
[2]　《景德镇出土陶瓷》图186，香港大学冯平山博物馆，1992年。
[3]　（明）胡广等纂修：《明实录·太祖实录》卷二五，"中研院"历史语言研究所，1962年。

到弘治十八年"诏江西饶州府烧造瓷器自本年以后暂停三年"[1],至是有所谓"孝宗十八年不言窑事"[2]之说。景德镇御器厂一直到正德初才重建,并派中官前往督造。

四、对景德镇洪武时期瓷业的几点认识

根据以上讨论,可以得出如下几点认识:

1. 在元末明初的十余年间,景德镇长期遭受战祸兵燹之害,所造成的破坏是毁灭性的,作为景德镇社会经济重要组成部分的制瓷业在战争中当不能幸免。对人口、耕地等社会经济要素的综合分析表明,战后景德镇地区社会经济的恢复是一个比较缓慢的过程。在这种情况下,洪武时期不具备设置官营制瓷手工业的客观条件。在朱元璋当时实行的与民"安养生息"的政策下,首先恢复的应该是民营的制瓷手工业。

2. 明洪武年间朝廷和各级官府所消费的瓷器数量甚为可观,其中有相当一部分是景德镇生产的。

3. 明洪武时期景德镇制瓷业基本上属于民窑生产,它们也承担了一部分官用和御用瓷器的烧造任务。真正具有官营手工业性质的明代景德镇御器厂,是在民窑发展的基础上,于洪武三十五年在珠山新设立的。

原载《上海博物馆集刊》第七期,上海古籍出版社,1996年

---

[1]《大明会典》卷一九四。
[2](清)朱琰:《陶说》卷三,商务印书馆,1936年。

上林湖窑晚唐秘色瓷生产工艺的初步探讨

一、引 言

1987年4月,陕西省扶风法门寺塔地宫出土了一批珍贵的唐代文物的消息曾经轰动海内外,其中有14件青瓷,不仅制作精美,而且其釉色大多呈比较纯正的青色或青绿色,晶莹润澈,为世人所瞩目。在同出的《监送真身使随真身供养道具及恩赐金银衣物帐》中明确将其中13件瓷器称为"瓷秘色"。由此,人们对文献中屡见记载的越窑秘色瓷的真正面貌开始有所认识。

文献和考古调查、发掘均已确认浙江慈溪上林湖窑是晚唐时期秘色瓷的主要产地[1]。最近几年对上林湖窑进行的考古调查和发掘表明,晚唐时期该窑采用瓷质匣钵装烧的新工艺,匣钵相迭处或匣钵盖相合处均用釉浆密封,烧成后,必须打破匣钵方能取出产品。有证据表明,采用这种特殊工艺装烧的产品,其釉色比用普通匣钵装烧的要纯正、清亮得多,基本上消除了传统越窑青瓷釉色青中偏黄的色调。我们对上林湖晚唐窑址出土的4件标本进行了科学测量,以确定不同釉色标本在配方及工艺上的特征。

二、标本的外貌特征

本次科学测量的标本均采自上林湖晚唐时期窑址,分别编号为SY-1、SY-2、SY-3和SY-4。

SY-1是一件瓷质漏斗形匣钵的碎片,其外侧粘有一块瓷片,应是烧造时由于位置放置不当而在高温烧造时与叠在上面的匣钵相粘连的。匣钵灰胎较粗厚,近口沿处有釉,釉色青绿偏黄;釉面有开片,光泽较差。瓷片为碗的口沿部分,胎灰色,较薄,质地细

---

[1] 明嘉靖本《余姚县志》:"秘色瓷,初出上林湖,唐宋时置官监窑,寻废。"朱伯谦《古瓷中的瑰宝—秘色瓷》一文中确认在上林湖晚唐窑址中有与法门寺秘色瓷相同的标本。(见《首届国际法门寺历史文化学术研究会论文选集》,陕西人民教育出版社,1992年)

腻致密。釉质滋润,青色纯正,釉面晶莹光亮,无开片。

SY-2为一件玉环形底碗的底部。朱伯谦曾持此标本与法门寺出土的秘色瓷相比较,认为釉色颇为相似。灰胎细腻致密,满釉,底部有六个泥珠支烧痕,釉色与SY-1相似。

SY-3为一件玉璧形底碗的碎片。灰胎稍厚,质致密。釉色青绿偏黄,釉面因有细密橘皮纹而光泽稍差,有开片。

SY-4是一件瓷质桶形匣钵的碎片。灰胎,肉眼可见断面处小气孔。外侧上端近口处一周施青黄色釉,釉薄、匀,光泽较差,釉面并有开片。

三、实验方法

这四件标本胎、釉中的主、次量元素的种类和含量是采用质子激发X荧光分析法(PIXE)测量的。实验在李政道综合物理实验室的复旦大学加速器实验室进行,由串行加速器(9SDH-2)提供质子束,样品置于高真空靶室内,经过准直的质子束入射到样品上,束斑直径为1.5毫米,束流通常为2—5 mA,质子束能量为1.0 MeV。样品上被质子束激发的X射线用ORTEC公司的Si(Li)探测器分析,探测系统对Fe55的5.9 KeV X射线能量分辨率为165 eVe。实验数据用自编的PIXE厚靶分析程序进行处理。为了检验计算程序和实验条件中的可靠性,曾多次用PIXE法和ICP法对相同的样品进行对比测量,证实两者的结果相符。但与ICP法相比,PIXE法的分析更快捷、方便,并且是非破坏性的,这对珍贵样品的研究无疑是十分重要的。

四、结果与讨论

四件标本胎釉化学组成的PIXE分析结果见下表。

1. 从标本SY-1、SY-2和SY-3胎的分析结果得知,上林湖窑晚唐时期不同釉色标本胎的化学组成是基本一致的,其特征是高硅(SiO_2,72%—75%)、低铝(Al_2O_3,16%—18%),铁的含量偏高(Fe_2O_3,2%左右)。这与上林湖地区制瓷原料的化学组成相一致,并且与过去用化学分析法对上林湖晚唐标本进行分析的结果相一致[1]。

2. 尽管晚唐时期上林湖窑产品釉色大部分为青黄色,少数为较纯正的青色,但从上述三件样品釉的PIXE分析中可以看到,其化学组成虽略有变化,但仍属于同一类钙釉系统。其组成中RO(CaO和MgO之和)的含量除SY-3稍低外,均在17%以上;R_2O

---

[1]　李家治等:《上林湖历代瓷胎、釉及其工艺的研究》,见《1989年中国古陶瓷国际讨论会论文集》,上海科学技术文献出版社,1992年。

上林湖窑址出土晚唐标本胎、釉常见量元素氧化物重量百分比表

	标本编号	SiO$_2$	Al$_2$O$_3$	Fe$_2$O$_3$	MgO	CaO	TiO$_2$	K$_2$O	Na$_2$O	MnO	P$_2$O$_5$	SO$_2$	C1	CrO$_2$	总量
胎	SY-1瓷片	74.81	17.00	2.19	0.88	0.17	0.79	3.16	0.78	0.00	0.00	0.02	0.02	0.17	99.99
	SY-2	73.25	16.82	2.59	1.35	1.05	0.80	3.01	0.86	0.03	0.05	0.04	0.06	0.08	99.99
	SY-3	72.11	18.69	2.38	1.06	0.39	0.83	2.91	0.99	0.14	0.00	0.16	0.34	0.00	100
	SY-1匣钵	75.38	16.22	2.10	0.85	0.16	0.69	3.55	960.	0.05	0.00	0.01	0.02	0.00	99.99
	SY-4	73.87	17.13	1.85	1.67	0.29	0.68	3.18	0.29	0.05	0.01	0.11	0.06	0.00	99.19
釉	SY-1瓷片	63.36	13.15	1.82	3.18	13.97	0.61	1.58	0.83	0.47	1.00	0.00	0.04	0.00	100.01
	SY-2	61.68	12.86	3.68	2.92	14.21	0.53	1.63	0.70	0.70	0.83	0.00	0.05	0.20	99.99
	SY-3	65.86	12.35	2.49	3.03	11.84	0.58	1.70	0.84	0.32	0.87	0.00	0.01	0.10	99.99
	SY-4	65.18	11.44	3.36	3.07	11.58	0.55	2.82	0.92	0.28	0.69	0.01	0.01	600	99.97

（K_2O 和 Na_2O_3 之和）的含量亦在 2.5% 上下波动；Fe_2O_3 加上 TiO_2 的含量在 3% 左右；助熔剂总量均在 20% 以上。这些特征符合《浙江青瓷釉的形成和发展》一文中所阐述的规律，属于浙江地区青釉的成熟阶段[1]。其分析结果亦与过去对上林湖晚唐标本所进行的釉的化学分析结果一致[2]。

我们知道，决定青瓷釉色的因素甚多，其中最主要的有铁含量的高低、SiO_2/Al_2O_3 比、CaO/K_2O 比、烧成温度和烧成气氛、釉层的厚度以及釉的熔融状态等。上述测量结果表明晚唐上林湖窑不同釉色标本胎釉的化学组成是基本一致的，这就排除了由于配方不同而造成釉色不同的可能性，且二者釉层均较薄，故造成釉色不同的只能是烧成工艺的区别。张福康教授对上林湖标本所进行的科学分析表明，凡釉色纯正、清亮者釉中 FeO/Fe_2O_3 比高，达到 1.2∶1 左右；而釉色偏黄者釉中 FeO/Fe_2O_3 比值则要低得多，其 FeO 的含量约为釉中铁含量的 4.5% 左右[3]。决定釉中 FeO 与 Fe_2O_3 比值高低的最直接因素是烧成过程中还原气氛的强弱。还原气氛强，釉中相当部分的氧化铁被还原，釉色就呈较纯净的青色，其比值就高；反之，还原气氛弱，釉中相当部分的铁仍保持氧化状态，釉色就表现为青中泛黄的色调，其比值就低。晚唐时期上林湖窑新出现的用瓷质匣钵装烧工艺，由于其胎体较普通匣钵致密，加上匣钵口沿再用釉浆密封，这样就保证了其产品在密闭的条件下烧成，在开窑冷却时就能较好地避免二次氧化对釉色的不良影响。因此，我们认为，晚唐时期以釉色清纯、润泽为特点的秘色瓷应是上林湖窑采用这种新的装烧工艺生产的。

3. 分析结果表明，当时上林湖窑生产瓷质匣钵和生产瓷器所用的原料是相同的，因此在高温下瓷质匣钵的烧结程度要高于普通匣钵，胎的致密性较好，再加上用釉浆密封，这样就较好地保证产品在密闭的条件下烧成，以得到较为纯净的青釉。瓷质匣钵胎质从外表观察中表现为比瓷片要粗糙一些，这是由于瓷器的原料制备要比匣钵精细得多。

朱伯谦提供标本，陈焕生进行科学检测，陈克伦执笔

原载汪庆正主编：《越窑、秘色瓷》，上海古籍出版社，1996年

[1]　中国科学院上海硅酸盐研究所编：《中国古陶瓷研究》，科学出版社，1987年。
[2]　李家治等：《上林湖历代瓷胎、釉及其工艺的研究》，见《1989年中国古陶瓷国际讨论会论文集》，上海科学技术文献出版社，1992年。
[3]　汪庆正：《唐越窑秘色釉和艾色釉》，《文博》1995年第6期。

关于宋代越窑的研究

　　越窑是以浙江东部宁绍平原为主要产地的著名青瓷场,其烧制瓷器的历史自东汉烧成成熟青瓷算起,至北宋初已有约八百年。关于宋代越窑的一些问题,历来说纷纭、莫衷一是,本文试图通过宋代文献的检索和考古资料的排列、梳理,就诸如宋代越青瓷的生产、越窑的衰落以及宋代不同阶段越产品的特点等学术界关心的问题进行系统研究。

一、宋代文献中的宋代越窑

　　公元960年,后周宋州归德军节度使赵匡胤发动陈桥兵变,建立起大宋王朝,历史以此为宋代的开始。这时越窑所在的浙东地区仍是吴越国的属地,当时正是第五代君主,也是最后一位皇帝钱弘俶统治时期,距吴越立国已经53年,钱弘俶在臣服于宋王朝的前提下又将小朝廷继续维系了18年。众所周知,唐代晚期烧成著名的"秘色瓷",这标志着越窑进入了其发展的顶峰。至五代,越窑青瓷及秘色瓷器成为吴越钱氏王朝为保境安民、偏安一隅,始终称臣侍北而不断向统治中原的朝廷进贡的贡品之一。据新旧《五代史》《吴越备史》《册府元龟》《宋史》《宋会要辑稿》《续通鉴长编》《十国春秋》及《吴越史事编年》等书的记载,自吴越天宝二年(909)钱镠首次以纪君武为进奉使向后梁进贡起,至北宋太平兴国三年(978)钱弘俶两次朝觐宋帝纳土归宋止,在70年中先后入贡逾70次之多。贡品中金银珠宝、锦绮绫罗、犀角象牙、龙船花舫、珍稀动物、杂宝香药、兵器甲盔、稻米茶叶、海味细酒等无所不包,且数量巨大,甚至女乐、火箭军等也在贡献之列。明确记载贡品中包括瓷器的有11次(其中5次在宋王朝建立以后)。在这当中明确提到贡品中包含"金陵秘色瓷器""秘色瓷器"的有6次(其中2次在宋王朝建立以后)[1]。其中贡瓷数量最多一次当数北宋太平兴国三年钱弘俶亲自北上朝觐宋太宗赵匡义,在所携带的贡品中包括"越器五万事、……金扣越器百五十事"[2]。

[1]　详见拙作《秘色瓷及其相关问题》,《文博》1995年第6期。
[2]　(清)徐松辑:《宋会要辑稿·蕃夷七》,中华书局,1957年。

南宋人周密在《志雅堂杂抄》一书的"诸玩"中介绍李公略所藏"雷咸百衲琴"的情况。该琴腹内两旁题有"大宋兴国七年岁次壬午六月望日,殿前承旨、监越州瓷窑务赵仁济再补修吴越国王百衲雷咸琴"等字[1]。上林湖越窑自唐代晚期起向朝廷贡瓷,至五代随着吴越国王向中原王朝大量贡瓷,仅仅依靠"例贡"显然无法满足需要,此时朝廷与越窑的关系应该是"采办"或者"定烧"(不排除吴越朝廷派官到产地监督的可能),越窑因此而得到一定的发展。太平兴国七年距吴越国纳土归宋不过4年,或许北宋朝廷对越青瓷仍有兴趣,而越窑的生产水平在当时仍属上乘,因此吴越灭国以后,北宋朝廷一度派官对越窑的瓷器生产进行监理尚在情理之中。

乐史奉敕于宋初太平兴国年间纂修的地理志《太平寰宇记》中,曾对当时几个主要的瓷器产地有所记录,越州就是其中之一。是书第九十六卷记载越州的土产有"绯纱、磁器、越绫、柑橘、甘蔗、葛根、交绫、白绫"等[2],瓷器位于前列,说明在越州所有物产中瓷器占有较重要的地位。

《宋会要辑稿》虽然是清人根据《永乐大典》所辑,但其素材却来自宋代"会要所"修纂的《宋会要》,因此仍可看作是宋代的文献。是书《食货·历代土贡》中记载"神宗熙宁元年(1068)十二月尚书户部上诸道府土产贡物,……越州,绫一十匹、茜绯纱一十匹、秘色瓷器五十事……"这是该年各地唯一贡瓷器的记录。至南宋(淳熙)十年(1183)"十二月进奏院上诸路贡物"中越州仅剩"绫一十匹",而无瓷器[3]。

北宋中期的官修地理志书《元丰九域志》中对各地州府土贡记载颇详,除了有品种,还记有数额可供参考。书中记录当时(1075—1086)越州的土贡是"越绫二十匹,茜绯花纱一十匹,轻容纱五匹,纸一千张,瓷器五十事"等[4]。瓷器已经落在所有土贡的最后,其数量如与吴越王当年的贡品相比,尚不及一个零头。

在以后的志书当中,再也不见有关越窑瓷器的记载,如南宋嘉泰元年(1201)修成的《嘉泰会稽志》(南宋绍兴府的地方志,其辖区与唐及北宋时的越州相同,越窑的中心窑场就在其中)中对当地的各种土产和应税的物产记录颇详,其中不见瓷器。据卷五"杂贡"条的记载,该地向朝廷贡瓷始于唐代;据《祥符图经》和《元丰九域志》,北宋中期的贡品中尚有"瓷器五十事";而到南宋嘉泰时,贡品只有"轻容纱"和"越绫"而已[5]。在25年以后于宝庆元年(1225)修成的《宝庆会稽续志》中,再也不提瓷器了[6]。

另外,北宋末徐兢曾奉派出使朝鲜,归国以后写成《宣和奉使高丽图经》一书介

[1]（宋）周密:《雅堂杂抄》,见（清）荣誉辑刊:《得月簃丛书次刻》,道光十年刊本。
[2]（宋）乐史:《太平寰宇记》卷九十六《江南东道·越州·土产》,清嘉庆六年重刊本。是书始撰于太平兴国四年(979),政区沿革以雍熙四年(987)为断,其内容主要反映北宋初的情况。
[3]（清）徐松辑:《宋会要辑稿》第六册,中华书局,1957年。
[4]（宋）王存:《元丰九域志》(点校本)卷五《两浙路·越州》,中华书局,1984年。该书始修于熙宁八年,成于元丰三年(1080),后陆续修订,于元祐元年(1086)正式刊行。因此书中反映的应是编书期间的实际情况。
[5]（宋）沈作宾:《嘉泰会稽志》卷五《杂贡》:"皇朝务从蠲省,以《祥符图经》《元丰九域志》参考之,承平之久,虽微有增益,然以匹言者为绫二十、排(疑为'绯'字之误)花纱十、轻容纱五、表纸千张、瓷器五十事。今贡轻容纱五匹、越绫十匹而已。"见《宋元方志丛刊》第七册,中华书局,1990年。
[6]（宋）张淏:《宝庆会稽续志》,《宋元方志丛刊》第七册,中华书局,1990年。

绍所见所闻,书中也提到秘色瓷,他在介绍高丽的陶炉时说"狻猊出香,亦翠色也。上蹲兽,下有仰莲以承之,诸器惟此物最为精绝,其余则越州古秘色、汝州新窑器大概相类"[1]。此处称越窑青瓷为"古秘色",看来当时的人们已经将越窑的秘色瓷看作是过去的遗物了。

二、考古资料中的宋代越窑青瓷

图1　五代—北宋　青釉莲花托碗(发现于苏州虎丘塔)(苏州博物馆藏)

越窑遗址至今尚未进行大规模的系统发掘,因此缺乏排列有序的窑址标本以供参考。在此,将历年发表的主要考古资料(其中以有纪年的资料为主)罗列于后:

(一)江苏苏州虎丘塔发现北宋建隆二年(961)越窑莲花托碗(图1)和青瓷碗[2]。莲花托碗发现于塔的第三层,在同出的一面铜镜的背面有墨书"女弟子陆七娘敬舍……降建(为'建隆'之误)二年三月日题"等字样。器物制作规整,分为碗和盏托两部分,碗的外壁和盏托的托盘及圈足上均以类似浮雕的手法刻以多重莲装饰;通体施釉,釉色青翠、纯正、清亮;碗的圈足与盏托托盘相连(出土时已经脱开),盏托的圈足下以9个略呈长形的泥珠支烧。在托盘的釉下还刻有"项记"两字,应是场的名号或产品的标识。两件青瓷碗发现于塔的第二层,其中一件里面放一油盏,从两件的胎釉特点看,无疑也是越窑的产品,学术界通常将这批青瓷看作是五代的产品,当然其时吴越尚未灭国,可以看作是五代的延续。如果将国家看作是一个整体的话,此时已经踏入了宋代的门槛。

(二)北宋太平兴国三年(978)吴越国王钱弘俶北上朝觐宋太宗时携带了"越器五万事……金扣越器百五十事",这些瓷器是专门制作的,在许多器物的底部釉下刻有"太平戊寅"款。传世品中完整器有收藏于上海博物馆的青釉刻花双鹤纹盖盒(图2)、青釉刻花莲瓣纹盘口瓶[3]和青釉葫芦形带盖执壶[4]。盖盒的口径较大,圈足

[1]　(宋)徐兢:《宣和奉使高丽图经》卷三十二《器皿·陶炉》,见《笔记小说大观》第九册,江苏广陵古籍刻印社,1983年。
[2]　苏州市文物保管委员会:《苏州虎丘云岩寺塔发现文物内容简报》,《文物参考资料》1957年第11期。
[3]　汪庆正等:《上海博物馆·中國的名寶二》,日本放送出版协会、上海人民美术出版社,1991年。
[4]　汪庆正:《越窑、秘色瓷》,上海古籍出版社,1996年。

外卷，底部以9个泥珠支烧，盖面的线刻花纹为两只仙鹤相对展翅起舞。盘口壶为盘口、长颈、鼓腹、圈足，腹部饰以线刻的多重莲瓣，底部有7个长条形的支痕，口沿还有9个支痕，估计是叠烧器盖时留下的痕迹。葫芦形执壶通体无纹饰，上有鸡首钮盖，流略弯起于肩部，曲柄用表面刻有竖纹的泥片做成，卧足，足边有7个泥珠支烧痕。北京故宫博物院也收藏有一件有"太平戊寅"款的青釉执壶[1]，造型为敞口、直颈，腹部作四瓣瓜棱形，流和曲柄与上述葫芦形执壶相似，圈足底部6个长形支痕头尾相连。这类有"太平戊寅"款的标本在上林湖窑址也有发现。

图2　北宋　青釉"大平戊寅"款刻花双鹤纹盖盒（上海博物馆藏）

（三）1981年6月，北京八宝山辽统和十三年（宋太宗至道元年，995）韩佚墓出土越窑青瓷9件，包括执壶（图3）、盏托以及碗、碟等[2]。执壶为花瓣形直口，口上有宝珠钮钟形盖，六瓣瓜棱形圆腹，流略弧起于肩部，曲柄由两根泥条组成，圈足较矮外撇，底部刻有"永"字，周围有6个条形支烧痕。器物通体饰以线刻花纹，盖为云纹，流和把为卷草纹，腹部则是主题纹饰"仙人宴乐图"，图上四

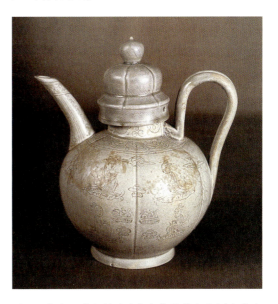

图3　北宋　青釉执壶（北京韩佚墓出土）（北京市文物考古研究院藏）

人相对而坐，席前有酒樽、果盘等，其间饰以流云，一派天上人间的景象。一件青釉碗口径较大，有18厘米，敞口、翻沿、深腹、平底、圈足外撇，内底心刻划一对首尾相逐的鹦鹉，构成团形图案，底部有5个长条形支烧痕，出土时执壶置于碗内，估计应是温酒用的温碗。盏托托盘口沿为六瓣花口、托碗口沿为五瓣花口，托盘的内壁有蜜蜂、花卉线刻花纹，底有长条形支烧痕。这几件青瓷的釉色均青翠纯净，釉质莹润如玉。

（四）1979年7月，浙江绍兴征集到一件有"北宋咸平元年"（998）纪年款的青釉粮罂瓶（图4）[3]，该瓶为盘口、直颈、圆肩、鼓腹、矮圈足，口至上腹部粘接四鋬（已残），底

[1]　李辉柄：《故宫博物院藏文物珍品全集·两宋瓷器（下）》，香港商务印书馆，1996年。
[2]　北京市文物工作队：《辽韩佚墓发掘报告》，《考古学报》1984年第3期。
[3]　沈作霖：《介绍一件宋咸平元年粮罂瓶》，见《浙江省文物考古所学刊·一九八一年》，文物出版社，1981年。

图4　北宋　青釉"咸平元年"款粮罂瓶
（绍兴市博物馆藏）

图5　北宋　青釉"咸平元年"墨书熏炉
（黄岩市博物馆藏）

部有垫圈痕迹。胎色灰白，釉色青绿，釉层透明，腹部刻有"上虞窑匠人项霸造粮罂瓶一个献上新化亡灵王七郎咸平元年七月廿日记"四行三十一字。上海博物馆收藏的一个粮罂瓶[1]的造型与此相似，该器有盖，盖上有钮，盖面刻有莲瓣纹，颈部、肩部均有潦草的云纹划花，腹部饰以刻花和划花相结合的重瓣叶纹，即以刻花勾勒叶的轮廓和中间的叶筋，再以细线划出筋脉，四鋬以两根泥条做成。

（五）1987年11月在对浙江黄岩灵石塔进行大修时，在塔的第四层天宫中发现了一件青釉镂空熏炉（图5）[2]。熏炉通体施青绿色釉，釉层较透明。造型呈圆形，由身、盖两部分组成，子母口扣合严密。盖镂空，以缠枝卷叶纹为饰，叶纹三瓣一组，叶面有细划纹，炉中的香气通过叶间的孔隙逸出。口部的上下各以弦纹装饰。器身腹部刻有三层浮雕般的莲瓣纹，圈足外卷，圈足内有泥条装饰的痕迹。炉身内壁有墨书"当寺僧绍光舍入塔买舍咸平元年戊戌十一月廿四日""童行奉询弟子姜彦从同舍利永充供养"等文字。据记载，该塔始建北宋乾德三年（965），于咸平元年建成。这件熏炉是落成当年放入塔内的。

（六）1984年10月在河南巩县西村乡北宋咸平三年宋太宗元德李后陵出土越青釉云鹤纹套盒、龙纹大盘和卷云纹碗[3]。3件器物制作规整，青灰胎，通体施青釉，釉色青绿纯正，釉层薄而光洁。其中套盒作圆形，由三层盒相套而成，上部有盖，作母口，盖顶隆起，钮作扁圆形；中间两层皆子口内敛，子口下一周突棱，直腹，圈足；

器壁线刻云鹤纹；下层为盒底，子口内敛，口部还有一层内盖，表面施莲瓣纹，似镂空香熏，腹壁上部陡直，下部内收，圈足外卷，中心釉下还刻有一"千"字，器壁上部有线刻的

［1］　汪庆正：《越窑、秘色瓷》，上海古籍出版社，1996年。
［2］　蔡乃武：《北宋越青瓷薰炉》，见《鉴赏家》1996年夏季号。
［3］　河南省文物研究所、巩县文物保管所：《宋太宗元德李后陵发掘报告》，《华夏考古》1988年第3期；孙新民：《略论宋陵出土的越窑秘色瓷》，见汪庆正：《越窑、秘色瓷》，上海古籍出版社，1996年。

海浪纹，下部为云纹，圈足外有一周绞索纹边饰；在盖内、中间两层的圈足足端以及下层盒圈足内分别有8个、14个和8个条状支烧痕。大盘为敞口、弧腹、平底，底与腹壁之间有泥珠支烧痕，盘底有一线刻的龙纹，龙身盘，龙鳞细密，龙须飘逸，龙作四爪，健有力，龙纹周边环绕水波纹，底部满釉，沿底边有一周条形支烧痕。

（七）1986年6月，在内蒙古哲里木盟奈曼旗发掘辽开泰七年（北宋天禧二年，1018）陈国公主墓时发现了4件越窑花口青瓷盘（图6）[1]，器物通体施釉，釉色纯正，釉质晶莹光亮，其口部均作六曲花瓣

图6　北宋　青釉花口刻花双碟纹盘（内蒙古陈国公主墓出土）（内蒙古自治区文物考古研究院藏）

形，弧腹，平底，圈足外撇，圈足内可见5个长条形支烧痕。在盘底均有线刻花纹，其中3件为双蝶纹，以双线描轮廓，再以平行的直线和弧线划出双翅的细纹及身躯的折皱；还有1件的盘底为缠枝菊花，其底部釉下还刻有一"官"字。

（八）1982年11月在江西瑞昌县新屋王村发现的一座北宋天圣三年（1025）墓中出土了1件越窑青瓷盘口瓶[2]，其造型为盘口、细颈、圆肩、敛腹、平底，肩部有三道弦纹，通体施青釉。

（九）1992年福建省建瓯市迪口镇发现一座北宋墓，在一件酱褐釉瓜棱罐盖的内壁有墨书"庆历三年（1043）五月……"，由此确定该墓的年代。墓中还出土了1件青釉执壶[3]，执壶呈喇叭口、长颈、圆腹、矮圈足，长流略弯起于肩部，曲柄以双泥条做成，瓜棱以两根细的凸线表现，这种形在慈溪上林湖也有发现。器物通体施青釉，釉色青中泛黄。

（十）1990年，浙江省文物考古研究所对上林湖周围地区进行遗址调查时，在距上林湖不到四公里的低岭头、开刀山一带发现了一类与越窑传统迥异而与官窑却非常接近的产品[4]。1998年9月至12月，浙江省文物考古研究所等单位对低岭头附近的寺龙口窑址进行发掘[5]，结果表明：唐末五代主要生产以釉色和造型取胜的秘色瓷；在北宋中晚期，流行以单线划花、浅浮雕和刻花与篦划相合的装饰手法，线条流畅、构图简洁、布局细密；而南宋地层出土的标本以月白、天青釉瓷器为主，釉层滋润、含蓄呈半失透状，作者认为此时产品的胎质、釉色、造型、烧成工艺均与越窑的传统大相径庭，其风格与北方的汝窑接近。

［1］　内蒙古自治区文物考古研究所、哲里木盟博物馆：《辽陈国公主墓》，文物出版社，1993年。
［2］　瑞昌县博物馆：《江西瑞昌发现两座北宋纪年墓》，《文物》1986年第1期。
［3］　建瓯市博物馆：《福建建瓯市迪口北宋纪年墓》，《考古》1997年第4期。
［4］　沈岳明：《修内司窑的考古学观察——从低岭头谈起》，见《中国古陶瓷研究》第四辑，紫禁城出版社，1997年。
［5］　沈岳明等：《越窑考古又获重大突破》，《中国文物报》1999年1月20日第1版。

三、关于宋代越窑几个问题的探讨

（一）关于宋代越窑生产的上限

我们把宋代越窑的起始时间定为宋王朝建立的公元960年。虽然有人以太平兴国三年钱弘俶纳土归宋作为浙江地区宋代的开始,这比宋王朝建立晚了18年,但这并不合适。我们知道,中国疆域辽阔,封建王朝的更迭很难在同一年完成,宋代以前是如此,以后也是这样,如隋王朝从建立到完成统一用了9年,唐代用了11年,宋代用了19年。况且北宋建立以后,吴越国虽然继续存在,但是不仅其年号与北宋一致,而且每年向汴梁进贡,吴越王亦数次北上朝觐,表示自己臣服于宋王朝。因此,将公元960年宋王朝的建立看作是宋代越窑的开始是合适的。

（二）关于宋代越窑生产的下限

也就是越窑生产历史结束于何时,一直没有一个统一的说法。从文献上看,在11世纪80年代北宋哲宗时期越州的土贡中还包括"磁器五十事",虽然数量已无法与北宋初同日而语,但毕竟表明当时瓷器仍是当地的土产之一。北宋末年以后,在史书中已经不见了越州生产瓷器的踪迹,偶尔提到越窑秘色瓷也将其看作是古物,说明当时越窑已经基本不再烧造瓷器。如果当地仍有生产,其影响也是微乎其微,或者产品风格与传统越窑迥异,以致人们不认为是越窑的产品。从考古资料方面看,主要是确认具有越窑特征的青瓷产品何时衰落。虽然特征随着时代的推进也会发生演变,但是作为著名口或窑系的产品,一定具有与不同的特点。在有纪年的数据中,出土越窑瓷器的墓葬时代最晚的是福建迪口北宋仁宗庆历三年(1043)墓。在这以后有青瓷出土的纪年考古数据虽然不少,但其中基本不见越窑产品,北方主要是耀州和临汝窑青瓷,南方则以龙泉窑青瓷为主。在历年对上林湖附近窑场进行的调查中发现,北宋中期以后这一带青瓷的装饰以刻划为主,且纹饰条比较潦草。与此同时,从北宋中期起,青瓷制作工艺也逐渐趋于草率,表现在胎釉明显不如以前精细,特别是釉质不如以前那么滋润而变得比较透明,釉色明显偏黄,从外观上很容易给人一种与传统越窑风格不同,而与宋代新兴的龙泉窑青瓷风格类似的感觉。如果以唐、五代及与其一脉相承的北宋早、中期越窑青瓷的传统特点来衡量,北宋中期以后的产品已经逐渐脱离越窑的风格。因此将北宋中、晚期看作是越窑青瓷的下限是适宜的,以后尽管当地仍维持生产,但其产品的风格已经转变,不宜再将其看作是越窑的延续。至于如何看待在上林湖附近发现北宋末至南宋初的窑址,标准也是看其是否符合越窑的特点。从报告上看,出土标本的特征可以简单归纳为香灰色胎,天青或粉青色釉,有"紫口铁足",支钉支烧,器物流行仿青铜器的造型[1],这些特点均与传统越窑不同。因此,笔者以为将它看作是越窑生产的延续是不合适的。

---

[1]　沈岳明:《修内司窑的考古学观察——从低岭头谈起》,见《中国古陶瓷研究》第四辑,紫禁城出版社,1997年。

（三）关于宋代越窑衰落的原因

关于宋代越窑的衰落有许多说法。笔者认为主要原因有三：首先，随着吴越国的灭亡，朝廷已不再需要大量的贡瓷。虽然吴越灭国以后，宋王朝一度派官对越窑瓷器的生产进行监理，或者也向越窑定烧青瓷，但是这个阶段十分短暂，尚不足以对越窑的发展产生影响。当正处在蓬勃发展之中的越窑突然失掉大量的订货，对它的影响可想而知。陷于困境之中的越窑只能通过寻找新的市场来摆脱危机，但这需要时间，也需要有一个适应市场的过程。一部分窑场因为不能适应这种变化而关闭是十分自然的。因此，北宋早期以后越窑的产量有较大的减少，并且在维持生产及保持传统风格的同时已经孕育着某些变化的因素，这在考古发现和传世文物中都有所反映。其次，越窑所发生的变化导致其对市场的迎合和对传统的抛弃，以及由于追求低成本而导致粗制滥造。资料证明，从北宋中期起，越窑青瓷的装饰开始流行线条草率的刻划花纹，前期精致的线刻纹饰和浮雕样刻花已经不复见，到晚期更是在刻划花纹上加篦划纹，由此使自身的风格向龙泉窑的风格转变。当一个窑口开始抛弃过去自己赖以生存、发展的传统而去模仿其他窑口的特点，尽管这些特点可能是当时流行的时尚，其结果必然是走向衰亡。越窑是如此，耀州窑是如此，吉州窑也是如此[1]，无一例外。再次，从晚唐、五代起，浙江中部、南部一些窑场开始崛起，纷纷生产青瓷，如在天台、临海许市、黄岩、温岭、温州西山以及龙泉等地均发现了有关窑址。这些窑场的产品都在一定程度上受到越窑的影响，一些与越窑相距较近的窑场产品与越窑风格比较接近，可以归入越窑系，如临海许市窑；而一些相距较远的场产品囿于自然及社会条件的不同，产品风格与越窑有一定的差异，人们把它们归为不同的系，如温州西山青瓷属瓯窑，龙泉青瓷属龙泉窑。它们的出现和发展不可避免地侵蚀了越窑的传统市场，无疑使本来就因为失去贡瓷生产任务而陷入困境的越窑更加雪上加霜。生产任务的不足加重了生产成本，迎合市场又抛弃了传统，于是越窑的青瓷市场日益萎缩，终于导致越窑的最后衰亡。有人认为由于浙江宁绍地区人口增加，不断开垦耕地使得烧瓷燃料减少，从而导致越窑的衰落[2]。实际上，越窑青瓷产区一般是在丘陵或半山区，上林湖即是如此，那里至今仍不适宜于农耕。

（四）关于宋代越窑青瓷风格的嬗变

根据对有纪年的考古资料进行排比，并结合历年对越窑窑址的调查、发掘资料，我们可以对宋代越窑风格的演变有一个大致的认识：

北宋初期，以公元997年宋太宗朝末年为下限，本阶段前期越窑承担了吴越国大量贡瓷的生产任务。在吴越灭国以后，宋王朝继续维持对越窑的监管，因此其风格基本上延续了晚唐、五代的传统，以模仿金银器为主。胎、釉都做得比较精细，胎细薄而坚致；釉质莹润，釉色大部分青绿纯正，一部分器物仍采用晚唐以来用瓷质匣钵密封烧造的方

---

[1] 宋代耀州窑以生产刻花青瓷著称，至元代，耀州窑开始生产磁州窑系统的产品，它由此而衰落。同样，宋、元时期的吉州窑之所以闻名于天下是在于它生产仿建窑的黑釉和仿磁州窑的彩绘瓷，并有所发展，形成了自己的特点。但元代以后，吉州窑追赶时尚转而生产青花瓷，从此一蹶不振。
[2] 李刚：《论越窑的衰落与龙泉窑的兴起》，见《越瓷论集》，浙江人民出版社，1988年。

法[1]，避免了两次氧化对釉色的影响，保证釉色的清纯和润泽；造型规整、轻盈，以碗、盘、盏托、瓶、盒等日用瓷为主，圈足外卷；装饰除传统的素面及在素面上加金银装饰外，流行鹦鹉、仙鹤、龙凤、蜜蜂、蝴蝶及花卉等线刻花纹，有人物刻纹的器物是此时罕见的精品。在一些器物的外壁饰以浮雕式的刻花莲瓣纹和以单线或双线勾勒轮廓的线刻莲瓣纹也是当时的风尚，无论是浮雕刻花还是线刻花纹，均是借鉴金银器的装饰手法；器物底部通常以泥珠或泥条支烧。

从真宗咸平元年到仁宗嘉祐八年（1063）为北宋中期。这一时期是越窑由盛而衰的转折，因为越窑承担官府或朝廷用瓷至多维持到太宗为止，以后由于路途遥远等因素，北宋宫廷用瓷改以定窑白瓷为主，可能也用一部分诸如耀州窑刻花青瓷等其他北方窑口的产品，由此使得越窑生产受到极大的影响，其生产规模、数量和质量逐步走下坡路。从实物看，此时一部分产品仍然保持了前期的风格，如宋太宗元德李后陵出土的云鹤纹套盒、龙纹大盘等，无论从胎质、釉色还是造型、装饰等都体现出不愧是越窑青瓷中的精髓所在，当然这些随葬品如果是太后生前的用品，那么也有可能是太宗朝或以前的产品。从咸平以后的越窑纪年器来看，釉质通透，釉色偏黄是比较明显的变化；在装饰方面，类似浮雕的刻花上再以细划纹表示纹饰的细部是此时流行的做法；在造型上，执壶的曲柄仍见有用两根泥条做成的，看来这种从唐代金银器上借来的做法由于简单易行而沿用到此时；器物底部以泥条或垫圈支烧，后者留下的是一周不间断的痕迹。

英宗治平元年（1064）以后为北宋晚期，此时越窑产品逐渐趋于粗率、胎釉粗劣、造型厚重、装饰潦草，由此越窑青瓷的生产很快走向衰亡。

原载《中国陶瓷全集·卷8宋（下）》，上海美术出版社，2000年

---

[1] 详见拙稿《上林湖秘色瓷生产工艺的初步探讨》，见汪庆正：《越窑、秘色瓷》，上海古籍出版社，1996年。

清代皇家宫室、苑囿堂名款瓷器考释

在中国古代社会，封建帝王、达官贵人和文人雅士往往为自己的居室、书斋等处取名，以表达自己的信念、志向、祈愿、处世为人之道等。常见的形式有"殿""宫""斋""轩""室""书屋"等，尽管名称不一，习惯上都称之为堂名。所谓"堂名款瓷器"就是署有堂名的瓷器，这些瓷器通常是定烧的。

景德镇瓷器署堂名款始于明代，香港中文大学文物馆收藏的明嘉靖"赵府存心堂制"款五彩凤纹盘（图1）[1]就是一

图1 明嘉靖 "赵府存心堂制"款五彩凤纹盘
（香港中文大学文物馆藏）

例。据考证，"赵府"即赵王府的简称。洪武初年，明太祖建藩，将亲王分封于各地。永乐二年（1404）以后，赵王"就藩彰德府"[2]（今河南安阳），其封地在今豫北冀南一带。1995年，西安明秦王府北门遗址出土了一批以青花为主的瓷器残片，其中一些残片底部署有"秦府东马房□""秦府典膳所"等款识[3]，其性质当与以上"赵府"款瓷器一致。据报告者称，有上述款识的标本时代不早于明万历时期。由此，根据现有材料可以判定，景德镇在瓷器上署王府款开始于明代后期。

清袭明制，景德镇继续作为清朝御用瓷器的产地。为王府或高官、贵族、文人制作堂名款瓷器也成为景德镇的一个特色。与此同时，清代还出现了专门为皇家宫室、苑囿制作的堂名款瓷器。这些瓷器通常直接由御器厂生产，或者"官搭民烧"，代表了当时瓷器的最高水平。

清代堂名款瓷器中大部分堂名的归属已无可考，其中一些堂名明显属内廷宫室，但遍阅史籍却不见记载；也有一些堂名在浩瀚的史书中留下了它的蛛丝马迹。近年来，一

［1］《台阁佳器——暂得楼捐赠堂名款瓷器》，香港中文大学文物馆，1993年。
［2］《明史》卷一百零三，表第四，诸王世系表四，中华书局，1974年，第2840页。
［3］ 刘恒武等：《明代秦王府遗址出土残瓷》，《考古与文物》1999年第4期。

些学者为考释堂名款作出了努力[1]。

考证堂名款的源流，有利于对器物进行断代研究和深入认识其内涵。堂名款瓷器的研究内容十分庞杂，笔者尚无力进行全面的研究考释。在此，仅选择一些前人尚未进行考证和虽已经有过考证但有不同看法或有新材料发掘的清代皇家宫室、苑囿的堂名款瓷器进行追根溯源，以求促进堂名款瓷器的研究。

一、中　和　堂

图2　清康熙　"康熙辛亥中和堂制"款青花釉里红山水图盘(上海博物馆藏)

康熙朝的"中和堂"是目前所见最早的清代皇家堂名款瓷器。此类款识均为干支款："康熙辛亥中和堂制(图2)""康熙壬子中和堂制"和"康熙癸丑中和堂制"，分别为康熙十年(1671)、十一年和十二年所制，以青花楷书四行的形式写于器物底部。品种仅见青花釉里红盘、碟、洗和酱釉碗。

关于"中和堂"，前人以为与"乾惕斋……静镜养和敬慎诸堂"一样"皆内府堂名也"[2]。根据康熙时官方有禁止民间在瓷器上署帝王年号的规定[3]这一点来看，这些瓷器无疑应属皇家所有，因此有学者进一步认为"'中和堂'是圆明园中康熙皇帝所居的殿堂"[4]。一些圆明园研究资料表明，中和堂属圆明三园[5]中的绮春园，是位于绮春园门内迎晖殿之后的一处殿堂[6]。关于绮春园，查清宫档案记载：乾隆三十四年(1769)"奉旨，春和园改

[1] 林业强先生的《台阁佳器——暂得楼捐赠堂名款瓷器》，刘明倩女士的《英国戴维德美术馆暨维多利亚博物馆藏堂名款瓷器》以及陆明华先生的《郎窑及其作品研究》(《上海博物馆集刊》第七期，上海书画出版社，1996年)等著作中均有考释。

[2] 许之衡《饮流斋说瓷》，石印袖珍本，1924年，第37页。

[3] 《浮梁县志》："康熙十六年，邑令张齐仲，阳城人，禁镇户瓷器书年号及圣贤字迹，以免残破。"方志出版社，1999年。

[4] 耿宝昌：《明清瓷器鉴定》(下册)，中国文物总店本，1985年，第36页。

[5] 包括圆明园及乾隆年间扩建的长春园、绮春园。

[6] 张仲葛在《圆明园匾额》中根据旧藏清代《圆明园匾额略节》，列出圆明园各处匾额，其中"中和堂"为绮春园一处殿堂，并注明"外檐"(见中国圆明园学会筹备委员会：《圆明园》第二集，中国建筑工业出版社，1983年)。在何重义等于1979年综合历史资料绘制的《圆明、长春、绮春三园总平面图》中表明，中和堂是绮春园宫门内迎晖殿的后堂(见中国圆明园学会筹备委员会：《圆明园》第一集)。

为绮春园"[1]；是年十月初九日，传旨做御笔"绮春园……一块玉黑漆金字匾一面"，并于次年三月初九日做成"挂讫"[2]，这是所见最早关于绮春园的记载。另据《清史稿·职官志》，绮春园无总领，乾隆三十九年始设副总领"七品一人"，属圆明园总管事务大臣管辖[3]。因此，康熙"中和堂"款瓷器在前，绮春园中的中和堂在后，两者应没有任何关系。

那么，康熙的中和堂是否是当时宫苑中的其他殿堂？这有两种可能，其一，清代内苑殿堂时有兴废，且名称不固定，康熙中和堂或已废弃，或名称已作改换；其二，瓷器上的堂名款有时与实际的殿堂名称稍有差异，如圆明园中的"履信书屋"[4]在瓷器上则为"履信堂"等。"中和"两字体现了儒家的中庸精神，它既是中国历代帝王的治国兴邦之道，也是封建士大夫修身养性的最高境界，因此它常常被用作殿堂、斋室的名称。清宫中的"中和殿""致中和""中正仁和"等殿堂和匾额无不体现了对"中和"的推崇和追求。康熙早期中和堂的所在目前尚无从考证。

二、朗吟阁

朗吟阁是圆明园后湖东面"天然图画"中的一处楼阁[5]。圆明园原是北京西北郊一处私家花园，清初归内务府。康熙四十八年，胤禛被封为雍亲王，受赐圆明园为"藩邸赐园"[6]。圆明园在雍正、乾隆时虽经多次改、扩建，但从乾隆皇帝的《御制诗》中曾提到：朗吟阁"阁名犹皇考潜邸时所题也"[7]来看，这一组建筑的时代不会迟于康熙晚期。署"朗吟阁制"款的瓷器多为单色釉，有白釉、蓝釉、天蓝釉等，时代为康熙后期至雍正时期。圆明园以西约五里的另一处皇家园林——乾隆时期开始兴建的清漪园（颐和园前身）中也有"朗吟阁"[8]。

三、乐善堂

乐善堂是弘历继位以前取"为善最乐"之语为自己所居住的宫殿起的堂名。史载

---

[1]《钦定总管内务府现行则例》，见中国第一历史档案馆编：《清代档案史料——圆明园》（下），上海古籍出版社，1991年，第1660页。

[2]《内务府造办处油木作档案》，见中国第一历史档案馆编：《清代档案史料——圆明园》（下），第1464页。

[3]《清史稿》卷一百十八，中华书局，1977年，第3429页。

[4] 清本《圆明园匾额略节》，见张仲葛：《圆明园匾额》，见中国圆明园学会筹备委员会：《圆明园》第二集。

[5] 据何重义等：《圆明、长春、绮春三园总平面图》，朗吟阁是位于天然图画西侧一处临湖建筑（见中国圆明园学会筹备委员会：《圆明园》第一集）。

[6]（清）于敏中等：《日下旧闻考》卷八十，北京古籍出版社，1981年，第1321页。

[7] 清高宗：《御制诗二集》卷八十七，见《四库全书·集部别集类》。转引自清朱家溍、李艳琴：《清五朝〈御制集〉中的圆明园诗》，见中国圆明园学会筹备委员会：《圆明园》第二集。

[8]（清）吴振棫：《养吉斋丛录》卷十八，浙江古籍出版社，1985年，第202页。

当时他居住的重华宫内有"乐善堂"匾额。登基以后,又将此旧匾挂于崇敬殿内[1]。另外,圆明园桃花坞之堂亦赐名乐善堂[2]。乾隆又将他自己的诗集冠名为《乐善堂集》[3],可见他对乐善堂的名称十分喜欢。因此署"乐善堂制"款的瓷器无疑是乾隆的御用器。传世的"乐善堂制"瓷器十分稀少,仅见粉彩书函式印盒、粉彩烛台等。

四、嘉荫堂

嘉荫堂在京西风景胜地玉泉山静明园内,位于园内仁育宫之后[4]。静明园作为皇家的苑囿建于清康熙年间[5]。署"嘉荫堂制"款的主要是乾隆、嘉庆朝的青花和蓝釉瓷器,器形以盘、豆为主。

五、养正书屋

传世的署"养正书屋"款瓷器并不多见,目前有著录的仅见原胡氏暂得楼藏"粉彩朵梅纹小盒"[6]。据史载,嘉庆皇帝曾赐"养正"两字于旻宁的"园居之额",由此有了"养正书屋"之名。旻宁登基以后,道光三年(1823)春天又将此匾悬挂于圆明园奉三无私殿[7]。道光皇帝的御制诗集亦取名为《养正书屋集》[8],故养正书屋为其堂名。当时,人们将读书看作是提高个人修养的主要途径,读书是为了"养正"。在宫内上书房,也高悬乾隆御书的"养正毓德"四个大字[9]。

六、大雅斋　天地一家春

在清宫内旧藏的瓷器中,有一批用粉彩、色地粉彩、墨彩、色地墨彩描绘花卉、花鸟、梅鹊、莲池鸳鸯等为装饰的各式花盆、鱼缸、高足碗、高足盘等,通常在器物外壁一侧用

---

[1] "重华宫旧为乾西二所,高宗潜邸也。……前为崇敬殿,殿内为乐善堂。(用潜邸旧额)……"(清吴振棫:《养吉斋丛录》卷十八,浙江古籍出版社,1985年,第187页)
[2] (清)于敏中等:《日下旧闻考》卷十六,北京古籍出版社,1981年,第210页。
[3] (清)于敏中等:《日下旧闻考》卷十四有"御制上书房恭纪诗载于乐善堂集"句。
[4] (清)于敏中等:《日下旧闻考》卷八十五,第1420页。
[5] (清)于敏中等:《日下旧闻考》卷八十五,第1412页。
[6] 《台阁佳器——暂得楼捐赠堂名款瓷器》图20。
[7] (清)吴振棫:《养吉斋丛录》卷十八,浙江古籍出版社,1985年,第198—199页:"'养正'两字,仁宗初元,御书以赐宣宗园居之额,所谓'养正书屋'也。道光三年上春,由大内移驻御园,以奉三无私殿西二楹无额,遂移悬焉。"
[8] (清)朱家溍、李艳琴:《清五朝〈御制集〉中的圆明园诗》,见中国圆明园学会筹备委员会:《圆明园》第二集。
[9] (清)于敏中等:《日下旧闻考》卷十四,第187页。

红彩署楷书体"大雅斋"和篆书体"天地一家春"款(图3),"天地一家春"外还以红彩双龙环绕。从瓷器款识看,大雅斋应是附属于天地一家春的一处斋室。长期以来,这些器物传统上被认为是光绪年间慈禧太后的御用器。

图3　清光绪 "大雅斋""天地一家春"款翡翠地墨彩加粉花鸟纹缸(上海博物馆藏)

遍阅史籍,在清宫内廷不见以"天地一家春"为名的殿堂,在圆明园则从雍正起就有"天地一家春",它是圆明园四十景之一"九州清宴"中的一处二层殿堂,位于九州清宴东[1]。雍正时画家高其佩曾以它为景作画[2];咸丰年间皇帝曾将其作为驻跸圆明园时的居所之一,当时慈禧作为懿妃就住在附近的"同道堂"[3]。经查阅清宫《匾联档》中"咸丰历年匾额",发现咸丰五年(1855)咸丰皇帝曾御题"大雅斋"匾额,档案中并以小字注明"写挂天地一家春殿内西间罩上向东扁(匾)"一面[4],可见当时"大雅斋"曾是"天地一家春"西间的斋名。这是最早有关大雅斋的记载。咸丰十年圆明园被英法联军焚毁,九州清宴包括天地一家春当然不能幸免[5]。

同治十二年(1873)八月,同治皇帝发布上谕,择要兴修圆明园殿宇,以"供奉列圣圣容之所,暨两宫皇太后驻跸……并朕办事住居之处"[6]。十月初一,"奉朱笔:绮春园改为万春园。敷春堂改为天地一家春。……天地一家春改为承恩堂。……"[7]敷春堂原是绮春园一组规模较大的殿堂,位于宫门后迎晖殿、中和堂之后,它当然也难以逃脱遭英法联军焚毁的命运。当时皇帝决心重修圆明园,但已无力进行全面恢复,故对园内准备重建的一些景点进行调整,如将原圆明园九州清宴的"天地一家春"改在"万春园"(原绮春园)敷春堂旧址上重建就是一例。据考证,计划中重修的"天地一家春"为"四卷殿,东西辟两院,绕以游廊,居慈禧太后于是……"[8]在重建中,将原"天地一家春"中

[1]　(清)于敏中等:《日下旧闻考》卷八十,第1331页。
[2]　雍正十一年十二月二十七日,"司库常保首领太监萨木哈持来'天地一家春'画一张,系高其佩画。传旨:着收贮。钦此"。摘自《内务府造办处档案》,见中国第一历史档案馆编:《清代档案史料——圆明园》(下),上海古籍出版社,1991年,第1236页。
[3]　见《湘绮楼日记》第三册,转引自刘敦桢:《同治重修圆明园史料》注二四,见中国圆明园学会筹备委员会:《圆明园》第一集。
[4]　见中国第一历史档案馆藏:《宫中拟件档》。
[5]　据当时内务府大臣明善奏,"九州清宴各殿……于八月二十三日焚烧"。摘自《宫中硃批奏折》,转引自中国第一历史档案馆编:《清代档案史料——圆明园》(上),上海古籍出版社,1991年,第574页。
[6]　见《大清穆宗毅皇帝实录》卷三百五十八,转引自中国第一历史档案馆编:《清代档案史料——圆明园》(上)第626页。
[7]　据内务府档,转引自中国第一历史档案馆编:《清代档案史料——圆明园》(上)第628页。
[8]　摘自张嘉懿先生藏内务府《呈堂稿底》,转引自刘敦桢:《同治重修圆明园史料》,见中国圆明园学会筹备委员会:《圆明园》第一集。

的斋名如"大雅斋"等依样恢复当在情理之中。自同年十月起，所呈画样迭经改削，同治、慈禧均操笔亲绘图样[1]，随后即开始兴建。一年以后由于财力不济而被迫终止。截至停工，天地一家春只完成基础，余未兴筑[2]。从慈禧亲自为重修天地一家春"亲绘图样"来看，她不仅对入驻圆明园抱有很大的期望，而且表现出对早年生活的一种怀恋。慈禧个人的经历不难说明，重修圆明园特别是重建天地一家春很可能出自她的意愿，慈禧之所以能够位尊太后，完全是因为她为咸丰皇帝生了皇子载淳（即同治帝），她的"咸丰情结"促使她不顾当时的国情下决心恢复与咸丰有关的苑囿宫殿。尽管最后没有如愿，但是在重修的同时，极可能还做了一些其他的准备，比如刻几方有关堂名的印章[3]、到景德镇定烧一些御用的陈设瓷器等。

从署有"大雅斋""天地一家春"款瓷器的造型、纹饰等特点看，不难排除它们是咸丰时期产品的可能性，光绪时则没有烧制这类瓷器的理由。那么根据以上情况，可以认为署"大雅斋""天地一家春"款的瓷器是为慈禧入住万春园之天地一家春而专门烧制的御用器，其时代应是同治十二年或十三年。考虑到御用瓷器的制作从下达生产任务到设计、烧制有一定的周期，其时代也可能延续到光绪初年。由于天地一家春重建计划夭折，因此这批瓷器最终未有大量使用的机会，这从目前收藏于故宫博物院、南京博物院两处的器物几乎全是新器可以得到证明。

七、体 和 殿

在清前期记载宫阙内廷布局的典籍中，未见有"体和殿"的记载。体和殿位于今故宫西六宫翊坤宫与储秀宫之间，属穿堂殿。翊坤、储秀两宫之间亦无围墙、横巷阻隔，成为浑然一体的一组宫殿。这种布局形成于光绪九年。查清宫档案，在光绪九年（1883）三月以前，翊坤宫和储秀宫是被围墙和横巷分割、前后互不相连的两组宫殿。《造办处活计档》详细记录了当年为准备庆贺慈禧五十大寿而对翊坤宫、储秀宫所进行的大规模改建，其中所提到的它们所属殿堂的名称分别是"前殿""后殿"和"东西配殿"等，未见有"体和殿"[4]。

经查阅清宫《造办处旨意题头底档》，"体和殿"殿名最早见于光绪九年十一月十七日，当时为了准备布置装修后的翊坤、储秀宫，"懋勤殿太监刘志安……传旨：著如意馆士张恺等"为"储秀宫正殿……东西配殿""丽景轩正殿……东西配殿"和"翊坤宫正

［1］　刘敦桢：《同治重修圆明园史料》，见中国圆明园学会筹备委员会：《圆明园》第一集。
［2］　刘敦桢：《同治重修圆明园史料》，见中国圆明园学会筹备委员会：《圆明园》第一集。
［3］　在清宫档案中，笔者发现一张纸条，上面写有篆体字"慈禧皇太后""大雅斋""谦受益"，其格式如印章，并经修改和重写，估计是当时为刻印而作的字体、布局设计稿（见中国第一历史档案馆藏《宫中拤件档》）。光绪以后，"大雅斋"作为慈禧太后的一枚闲章，在她的绘画作品中常见，其形式为三字篆书直列，外围双龙，与瓷器上"天地一家春"款相仿。详见李湜：《慈禧的书画及代笔人》，《收藏家》2000年第4期。
［4］　见中国第一历史档案馆藏：《造办处活计档》中光绪九年三月初十日至十四日《翊坤宫储秀宫撤活档》和三月十四日《翊坤宫储秀宫前后殿装修活计档》（当时拟定的具体装修计划）。

殿……东西配殿""体和殿殿内……东西配殿""绘画钩金博古各色花卉横披提装斗方画条等"共计五百四十九件[1]。可见改建后的翊坤宫、储秀宫后殿已分别被命名为"体和殿"和"丽景轩"。此后，档案中不再有翊坤宫、储秀宫后殿的记载，而"体和殿""丽景轩"则屡见不鲜。光绪十年十月十九日"懋勤殿太监陆吉祥交'体和殿'字斗匾一面，传旨：著造办处做骚青地铜金字闹龙边宝填珠，钦此"[2]。此匾目前保存在故宫神武门上，四边以透雕的龙纹环绕，青色地上镶以金字殿名，汉文在左满文在右，殿名上缀以篆印"慈禧皇太后御笔之宝"，形式与文献记载一致。

要打通翊坤、储秀两宫，还必须拆除储秀门。光绪九年三月十二日，造办处撤"储秀宫……宫门门钉一百六十二个，里叶四块，兽面一对"[3]，而翊坤宫的宫门却未见如此动作，且在装修计划中亦未见有储秀门的内容，由此可以认为该门已被拆除。之所以要大规模地改建翊坤宫、储秀宫，是为了光绪十年慈禧太后五十寿辰时从长春宫搬入此处做准备，由翊坤宫后殿改建的体和殿就作为慈禧的进膳之处[4]。

如上所述，体和殿的年代不会早于光绪九年。那么，署"体和殿制"款瓷器的时代也不会在光绪以前，它们应该是光绪十年九月慈禧太后搬入储秀宫[5]以后的专用器物。传世署有"体和殿制"款的瓷器不多，品种有渣斗、盒、缸及各式花盆等；装饰主要有青花、黄釉刻花、黄地墨彩等；纹饰则以各式花卉为主；款识多为篆书，有青花款，也有矾红款（图4）。

图4a　清光绪　"体和殿制"款青花莲池纹方花盆（上海博物馆藏）

图4b　"体和殿制"款

原载《中国陶瓷全集·卷15清（下）》，上海美术出版社，2000年

---

[1]　见中国第一历史档案馆藏：《造办处旨意题头底档》，光绪十年正月—三月卷。
[2]　见中国第一历史档案馆藏：《造办处旨意题头底档》，光绪十年十月卷。
[3]　见中国第一历史档案馆藏《造办处活计档》中光绪九年三月十二日《翊坤宫储秀宫撤活档》。
[4]　周苏琴：《试析北京故宫东西六宫的平面布局》，见《清代宫史探微》，紫禁城出版社，1991年。万依主编的《故宫词典》"体和殿"条也持同样看法，文汇出版社，1996年。
[5]　慈禧入住储秀宫的时间不会晚于光绪十年九月。《造办处旨意题头底档》光绪十年九月卷中有"九月二十五日翊坤宫总管刘增禄传旨"的记载，此时慈禧已经入住此地，而在半个月前的"九月初九日"，刘增禄还作为"长春宫总管"在传旨。慈禧入住的时间应在九月初九至九月二十五日之间。李莲英任"储秀宫总管"最早见于同年十一月十四日的传旨记录（见同档十一月卷）。

关于早期龙泉窑瓷器几个问题的研究

关于龙泉窑始烧的年代,学术界历来有不同的看法。本文认为金村窑址的早期堆积中发现的白胎淡青釉制品无论从胎、釉还是造型和装饰来看,都显示了与众不同的风格。资料证明,以后龙泉窑青瓷正是在这类青瓷的基础上发展起来的。结合窑址地层及有关纪年墓的比较考证,初步认为这类"早期龙泉"的年代相当于10世纪后期至11世纪前期。文章还对多管瓶、盘口壶、执壶等几种器物的基本特点进行了总结,并分析了早期龙泉窑瓷器的工艺特点。

一、关于龙泉窑创烧时代的讨论

关于龙泉窑始烧的年代,学术界历来有几种看法。朱伯谦先生提出"龙泉窑开创于三国西晋"[1],把他原先根据丽水吕步坑发现南朝至唐初窑址[2],主张龙泉窑开始于南朝[3]的观点提前了约二百年。陈万里先生认为龙泉窑的出现是在五代以后[4],冯先铭先生持相同的观点[5]。《中国陶瓷史》(1982年版)认为龙泉窑创烧于北宋早期[6],但对其初创的情况语焉不详。周仁、张福康先生等则把北宋早期至南宋初期作为龙泉窑的"初创期"[7]。

如果把龙泉及邻近地区开始烧造瓷器的时代看作是龙泉窑的开始,那么以上诸位先生的观点均可成立,因为他们在不同的年代提出龙泉窑创烧时代的观点,限于当时考古资料的局限,结论一定有异。尽管目前在龙泉地区尚未找到三国西晋的确切窑址,但从当地出土的瓷器看,不排除当时龙泉已经生产瓷器的可能性。从这个意义上来说,朱

[1] 朱伯谦:《龙泉窑》,见朱伯谦主编:《龙泉窑青瓷》,(台湾)艺术家出版社,1998年,第6页。
[2] 浙江省博物馆:《三十年来浙江文物考古工作》,见《文物考古工作三十年》,文物出版社,1979年,第221页。
[3] 朱伯谦:《龙泉青瓷简史》,见浙江省轻工业厅编:《龙泉青瓷研究》,文物出版社,1989年,第3页。
[4] 陈万里:《中国青瓷史略》,见《陈万里陶瓷考古文集》,紫金城出版社、两木出版社,1990年,第94页。
[5] 冯先铭:《我国陶瓷发展中的几个问题》,《文物》1973年第7期。
[6] 中国硅酸盐学会主编:《中国陶瓷史》,文物出版社,1982年,第273页。
[7] 周仁、张福康、郑永圃:《龙泉窑历代青瓷烧制工艺的科学总结》,见浙江省轻工业厅编:《龙泉青瓷研究》,第102页。(注:该文初刊于《考古学报》1973年第1期第140页时,称"五代和北宋属于初创期"。)

先生提出龙泉窑创烧于三国西晋时期的观点无可厚非。但是，如果我们从另一个层面看，即把所谓的"窑"理解为不仅仅是指具体的窑场，而是指一类与众不同的产品的话，那么所谓"龙泉窑"，是指它生产的产品的基本特点与其他窑场的产品有本质的区别，从而形成自身特色的体系。这样，我们就不能简单地把龙泉地区开始生产青瓷的时代与龙泉窑的开创时代等同起来了。进一步对龙泉地区三国、西晋时期墓葬或遗址出土的瓷器进行考察[1]，不难发现无论在造型、纹饰方面都具有浓厚的越窑或婺州窑产品的风格。如果根据这些出土瓷器就得出龙泉窑开创于三国西晋时期的结论，证据并不充分。至于丽水吕步坑窑址，目前仅知"其下层产品具有六朝晚期的许多特征，而上层遗物则和唐代越窑所出很有相似之处"[2]，而且"产品质量低下，远远不及省内其他地区同期产品"[3]。据此也难以断定其产品与同时期其他青瓷窑场的产品是否有所区别，并且已经具有与以后龙泉窑产品一脉相承的特点。从当地墓葬发现的一些南朝青瓷看，器形与越窑、婺州窑亦十分相似。唐代龙泉窑址所出标本则与越窑相类。南京五代南唐二陵出土了两件青釉碗[4]，从报告描述的特点看，其"胎质较厚重，有的有开片，有的装饰着简单的划花"（从照片看应是篦划纹）。有学者根据其胎骨较厚重的特点而判断它是龙泉的产品，但是在胎、釉、造型、纹饰等方面均未见不同于其他窑场的特点，我们在同时期南方其他青瓷窑场很容易找到同类产品。

根据考古资料，龙泉地区烧造青瓷的历史确实可以追溯到隋唐甚至更早。但是，如果其产品只是沿袭其他窑场的特点，那么其生产的产品只能算作是其他窑系风格产品在龙泉的延续，而不能认作是一个具有自己风格的新的窑场的出现。总体来看，隋、唐、五代以前，龙泉青瓷基本上不能摆脱越窑和婺州窑风格的影响，一些五代青瓷产品在一定程度上还受到瓯窑的影响。在已经发表的资料中，我们尚未发现龙泉窑五代以前的产品已经具有自己的独特风格。因此，如果把"窑"不仅仅作为产地，而且作为瓷器的一种风格来看的话，那么就目前所掌握的考古资料而言，认为龙泉窑的开创时代早于五代的观点都是欠妥的。

要确定龙泉窑的创烧时代，首先必须了解具有当地独特风格产品出现的年代。1960年4月至5月间，浙江省文物管理委员会对金村窑址群进行了调查和发掘，在金村附近共发现了16处窑址。除对第16号窑址进行了发掘之外，还调查了其余15处窑址。发现其中3处有早期的堆积，产品都是淡青釉青瓷[5]。20世纪80年代初对金村窑址进行复查时，"在一处堆积断层中观察到五叠层现象，底层遗物是比较单一的白胎淡釉制品"[6]（图1），"胎壁薄而坚硬，质地细腻，呈淡淡的灰白色。通体施淡青色釉，釉层透明，表面光亮。……执

[1] 朱伯谦：《龙泉青瓷简史》，见浙江省轻工业厅编：《龙泉青瓷研究》，第8页。
[2] 牟永康：《丽水青瓷调查发掘记》（未刊稿），转引自任世龙：《龙泉青瓷的类型与分期试论》，《中国考古学会第三次年会论文集（1981）》，文物出版社，1984年。
[3] 浙江省博物馆：《三十年来浙江文物考古工作》，见《文物考古工作三十年》，第223页。
[4] 南京博物院编：《南唐二陵》，文物出版社，1957年，第51—55页。
[5] 张翔：《龙泉金村古窑址调查发掘报告》，见浙江省轻工业厅编：《龙泉青瓷研究》，第68—91页。
[6] 任世龙：《龙泉窑的双线生产——再论龙泉青瓷的两大系列》，见《瓷路人生：浙江瓷窑址考古的实践与认识》，文物出版社，2017年。

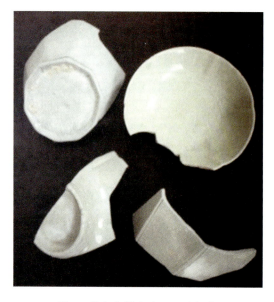

图1　龙泉金村窑窑址下层标本

壶腹部丰满,作瓜棱状,有的用内凹直线,有的则刻以凸起的双线作为瓜瓣的分界线……多管瓶直口、圆肩、深腹,肩缘安装荷茎状的五管,管下贴一圈形若水波的堆纹,腹面划三重仰莲"[1]。这类青瓷的最大特点是胎、釉的颜色较浅,而且在造型和装饰等方面也显示出与其他青瓷窑场明显不同的特点。应该说,龙泉窑自此才开始形成了自己的独特风格。考古资料证明,以后龙泉窑青瓷正是在这类青瓷的基础上发展起来的,它们之间的承袭关系非常清楚。在未有新考古资料的情况下,我们可以判断这类器物属于龙泉窑的早期产品。在此,暂且把这类龙泉青瓷称为"早期龙泉"。

二、关于早期龙泉青瓷年代的推定

关于上述早期龙泉青瓷的年代,目前尚未发现有纪年的墓葬或器物,缺乏直接的证据,但是我们可以从地层关系来进行推断。在上述金村窑址"五叠层"堆积中直接叠压于"白胎、淡青釉、纤细刻花"类青瓷之上的是一类"灰白胎,青绿色薄釉,双面刻花"的

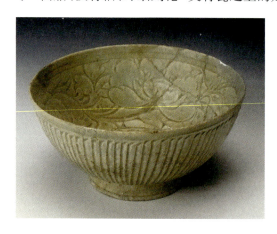

图2　北宋　刻花碗(庆元县文管会藏)

青瓷[2]。其基本特点与1960年大窑、金村发掘时被判断为北宋早期的产品特点相一致,为"制作比较规整,胎骨灰白而厚薄均匀,底部旋修光滑,圈足高而规则,釉层很薄而透明,普遍呈现青中泛黄的色调。器壁内外常常施以繁缛的刻划花草并间以篦状器戳划而成的点线或弧线纹"[3]。如果我们能够从考古资料中找到这类器物的年代依据,那么至少可以确定早期龙泉年代的下限。据上文,庆元县文管会收藏的一件刻花牡丹纹碗(图2)与上述特点十

［1］　朱伯谦:《龙泉青瓷简史》,浙江省轻工业厅编:《龙泉青瓷研究》。
［2］　浙江省博物馆:《三十年来浙江文物考古工作》,见《文物考古工作三十年》,第223页。
［3］　牟永康:《丽水青瓷调查发掘记》(未刊稿),转引自任世龙:《龙泉青瓷的类型与分期试论》,《中国考古学会第三次年会论文集(1981)》。

 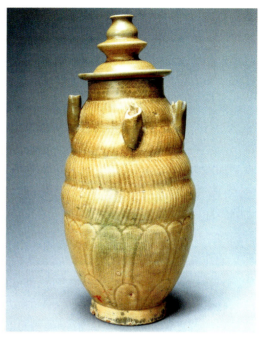

图3 北宋 盘口瓶(元丰,1078—1085) 1977年 龙泉塔石乡秋畈村宋墓出土(龙泉博物馆藏)

图4 北宋 五管瓶(熙宁三年,1070) 1987年龙泉兰巨乡独田村宋墓出土(龙泉博物馆藏)

分一致,其内壁刻缠枝牡丹,花瓣内有篦划纹,外壁刻直条纹,圈足较高,青釉薄而泛黄。数年前,笔者前往龙泉考察,在龙泉博物馆看到几件青瓷也属此类。一件盘口长颈壶是1977年在龙泉县林祥乡(今塔石乡)秋畈村北宋神宗元丰(1078—1085)纪年墓出土的,其腹部以双凸线为瓜棱,分为六个区间,区间内分别刻有用篦划纹表现叶脉的垂叶纹,其胎灰白,其釉青黄(图3)。同时出土的一件多管瓶的腹部上下分别刻以直条纹和双层莲瓣纹,莲瓣内填以篦纹。另一件多管瓶是1987年10月在龙泉县剑湖乡(今兰巨乡)独田村出土的,该瓶的上腹部斜刻直条纹,下腹部刻重瓣仰莲,瓣内填以篦划纹,通体施釉,釉层薄,釉色青中泛黄,在盖内有墨书"五谷仓上应天宫下应地中……庚戌十二月十一日太原王□"(图4),其特点与上述牡丹纹碗和元丰元年墓出土的器物十分接近。据此考证该"庚戌"应距"元丰"不远,即北宋神宗熙宁三年(1070)。由此,我们把金村窑址叠压于白胎淡釉青瓷之上的地层年代定为北宋中期,即11世纪中后期。如果上述推断无误,我们就可以推定在其下层以"白胎淡釉"为主要特征的早期龙泉的年代当在北宋初至北宋早期,约相当于10世纪后期至11世纪前期。

三、几种早期龙泉窑典型器物的基本特点

窑址出土的标本为我们了解早期龙泉青瓷提供了根据。从窑址堆积看,龙泉窑开

创时期的生产规模并不大,窑场主要集中在龙泉金村、庆元上垟[1]等处。产品常见各类花口造型的碗、盘和灯盏等,而多管瓶、盘口壶、执壶等一批新器形的出现,标志着龙泉窑作为一个全新的青瓷窑场的崛起,遂成为这一时期龙泉窑青瓷的典型代表。根据窑址标本所揭示的特点进行比较,可以确认一些器物属于早期龙泉青瓷。

多管瓶是新出现的器形,比较高大,有的近40厘米。造型作直口、圆肩、敛腹、圈足,也有溜肩、折肩、鼓腹者。器物通常有盖。在器物的肩部有多个呈多棱形的细管均布,以五管、七管多见,管的口部呈齿形,管的下部与器身并不相通,仅具象征意义。器身装饰有多种:一种在肩腹部之间以捏塑的皱褶状“木耳边”为饰;腹部刻以多重复莲瓣纹,莲瓣的边缘及中脊凸起,有立体感;下腹部以凸起的双重直线等分为六,每个区间各划以线条流畅的卷花纹(图5)。另一种器身多有分段,有的器物上腹部似台阶分为四段,下腹部再刻重瓣莲花(图6)。有的器物自肩部始分成近十段,在每一段上再刻莲瓣及其他花纹(图7)。这一类刻花通常为线条简练的线刻纹。器盖常做成复瓣的花朵形状,有荷花形、菊花形等,盖沿往往略微外撇,盖上则以荷叶为托的花蕾作钮,有的旁边还塑有水鸭等。圈足一般较矮,足端呈圆形,足墙内侧斜坦,外侧稍稍外撇,近底处一道弦纹隐约可见。器物通体施釉,足端可见长条形垫烧痕(图8)。

图5　北宋　多管瓶　1976年龙泉茶丰公社墩头大队出土(龙泉博物馆藏)　　图6　北宋　多管瓶　1987年龙泉宏山乡山里村出土(龙泉博物馆藏)

[1]　龙泉博物馆杨冠富先生曾前往该地调查,并向笔者出示了采集到的标本,其特点与金村窑址下层一致。又见于任世龙:《龙泉窑的考古历程》,见《瓷路人生:浙江瓷窑址考古的实践与认识》。

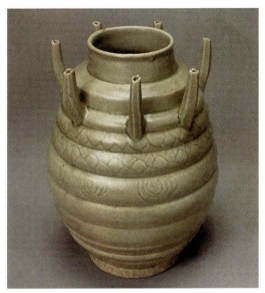

图7　北宋　多管瓶　1980年龙泉查田镇王志全墓出土（龙泉博物馆藏）

图8　北宋　五管瓶底部

此时龙泉窑的盘口壶应是从唐、五代越窑盘口壶（罂）变化而来的。盘口壶器形较高大，造型为盘口、长颈、圆肩、鼓腹、圈足，有盖（图9）。器盖多做成荷叶形，有的顶部缀以荷叶相托的花蕾状钮，华丽美观；有的仅以一片荷叶为盖，盖面荷叶的筋脉栩栩如生，再以一截叶柄为钮，自然成趣。盘口直径一般与肩宽相当，外壁稍稍内凹，折角硬朗。颈部细长，呈两端向外的弧形，下端有数道弦纹。肩部圆润，在颈肩相接处通常有泥片做成的双系。腹部一般呈瓜棱形，常见以六条双凸线为瓜棱，瓜棱之间饰以线刻的云气、花卉等，也有在腹部以一至二道堆塑的"木耳边"为装饰，与同时代的多管瓶相似（图10）。盘口壶的圈足较矮、较厚，足墙外侧稍稍外撇，并常有一道较浅的弦纹，内侧与足端连成圆弧。底足施釉极薄，足端可见长条形垫烧痕（图11）。

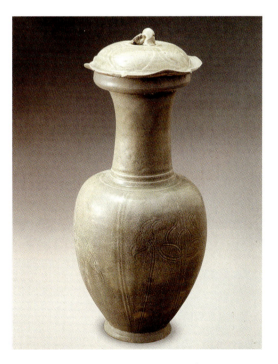

图9　北宋　刻花盘口壶（龙泉博物馆藏）

在龙泉地区，这一时期流行以多管瓶、盘口壶和执壶三件为随葬品的组合。与前两种器物高大的造型相比，执壶的器形比较小巧，数量也较少。执壶的高度一般

图10　北宋　盘口壶　1976年龙泉茶丰公社墩头大队出土（龙泉博物馆藏）

图11　北宋　盘口壶底部

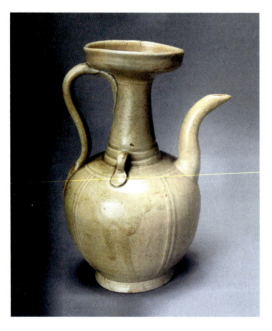

图12　北宋　执壶　1976年龙泉茶丰公社墩头大队出土（龙泉博物馆藏）

不超过20厘米，其造型为盘口、长颈、圆腹、圈足（图12）。与盘口瓶相似，执壶的盘口较大，口唇部位做得硬朗，轻巧。颈部细长，有的下端亦有几道弦纹。曲柄以双股泥条做成，自颈上部蜿蜒至肩部。颈肩相接处有双系，流长而弯曲，自肩部伸起，开口于盘口之下。肩部一周的双凸弦纹，恰好标明流、系、柄的位置。腹部呈瓜棱形，以双凸线瓜棱为饰，不见其他刻划花装饰。圈足较厚，有的稍稍外撇，挖足浅，足端宽平，足外侧亦见一周浅弦纹，底足满釉，足端有长条形垫烧痕。

1979年在龙泉茶丰北宋早期墓葬中出土的五管瓶、盘口壶、执壶一组三件[1]，可以作为这一时期龙泉青瓷的代表。

[1]　浙江龙泉县图书馆文物管理小组：《龙泉新出土的三件北宋早期青瓷器》，《文物》1979年第11期，第95页。

四、早期龙泉窑瓷器的工艺特点

1. 胎　在金村窑址下层以及庆元上垟窑址出土的瓷器胎色大都为灰白色,有的已相当接近白色。我们委托中国科学院上海硅酸盐研究所对龙泉窑北宋早期和中晚期标本进行化学分析,并对照以前对龙泉窑北宋中期、南宋早期标本的分析(表1),结果表明,北宋早期龙泉窑产品胎色浅淡与胎中氧化铁含量较低有关,仅为0.9%,与景德镇窑青白瓷接近[1]。北宋中期以后,胎中氧化铁的含量渐次提高,由北宋中期的1.28%、中晚期的1.9%到南宋时期的2.27%。与北宋中期以后产品相比,此时胎中含铁量明显较低,这是造成其产品表面呈淡青色的主要原因。分析表明,龙泉地区瓷土中含钛量成分很少,它对胎、釉的呈色影响可以忽略不计。从龙泉地区瓷土原料中氧化铁含量通常不超过1%来看,说明由于当时是初创阶段,对制瓷原料的配制还比较简单,仅仅采用当地含铁量较低的瓷土作胎[2]。到北宋中期以后龙泉窑开始在胎料中掺入紫金土,以提高含铁量,使胎色偏灰以便更好地衬托青釉[3]。另外,从检测结果得知,此时龙泉青瓷胎中氧化铝的含量偏低,它所要求的烧结温度相对稍低,因此胎质显得比较坚硬、致密。

表1　龙泉窑、瓯窑青瓷胎的化学组成氧化物含量

标本编号	SiO_3	Al_2O_3	TiO_2	Fe_2O_3	CaO	MgO	K_2O	Na_2O	MnO	P_2O_5	总量
NSL−B	79.3	16	0.4	0.9	0.2	0.2	2.8	<0.1	0.01	0.03	99.94%
ESL−B	75.5	17.7	0.4	1.9	0.2	0.3	3.5	<0.1	0.01	0.02	99.63%
FDL−1	76.47	17.51	0.42	1.28	0.6	0.34	3.08	0.27	0.02		100%
NSL−1	74.23	18.68	0.42	2.27	0.54	0.59	2.77	0.48	0.02		100%
WZL−B	77.2	16.3	0.7	1.1	0.1	0.1	3.6	0.2	0.02	0.03	99.55%

注:NSL−B为庆元上垟出土北宋初标本;ESL−B为龙泉北宋中晚期标本;WZL−B为温州西山出土五代至北宋初标本。

标本FDL−1、NSL−1数据引自周仁、张福康、郑永圃:《龙泉历代青瓷烧制工艺的科学总结》(刊《龙泉青瓷研究》,文物出版社,1989年),其时代分别为北宋中期和南宋早期。

2. 釉　此时龙泉青瓷通常为器物里外通体施釉,青釉匀薄而透明,釉色淡雅,聚釉处呈水绿色。分析表明,宋代龙泉青瓷釉中氧化铁含量在1.4%至1.8%之间,不同时期的产品釉中铁含量并没有表现出有规律的变化(表2)。周仁先生等认为,龙泉青瓷釉中

[1]　周仁、李家治:《中国历代名窑陶瓷工艺的初步科学总结》,《考古学报》1960年第1期,第89—103页。
[2]　周仁、郭演仪、万慕义:《龙泉青瓷原料的研究》,见浙江省轻工业厅编:《龙泉青瓷研究》,第144页。
[3]　周仁、张福康、郑永圃:《龙泉窑历代青瓷烧制工艺的科学总结》,见浙江省轻工业厅编:《龙泉青瓷研究》,第102页。

的含铁量超过当地的瓷土原料,因此要取得理想的青釉,在龙泉古代的青釉配方中多半都是掺加了紫金土的[1]。对北宋早期标本进行的分析表明,其釉中氧化铁含量为1.7%,如果将釉的助熔剂钙从总量中扣除,那么其含铁量接近2%。因此,在釉的配方中如果不添加含铁量高的原料则无法达到。与以后的产品相比,此时釉中钾、钠的含量要比北宋中期以后的龙泉产品低,属于石灰釉,在高温中釉具有良好的流动性,其玻化程度比较高,釉层也较薄,在放大镜下,釉层中有少量较大气泡。这样,就大大提高了釉的透明度,在灰白胎色的衬托下,釉色就格外显得淡雅清亮。因此,造成早期龙泉青瓷釉色浅淡的主要原因一是胎色浅,二是釉较薄、较透。

表2　龙泉窑、瓯窑青瓷釉的化学组成氧化物含量

标本编号	SiO₃	Al₂O₃	TiO₂	Fe₂O₃	CaO	MgO	K₂O	Na₂O	MnO	P₂O₅	总量
NSL-B	66.6	14	0.3	1.7	11.7	1.8	2.7	0.1	0.5	0.3	99.7%
ESL-B	62.6	14.4	0.3	1.4	15.3	1.4	2.9	0.3	0.3	0.6	99.5%
FDL-1	59.37	15.96	0.39	1.8	16.04	2.04	3.43	0.32	0.62		99.97%
NSL-1	63.25	16.82	0.23	1.42	13	1.09	3.26	0.57	0.43		100.07%
WZL-B	61.4	14.6	0.5	1.7	11.6	3.8	3	0.3	0.3	2.2	99.4%

注:NSL-B为庆元上垟出土北宋初标本;ESL-B为龙泉北宋中晚期标本;WZL-B为温州西山出土五代至北宋初标本。
标本FDL-1、NSL-1数据引自周仁、张福康、郑永圃:《龙泉历代青瓷烧制工艺的科学总结》(刊《龙泉青瓷研究》,文物出版社,1989年),其时代分别为北宋中期和南宋早期。

3. 挖足形式　瓷器的圈足一般是在拉坯成形以后再在陶车上用专门的工具旋削而成。由于不同时期、不同地区所使用的工具不同,窑工的挖足习惯也各异,因此圈足的形式往往具有判断产地、指明时代的作用。如前所述,早期龙泉青瓷的底足形式通常为圈足较浅、较厚,圈足内侧斜坦,外侧有一道浅弦纹,从而形成独特的风格。

4. 装烧　从文物及窑址标本看,早期龙泉青瓷大都为通体施釉,一部分虽然底部无釉,但圈足仍然包釉,因此器物通常在圈足下垫泥条装匣钵入窑。所用的泥条较粗,在圈足足端可见五至七个不规则的蚕茧形垫烧痕,垫痕周围一般不见粘砂。

五、早期龙泉窑与浙江其他青瓷窑场的关系

龙泉宋属处州,位于浙江西南部,东与温州为邻,北与婺州相接,婺州之北是越州。瓯窑、婺州窑、越窑的青瓷生产历史均早于龙泉,因此,这些窑场必然对新兴的龙泉窑产

[1]　浙江龙泉县图书馆文物管理小组:《龙泉新出土的三件北宋早期青瓷器》,《文物》1979年第11期,第95页。

生影响。

瓯窑产品的胎釉与早期龙泉相仿是否是龙泉窑受了瓯窑的影响呢？自三国起，瓯窑青瓷便以釉色清淡为主要特征，唐宋时期亦然。与早期龙泉一样，这与当地瓷土原料所含氧化铁较低有关，当地的窑工并没有为了刻意追求青釉的釉色而在胎中掺加其他原料。据对温州西山窑五代末至北宋初标本进行化学分析的结果表明，其胎、釉中氧化铁含量与早期龙泉窑十分接近（见表1、表2），唯氧化钛含量稍高，因此从外观上看，胎色要稍灰一些；釉中钾、钠含量偏高，釉虽薄但透明度稍差，故给人以釉色稍深的感觉。因此，尚不能认为龙泉北宋时期的淡青釉产品在工艺上受到了瓯窑的影响。同时，在瓯窑中也没有发现与早期龙泉典型器物相似的造型和纹饰，虽然两者器物上的瓜棱都是以双凸线来表示，但是这一特点在当时浙江其他青瓷窑场也有。早期龙泉器物常见在圈足之下有泥条垫烧，足端可见垫烧痕，这与同时代瓯窑的装烧方法一致。由此可见，瓯窑的装烧工艺对初创期的龙泉窑产生了一定影响。

婺州窑产品在品种和造型方面虽然与越窑相似，但它也有自身特点，比如唐代中晚期以后，浙江西部地区流行用于随葬的多角瓶主要是由婺州窑生产的。这种器物也流传到龙泉地区。北宋以后龙泉窑主要生产的多管瓶，器身多见分级，且都用于随葬，与多角瓶十分相似。因此，可以认为多管瓶是以婺州窑的多角瓶为祖型变化、发展而来的。

长期以来，浙江宁绍平原一带的越窑对龙泉地区制瓷业产生了深刻的影响。根据最新研究，从三国西晋时起，龙泉地区就已经有青瓷生产，但无论在造型、纹饰还是制作工艺方面都与越窑产品十分相似，应该把它纳入越窑系统。早期龙泉窑就是在这样的基础上开始生产的，因此在造型、装饰等方面都充分表现出脱胎于越窑而来的特点。在此，仅以上述三类典型器物为例。从造型上看，除了多管瓶源于婺州窑的多角瓶之外，盘口壶和执壶都与越窑有着渊源关系。盘口壶来源于越窑的罂，唐代的罂盘口较大（图13），至北宋，其盘口趋于缩小，如上海博物馆收藏的越窑底部有"太平戊寅"刻款的莲瓣纹盘口壶（图14）就是一例[1]。龙泉窑盘口壶的造型与之相似，所不同的是器物更高大，颈部更细长，腹部也比越窑长一些。此外，唐代越窑的罂通常有双系或四系，龙泉窑继承了这个传统，在器物的肩部有双系，而北宋越窑的盘口壶上则已不见此特征。自中唐以后，执壶是越窑常见的器物，龙泉窑执壶造型在与越窑相仿的基础上有所变化，如口沿为盘口，而越窑则一贯是敞口；腹部比越窑稍圆一些；柄以双泥条做成，与唐代越窑执壶相同，而不同于五代北宋时越窑常以泥片作柄的特点；肩部的双系，龙泉以泥条

---

[1] 据《宋会要辑稿·蕃夷七》：吴越国王钱俶于宋太平兴国三年四月第二次朝觐宋太宗赵匡义时，以所贡献的礼品中包括"瓷器五万事……金扣瓷器百五十事"。唐末五代浙江上林湖设有贡窑，这些"瓷器"应该就是"贡窑"专门生产的贡瓷，其底部刻有"太平戊寅"款。在慈溪上林湖窑址曾发现此类标本。据慈溪市文管会谢纯龙先生相告，尽管当时上林湖的生产规模相当大，窑址密布，但是有"太平戊寅"款的标本也不是很普遍，而只发现于少数几个窑址。有学者认为该盘口壶属龙泉窑，但目前所见的文献未有龙泉为吴越国生产贡瓷的记载，这是其一；据目前所知考古资料中也未发现有"太平戊寅"款龙泉窑的标本，这是其二；如果将该壶与早期龙泉青釉盘口瓶相比较，不仅胎、釉相差甚远，而且两者的底足形式也有很大的区别，这是其三。因此，综合各方面的特点看，该瓶应该还是越窑的产品。

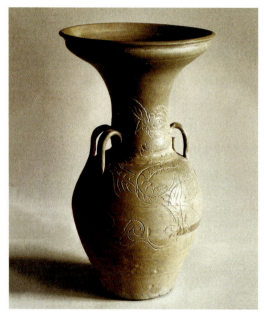

图13　唐　越窑刻花龙纹盘口壶　1983年浙江慈　图14　北宋 "太平戊寅"款盘口壶(上海博物馆藏)
溪鸣鹤乡出土(慈溪文管会藏)

做成,而北宋越窑执壶则多为竖碑形。从装饰上看,早期龙泉窑流行的线刻花纹是受越窑的影响;器身常见莲瓣装饰,也与越窑的传统一致,其做法有刻划、划花,还有类似浅浮雕并在花瓣边沿再勾勒线条的,这在越窑青瓷上都可以找到;瓶和执壶的腹部多作瓜棱状,与越窑相仿,只是越窑瓜棱多以凹槽表示,一部分以两条或三条凸线表示,而龙泉窑基本上都用双凸线表示瓜棱。器物肩部或腹部堆贴的"木耳边"装饰则为其他窑口所不见。

六、小　结

1. 根据最新资料,龙泉地区烧造青瓷的历史可以一直追溯到三国西晋时期,但是在五代以前,其产品主要是沿袭同时期越窑或者婺州窑、瓯窑的风格,尚未形成自己的特点。因此,那个时期龙泉青瓷只能归附于越窑系、婺州窑系或者瓯窑系。

2. 在龙泉金村窑址发现的地层堆积,表明以"白胎淡青釉"为特征的青瓷是目前所知龙泉最早形成自己风格的产品。其时代为北宋初至北宋前期,即公元10世纪后期至11世纪前期。多管瓶、盘口壶和执壶等一批新器形的出现,标志着龙泉窑作为一个风格独特的青瓷窑场的崛起,以后的龙泉窑青瓷正是在这类青瓷的基础上发展起来的。

3. 在早期龙泉青瓷中,器形以多管瓶、盘口壶较为高大。造型流行瓜棱形。装饰以刻花为主,复线莲瓣、木耳边及流畅的线刻花卉、云气等纹饰为常见形式。圈足较浅、较厚,圈足内侧斜坦,外侧有一道浅弦纹以及足端的长条形垫烧痕为此时龙泉青瓷的特征。

4. 早期龙泉青瓷胎色近白,是与当地瓷土中氧化铁的含量较低有关,以后龙泉青瓷胎色渐深,是工匠为了衬托青釉而在胎料中添加紫金土所致。早期龙泉青瓷釉色较淡的原因一是胎色浅,二是釉层薄而透明。

5. 龙泉地处浙江西南,与温州、婺州相邻,又与越州相距不远,因此,制瓷历史早于龙泉的瓯窑、婺州窑、越窑均对早期龙泉窑产生了一定影响,其中越窑的影响较为深刻。这些影响是潜移默化的,但不是决定性的。龙泉窑的兴起有其自身发展的特点和规律。

原载《上海博物馆集刊》第八期,上海书画出版社,2000年

耶律羽之墓出土陶瓷研究

　　内蒙古赤峰市耶律羽之墓出土的一批制作精美的陶瓷，对于我国古陶瓷界来说，是近十年最重要的发现之一。对这批文物进行系统研究，有助于廓清10世纪中叶中国陶瓷生产的格局和早期辽地窑场的生产情况，同时对于了解契丹民族在北方地区建国以后与内地的关系也有裨益。

　　耶律羽之（890—941）是辽开国元勋之一，《辽史》有传，他与辽太祖阿保机同出一脉，系堂兄弟。早年参预军事，为阿保机所器重。辽灭渤海以后，历任东丹右平章事、太尉、太傅、左相、上柱国等要职，为东丹实际主政，是太宗朝的重要官员。根据墓志，耶律羽之死于会同四年（941）八月，次年三月"葬于裂峰之阳"。耶律羽之墓位于赤峰市阿鲁科尔沁旗罕苏木苏木朝克图山南坡，1992年8月发掘。随葬品包括金银器、佩饰、丝织物及陶瓷器等数百件，制作十分精美。其中瓷器器形繁多、制作精良，既有皮囊壶、穿带壶等充满北方草原风格的器物，也有碗、罐、盒等传统生活用品。器物胎质细腻、胎体轻薄，釉色有白、褐、酱、青等多种，釉层晶莹，是一批少见的精品。

　　耶律羽之墓出土的陶瓷器，在《辽耶律羽之墓发掘简报》[1]（以下简称"简报"）中共介绍了17件，其中陶器2件，白瓷8件，酱褐釉瓷器4件，青瓷3件。

一、陶　　器

　　两件陶器分别是灰陶喇叭口瓜棱壶和绿釉穿带瓶（简报中称为"绿釉瓷瓶"）。

　　喇叭口壶的口部较深，形如一个无底的撇口碗，它与颈部相接处明显内凹，腹部有瓜棱。这种造型在内蒙古辽早期墓葬中并不鲜见，如时代下限为"契丹建国之初"的哲里木盟扎鲁特旗乌日根塔拉发现的土坑墓和荷叶哈达发现的石棺墓中都有相似陶壶随葬[2]；在科尔沁左翼后旗呼斯淖发现的早期契丹墓出土的两件黄釉陶盘口壶[3]，其

---

[1]　内蒙古文物考古研究所等：《辽耶律羽之墓发掘简报》，《文物》1996年第1期。
[2]　哲里木盟博物馆：《内蒙古哲里木盟发现的几座契丹墓》，《考古》1984年第2期。
[3]　张柏忠：《科左后旗呼斯淖契丹墓》，《文物》1983年第9期。

基本造型也与喇叭口壶应属同类。克什克腾旗二八地[1]和巴林右旗巴彦琥绍[2]的早期辽墓中也有类似发现。辽宁阜新海力板一座辽中期墓葬中出土的"绿釉盘口壶"[3]虽然腹部以弦纹替代瓜棱,圈足又比较高,但其口部及腹部的形制与上述器物完全一致。这类陶器在内地同时期墓葬中未见,因此应属当地窑场的产品。

穿带瓶是一件残器,其颈部以上缺损。器物通体施绿釉,圈足上还用低温黄釉点缀。绿釉和黄釉均属低温铅釉,通常施于陶胎之上。根据现有的资料,在瓷器上施加低温釉或彩的装饰要到金代以后才出现,因此这件瓶可判断为陶胎。器身上的花纹运用模印、贴塑等辽三彩中常用的装饰技法,黄、绿两种彩色釉兼施是辽三彩的特征之一,因此简报中将它看作为"辽三彩之雏形"是合适的。判断辽三彩的始烧年代以纪年墓的资料最为可靠,1958年在辽宁锦西清理辽大安五年(1089)萧孝忠墓时发现三彩印花方碟和海棠盘[4],此为随葬有辽三彩的最早纪年墓,许多学者据此认为辽三彩出现于辽中晚期。耶律羽之墓穿带瓶与辽三彩之间的发展关系比较清晰,但是它与真正的辽三彩相比还有距离,不能因此得出辽三彩开始于10世纪中期的结论。笔者查阅了耶律羽之墓之后至1081年20余座辽代纪年墓资料,在长达近一个半世纪的时间内,辽墓中只有单色釉和白地彩绘陶随葬而不见辽三彩;而在萧孝忠墓以后的1090年至辽王朝灭亡前夕的1119年之间,14座纪年辽墓中就有3座出土了辽三彩;如果加上其他虽无纪年但时代明确的晚期辽墓,出土三彩器的墓葬资料就更多了。因此,早期辽墓资料的偶然性因素可以排除。那么,这是否揭示了辽三彩发展的缓慢性,目前发现的考古资料还不足以证明这一点。关于辽三彩的出现及其发展情况,还有待于进一步的研究和考古发现。

二、白　瓷

白瓷是耶律羽之墓陶瓷中的大宗,简报中介绍了8件。其中,一件"盈"字款白瓷大碗(图1)被认为是定窑产品,其余7件虽然没有明确产地,但简报结语部分还是倾向于认为是"辽白瓷"。

关于"盈"字款白瓷,50年代在西安唐代大明宫遗址曾发现底部刻有"盈"字的玉璧底碗[5],上海博物馆也收藏有"盈"字款盖盒[6]。1984年在河北内丘邢窑遗址中采集到刻有"盈"字款的唐晚期细白瓷标本[7],由此解决了这类白瓷的产地问题。耶律羽之墓出土

[1] 项春松:《克什克腾旗二八地一、二号辽墓》,《内蒙古文物考古》第3期。
[2] 苗润华:《巴林右旗巴彦琥绍辽墓和元代遗址》,《内蒙古文物考古》1994年第1期。
[3] 辽宁省文物考古研究所等:《阜新海力板辽墓》,《辽海文物学刊》1991年第1期。
[4] 雁羽:《锦西西孤山辽萧孝忠墓清理简报》,《考古》1960年第2期。
[5] 冯先铭:《谈邢窑有关诸问题》,《故宫博物院院刊》1981年第4期。
[6] 汪庆正等:《上海博物馆-中国·美的名宝2》,日本放送出版协会,1991年。
[7] 内丘县文物保管所:《河北省内丘县邢窑调查简报》,《文物》1987年第9期。

图1 "盈"字款白瓷大碗

图2 白瓷皮囊壶

的"盈"字款白瓷碗,胎釉均十分精细,与邢窑细白瓷的特点一致;其造型与窑址调查报告中所列唐代中晚期的平底碗相同。因此,这件碗无疑应是晚唐邢窑的产品。

耶律羽之墓出土的白瓷皮囊壶(图2),其造型在皮囊壶序列中属矮身横梁式,它的渊源可追溯到唐代。西安何家村唐代窑藏中出土的鎏金舞马纹仿皮囊银壶[1]就是一例,西安郊区唐开元、天宝时期墓葬中出土的瓷皮囊壶[2]也属此类。1973年南通出土的青釉提梁式皮囊壶,除一侧有錾,提梁下端作兽头状并内折于壶身上部之外,其造型及仿皮囊缝线等装饰均与矮身横梁式一致,该壶被认为是越窑产品。[3]众所周知,唐代文化具有海纳百川的气度,当时的中外交往和民族融合也是空前的,因此,唐文化中包含了诸多汉文化以外的因素,仿皮囊器物的出现就是对游牧文化的认同和吸纳。但是,同样是草原游牧民族,同样都使用皮囊壶作便携式容器,不同地区不同民族,其造型存在差别,这种差别也反映到仿皮囊造型的器物上。除耶律羽之墓之外,尽管在一些辽代墓葬也出土有此类矮身横梁式皮囊壶,如辽宁阜新海力板[4]、白玉都[5]和康平后刘东屯[6]等地的辽墓,但它们都属辽代中期以后,比耶律羽之墓要晚。而在其他早期辽墓中出土的皮囊壶基本上都是单孔扁身式。1979年赤峰城郊城子一处辽代窑藏中出土的一件辽早期"鎏金鹿纹鸡冠式银壶"[7]也是单孔式。由此可以认为,早期辽墓中的矮身横梁式与单孔扁身式皮囊壶时代相当而造型相去甚远,正是反映了上述差别。矮身横梁式由唐代皮囊壶发展而来,早期辽墓出土的此类器物应是引入了外地的产品,而中期以后辽墓出土的此类皮囊壶或是当地窑场借鉴

[1] 陕西省博物馆等:《西安南郊何家村发现唐代窑藏文物》,《文物》1972年第1期。
[2] 李知宴:《唐代瓷窑概况与唐瓷的分期》,《文物》1972年第3期。
[3] 国家文物局:《中国文物精华大辞典》(陶瓷卷),上海辞书出版社,1995年。
[4] 辽宁省文物考古研究所等:《阜新海力板辽墓》,《辽海文物学刊》1991年第1期。
[5] 阜新蒙古族自治县文化馆:《辽宁阜新白玉都辽墓》,《考古》1985年第10期。
[6] 康平县文化馆文物组:《辽宁康平县后刘东屯辽墓》,《考古》1986年第10期。
[7] 朱天舒:《辽代金银器》,文物出版社,1998年。

了外族的造型风格,其文化当与契丹无关;单孔扁身式则完全是仿契丹族流行的皮囊形式制作,属契丹民族文化。从胎釉特点看,耶律羽之墓白瓷皮囊壶胎质细白,釉色洁白而莹润,而早期辽墓中出土的其他皮囊壶的胎、釉质地则要逊色得多,制作工艺也不相同。就是中期辽墓出土的矮身横梁式皮囊壶,虽然造型相仿,其制作也很粗糙。辽宁省博物馆早年收藏的一件白瓷提梁式皮囊壶,由于“胎质坚致细密、釉色温润”,与其他辽瓷区别明显而被认为“极似定窑产品”[1]。80年代初对河北邢窑窑址进行调查时,在临城祈村窑址发现矮身横梁式皮囊壶标本[2](图3),胎质细腻、胎色洁白、釉色晶莹光亮,属邢窑细白瓷。耶律羽之墓白瓷皮囊壶无论器形还是胎釉特点,均与该标本相同,因此,当属邢窑无疑。

穿带壶(图4,简报中称为“盘口瓶”)的造型与上海博物馆收藏的邢窑穿带壶[3]相近,胎釉及制作又十分精致,也应是邢窑产品。瓜棱形盖罐造型规整、精巧,胎体甚薄,胎质洁白细腻,釉薄而润泽,盖罐上的宝珠钮平盖可在邢窑找到相同的标本,其基本特点亦与邢窑一致。其他白瓷如钵、罐、粉盒、葵口碗等,从简报上看,胎体都甚为轻薄,应该不属于早期辽瓷,而是邢窑或定窑的产品。

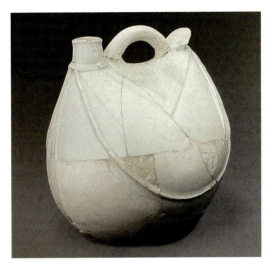

图3　临城祈村窑址发现的矮身横梁式皮囊壶标本

图4　白瓷穿带壶

三、酱 褐 釉

褐釉皮囊壶(图5)与白瓷皮囊壶不仅大小相仿,而且造型完全相同;其胎质洁白细

[1]　辽宁省博物馆:《辽宁省博物馆藏辽瓷选集》,文物出版社,1962年。
[2]　河北省临城邢瓷研制小组:《唐代邢窑遗址调查报告》,《文物》1981年第9期。
[3]　汪庆正等:《上海博物馆-中国·美の名宝2》,日本放送出版协会,1991年。

图 5　褐釉皮囊壶

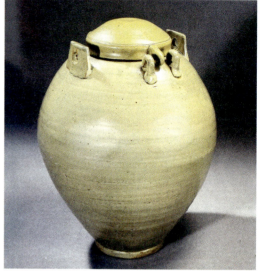

图 6　青釉四系盖罐

密,釉层均匀,釉面光亮,凸起的仿皮囊缝线部分由于釉薄而现出胎色,体现了较高的制作水平。尽管在邢窑窑址没有发现类似的褐釉皮囊壶,但酱褐色釉却是邢窑的传统品种[1],而且胎釉特点与邢窑标本也十分接近。

　　浅褐釉喇叭口壶造型与同墓出土的喇叭口灰陶壶相似,应是当地的产品。

四、青　瓷

　　耶律羽之墓出土青瓷中比较瞩目的是一件盖罐(图6),其盖两侧各有一圆系,盖上时恰与罐肩部两侧圆形双系相配。若将绳从三系中穿过,可固定罐盖,肩部的另两侧各竖有一个单孔板耳,系绳带后便于提携。与此功用相同、造型相似的青瓷盖罐还有两件,一件是1954年在广州石马村五代南汉墓出土的"青釉夹耳盖罐"[2],除以方形板耳代替圆系之外,其造型、大小均与耶律羽之墓盖罐相当;另一件是1978年在浙江海盐出土[3],器形略小,造型与上述广州一件相似。海盐盖罐被认为是越窑产品,广州南汉墓青瓷罐虽然窑口尚未确定,但学术界一般认为是南方的产品。耶律羽之墓出土的这件青瓷盖罐亦在1993年的文物精华展展出过。从其规整的造型、青中闪灰泛黄的釉色、器身上清晰的旋削痕来看,与晚唐五代越窑青瓷十分接近,特别是盖沿和圈足足端排列整齐而密集的支烧痕,完全符合越窑的装烧工艺特点。此盖罐应不是"系当地烧造的青瓷

---

[1]　内丘县文物保管所:《河北省内丘县邢窑调查简报》,《文物》1987年第9期。

[2]　商承祚:《广州番禺石马村南汉墓发掘简报》,《考古》1964年第6期。

[3]　国家文物局:《中国文物精华大辞典》(陶瓷卷)。

器"，而是越窑的产品。

另两件青瓷碗，从造型上看与南方青瓷比较接近，联系辽墓出土青瓷不多且大都为越窑或耀州窑产品[1]以及在内蒙古、辽宁辽代窑址中未见青瓷标本[2]的事实，判断可能也属越窑。

五、几点认识

根据以上初步的比较研究，耶律羽之墓的随葬陶瓷器中有相当部分是辽地以外的产品。结合其他考古资料，我们至少可以得出如下认识：

1. 辽建国之初当地已经有窑场生产陶瓷，陶器包括无釉和有釉两类。辽代早期已经出现在同一件釉陶器上以两种彩色釉进行装饰，并且有模印、贴花等为以后辽三彩常用的装饰技法。但是，如果就此认为辽代早期已经有了真正意义上的辽三彩，则证据仍不够充分。

2. 早期辽瓷尚处于起步阶段，其制作还比较粗糙，器物上往往用白色化妆土遮盖淘炼不精的胎质，而且烧制不充分，瓷化程度不高。当时契丹贵族需要制作精美的瓷器还须由外地引进。

3. 瓷质皮囊壶应与当地流行的皮质囊壶造型一致。矮身横梁式皮囊壶源于唐代，它与早期辽墓中绝大多数的单孔扁身式不仅分属不同的器物序列，而且属于不同的游牧文化。对于契丹民族来说，前者是外来的器形，早期连器物都是引进的；中期以后当地才有仿制品，但质地要粗糙一些；后者才是本族文化的产物。

4. 辽代早期墓葬多见邢窑、定窑白瓷和越窑、耀州窑青瓷，晚期墓葬多见定窑白瓷和景德镇窑青白瓷这一现象，一方面说明在当时的历史条件下，封建政权之间的割据和战争还不至于构筑起阻隔相互交流的藩篱，辽地和内地之间的交往不仅没有中断，在某些领域内还十分频繁；另一方面，也反映了终辽一代，辽瓷窑场的生产无论在质量还是在数量方面都不能满足当地的需要，因此还要从政权管辖范围以外引进。在辽代高官、王族墓中发现邢窑"盈"字款和定窑"官"字款瓷器[3]，说明辽代官府与内地也保持了一定的联系；而越窑、景德镇窑产品在遥远北方的出现，反映了这两个窑场在当时中国瓷业中所占据的突出地位。

原载《草鱼瑰宝—内蒙古文物考古精品》，上海书画出版社，2000年

[1] 冯永谦：《叶茂台辽墓出土的陶瓷器》，《文物》1975年第12期；内蒙古文物考古研究所等：《辽陈国公主墓》，文物出版社，1993年。
[2] 冯永谦：《辽代陶瓷的成就与特点》，《辽海文物学刊》1992年第2期。
[3] 除耶律羽之墓出土"盈"字款白瓷外，哲里木盟陈国公主墓（内蒙古文物考古研究所等：《辽陈国公主墓》，文物出版社，1993年）、赤峰大营子辽驸马赠卫国王墓（前热河省博物馆筹备处：《赤峰县大营子辽墓发掘简报》，《考古学报》1956年第3期）也分别出土了"官"字款白瓷。这些瓷器都是唐、五代时期专门为朝廷和官府生产的定烧器。

宋代越窑编年的考古学考察

——兼论寺龙口窑址的分期问题

　　长期以来,由于缺乏足够的考古资料,关于宋代越窑的分期一直是学者关注而又难以解决的问题。近年来,随着越窑窑址考古发掘的展开,这个问题重新成为学术界的一个热点。本文试图以有纪年的考古资料为依据,结合窑址材料,就宋代越窑编年问题提出一些看法,以求正于方家。

一、关于宋代越窑的纪年资料

　　通过数据检索,在50年代以来约230处有瓷器出土的宋代纪年墓葬、塔基中找出有青瓷出土的约60处。通过甄别,确认其中10处有越窑青瓷出土,加上有纪年铭文的传世文物,现将有关资料依年代先后介绍如下:

　　1. 北宋建隆二年(961)越窑莲花托碗和青瓷碗[1]

　　1957年3月,在对苏州虎丘塔进行维修时,在封瘗的塔心中发现了一批文物,其中包括3件越窑青瓷。莲花托碗(图1)发现于塔的第3层,器物制作规整,分为碗和盏托两部分,碗的外壁和盏托的内沿及圈足上均以类似浮雕的手法刻有三重或二重莲瓣花纹,盏沿的莲瓣边缘还以单线勾勒,此种做法与1987年上海市青浦县福泉山出土的一件刻花莲瓣纹盖罐一致[2];

图1　青釉莲花托碗(苏州博物馆藏)

[1]　苏州市文物保管委员会:《苏州虎丘云岩寺塔发现文物内容简报》,《文物》1957年第11期。
[2]　汪庆正主编:《越窑、秘色瓷》图32,上海古籍出版社,1996年。

器物通体施釉,釉色青翠、纯正清亮;碗和盏托作为整体一起入窑烧造,故碗的圈足与盏托托盘相连接;盏托的圈足下垫以9个长圆形的泥珠支烧,留下的支痕斜列,表面有粘砂;在托盘盘面有一孔,为烧造时排气所用;釉下还刻有"项记"二字,应是窑场的名号或产品的标识。两件青瓷碗发现于塔的第二层,其中一件里面放一油盏;两件碗造型相同、大小类似,均为撇口、斜直壁、矮圈足,从其特点看,无疑也是越窑的产品。在塔的3层与托碗同出的一面铜镜的背面有墨书"女弟子陆七娘敬舍大檠一面入武丘山塔上保佑自身清吉□诸□□眷属团圆身富清健□再□供养降建(为'建隆'之误)二年三月日题"等字样;在塔的2层与青瓷碗同出的一件

楠木经箱的底部有墨书"弟子言细招舍净财造此函盛金字法华经弟子孙仁遇舍金银并手工装弟子孙仁朗舍手工镂花辛酉岁建隆二年十二月十七日丙午入塔"等字样,由此可知三件青瓷的年代。

2. 北宋太平兴国三年(978)"太平戊寅"款越窑青瓷

五代时期,吴越钱氏王朝据有两浙之地,为了保境安民、偏安一隅,始终称臣侍北,不断向统治中原的王朝进贡。在钱俶最后一次北上朝觐宋太宗纳土归宋时所携带的礼品中有"越器五万事、……金棱越器百五十事"[1],数量十分庞大。在上林湖越窑遗址(如竹园山等窑址)出土了不少有"太平戊寅"字款的青瓷标本[2],说明这些瓷器是吴越朝廷专门到上林湖越窑定烧的。在传世品中,底部刻有"太平戊寅"款的完整器见于著录的主要有:收藏于上海博物馆的青釉刻花双鹤纹盖盒、青釉葫芦形带盖执壶[3]和青釉刻花莲瓣纹盘口瓶[4],收藏于北京故宫博物院的青釉执壶[5]和收藏在美国波士顿博物馆的刻花蔓草纹洗[6]。盖盒(图2)的口径较大,圈足外卷,底部以9个长形泥珠支烧,器盖平缓,盖面饰

图2　"太平戊寅"款青釉刻花盖盒(上海博物馆藏)

[1] (清)徐松辑:《宋会要辑稿·蕃夷七》,中华书局,1957年。
[2] 徐定宝主编:《越窑青瓷文化史》,人民出版社,2001年。
[3] 汪庆正主编:《越窑、秘色瓷》图32,上海古籍出版社,1996年。
[4] 汪庆正等:《中国·美的名品②》,日本放送出版协会,1991年。
[5] 李辉柄主编:《故宫博物院藏文物珍品全集·两宋瓷器(下)》,香港商务印书馆,1996年。
[6] 见《世界陶磁全集12·宋》图175,日本小学馆,1977年。

有以单线刻划的两只相对展翅起舞的仙鹤。葫芦形执壶通体无纹饰,上有鸡首钮盖,流略弯起于肩部,曲柄用表面刻有竖纹的泥片做成,卧足,足边有7个泥珠支烧痕。盘口壶(图3)的造型为盘口、长颈、鼓腹、圈足,腹部饰以线划的多重莲瓣,底部有7个长条形的支痕,口沿还有9个支痕,估计是迭烧器盖留下的痕迹。青釉执壶(图4)的造型为敞口、直颈、腹部作四瓣瓜棱形,流略弯起于肩部,曲柄用泥片作成,流柄之间有双复系,圈

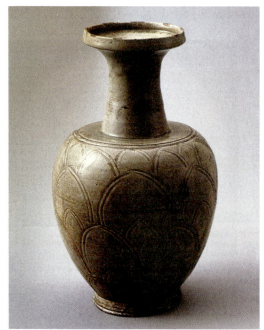

图3 "太平戊寅"款青釉刻花盘口壶(上海博物馆藏)

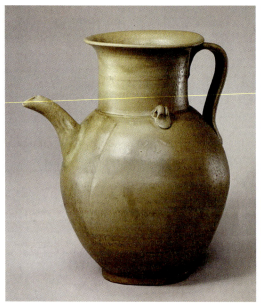

图4 "太平戊寅"款青釉瓜棱执壶(故宫博物院藏)

足，底部6个长形支痕头尾相连。洗的造型作大口、直领、广肩、扁腹、圈足矮且外卷，肩部有单线刻划的蔓草纹，通体施青灰色釉，底部近圈足处有九个圆形泥珠支烧痕。

3. 辽统和十三年（北宋至道元年，995）北京八宝山韩佚墓出土越窑青瓷[1]

1981年6月，在北京八宝山发现辽"崇禄大夫"韩佚的墓葬，墓中出土越窑青瓷9件，包括水注1件、注碗1件、盏托1件、碗2件、碟4件等。水注（图5）的造型为花瓣形直口，盖呈钟形，盖上有宝珠钮，六瓣瓜棱形圆腹、流略弧起于肩部、曲柄由两根泥条组成，圈足较矮稍稍外撇；底部刻有"永"字，周围有6个条形支烧痕；器物通体饰以单线划花的花纹，盖为云纹，流和把是卷草纹，腹部的装饰主题是"仙人宴乐图"，图上四人相对而坐，席前有酒樽、果盘等，其间饰以流云，一派天上人间的景象。注碗的口径较大，有18厘米，敞口、翻沿、深腹、平底、圈足，底心凸出；内底心以单线划一对首尾相逐的鹦鹉，构成团形图案；底部有5个长条形支烧痕；出土时水注置于注碗之内，应是成套的温酒器。盏托（图6）的托盘为六瓣

图5　青釉刻花水注（首都博物馆藏）

图6　青釉盏托（首都博物馆藏）

花口，盏心呈敛口钵形，高圈足，底有长条形支烧痕；托碗为五瓣花口，弧腹、矮圈足，底部亦有支烧痕，托盘的内壁有蜜蜂、花卉等划花花纹。两件碗造型相仿，均为敞口、斜弧壁、小圈足，通体素面无纹，圈足足端无釉粘有砂粒。四件碟通体素面，其造型大小均相同，敞口、浅腹、圈足外撇，底部均有5个长形支烧痕。这几件青瓷的釉色均青翠纯净，釉质莹润如玉。

4. 北宋咸平元年（998）越窑青瓷粮罂瓶[2]

1979年7月，浙江绍兴征集到有"咸平元年"纪年款的青釉粮罂瓶（图7）。该瓶为盘口、直颈、圆肩、鼓腹、矮圈足，口沿至上腹部粘接由双股泥条做成的四鋬（已残），圈足的

[1]　北京市文物工作队：《辽韩佚墓发掘报告》，《考古学报》1984年第3期。
[2]　沈作霖：《介绍一件宋咸平元年粮罂瓶》，《浙江省文物考古所学刊》，文物出版社，1981年。

图7　"咸平元年"款青釉粮罂瓶（绍兴博物馆藏）

图8　青釉刻花粮罂瓶（上海博物馆藏）

足端有圈状垫烧痕迹。胎色灰白，釉色青绿，釉层透明，腹部刻有"上虞窑匠人项霸造粮罂瓶一个献上新化亡灵王七郎咸平元年七月廿日记"四行三十一字。上海博物馆收藏的一个粮罂瓶[1]（图8）的造型与此相似，该器有盖，盖钮作伞状；盖面刻有细长的单层莲瓣，颈部、肩部均有潦草的云纹划花，腹部饰以刻花和划花结合的三重莲瓣，即以刻花勾勒莲瓣的轮廓和中脊，再以细线划出花瓣的筋脉；四罂亦以两根泥条做成，圈足足端有长条形垫烧痕。

5. 北宋咸平元年越窑青瓷镂空熏炉[2]。

1987年11月对浙江黄岩灵石寺塔进行维修时，在塔的第四层天宫中发现了一件青釉镂空熏炉（图9）。熏炉呈圆球形，由身和盖组成，子母口扣合严密。盖镂

［1］　汪庆正等：《中国・美の名品②》，日本放送出版协会，1991年。
［2］　蔡乃武：《北宋越窑青瓷熏炉》，《鉴赏家》1996年夏季号。

图9　青釉镂空香熏（黄岩博物馆藏）

空,以缠枝卷叶纹为饰,叶纹三瓣一组,叶面上有细划纹,炉中的香气通过叶间的孔隙逸出。口部的上下各以弦纹装饰。炉身下腹部刻有三层浮雕般的莲瓣纹,圈足外卷,圈足内有泥条装饰的痕迹。通体施青绿色釉,釉层较透明。炉身内壁有墨书"当寺僧绍光舍入塔买舍咸平元年戊戌十一月廿四日……"等文字。据记载,该塔始建于北宋乾德三年（965）,于咸平元年（998）建成。这件熏炉当是落成当年放入塔内的。

6. 北宋咸平三年宋太宗元德李后陵出土越窑青瓷[1]

1984年10月在河南巩县西村乡宋太宗元德李后陵出土一大批越窑瓷器,其中包括云鹤纹套盒、龙纹大盘和卷云纹碗。3件器物均制作规整,青灰胎,通体施青釉,釉色青绿纯正,釉层薄而光洁。套盒（图10）作圆形,由三层盒相套而成,上部有盖,作母口,盖顶隆起,钮作扁圆形;中间两层皆子口,子口下有一周突棱,直腹,圈足,器壁各有四组单线刻划的云鹤纹;下层盒底子口内敛,口内部还有一层内盖,表面施莲瓣纹,似镂空香熏,腹壁上部陡直,下部内收,圈足外卷,中心釉下还刻有一"千"字。器壁上部有线刻的海浪

图10　青釉刻花套盒（河南省考古研究所藏）

[1]　河南省文物研究所、巩县文物保管所:《宋太宗元德李后陵发掘报告》,《华夏考古》1988年第3期。

纹,下部为云纹,圈足外还有一周绞索纹边饰;在盖内、中间两层盒的圈足足端以及下层盒圈足内分别有8个、14个和8个条状支烧痕。大盘为敞口、弧腹、平底,底与腹壁之间有泥珠支烧痕,盘底有一线刻的龙纹,龙身盘曲,龙鳞细密,龙须飘逸,龙爪作四爪,矫健有力,龙纹周边环绕水波纹,底部满釉,沿底边有一周条形支烧痕。碗仅存底部,饰有刻划的卷云纹,圈足外撇,满釉,足内有6个长条形支烧痕。

图11　青釉刻花双蝶纹盘(内蒙古文物考古研究所藏)

7. 辽开泰七年(北宋天禧二年,1018)辽陈国公主墓出土越窑青瓷[1]

1986年6月,在内蒙古哲里木盟奈曼旗发掘辽陈国公主墓时发现了4件越窑花口青瓷盘,器物通体施釉,釉色纯正,釉质晶莹光亮,其口部均作六曲花瓣形,弧腹,平底,圈足外撇,圈足内可见5个呈长条形或点状的支烧痕。在盘底均有单线刻划的花纹,其中3件为双蝶纹(图11),以双线描画轮廓,再以平行的直线和弧线划出双翅的细纹及身躯的皱褶;另1件的盘底为缠枝菊花,其口沿还有一周卷云纹,底部釉下还刻有一"官"字。

8. 北宋天圣三年(1025)墓出土越窑青瓷盘口瓶[2]

1982年11月在江西瑞昌县黄桥新屋王村发现的一座北宋天圣三年墓中出土了1件越窑青瓷盘口瓶,其造型为盘口、细颈、圆肩、敛腹、平底,肩部有三道弦纹,通体施青釉,釉面有细小开片。

9. 北宋庆历三年(1043)墓出土越窑青瓷执壶[3]

1992年福建省建瓯市迪口镇发现一座北宋墓,墓中出土文物中有1件青釉执壶,其造型为喇叭口、长颈、瓜棱圆腹、矮圈足,长流略弯起于肩部,曲柄以双泥条做成,瓜棱以两根细的凸线表现,这种形式在慈溪上林湖窑址有发现。器物通体施青釉,釉色青中泛黄。同墓出土了1件酱褐釉瓜棱盖罐,在器盖的内壁有墨书"庆历三年五月……",由此可以基本确定该墓的年代。

10. 北宋嘉祐八年(1063)越窑青瓷砚[4]

此砚出土于浙江慈溪一座宋墓。砚呈圆形,一侧有截边,从截边一侧起砚面向下倾斜形成砚池,砚底亦倾斜如宋代抄手砚。通体施青釉,釉面滋润、釉色匀净,足端有粘砂。砚外壁釉下刻有"嘉祐捌年十月二十二日造此砚子东海记"等字(图12)。

[1] 内蒙古文物考古研究所:《辽陈国公主驸马合葬墓发掘简报》,《文物》1987年第11期。
[2] 瑞昌县博物馆:《江西瑞昌发现两座北宋纪年墓》,《文物》1986年第1期。
[3] 建瓯市博物馆:《福建建瓯市迪口北宋纪年墓》,《考古》1997年第4期。
[4] 浙江省博物馆:《浙江纪年瓷》,文物出版社,2000年。

图12 "嘉祐八年"款青釉砚(慈溪市博物馆藏)

11. 北宋元丰六年(1083)墓出土越窑青瓷[1]

1976年,在浙江武义岩坞发现的一座墓葬中,出土了2件青瓷:1件盖罐,直口、短颈、斜肩、鼓腹、卧足,口上有平盖,盖有子口和圆柱状钮,器物通体无纹;另1件是盖盒,口微侈、斜腹、平底内凹成卧足,盖面平坦,上有刻划的菊花纹。2件器物均通体施青绿釉,足心有垫烧痕。同墓出土的1件灰陶筒形器的腹壁刻有"……元丰六年八月十九日"等字,以此作为墓葬的纪年。

12. 北宋绍圣五年(1098)墓出土越窑青瓷砚[2]

浙江上虞出土。此砚呈长方形,砚面凸起,有倾斜,三面出沿;砚底内凹,亦随砚面倾斜,似抄手砚。砚灰胎,砚面无釉以便于研磨,其余施釉部分青釉也已基本剥落,仅沿口还有残存。在砚的三个侧面均刻有隶书文字,分别为"绍圣五年二月十一日""置此砚子永不者"和"其年米佰价宜"(图13)。

图13 "绍圣五年"款青釉砚(上虞博物馆藏)

二、纪年资料所反映的宋代越窑分期及特点

对宋代越窑进行科学的断代和分期,主要依靠纪年资料。如上所列,目前掌握的相关资料十分有限,因此据此所作的断代分期也不可能是全面的。但是,纪年数据毕竟是

[1] 李知宴、童炎:《浙江省武义县北宋纪年墓出土陶瓷器》,《文物》1984年第8期。该文认为出土的2件青瓷应属金华地区的产品,根据它们的胎釉和支烧特点,笔者认为是越窑产品。
[2] 浙江省博物馆:《浙江纪年瓷》,文物出版社,2000年。

所有考古数据中最具有科学性的,因此笔者仍然愿意从有限的材料出发,对宋代越窑的分期作一番考察。

1. 以宋太祖建隆元年至宋太宗至道三年(960—997)为北宋早期。江苏苏州虎丘塔和北京韩佚墓出土青瓷、"太平戊寅"款青瓷归入本期。

这个时期越窑青瓷风格可以归纳为:

(1)基本上承袭了晚唐五代的传统,器物的制作都比较精细。

(2)胎细薄而坚致,釉质莹润,釉色大部分青绿纯正,一部分器物继续采用晚唐越窑开创的用瓷质匣钵密封装烧的方法[1],避免了二次氧化对釉色的影响,以保证釉色的清纯和润泽。

(3)产品以碗、盘、盏托、执壶、瓶、盒、碟等日用品为主,造型规整、轻盈,碗、碟以圆口多见;盏托类为花口或以荷花装饰;执壶圆腹或四瓣瓜棱腹,瓜棱采取凹入的做法,壶流略弯起于肩部,曲柄常常以两根泥条制成,盖多呈钟形,盖钮为宝珠状。

(4)装饰流行单线划花花纹和刻花浮雕莲瓣花纹。划花的纹饰题材以比较写实的动物如鹦鹉、仙鹤、龙凤、蝴蝶、蜜蜂以及花卉等为主,还有人物题材;刻花浮雕莲瓣通常以多重的形式出现,花瓣的中脊自然隆起,极富立体感,有的莲瓣边沿再以单线勾勒;用单线或双线刻划莲瓣纹也是当时的装饰风尚。

(5)器物一般均有圈足,执壶、瓶和部分碗的圈足形式为足墙较矮,直立或稍外撇;盏托、碗、盘、碟的圈足形式除稍撇出外还多见外卷。

(6)器物通体施釉,唯足端露胎;底部或足端有圆形、长圆形的泥珠或长条形的泥条支烧留下的痕迹。

对照以上特征,基本可以确认属于北宋早期越窑产品的有:上海博物馆藏刻花莲瓣纹盖罐和线刻花卉纹枕[2];故宫博物院藏刻花莲花纹盖盒[3];浙江海宁东山宋墓出土的划花菊花粉盒[4];浙江余姚出土的划花荷花鹦鹉纹罐[5]等。流传海外的有:韩国开城一座高丽时代墓葬出土的口沿划花缠枝莲花纹、腹部饰以刻花三重浮雕莲瓣纹的唾壶[6];法国巴黎吉美博物馆收藏的腹部饰以刻花三重浮雕莲瓣纹的执壶[7];英国伦敦大学大维德基金会收藏的划花双凤纹盘和划花结带钱纹盖盒[8];瑞典斯德哥尔摩东亚博物馆收藏的划花莲叶纹碟[9]等。

河南巩县宋太宗元德李后陵和内蒙哲里木盟辽陈国公主墓出土的青瓷特点,如均采用划花花纹、圈足外撇、底部支烧痕多为长条形泥条等亦与本期基本一致,虽然其下

[1]　详见拙作:《上林湖秘色瓷生产工艺的初步探讨》,见汪庆正主编:《越窑、秘色瓷》,上海古籍出版社,1996年。
[2]　汪庆正主编:《越窑、秘色瓷》图32,图57,上海古籍出版社,1996年。
[3]　汪庆正主编:《越窑、秘色瓷》图47,上海古籍出版社,1996年。
[4]　李辉柄主编:《中国陶瓷全集—宋(下)》图30,上海人民出版社,1999年。
[5]　香港大学冯平山博物馆、浙江省博物馆:《浙江青瓷》图47,香港大学冯平山博物馆,1993年。
[6]　见《世界陶磁全集12·宋》图41,日本小学馆,1977年。
[7]　见《世界陶磁全集12·宋》"宋代越州窑、龙泉窑青磁编年试表"Ⅲ-3。
[8]　见《东洋陶磁》第7卷,日本讲谈社,1982年。
[9]　见《东洋陶磁》第9卷,日本讲谈社,1981年。

葬年代要晚一些,但考虑到北方路途遥远和随葬品大都为死者生前所用之物等因素,它们也应该是北宋早期的越窑产品。

2. 以宋真宗咸平元年至宋仁宗嘉祐八年(998—1063)为北宋中期。浙江绍兴"咸平元年"款粮罂瓶、黄岩"咸平元年"款镂空熏炉、江西瑞昌和福建建瓯宋墓出土青瓷、"嘉祐八年"款瓷砚均属于此期。

北宋中期越窑青瓷的基本特点如下:

(1)器物的制作开始改变了晚唐五代及北宋早期的精细而逐渐趋于粗放。

(2)器物胎壁没有前期细薄而逐渐变厚,胎质也无前期细润。釉色大部尚保持青绿,但已有偏黄的趋势;釉层也较前期透明。说明此时的烧造技术已经出现变化,二次氧化又开始影响釉的发色,随着釉料配方的改变或烧窑温度的提高,唐代以来越窑青瓷釉质追求具有玉的质感的传统开始遭到破坏。

(3)产品除了常见的日用品外,还出现了粮罂瓶、镂空香熏和抄手砚等品种。粮罂瓶和执壶的柄仍然用两根泥条黏合而成;盖钮变得比较扁平,似伞形;器物腹部瓜棱从前期的凹入变为以两根细的凸线表示;开始出现镂空的形式。

(4)根据绍兴"咸平元年"款粮罂瓶,可以认为上海博物馆收藏的造型与之相同的粮罂瓶的年代也相仿或稍晚,由于目前掌握的纪年器物少有花纹,因此考察北宋中期越窑青瓷的装饰特点就从上海博物馆藏粮罂瓶入手。从该器看,单线划花虽然还未完全消失,但也仅作为非常次要的点缀,且线条十分潦草,与前期完全不同;莲瓣仍是此时十分流行的装饰题材,但形式发生了较大的变化,如盖面的莲瓣细而长,腹部三重莲瓣以刻纹勾勒莲瓣的轮廓和中脊,已无前期浮雕般的层次,值得注意的是此时出现以细的划纹来表现花瓣的脉络,我们可以把刻花和划花相结合来表现花卉看作是本期装饰的一大特点。

(5)圈足较矮,瓶、壶等琢器圈足的足壁加厚,圈足外卷的形式减少。

(6)器物通体施釉,足端露胎;底部常见断断续续的圈状支烧痕。

对照上述特点,属于该期的越窑青瓷主要有:上海博物馆收藏的刻花牡丹纹罐和花卉纹盖盒[1],类似的罐和盖盒浙江省慈溪市博物馆也有收藏[2];浙江省宁波市天一阁博物馆收藏的刻花莲瓣纹盖碗[3],碗的盖面和腹部分别装饰三重复莲和仰莲,均分别以刻花勾勒花纹轮廓,划花表现花瓣的筋脉,盖顶有钮似花柄,该盖碗与福建建瓯北宋庆历三年(1043)墓出土的两件白釉刻花盖罐[4],不仅造型相似,而且罐的腹部也有类似的莲瓣装饰;此外,无锡市郊北宋墓出土的刻花牡丹纹盖盒[5]也应归入此期。另外,流传海外的刻花牡丹纹花口钵[6],钵作六瓣花口、直壁、深腹、圈足外卷,外壁以刻花表现花、叶的轮廓,以极浅的划花来表现筋脉,底部有一圈垫烧痕;大阪市立东洋陶瓷美术馆收

[1] 汪庆正主编:《越窑、秘色瓷》图58、图59,上海古籍出版社,1996年。
[2] 徐定宝主编:《越窑青瓷文化史》图版147、图版152,人民出版社,2001年。
[3] 徐定宝主编:《越窑青瓷文化史》图版146,人民出版社,2001年。
[4] 建瓯市博物馆:《福建建瓯市迪口北宋纪年墓》,《考古》1997年第4期。
[5] 无锡市博物馆:《无锡市郊北宋墓》,《考古》1982年第4期。
[6] 见《世界陶磁全集12·宋》图43,日本小学馆,1977年。

藏的刻花缠枝莲花纹折腰花口盘[1]亦是六瓣花口形,内外壁均刻有缠枝花卉,外壁为莲花,内壁则是一种五瓣的花卉;收藏于美国华盛顿弗利尔美术馆的刻花牡丹纹盖盒[2]、纽约大都会博物馆的刻花龙涛纹碗[3]和瑞典斯德哥尔摩东亚博物馆的刻划花牡丹纹碗[4]等都应属于北宋中期的越窑产品。

从以上分期类推,宋英宗治平元年(1064)以后直至北宋末(1126)应该为北宋晚期。但是,这一时期纪年墓数据只有浙江武义元丰六年(1083)出土的青瓷和浙江上虞出土的绍圣五年款青瓷砚二例,因此不足以总结出比较系统的时代特征。

三、以纪年资料的分期为依据重新认识寺龙口窑址的断代

1998年和1999年的9月至12月,浙江省文物考古研究所、北京大学考古文博学院等单位对上林湖附近的寺龙口窑址进行了发掘。这次发掘是越窑遗址考古中内涵最为丰富、工作最为科学、反映越窑历史最为全面的一次,所取得的考古成果为越窑青瓷研究提供了大量重要的数据和信息。发掘者在简报中对窑址的地层、分期以及相应的时代提出了自己的看法[5]。笔者结合纪年资料,对寺龙口窑址宋代地层的分期和断代提出自己的一些看法。

1. 笔者十分赞同简报将窑址第三期定为北宋早期,因为该期产品无论造型、纹饰还是工艺,都具有鲜明的特点。但是该期的地层除了T7⑤B—④A共6个外,还应该包括T3⑤,因为从简报上列举的两个出自该地层的器物线图[6]看,它们更符合北宋早期的特点。另外,笔者认为北宋早期与中期的界限以咸平元年区划为妥,因为“咸平元年”款镂空香熏盖上的花纹,可以看作是越窑青瓷刻花和划花相结合装饰风格的初起,根据纪年材料,这一特点是北宋早、中期分界的重要标志之一。

2. 笔者认为简报中第四期和第五期的一部分应属于北宋中期,包括的地层有T3④、③B—②B和T7③C—③A,它们的风格还是与纪年资料比较一致。唯地层T3②A的造型、花纹风格有较大变化[7],可以归入下一期。

3. 简报中的T3②A—①B和T7②、①B诸层,其中有一部分应该属于北宋晚期,但是缺乏纪年资料对照,具体情况难以确定。通过比较可以得出的认识是:随着时代的推移,越窑青瓷的胎逐渐趋于变厚、变粗,釉逐渐变得偏黄、透明,花纹变得随意、潦草并出现篦划纹,其总体风格逐步向龙泉窑靠拢。

[1]《宋磁》图7,日本朝日新闻社,1999年。
[2]《东洋陶磁》第10卷,讲谈社,1980年。
[3]《东洋陶磁》第12卷,讲谈社,1982年。
[4]《东洋陶磁》第9卷,讲谈社,1981年。
[5]浙江省文物考古研究所、北京大学考古文博学院、慈溪市文物管理委员会:《浙江越窑寺龙口窑址发掘简报》,《文物》2001年第11期。
[6]《东洋陶磁》第9卷,见该文图六“A型瓷碗”之7,图三十一“瓷杯”之2。
[7]《东洋陶磁》第9卷,见该文图七“B型瓷碗”之9,图三十“瓷盏”之8和图三十一“瓷杯”之10。

从以上分析看,北宋中期是越窑从兴盛走向衰落的分水岭。

四、再论宋代越窑的发展趋势

关于越窑进入宋代以后的发展趋势,可以从文献和考古两方面进行探索。对于文献资料,笔者已经进行过一番梳理,在此不再赘述,文献资料并不支持北宋中期以后越窑仍维持一定生产规模的观点[1]。关于考古方面的考察,除了上述关于宋代各个时期越窑青瓷特点的分析之外,纪年墓葬中随葬瓷器不同品种数量的变化也往往提示在器用方面不同时期社会流行的时尚,这对于宋代越窑青瓷发展趋势的科学判断是有益的。

笔者在对宋代纪年资料进行收集、梳理的过程中发现一个值得注意的现象:随着时代的推移,墓葬中随葬青瓷的数量越来越少;白瓷虽然有减少的趋势,但与青瓷比较则要缓和得多;而随葬青白瓷的数量却表现出快速增长的势头。我们以江苏江宁北宋建隆三年(962)李璟夫妇墓起至浙江丽水南宋德祐元年(1275)墓止共215座纪年墓葬的随葬瓷器[2]进行分类统计,结果如下:

宋代纪年墓出土瓷器分类统计表

时代 瓷器		总数			青瓷			白瓷			青白瓷			其他瓷器		
		墓葬	瓷器	墓均	数量	占%	墓均	数量	占%	墓均	数量	占%	墓均	数量	占%	墓均
北宋	早期(961—997)	5	49	9.8	22	45	4.4	22	45	4.4	1	2	0.2	4	8	0.8
	中期(998—1063)	37	366	9.9	36	10	1	156	43	4.2	90	25	2.4	84	22	2.3
	晚期(1064—1126)	69	529	7.7	32	6	0.5	87	16	1.3	338	64	4.9	72	14	1.0
南宋	早期(1127—1173)	21	73	3.5	2	3	0.1	14	19	0.7	43	59	2.1	14	19	0.7
	中期(1174—1224)	46	206	4.5	11	5	0.2	42	20	0.9	115	56	2.5	38	19	0.8
	晚期(1225—1279)	37	106	2.9	16	15	0.4	13	12	0.4	51	48	1.4	26	25	0.7
总计		215	1 329	6.2	119	9	0.6	334	25	1.6	638	48	3	238	18	1.1

[1] 详见拙作:《关于宋代越窑的研究》,《中国陶磁全集·宋(下)》。
[2] 限于篇幅,笔者所收集纪年墓葬的原始资料没有在此发表,如有需要者可径向本人索取。

以上统计清楚地表明,北宋早期青瓷在随葬瓷器中还占有半壁江山,从北宋中期起,青瓷的数量就急剧减少,北宋晚期以后平均每座墓葬不足1件;青瓷在随葬瓷器中所占的比重也不断下降,虽然南宋中晚期有所回升,但与前期相比差距太远,而且其中也有后起的耀州窑、龙泉窑的因素在内(自北宋晚期起,墓葬随葬青瓷中耀州窑、龙泉窑的数量呈明显增长趋势)。与此相反,青白瓷从北宋中期开始异军突起,北宋晚期以后基本占据了一半或一半以上的份额。

上面是对全国情况的统计分析。长期以来,青瓷主要是南方生产的瓷器品种,南方人对于青瓷可能更加偏爱,因此对浙江附近南方地区134座纪年墓随葬瓷器的情况进行统计分析,也许更能说明问题:

宋代江浙沪皖赣闽地区纪年墓出土瓷器分类统计表

时代 / 瓷器		总数			青瓷			白瓷			青白瓷			其他瓷器		
		墓葬	瓷器	墓均	数量	占%	墓均	数量	占%	墓均	数量	占%	墓均	数量	占%	墓均
北宋	早期(961—997)	3	21	7	12	57	4	6	28	2	1	51	0.3	2	10	0.7
	中期(998—1063)	21	85	4	6	7	0.3	9	11	0.4	48	56	2.3	22	26	1
	晚期(1064—1126)	34	319	9.4	20	6	0.6	15	5	0.4	259	81	7.6	25	8	0.7
南宋	早期(1127—1173)	12	46	3.8	0	0	0	0	0	0	40	87	3	6	13	0.5
	中期(1174—1224)	32	134	4.2	4	3	0.1	8	6	0.3	101	75	3.2	21	16	0.7
	晚期(1225—1279)	32	91	2.8	16	18	0.5	12	13	0.4	47	52	1.5	16	18	0.5
总计		134	696	5.2	58	8	0.4	50	7	0.4	496	71	3.7	92	14	0.7

与前表比较,剔除了北方青瓷的影响之后,南方墓葬中青瓷所占的比例反而略有下降;白瓷的比例比青瓷下降得更多,这与白瓷窑场主要在北方不无关系;青白瓷在南方更加显示出其霸主地位,诚然与青白瓷窑场主要在南方有关,但是这也向我们揭示宋代以后瓷业结构变化的动力亦主要来自南方。

中国自古就有"事死如事生"的传统,墓葬所体现的情况在一定程度上反映了当时人们的日常生活。因此,上述情况充分表明,随着时代的发展和瓷器新品种的不断出现,人们对于日常生活必需品的瓷器的喜好也在不断地发生着变化。青瓷从魏晋南北朝时期一统天下到唐代与白瓷平分秋色,再到宋代以后逐渐淡出寻常百姓的日常生活——这种变化是时代发展的必然,也是社会进步的体现。

通过以上分析可以得出这样的认识:

1. 唐代以来中国瓷业"南青北白"的局面在进入北宋以后发生了较大的变化,传统的青瓷和白瓷生产较快地趋于衰落,南方青白瓷则快速崛起,并迅速占据了当时国内瓷器市场一半以上的份额。

2. 在南方,具有悠久传统的青瓷之所以抵挡不了青白瓷的快速崛起,究其原因还是市场发生了变化,当时人们对于瓷器的审美趣味发生了根本的改变。青白瓷以其轻盈、活泼的造型和柔和的釉色,赢得了"假玉器"的美誉,得到人们普遍的青睐,在市场化程度比较高的宋代能够迅速占领市场是十分自然的。

3. 国内民用瓷市场发生了变化,特别在南方,青瓷的需求大大减少,脱离了官府用瓷生产系统的越窑自然不能独善其身。从北宋中期开始,龙泉窑青瓷的发展可以看作主要是大量外销所致。屈从于市场的压力,越窑的风格也逐渐向龙泉窑靠拢,试图开拓海外市场,但是似乎没有取得预期的效果。因此,它的衰落是历史的必然。虽然北宋晚期以后上林湖地区仍然有青瓷的生产,但从产品风格上看,它已经与传统的越窑没有关系,而应该将其归入"龙泉窑系"。北宋末或南宋初,上林湖一些窑场生产一种近似汝窑、官窑的"天青釉"瓷器[1],在确认其产品正式为官方所用之前,还是将它看作当地窑场主企图重整窑业的最后一次努力,而与越窑无涉。

原载《上海博物馆集刊》第九期,上海书画出版社,2002年

---

[1] 分别见浙江省文物考古研究所、北京大学考古文博学院、慈溪市文物管理委员会:《浙江越窑寺龙口窑址发掘简报》,《文物》2001年第11期和《越窑考古又获重大突破》,《中国文物报》1999年1月20日1版。

明清时期景德镇官窑瓷器流传西藏考略

——兼谈中央王朝与西藏地方的关系

　　公元7世纪,松赞干布迎娶文成公主,吐蕃王朝与唐王朝进行"和亲",此后西藏高原与中原地区之间的经济、文化联系就没有间断。公元13世纪,西藏正式归入中国元朝版图,从此以后,中国历代中央王朝对西藏地方一直有效地行使着主权,在政治、经济、文化、宗教等领域制定政策、加强治理。与此同时,随着汉藏交往的频繁,双方在文化方面的影响和交融也愈加显著。在西藏,至今仍收藏着一些与历代中央王朝有关的文物,这些文物一方面以实物证明了西藏自元朝以来,就始终置于中国中央政府治理之下的历史事实;另一方面,文物本身也反映了西藏文化和中原文化的相互交流和影响。本文仅就西藏博物馆收藏的明清时期景德镇官窑瓷器的来源以及它们所反映的中央政府与西藏地方的关系试加考证和分析。

　　江西景德镇烧造瓷器开始于晚唐五代,宋代以青白瓷行销天下;入元以后,创烧了青花、釉里红以及高温红釉、蓝釉等品种,把中国瓷业推进到一个新的发展阶段,同时也奠定了其作为中国瓷器制造业中心的地位;明代,洪武时期朝廷所用瓷器应大都在景德镇定烧,至晚从永乐开始,朝廷在景德镇设立御器厂,专门制作御用瓷器,直至清末,御器厂生产的明清官窑瓷器遂成为中国瓷器最高水平的象征。

　　由于交通的阻隔,流传在西藏的明清官窑瓷器长期为人们所忽视,自从《萨迦寺》[1]一书披露萨迦寺收藏有两件全世界仅存的明宣德青花五彩莲池鸳鸯纹碗后,西藏的官窑瓷器收藏才引起大家的重视。笔者曾四度进藏,对于明清官窑瓷器在西藏的流传情况留下了极其深刻的印象。西藏博物馆所收藏的明清官窑瓷器应该是其中的精品。

一、明代中央政府对西藏地方的赏赐

(一)洪武时期

　　景德镇自元代起逐步成为中国瓷业最重要的产地,但是元末明初的战争,使得景

---

[1]　西藏自治区文物管理委员会:《萨迦寺》,文物出版社,1985年。

德镇所在的江西鄱阳湖地区备受兵燹之害,景德镇的制瓷业基本上被破坏殆尽,因此洪武年间景德镇制瓷业尚处在恢复之中,生产的瓷器数量有限[1],能传世至今者就更为罕见了。

　　明朝建立伊始,中央政府即继承元朝在西藏的统治。洪武二年(1369),朝廷首次派遣官吏赴藏"持诏谕吐蕃"[2],告知中央政府的更迭,藏区先后归附。至洪武六年二月,明朝政府建立朵甘(今甘、青、川三省藏族地区)、乌思藏卫指挥使司,完成了对西藏和其他藏族地区的政权设置。在这期间和以后,中央政府和西藏地方的往来一直没有间断。据不完全统计,洪武一朝35年中,中央王朝和西藏地方的官员、使者往来见于记载的就有46次[3]。其中重要的如洪武五年十二月"乌思藏摄帝师喃加巴藏卜遣使来贡方物,诏赐红绮禅衣及靴帽、钱物有差"[4],这是西藏地方第一批入京朝贡者。次月,喃加巴藏卜亲抵南京,以摄帝师的身份向明朝中央政府举荐乌思藏、朵甘各级官吏,"陈请职名,以安各族",明太祖为此"诏置乌思藏、朵甘卫指挥使司,宣慰司二、元帅府一、招讨司四、万户府十三、千户所四、以故元国公南哥思丹八亦监藏等为指挥同知、佥事、宣慰使同知、副使、元帅、招讨、封万户等官凡六十人。以摄帝师喃加巴藏卜为炽盛佛宝国师……皆授职名,赐衣帽、钞锭有差。"[5]可见在任命各级官吏时中央王朝还是比较尊重西藏地方的。据记载,在双方频繁的往来中,朝廷对西藏的赏赐除了与封任有关的官印、诏书、牌符之外,主要是钱物、钞锭、白金、白银、彩币以及各种纺织品、衣物、靴帽、茶叶等。

　　自唐代起,中国瓷器就举世瞩目,成为贸易的重要产品之一。虽然如前所述,明洪武时期景德镇瓷器生产尚在恢复之中,但元代以来的制瓷传统和基础尚存,瓷器制作工艺特别是釉下彩瓷器的制作在全国独树一帜。鉴于中国的制瓷传统,洪武九年起"自是赐予……多用瓷器铁釜"[6],因此朝廷有向臣服于明王朝的邻国和属下赏赐瓷器的做法。如洪武十六年八月,朝廷"遣使赐占城(今越南中南部)、暹罗(今泰国)、真腊(今柬埔寨)国王织金文绮各三十二匹,瓷器一万九千事"[7],数量不可谓不多。文献中虽然未见有关向西藏赏赐瓷器的记载,但通过双方的使者将瓷器带往西藏则是十分自然的。

　　西藏博物馆收藏的一件景德镇窑釉里红缠枝牡丹纹执壶(图1),是洪武釉里红瓷器的典型代表,该壶呈玉壶春样式,长流、曲柄,口上有宝珠钮盖,盖与柄以银链相连。整器满绘釉里红花纹,盖上饰以覆莲瓣和蔓草边饰,器物自口部至足部依次为蕉叶、蔓草、缠枝菊花、如意云肩、缠枝牡丹、仰莲瓣和蔓草边饰等花纹;长流与曲柄均饰以缠枝

---

[1]　详见拙作:《明初景德镇瓷业初步研究》,载《上海博物馆集刊》第七期,上海书画出版社,1996年。

[2]　《明实录·太祖实录》卷四十二,"中研院"历史语言研究所,第827页。

[3]　据《明史》《明实录·太祖实录》等史料的统计。

[4]　《明实录·太祖实录》卷七十七,第1416页。

[5]　《明实录·太祖实录》卷七十九,第1437页。

[6]　《明实录·太祖实录》卷一百〇五,第1754页。

[7]　《明实录·太祖实录》卷一百五十六,第2427页。

图1 明洪武 景德镇窑釉里红缠枝牡丹纹执壶（西藏博物馆藏）

灵芝。洪武时期，虽然釉里红瓷器得到较大的发展[1]，但如这件执壶般完好，且器盖、银链均完整保存的也是存世所仅见，因此十分珍贵。这件瓷器在西藏发现，反映了明初中央政府对西藏事务的重视。从此执壶的保存情况来看，基本上可以排除后世传入西藏的可能性。

（二）永乐、宣德时期

明成祖即位以后，为强化对西藏的统治，十分重视加强与西藏上层僧俗的联系。永乐四年（1406）三月，明成祖封西藏地方帕竹政权执政为"灌顶国师阐化王"[2]，这是明朝中央册封西藏地方政教首领为王的开端。从1406年开始的六七年间，明朝中央在西藏地区册封了四个地方政教首领为王，其中阐化、阐教二王在前藏，辅教王在后藏，护教王在今昌都地区。将宗教名号与世俗爵位合二为一，说明当时的中央王朝已经清楚认识到西藏地方"政教合一"的特殊性。除此之外，明成祖还先后分封藏传佛教噶玛噶举派活佛哈立麻（即却贝桑波）为"大宝法王"[3]，萨迦派活佛昆泽思巴为"大乘法王"[4]，并遣使召请格鲁派创始人宗喀巴大师进京（由释迦也失代表宗喀巴前往）[5]。通过这些提高政教首领和教派领袖权势和地位的措施，以加强中央王朝对西藏地方的统辖。

明成祖给予藏传佛教活佛和大师的礼遇极为隆重，除了政治上的原因之外，他笃信佛法，十分崇敬藏传佛教也是原因之一，这可能是元代推崇西藏佛教的影响所及。他即位之初，就遣使带着厚礼"往乌思藏征尚师哈立麻"，原因是"……上在藩邸时素闻其道行卓异"[6]，请他来南京是因为"……皇考太皇帝及笃信佛法，皇妣高皇后薨逝已久，朕思报恩，罔得其方，尚师卿于方便智慧功德等，修得无上之成就，即具佛之本性矣，切望速来为已薨逝者修成解脱议轨……"[7]永乐四年十二月哈立麻抵京后，在其驻地灵谷寺内特意"建造了营盘式的住地，以利藏人居住习俗"[8]。次年二月，哈立麻率领僧众在寺内建普度大斋，大修佛事，为明太祖及皇后荐福，法事进行了十四昼夜。哈立麻在京讲

［1］ 详见拙作：《明洪武朝景德镇瓷器研究》，载吴浩坤、陈克伦主编：《文博研究丛刊》，上海古籍出版社，1992年。
［2］《明实录·太宗实录》卷五十二，第775页。
［3］《明实录·太宗实录》卷六十五，第915页。
［4］《明实录·太宗实录》卷一百四十，第1680页。
［5］《明实录·太宗实录》卷一百五十九，第1811页。
［6］《明实录·太宗实录》卷十七，第310页。
［7］ 详见西藏档案馆藏《永乐元年二月十八日邀请哈立麻诏》。
［8］（明）索南扎巴著，黄颢译：《新红史》，西藏人民出版社，1984年，第209页。

论佛法、广做佛事，又受命去五台山建大斋，为成祖刚故去的皇后荐福[1]。

鉴于明成祖重视西藏地方事务并笃信藏传佛教，因此他历年对乌思藏的颁赠也十分慷慨、丰厚，其中包括向西藏赠送佛像、法器等。查阅文献中有关永乐年间明成祖对乌思藏的颁赠礼单，其中有佛像及法器的主要有以下几次：

1. 永乐五年十一月，赐如来大宝法王哈立麻（即却贝桑波，下同）"……法器……等物"[2]。

2. 永乐六年一月，致信哈立麻并赐赠大批礼物，其中包括"镀金铜铃杵九副（黑斜皮骰全）、白海螺九个"等法器[3]。同年四月，如来大宝法王哈立麻辞归，又赐赠"……佛像等物"[4]。

3. 永乐十一年二月，向如来大宝法王派遣赴京朝觐的大国师果栾罗葛罗监藏巴里藏卜赠送"……镀金铜佛像大宝法王一尊、镀金铜铃杵一副、响铜钹儿一副"及僧帽、僧衣等[5]。

4. 同年二月，明成祖于"静夜端坐宫廷，见圆光数枚，如虚空月……内一大圆光，现菩提宝树，……中见释迦牟尼佛像，具三十二种相，八十种好，睽视逾时……乃命工用黄金范为所见之像……今特遣内官侯显等致所铸黄金佛像于如来（大宝法王）……"[6]

5. 同年五月在册封昆泽思巴为大乘法王时，"赐诰、印并袈裟、幡幢、鞍马、伞盖、法器等物"[7]。另据《萨迦世系史》的记载，成祖赐予他的还有"银制喜金刚九尊、晶木制大威德、双身宝帐怙主、金刚橛诸尊等"[8]。

6. 永乐十二年正月，大乘法王昆泽思巴辞归，"赐……佛像、佛经、法器……"等物[9]。

7. 永乐十四年五月，宗喀巴弟子释迦也失辞归，"赐佛像、佛经、法器……"等[10]。

8. 永乐十五年二月，遣内官赴藏向正觉大乘法王昆泽思巴赠送"……佛像、佛经、金银法器……"等[11]。

9. 永乐十七年十月，遣中官前往西藏，向大乘法王、阐化王、阐教王、辅教王、赞善王以及大国师释迦也失等颁赠"佛像、法器、袈裟、禅衣"等[12]。

————————————

[1]《明实录·太宗实录》卷六十九，第977页。

[2]《明实录·太宗实录》卷七十三，第1014页。

[3]详见西藏档案馆藏《致如来大宝法王书及赏单》。

[4]《明实录·太宗实录》卷七十八，第1057页。

[5]详见西藏档案馆藏《成祖回赐大国师果栾罗葛罗监藏巴里藏卜敕谕》。

[6]见《成祖赐噶玛噶举教派楚布寺如来大宝法王诏书》，摘自西藏自治区文管会：《明朝皇帝赐给西藏楚布寺噶玛活佛的两件诏书》，载《文物》1981年第11期。

[7]《明实录·太宗实录》卷一百四十，第1680页。

[8]（明）钦阿美夏著，陈庆英译：《萨迦世系史》，西藏人民出版社，1989年，第238页。

[9]《明实录·太宗实录》卷一百四十七，第1725页。

[10]《明实录·太宗实录》卷一百七十六，第1924页。

[11]《明实录·太宗实录》卷一百八十五，第1981页。

[12]《明实录·太宗实录》卷二百一十七，第2162页。

永乐年间对西藏赏赐中包括瓷器的记载有：

1. 永乐六年正月初一，成祖赏赐大宝法王的礼物中有"……白磁八吉祥茶瓶三个，银索全；白磁茶钟九个，红油斜皮毂手全，五龙五个，双龙四个……"[1]

2. 永乐六年，明朝中央派遣使者赴藏延请格鲁派创始者宗喀巴大师进京时，曾携带许多礼物，其中有"磁杯一对"[2]。

3. 永乐十一年，大乘法王为成祖"传授灌顶和经咒加持、教戒、随许等诸多佛法，……此后皇帝……还赐给了供器……茶器……物品……不计其数"[3]。从上述"茶瓶""茶钟"的记载看，这里的所谓"茶器"很可能是瓷器。

记载中所提到的瓷器大都可以在西藏文物中得到印证："白磁八吉祥茶瓶"有"银索"，说明有盖，有盖而用于盛茶的瓶，应该就是在西藏传世较多的白釉刻花僧帽壶。僧帽壶原是流行于藏区的一种盛放酥油茶或青稞酒的金属器具，景德镇窑自元代开始制作瓷质僧帽壶，应是为赏赐而专门生产的，西藏博物馆收藏的永乐白釉刻花缠枝莲纹带盖僧帽壶（图2）应该就是当时永乐皇帝赏赐大宝法王的礼物。

图2　明永乐　景德镇窑白釉刻花缠枝莲纹带盖僧帽壶（西藏博物馆藏）

"白磁茶钟"应是茶具，其外表饰有龙纹，与西藏博物馆收藏的"永乐白釉刻花龙纹高足碗"一致。一些器物还有原配的外套，这在西藏文物中并不是个别现象。

西藏博物馆收藏的永乐青花开光莲花纹执壶（图3），器身的主题花纹是缠枝蕃莲，腹部有如意形开光，肩部为一周缠枝忍冬，口沿下饰有牡丹。缠枝番莲作为莲花的图案式花纹，在景德镇瓷器上被用于装饰开始于元代青花，而在13世纪或以前的西藏唐卡上，缠枝番莲经常作为边饰

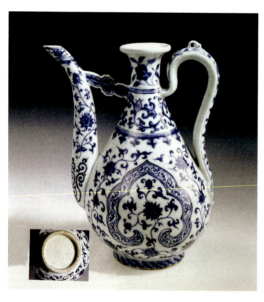

图3　明永乐　景德镇窑青花开光莲花纹执壶（西藏博物馆藏）

［1］详见西藏档案馆藏《致如来大宝法王书及赏单》。

［2］《宗喀巴复明成祖书》，载《西藏地方是中国不可分割的一部分》（史料选辑），西藏人民出版社，1986年，第134页。

［3］（明）钦阿美夏著，陈庆英译：《萨迦世系史》，西藏人民出版社，1989年，第238页。

出现。蕃莲在瓷器装饰上流行的原因除了它有较强的装饰效果之外，其宗教因素不可忽视。莲花在佛教中的特殊意味以及蕃莲图案在藏传佛教中的普遍使用，说明它在景德镇官窑瓷器上的出现乃至流行，是西藏文化对中原文化的影响和融合的结果。

1426年宣宗即位以后，也推行积极的西藏政策，如继位之初就派遣礼部尚书进藏召请释迦也失进京，宣德九年（1434）六月册封他为"大慈法王"。宣德年间，以贡使身份来京的乌思藏官员和僧侣日益增多，有的请求常驻北京，明廷均准其所请，对官员授其官职、配给鞍马房屋；对僧侣准其入住北京的几所大佛寺，其生活全部由政府承担。与此同时，政府还大力推进西藏地方的朝贡，除厚赏羁縻外，为保持沿途的通畅还恢复和兴修了一些驿站，并对朝贡者提供马匹、车辆、船只和免费供给食宿。朝贡的物品主要是当地的土特产，而朝廷给予的赏赐则甚为丰厚，其价值往往是贡品的数倍乃至百倍。朝廷的赏赐以各种丝织品、衣物、茶叶以及黄金、白银、钞、币为主，也有瓷器。

检索宣德年间的记录，不见明确对西藏赏赐瓷器的记载，但是对流传于西藏地区的宣德官窑瓷器进行考察，不难发现一些景德镇官窑瓷器是当时为赏赐给西藏地区而专门生产的。著名的如萨迦寺收藏的明宣德青花五彩莲池鸳鸯纹碗（图4）和高足碗（图5）即是，这两件器物的口沿内侧均有一周藏文吉祥经。西藏博物馆收藏的宣德瓷器中也有以藏文或八宝纹图案为装饰的，如原收藏于罗布林卡的青花莲托八宝纹藏文僧帽壶（图6）、青花莲托八宝纹高足碗（图7）、青花藏文高足碗

图4 明宣德 景德镇窑青花五彩莲池鸳鸯纹碗（西藏萨迦寺藏）

图5 明宣德 景德镇窑青花五彩莲池鸳鸯纹高足碗（西藏萨迦寺藏）

图6 明宣德 景德镇窑青花莲托八宝纹藏文僧帽壶（西藏博物馆藏）

图7　明宣德　景德镇窑青花莲托八宝纹高足碗　　图8　明宣德　景德镇窑青花藏文高足碗(西藏博
(西藏博物馆藏)　　　　　　　　　　　　　　　　物馆藏)

(图8)等。藏文的内容也以吉祥经为主,而且僧帽壶、高足碗都是西藏地区的器物造型,八宝也是藏传佛教的纹饰。因此它们应该都是朝廷命景德镇御器厂专门生产为赏赐西藏所用的,这反映了当时中央王朝与西藏地方的密切关系。

(三)正统—万历时期

　　明代宣德朝之后,关于中央王朝和西藏地方交往的记录屡见于各类历史文献。据不完全统计,自正统朝到天顺朝二十九年(1436—1464)中,仅见于《明实录》记载的西藏遣使朝贡以及朝廷赏赐就有63次之多,人数从"正统间番僧入贡不过三四十人"发展到"天顺间遂至二三千人"。针对当时西藏使者来往于内地太过频繁之弊,成化元年九月,宪宗皇帝应礼部请求"敕谕阐化王曰……今后仍照洪武旧例,三年一贡,自成化三年为始。所遣之人……不许过多"[1];成化六年四月进一步规定:"乌思藏赞善、阐教、阐化、辅教四王,三年一贡,每王遣使百人,多不过百五十人,由四川路入,国师以下不许贡。"[2]纵览正统以后的明代文献,基本不见中央王朝赏赐瓷器的明确记载,但是自永乐、宣德以后,中央对于西藏赏赐的品种已经逐步形成惯例,文献上也是永乐、宣德记载较详,而正统以后记载比较简略,通常以"赐宴并钞币等物如例"加以省略。

　　西藏地区收藏的明代官窑瓷器中,不见正统、景泰、天顺朝的产品,这与当时政局动荡,景德镇御器厂的官窑瓷器生产基本处于停滞有关,因此内地也基本不见三朝的官窑瓷器。

[1]《明实录·宪宗实录》卷二。
[2]《明实录·宪宗实录》卷七十八。

 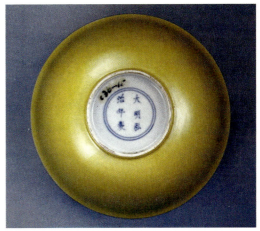

图9　明成化　景德镇窑成化青花缠枝花卉纹碗　图10　明弘治　景德镇窑黄釉碗（西藏博物馆藏）
（西藏博物馆藏）

　　成化、弘治年间，朝廷几番下令景德镇减烧或停烧御用瓷器，因此，这个时期的官窑瓷器流传至今者稀少，但质量很高。西藏博物馆收藏的成化青花缠枝花卉纹碗（图9），原收藏于罗布林卡，不但胎、釉均极为精美，而且器物里外都有花纹装饰，是成化官窑青花中的佳品。弘治黄釉碗（图10），里外皆施低温黄釉，釉色娇嫩，是最高等级的用器。正德期间，亦有同样的器物入藏。

　　嘉靖、万历时期，是景德镇御器厂生产比较繁荣之时，因此流传至西藏地区的数量也比以前要多。西藏博物馆收藏的这一时期的官窑瓷器，基本上反映了当时的情况。

二、清代中央政府对西藏地方的赏赐

　　入清以后，清王朝与西藏地方的关系以及对西藏地方的治理达到了前所未有的水平。清政府通过支持黄教，对达赖、班禅等宗教上层人士的册封以及"金瓶掣签"制度的建立，将西藏的宗教事务牢牢掌握在自己手里；通过在西藏设立驻藏大臣衙门，使西藏政务由中央王朝派人直接管理。清代初年，为了西藏的安定，清王朝曾多次出兵西藏，清除了不安定因素，反对外来侵略。可以说，清王朝对西藏地区200多年的统治是有史以来最有效、最彻底、最完全的。

　　自顺治朝以降，清王朝历代皇帝都十分重视西藏事务，而且均笃信黄教，中央王朝与西藏地方的交往十分频繁。有清一代近300年，清王朝共册封了五世至十三世等九位达赖喇嘛和五世至九世等五位班禅。其中五世达赖、六世班禅和十三世达赖受中央王朝的邀请，先后于顺治九年（1652）、乾隆四十五年（1780）和光绪三十四年（1908）到达北京和承德。特别是乾隆四十五年为准备六世班禅的承德之行，在承德避暑山庄仿日喀则札什伦布寺的建筑形式建造了热河札什伦布寺（须弥福寿之庙），作为班禅大师的驻锡之地。同时在香山静宜园（皇家园林）建宗镜大昭寺，修整安定门外西黄寺（顺治时曾作为五世达赖喇嘛的驻地），以便六世班禅来京冬夏时节分住。对于西藏之重视由此可见一斑。

清王朝对于西藏的赏赐，在文献中多有记载，如：

顺治六年十一月，达赖喇嘛属下噶布初西喇布等贡马、披甲、腰刀等物，"赏达赖喇嘛银鼎一、银桶一、银酒海一、玛瑙壶二、缎四十、带马鞯之雕答一、海獭二、豹皮一、虎皮一……"[1]

顺治十年正月十六日"宴达赖喇嘛等于太和殿，赐金器、彩缎、鞍马等物有差"。

图11　清康熙　景德镇窑虎皮三彩多穆壶（西藏博物馆藏）

自元以降，西藏一直隶属于中国，中央王朝对西藏地方保持着有效的统治，汉藏之间的交往也十分频繁，这些历史都可以在西藏流传的文物中得到反映。元帝忽必烈笃信藏传佛教，奉八思巴等西藏高僧为国师或帝师以"辅佐国政"；明代之初奉行积极的西藏政策，分封三大法王等就是为了加强对西藏的统治；清世祖册封五世达赖并授以金印，表达了清廷希望通过扶持宗教以抚绥藏区的愿望；乾隆时制订严格的灵童选拔制度并颁发金瓶，杜绝了其中人为的弊端并强化了中央政府的权力，这些历史通过文物都得到了印证。元代以后，特别是明清时期，西藏的朝贡和中央政府的赏赐不绝于道。其中一些赏赐品是专门为西藏所生产的，如符合藏传佛教教义的佛像、法器，适用于藏区生活的瓷器（图11）等，它们都带有明显的西藏特色，结合忽必烈、明成祖以及清内廷等历代帝王信奉西藏佛教的史实，这些文物不仅说明了中央和地方的关系，同时也反映了西藏文化对内地的影响。

原载《西藏博物馆藏明清瓷器精品》，中国大百科全书出版社，2004年

---

[1]《五世达赖喇嘛使臣进贡及回赏物品清单》，见中国第一历史档案馆藏内阁国史院满文档。

钧台窑"北宋钧窑"产品时代的再探讨

一

在传世的钧窑瓷器中，有一批主要用于陈设的器形，诸如出戟尊（图1）、渣斗式花盆（图2）、仰钟式花盆（图3）、海棠式花盆（图4）、莲花式花盆（图5）、葵花式花盆（图6）、长方及六方花盆（图7）、鼓钉式盆托（图8，亦称鼓钉洗）、海棠式盆托（图9，亦称海棠洗）、莲花式盆托（图10）、葵花式盆托（图11）、长方及六方盆托等器物（图12）等。这些器物的基本特征为：造型规整；胎质细腻，胎壁较厚且匀；器物表面施滋润肥厚的分相窑变釉，釉色绮丽多变，有海棠红、玫瑰紫、丁香紫、葡萄紫、天青、月白等色；釉下隐约可见"蚯蚓走泥纹"（图13），这是釉浆在晾干过程中所形成的裂纹，在烧造过程中又被熔融的釉汁局部填充而形成的特征；器物口沿、折沿、出戟、鼓钉、花棱等突出部位呈酱色，应是釉薄而露出胎色所致；

图1　月白釉出戟尊（胡惠春、王华云捐赠）（上海博物馆藏）

图2　丁香紫釉渣斗式花盆（故宫博物院藏）

图3　葡萄紫釉仰钟式花盆（故宫博物院藏）

图4　葡萄紫釉海棠式花盆（故宫博物院藏）

图5　葡萄紫釉莲花式花盆(故宫博物院藏)　图6　天蓝釉葵花式花盆(故宫博物院藏)　图7　葡萄紫釉长方花盆(故宫博物院藏)

图8　鼓钉式盆托(亦称鼓钉洗)(上海博物馆藏)　图9　海棠式盆托(亦称海棠洗)(故宫博物院藏)

图10　海棠红釉莲花式盆托(故宫博物院藏)　图11　月白釉葵花式盆托(故宫博物院藏)

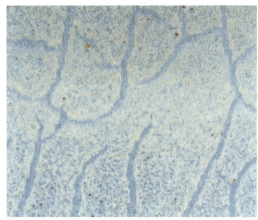

图12　天青葡萄紫釉六方盆托（故宫博物院藏）　　图13　釉下的"蚯蚓走泥纹"

图14　器物底部的数字编号　　　图15　花盆底部　　　图16　盆托底部的支钉痕

底部釉色亦呈酱色，俗称"芝麻酱釉"；器底釉下刻有"一"至"十"的汉字数字编号（图14），这是器物大小的标识，便于配套之用；花盆底部多有5孔（图15）；出戟尊、花盆之属有圈足者大部垫烧，盆托（洗）则满釉支烧，支痕沿底部周缘分布，细小而密集，偶见较大者，支痕少者12枚，多者24枚，以15至18枚多见（图16）。

二

对于这类器物，宋、元文献不见记载；在最早见于的明代文献中，通常把它与宋代名窑并列[1]，似乎有将其列入宋代名窑之列的暗示；明嘉靖、万历年间的著名收藏家项元汴在其《历代名瓷图谱》一书中已经有"宋均窑"的称呼，但描述的器形与今天我们所

[1]　如明万历十九年（1591）高濂《遵生八笺》卷十四"论诸品窑器"中将钧窑列龙泉窑、吉州窑、建窑之下；明张应文（1595年卒）《清秘藏》卷上"论窑器"中则在"柴、汝、官、哥、定"诸窑之后，接着记述"均州窑"的特色。

认识的陈设类钧窑迥异[1]；在清代文献中，则公开把它看作是"北宋钧窑"[2]；从民国时期至20世纪60年代，大多数学者对此类钧窑的年代观点继续沿用清代的看法[3]。而西方学者一直将这一类钧窑称为"数字钧窑"（Numbered Chun Wares）。

　　其实，早在20世纪30年代，日本学者尾崎洵盛就在《宋元の陶磁》一书中把这一类制作精致的陈设类钧窑器与普通的日用类钧窑器加以区分，并告诉读者这类器物"素有明代所制之说"[4]。20世纪50年代，国内一些学者认为这类钧窑是金、元时期的产品，如陈万里先生认为："钧窑继汝窑而起是在金人统治时期，那时是钧窑的黄金时代""这是在北方金人统治之下及元代一百余年间的产物"[5]；另外，关房松先生认为以地名为窑场命名是中国的传统，既然"钧窑"以钧州命名，那么其时代不会早于金大定二十四年（1184）"钧州"一名出现以前[6]。英国学者Brasil Gray认为它们可能是15世纪的产品[7]。20世纪70年代初，英国伦敦大学大维德基金会（P. D. F.）馆长Margaret Medley女士根据这类钧窑与元代钧窑相比，胎釉相似而制作技术更为复杂的特点，认为其时代当在元末明初[8]。

　　1974年至1975年对禹县钧台窑的考古发掘，不仅证实了这批传世钧窑瓷器的产地[9]，发掘者还根据窑址附近发现的"宣和元宝"钱范，证明钧台窑遗址的时代在北宋，性质为官窑[10]。由于有了确凿的考古材料，关于这一类钧窑的产地和时代问题似乎已经解决，这个观点也被大多数学者所接受。虽然此后仍有英、日学者从钧台窑出土金、元时代磁州窑器物而对"北宋说"持保留态度[11]，但是在之后出版和发表的中外（特别是国内的）著作、论文中，几乎都采用"北宋钧窑"的说法。

---

［1］（明）项元汴：《历代名瓷图谱》第三册有"宋均窑双凤小尊"，第四册有"宋均窑细花一只小瓶"，第六册有"宋均窑匾蒲壶"，第十册有"宋均窑蛟灯"等。

［2］如清初孙承泽（1592—1677）在《砚山斋杂记》中论窑器"窑器所传柴汝官哥均定可勿论矣"。乾隆年间的《南窑笔记》认为钧窑为"北宋均州所造"，器形"多盆、奁、水底、花盆器皿；颜色大红、玫瑰紫、驴肝、马肺、月白、红霞等色；骨子粗黄泥色，底釉如淡牙白色"。乾隆三十九年（1774）朱琰《陶说》中即使用"官钧"一词。清嘉庆二十年（1815）蓝浦《景德镇陶录》："均窑，亦宋初所烧，出均台。'钧台'宋亦称均州，即今河南之禹州也。土脉细，釉具五色，有兔丝纹，红若胭脂，朱砂为最；青若葱翠、紫若墨者次之……唐氏《肆考》云：均窑始禹州。禹州昔号钧台，'均'合书'钧'，今通作'均'、沿写已久。"以后的论著大多沿用此说。

［3］如许之衡在《饮流斋说瓷》"说窑第二"中沿用《景德镇陶录》的说法；轻工业部陶瓷工业科学研究所《中国的瓷器》（轻工业出版社，1963年）一书中，认为这类钧窑是"北宋晚期"的产品。

［4］见长坂金雄：《支那陶磁史Ⅰ：陶器讲座13·宋元の陶磁》，雄山阁，1937年，第76页。

［5］见陈万里：《中国青瓷史略》，上海人民出版社，1956年；陈先生在"禹州之行"一文中也持此说，见《文物参考资料》1951年第2期。

［6］关房松：《金代瓷器和钧窑的问题》，《文物参考资料》1958年第2期。

［7］Brasil Gray, "Northern Song Wares", *Early Chinese Pottere And Porcelain*, London: Faber & Faber, 1953.

［8］Margaret Medley, *Yuan Porcelain And Stonware*, London: Ditman, 1974.

［9］赵青云：《河南省禹县钧台窑的发掘》，《文物》1975年第6期。

［10］李辉柄：《钧窑的性质及创烧年代》，《故宫博物院院刊》1982年第2期。

［11］1976年Margaret Medley女士在*The Chinese Pottere: A Practical History Of Chinese Ceramics*一文中甚至认为传世钧窑器是否能被算入钧窑的范畴还是一个问题，并认为其时代在14世纪；1992年矢部良明在《中国陶磁の八千年》（平凡社，1992年）一书中认为这些钧窑在造型上与宋元陶瓷区别甚大，因此可能是明代瓷器生产的品种。

三

20世纪90年代以来，长期无争论的钧窑"北宋说"遭到了学者的质疑。1996年6月，台湾大学艺术研究所的硕士研究生罗慧琪在其学位论文[1]中，首先分析了钧台窑考古报告所披露的窑炉结构的不合理性；继而对"宣和元宝"钱范的形制之不规范提出疑问；然后把窑址同出的日用类钧窑瓷器与其他考古出土资料进行对比，发现它们与金、元时期窖藏或墓葬中出土的钧瓷完全相同。作者又将传世钧窑中的出戟尊、渣斗式花盆、仰钟式花盆以及鼓钉洗、六方花盆、海棠式花盆等器物与历史上类似器物逐一进行对比分析，认为这些器物的造型应该创始于14世纪至15世纪之间。最后作者得出这样的结论："钧窑陈设器不产于北宋。其时代应为14世纪晚期，元末明初。"

几乎与此同时，北京大学的李民举教授在《陈设类钧窑瓷器年代考辨——兼论钧台窑的年代问题》[2]一文中，分析了钧台窑遗址共存遗物的时代特色，对"宣和元宝"钱范作了进一步的审视，考证了花石纲的有关问题，重新排比了明清有关钧窑的文献，认为"钧台窑年代'北宋说'缺乏让人信服的依据"；作者进而对宋、元、明各类器物进行排比与分析，得出结论："钧台窑遗物的造型特征，具有明显的元及明初风格，其时代亦应在此时期，即公元15世纪左右。"

以后，余佩瑾在《故宫藏瓷大系·钧窑之部》[3]，刘涛在《宋辽金纪年瓷器》[4]等书中，也对钧窑"北宋说"提出了疑问。

四

众所周知，陶瓷窑址考古存在一定的局限性，从考古学基本原理出发对窑址进行时代考察主要基于两个根据：一是找到窑址地层的叠压关系，由于窑址废品堆积存在无序性的特点，因此最好能找到窑炉的叠压关系，从而找出窑址时代早晚的相对关系；二是把从有纪年的墓葬、窖藏中出土的典型器物及可靠的有纪年铭文的器物与窑址不同地层出土的标本进行对比，这样可以确定窑址不同地层的绝对年代，从而列出窑址的编年表。传统的观点认为钧窑分为北宋、金代和元代三个时代，不同时代的钧窑产品特点存在明显的差异。笔者对钧台窑及河南地区钧窑遗址的考古发掘一直非常关注，从目前已经掌握的情况看，一方面，在历年的考古发掘中，在曾经发现过钧窑产品的钧台窑等

[1] 罗慧琪：《传世钧窑器的时代问题》，《美术史研究集刊》1997年第4期。
[2] 此文刊载于北京大学考古系编：《考古学研究（三）》，科学出版社，1997年。
[3] 余佩瑾：《故宫藏瓷大系·钧窑之部》，台北故宫博物院，1999年。
[4] 刘涛：《宋辽金纪年瓷器》，文物出版社，2004年。

窑址中均未见到"北宋钧窑"和"金钧"或"元钧"的地层叠压关系,更不要说发现包含"北宋钧窑"标本的地层叠压在金元时期钧窑标本之下的清晰的地层关系。1975年对钧台窑的发掘是如此,2004年对钧台窑进行的第二次发掘依然如此[1];另一方面,在有纪年的北宋墓葬、窖藏中从来没有发现过这类制作精致、用于陈设的钧窑器,至今也没有见到可靠的有纪年铭文的北宋器物。这样,钧窑宋、金、元三个时代的产品在考古学上的前后关系并没有真正建立,"北宋钧窑"的年代判断也没有根据,据此认为钧台窑的时代为北宋至少在考古学上缺乏直接的证据。至于间接证据,从上述文章的分析来看,也值得商榷。在其他时代的墓葬及窖藏中我们也未曾见到过这类钧窑产品,因此如果要对它作出其他时代(如元、明)的判断也缺乏直接的考古学依据。

五

　　关于"北宋钧窑"时代的讨论已经进行了几十年,由于始终没有看到确凿的证据,因此也没有得出一个可以令大家信服的结论。鉴于此,2005年8至9月间,笔者将一批来自钧台窑和河南其他窑址出土的钧窑标本用科技手段——"前剂量饱和指数法测定瓷器热释光年代技术"[2]进行年代测定,得到以下结果:

　　标本一:这是一件钧窑陈设用花盆的残片,包括一部分器壁和一部分圈足及底部。天青釉,乳浊,较厚;红褐色胎,极厚;底釉酱色,底部沿圈足内侧可见2孔。圈足露胎(图17),具备典型钧台窑特征。热释光年代测定数据为:距今约660年,其时代在公元1340年左右,为元代后期,加上误差,最晚应该可以到明代早期。

　　标本二:这是一件钧窑陈设用鼓钉式盆托(即鼓钉洗)的残片,包括一部分器壁和一部分圈足及底部。玫瑰紫釉,乳浊,较厚;浅黄色胎,较厚,圈足包釉;底釉酱色,底部沿圈足内侧可见4个支烧痕(图18)。具备钧台窑的典型特征。热释光年代测定数据为:距今约630年,其时代在公元1370年左右,也应该是明代早期的产品。

　　以上两件标本均为钧台窑出土。

　　标本三:这是一件钧窑圈足碗的残片,包括一部分器壁和一部分圈足及底部。器物里外及圈足内均施月白釉,釉质乳浊;浅灰色胎,圈足露胎处表面氧化呈酱褐色(图19)。具备金代钧窑碗的典型特征。热释光年代测定数据为:距今约730年,其时代在

[1]　2005年8月,河南省考古所孙新民所长来沪见告。
[2]　前剂量饱和指数法是热释光测定古瓷器年代的一项创新技术。它是利用前剂量热释光灵敏度对辐照剂量的指数关系来测定瓷器古剂量的一种新方法,利用这种方法,可以正确地计算出瓷器的烧制年代。至2003年以前,已用此项技术为上海博物馆和海内外博物馆及其他收藏机构测定了500多件瓷器的热释光年代。这些器物年代范围很广,从最早战国时代的原始瓷到汉、晋、隋、唐、宋、辽、元、明、清,测定的器物类型也很多,有瓶、碗、盆、罐、壶、炉和洗等,几乎覆盖了我国整个古代陶瓷史。大量应用检测表明,该方法对瓷器年代的可测率在95%左右,正确率在95%以上,达到了非常高的水平。2004年被国家文物局评为"文物保护和科学技术创新奖"一等奖。

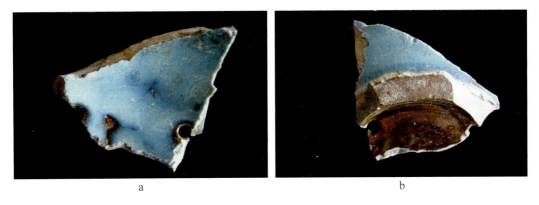

图 17　标本一

图 18　标本二

图 19　标本三

公元1270年左右,应该是金代末年或元代早期的产品。

　　标本四:这是一件钧窑圈足碗的残片,包括几乎全部底足。器物内底施较厚的天青釉,器外与圈足相接的腹部及圈足内外均无釉露胎;胎色灰色,质略粗;圈足厚,外侧稍外撇,足底平,外沿斜削(图20)。其胎、釉、造型等特征与常见的元钧碗完全一致。热释光年代测定数据为:距今约720年,其时代在公元1280年左右,应该是元代早期的产品。

a　　　　　　　　　　　　　　　b

图20　标本四

在河南省文物考古研究所孙新民所长的帮助下,我们又对2004年钧台窑发掘中出土的数10件不同的标本进行了瓷器热释光年代测定,发现其年代趋势与上述标本基本一致,即陈设类钧窑标本的年代比典型金代、元代钧窑标本的年代平均晚100年。

综合以上所论,特别是有了科学测试的数据,我们可以得出以下结论:将钧台窑生产的陈设类器物的时代定为北宋,既缺乏历史文献、考古资料的依据,在器物的时代风格方面也没有相应的时代根据。从制瓷工艺技术方面分析,也没有充分理由认为从技术含量高、制作精细向技术含量低、制作较草率是发展的必然性。而热释光年代测定数据表明,它们的具体年代要晚于考古依据充分的元代钧窑,最早也不会超过元代晚期至明代早期。至于这类产品的生产延续时间,则有待于今后工作的进一步展开。

图21　底部的宫殿名称刻铭

关于陈设类钧窑的性质,我认为仍属官窑,因为这类器物主要由宫廷收藏,而且在一些器物的底部往往刻有宫殿名称(图21),这符合明清宫廷的习惯做法,用此来指明器物陈设或使用的处所。

(本文所涉及的钧窑标本由上海博物馆陶瓷研究部提供,热释光年代测定数据由上海博物馆文物保护和考古科学实验室王维达、夏君定先生提供,特在此表示谢忱。)

原载《上海博物馆集刊》第十期,上海书画出版社,2005年

唐代"黑石号"沉船出水白瓷初步研究

一

1998年,当地渔民在印度尼西亚苏门答腊岛和婆罗洲之间的勿里洞岛(Belitang Island)丹戎潘丹(Tanjung Pandan)港北部海域的海底发现大量陶瓷等遗物。在勘查中又发现一些木船构件,由此确认是一艘沉船,并初步推测该船可能因撞上西北150米一处黑色大礁石而沉没的。在国外的一些报道中,沉船被称为"黑石号"(Batu Hitam)[1]或"勿里洞沉船"(Blitang Wreck)[2]。

持有印尼政府颁发的考察和发掘执照的德国"海底探索"公司闻讯以后,对沉船遗址进行了定位,并于1998年9月和10月开始了海底遗址的发掘工作。东北季风来临期间发掘工作暂停,1999年4月恢复。经过约一年的时间,水下考古工作基本完成。

发掘者发现沉船船体的主要部分被淹埋在货物之下,其结构十分清楚:船身内外的船板用编扎的方法连接,没有木榫和铁钉等痕迹;船首微微向后倾斜;船身内有一与船身编扎在一起的贯通横梁;舱底板可以拆卸;有内龙骨和纵桁等。从这些结构特点看,发掘者认为这是一艘迄今为止发现最早的阿拉伯或印度沉船。澳大利亚的Jugo Illic博士对采自沉船构件的木材样品进行了辨认,确认的木材品种包括花梨木、柚木、缅茄属木材、柏属木材和榕属木材等,其中花梨木产自非洲和南亚,柚木产自印度、缅甸、泰国等地,缅茄木仅出产于非洲。而这些木材皆非中国所产[3],对木材的鉴定也证明了沉船不是中国制造的。

从"黑石号"沉船遗骸中打捞上来的遗物十分丰富,数量也极为惊人,基本上都是中国唐代的文物。其中90%以上是瓷器,其他还有金银器、铜镜、银锭、漆器等。总数六万多件。

瓷器中以长沙窑彩绘青瓷最多,其他还有越窑青瓷、白瓷、绿彩瓷器、广东青瓷和3

---

[1] 谢明良:《记黑石号(Batu Hitam)沉船中的中国陶瓷器》,《美术史研究集刊》2002年第13期。
[2] Michael Flecker, "A ninth-century AD Arab or Indian shipwreck in Indonesia: first evidence for direct trade with China", *World Archaeology*, Vol.32(3), pp.335−354.
[3] Michael Flecker, "A ninth-century AD Arab or Indian shipwreck in Indonesia: first evidence for direct trade with China", *World Archaeology*, Vol.32(3), pp.335−354.

件青花瓷器。

沉船中的两件遗物为判断其年代提供了依据：一件为八卦四神铜镜，在镜背的外侧一周铸有楷书"唐乾元元年戊戌十一月廿九日于扬州扬子江心百炼造成"；另一件是长沙窑阿拉伯文碗，其背面刻有"□□□□宝历二年七月十六日"等字样。乾元元年为公元758年，宝历二年为公元826年，由此可以初步判断该船在中国装货的年代应距此不远。

二

"黑石号"沉船中的白瓷约有300件，器形比较单纯，主要有杯、杯托、碗、执壶、罐、穿带壶等。

杯大致可以分为两类：一类是无柄的敛口杯，一类是单柄的撇口杯。

敛口杯的基本造型为：敛口、弧壁、深腹，下承较宽的浅圈足，足底平切。有的圈足外侧稍稍外撇，有的腹部有弦纹。以其口径与腹深的比例可分为两种，一种腹部较浅，口径约1.5倍于腹深（图1）；另一种腹部较深，口径约为腹深的1.3倍（图2）。沉船中还有一类酱釉敛口杯，其造型与白瓷杯一样。

撇口杯有两种式样，一种为束腰形，其造型为侈口、束腰、折腹、有较宽的浅圈足，口径约2倍于器腹的深度，柄呈双复圆环形，上有叶芽形的指垫，与圆环形成"6"字形，有的腹部有弦纹（图3），同出的还有绿釉的束腰形撇口杯；另一种为垂腹形，其造型为侈口、束颈、垂腹，下承较浅的玉璧形足，柄的样式与束腰形相同，唯其腹部较深，口径约为腹深的1.3倍（图4）。

敛口杯虽然在国内唐代考古遗存中比较罕见，但可以在隋代白瓷深腹杯中找到其祖型。撇口杯特别是束腰形撇口杯在国内的考古实践中却有发现，如江苏徐州奎山唐

图1 唐 Ⅰ型白瓷敛口杯 印尼"黑石号"沉船   图2 唐 Ⅱ型白瓷敛口杯 印尼"黑石号"沉船

图3 唐Ⅰ型白瓷单柄撇口杯 印尼"黑石号"沉船   图4 唐Ⅱ型白瓷单柄撇口杯 印尼"黑石号"沉船

墓出土的"白瓷柄杯"[1](图5)和1957年河南陕县湖滨区出土的"白瓷圈柄杯"[2](图6)均是。1979年在江西丰城出土的一件洪州窑"酱釉把杯"[3]的造型也如出一辙。与国内出土的束腰杯相比,沉船中的口径略大、腹部略浅,总之器物显得矮一些。撇口杯则是仿金银器的造型,1970年西安何家村唐代窖藏出土的"掐丝团花金杯"[4](图7)和1963年西安沙坡村出土的"素面银杯"[5](图8)的造型就与国

图5 白瓷单柄杯(江苏徐州奎山唐墓出土)

图6 白瓷圈柄杯(河南陕县湖滨区出土)

图7 掐丝团花金杯(西安何家村唐代窖藏出土)

[1] 现收藏于徐州博物馆。转引自《中国陶瓷全集》第五卷《隋唐》图版148,上海人民美术出版社,2000年。
[2] 现收藏于中国国家博物馆。转引自《中国陶瓷全集》第五卷《隋唐》图版179。
[3] 现收藏于江西省博物馆。转引自《中国陶瓷全集》第五卷《隋唐》图版178。
[4] 陕西省历史博物馆收藏。见陕西省博物馆等:《西安南郊何家村发现唐代窖藏文物》,《文物》1972年第1期。
[5] 西安市文物管理委员会:《西安市东南郊沙坡村出土一批唐代银器》,《文物》1964年第6期。

图8　素面银杯（西安沙坡村出土）　　图9　唐　人物纹八棱金杯　印尼"黑石号"沉船文物

内出土的束腰杯一致。若再进行溯源，其造型还可以追溯到西方，有学者认为这类杯是仿粟特金银器的样式而称其为"粟特式"[1]。因为在中国出土的唐代金银器中就有一部分是来自中亚地区的粟特（今塔吉克斯坦和乌兹别克斯坦境内），一部分可能是中国工匠的仿制品，亦可能是粟特工匠在中国的制品。沉船中的金杯也应属于粟特式器物（图9）。

　　杯托呈盘形，盘沿宽且坦平，浅腹，盘心凹入以承杯体，盘口作四瓣花口，花瓣之间有一道或三道凸起的"出筋"，下有较宽的浅圈足（图10）。杯托托于杯下，是与杯配套使用的器皿（图11）。近年在河北临城发现了与之造型完全一样的白瓷杯托（图12）。与之器形相仿的金银器有：1957年西安和平门唐代窖藏出土的6件"鎏金银茶托"[2]、1958年陕西省耀县背阴村出土的唐代"鎏金银茶托"[3]（图13），均为五瓣单层莲花形。

图10　唐　白瓷杯托　印尼"黑石号"沉船文物　　图11　唐　白瓷托杯　印尼"黑石号"沉船文物

---

[1]　齐东方：《唐代金银器研究》，中国社会科学出版社，1999年。
[2]　马得志：《唐代长安城平康坊出土的鎏金茶托子》，《考古》1959年第12期。
[3]　陕西省博物馆：《陕西省耀县柳林背阴村出土一批唐代金银器》，《文物》1966年第1期。

图12　唐　白瓷杯托（河北临城发现）

图13　唐　鎏金银茶托 （陕西省耀县背阴村出土）

图14　唐　白瓷花口碗　印尼"黑石号"沉船文物　图15　唐　白瓷圆口碗　印尼"黑石号"沉船文物

　　碗可以分为两类，一类花口碗，一类圆口碗。花口碗为侈口、浅腹、斜弧壁，较宽的浅圈足或玉璧底；均作四瓣花口，碗内壁有凸起的"出筋"；有的口沿外卷（图14）。圆口碗为直口、弧腹、浅圈足（图15）。

　　执壶作敞口、短颈、鼓腹、敛足、平底，肩部一侧有管状短流，另一侧有双复柄与口部或颈部相连（图16）。此类造型的执壶为唐代常见，1974年北京昌平出土的"白釉壶"[1]（图17）和1958年河南陕县出土的"白瓷执壶"[2]就与沉船中的执壶相似。

　　穿带壶的造型为圆形，与传统的穿带背壶略作扁体有异，口部膨出如杯，细颈，斜肩，腹下部隆起，下接圈足。肩部两侧有用于穿带的扁形方系，系下腹部各有两条细突棱，与之对应圈足两侧有扁方孔，以用于穿带（图18）。

图16　唐　白瓷执壶　印尼"黑石号"沉船文物

[1]　首都博物馆收藏。转引自《中国陶瓷全集》第五卷《隋唐》图版157。
[2]　现由中国国家博物馆收藏。转引自《中国陶瓷全集》第五卷《隋唐》图版177。

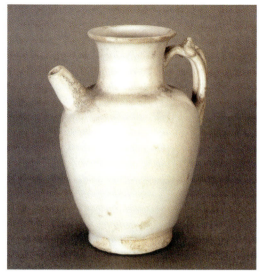
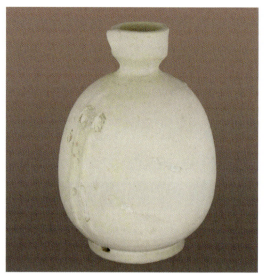

图17　唐　白瓷执壶（北京昌平出土）　　图18　唐　白瓷穿带壶　印尼"黑石号"沉船文物

图19　唐　白瓷罐　印尼"黑石号"沉船文物　　图20　唐　白釉罐（河北临城出土）

　　罐的口部较小，口唇外卷，肩部圆弧，腹鼓出，下腹收敛，下承小平底（图19）。河北临城出土唐代白釉罐中有造型与之十分近似者（图20）。

　　除执壶和罐为平底外，其他器形均有圈足，圈足一般较浅。碗多为玉璧形底；杯少量为玉璧底，大部分为较宽的"玉环"形圈足；杯托则都为"玉环"形圈足。

　　从胎、釉及制作工艺上看，这些白瓷可以分为两种类型：一种是精白瓷，胎质细白，釉质润泽，器壁较薄，造型规整；另一种制作较为粗糙，胎质较粗松，器壁较厚，釉质较浊，胎、釉间通常都施白色化妆土。由于这类白瓷釉质地的原因，打捞起来时釉层大都已经剥落。

三

从中国陶瓷发展的历史来判断,这些唐代白瓷应该基本上都是中国北方窑口的产品,但它们是否都是一个窑口的产品,抑或产地不止一处?

如果从造型上看,杯、杯托并不是传统唐代白瓷中常见的,它们更接近于当时的金银器造型;花口碗虽然与唐代的造型一致,但依然无法确定它产自邢窑、曲阳窑抑或巩县窑;其他如执壶、罐等也是如此。

如果从胎、釉及制作工艺上来区别,尚无确凿的证据证明同出的精白瓷和粗白瓷是出产于同一窑口,或者是不同窑口的产品。因为根据窑址调查情况来看,当时北方一些窑场既生产精白瓷,也生产上有化妆土的粗白瓷。

笔者有机会得到两件"黑石号"沉船中的白瓷标本:一件是胎薄釉润的精白瓷(图21);一件是施有化妆土的粗白瓷,由于釉层已被海砂侵蚀殆尽,表面即是化妆土(图22)。

通过QuanX型能量色散X荧光光谱仪(能谱仪)对这两件标本的胎、釉及化妆土成分进行分析[1],结果见表1。

图21　印尼"黑石号"沉船精白瓷标本

图22　印尼"黑石号"沉船粗白瓷标本

表1　"黑石号"白瓷标本胎、釉、化妆土成分分析

样品来源	编号和部位	Na$_2$O	MgO	Al$_2$O$_3$	SiO$_2$	K$_2$O	CaO	TiO$_2$	MnO	Fe$_2$O$_3$
黑石号	精1胎	0.79	0.7	30.96	64.89	0.68	1.2	0.26	0.02	0.45
黑石号	粗1胎	0.43	0.4	30.95	63.55	1.76	0.74	1.12	0.00	1.02
黑石号	精1釉	1.61	2.94	15.73	69.16	0.81	8.41	0.07	0.11	0.72
黑石号	粗1化妆土	0.95	0.54	31.95	52.33	1.25	11.14	1.01	0.005	0.69

笔者又利用相同仪器对8件邢窑标本、12件曲阳窑标本和4件巩县窑标本的胎、釉成分进行数据测试,并计算出其胎、釉数值范围和平均值,分别见表2、表3和表4。

[1]　数据测试工作由上海博物馆文物保护和考古科学实验室何文权博士和熊缨菲同志进行,在此表示谢意。

表2　邢窑胎、釉数值范围和平均值

样品来源	编号	Na_2O	MgO	Al_2O_3	SiO_2	K_2O	CaO	TiO_2	MnO	Fe_2O_3
邢窑胎数值范围	1-5, 01-03	0.5—1.53	0.58—0.97	27.09—34.62	60.48—65.94	0.44—2.14	0.68—2.92	0.41—1.11	0—0.03	0.44—2
邢窑胎平均值	1-5, 01-03	0.85	0.71	30.61	63.37	1.13	1.17	0.68	0.014	0.97
邢窑釉数值范围	1-5, 01-03	0.48—1.52	1.76—5.6	14.65—18.69	57.58—71.39	0.35—2.23	5.16—19.6	0.05—0.45	0.02—0.17	0.57—1.19
邢窑釉平均值	1-5, 01-03	0.79	2.79	16.52	67.64	1.08	9.33	0.16	0.089	0.86

表3　曲阳窑胎、釉数值范围和平均值

样品来源	编号	Na_2O	MgO	Al_2O_3	SiO_2	K_2O	CaO	TiO_2	MnO	Fe_2O_3
曲阳窑胎数值范围	01-13	0.33—1.19	0.48—1	26.92—35.54	58.71—66.46	0.91—2.04	0.72—2.68	0.44—1.24	0.002—0.09	0.42—2.1
曲阳窑胎平均值	01-13	0.765	0.762	31	62.845	1.47	1.52	0.865	0.0314	0.961
曲阳窑釉数值范围	01-10, 12, 13	0.45—1.57	2.25—4.04	15.76—21.14	61.59—70.19	0.89—2.24	4.16—14.62	0.05—0.19	0.03—0.13	0.44—1.73
曲阳窑釉平均值	01-10, 12, 13	0.85	2.99	18.28	67.10	1.61	7.52	0.11	0.08	0.874

表4　巩县窑胎、釉数值范围和平均值

样品来源	编号	Na_2O	MgO	Al_2O_3	SiO_2	K_2O	CaO	TiO_2	MnO	Fe_2O_3
巩县窑胎数值范围	01-04	0.43—0.92	0.39—0.49	27.2—31.31	63.63—67.46	1.78—2.27	0.39—0.49	1.12—1.3	0.002	0.57—1.07
巩县窑胎平均值	01-04	0.59	0.44	29.08	65.63	2.04	0.42	1.21	0.002	0.84
巩县窑釉数值范围	01-04	0.65—0.92	1.22—2.04	13.08—16.67	64.50—69.5	2.14—3.01	9.1—15.36	0.1—0.21	0.07—0.17	0.69—1.18
巩县窑釉平均值	01-04	0.75	1.58	14.67	66.76	2.56	12.33	0.16	0.11	0.86

对三处窑场标本胎、釉成分的平均值进行比较如下:

表5 沉船白瓷与邢窑、曲阳窑、巩县窑、胎釉成分平均值比较

样品来源	编号	Na_2O	MgO	Al_2O_3	SiO_2	K_2O	CaO	TiO_2	MnO	Fe_2O_3
黑石号	精1胎	0.79	0.7	30.96	64.89	0.68	1.2	0.26	0.02	0.45
邢窑胎平均值	1-5, 01-03	0.85	0.71	30.61	63.37	1.13	1.17	0.68	0.014	0.97
曲阳窑胎平均值	01-13	0.765	0.762	31	62.845	1.47	1.52	0.865	0.0314	0.961
巩县窑胎平均值	01-04	0.59	0.44	29.08	65.63	2.04	0.42	1.21	0.002	0.84
黑石号	粗1胎	0.43	0.4	30.95	63.55	1.76	0.74	1.12	0	1.02
黑石号	精1釉	1.61	2.94	15.73	69.16	0.81	8.41	0.07	0.11	0.72
邢窑釉平均值	1-5, 01-03	0.79	2.79	16.52	67.64	1.08	9.33	0.16	0.089	0.86
曲阳窑釉平均值	01-10, 12,13	0.85	2.99	18.28	67.1	1.61	7.52	0.11	0.08	0.874
巩县窑釉平均值	01-04	0.75	1.58	14.67	66.76	2.56	12.33	0.16	0.11	0.86

在对所有数据进行分析后,可以发现如下特点:

1. 邢窑和曲阳窑胎、釉各项指标都非常接近,至少从常量元素上很难对二者进行区分;

2. 巩县窑与邢窑、曲阳窑在钠、镁、钾、钙、钛和锰等元素存在明显差别,足以区分产地;

3. 从标本胎的氧化铝含量较高可推断,"黑石号"白瓷标本无疑都属于北方的产品;

4. "黑石号"沉船中精白瓷标本的胎、釉成分与邢窑、曲阳窑标本存在较多的相似性;

5. "黑石号"沉船中粗白瓷标本胎的成分与邢窑、曲阳窑标本差别较大,而与巩县窑标本比较接近,特别是钠、镁、钾、钙、钛和锰等元素。

公元9世纪前期邢窑还处在鼎盛期,而曲阳窑尚在初起阶段。因此,"黑石号"沉船白瓷中较为精细的部分应该是河北邢窑产品,而在釉下施化妆土的部分粗白瓷则是河南巩县窑产品。

四

"黑石号"是目前所见满载中国古代文物沉船中最早的一艘,这批文物的重要文化价值在于:它作为目前所见最早的公元9世纪中国与海外交流的实物见证,在中外交通史、贸易史和中外文化交流史方面,都具有极其重要的研究价值。也是研究中国和中东贸易史最重要的一批实物例证。

"黑石号"沉船中瓷器品种十分丰富,其来源也十分广泛,包括了湖南、浙江、河北、河南、广东等地窑场的产品,这与宋、元以后中国外销瓷产品大多集中于沿海几处窑场有很大的区别。它从一个侧面反映了唐代中国瓷器出口的多样性,以及当时国际市场对于中国瓷器的需求处于尚未成熟的初级阶段。同时也为我们整体研究唐代的制瓷手工业和当时陶瓷产品的流通途径提供了极其重要的实物资料。

原载《中国古代白瓷国际学术研讨会论文集》,上海书画出版社,2005年

"黑石号"出水的越窑瓷器与唐代越窑的外销

1998年,印尼渔民在爪哇附近领海发现一条沉船。德国捷臣洋行闻讯后即授权德国海德堡大学和德国LTD海底探险公司,共同与当时执政的印尼政府签约进行打捞,打捞工作在2001年基本结束。该船取名"黑石号"是因为沉船所在的地名是Belitang breakston。

经过两年多的打捞,从船中打捞出来的文物约有6万多件,绝大部分都是中国唐代的文物。其中有錾花金器11件、金箔2公斤、鎏金银器约20件、银锭18件(约27千克),铜镜约30方、漆器2件、石砚1件、碎墨不等。文物中90%以上是瓷器,包括邢窑、越窑、长沙窑等唐代著名窑场的产品。其中又以长沙窑产品最多,各式碗有5万余件、壶约700件;越窑青瓷约250件;白瓷约300件;绿彩瓷器约200件;其他瓷器500件左右。从沉船中还出水了3件青花瓷盘,这是在考古实践中首次发现的完整唐代青花瓷器,十分珍贵。沉船未被打捞。据介绍,沉船船体使用的木料经鉴定属亚热带植物,船体以椰壳纤维编织的绳索固定船板。根据这种造船工艺,初步认定沉船属于波斯或阿拉伯地区的运输船。

图1　八卦四神铜镜

沉船中发现的文物有两件有确切年代,一件为"八卦四神铜镜",在镜背的外侧铸有楷书呈环形排列"唐乾元元年戊戌十一月廿九日于扬州扬子江心百炼造成"(图1);另一件是长沙窑阿拉伯文碗,其背面刻有"□□□□宝历二年七月十六日"等字样(图2)。乾元元年为公元758年,宝历二年为公元826年,由此可以初步判断该船在中国装货的年代距此不远,应该不晚于公元9世纪上半叶。

图2　长沙窑阿拉伯文碗

这批文物的重要性不仅在于其本身的珍贵,而且作为公元9世纪中国与西方交流的见证物,在中外交通史、贸易史和文化交流史的研究方面,有极其重要的价值。

一、"黑石号"上的越窑瓷器

"黑石号"沉船中出水的越窑瓷器数量并不多,造型却十分丰富,包括海棠式大碗、海棠式杯、花口碗、玉璧底碗、香熏、大型唾盂、刻花盘、刻花方盘、执壶、盖盒等。

海棠式大碗(图3),出水1件。碗作海棠式,碗口呈椭圆形,对称有四出花瓣,圈足外卷,足底施釉。与此碗造型相似、大小相当的仅见于上海博物馆收藏的一件海棠式大碗(图4),高10.8、口径23.3×32.2厘米。仔细比较两者,存在的区别有以下二处:其一,上海博物馆之海棠碗釉面莹润光亮、釉色纯正;"黑石号"出水之海棠碗釉面呆滞失去光泽,釉色略显发白,盖因经海水长期浸泡所致。其二,上海博物馆之海棠碗的花口比较明显;"黑石号"之海棠碗仅在碗口下沿作花瓣状凹入,口沿部分的凹入较不显著。

海棠式杯(图5),亦称海棠碗,出水数量相对较多。造型作海棠式,器形较小,花口十分明显,圈足较浅,足底施釉。"黑石号"还有一类海棠杯(图6),器物呈椭圆形,只是在其口沿部分象征性地对称刻出四处缺口,好似花瓣之间的凹下部分。类似器物在浙江慈溪上林湖唐代晚期窑址中都有发现。

图3 海棠式大碗

图4 海棠式大碗(上海博物馆藏)

图5 海棠式杯

图6 椭圆形海棠式杯

图7　莲花式碗　　　　　　　　　图8　深腹碗

a

b

图9　花口碗

　　花口碗,"黑石号"上的花口碗造型比较丰富,主要有莲花式碗(图7)、深腹碗(图8)及花口碗(图9)。莲花式碗口沿稍敛,碗口作四出莲花瓣形,花瓣造型比较细致,
腹部不见凹入的花筋。深腹碗腹壁陡直,口沿外撇,圈足外卷,其腹部有四处出筋,口沿没有作花口形。花口碗通常为敞口,口沿作四出或五出花口,腹部有相应的出筋,圈足较矮,有的碗内壁还有刻划花卉,以宝相花、莲花多见(图10)。除莲花式碗较少见外,深腹碗和花口碗均是常见器物,在浙江越窑唐代晚期窑址中都有发现。

　　玉璧底碗是越窑最常见的器物,"黑石号"中发现的玉璧底碗足底心施釉

图10　刻花碗

图11 玉璧底碗

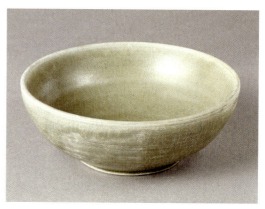

图12 钵

图13 圆盘

（图11），是越窑同类器物中比较精致的一类。一些玉璧底碗还做成花口形，有四出花瓣。

钵，敛口，弧腹，圈足外卷。通体青釉，釉面滋润匀净（图12）。

盘，出水的越窑青瓷盘有圆盘和方盘两种，盘均较浅。圆盘做成四瓣花口形，盘心有刻划花，常见线条奔放的牡丹纹（图13）；方盘多做成倭角方形，亦有刻划的花卉纹装饰（图14），其造型与同船所出的金盘相似（图15）。

四系大碗（图16），碗甚大，口径估计

图14 方盘

图15 金方盘

图 16　四系大碗

图 17　唾盂

在 30—40 厘米之间。敞口、翻沿,圈足,口沿下两侧对称各有两个双复小系,估计为穿系绳索便于提携所用。通体素面无纹,青釉匀净、莹润。

唾盂(图 17),器物甚大、撇口、束颈、圆腹、浅圈足。通体青釉,釉面光润,足底无釉露胎。如此硕大的唾盂在越窑青瓷,乃至唐代瓷器中都十分罕见,其用途似乎超出了唾盂的范畴。

香熏(图 18),整体呈覆钟形、直壁、高圈足外撇、盖顶圆隆、有钮,盖上花形镂空各异,焚香时香气从中溢出,有的圈足足墙上亦有长条状镂空。器物通体施青釉,盖沿及圈足内圈有条形支烧痕。

执壶(图 19)造型为唐代越窑所常见,敞口、翻沿、束颈、斜肩、鼓腹、平底,一侧颈、肩之间有双股曲柄,另一侧肩部有多棱形短流。还有一类执壶壶体稍大,肩部稍挺,腹部呈瓜棱形,颈、肩间对称各有一个双复小系,也是越窑的常见器物。

背壶(图 20),杯形口、束颈、扁腹、平底,壶身两侧各有两个桥形系,便于穿带所用。壶身有刻划的花卉纹。

盖盒(图 21a),盒盘较浅、盒盖隆起、底内凹,子口处无釉露胎,底部满釉,有一周

图 18　香熏

图 19　执壶

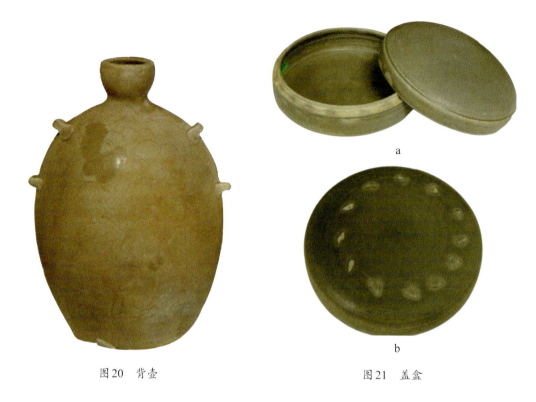

图20　背壶　　　　　　　　　　　　图21　盖盒

不规则的三角形支烧痕(图21b)。

二、唐代越窑瓷器的外销

关于唐代越窑瓷器的外销,文献上缺乏记载;国外一些遗址发现的越窑标本为我们提供了研究的资料。

以往几十年中,先后在东非的埃及福斯塔特遗址、苏丹阿伊扎布遗址,西亚的伊拉克萨玛拉遗址、伊朗尼沙布尔遗址、希拉夫遗址,东亚的日本九州博多遗址、筑野遗址、奈良平城京遗址,南亚印度河流域的班布尔遗址、阿里卡美遗址,东南亚的菲律宾卡拉塔冈遗址、马来西亚沙捞越尼雅遗址等地发现了越窑瓷器的标本。

唐代中国主要的贸易港口明州(宁波)、扬州等地的遗址和沉船中也发现了数量不少的越窑瓷器。

以上资料表明,越窑作为公元8—9世纪中国最重要的青瓷产地,其产品不仅供应国内需要,也有部分输往从东亚至东非的广大地区。

从"黑石号"上瓷器所占的比例看,越窑是所有瓷器中数量较少的品种之一。由此尚不能认为越窑瓷器在当时中国外销瓷市场中所占的份额并不多,在世界各地发现的唐代越窑瓷器标本足以说明越窑瓷器也是当时中国外销瓷器的重要组成部分。但是,在"黑石号"上的越窑瓷器中,我们所看到的品种与供应中国市场的基本一致,无论造型还是纹饰没有专门为外销而作特别的设计或改变。同船的长沙窑瓷器却在器物装饰上迎合了阿拉伯地区的喜好。这样,我们可以从中得出如下结论,中国瓷业在唐代已经有较明确的分工,越窑产品主要是供内销,因此其产品无论从造型、用途还是釉色、装饰,基本上是适合中国内地市场的需求,它不会或很少为外销特别生产不同的产品。而长沙窑则完全是为了外销而兴起,其彩绘装饰及其图案内容是根据输入地区的喜好、流行时尚而设计制作的。

原载《2007中国·越窑高峰论坛论文集》,文物出版社,2008年

17世纪景德镇瓷器编年研究

一、引　言

　　众所周知,17世纪的中国是一个政局动荡、王朝更迭、战争频繁的时代,经历了明王朝从衰微、没落到消亡,女真民族从东北一隅崛起、强大到满清王朝建立、进而统治全国的过程。在这当中,兵燹、杀戮对于社会的负面影响往往会直接反映在经济的大幅衰退以及百姓的民不聊生方面。对于景德镇来说,它作为明王朝御用瓷器的生产场所所受到的最直接的影响是御器厂的停烧。文献证明从万历朝后期开始,御器厂的御器生产每年都有减少,至万历三十五年则基本停顿[1]。

　　景德镇御器厂的工人主要由"官匠"和"雇役"两部分组成,包括有技能的工匠和从事辅助工的普通劳力。按当时的制度,具"匠籍"者每四年一班服役,而且只要交纳"班银"(一两八钱)就可以免于服役。但是实际上繁重的御器烧造任务,往往连续不断,其结果是"正班各匠服役,今二十余年未得停止,告部缴查,又因烧造未完,未造册缴部,身服庸役,又纳班银,亡所告诉,实不胜困"[2]。按常年的配置,官匠约有300人,加上雇役来的有技艺的"高匠"和500多名[3]辅助工人,御器厂的工匠总数当在千人以上,规模不可谓不大。正是由于服役的上班匠和招募的高匠都是景德镇技艺最高超的各类制瓷工匠,因此长期以来景德镇的民窑发展受到了很大的限制。

　　明代景德镇御器厂的烧造规模以嘉靖、万历时期最大。据《江西省大志·陶书》等文献的记载,其中烧造超过万件的如[4]:

　　　　嘉靖十年(1531)　　　烧造瓷器12 300件;
　　　　嘉靖二十年　　　　　烧造瓷器27 300件;
　　　　嘉靖二十二年　　　　烧造瓷器16 410件;

[1]　见于《明神宗实录》万历十四、十五、十九、二十二、三十五年的有关记载。
[2]　王宗沐:《江西省大志·陶书》,明嘉靖刻本。
[3]　据《明世宗实录》卷二四〇,嘉靖年间"上工夫"367名,"砂土夫"190名。
[4]　以下数据未加注者均引自《江西省大志·陶书》。

嘉靖二十三年	烧造瓷器 70 950 件;
嘉靖二十五年	烧造瓷器 103 200 件;
嘉靖二十六年	烧造瓷器 120 260 件;
嘉靖三十年	烧造瓷器 10 830 件;
嘉靖三十一年	烧造瓷器 44 780 件;
嘉靖三十三年	烧造瓷器 100 030 件;
嘉靖三十五年	烧造瓷器 34 891 件[1];
嘉靖三十六年	烧造瓷器 31 580 件[2];
嘉靖三十七年	"遣官至江西,造内殿醮坛瓷器三万……"[3]
嘉靖三十八年	烧造瓷器 29 260 件[4];
隆庆五年(1571)	"各样瓷器…共十万五千七百七十桌、个、对……"[5]
万历十年(1582)	"传行江西饶州烧造各样瓷器九万六千六百二十四个、副、对、枝、口、把"[6];
万历十九年	"万历十九年命造十五万九千,既而复增八万,至三十八年未毕工"[7]。

另据《明神宗实录》记载,上述万历十九年的烧造任务中,15万9千件已经运完,所续派的8万件,至万历三十五年已经运完7万件[8]。

从上述记录看,嘉靖年间万件以上的烧造任务13次,共计63万余件[9],以嘉靖十年至嘉靖末共36年计,每年的烧造任务为1万7千余件。隆庆朝一共6年,故隆庆五年"各样瓷器……共十万五千七百七十桌、个、对……"的任务一定无法在隆庆年间完成,势必延续到万历以后继续烧造。万历年间见于记载的万件以上的烧造任务2次,万历十年的任务数不是以单件计,暂且都以"对"计,加上万历十九年的任务,共计35万余件(扣除未及完成的1万件)。以万历十年至三十五年共27年,每年的烧造任务为1万3千件,如果加上隆庆年未竟之任务(暂且也都以"对"计,从隆庆五年至万历九年计11年,平均每年的任务高达1万9千余件。除去隆庆五年和六年两年的平均数,留待万历年间烧造的任务还有17万余件),万历的烧造任务近56万件,平均

---

[1] 此数据来自《浮梁县志》乾隆本。
[2] 此数据来自《浮梁县志》乾隆本。
[3] 《明史·食货志》。
[4] 此数据来自《浮梁县志》乾隆本。
[5] 此数据来自《浮梁县志》乾隆本。
[6] 《大明会典》卷一九四。
[7] 《明史·食货志》。
[8] 《明神宗实录》卷四三四载万历三十五年"六月……丙辰……工部右侍郎刘元震请罢新昌等县土青……言……查江西烧造自万历十九年内承运库正派瓷器十五万九千余件已经运完,所有续派八万余件分为八运,除完七运外只一万余件,所需不多,宜行停止或令有司如数造完……"
[9] 此数据为大约数,因文献记载难免有遗漏或重复。以下的数据也同样是约数。

每年为1万5千余件。以嘉靖二十五年为例,当年因"烧造数倍,……征银十二万两,专备烧造……"[1]以当年的烧造任务计,每件瓷器的成本超过1两白银,这在当时不是一个小数。因为当时输班匠是无偿服役,雇役的"高匠"每日工檄为银2分5厘至3分5厘,以平均3分计,一个月不足1两。因此,当时的烧造量远远高于任务量,原因是当年官窑瓷器的成品率一般不足10%,这样每年的实际烧造量要翻10倍,其数量是相当可观的。

万历三十五年御器厂基本停烧以后,数以百计的身怀技艺的工匠迫于生计,一定会到能充分发挥他们作用的地方去谋生,最好的选择是进入民营瓷器作坊;御器厂停烧以后,官方对当地优质制瓷原料的控制日益衰弱,民营窑场有机会得到过去被严格管制的优质原料;加上明代后期政府对海外贸易管制的松弛,瓷器遂成为17世纪中国对外出口的重要品种。官窑优秀工匠的精湛技艺和景德镇得天独厚的优质原料,使景德镇民窑瓷器的品质得到了极大的提高,海外市场的开拓使景德镇瓷器成为当时行销海外最主要、也是最受欢迎的中国瓷器。

二、研 究 依 据

对17世纪景德镇瓷器进行编年研究,其主要依据是当时一些有纪年资料的瓷器,有的是在瓷器上署有干支款,有的是纪年墓出土的瓷器。在一些沉船中发现的大量瓷器绝大部分没有纪年,但是如果其中有能够说明年代的物证,则同出的大量瓷器也可作为有确切年代的资料在研究中加以运用。这些瓷器成为研究17世纪景德镇瓷器的标准器,成为我们研究的主要依据。

三、研 究 方 法

对于17世纪景德镇瓷器分期进行研究,主要立足于有确切纪年的器物,包括纪年墓葬出土的器物和有纪年题记或款识的器物。首先,运用考古学的方法对有纪年的瓷器进行排比,找出它们之间的共同点和差异;然后,对这些特征进行分析,找出其变化的规律;在总结规律的基础上,对17世纪景德镇瓷器进行分期,对各期的特点进行总结,并使之成为分期的依据。

---

[1]《浮梁县志》乾隆本。

四、纪 年 资 料

我们寻找的纪年器物应当具备造型、纹饰等方面的特点,因此将墓志等不具对比性的器物排除在外。目前可以找到的可资比较的17世纪景德镇瓷器的纪年资料主要有署干支年题记的瓷器和纪年墓出土瓷器;"哈彻号"沉船出土的瓷器中带有1643年(癸未)干支款的瓷器,可以证明同出的2万5千件瓷器也是在同一时期制作的。这些资料始于1603年(明万历三十一年),至1700年(清康熙三十九年)止。

通观这些纪年瓷器,大致可以了解17世纪景德镇瓷器的发展脉络。

五、分　　期

根据目前所掌握的纪年资料,可以把17世纪景德镇瓷器大致分为五期:

第一期——1601年至1630年(明万历二十九年—崇祯三年)

第二期——1631年至1650年(明崇祯四年—清顺治七年)

第三期——1651年至1661年(清顺治八年—十八年)

第四期——1662年至1675年(清康熙元年—十四年)

第五期——1676年至1700年(清康熙十五年—三十九年)

六、各期的特点

1. 第一期:1601年至1630年(明万历二十九年—崇祯三年)

这一时期有纪年的景德镇瓷器数量较少,主要有以下几件:

江西南城岳口万历三十一年明益宣王朱翊鈏墓出土青花花鸟纹开光菱口盘[1];

广西桂林万历三十四年墓出土青花人物图瓶[2];

"万历三十五年"题记青花花草纹双耳瓶[3];

"皇明万历四十四年岁次丙辰仲冬月"题记青花经文观音像碗[4];

---

[1] 江西省博物馆藏品。引自中国陶瓷编辑委员会:《中国陶瓷——景德镇民间青花瓷器》141,上海人民美术出版社,1994年。

[2] 广西桂林博物馆藏品。引自《中国陶瓷全集·明(上)》185,上海人民美术出版社,2000年。

[3] 肩部有楷书题记,香港艺术馆藏品。引自《江西元明青花瓷》95,江西省博物馆、香港中文大学文物馆,2002年。

[4] 故宫博物院藏品。引自耿宝昌主编:《故宫博物院藏文物珍品大系·青花釉里红(中)》199,上海科学技术出版社、商务印书馆(香港),2000年。

"万历四十六年吉旦"题记青花龙纹碗[1]；

"庚申年制"（万历四十八年）款青花人物图碗[2]；

"万历庚申年（万历四十八年）七月初十"刻铭青花花鸟纹盘[3]；

"天启元年"（1621）题记青花团龙纹烛台一对[4]（图1）；

"大明天启元年孟夏月造"题记青花罗汉图兽钮钟[5]；

江西南城明天启四年墓出土青花松鹤鹿纹瓶[6]；

"天启乙丑"（天启五年）题记青花八仙寿星图炉[7]；

江西南城崇祯元年（1628）游氏墓出土青花折枝花蝶纹瓶[8]；

"崇祯二年"题记青花海水龙纹炉[9]等。

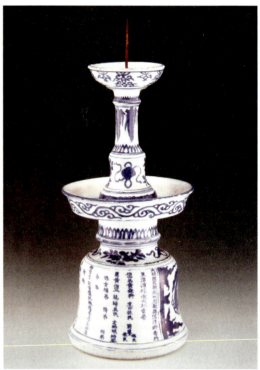

图1 "天启元年"题记青花团龙纹烛台一对（上海博物馆藏）

［1］ 故宫博物院藏品。引自中国陶瓷编辑委员会：《中国陶瓷——景德镇民间青花瓷器》144。
［2］ 香港艺术馆藏品。引自《江西元明青花瓷》112。
［3］ 盘底有针刻楷书墓志铭："石城县进贤坊塘背陈公讳期圣，号泮池。生于嘉靖甲寅八月十一日未时，殁于万历庚申七月初十日巳时。厥妻温氏，生男五，女莲秀姑。孝男继点、勋、熊、默、党立。"香港中文大学文物馆藏品。引自《江西元明青花瓷》108。
［4］ 上海博物馆藏品。引自《上海博物馆与英国巴特勒家族所藏十七世纪景德镇瓷器》1，上海书画出版社，2005年。
［5］ 故宫博物院藏品。引自耿宝昌主编：《故宫博物院藏文物珍品大系·青花釉里红（中）》212。
［6］ 江西省博物馆藏品。引自中国陶瓷编辑委员会：《中国陶瓷——景德镇民间青花瓷器》158。
［7］ 上海博物馆藏品。引自《上海博物馆与英国巴特勒家族所藏十七世纪景德镇瓷器》2。
［8］ 江西省博物馆藏品。引自中国陶瓷编辑委员会：《中国陶瓷——景德镇民间青花瓷器》177。
［9］ 上海博物馆藏品。引自《上海博物馆与英国巴特勒家族所藏十七世纪景德镇瓷器》5。

　　本期瓷器可以分为两类：一类主要承袭万历以来的特点，尽管纪年瓷大多是民窑生产，但是御器厂的工匠较多受到传统的影响，因此造型可以是适合于民间所用，装饰则往往沿用了官窑的纹饰，如龙凤、仙鹤、飞马、缠枝莲花等图案，蕉叶、莲瓣、云肩等边饰，岁寒三友、人物故事题材也承袭了嘉靖、万历以来的风格；另一类是贸易瓷，如大家熟悉的"克拉克"瓷不仅仅用于外销，在江西一座1603年（万历三十一年）纪年墓中就有出土（图2）。这类器物无论造型还是纹样都与传统不同，而是根据新的消费群体的要求进行生产。这个时期的青花绘画技法还承袭了万历以来的传统，以线描轮廓和一色涂抹的填色相结合。此时出现了一种新的青花绘画技法——分水法，即青花的蓝色有了深浅不同的层次，由于是初创阶段，应用并不普遍，青花的层次也不丰富。窗格纹（图3）是17世纪20年代出现的新纹样。此时的题款常见楷书体。

　　2. 第二期：1631年至1650年（明崇祯四年—清顺治七年）

　　属于这一时期的纪年器物择要介绍如下：

　　"甲戌春孟赵府造用"（崇祯七年）款五彩海水龙纹盘[1]；

　　"甲戌之秋写于群英馆"（崇祯七年）题记青花竹石花卉图瓶[2]；

　　"乙亥戳春"（崇祯八年）题记青花人物图笔筒[3]；

　　"戊寅秋捌月"（崇祯十一年）题记青花婴戏图高颈瓶[4]；

　　"戊寅张重山置"（崇祯十一年）墨书款青花山石树鸟图笔筒[5]；

　　"崇祯己卯"（崇祯十二年）题记青花龙纹炉[6]；

图2　青花花鸟纹开光菱口盘　江西南城岳口万历三十一年明益宣王朱翊鈏墓出土（江西省博物馆藏）

图3　"崇祯二年"题记青花海水龙纹炉（上海博物馆藏）

[1]　上海博物馆藏品。引自《上海博物馆与英国巴特勒家族所藏十七世纪景德镇瓷器》29。
[2]　法国吉美博物馆藏品。引自《东洋陶瓷·8》单色图版97，日本讲谈社，1981年。
[3]　河北省文物总店藏品。引自郭学雷：《崇祯、顺治年间的景德镇青花瓷器研究》图6，载《明代民窑青花》，河北人民出版社，2000年。
[4]　巴特勒家族收藏。引自《上海博物馆与英国巴特勒家族所藏十七世纪景德镇瓷器》11。
[5]　巴特勒家族收藏。引自《上海博物馆与英国巴特勒家族所藏十七世纪景德镇瓷器》6。
[6]　巴特勒家族收藏。引自《上海博物馆与英国巴特勒家族所藏十七世纪景德镇瓷器》7。

"己卯秋月"（崇祯十二年）刻铭青花十八罗汉三足炉[1]；

"崇祯十二年仲夏月吉旦"款青花人物图罐[2]；

"崇祯十二年仲秋月吉立"题记青花人物图净水碗[3]；

"庚辰春月"（崇祯十三年）题记青花山水博古图瓶[4]；

"庚辰春日"（崇祯十三年）题记青花山水竹石图瓶[5]（图4）；

"癸未夏日"（崇祯十六年）题记青花十八罗汉图笔筒[6]（图5）；

"癸未秋日"（崇祯十六年）题记青花钵[7]；

"癸未（崇祯十六年）春日画"题记青花花鸟纹盖罐[8]；

"戊子秋月"（顺治五年，1648）题记青花菊花碗[9]；

"戊子春月"（顺治五年）题记青花山

图4 "庚辰春日"（崇祯十三年）题记青花山水竹石图瓶（上海博物馆藏）

图5 "癸未夏日"（崇祯十六年）题记青花十八罗汉图笔筒（上海博物馆藏）

［1］ 巴特勒家族收藏。引自《上海博物馆与英国巴特勒家族所藏十七世纪景德镇瓷器》8。

［2］ 竹月堂藏品。引自《江西元明青花瓷》126。

［3］ 中国历史博物馆藏品。引自《中国历代景德镇瓷器·明卷》357，中国摄影出版社，1998年。

［4］ 上海博物馆藏品。引自《上海博物馆与英国巴特勒家族所藏十七世纪景德镇瓷器》21。

［5］ 上海博物馆藏品。引自《上海博物馆与英国巴特勒家族所藏十七世纪景德镇瓷器》25。

［6］ 上海博物馆藏品。引自《上海博物馆与英国巴特勒家族所藏十七世纪景德镇瓷器》9。

［7］ 上海博物馆藏品。

［8］ "哈彻号"沉船出土。引自 Colin Sheaf and Richard Kilburn, *The Hatcher Porcelain Cargoes*, Pl.12－13, Phaidon Press Limited, Oxford 1988。

［9］ 故宫博物院藏品。引自《清顺治康熙朝青花瓷》23，紫禁城出版社，2005年。

图7　"癸未夏日"（崇祯十六年）题记青花十八罗汉图笔筒（上海博物馆藏）

图6　"庚辰春月"（崇祯十三年）题记青花山水博古图瓶（上海博物馆藏）

图8　"崇祯十二年"题记青花人物图净水碗（中国国家博物馆藏）

石盘[1]等。

　　进入崇祯朝，景德镇官窑一蹶不振，最终处于停顿，而民窑则呈现一派蓬勃发展的景象。从纪年器物看，这一时期景德镇瓷器风格经历了一个从量变到质变的过程。

　　从造型看，除常用的碗、盘等日用器外，象腿瓶（图6）、笔筒（图7）、净水碗（图8）等开始流行，钵形和直筒形的香炉继续流行。象腿瓶、笔筒等器物平底无釉。

　　从纹饰看，具有较明显的特征：

　　（1）山水、花鸟、人物等当时中国绘画的传统题材越来越多被移植到瓷器上，逐渐成为装饰的主体。特别是受到明代晚期发达的版画的影响，出现大量取材于版画和小说插图的历史、戏曲等故事题材。而龙、凤、莲花、牡丹等官窑中常见的传统题材则较少，龙纹主要见于香炉等宗教祭祀器物。

[1]　故宫博物院藏品。引自《清顺治康熙朝青花瓷》2。

图9 "崇祯十二年"题记青花人物图净水碗（中国国家博物馆藏）

图10 "庚辰春日"（崇祯十三年）题记青花山水竹石图瓶（上海博物馆藏）

（2）在山水和有人物的山水景色当中，常见太阳，或烈日当空，或有云彩环绕。也有的似明月而与星辰相伴，云彩常见飘带云的形式。

（3）山水中，远山常以淡彩（如水墨画中的淡墨）涂抹，近山则以浓彩（犹如浓墨）用斧劈皴的手法绘就，极具层次感和纵深感。

（4）山水常见在方形、圆形或扇形的开光之内，有极强的装饰性。

（5）瑞兽狮子、麒麟经常作为装饰的主体。

（6）开始出现以鱼鳞状的画法表现草地（即"V"字形草地，图9）。

（7）人物的外衣上常见"＊"形花纹，这也常见于明代晚期的绘画及版画上。

（8）出现倒垂的焦叶装饰，作为器物的边饰，焦叶常作大小相间的布局。

（9）一些器物（笔筒、象腿瓶等）的口沿、肩部及足跟部位，出现以线条刻划的带状蔓草或双线等暗花纹。其底部均平底无釉。

（10）题款字体以隶书体为主（图10）。出现署书斋、画室名号如"慎读斋""玉兰斋""水竹居""可竹居"等。

（11）从1640年开始，部分器物的口沿出现"酱口"装饰。

从绘画技法看，分水法已被广泛使用，而且青花色彩的层次日渐丰富，绘画细腻、精致。顺治早期一些制作简单的器物如盘、碗之类，则绘画草率，以潦草的线条和简单的涂抹一挥而就。

3. 第三期：1651年至1661年（清顺治八年—十八年）

属于这一时期的纪年器物主要有：

"癸巳秋日"（顺治十年）题记青花山水图瓶[1]（图11）；

"甲午仲秋吉旦"（顺治十一年）题记青花云龙纹带座净水碗[2]；

"甲午秋日"（顺治十一年）题记青花枯树寒鸦图笔筒[3]；

[1] 上海博物馆藏品。引自《上海博物馆与英国巴特勒家族所藏十七世纪景德镇瓷器》33。

[2] 故宫博物院藏品。引自《清顺治康熙朝青花瓷》24。

[3] 私人收藏。引自《SHUNZHI PORCELAIN》27, ASI (Art Services International), 2002。

"乙未年制"(顺治十二年)款青花群仙仰寿图盘[1];

"顺治十三年十二月吉旦"题记青花蕉叶纹觚[2];

"顺治丁酉年"(顺治十四年)题记青花人物图净水碗[3];

"戊戌(顺治十五年)冬月赠子塘贤契"题记青花人物故事图大盘[4];

"顺治十五年(1658)五月拾叁吉旦"题记青花云龙纹觚[5];

"顺治十六年(1659)岁在己亥孟春月吉旦"题记青花异兽纹炉[6];

"己亥年(顺治十六年)孟夏月"题记青花象纹罐[7];

"大清顺治庚子年"(顺治十七年)题记青花云龙纹瓶[8]等。

经历了前一时期的风格转变,这时景德镇瓷器的变化不是十分激烈。前一时期所确立的许多特点依然得以延续,如山水、人物题材盛行;款识仍以隶书体为主;鱼鳞状草地、太阳(或月亮)和飘带云在山水景色中频繁出现;暗花装饰仍然流行等。与前期不同主要表现在装饰方面,有以下几点:

图11 "癸巳秋日"(顺治十年)题记青花山水图瓶(上海博物馆藏)

(1)龙纹等传统图案有增多的趋势,与前期相比,龙纹更显得苍劲、夸张、凶猛,龙体粗硕、四肢壮实、双目圆瞪、龇牙咧嘴、龙发上冲。

(2)麒麟、大象等被视作瑞兽的动物更多地在瓷器上出现(图12)。

(3)与前期相比,倒垂蕉叶的画法趋于两极发展,一种比以前精细,形象也放大了;一种比以前简化,形象也小,逐渐与莲瓣的形象接近。除倒垂蕉叶外,倒垂莲瓣成为新

[1] 故宫博物院藏品。引自耿宝昌主编:《故宫博物院藏文物珍品大系·青花釉里红(下)》4。
[2] 江西丰城博物馆藏品。引自《中国陶瓷全集—清(上)》2。
[3] 上海博物馆藏品。引自《中国陶瓷全集—清(上)》3。
[4] 故宫博物院藏品。引自耿宝昌主编:《故宫博物院藏文物珍品大系·青花釉里红(下)》3。
[5] 故宫博物院藏品。引自耿宝昌主编:《故宫博物院藏文物珍品大系·青花釉里红(下)》2。
[6] 故宫博物院藏品。引自《清顺治康熙朝青花瓷》25。
[7] 故宫博物院藏品。引自《清顺治康熙朝青花瓷》38。
[8] 上海博物馆藏品。引自《上海博物馆与英国巴特勒家族所藏十七世纪景德镇瓷器》36。

图12 "顺治十六年岁在己亥孟春月吉旦"题记 青花异兽纹炉(故宫博物院藏)

图13 "顺治丁酉年(1657)"题记青花人物图净 水碗(上海博物馆藏)

出现并有断代意义的边饰(图13)。

（4）鱼鳞状草地有从绘画规则向潦草发展的趋势。

（5）器物口沿的"酱口"装饰更加常见。

（6）50年代末起,题款又较多出现楷书体。

4. 第四期：1662年至1675年（清康熙元年—十四年）

认识本期特征主要从以下纪年器物入手：

"康熙元年四月初八日具"题记青花双龙戏珠纹三足炉[1]；

"甲辰（康熙二年）冬日"题记青花山水人物图觚[2]；

"康熙丙午年（康熙五年）制"款青花西厢人物故事图碗[3]；

"康熙丙午年（康熙五年）制"款青花花蝶纹小碗[4]；

"康熙丙午年（康熙五年）制"款青花缠枝花纹碗[5]；

"丁未（康熙六年）初秋"题记青花披麻皴山水图笔筒[6]；

"大清丁未（康熙六年）年制"款青花山水图碗[7]；

"戊申（康熙七年）年制"款青花西厢人物故事图碗[8]；

"康熙庚戌（康熙九年）岁次吉旦"题记青花云龙纹瓶[9]；

"皇清康熙辛亥年（康熙十年）制"款八仙人物图炉[10]；

[1] 故宫博物院藏品。引自耿宝昌主编：《故宫博物院藏文物珍品大系·青花釉里红（下）》47。
[2] 私人收藏。引自《SHUNZHI PORCELAIN》Fig10, ASI (Art Services International), 2002。
[3] 巴特勒家族收藏。引自《上海博物馆与英国巴特勒家族所藏十七世纪景德镇瓷器》76。
[4] 故宫博物院藏品。引自《清顺治康熙朝青花瓷》107。
[5] 故宫博物院藏品。引自《景德镇民间青花瓷》198。
[6] 巴特勒家族收藏。引自《上海博物馆与英国巴特勒家族所藏十七世纪景德镇瓷器》77。
[7] 故宫博物院藏品。引自《清顺治康熙朝青花瓷》108。
[8] 巴特勒家族收藏。引自《上海博物馆与英国巴特勒家族所藏十七世纪景德镇瓷器》78。
[9] 上海博物馆藏品。引自《上海博物馆藏康熙瓷图录》64,上海博物馆、（香港）两木出版社,1998年。
[10] 故宫博物院藏品。引自《清顺治康熙朝青花瓷》191。

"康熙辛亥(康熙十年)中和堂制"款青花釉里红楼阁图盘[1]；

"康熙辛亥(康熙十年)中和堂制"款青花釉里红楼阁图盘[2]；

"康熙辛亥(康熙十年)中和堂制"款青花釉里红山水图盘[3]；

"康熙辛亥(康熙十年)中和堂制"款青花釉里红山水图盘[4]；

"康熙壬子(康熙十一年)中和堂制"款青花釉里红山居图盘[5]（图14）；

"康熙壬子(康熙十一年)中和堂制"款青花釉里红山水图盘[6]；

"康熙壬子(康熙十一年)中和堂制"款外青釉内青花釉里红婴戏图碗[7]；

图14 "康熙壬子(康熙十一年)中和堂制"款青花釉里红山居图盘(上海博物馆藏)

"康熙壬子(康熙十一年)中和堂制"款青花釉里红西厢人物故事图盘[8]；

"康熙壬子(康熙十一年)中和堂制"款青花釉里红福寿纹莲花式盘[9]；

"康熙壬子(康熙十一年)中和堂制"款酱色釉盘[10]；

"康熙癸丑(康熙十二年)中和堂制"款青花釉里红楼阁图盘[11]；

"康熙癸丑(康熙十二年)中和堂制"款青花釉里红西厢人物故事图盘[12]；

"癸丑(康熙十二年)秋日"题记青花山水诗句笔筒[13]。

经历了顺治朝的平缓，康熙早期景德镇瓷器处于一个特殊的发展阶段。与前期相比，它显示较多的变化；与后期相比，它又表现出传统的一面。因此，我们可以把它看作是一个新的转变时期。

从纪年资料看，康熙早期与顺治朝相比，出现了一些新的变化，主要表现在以下几方面：

（1）在山水画的绘画技法上，开始出现运用线条表示山峦层次的披麻皴技法，这与

[1] 上海博物馆藏品。引自《上海博物馆藏康熙瓷图录》1。
[2] 上海博物馆藏品。引自《上海博物馆藏康熙瓷图录》2。
[3] 上海博物馆藏品。引自《上海博物馆藏康熙瓷图录》3。
[4] 故宫博物院藏品。引自《清顺治康熙朝青花瓷》96。
[5] 上海博物馆藏品。引自《上海博物馆藏康熙瓷图录》4。
[6] 上海博物馆藏品。引自《上海博物馆藏康熙瓷图录》6。
[7] 巴特勒家族收藏。引自《上海博物馆与英国巴特勒家族所藏十七世纪景德镇瓷器》72。
[8] 巴特勒家族收藏。引自《上海博物馆与英国巴特勒家族所藏十七世纪景德镇瓷器》73。
[9] 故宫博物院藏品。引自《清顺治康熙朝青花瓷》105。
[10] 上海博物馆藏品。引自《上海博物馆藏康熙瓷图录》226。
[11] 上海博物馆藏品。引自《上海博物馆藏康熙瓷图录》5。
[12] 巴特勒家族收藏。引自《上海博物馆与英国巴特勒家族所藏十七世纪景德镇瓷器》74。
[13] 故宫博物院藏品。引自《清顺治康熙朝青花瓷》204。

以前的斧劈皴相比更显得细腻、准确。1664年的一件觚上可以看到最初的披麻皴（图15）。这种画法发展很快，1667年笔筒上披麻皴已经表现得相当熟练，在"中和堂"款的器物上，披麻皴更是被较多运用，并且表现出挥洒自如的风格（插图16）。当然，披麻皴作为山峦的一种新的画法，它不可能完全替代斧劈皴。

（2）鱼鳞状草地此时已经被大小不等、浓淡不一、随意的苔点所完全取代（图17）。这是鱼鳞状草地从不久前的潦草而进一步发展的结果。

（3）釉里红工艺得到恢复，尽管它通常与青花相结合，发色还不太纯正，多以点彩来表现树叶，但仍然是景德镇制瓷工艺取得重大进步的标志。

（4）大盘通常为较深的双圈足。一部分小盘或碟也是双圈足的形式（图18）。

（5）此时瓷器上的题款常见楷书体、行书体，隶书体少见。

（6）"酱口"仅在少数碗、觚类器物上可见。

（7）在所有的纪年瓷器和与本期风格相似的瓷器中，没有发现以前常见的象腿瓶。

图15 "甲辰（康熙二年）冬日"题记觚

图16 "康熙壬子（康熙十一年）中和堂制"款青花釉里红山水图盘（上海博物馆藏）

图17 "康熙丙午年（康熙五年）制"款青花西厢人物故事图碗（英国巴特勒家族藏）

5. 第五期：1676年至1700年（清康熙
十五年—三十九年）

属于这一时期的纪年器物并不多，主要有：

"己未（康熙十八年）季秋月"题记青花
人物诗句套杯[1]；

"甲子（康熙二十三年）桂月"题记青花
人物诗句笔筒[2]；

"皇清康熙甲子（康熙二十三年）仲秋月
吉旦"题记青花龙纹炉[3]；

"丁卯（康熙二十六年）秋初"题记青花
《前赤壁赋》笔筒[4]；

"庚午（康熙二十九年）夏之吉"题记青
花釉里红题诗博古图笔筒[5]；

"庚午（康熙二十九年）秋日写于青云居
玩"题记青花山水人物图方瓶[6]；

"时康熙岁次乙亥年（康熙三十四年）仲
夏"题记青花十八罗汉图炉[7]（图19）；

"乙亥（康熙三十四年）冬日为芝兰室
制"题记青花渔家乐图笔筒[8]；

"大清康熙年丙子岁（康熙三十五年）菊
月写"题记青花山水诗句炉[9]；

图18　"康熙壬子（康熙十一年）中和堂制"款
青花釉里红山居图盘（上海博物馆藏）

图19　"时康熙岁次乙亥年（康熙三十四年）仲
夏"题记青花十八罗汉图炉（上海博物馆藏）

"康熙丙子年（康熙三十五年）汪以仁置"款青花五彩八仙图炉[10]；

"丁丑（康熙三十六年）春日"题记青花山水人物图笔筒[11]；

"庚辰（康熙三十九年）仲冬居易主人"题记青花壩桥行旅图瓶[12]。

据文献记载，清代御窑厂从康熙十九年开始恢复生产[13]，因此，康熙中期是一个特

---

[1]　故宫博物院藏品。引自《清顺治康熙朝青花瓷》160。
[2]　故宫博物院藏品。引自《清顺治康熙朝青花瓷》205。
[3]　上海博物馆藏品。
[4]　故宫博物院藏品。引自《清顺治康熙朝青花瓷》213。
[5]　巴特勒家族收藏。引自《上海博物馆与英国巴特勒家族所藏十七世纪景德镇瓷器》106。
[6]　故宫博物院藏品。引自耿宝昌主编：《故宫博物院藏文物珍品大系·青花釉里红（下）》18。
[7]　上海博物馆藏品。引自《上海博物馆藏康熙瓷图录》65。
[8]　故宫博物院藏品。引自《清顺治康熙朝青花瓷》216。
[9]　故宫博物院藏品。引自《清顺治康熙朝青花瓷》195。
[10]　巴特勒家族收藏。引自《上海博物馆与英国巴特勒家族所藏十七世纪景德镇瓷器》111。
[11]　故宫博物院藏品。引自《清顺治康熙朝青花瓷》217。
[12]　故宫博物院藏品。引自《清顺治康熙朝青花瓷》67。
[13]　据《浮梁县志》记载："十九年九月内奉旨烧造御器，差广储司郎中徐廷弼、主事李延禧、工部虞衡司郎中臧应
　　　选、笔帖式车尔德于二十年二月内驻厂督造。"

图20 清康熙 青花"圣主得贤臣颂"笔筒(上海博物馆藏)

图21 "庚辰(康熙三十九年)仲冬日"题记青花垻桥行旅图瓶(上海博物馆藏)

殊的时代。一方面,明代晚期以来景德镇民窑的蓬勃发展给景德镇制瓷手工业带来了清新的艺术风格,这对于清代初创阶段的御窑厂影响是十分深刻的;另一方面,官窑恢复重建意味着景德镇将重新开始生产质量精美的瓷器供皇室御用,这种对质量的追求也会影响到周围的民营窑场。康熙中期景德镇瓷器风格在这种环境里发生着变化。

与康熙早期相比,康熙中期景德镇瓷器有了一些新特点:

(1)瓷器上绘画更为精细。

(2)在瓷器上开始出现以长篇诗赋作为装饰,常见前后赤壁赋等历史上的著名篇章。题款的楷书和行书更加秀丽(图20)。

(3)在山水画上首次出现雪景(图21)。

(4)在一些器物上出现淡描青花。这种工艺在万历青花瓷器中曾经出现,但并非简单重复,而是有所创新(图22)。一方面,此时的淡描仍然表现出丰富的层次,说明工匠对于青花表现力的掌握已经十分娴熟;另一方面,此时的绘画十分精细,完全脱离了图案化和程式化。淡描青花给人一种清淡、典雅的艺术感受。

(5)双圈足已不再出现。

(6)笔筒不再是单纯的平底无釉,而是作"玉璧底"。在平底中心有一圆形的凹陷如"肚脐"。底部仅在边沿与"肚脐"之间有一无釉涩圈。这是笔筒的装烧方法从以前的垫烧转变为支圈支烧的证据(图23)。

(7)出现方瓶等新器形(图24)。

(8)17世纪末重新出现象腿瓶,只是器形已略有变化。与以前相比,口稍大,肩稍明显,特别是肩下两侧的兽面铺首为以前所不见(图25)。

图22 "乙亥(康熙三十四年)冬日为芝兰室制"
题记青花渔家乐图笔筒(故宫博物院藏)

图24 "庚午(康熙二十九年)秋日写于青云居
玩"题记青花山水人物图方瓶(故宫博物院藏)

图23 清康熙 青花笔筒底部

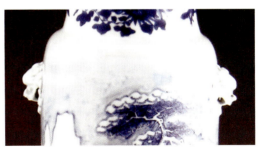

图25 "庚辰(康熙三十九年)仲冬日"题记青花
灞桥行旅图瓶(局部)(上海博物馆藏)

结　论

从上述有纪年的景德镇瓷器上我们至少可以看到以下变化:

1. 从器物造型看,明代晚期以来烧大器的传统在17世纪并没有被抛弃,但是器形却与以前大不相同,一批具有时代性的器形经历了出现、流行直至消逝的过程,如象腿瓶。

2. 从瓷器装饰题材看,明代官窑的影响呈逐渐减少直至消亡的趋势。虽然龙纹仍然顽强地在一些祭祀用器上一再以传统的形式出现,但是绝大多数器物上已经没有它的地位,或以全新的带有神话色彩的形式出现。而来自版画的历史、神话、戏曲故事则大量出现,这反映了新的消费群体对瓷器的新要求。

3. 绘画技巧的进步表现在分水法从出现到运用熟练,山峦的皴法也由简单的平涂到层次丰富、笔道坚硬的斧劈皴,再到表现力更加丰富的披麻皴。中国传统绘画技法成功地移植到瓷器装饰上,为18世纪景德镇官窑瓷器的再度辉煌做好了充分准备。

4. 一些细节的变化往往具有指明时代的作用,如草地画法的变化,从写实到规则化的鱼鳞状,再到不规则的苔点;瓷器上题款字体的变化,从楷书到隶书,再到楷书和行书;"酱口"的出现、流行和消失等都是。

5. 一些工艺特点的出现也具有特殊的时代意义,如暗花装饰、釉里红、双圈足、玉璧底等。

由于纪年资料的局限,各期所涉及的特点多以青花为例。至于五彩、单色釉等其他品种,由于纪年器物太少,尚不能作专门论述,有待今后新资料或新的研究方法的出现。

原载《上海博物馆集刊》第十一期,文物出版社,2008年

泱泱瓷国

——古代瓷器制作技术

人类在历史发展的长河中,运用水、火、土的不同特性,于一万年以前产生了第一次试图改造自然的创造物——陶器。又经过数千年的历程,在亚洲大陆的东部,中国人的祖先率先将三者完美地结合起来,孕育了一种新的物质,创造出温润、洁净、雅致的瓷器。中国瓷器凝结了历代工匠的智慧与心血,积聚了时代与民族的精华,成为中国乃至世界科技、工艺、文化史上的奇葩,也成为外国语汇里中国的代名词。

一、神奇出泥尘

瓷器的诞生是个漫长的过程,新石器时代制陶技术的高度发达为瓷器的产生奠定了技术基础。陶器到瓷器的飞跃需要实现三大突破:瓷土的应用、釉的发明和窑炉的改进。商代前期原始青瓷出现,春秋战国时期进一步发展;东汉中晚期浙江地区烧造的青瓷达到了现代瓷器的各项标准,标志着瓷器创制过程的完成。

(一)火中取宝

图1　原始瓷尊(中国国家博物馆藏)

3 000多年前的商代,出现了比陶器明显进步的原始瓷。河南郑州二里岗商城遗址出土的青釉尊用瓷土做胎,烧成火候在1 200℃以上,胎体坚致,表面施釉,已经具备瓷器的基本特征,是瓷器出现的先声(图1)。原始瓷是瓷器发展的初级阶段。商代是原始瓷的肇始期,胎釉表现出较多原始性。西周以后原始瓷器迅速发展,到了春秋战国时期,江南地区的原始瓷器形制规整,胎体坚实,釉层均匀,距真正的瓷器只有一步之遥。

2 000年以前的东汉中晚期,瓷器在中国浙江东部的宁绍平原诞生。在浙江上虞小仙坛、大圆坪窑址出土了最早的成熟青瓷标本。浙江奉化东汉熹平四年(175)墓出土的青釉绳索纹罐(图2),胎质细腻、釉色青绿,成为中国瓷器出现的时代标志。与陶器相比,瓷器更经得起高温的锻炼,质地更致密坚固。火造就了瓷器,原料和窑炉的温度直接决定了瓷器的成败。

图2 东汉熹平四年 绳索纹青罐(浙江奉化区文保所藏)

(二)成瓷技术

原料的选择与淘洗是制瓷的关键步骤。选取比较纯净的瓷土,经过粉碎、过筛和几次淘洗、沉淀,尽可能去除较粗的颗粒和杂质,再经过反复地踩踏、揉搓,制成纯净、具有延展可塑性的制胎坯料(图3)。

石灰釉则是将纯净的胎料稀释后加入一定量的助熔剂(通常是特定植物的灰烬)做成。施釉通常根据不同的器形、釉料及施釉效果采用不同的方法,有蘸釉、荡釉、浇釉、吹釉、刷釉等多种(图4)。

足够温度和保持适当气氛的窑炉是瓷器生产最关键的一步。窑炉的结构影响烧成

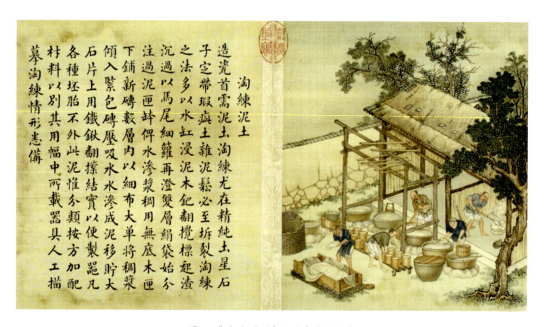

图3 《陶冶图说》之"淘练泥土"

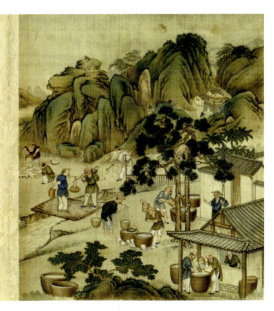

图4　《陶冶图说》之"炼灰配釉"

的温度,决定了瓷器烧造的成败与质量的优劣。南方早期青瓷的创烧归功于龙窑的发明。龙窑依山而建,利用山体坡度形成自然抽力,提高炉温、装烧量和热效率(图5)。浙江地区商代晚期出现原始龙窑,以后逐步成形并被广泛使用,是南方主要的窑炉体系;北方采用半倒焰式馒头窑,又称圆窑,扩大了燃烧室和烟囱,有利于控制温度;清初景德镇出现"形如覆瓮"的蛋壳窑,独特的结构便于控制气氛,使受热更为充分和均匀,为官

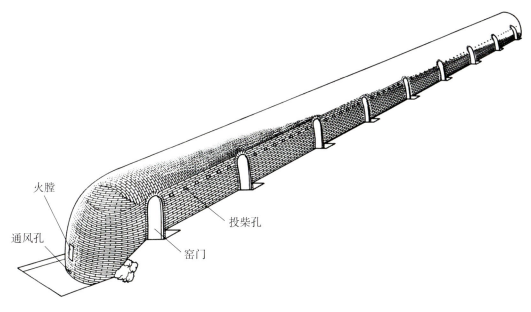

火膛

通风孔

投柴孔

窑门

图5　龙窑结构

图6 北朝 青瓷莲花尊 河北景县封氏墓地出土
（中国国家博物馆藏）

窑瓷器的发展提供了技术支撑。窑炉结构的改进，装烧技术的突破，配合各类窑具，造就了精美绝伦的中国瓷器。

（三）制瓷技艺

制瓷技艺包括成型技术和装饰技术。成型工艺中回旋体器物通常采用拉坯技术，较高大的器物则结合拉坯和节装技术成型。模制成型技术随着制瓷技术的成熟而得到提高，它可以制作复杂造型，使器形更加多样、美观。公元3—6世纪中国南北方先后采用模制技术生产瓷器。瓷胎表面装饰主要利用工具在瓷胎上作物理上的加减，包括刻划花、印花、镶嵌、镂空、堆塑等。河北封氏墓地出土的北朝青釉莲花尊造型宏伟，装饰丰富，运用了模制、堆贴、镶嵌、刻划等各种技法，表现了佛像、莲花等内容，精致美观，令人叹为观止（图6）。

二、千峰翠色·青瓷

胎釉中含有适量的氧化铁，经还原焰烧成，呈现淡青、翠青、粉青等各种优雅悦目的青色，通称为青瓷。作为最早的瓷器品种，青瓷的诞生是中国瓷器烧造历史上的重要里程碑。青瓷的雏形出现在商周，至东汉发展成熟。

六朝青瓷的雅致迎合了士大夫的意趣，颇有时代气息。晚唐五代秘色瓷代表了青瓷的巅峰，"九秋风露越窑开，赢得千峰翠色来"成为咏叹青瓷的绝唱。宋代厚釉技术的发明为青瓷开辟了一片新天地，汝窑的"雨过天青"、官窑的"粉青"、龙泉窑的"梅子青"，青瓷之美让人陶醉。碧玉般沉静素雅、清丽莹润的青瓷在中国陶瓷史上享有崇高的地位，一度独揽瓷坛风光。

（一）越窑

越窑是中国古代南方首屈一指的青瓷窑系，分布于浙江东北部杭州湾南岸的绍兴、上虞、余姚、慈溪至宁波、鄞县一带广大地区。越窑始于东汉，盛于唐、五代，衰于宋，烧制时间长，生产规模大，影响深远。越窑瓷器胎质细腻，釉汁纯净，成形、装饰技法繁多,品种丰富,纹饰简朴大方。晚唐五代的秘色瓷更是越窑青瓷的巅峰之作,"掠翠融青"的釉色引得无数的遐想和神往。经科学研究得知,越窑上林湖秘色瓷与同时代越窑青釉瓷在胎、釉原料化学组成上基本相同,但其胎质比越窑青瓷均匀细致;釉层厚薄均匀、釉面光泽滋润,少见剥釉开片;成形也更加规整细致。秘色瓷还采用釉浆密封的瓷质匣钵等独特的装烧工艺,瓷质匣钵和釉封技术显然提高了匣钵的密封性,更好地控制烧成气氛,避免了烧成后期的二次氧化,使秘色瓷的釉色更加青翠、纯正。陕西扶风法门寺地宫出土的唐代越窑秘色瓷八棱瓶造型简洁挺拔,釉色青绿、莹润,釉面青翠、透亮,如薄冰上的青云、秋水上的碧波,美不胜收(图7)。

图7　唐　越窑秘色瓷八棱瓶(陕西法门寺博物馆藏)

(二)耀州窑

　　耀州窑是北方最著名的名窑之一,窑址在今陕西省铜川市黄堡镇一带。创烧于唐代,鼎盛于宋、金时代,以生产独特的刻花和印花青瓷著称。耀州窑瓷器釉色以橄榄青和黄绿色为主,莹透朴拙。宋代以煤为燃料,大大提高了瓷器的烧成温度,使得釉色更为晶莹润泽。耀州窑刻花刀法犀利洒脱,线条活泼流畅,题材广泛,清新鲜活,透露出率性、生动的民间意趣。青釉提梁倒流壶构造巧妙,壶盖不能开启,灌水时要将壶倒置,从底部灌入,壶内有漏柱和水相隔,使壶放正后滴水不漏。壶盖作荷叶状,提梁为一凤凰,流口雕刻成正在哺乳的子母狮,腹部刻缠枝牡丹花纹,下腹近底处饰一周仰莲瓣纹。刻工精细,纹饰生动活泼(图8)。北宋晚期耀州窑的印花青瓷技法独特,纹饰丰富,刻划细腻,布局严整,讲求对称,有很高

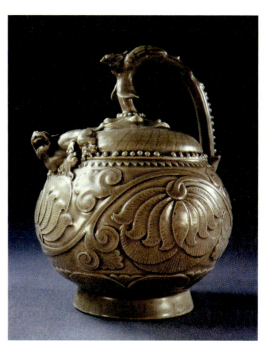

图8　宋　耀州窑青釉刻花提梁倒流壶(陕西历史博物馆藏)

的艺术审美价值。产品种类繁多,构造精妙,体现了工匠的超高智慧和创造力。

(三) 汝窑

汝窑为宋瓷之首,烧造时间短,传世稀少,在南宋时已是"近尤难得",历来被奉为无上珍品。传世汝窑器以盘、碟为多,还有碗、洗、瓶、尊等器形,小巧精致。汝窑的胎色为香灰色,迎光照看略带粉色。釉质莹润,釉色淡雅,呈色稳定,如"雨过天青",釉面有"蟹爪"纹。器物通体施釉,裹足支烧,底部一般有3—5个支钉痕,细小如芝麻状。汝窑青瓷的釉色比当时北方青釉瓷淡雅、滋润,主要是因为釉层中包含了由极小晶体、气泡、未熔物以及晶间分相等组成的细小微粒,它们对入射光线造成散射从而造成釉层乳浊呈现半失透状,这是汝窑青釉形成玉质感的重要因素之一。汝窑三足奁,仿汉代铜奁造型,口沿、底边各有两道凸弦纹,中部有三道凸弦纹。釉色为典型的天青色,釉面有细小开片。里外满釉,底部有5个支烧痕(图9)。

图9 北宋 汝窑奁(故宫博物院藏)

(四) 官窑

官窑有北宋官窑和南宋官窑之分。北宋官窑又称汴京官窑,文献记载少,窑址不明。南宋时,在浙江临安设立官窑,前有修内司,后有郊坛下,已被考古发掘所证实。南宋官窑吸收了北方汴京官窑、汝窑和南方龙泉窑的特点,器形既有古朴肃穆的仿古陈设瓷,又有轻巧灵便的日用器。胎色赭黑,釉色以粉青、灰青为主,厚釉薄胎,"紫口铁足",创造出"璞玉"的效果。釉质粉青如玉是南宋官窑的典型特征,这来自南宋官窑创烧的厚釉技术。当时在釉料中增加了钾、钠的含量,创烧出在高温中黏度比钙釉大的石灰碱釉,减少了烧成中的流釉现象。同时采用多次施釉工艺,使釉层明显增厚,晶莹失透,形成特有的玉质感。另外,由于胎、釉膨胀系数差异,釉面呈现出各种裂纹,疏密深浅不一,在青玉般的釉面上形成独特的自然纹饰。官窑弦纹瓶,釉色粉青,晶莹滋润。颈部有两道凸弦纹,腹部以平行的三道凸弦纹为装饰。釉面开片自然,造型端庄稳重(图10)。

(五) 哥窑

哥窑是宋代五大名窑之一,其时代为南宋至元代,窑址尚未发现,通常不见出土,且传世罕见。从国内外各大博物馆所藏传世品看,主要造型有瓶、炉、洗、盘、碗等,釉层较厚,釉面莹润失透,以开片装饰著称。最典型的是"金丝铁线",它是因为釉和胎的膨胀系数不一致,在釉面形成深浅不一、疏密有致的裂纹,经人工染色而成。哥窑胎土含铁量较高,"紫

图10　南宋　官窑弦纹瓶（故宫博物院藏）

图11　宋　哥窑五足洗（上海博物馆藏）

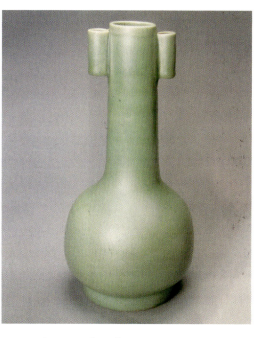

图12　南宋　龙泉窑青釉贯耳瓶（四川遂宁市博物馆藏）

口铁足"的特点与南宋官窑颇为相似。五足洗是传世哥窑中的佼佼者，其釉厚失透，呈炒米黄色，釉面褐色和黄色的开片纵横交错，即所谓"金丝铁线"特征。口沿饰乳钉5枚，下承5个如意形矮足，平底下还有矮圈足，悬起不着地。底心有6个支痕，疑为套烧其他器物所留（图11）。

（六）龙泉窑

　　龙泉窑位于浙江龙泉，创烧于北宋早期，南宋晚期至元代达到鼎盛，明中期以后走向衰落。其全盛时期，窑场遍布浙南、闽东南一带，是南方重要的青瓷体系。龙泉窑青瓷以釉色著称，南宋以后用石灰碱釉，经过多次素烧和上釉，使得釉层厚而不流，并在胎料中掺入一定量的紫金土，以降低白度，衬托出釉色的深沉、柔和、淡雅、莹润，创造出青玉一样的效果。粉青、梅子青的烧制成功，成为青瓷釉色之典范。1991年9月，四川省遂宁市金鱼村农民在菜地挖坑时偶然发现一个南宋窖藏，出土的近千件瓷器以龙泉窑青瓷和景德镇窑青白瓷为主。青釉贯耳瓶器形仿自商周青铜礼器，胎灰白致密，施豆青釉，肥厚润泽，制作精细，是南宋晚期龙泉窑中的珍品（图12）。宋代江西景德镇窑烧制的"仿定"瓷器，釉质透明、略带青色，被称为"青白瓷"，能很好地表现刻花纹饰，成为当时风靡大江南北的重要日用瓷器。

三、如银似雪·白瓷

图13 隋开皇十四年 白瓷文吏俑(河南博物院藏)

中国是发明白瓷的国家,也是最早使用高岭土和长石的国家。北齐起源、唐代成熟的白瓷,显示了烧造技术的巨大进步,是中国瓷器史上一个新的里程碑,为后世各种颜色釉瓷、彩绘瓷提供了创造发展的基础。邢窑、定窑、景德镇窑和德化窑等窑口都曾闪耀过白瓷的辉煌。

白瓷发源于北方,河南、陕西等地北朝和隋代墓葬中皆有发现。白瓷的特征在于胎釉中铁含量少,表明当时工匠已经掌握了把原料中包括铁在内的杂质尽可能去除干净的技术,从而克服了铁元素的呈色干扰,白瓷得以脱离青瓷自成体系。出土于河南安阳隋开皇十四年(594)张盛墓的白瓷文吏俑束发戴冠、浓眉大眼、络腮胡,身穿圆领广袖长袍,腰际束带,足登云头翘靴,双手拱袖,按剑直立于圆形莲座之上。俑身及莲座施灰白色釉,冠、履、剑鞘及领口、衣袖均以黑彩点染。形象生动,颇具神采(图13)。

唐代邢窑的出现标志着白瓷烧造技术的成熟,"如银似雪"是最好的写照,它也开启了"南青北白"的瓷业格局。宋代定窑发明了支圈覆烧技术,白瓷胎体轻薄、器形规整。明永乐景德镇窑御器厂生产的甜白釉瓷器以见影的薄胎和肥腴的釉层成为白瓷中的极品。故宫博物院收藏的白釉划花缠枝莲纹梅瓶(图14),造型比例协调、挺拔秀美,釉质温润肥腴、釉色白净柔美,纹饰细腻典雅、含蓄雅致,为永乐甜白釉中的精品。德化窑白瓷始于元,至明晚期以其光润如凝脂、微泛牙黄的釉成为欧洲的时尚,有"象牙白""鹅绒白"之美称。

四、文采飞扬·彩绘瓷

彩绘瓷是融入色彩装饰的瓷器。中国彩绘瓷出现于公元3世纪,初期的彩绘只是简单的点彩、涂抹或绘画。将不同材料装饰于瓷器之上,这是技术和艺术的进步。六朝青瓷中出现的褐色点彩以至釉下彩,是技术的突破,具有里程碑意义。南京南郊三国吴墓出土的青釉褐彩羽化升仙图盖壶,是目前所见最早的彩绘瓷器。盖钮为一鸾鸟,周围

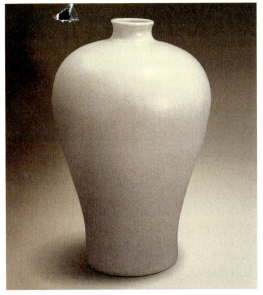 

图 14　明永乐　景德镇窑白釉划花缠枝莲纹梅瓶　图 15　三国　青釉褐彩羽化升仙图盖壶（南京市
（故宫博物院藏）　博物馆藏）

绘人首、鸟、仙草纹，颈部绘异兽，肩部贴塑四铺首、两佛、两鸟，均用黑褐彩勾勒。腹部分两层绘持节羽人二十一人，两两相对，其间插绘飘忽欲动的仙草纹。胫部绘一周仰莲纹。盖内及盘口内外皆绘仙草、云气、连弧、弦纹等。图案充满神仙怪异的气氛，反映了当时的社会思想和习俗（图 15）。

彩绘技术在唐代长沙窑普遍运用，形成了具有特殊艺术风格的外销瓷器。经唐宋时期诸多窑口的创造性发展，中国瓷器从元代开始逐渐进入彩绘时代，各种工艺、技法、纹饰和色彩的彩绘瓷争奇斗艳、异彩纷呈。

彩绘瓷将中国画的线条和图像融入立体的器物表面，形成了双重的审美意趣。彩瓷主要可以分为釉下彩和釉上彩两类。釉下彩就是在胎体上进行彩绘，施透明釉后高温一次烧成。釉上彩则是在高温烧成的白瓷上用色料绘彩，再以低温烘烧而成。另外还有两者相结合的斗彩。青花和釉里红是釉下彩的代表，元代以后逐渐占据了瓷器生产的半壁江山。而明清各类釉上彩的发明与创新更是将彩瓷推向顶峰。

（一）釉下彩

1. 青花

青花是在瓷坯上用钴料绘彩，施透明釉后入窑高温烧造而成的白地蓝花装饰的高温釉下彩瓷器，最早见于唐代。在江苏扬州唐城遗址中曾经出土青花瓷片。1998年，从印度尼西亚爪哇岛附近海域发现的一艘公元9世纪的沉船"黑石号"中出水3件唐代中国生产的青花瓷盘（图 16），这是考古首次发现的完整唐青花，其胎釉具备了巩县窑的特点。

14世纪中期，景德镇生产的元代青花成为中国青花瓷器成熟的标志。典型元代青花瓷器胎体厚重,造型硕大雄伟。使用从中东地区进口的"苏麻离青"绘彩,其特点是低锰高铁,青花呈色鲜艳纯正,青料浓厚处析出黑疵,纹饰层次丰富、绘画细致工丽。图案题材有人物故事、缠枝花卉、鱼藻、云龙、莲池、双凤花卉、开光折枝、竹石花卉瓜果等,颇有时代特征。江苏江宁出土的"萧何追韩信图"梅瓶釉色白中泛青,肥厚滋润,青花发色浓郁幽雅,具备了元代青花的典型特征(图17)。

明代永乐、宣德时期是我国青花瓷的黄金期,此时所用青料仍为苏麻离青,发色浓艳,胎釉精细,造型多样,纹饰优美。

图16　唐　青花盘(出于印尼"黑石号"沉船)(新加坡亚洲文明博物馆藏)

在装饰方面,改变了元代多层次的构图而表现得较为疏朗。其中永乐以花卉、瓜果、龙凤及少量花鸟人物为典型;宣德纹样承袭其制,狮球、波涛海兽、松竹梅、阿拉伯文、人物故事等纹样较为多见。宣德时期的八角烛台造型仿自西亚伊斯兰地区的铜质烛台,口部为仰覆莲瓣纹,颈部为缠枝花卉纹,腹部以阿拉伯文花体字书写的古兰经装饰,疏密相间,优雅别致,具有浓郁的异域风采(图18)。

成化青花是明代瓷器中的珍品,胎体轻薄精巧,釉面滋润肥腴。其青料是产自景德镇附近乐平的平等青(陂塘青),发色稳定,色调清新淡雅。绘画采用双勾边线,大笔涂

图17　元　景德镇窑青花"萧何追韩信图"梅瓶(南京市博物馆藏)

图18　明宣德　景德镇窑青花八角烛台(上海博物馆藏)

色的方法,色彩比较统一,画面极为精细。

明代晚期,景德镇窑青花改用产自浙江金华一带的"浙料",特别是当时改进了青料提炼的技法,从传统的水选法改为煅烧法,从而大大提高了钴料的纯度,使得青花的发色质量由蓝中泛灰变为明艳的蓝青色。清代早期景德镇青花发色湛蓝,明亮幽雅。当时运用分水法,使得青花表现出浓淡不同的层次,效果如同中国传统水墨画一般。

2. 釉里红

与青花相同,釉里红也是先在瓷坯上绘彩,施透明釉后用高温一次烧成。不同的是釉里红用铜在釉下绘彩,施透明釉后需要在高温还原气氛中烧成,花纹呈鲜亮的红色,它对于烧成气氛的要求特别高。公元9世纪长沙窑的高温釉下红彩是釉里红瓷器的先声,在窑址和沉船中均发现了类似的标本和器物,但应属偶然烧成,并不能证明当时的工匠已经掌握釉下铜红彩的技术。

元代景德镇窑真正开始生产釉里红瓷器,虽然其胎、釉、器形和烧造工艺均与青花相同,但由于铜的呈色较难控制,故主要采用涂抹或填红的方法绘彩,在装饰上与青花存在很大差异。图案题材仅见云龙、芦雁、兔纹等数种,呈色不稳,偏灰、黑色,并有晕散,纹样不清晰。由于出土器物很少,江苏吴县、高安、保定等地发现的釉里红瓷器具有极高的研究价值,为了解元代釉里红的基本面貌提供了直接的证据(图19)。

明初洪武朝是釉里红盛行的时期,其时,景德镇窑釉里红的生产量大大多于青花。虽然发色仍然暗淡、不纯,但是已经从元代的大笔涂抹发展到如青花般的细致描绘,图案纹样也比元代丰富。由于绘画技术的改进,洪武釉里红的题材基本上与青花一样,构图繁复的缠枝花、折枝花、莲花、扁菊花以及松竹梅、庭院芭蕉、飞凤、人物故事图等均有所见(图20)。

图19 元 景德镇窑釉里红龙纹盖罐(江苏吴中博物馆藏)

图20 明洪武 景德镇窑釉里红"岁寒三友图"梅瓶(南京博物院藏)

　　明中期以后釉里红衰微，至清康熙才得到恢复。当时完全掌握了釉里红的烧制技术，色泽纯正、稳定，晕散现象也已得到了控制，并能随心所欲地用线条勾勒纹样的轮廓与细部，还创制了"釉里三彩"等新品种。

（二）釉上彩

　　釉上彩是在烧成的瓷器表面绘彩，再经低温焙烧而成。它诞生于公元13世纪的宋、金时期，最早见于中国北方简单的红绿彩。元代景德镇窑创烧的卵白釉加彩瓷器是一种特殊的彩瓷，它以彩色沥粉和贴金相结合，使得风格更为华丽（图21）。明代釉上彩瓷的制作非常发达，唯因还不能烧制釉上蓝彩，而只能用釉下青花来代替。这种釉上、釉下相结合的彩绘瓷，也被称为"青花五彩"。清代釉上彩颇多，极为丰富，可以分为五彩、斗彩、珐琅彩、粉彩等品种。

1. 五彩

　　五彩瓷器源于明宣德而盛于嘉靖、万历时期。明天启谷应泰《博物要览》中曾经提到"宣窑五彩，深厚堆垛"，长期以来，宣德五彩始终不见踪影。偶然间，发现在西藏萨迦寺收藏了全世界仅有的两件宣德五彩瓷器，分别是碗和高足碗。由此，五彩起源于宣德得到了证实。五彩高足碗外壁口沿下绘龙纹，腹部有两对鸳鸯嬉戏于莲池之中，口沿内以青花书写藏文吉祥经一周，圈足内有"宣德年制"青花楷书款（图22）。五彩使用透明彩，缺少层次的渲染，故又称"硬彩"。嘉靖、万历时期的五彩以发色浓艳而著称，图案以云龙、云凤、云鹤、花卉、灵芝、鱼藻等为多见。清康熙朝景德镇发明了釉上蓝彩，改变了以往五彩没有蓝彩的历史，从此五彩成为单纯的釉上彩。康熙五彩色泽鲜艳明快，画面和谐统一。装饰上流行花鸟草虫、山水博古、戏曲故事、仕女婴戏等题材，并较多使用金彩，显得比较富丽。

图21　元　景德镇窑卵白釉加彩戗金盘（上海博物馆藏）

图22　明宣德　景德镇窑青花五彩莲池鸳鸯纹高足碗（西藏萨迦寺藏）

2. 斗彩

斗彩是一种釉下青花和釉上彩绘相结合的品种。其制作工艺是先在釉下用青花勾勒纹样全部或大部轮廓线后高温烧成，再在釉上青花轮廓线内填绘五彩二次入窑以低温焙烧而成。斗彩出现于明代成化年间，多为小型器物，以天字罐、鸡缸杯、葡萄杯等最为名贵。精工细制、胎细腻、釉滋润、色彩典雅（图23）。清代雍正朝粉彩盛行，斗彩以釉下青花和釉上粉彩相结合的工艺为主，使色彩出现深浅浓淡的变化，色彩比较柔和，更显典雅。

图23　明成化　景德镇窑斗彩海水龙纹盖罐（故宫博物院藏）

3. 珐琅彩

珐琅彩是创造性地将以往装饰于铜胎上的珐琅彩施于瓷器之上，也称为"瓷胎画珐琅"。此工艺开始于17世纪末，通常由景德镇御器厂烧制素瓷运往宫内，再由造办处珐琅作承担绘彩及烘烧。珐琅彩含有砷，并使用以黄金着色的胭脂红（金红），黄彩多以氧化锑与锡为着色剂。珐琅彩具有色彩浓厚、鲜艳、层次丰富的特点，有较强的立体感，并具有油画的质感。康熙珐琅彩使用进口珐琅料，彩料较厚，有凸起感，有的会出现细小的冰裂纹，题材大多以黄、红、蓝、豆绿等颜色作地，彩绘牡丹、月季、莲花、菊花等对称的花卉图案；雍正珐琅彩原料基本国产，图案风格典雅，大多以白色为地，题材以花鸟为主，配上题诗、篆印，俨然是中国传统工笔

图24　清雍正　景德镇窑珐琅彩松竹梅纹瓶（故宫博物院藏）

画在瓷器上的再现（图24）；乾隆珐琅彩流行人物描绘，且吸收了西洋油画的技法，注重表现人物面部的光影和层次，更有立体感。

4. 粉彩

粉彩是清朝康熙后期在珐琅彩基础上创烧的一种低温釉上彩。在绘彩之前先施一层起乳浊作用的"玻璃白"，然后施彩，并把彩色自深至浅逐步洗开，使得色彩更富有层次感，更柔和，具有更强的表现力。初起的粉彩仅仅在五彩中使用了胭脂红。雍正瓷器

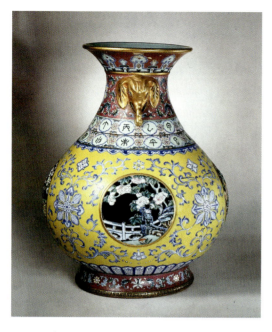

图25　清乾隆　景德镇窑粉彩镂空转心瓶（故宫博物院藏）

瓷胎洁白轻薄，釉色莹润如雪，粉彩呈色丰富，色泽明亮柔丽，运用没骨法等传统工笔画技法，层次清晰，极富立体感；乾隆粉彩瓷器则以装饰繁华、造型奇巧而著称，多用金彩勾勒纹饰的轮廓，以吉祥、喜庆的诸如蝙蝠、双鱼、寿桃、磬、结、璎珞、夔龙等图案，组成福寿万代、吉庆万福、吉庆有余等题材。转心瓶是清代乾隆年间流行的一种样式，在瓶内套一个可以转动的内胆与颈部相连，转动颈部，透过瓶的镂空开光可以看到内胆的不同纹饰，设计精巧，十分别致。颈肩之间转动处上下分别书天干、地支，转动颈部，显示相对的干支，可以作日历使用。瓶底书"大清乾隆年制"青花篆书款。整器造型优美，设色艳丽，显得富丽堂皇（图25）。

五、流光溢彩·颜色釉

颜色釉有高、低温之分。高温釉的主要呈色元素有铜、钴、铁，烧成红、蓝、黑、酱等颜色釉；低温釉的呈色元素主要为铜、铁、锰等，烧成红、绿、黄、紫等颜色釉。高温颜色釉源于公元2世纪初的黑釉，至14世纪成熟的铜红釉、钴蓝釉出现以后，得到较快发展；单纯的低温颜色釉瓷器源于14世纪景德镇窑的孔雀绿釉，明、清两代御器厂的设立，推动了低温釉的繁荣。特别是清代工匠们更是在继承传统工艺的基础上，吸收外国技术，增加了金、锑等釉料，创烧出浓淡深浅不一的釉色。红色的浓烈奔放、黄色的雍容华贵、蓝色的恬和静谧、紫色的神秘典雅，千变万化，异彩纷呈。更有生动逼真的仿工艺釉，制造出青铜器、金银器、玉器、漆器以及竹刻等效果，显示了瓷器的高度表现力和工匠们的智慧。

（一）高温颜色釉

1. 黑釉

东汉中后期，黑瓷登上了历史舞台，成为瓷器的一大门类。江苏丹阳东汉永元十三年（101）墓出土的黑瓷小罐是目前所见最早的黑釉瓷器（图26）。黑釉的出现与釉中铁、钛元素含量的提高和釉层的加厚有关。青釉中氧化铁和氧化钛的含量在2%—3%之间。当铁钛含量高达7%—10%时，呈现出来黑褐色就成为黑釉，较厚的釉层使釉显得更黑。在上虞、宁波的东汉窑址中发现在烧制青瓷的同时也烧制黑瓷。

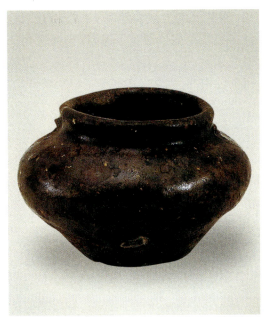 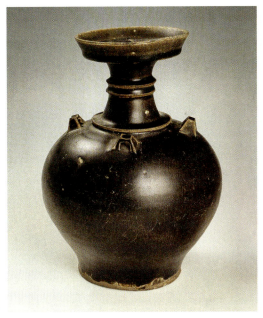

图26　东汉永元十三年　黑釉小罐（江苏镇江博　图27　东晋　德清窑黑釉四系壶（上海博物馆藏）
物馆藏）

东晋、南朝时期浙江的德清窑为早期黑釉瓷的代表，釉中氧化铁含量高达8%，釉面滋润光亮，色黑如漆，典型器物为鸡首壶和盘口壶。由于釉色深浅随釉层厚度变化，因此釉薄处经常出现透出浅色胎的"出筋"现象（图27）。

公元8世纪以后，在黑釉上复合施加另一种釉的方式流行起来。烧制过程中复合的加彩与黑釉在高温和气氛条件下经过物理化学反应，呈现变化丰富的装饰效果。唐代的鲁山花釉是在黑釉上饰以天蓝或月白色彩斑，用深沉的底色来衬托浅色的彩斑，对比鲜明，格外醒目，最著名的器形是腰鼓（图28）。宋代吉州窑黑釉以两种不同的色釉，通过剪纸贴花、树叶贴花等加以装饰，取得了与建窑结晶釉类似而又有区别的效果。

公元11世纪建窑成功创烧黑色结晶釉茶盏。在黑釉表面出现变幻无穷的斑纹，或如毫纹、或如星辰，都是由于铁在釉层表面的过饱和析晶所引起的。结晶釉的代表有兔毫、油滴和鹧鸪斑。兔毫是在黑色釉面上透出尖细的棕黄色或铁锈色条纹，呈兔毛状，时称"金褐兔毫"（图29）。黑色结晶釉茶盏的流行与当时风行的"斗茶"习俗密切相关。北宋时期，中国流行饮用末茶，它有一套复杂的程序，当时的文人士大夫十分热衷于此

图28　唐　鲁山窑花釉瓷腰鼓（故宫博物院藏）

图29 宋 建窑海隅兔毫盏（上海博物馆藏）

道,逐渐演变为一种称为"斗茶"的游戏。建窑黑釉茶盏胎厚宜于保温,釉黑又利于衬托茶沫,因此随着"斗茶"的流行而风行大江南北,为文人墨客所竞相颂扬。

2. 铜红釉

铜红釉是以铜为呈色剂的高温颜色釉,在要求较高的高温还原气氛中烧成。由釉中的胶体金属铜离子着色,它对入射光线反射为红色,并且由于大小颗粒所形成反射光波长的差异而呈现出不同色阶的红色。铜红釉起源于公元8—9世纪的长沙窑,当时用铜作绿釉的呈色剂,在偶然得到的高温还原气氛中烧成了红色。真正的铜红釉出现于14世纪的元代,从北京元大都、江西等地出土的元代红釉瓷器看,其色泽虽不够鲜艳,但呈色浓重,表明红釉的烧制技术已经基本成形。

高温红釉在明代永乐、宣德时期趋于成熟,烧成的红釉釉色莹润透亮,釉层晶莹透亮,鲜艳如初凝鸡血,犹如红宝石一般灿烂夺目。器口因釉的垂流,往往呈现一周整齐的白色边线,俗称"灯草边",与浑然一体的红釉相映成趣。故宫博物院收藏的宣德时期景德镇窑红釉僧帽壶红釉光亮明艳,是明代宝石红釉的代表(图30)。

17世纪后期,清康熙时创烧的郎窑红色泽浓艳,似初凝的牛血般猩红,釉质肥厚,釉面有大开片和不规则的牛毛纹。在烧制过程中釉汁下垂,使口沿因釉的流淌显露白色,而器物底边因圈足修削使釉不再继续垂流,釉汁凝聚呈黑红色。豇豆红是一种呈色多变的高温铜红釉,是康熙时期的名贵品种。其釉色淡雅,釉面局部氧化而呈绿色苔点。在浑然一体的红色中隐现点点绿斑,更显幽雅清淡、柔和悦目。豇豆红用多层次吹釉法施釉,其烧制难度极大。常见器形有印盒、水盂等文房用具。豇豆红瓶造型典雅美观,釉层滋润,十分精美(图31)。

3. 钴蓝釉

将描绘青花的色料钴掺入釉料,在一定温度下可以烧出深浅不同的各种蓝釉。中国陶瓷中用钴着色的蓝色釉在唐三彩中已有,属于低温铅釉。元代景德镇窑创烧出纯正的高温蓝釉,色调浓艳深沉,釉面光亮,润泽细腻。扬州博物馆收藏的元代后期景德镇窑蓝釉白龙纹瓶是蓝釉的代表作(图32)。

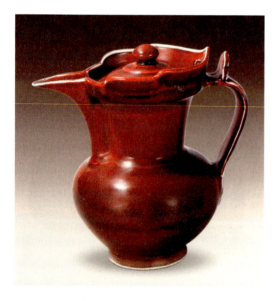

图30 明宣德 景德镇窑红釉僧帽壶(故宫博物院藏)

图31　清康熙　景德镇窑豇豆红釉菊瓣瓶(上海 博物馆藏)

图32　元　景德镇窑蓝釉白龙瓶(江苏扬州博物 馆藏)

洒蓝釉以吹釉法施釉,用一端包上纱 布的竹管将釉吹附在瓷胎上,入窑高温烧 成,形成蓝中夹白,星星点点,类似雪花的 效果。它创烧于明宣德年间,清康熙时大 量烧造,技术纯熟。首都博物馆收藏的洒 蓝釉钵,底部有"大明宣德年制"款,是难 得一见的珍品(图33)。

天蓝釉是一种高温颜色釉,创烧于 清康熙时期。在釉中加1%以下的钴料, 在高温中可以烧成犹如天空一般的蓝色。

图33　明宣德　景德镇窑洒蓝釉钵(首都博物馆藏)

康熙、雍正两朝的天蓝釉制作精美,釉色纯净,幽雅隽永,令人赏心悦目。

(二) 彩色铅釉

铅釉是以氧化铅为助熔剂的低温釉,在烧成的瓷器表面施釉后再用约800℃低温烧 成。由于烧成温度不高,因此色料的选择范围比高温釉广泛,釉色也丰富得多。景德镇 窑在公元14世纪成功创烧孔雀绿釉;15世纪烧成黄釉;17世纪以后各种颜色釉瓷器纷 纷创烧,形成色彩缤纷的彩色世界。

1. 孔雀绿釉

孔雀绿釉又称"法翠",是一种以铜为着色剂的低温铅釉。宋代磁州窑已有黑彩瓷器表面加施一层孔雀绿釉,但因胎釉结合不好而较易剥落。景德镇窑于14世纪开始烧制的孔雀绿釉不仅胎釉结合良好,而且是纯粹的单色釉(图34)。明代正德孔雀绿釉的数量增多且质量提高;清代康熙时期其生产达到鼎盛。景德镇窑孔雀绿釉色调鲜艳、青翠欲滴,十分鲜嫩可爱。

2. 黄釉

低温黄釉也称"铁黄",是以铁为着色剂,在氧化气氛中烧成的低温铅釉。它创烧于15世纪早期,传世有宣德官窑的黄釉青花瓷器。明成化、弘治、正德时期是黄釉的最盛期。尤其是弘治黄釉,釉色娇嫩、光亮、淡雅,有"娇黄""蜜蜡黄"等美称,达到了历史上低温黄釉的最高水平(图35)。

3. 金釉

金釉是清康熙的创新品种,将金粉溶入胶水,加适量铅粉,涂抹在瓷器表面,经低温烘烤后,再用玛瑙棒或石英砂在表面碾磨抛光。制作完成的金釉器色如黄金,光亮璀璨(图36)。

4. 胭脂红釉

胭脂红釉以黄金作呈色剂,也称"金红",是康熙年间从西方引进的一种低温釉。它在烧成的薄胎白瓷上施以含金万分之一二的釉料,于彩炉中烘烤而成。釉质细腻、光润、匀净,色如胭脂(图37)。

图34 元 景德镇窑孔雀绿釉金彩龙纹盖盒(景德镇陶瓷考古研究所藏)

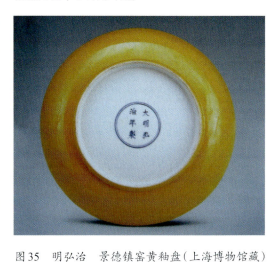

图35 明弘治 景德镇窑黄釉盘(上海博物馆藏)

图36 清康熙 景德镇窑金釉碗(上海博物馆藏)

图37 清雍正 景德镇窑胭脂红釉盖杯(上海博物馆藏)

5. 仿工艺釉

仿工艺釉是清乾隆时期景德镇窑制瓷工艺的特殊品种。它以瓷为胎，通过各种高温、低温釉和彩绘，仿制铜、玉、石、竹、木、漆等各种质地的器物，惟妙惟肖，达到几乎可以乱真的程度，表现出景德镇窑制瓷工艺的高度发展。古铜釉就是模仿古代青铜器，它在茶叶末釉上用红、绿、黑、蓝等低温彩仿青铜器的斑驳锈痕，或者用金彩银彩摹绘错金银纹饰。上海博物馆收藏的景德镇窑仿铜釉觚就是此类器物的代表（图38）。

图38 清乾隆 景德镇窑仿铜釉觚（上海博物馆藏）

原载《文物天地》2008年第8期

关于元青花瓷器认识上几种观点的分析

　　中国青花瓷器出现于唐代已经为考古实践所证实,扬州唐城遗址出土的青花标本和印尼"黑石号"沉船上的青花盘是最好的证明。宋代青花瓷器由于缺乏足够的资料,目前对它的认识还比较模糊。元代青花瓷器可以分为两类:一类器形较小、青花比较灰暗;一类则以大型器物为主,且青花发色鲜丽纯正,此即所谓"典型元青花"或"至正型青花",也是本文讨论的主体。

　　对元代青花瓷器的认识,开始于供职于美国华盛顿佛利尔美术馆的中国古陶瓷学者亚历山大·波普博士在1952年发表了《14世纪的青花瓷器:伊斯坦布尔托布卡普宫所藏一组中国瓷器》一文。继而在1956年他又发表了《阿迪比尔寺收藏的中国瓷器》,在文章中他以伦敦大维德基金会收藏的一对有元代"至正十一年"(1351)铭文的青花云龙纹象耳瓶(图1)为标准器,对照土耳其和伊朗博物馆收藏的几十件与之风格相近的中国瓷器(图2、3),将所有具有云龙纹象耳瓶风格的青花瓷定为14世纪"至正型"青花瓷,学术界对中国元青花的认识逐渐明晰起来。几十年来,随着新考古资料的不断发现和研究的不断深入,目前学术界对典型(至正型)元青花的特点有了比较一致的看法,对元青花的生产时间、产品性质、流传过程以及文化内涵的认识也不断深化,取得了许多有科学依据的成果。

　　近几年来,社会上关于"元青花鉴定"方面有许多新的观点,提出及附和者包括一些民间收藏者和专家、学者。他们的观点在一些文博界的主流媒体上刊登,引起

图1　"至正十一年"铭云龙纹象耳瓶(英国大维德基金会藏)

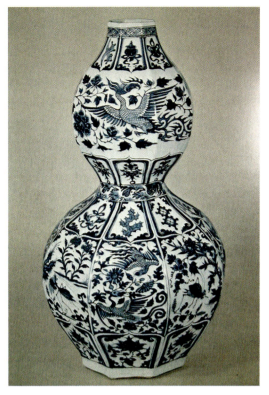

图2 花草飞凤纹八角葫芦瓶(土耳其托布卡普博 图3 双凤纹扁壶(伊朗国家博物馆藏)
物馆藏)

了人们的困惑。对这些观点进行科学分析,可以在一定程度上释疑解惑,以维护科学
的尊严。

一、关于元青花出现的年代

根据目前已经掌握的考古资料和可靠的传世资料,典型元青花出现的年代不会早
于14世纪30年代。现有人对此提出质疑,他们认为:有纪年的元青花可以追溯到13世
纪70年代。其实,该观点混淆了元代早期青花和典型元青花的区别。况且几件"赫赫
有名"的早期元青花经科学测定,证明其色料是"铁"而非"钴"。经科学发掘的元代纪
年墓和窖藏中迄今还未发现14世纪50年代以前的典型元青花。在韩国水域沉没的、时
代被确认为14世纪30年代的著名"新安沉船"中出土了数以万计的中国瓷器,其中包
括景德镇生产的青白瓷,却没有发现元青花的蛛丝马迹;近十年来南海及东南亚一带的
水下考古十分活跃,在发现的众多沉船中也未能见到元青花的踪迹。在有新的考古证
据出现之前,目前学术界关于元青花出现年代的认识仍是可靠的。至于社会上新出现
的一些有"纪年款"的元青花或元代五彩瓷器,那都是今天臆造的赝品。

二、关于元青花的产地

关于元青花的产地，有一种论调认为中国地域广大，元代具备生产青花瓷器的窑场应该不止景德镇一处，因此它们胎釉特点可以与景德镇有所区别。从目前的考古资料看，元代除了在景德镇生产青花瓷器外，在云南玉溪也有生产，但是两者在基本特点上有着本质的区别，不易混淆，也不容混淆。至于其他地方生产元青花的论点，目前还缺乏相关窑址考古证据的支持。

三、关于元青花的特点

关于典型元青花的特点（包括胎釉、造型、纹饰等），早已有共识，一些民间人士近年编制的所谓"元青花鉴定标准"中也基本沿用了学术界的共识。问题在于对同样的特点在认识上会有所区别，比如关于纹饰题材，由于元青花受伊斯兰文化的影响，其植物花纹特别发达（图4），纹饰布局也表现出著名的"阿拉伯式花纹"特点。伊斯兰教义对于偶像崇拜是完全禁止的，他们对于生命题材的禁忌以及认为植物是无生命的认识，促使植物花纹在伊斯兰艺术中迅速发展，创造出以蔓枝花草为主要内容的"阿拉伯式花纹"（图5）。由于伊斯兰地区是元青花的主要输出地之一，其文化因素自然会影响到元青花的装饰，因此在元青花上流行多层次的缠枝花卉和花草图案。但是元青花的制作在中国，伊斯兰艺术对于生命的禁忌并不会在元青花上完全加以体现，因此人物（特别是元曲人物）、动物（图6）依然是元青花的纹饰主题。有的学者片面认识伊斯兰文化与元青花的关系，认为伊斯兰文化不搞偶像崇拜，也就是不在任何器物上绘人物形象，以此判断有人物题材装饰的就不是元青花。一些民间收藏者趁机对此大加攻击，进而认为专家并不值得信任。

关于整体与局部。元青花的特点包括

图4 缠枝牡丹纹梅瓶（上海博物馆藏）

胎釉、造型、纹饰以及制作工艺，其时代特

图5　伊朗14世纪清真寺建筑装饰　　　　　图6　"萧何追韩信"梅瓶(南京市博物馆藏)

征相当鲜明。有人认为,一些"行家"不是整体地看元青花的时代风格,而是拘泥于某一笔画得是否"到位"、气泡是否符合"要求",显得有些"迂腐"。在鉴定文物时,整体风格固然十分重要,但是细节也不能忽视。元青花的鉴定实践告诉我们,一些仿制者往往在整体上把握得不错,而恰恰在一些细节上露出了破绽。就说画工,由于至正型青花生产时间相对较短(应该主要在14世纪中叶,前后不会超过50年),因此工匠的绘画水准不会相差太多,青花绘画风格也比较统一,这已经被实物所证实。工匠在瓷器上绘彩与画家作画有本质的不同,他们每天重复几乎完全相同的内容,形成了如机械般的动作,要改变也不容易,其作品给人以画笔自然的感觉。如果在一件器物上,某一笔或几笔画得不如意只能算作意外,有可能存在,如果这般"意外"太多,那就有刻意描摹的嫌疑。再说气泡,瓷器釉中气泡的多少及形状是与胎釉成分以及烧制工艺(包括温度、时间等要素)密切相关。瓷器在烧制过程中,胎釉中所产生的气体通过处于熔融状态的釉排出,气体的多少以及在釉中所形成的状态则与釉在高温中的熔融程度相关,随着熔融程度的提高,釉中气泡由小而密集向大而稀疏发展。而釉熔融程度则在相当程度上决定于其助熔剂的成分及烧制温度。在元青花胎釉成分与烧制工艺基本恒定的前提下,釉中气泡的分布及现状也应该是一致的,出现偶然性意外的概率比较小。因此,在鉴定时仔细看气泡是无可厚非的。

民间认识元青花还有一个误区,即纹饰与造型的关系。有人认为,只要属于元青花的纹饰,它就可以出现在任何造型的器物上。传世及考古发现的元青花告诉我们,不同造型的器物上往往有特定的装饰题材和花纹,有些题材的运用比较宽泛,有的则比较专一。比如,人物题材可以出现在罐、梅瓶上,但绝不会出现在大盘、葫芦瓶、兽耳罐等器物上;而在一些器物上的特殊花纹也不会出现于其他器物上,如果把梅瓶上的菱形开光装饰在大罐上就是仿制者想当然地臆造了。

　　制作工艺是瓷器鉴定的一个重要方面。不同窑场、不同时代制作瓷器的工艺都有所差别,这是看瓷器必须"上手"、必须"看底"的原因。上手可以掂量手感,不同窑场、不同品种的手感是不一样的;而器物的底部则往往留下了制作工艺的痕迹,如著名的"至正十一年"铭云龙纹象耳瓶,它的底部形式与仿制者有很大的不同,前者是拱形底,而后者如普通的圈足一般;又如,元青花无釉砂底的"窑红",是因为垫烧时使用的垫料中有砻糠灰,砻糠灰含碱,在烧窑后的冷却过程中往往促使器物无釉底部表面的铁二次氧化而形成红色。真品的窑红十分自然,而仿制者刻意模仿的窑红则显得过分而不自然;再如,元青花大型琢器的砂底上往往有"粘釉"现象,真品是上釉以后底部刮釉不净留下的釉斑,而仿品的"粘釉"则是刻意涂抹上去的。

四、关于元青花的出土

　　民间和部分"学者"认为,在国内,元青花发现的地点比较广泛,"涉及中国大地的东西南北,元青花遗存的数量相当可观";在国外,"土耳其、伊朗保存了那么多元青花,还有美国、法国、日本、瑞典的元青花收藏,旁证了国内元青花的传世与收藏一定会更多";他们还认为,元青花在国内发现的地域辽阔,"考古发现的这么多,非考古发现的呢? 还没有发现的呢"? 进而认为"近二三十年来在特殊背景下新出土的元青花"会更多。

　　众所周知,自解放以来,考古工作主要由正规的考古队伍进行。在一些地区的农村还建立了比较完善的文物保护网络,发现文物立即报告形成了制度。当然这里指的是20世纪80年代以前的情况。以后,随着文物的经济价值越来越凸显,不仅文保网络瓦解了,盗掘也像魔鬼一样无所不在。但是我们不能就此得出元青花出土越来越多的结论。元青花与中国其他文物不同,它的使用者和市场主要在海外。因此,商周青铜器经过数千年仍然可以源源不断地被发现,而唐代长沙窑在国内发现的数量远不及海外多,因为长沙窑在唐代主要供外销,元青花也是同样道理。我们知道,国内元青花的出土主要在20世纪60年代以后,以前几乎没有发现,以后的发现也不丰富。如果以概率论或数理统计的原理来加以分析,在一个特定的地域内,盗掘及民间发现的数量与正规考古发掘发现的数量之间存在一定的比例关系。那么,既然正规途径发现的数量相当有限,民间发现的数量也一定不会多。这是客观规律告诉我们的结论。

　　有人振振有词地说"不相信世间遗存的象耳瓶就只有这么一对"! 而事实无情地证明,目前新出现的许多元青花"名品"恰恰就是拙劣的仿制品,云龙纹象耳瓶是如此,"鬼谷子下山"罐也是如此。

五、关于"不可伪造的出土特点"——土沁

有人说，土沁是鉴别元青花真伪的标志，因为"元青花早晚都入过土，土沁无法仿真"。土沁是文物在一定的条件下在表面留下的自然迹象，其形成的条件包括文物材质、文物埋藏地的土壤性质以及埋藏的时间。酸性物质对瓷器釉质有腐蚀作用，瓷器长年累月接触酸性物质会使釉面变得毛糙，土质才可能紧紧地"咬住"。因此瓷器只有长期埋藏在酸性土壤的条件下才可能形成土沁，而元青花烧制温度偏高，釉质比较坚硬，因此在一般的酸性土壤中并不容易形成土沁。江西地区的土壤是典型的酸性红土，而在高安、景德镇出土的元青花器物和标本的表面很少见到土沁痕迹就是很好的证明。土沁也可以用人工的方法制作，通常的做法有两种：一种是将土用"胶"粘上去，这种方法作出的"土沁"比较生硬，也容易用指甲抠去或用水洗掉；还有一种是用稀释后的化学试剂"氢氟酸"稍稍腐蚀釉面，然后用土在表面反复擦拭，这样形成的"土沁"不易去除，但是用30倍以上的放大镜观察还是会看出破绽。因为瓷器的釉面经氢氟酸腐蚀后，表面的一部分气泡变成开口气泡，用土擦拭后一些土的微粒就会嵌入开口的气泡中，这与真正的土沁有明显的区别。

六、关于元青花的性质

元青花的造型硕大雄伟，与唐宋以来的瓷器造型风格迥异，其功用也与中国人传统的生活习惯不同。器形中还有许多属于新出现的西域造型，如大盘（图7）、高足钵（图8）、扁壶、器座（图9）等，应该是适应不同生活习俗的器物。当然，元青花中也有许多中国传统造型的器物，这些器物或者为中国人所用，或者输出海外。在古代中国，文化随着器物出口而输出海外是常见的现象。青花瓷器在中国出现于唐代，但长期发展缓慢，一直到14世纪典型元青花的出现才有了长足的进步，这说明蓝色装饰并不符合中国人的审美情趣。而蓝色却是西域伊斯兰文化的传统，无论是器物还是建筑装饰，蓝色是伊斯兰地区用得最多的色彩之一；元青花的装饰以层次丰富、布局严谨、图案满密为特点，完全改变了宋代以来中国瓷器装饰以布局简单、疏朗的花卉为多的传统，形成了自己独特的风格，而这种装饰具有浓郁的伊斯兰文化特点。尽管纹饰主题仍然是中国式的，但是其布局特点在

图7　瓜竹葡萄纹菱口大盘（上海博物馆藏）

图8　莲池鸳鸯纹高足钵（牛津大学阿什莫林博物　图9　缠枝花卉纹器座（剑桥大学费茨威廉博物馆藏）
馆藏）

13—14世纪早期西亚的金属器皿和陶器上很容易找到原型。元青花纹饰描绘以纤细工丽著称、线条酣畅流利、笔意准确细腻、纹饰形似酷肖，加上层次繁复，遂形成一种花团锦簇、少有空隙、刻意求工的艺术格调，这与波斯细密画表现主题一览无余、直露浅近的作风一脉相承，而与当时中国流行的文人画崇尚简约、讲究含蓄、重视主观意境的抒发，把形似放在次要地位的风格形成鲜明对照。

　　因此，元青花的性质是景德镇为了适应外贸的需要而生产的一种新的釉下彩瓷器。其市场主要在西亚伊斯兰地区，也包括同属伊斯兰文化圈的东非、南亚等地区。元青花的出现和迅速发展，还受到移居中国的西域人（色目人）的影响，或者有西域来的工匠直接参加了元青花的设计和制作。

　　鉴于上述理由，元青花在国外流传的数量大大多于国内就不足为奇了。元青花不是官窑器，蒙古人"尚白"，他们较多使用卵白釉瓷器，在北京元大都遗址和内蒙元上都、中都遗址中只发现了少量元青花遗物也可以说明这一点。当然，元青花既然在国内生产，尽管中国人并不喜欢其装饰风格，但还是有人会使用。在北京、河北保定、江西高安、江苏金坛、句容、安徽安庆等地窖藏出土的元青花以及在江苏南京、内蒙赤峰等地墓葬中出土的元青花都说明了这一点。云龙纹象耳瓶作为中国人定烧的祭器更是对此最好的注解。但是，元青花在中国流传的数量一定十分有限，而不如一些人想象的那样。至于明代永乐朝以后青花瓷器在中国流行的原因，一是元代以后中国传统的生活习俗发生了很大的变化，使用的器具也随之而变化；二是随着与西域文化交流的日益发展，中国的审美意识也发生了变化。

　　以上，对近年来社会上流行的几种观点进行了分析。我相信，只要真正尊重科学，去除相关利益的驱动，对元青花的认识一定会是客观的、科学的。

原载《中国古陶瓷研究》第15辑，紫禁城出版社，2009年

从粉彩六方瓶看雍正宫廷艺术中的西方文化因素

一、上海博物馆收藏的粉彩六方瓶

在上海博物馆的瓷器收藏中有一对雍正粉彩堆花描金六方瓶。瓶高37.7厘米、口径与足径都是14.8厘米、腹径16.9厘米（图1）。胎较厚，造型呈六角形，敞口、长颈、广肩、斜削腹、斜撇足，足底内凹，呈阶梯式圈足，足内松石绿釉，惟底心中央书款处为透明釉，釉下有青花两行四字篆书款"雍正年制"。该瓶造型挺拔，可以看出它与中国传统青铜器——瓿的造型有一定的渊源关系，但又蕴含着许多变化。如器物整体呈六方形，口、颈部有内凸、外凹的菊瓣，每边四瓣，其肩部、腹下部以及足面三处为向上的弧面，用来作主要的装饰面，比较醒目。此三处弧面与颈、腹、足相接处均有一凸起的二层台式"箍"，在长颈下部的凸台也有类似的"箍"。据观察，瓶的造型工艺是分节模制，口颈部、颈下部的凸台、肩部、腹部、腹下部的凸台及足部几部分分别成型，然后拼接而成。上述"箍"恰在胎的相接处，能起到一定的强筋作用。

瓶的装饰采用多种技法，有阳文印花、阴文印花、色地绘彩、描金等。瓶通体内外以松绿色为地，口沿的边沿以金色涂绘。颈部凹菊瓣的四周以红彩勾勒，菊瓣内以绿彩绘成的弧线、直线组成连续图案，下缀以蓝彩和胭脂红描绘的洋兰和宝珠，图案内以黄色为地，弧圈内以蓝彩和胭脂红相

图1　清雍正　粉彩堆花描金六方瓶（上海博物馆藏）

图2

间绘宝珠，方圈内为粉色洋花（图2）。颈下部凸台上下两"箍"均绘以金色，上面一周"箍"表面有凸纹，中段六个弧曲平面上各有一朵粉色洋菊花，花蕊膨出（图3）。肩部六边形的平台上饰凸起的花鸟纹，每边相交的折角处各有蓝色洋莲，两花之间以金色谷穗相连，并有一鸟作回首状（图4）。腹部主题花纹在倒梯形中央凹入的开光内，为凸起的花瓶，在带底座的咖啡色描金的瓶上有以四个花蕾以及如意等组成的花卉图案，周围以各色洋花草环绕，瓶座之下饰以绿色西番莲（图5）。开光四周框以红色、金色，框外以黑色及金色勾画蔓草纹，并间以绿色宝珠和蓝色、红色洋花。腹下部金"箍"之下平台折角有六朵凸起的橘红色洋莲花叶。平台下及斜撇的足面在松绿色地釉之上饰有以红色、金色勾勒的绿色蕉叶纹。足墙外在褐色上描画金色莲花（图6）。

图3

图4

图5

图6

图7　　　　　　　　　　　　　　　　图8

　　从彩绘工艺看，各色花叶、花瓶等均用白彩渲染的方法来表现光影在凹凸表面的明暗变化（图7）；特别是各色宝珠纹以白彩点染受光的亮点，使宝珠有凸起的感觉，具有极强的立体感（图8）。

　　瓶的内外及圈足内满施松绿色釉，唯足底中央一正方形露出透明釉呈白色，釉下青花篆书四字款"雍正年制"（图9），署款处透明釉微微低于绿釉。由此看来该瓶的施釉工艺是成型以后施透明釉，入窑以高温烧制，然后在透明釉上施松石绿釉，唯留出底部署青花款处方形，再在绿釉上绘彩，最后以低温彩烧。

图9

二、郎世宁绘画对雍正宫廷艺术的影响

　　总体上看，雍正官窑瓷器风格以继承传统为主，如单色釉以仿宋代名窑釉色为特点，青花以明永乐、宣德青花为装饰的范本，彩瓷如粉彩、珐琅彩等则是在瓷器上再现中国传统工笔花鸟画为主要装饰。如六方瓶那样以西洋风格装饰的官窑瓷器确实少见。但是，清代西洋艺术风格的东渐并非始于雍正。康熙五十四年（1715），27岁的意大利年轻画家郎世宁到北京供职于内廷作御用画家，虽然他力图用中国绘画的笔墨融入油画之中，但是油画作为一种源于欧洲的艺术，仍然顽强地表现出其西洋艺术风格，并逐渐为清宫的主人所赏识。雍正当政期间虽然曾经采纳闽浙总督满保严禁天主教的意见，

令教民改宗，并把不愿离去的传教士集中到广州天主堂居住，不许外出传教，亦不许中国人入教。"各省大小圣堂，一时俱拆毁净尽，其圣堂院落，或改为仓廒，或改为书院，一所不留。京师顺天府属之文安县、右北口、宣化府等均有圣堂，至是尽为官所。京师之北堂，亦改为病院矣。其堂之圣像、圣龛，尽遭焚毁，从来中国圣教之厄，未有烈于是时者也"[1]。但是在艺术上，雍正并不排斥西洋风格。

在绘画方面，郎世宁作为御用画家在雍正初年已经活跃于内廷，也是一批年轻画人的导师。据《养心殿造办处档案》记载，雍正年间，分别于元年（1723）四月、七月，二年三月，三年三月、五月、九月，四年正月、四月、六月，五年二月、闰三月、八月，六年七月，七年二月、闰七月、八月、十一月，八年四月、十一月，十年四月、七月，十一年三月、九月、十月，十二年三月、八月、十一月，十三年四月，雍正皇帝都谕旨"著[2]郎世宁"画画，据不完全统计，共计完成画作逾百件（135）之多，其中不乏《胤禛行乐图》《聚瑞图》《百骏图》等名作[3]。郎世宁的写实画风颇得雍正的赞赏，与此同时，也安排中国画家随他学习油画，如雍正元年"九月十八日，奉亲王谕，……班达里沙、八十、孙威风、王玠、葛曙、永泰等六人归在郎世宁处学画"[4]。

三、从造办处档案看雍正年间宫廷内制作的西洋风格

可以说，在郎世宁等西洋艺术家艺术风格的影响、熏陶之下，雍正皇帝对于西方艺术风格从欣赏逐渐发展到在制作御用器物时要求使用来自西方的材料和采用西方的艺术元素，《养心殿造办处档案》对此有所记载。

在使用西洋材料方面，"西洋金""洋漆"均是采用的装饰原料，如：

雍正元年"四月二十一日怡亲王交八色西洋金花笺纸八十张"；"西洋珐琅"也是铜胎、瓷胎珐琅的常用原料。雍正三年"六月十九日（珐琅作）做得把莲花盆一件，郎中保德呈览，奏称……花用西洋珐琅并头莲……"

雍正四年"二月二十二日做得方洋漆彩金罩盖盒二对、素退光漆罩盖盒三个。员外郎海望呈进"。

雍正八年"六月十四日海望传做洋漆各式样大小盒。于十二年十二月廿八日做得九对"[5]。

在器物制作上屡有仿制西洋风格，有的还有时变化。如：

雍正元年"正月初五日郎中保德奉怡亲王谕：仿西洋盒子做金盒四个、银盒四个，盒

［1］［法］樊国梁：《燕京开教略》，光绪三十一年北京救世堂印本。
［2］本为"着"，但所引原文为"著"，保留。
［3］摘自朱家溍选编：《养心殿造办处史料辑览》（第一辑·雍正朝），紫禁城出版社，2003年。
［4］摘自朱家溍选编：《养心殿造办处史料辑览》（第一辑·雍正朝）。
［5］以上均摘自朱家溍选编：《养心殿造办处史料辑览》（第一辑·雍正朝）。

内镶犀角里子。遵此。于二月初十做得。金盒重一两余,银盒不足一两,怡亲王呈进讫"。

雍正三年"交(玉作)水晶钩西洋人物桃式牌。奉旨:着照此样式或圆的或桃式各样做些"。

雍正四年"三月十三日员外郎海望持出黑釉金龙洋磁靶杯一件。奉旨:将此靶杯照都盛盘式做西洋栏杆,将靶杯或十二只一盘,足子具要下稳,盘子或做漆的,或做棕木的亦可。钦此"。

雍正四年"三月十三日郎中海望持出洋漆罐一件,随铜匙一件。奉旨:照此款式,靶再放大些,可以容得下指,或做铜的,或做珐琅的,以便盛墨汁用。匙子背后上安一钩子,亦不要匙子甚下去,亦不要匙子露出来,要悬在罐口挂着,以备舀墨用。于七月十二日做得铜烧古墨罐一件"。

雍正五年九月"二十五日郎中持出西洋掐丝珐琅盒一件。奉旨:仿做。钦此"。

雍正七年"九月十四日据圆明园来帖内称,十一日做得仿西洋式镶牛油石紫檀木检妆一对,内安玻璃镜二个,随紫檀木、黄杨木、楠木座二个。……奉旨:再做二三件,俱镶摆锡玻璃。钦此。八年十月二十九日做得玻璃西洋检妆一对。郎中海望呈进讫"[1]。

有时,还请洋人设计西洋器具。如:

雍正七年"八月十二日郎中海望奉怡亲王谕:着做西洋蜡灯表一份,令西洋人商量画样。遵此。十二月廿八日做得,首领太监赵进忠进呈讫"[2]。

有时,雍正皇帝还将西洋物件交造办处"收拾"。如:

雍正元年"二月初三日怡亲王交西洋剑一口。奉旨:靶上顶铁鞘子兜底好,将盘铁另换鲨鱼皮鞘。配剑鞘、刀鞘,收拾腰刀"。

雍正九年"三月十五日催总胡常保持出紫檀木镶玻璃西洋柜一件,添补收拾"。

雍正十二年"四月二十五日据圆明园来帖内称,首领太监赵进忠来说,太监王常贵交紫檀木边座嵌玻璃门风琴时钟一架。传旨:着收拾陈设在九州清晏。钦此。八月十二日收拾得西洋花喜风琴时钟一座,随黄布单三块,木箱一件,首领太监赵进忠持进安讫"[3]。

对一些西洋艺术品,雍正皇帝热衷于配置相应的器具。如:

雍正三年"十月二十一日员外郎海望持出西洋大银花一对,……随银累丝花瓶一对。……传旨:花瓶不好,尔等配合珐琅花瓶。钦此。……于四年八月十四日配做得铜胎五彩番花珐琅瓶一对,随紫檀木座。怡亲王呈进讫"。

雍正四年"十一月初一日郎中海望持出西洋花卉翎毛一张、西洋花卉虫草一张。传旨:扇面形不好,该做圆形式,周围镶边,前面罩玻璃,……钦此"。

雍正八年"二月十七日据圆明园来帖内称,郎中海望奉旨:仿西洋法扇面式盒,盖上玻璃衬垫颜色甚好,尔照此盒上衬垫,将大些的各样款式盒做几件。钦此"[4]。

———————————

[1]　以上均摘自朱家溍选编:《养心殿造办处史料辑览》(第一辑·雍正朝)。
[2]　摘自朱家溍选编:《养心殿造办处史料辑览》(第一辑·雍正朝)。
[3]　以上均摘自朱家溍选编:《养心殿造办处史料辑览》(第一辑·雍正朝)。
[4]　以上均摘自朱家溍选编:《养心殿造办处史料辑览》(第一辑·雍正朝)。

对一些西洋呈进的器物,雍正抱有极大的兴趣,有时请宫廷内的西洋人辨认。如:

雍正四年"三月十五日太监程国用持来西洋射灯一件。传旨:着认看。钦此。据西洋人巴多明等认看得系仿西洋做的射光灯,其上下钩片是搁镜子用的。铜器皿二十七件,着认看。据西洋人费隐林济格认看得内有呼僮钟一件、射光灯一件、油灯一件是西洋的,其余不是"[1]。

对一些西方式样的建筑构件,雍正皇帝也热衷于模仿。如:

雍正五年"八月二十二日太监刘希文传旨:(圆明园)万字房通景画壁前着郎世宁画西洋栏杆,或用布画或用绢画或用绫画,尔等酌量画罢,不必起稿呈览。钦此"。

雍正五年"八月廿五日太监刘希文传旨:(圆明园)万字房通景画壁前着画西洋吉祥草毯子样呈览。钦此"[2]。

雍正皇帝的艺术鉴赏风格以朴素、典雅而著称,但他对欧洲艺术并不排斥。从以上造办处档案记录看,雍正皇帝对于西洋艺术以及具有西洋风格的器具具有较高的接受程度。他屡次让造办处用西洋进口的原料制作具有西方艺术风格的器物,或者直接仿制;在圆明园对西式的建筑构件采用绘图的方法进行模仿,这应该是圆明园西洋式建筑的先声;对于西洋艺术品爱护有加,让造办处配置底座等;对于不知用途的器具请西洋人辨识;甚至请西洋人设计西洋器具。可以说,雍正对西洋传来的艺术品及西方日用器具所表现出来的极大兴趣,是景德镇御器厂制作具有西方装饰风格的瓷器的直接原因。

四、粉彩六方瓶所包含的西方艺术风格

综观雍正宫廷用瓷的艺术风格,主要继承了中国传统的文化因素:如在六方瓶的造型中可见三代青铜器的身影,釉色以仿宋代名窑为最高追求,青花纹饰布局则融入了明代永乐、宣德青花纹样的精髓,成化一朝的风格,淡雅、沉稳也是这个时期官窑瓷器的最大特点。但是也不可否认,雍正官窑瓷器中一些器物的造型或装饰也包含了西方文化的因素。

17、18世纪西方流行的艺术风格以巴洛克、洛可可艺术风格为主。巴洛克艺术起源于意大利,以热情奔放、装饰华丽的艺术风格而自成一体。巴洛克艺术继承了文艺复兴的古典主义,在一定程度上克服了16世纪后期的样式主义(Mannerism)倾向,发扬了现实主义的传统。同时它又开辟了浪漫主义和现实主义的先河,呈现出豪华壮观和强烈奔放的艺术特质。17世纪的法国是欧洲的中心,"太阳王"路易十四使17世纪成为法国充满荣誉和伟大成就的黄金时代,法国的艺术获得充分发展,成为君主、贵族夸耀荣誉与权力的象征。在工艺美术方面,17世纪以后的法国一直在欧洲具有领袖的地位。表

[1] 摘自朱家溍选编:《养心殿造办处史料辑览》(第一辑·雍正朝)。
[2] 以上均摘自朱家溍选编:《养心殿造办处史料辑览》(第一辑·雍正朝)。

现在卢浮、凡尔赛等宫廷室内装饰的技法上，广泛采用雕刻、石膏线浮雕涂金等各种不同手法，取得华丽、繁缛的装饰效果，以迎合王侯贵族的审美情趣和追求享受的需要。这种艺术风格在家具、陶器、玻璃等工艺美术的设计方面也得到充分体现，如法国的"豪华型家具"不但雕刻精细，而且还用象牙、龟甲、青铜、珍木等进行镶嵌，在一些局部还采用富丽的油漆和贴金装饰，效果豪华奢丽；在陶器工艺方面，16世纪后期，法国陶器工艺就创造了所谓"田园风味的陶器"，以浮雕式的装饰手法代替了当时流行的意大利马略卡式陶器装饰的绘画性。通常在器物表面以高浮雕的手法表现蛙、蛇、昆虫和其他动植物形象，再加上黄、青、绿等釉色，使陶盘呈现特殊的装饰效果。

洛可可艺术起源于法国，在"太阳王"路易十四后期已经发育成熟，1715年伴随着路易十四的离世，继承王位的路易十五引领着洛可可艺术风潮登上了历史舞台，随之取代了巴洛克风格。洛可可艺术风格的特点是具有精致、甜美、幽雅、华丽、繁缛的装饰性，常常采用不对称手法，喜欢用弧线、S形线和艳丽的色彩作装饰，注重精致、纤细秀美的装饰效果，反映出宫廷贵族的生活趣味。由于它是在宫廷和贵族阶层产生发展起来的，因此带有宫廷的享乐主义色彩，呈现阴柔和矫揉造作之气，它的工艺极其精湛，热衷于精雕细琢的表现手法。同巴洛克艺术一样，它以绚丽的色彩、细腻的装饰工艺，很快传播到欧洲大陆的每一个角落。

雍正（1722—1735）时处18世纪早期，当时的欧洲正处于巴洛克风格逐渐被洛可可艺术风格所取代的转变时期。因此，雍正皇帝所接受的西方艺术风格的影响兼有巴洛克和洛可可风格。

粉彩六方瓶色彩绚丽、制作精细，采用彩绘、浮雕等手法进行装饰，瓶身轮廓分明的线条、密集高隆的纹饰以及丰富强烈的色彩使器物具有较强的立体感且蕴含独特的西洋风格，取得了华丽、繁缛的装饰效果。可以说，这对瓶既有源自欧洲巴洛克建筑艺术风格熏陶的浮雕纹饰的风格，又有当时欧洲刚刚兴起的洛可可风格色彩艳丽，注重精致、纤细秀美装饰效果的特点。这对瓶的彩绘工艺不同于粉彩常用的以芸香油、胶水或清水渲染色彩深浅的方法，而是运用白彩渲染的方法来表现光影，使画面具有更强的立体感，这种画法借鉴了西洋油画的表现手法，而与中国传统色彩平涂的方法迥异。据雍正十三年唐英在《陶务叙略碑记》中所记述："本朝新仿西洋珐琅画法，人物、山水、花卉、翎毛无不精细入神。"这对粉彩六方瓶应该是雍正晚期景德镇模仿西洋珐琅器而制作的新品种。

雍正粉彩六方瓶不仅反映了雍正时期西方文化艺术的影响，也是景德镇御窑厂陶工和画师们高超精湛工艺的结晶。这个时期雍正官窑瓷器的制作水准达到前所未有的高度，在设计上作出大量创新和尝试，并且创造了可能是美学与技术上最精美绝伦的艺术品。相对于当时中国传统工艺形式的主流风格，这类明显带有西方艺术风格瓷器的出现，堪为雍正皇帝思想开明、能够及时吸收新事物的最好例证。

原载《雍正其人其事及其时代论文集》，台北故宫博物院，2010年

东亚陶瓷窑址和高兴云垡里粉青沙器窑址

东亚地区的古代窑业,主要是指中国大陆、朝鲜半岛和日本列岛的陶瓷业。目前发现的窑炉遗迹一般只残存窑炉底部和一部分窑墙,极少保存窑炉顶部,这为窑炉形制的判断带来了一些困难。但是,根据现存的遗迹可以大致推测窑炉顶部的构造,以此来复原窑炉的形制。

一、东亚古代陶瓷窑炉的分类和分布

东亚地区的陶瓷窑炉,除了早期的升焰型圆窑之外,主要可分为平焰型的龙窑、半倒焰型的马蹄窑和倒焰型窑三大类。

(一) 龙窑

龙窑依山坡而建,因窑身长如龙而得名,窑火从低处的燃烧室烧到窑尾,通过烟室、烟囱排出(图1)。这种由窑身自然倾斜而产生的抽力,在窑炉内形成负压,把窑火逐渐引向高处。适当控制窑炉的进风量,可以比较容易在窑炉内造成缺氧状态,形成还原

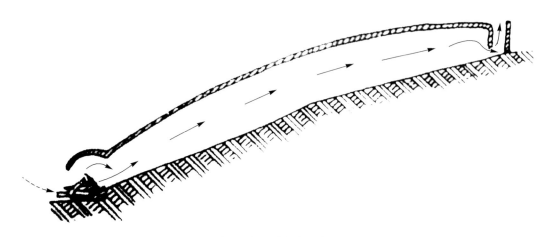

图1 平焰型龙窑示意图

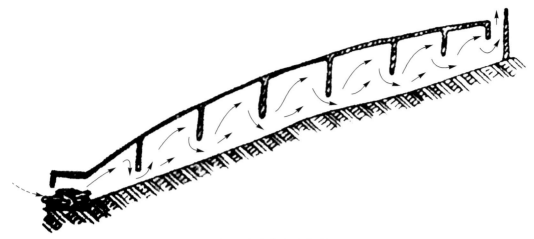

图2　分室龙窑示意图

焰,使胎和釉中的氧化铁还原,形成青色。所以龙窑比较适用于烧制青瓷、青白瓷。龙窑的另一个特点是装烧量大,中国宋代南方沿海地区的龙窑可以长达100米以上,一次可以装烧10万件以上的瓷坯。过长的窑身需要解决窑炉中段追加燃料问题,于是出现了投柴孔,即在窑炉炉身两侧每隔一段增设一个孔用于投柴,把窑火逐级引向上方。以后的分室龙窑(图2)虽然引入了半倒焰的概念,但仍属于龙窑的范畴。

　　龙窑在商代至战国时期发源于中国南方,几乎覆盖长江以南的所有地区,著名的如浙江的越窑、龙泉窑、南宋官窑,福建的德化窑、漳州窑,广东的潮州窑等都使用龙窑。北方几乎不见龙窑的分布,这与烧窑燃料有关。龙窑的分布集中在中国长江流域及其以南地区,并传播到朝鲜半岛。龙窑在朝鲜半岛被称为"隧道窑",9世纪以后,龙窑技术经越窑传入朝鲜半岛,如在高兴郡、高敞郡、公州郡、广州郡、龙仁郡、扶安郡等地都发现了龙窑的遗迹。龙窑在日本列岛被看作是"登窑"的一种,19世纪以后在冲绳地区能看到龙窑的使用,如冲绳琉球壶屋窑,这是一座烧制陶瓷的窑场,技术上可能受福建地区的影响。

(二)马蹄窑

　　马蹄窑因窑炉平面形如马蹄而得名(图3),也有人因为其外形如馒头而称为馒头窑。它是从升焰横穴式圆窑发展而来,保持圆窑的形状,但窑火的运行路线与前者相比已明显有本质的区别。马蹄窑利用窑火上升的力量和烟囱的抽力,使窑内的大部分火焰从燃烧室上升到窑

图3　半倒焰型圆窑示意图

顶，然后由于吸火孔的作用，窑火沿着窑顶的弧度倒向后壁从吸火孔经烟囱排出，窑火的流动呈现半倒焰方式。马蹄窑的基本结构一般具备火膛、窑室和烟囱三部分，长不过5米、宽2—3米、高2米左右，容量远不如龙窑。

马蹄窑起源于西周至战国时期的中国黄河中游，隋代以前主要集中分布在黄河中游地区，唐代开始传播到太行山东麓及黄河的河南段。宋代开始，其中心往东、往南扩展，并影响到四川、闽粤沿海地区，成为与南方龙窑并列的主要窑炉形式。马蹄窑技术的传播是伴随砖瓦技术而外传的。据已掌握的考古材料，6世纪百济的马蹄式砖瓦窑、7世纪日本藤原京瓦窑、8世纪的渤海国瓦窑都是中国式的马蹄窑。

（三）全倒焰窑

全倒焰窑与半倒焰窑的区别在于吸火孔位置的不同。半倒焰窑的吸火孔在窑炉后壁的下方，而全倒焰窑的吸火孔在窑床上（图4）。这样，窑火的运行是从窑底的燃烧室上升到窑顶，然后全部往下压向窑室中部，经窑床底部的吸火孔、火槽、烟囱排出。窑火的流动比半倒焰更加均匀。

全倒焰窑的出现在中国宋代（山东），在南京聚宝山发现的明代琉璃窑是资料翔实的全倒焰窑。

图4　全倒焰型圆窑示意图

中国和日本近现代的全倒焰窑技术来自德国，传统的全倒焰技术没有得到继承。

二、高兴郡云垈里粉青窑址的特点[1]

粉青沙器是公元14世纪末至16世纪末在朝鲜半岛出现的一类以白色化妆土装饰的陶器。这类装饰技法与中国宋金时期的北方磁州窑相似。

目前发现的典型粉青沙器窑址有忠清南道广州郡鹤峰里窑址、全罗北道扶安郡牛东里窑址、光州广城市忠孝洞窑址和全罗南道高兴郡云垈里粉青沙器窑址。

[1] 关于云垈里粉青窑址的情况，见于《粉青沙器展》，大阪市立东洋陶瓷美术馆，1996年；《粉青沙器名品展Ⅱ》，湖岩美术馆，2001年。

全罗南道高兴郡云垈里粉青沙器窑址位于全罗南道的南端与海相接,高兴邑(省会)的西北约3.5公里处就是云垈里。1989年国立光州博物馆进行了细致的地表调查,在这里发现了5座高丽时代的青瓷窑址以及25座朝鲜时代的粉青沙器窑址,合计30座。

这里制作的粉青沙器,从叠烧工艺来看,不是为了供给中央而是为了满足地方上需要。

从采集的遗物看,可以将云垈里窑址分为三大类。

1. 制作印花粉青的窑址里,基本上没有发现刷毛和粉引粉青的窑址群。除印花技法外,还使用镶嵌、剥地、雕花技法,这些技法在一些较大型的器物上可以见到。占据器种大多数的钵和盘,大部分都是用印花技法,纹饰的种类有菊花纹、莲圈纹、绳目纹、放射状的波状纹以及雨点纹等。这些纹饰大多都只印在器物的内面,外面则是镶嵌着斜线纹。纹饰中使用最多的是绳目纹和波状纹,在所有窑址中都有使用印花技法的标本出土。上述以外的富有特色的纹样是十字纹,十字纹有两种,一种是作为器物内底中央的中心纹饰的大十字,另一种是在菊花纹中一朵的中心刻小十字。

2. 在制作印花粉青以外也制作刷毛粉青的窑址群。这里的刷毛粉青没有其他任何纹饰,只是用刷毛的痕迹来装饰器物。印花粉青的纹饰非常简单,基本上限定在绳目纹和放射状的波状纹等几种。纹样压印以后,白土粉妆还是用刷毛,纹饰以外的部分根本不擦拭,原样保留,只让人看到纹饰的轮廓。另外,因为叠烧的关系,器物之间的孔眼一贯都是沙土的。一般不用镶嵌和剥地技法,雕花技法用于钵和盘的装饰,在器物的内面画叶纹、云纹,还有不知种类的其他多种纹饰。罐和瓶等多见牡丹纹,但没有细部的描写,仅是简单地描绘轮廓,比以前更加简略化。

3. 以粉引粉青为主的窑址群。粉引技法是将白泥涂抹到器物上的一种装饰方式,在全南地区特别流行,一般器表的下部不用这种装饰。但是云垈里窑与此不同,它使用的是一种有特色的方法,即将白泥一直涂抹到圈足完全盖住胎土。另外引人注目的是,在全南地区完全不见铁花技法的使用,仅出现在粉引技法装饰的上面,但数量非常稀少。白瓷只在粉引粉青窑址有少量发现,揭示了这是从粉青沙器向白瓷转变的最后阶段。

可以推断,云垈里窑址开始制作粉青沙器的时期是朝鲜时代初期的15世纪中叶,最后的时期则是粉引粉青窑址关闭的16世纪后半期。

三、中国古代磁州窑产品及其窑炉技术

在中国,宋金时期北方磁州窑的装饰风格与韩国粉青沙器比较接近。

磁州窑是宋金时期中国北方一个庞大的窑系,它以化妆土及彩绘为装饰,颠覆

了中国瓷器追求颜色美的传统。它作为当时最大的民窑体系，表现出浓郁的民间艺术色彩。

磁州窑系统的珍珠地划花（图5）、白地剔刻花（图6）装饰都是先在成型的瓷坯表面上一层白色化妆土，然后在上面或刻、或划，利用胎与白色化妆土颜色的对比进行装饰，这与韩国雕花、剥地粉青沙器类似。

磁州窑系统的白地黑彩（图7）装饰是在胎的表面上一层白色化妆土，然后在化妆土上用黑彩绘画，最后上一层透明釉后以高温烧成。其装饰效果与韩国的铁画粉青沙器相似。

磁州窑瓷胎含铝（Al_2O_3）较高（30%以上），一般在1 200℃左右烧成，多属生

图5　宋　磁州窑珍珠地划花双虎纹瓶（故宫博物院藏）

图6　金　磁州窑白地剔花瓶（残）（河北磁县观台窑址出土）

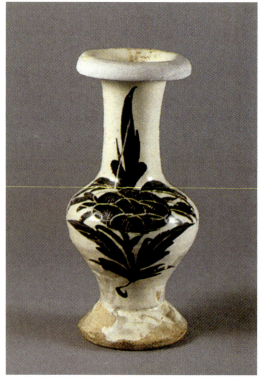

图7　磁州窑白地黑彩花卉纹瓶（河北磁县观台窑址出土）

烧。另外,由于淘洗不够,胎中含有较高的铁(Fe₂O₃,约2%左右)和钛(TiO₂,约1.5%上下),会使胎色呈现灰、黄等色调。加上含钾(K₂O)、钠(Na₂O)等氧化物的熔剂量低(分别为2%以下和0.5%以下),因此胎的致密度差,且显得粗糙。为了改善磁州窑的质量,古代窑工在胎的表面上一层0.2—0.4毫米厚的白色化妆土,化妆土的含铁、钛较低(都在1%以下),含有一定量的钙(CaO)和钾等熔剂成分,颗粒很细,石英颗粒很少,表明化妆土是经过淘洗后使用的,如果在化妆土上施透明釉就可以烧成白瓷;如果在化妆土上刻划,露出胎色,就能形成具有色彩对比且有立体效果的剔地花纹;如果在化妆土上用黑彩绘画,就是白地黑彩装饰;如果在化妆土上施一层含铁较高的釉料,然后用剔花技法将非花纹部分的釉料层剔除,露出化妆土层,在其表面再施一层透明釉,烧成后成为剔黑花(或褐花)瓷器[1]。

　　磁州窑的窑炉使用当时北方流行的圆窑(馒头窑),圆窑一般是一种半倒焰式窑炉。瓷坯装入用当地产的耐火黏土烧造成的匣钵,将匣钵叠装,按窑室的容积大小将匣钵柱排放在窑内,匣钵之间的空位为烧制时火焰流过的火路,火路大小对瓷器的烧成质量有很大影响。磁州窑烧成的气氛应该主要是氧化焰,其白色的表面都显露出略带黄的色调。检测得知当时的烧成温度在1 160—1 260℃之间。这表明窑炉中不同窑位的温度分布是不均匀的,因此产品的致密程度和颜色也常有差异[2]。

　　河北磁县观台窑的考古发掘共发现了10座窑炉[3],主要是呈马蹄形的圆窑(图8),由窑门、火膛、窑室、烟囱和护墙组成,其长度在6米左右,宽度在3米左右。窑门呈拱券形;火膛呈半月形,有炉栅;窑室呈横长方形;有两个半圆形的烟囱,各

图8　磁州窑马蹄形窑炉遗迹(河北磁县观台窑址)

[1]　关于磁州窑化学成分数据,转引自李家治主编《中国科学技术史·陶瓷卷》中河北观台窑标本分析数据,科学出版社,1998年。

[2]　关于磁州窑烧成工艺方面的情况,见李家治主编《中国科学技术史·陶瓷卷》中所介绍河南鹤壁集窑。

[3]　河北磁县观台磁州窑窑址情况,见北京大学考古学系、河北省文物研究所、邯郸地区文物保管所1987年联合发掘报告《观台磁州窑址》,文物出版社,1997年。

与下面的排烟孔相通；窑壁以外有用卵石和废窑具堆砌的护墙，其作用是保温和保护窑体（图9）。

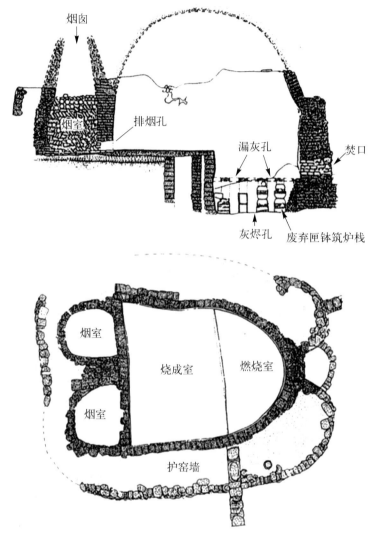

图9　河北磁县观台磁州窑窑炉示意图

原载《동아시아에서 본 고흥 운대리 분청사기 요지（东亚视角下的高兴云垡里粉青沙器窑址）国际研讨会论文集》，全南大学博物馆、高兴郡政府，2012年

元青花研究60年

景德镇生产的元青花至今已有超过650年的历史,而真正开始系统认识和研究这类珍贵文物的历史不过只有60年。其主要原因是元代青花瓷器从开始生产就作为贸易商品远播海外,在国内留存的数量有限,因此一直没有进入人们认识中国古代瓷器的编年之中,偶尔发现的元青花甚至被认为是清代康熙时期的产品。再者,除个别之外,几乎所有的元青花瓷器上都没有纪年文字,这对于我们认识元青花增加了困难。

一

人们认识元代景德镇生产的青花瓷器是从珀希瓦尔·戴维德爵士(Percival David)收藏的一对有"至正十一年"铭的青花云龙纹象耳瓶(图1)开始的。英国霍布森(Hobson, R. L.)先生首先在1929年《老家具》杂志上发表的《明代以前的青花瓷器》[1]一文中对它作了介绍;1934年又在《珀希瓦尔·戴维德爵士收藏中国陶瓷目录》[2]一书中收录介绍了这对瓶,可惜没有引起人们的注意。日本学者1948年在《座右宝》第15卷发表《元の染付》一文,这是亚洲学者的第一篇关注元青花的文章。1949年以后,人们开始对这对花瓶的纹饰进行比较研究,试图从其他青花瓷器上找到类似的纹饰。美国华盛顿弗利尔美术馆的学者波普博士(John Alexander Pope)在1950年夏天分别对土耳其伊斯坦布尔的托布卡普宫博物馆(The Topkapu Sarayi Museum, Istanbul)收藏的中国瓷器和伊朗德黑兰国立考古博物馆(Iran Bastan Museum,现为伊朗国家博物馆 National Musem of Iran)内原为阿迪比尔寺[3]收藏的

---

[1] *Blue and White before the Ming Dynasty*, Old Furniture, Vol.20-1929.

[2] *Catalogue of Chinese Pottery and Porcelain in the Collection of Sir Percival David*, London 1934.

[3] 瓷器收藏在附属于14世纪中期萨尔德·阿尔-丁在阿迪比尔为其父亲萨菲教派圣人萨菲·阿尔-丁所建造圣陵神寺的瓷器库中。据波普博士对伊斯坦布尔托卡普宫档案的研究,托布卡普收藏的中国瓷器的来源之一是1514年奥斯曼土耳其第九任苏丹塞利姆一世击败波斯王沙·伊斯迈尔(Shah Isma'il)后带回来的战利品。

图1 元"至正十一年"铭的青花云龙纹象耳瓶(英国戴维德中国艺术基金会藏)

中国瓷器进行深入系统的调研,从中发现了一批与"至正十一年"瓶纹饰类似的青花瓷器。其成果分别在1952年出版的《14世纪青花瓷器:伊斯坦布尔托布卡普宫博物馆所藏的一组中国瓷器》[1]和1956年出版的《阿迪比尔寺收藏的中国瓷器》[2]中加以披露。

波普博士将两处收藏的中国瓷器分别从造型、纹饰等方面与大维德基金会的"至正十一年"铭青花云龙纹象耳瓶逐一比对,最终从托布卡普王宫博物馆收藏的中国瓷器中挑选出40件瓷器认为应是14世纪生产的,属于"至正型"青花;而阿迪比尔寺收藏的中国瓷器中"至正型"青花瓷器有32件。波普博士认为"至正型"青花的生产时间应该在14世纪中期,即中国元代晚期。

波普博士认为,这些器物大而厚重,造型丰满、制作工艺纯熟。器物底部无釉,釉浆洁白但颗粒较粗,比起那些15世纪早期的器物釉浆淘洗不够充分,胎泥揉练不够重视,使得胎体中存在细小气泡。大多数器物露胎处有火石红,碗盘的圈足边坚致整齐。大盘底部和圈足内壁之间有明显的切削的大小不一的斜度,偶尔会呈现弧度,圈足内心凹陷较浅,比起晚期器物,圈足边相对总直径显得较厚。纹饰中最令人惊叹的是青料的使用,单独器物上呈现从浅灰蓝到与海军服相近的深蓝条纹,经常产生铁锈斑,色泽通常浓艳、明快,不管哪种来源的钴料都

很优质。尽管没有记录,可推测早期的青料伴随着使用的技术来源于近东。随着当时新技术的完善,瓷器进入了新一轮的装饰,大面积、复杂的纹样的混合,所有的中国工艺装饰纹样都被运用,融合了新的元素,整合、改良为新的装饰纹样,在丰富性和多样性上达到前所未有的高度。14世纪瓷器装饰纹样似乎比15和16世纪要丰富得多;而且与明朝主要时期瓷器纹饰风格的程式化增强相比,我们更容易辨识出其纹饰。波普博士对元青花纹饰图样,特别是植物纹样所进行的详细辨识和分析,至今还有参考意义。

1986年,康蕊君(Regina, Krahl)女士对托布卡普宫博物馆收藏的中国瓷器进行了系统整理,出版了三卷本的图录[3],为元青花研究提供了更为详尽的资料。

[1] *Fourteenth-Century Blue-And-White: A Group Of Chinese Porcelains In The Topkapu Sarayi Muzesi, Istanbul*, Smithsonian Institution Freer Gallery of Art Occasional Papers<II:1>, 1952.
[2] *Chinese Porcelains From The Ardebil Shrine*, The Freer Gallery of Art, Smishsonian Institution, Washington 1956. 1981年出版修订本,由Sotheby Park Bernet出版,Philip Wilson发行。
[3] Krahl, Regina, *Chinese Ceramics in the Topkapi Saray Museum, Istanbul*, edited by John Ayers, Vol.II, London: Sotheby's Publications, 1986.

二

波普之后，并没有掀起元青花研究的高潮。整个20世纪50年代，所见专门论述元青花的文章只有1篇，即冯先铭先生的《十四世纪青花大盘和元代青花瓷器的特点》，这是第一篇在中国介绍元青花的文章。作者从故宫博物院收藏的30多件14世纪青花瓷器中遴选出4件具有特殊器形和装饰图案的青花大盘，认为属于元青花。文章还介绍了土耳其伊斯坦堡托普卡普王宫博物馆和伊朗德黑兰阿迪比尔寺收藏的"极为丰富的14世纪青花瓷器"[1]。此时日本学者开始将元代的青花与明代青花一起介绍[2]，其中关于元青花的论述明显受到波普博士的影响。

20世纪60年代仍然是元青花研究的沉寂期，仅见冯先铭先生在香港《艺林丛录》上发表的1篇短文[3]，主要介绍元青花的造型与纹饰，是当时国内对元青花基本认识的缩影。1960年，江苏南京中华门外明西宁侯宋晟夫人叶氏的墓出土青花大碗1件，此墓下葬时间为永乐十六年（1418）。限于当时的认识水平，发掘简报上没有提到青花碗属元代[4]；1965年第2期《文物》披露了1964年在河北保定一处元代窖藏瓷器中发现有6件青花瓷器[5]，其中包括青花海水白龙纹带盖八棱梅瓶（图2）和青花釉里红开光镂花大罐（图3），可惜没有引起人们的注意。日本学者此时发表的文章很少，但已经开始关注元青花上人物题材与元曲的关系[6]。

从20世纪70年代开始，元青花研究逐渐成为中国古陶瓷研究的热点，其主要原因是自此开始一批国内元代青花瓷器考古发现资料陆续发表；特别是随后几个重要元青花窖藏的发现，直接推动了研究热潮的兴起。1972年，刚刚复刊的《考古》杂志连续发表与元青花考古发现

图2　元　青花海水白龙纹带盖八棱梅瓶（故宫博物院藏）

［1］冯先铭：《十四世纪青花大盘和元代青花瓷器的特点》，《文物》1959年第1期。
［2］［日］内藤匡：《元末明初の染付》，《日本美术工艺》173—175期（1953年）；［日］林屋晴三：《元明の染付》，刊《中国の陶磁》（1955年）；［日］尾崎洵盛：《元代及明初の染付について》，刊《陶説》37（1956年）；［日］矢代幸雄：《歎美妙—元末明初青花磁のいろいろ》，刊《大和文华》28（1958年）等。
［3］冯先铭：《元代青花瓷器》，《艺林丛录》第2辑，商务印书馆香港分馆，1962年。《艺林丛录》是以香港《大公报》逢周三出版的《艺林》版所刊文章辑刊成书。《艺林丛录》共出了十册，文史、艺术、文物均涉及，内容丰富。早期作者都是内地知名学者。
［4］南京市文物保管委员会：《南京中华门外明墓清理简报》，《考古》1962年第9期。
［5］河北省博物馆：《保定市发现一批元代瓷器》，《文物》1965年第2期。
［6］［日］斋藤菊太郎：《元曲「细柳营」の壶》，《日本工艺美术》313（1964年）；［日］斋藤菊太郎：《元代染付考—十四世纪の青花と元曲（上、下）》，《古美术》18-19（1967年）。

图3　元　青花釉里红开光镂花大罐
（河北博物院藏）

相关的报告，其中1965年至1972年间发掘北京元大都后英房元代居住遗址的报告中提到发现青花花卉纹瓤和青花葵花口盘各1件[1]；1970年在北京元大都旧鼓楼大街遗址的发掘中发现10件青花瓷器，其中有青花凤首扁壶、青花花卉纹托盏（图4）等[2]。以后，与元青花相关的考古发现相继发表，其中有1962年9月在江苏丹徒发现元青花高足杯[3]；1966年4月在江苏金坛一处窖藏中发现青花云龙纹罐1件[4]（图5），同窖藏出土的银盘上刻有阿拉伯文回历七一四年一月，相当于元后至元二年（1336）；1970年在南京发现的明初东胜侯汪兴祖（卒于洪武四年，1371）墓中出土青花龙纹高足碗（杯）1件，"为研究元末明初的青花瓷器提供了新的资料"[5]；1972年4月在河北定兴窖藏中发现了2件青花高足碗[6]；1977年9月

在安徽安庆发现青花盘、匜[7]；1972年10月，在内蒙古林西县发现一处元代窖藏，共出土瓷器12件，其中青花7件，包括缠枝莲纹扁壶、龙纹盘、菊纹高足杯、龙纹高足杯、凤纹高足杯（图6）各1件、鸳鸯莲池纹盘2件[8]；1973年在安徽蚌埠市明初信国公汤和（卒于洪

图4　元　青花缠枝花卉纹托盏（首都博物馆藏）

图5　元　青花云龙纹罐（金坛出土）（镇江市博物馆藏）

［1］　中国科学院考古研究所、北京市文物管理处元大都考古队：《北京后英房元代居住遗址》，《考古》1972年第6期。
［2］　中国科学院考古研究所、北京市文物管理处元大都考古队：《元大都的勘查和发掘》，《考古》1972年第1期。
［3］　刘兴：《江苏丹徒元代窖藏瓷器》，《文物》1982年第2期。
［4］　肖梦龙：《江苏金坛元代青花云龙纹罐窖藏》，《文物》1980年第1期。
［5］　南京市博物馆：《南京明汪兴祖墓清理简报》，《考古》1972年第4期。
［6］　河北省文物考古研究所：《河北定兴元代窖藏文物》，《文物》1986年第1期。
［7］　胡悦谦：《安庆市出土的几件瓷器》，《文物》1986年第6期。
［8］　林西县文物管理所：《内蒙古林西县元代瓷器窖藏》，《文物》2001年第8期。

武二十九年，1395）墓出土牡丹纹青花盖罐1件[1]（图7）；1975年在江西鄱阳县元墓出土青花带座梅瓶2件，分别绘云龙纹和莲池鸳鸯纹[2]；1975年5月在江苏溧水永阳镇发现的一处窖藏中出土青花莲花纹盒1件[3]；1978年4月在内蒙古自治区赤峰县发现的一处元代窖藏中出土青花龙纹高足杯5件[4]；1979年在江西丰城县征集到有"大元至元戊寅"（至元四年，1338）铭文的青花釉里红四灵盖罐（图8）和青花釉里红楼阁式瓷仓各1件[5]；1980年在内蒙呼和浩特市东郊保合少乡

图6　元　青花凤纹高足杯（内蒙古自治区考古研究所藏）

发现一处元代瓷器窖藏，出土瓷器40余件。其中有一件青花梅草纹高足杯[6]；1980年11月在江西高安一处窖藏中发现元青花19件，其中包括盖罐、带盖梅瓶（图9）、觚、高足杯等[7]；1982年3月在安徽歙县人民银行施工工地发现的一处元代窖藏中出土青花云龙纹高

图7　元　青花缠枝牡丹纹兽耳盖罐（蚌埠博物馆藏）

图8　元　青花釉里红堆塑四灵塔式盖罐（江西省博物馆藏）

[1]　蚌埠市博物展览馆：《明汤和墓清理简报》，《文物》1977年第2期。
[2]　唐昌朴：《江西波阳出土的元代瓷器》，《文物》1976年第11期。
[3]　高茂松：《江苏溧水永阳镇元代窖藏出土的瓷器与初步认识》，《东南文化》2011年第2期。
[4]　唐汉三、李福臣、张松柏：《内蒙古赤峰大营子元代瓷器窖藏》，《文物》1984年第5期。
[5]　杨厚礼等：《江西丰城县发现元代纪年青花釉里红瓷器》，《文物》1981年第11期。
[6]　李彩萍：《呼和浩特东郊保合少出土窖藏金元瓷器》，《内蒙古文物考古》1994年第1期。
[7]　刘裕黑、熊琳：《江西高安县发现元青花、釉里红等瓷器窖藏》，《文物》1982年第4期。

图9　元　青花云龙纹带盖梅瓶（高安市博物馆藏）

足杯1件[1]；1985年5月在江苏句容县城东发现的一处元代瓷器窖藏中出土青花云龙盖罐1件，云龙纹梅瓶2件[2]；1985年9月在江西萍乡发现的一处元代窖藏中出土10件元代青花瓷器，以小件器物为主[3]，包括带座香炉、匜、碗、高足杯等；1986年在江西上饶市一处元墓中出土青花玉壶春瓶2件[4]；1988年江西九江市博物馆征集到至正十一年（1351）元墓出土的文物中有青花双耳连座香炉1件[5]；1990年在江苏南京市南郊明永乐十四年（1416）墓中出土元青花缠枝牡丹纹梅瓶1件[6]；1991年江苏淮安市博物馆征集到成化六年（1470）墓中出土的元青花盖罐1件[7]；1992年1月在四川三台市发现的一处元代窖藏中有2件青花折枝菊纹象耳瓶、1件青花缠枝牡丹纹双耳炉[8]；2003年在内蒙古集宁路古城遗址发现的三处元代窖藏中出土8件元青花，包括小盏、高足杯、梨形壶等[9]；2004年在江苏扬州宋大城北门和水门遗址进行发掘时，在元代地层发现青花龙纹高足杯1件，"与内蒙集宁路窖藏出土的元代青花龙纹高足杯较为相似"[10]；2006年在湖北钟祥发掘明永乐十三年（1415）郢靖王朱栋墓时，发现随葬品中有两件元青花梅瓶，1件为龙纹，1件为"四爱图"[11]（图10）。最新的发现是2011年5月西安市文物保护考古研究院配合曲江风景线项目发掘了17座古墓葬，其中有元代墓葬2座。在其中的一座墓中发现青花匜1件（图11），该墓的墓志记载墓主张达夫卒于至元五年六月二十二日，从墓志"故元"等行文看，应是至元五年（1339）[12]，这是迄今为止所发现纪年最早的元青花。

　　从出土的元青花看，既有与土耳其、伊朗类似的大型典型元青花，也有纹饰简单的小型器物。从此元青花成为国内外持续的研究热点。

［1］　叶涵鋆、夏跃南、胡承恩：《歙县出土两批窖藏元瓷珍品》，《文物》1988年第5期。
［2］　陈世华：《句容出土元代青花瓷器》，《东南文化》1991年第3期。
［3］　萍乡市博物馆：《萍乡市发现元代青花瓷器等窖藏文物》，《江西历史文物》1986年第1期。
［4］　陈国顺、谢昕：《上饶市出土两件元代青花玉壶春瓶》，《江西文物》1990年第2期。
［5］　吴水存：《江西九江发现元代青花瓷器》，《文物》1992年第6期。
［6］　南京市博物馆：《南京南郊明墓清理简报》，《南方文物》1997年第1期。
［7］　刘桂山等：《介绍一件元青花瓷盖罐》，《文物》1991年第7期。
［8］　景竹友：《三台出土元代窖藏》，《四川文物》1993年第6期。
［9］　陈永志：《内蒙古集宁路元代古城出土的青花瓷器》，《文物天地》2004年第12期。
［10］　中国社会科学院考古研究所等：《江苏扬州宋大城北门水门遗址发掘简报》，《考古》2005年第12期。
［11］　院文清：《湖北钟祥市明代郢靖王墓发掘收获重大》，中国文物报2007年8月8日。
［12］　《陕西西安曲江元代张达夫及其夫人墓发掘简报》，《文物》2013年第8期。

图10　元　青花"四爱图"梅瓶（湖北省博物馆藏）

图11　元　青花人物图匜（西安市文物保护考古研究院藏）

随着几处重要元青花窖藏发现而引起的轰动,国内博物馆纷纷检视自己的收藏,发现了一些元青花,其中有出土的,也有社会征集的,资料也已陆续发表[1]。

三

对元青花的系统研究开始于20世纪70年代中期,以后逐渐形成热潮。20世纪后期的研究主要从创烧年代、纹饰、造型、制作工艺、文化来源、流传、性质等方面进行,新世纪以后研究的领域有所扩展,热点集中到鉴定和鉴赏方面。

（一）元青花窑址

1965年刘新园先生首先在湖田窑发现了元青花大盘的残片,在1972年开始的对湖

［1］　如:古湘等:《介绍几件元、明青花瓷器》,《文物》1973年第12期;高至喜:《元代青花人物故事玉壶春瓶》,《文物》1976年第9期;宋良璧:《介绍几件元代青花瓷器》,《文物》1980年第5期;陈玲玲:《介绍一件元代青花云龙纹玉壶春瓶》,《景德镇陶瓷》1983年第4期;胡振祺:《元青花缠枝牡丹罐》,《文物》1983年第5期;阎素义:《元代青花龙纹高足杯》,《博物馆研究》1984年第2期;马占盈:《元代青花双兔盘》,《文物》1985年第5期;李华新:《介绍两件元代青花瓷器》,《江西文物》1990年第2期;刘桂山等:《介绍一件元代青花瓷盖罐》,《文物》1991年第7期;陈国顺等:《元代青花玉壶春瓶》,《东南文化》1992年第2期;贾建威:《介绍几件甘肃省出土的元青花瓷》,《考古与文物》2009年第4期等。

田窑的清理和试掘中,又发现了9件元青花标本。虽然数量不多,但是证明"南河南、北两岸出土的青花瓷器绝大多数都为'苏麻离青'型颜料,……其含锰量极低,含铁量较高……。南岸的青花瓷器中以大盘为主,……纹饰繁缛华丽,其中多有蓝地白花,和伊朗、土耳其的传世品一致……北岸的青花瓷器则以高足杯、折腰碗、小酒杯为多,大盘仅见两件,纹饰则简洁、疏朗、草率,和菲律宾出土的完全相同。经初步比较,南北两岸出土的元代青花瓷器都属于湖田窑元代后期的产品,但南岸的略早于北岸的"[1]。

1988年在珠山北麓风景路发现一批瓷器残片,品种有卵白釉,青花、蓝地白花、孔雀绿地青花、蓝地金彩以及孔雀绿地金彩等。经过拼对复原,其器形有鼓形平顶盖罐、大盖盒、桶式盖罐等,纹饰有龙纹、变形莲瓣、杂宝、十字杵、凤穿牡丹等,以五爪龙纹为主[2]。

1999年7月至10月,江西省文物考古研究所等单位对湖田窑一般性保护区域H区进行了发掘,清理遗迹11处,其中12号探方第二层出土了5片元青花瓷片,均不可复原[3]。

2002—2003年江西省文物考古研究所对南河南岸湖田窑址进行的发掘中清理出元代龙窑和灰坑各一处。窑床底部残存大量用于装烧的匣具以及煅烧青料的小型煅烧炉。在窑内堆积中出土了元青花瓷片,据报告称这些青花为"伊斯坦布尔型"。这是迄今为止湖田窑清理出的第一条元代龙窑,也是目前发现的保存最完好的烧造元青花的龙窑[4]。

李一平在《景德镇元代瓷窑遗址概述》一文中介绍了景德镇湖田、落马桥和珠山三处生产青花的窑址的发现经过、产品特点及窑址的大致时间。他认为,湖田南岸的遗物大而厚重,纹饰繁缛华丽,与伊朗、土耳其的传世品一致;北岸的小瓶、小罐、小杯与菲律宾一带出土之物完全相同。落马桥至正地层出土的青花则主要是为了满足国内各地区各阶层及东南亚一带的普遍需求而制作的商品瓷……而珠山遗址则完全是为蒙元皇帝烧造的宫廷用瓷[5]。

2000年以后,在景德镇老城区南端的小港嘴、落马桥、刘家弄、戴家弄、十八桥、四图里等处的元代窑址或遗址中先后出土元青花标本,从介绍看大部分是"至正型"青花[6]。调查者认为,景德镇元青花窑址主要集中在湖田和老城区两地,都生产外销和内销的元青花。老城区落马桥太白园机米厂发现的窑址是目前发现最重要的生产外销西亚的元青花窑场。

(二)元青花的年代

虽然中国在公元9世纪的唐代已经可以制作青花瓷器[7],但是还没有形成一定的规

[1] 刘新园、白焜:《景德镇湖田窑考察纪要》,《文物》1980年第11期。
[2] 《景德镇发现一批元代官窑瓷器》,《光明日报》1990年9月14日第1版。
[3] 江西省文物考古研究所等:《江西湖田窑址H区发掘简报》,《文物》2000年第12期。
[4] 徐长青、余江安:《湖田窑考古新收获》,《故宫博物院院刊》2004年第2期。
[5] 李一平:《景德镇元代瓷窑遗址概述》,黄云鹏主编:《元青花研究》,上海辞书出版社,2006年。
[6] 曹建文、徐华烽:《近年来景德镇元代青花窑址调查和研究》,《故宫博物院院刊》2009年第6期。
[7] 1998年在印尼苏门答腊岛和婆罗洲之间的勿里洞岛(Belitang Island)附近海域的海底发现一艘沉船,在沉船中发现的6万多件中国瓷器中有3件青花盘。

模,也没有留下成熟的工艺。元代青花瓷器烧制成功与唐青花没有承袭关系。

关于元青花创烧年代,陈柏泉先生从韩国新安海底沉船中发现的众多景德镇窑产品中未见1件青花瓷器等情况分析,认为景德镇元青花的生产年代应为元代中晚期[1]。汪庆正先生认为,"胎质细腻、透明釉、色彩鲜艳"的典型元代青花瓷器在1331年以后的新安海底沉船中没有发现,表明至少在14世纪30年代元青花还未在海外流行[2]。刘新园先生认为,元青花上常见的"莲池鸳鸯"花纹来源于元代的刺绣图案"满池娇",为文宗所喜爱,而文宗天历年间(1328—1330)即是元青花输出伊朗的上限[3],元青花创烧的年代应该在这以前。笔者在杭州南宋遗址出土的定窑印花白瓷标本中曾经发现有印花的"莲池鸳鸯"纹装饰,其布局、特点与元青花上的同类纹饰几乎完全一样,因此"满池娇"题材出现的时代应该更早。在陕西西安曲江元后至元五年(1339)张达夫及其夫人墓中发现的青花匜则证明,在14世纪30年代景德镇已经有青花瓷器的生产。

对于一部分元青花出土于明初墓葬,有学者认为需要根据造型和纹饰的综合比较,从明代墓葬出土的元青花中的不同特点来"确定它们是同时代不同类型的器物,还是在时代上就有早晚的分别"[4],提出了从元青花中辨识一部分可能是明代早期产品的课题。

从元至正十三年起一直到明朝立国,景德镇及附近地区一直遭受兵燹之害,人口散失、土地荒芜,社会经济大大衰退,短时间无法得到恢复[5]。如此精美的青花瓷器不可能由条件尚不具备的景德镇生产。

(三) 元青花的纹饰

典型元青花的装饰题材,有人物故事、动物植物、几何图形等。人物故事一般以元曲为本,人物造型多为宋装,偶尔也可见元代装束的人物。这类题材前代少见,它的出现受到元代勃兴的戏剧艺术影响,其内容大多可在元曲唱本的插图版画上找到原型。元青花上的动物题材也十分丰富,龙、凤、鹤、雁、马、鱼、海马、螳螂、鸳鸯、孔雀、鹭鸶、麒麟、瑞兽等都可以找到,包括了飞禽、走兽、游鱼、鸣虫等各种动物门类,它们是中国传统装饰中的常见题材。植物是元青花装饰中最发达的部分,牡丹、莲花、栀子、菊花、蔓草、芭蕉、松、竹、梅等几乎都可以在唐宋以来的传统图案上找到渊源。

元朝蒙古统治者信奉藏传佛教,这在元青花的图案上也得到体现。器物上常见用仰、覆莲瓣纹作为重要的边饰,这与佛教的传统装饰密切相关;纹饰中还有各种形态的莲花。佛教倡导"无欲无求""远离尘垢,得法眼净",莲花"出污泥而不染"的特性与佛教的理念相一致,因此成为佛教的象征。莲花随着佛教的东渐传入中国,瓷器上用莲花

[1] 陈柏泉:《试谈青花瓷的创烧年代》,《江西历史文物》1980年第4期。
[2] 汪庆正:《元青花和明洪武瓷议》,《景德镇陶瓷》1983年第1期。
[3] 刘新园:《元文宗—图帖睦尔时代之官窑瓷器考》,《文物》2001年第11期。
[4] 张浦生、霍华:《明代墓葬出土的元青花》,《东方收藏》2010年第4期。
[5] 详见拙作:《明洪武朝景德镇瓷业初步研究》,《上海博物馆集刊》第七期,上海古籍出版社,1996年。

装饰由来已久，南朝浙江青瓷上的莲瓣纹是最早的实例；北朝青瓷以莲花为造型；唐宋时期莲花作为瓷器的主要装饰题材被广泛应用。元青花上的变体莲瓣俗称"八大码"，以粗细两道线条勾勒轮廓，双肩折角明显，莲瓣之间留有空隙，莲瓣内填以花卉、如意云头、杂宝等各种纹饰。元青花上的莲花有的为规则的图案，有的则以写实的形象出现，具有很强的装饰性。

由于景德镇瓷器制作素来没有彩绘的传统，因此关于元青花纹饰来源，有学者认为吸取了磁州窑和吉州窑黑彩的技法和纹样[1]；也有认为受到同时代的绘画和版画的影响[2]。

最早将元青花装饰与中国传统绘画技法进行比较研究的是李会中和陈孟龙先生[3]，他们认为元青花之所以能够以自身风格与特色独立于陶瓷艺术之林，主要是由于它吸收和运用了中国画的特点，结合器物造型和工艺特点，形成了自己的艺术语言，既有装饰性很强的图案结构和艺术形象，又有国画笔墨的艺术魅力。

刘新园先生对元青花图案上某些纹饰进行了考订[4]。他认为"莲池鸳鸯"即为文献所记载的"满池娇"就是一例；在元青花辅助纹饰中有一种六个花瓣的花，波普博士认为是"射干"（Belamcanda Chinensis）。射干是一种鸢尾科多年生草本植物，可入药，有清凉解毒作用。其花直径3—5厘米，6瓣，橘黄色而具有暗红色斑点，叶2列，扁平狭长，长25—60厘米，宽2—4厘米，绿色，先端渐尖，基部抱茎，叶脉平行，与元青花上花纹的形象不符。刘先生认为应是栀子花（Gardenia Jasminoides）。栀子花为茜草科常绿灌木，原产于中国。叶色四季常绿，花芳香素雅。叶片呈倒卵状长椭圆形，有短柄，长5—14厘米，顶端渐尖，稍钝头，表面翠绿有光泽。花单生枝顶或叶腋，有短梗，白色，大而芳香，花冠高脚碟状，一般呈六瓣。栀子花还可入药，有清热利尿，凉血解毒之功效。从形象看，栀子花比较相符。经检索文献，刘新园先生还对元青花上的一些"特异纹饰"进行考证，认为在罐、瓶类器物肩部的如意云纹中双肩带火焰的白马，来源于天子仪仗的"玉马旗"；如意云肩则临摹自仪卫服饰的"衬甲"或"云肩"；芦雁纹是元代军官服装胸背花纹的模拟，并应从文献改称"雁衔芦"；其他如麒麟、天鹿、灵芝、飞凤、白鹭等均来自元代刺绣[5]。

（四）元青花的制作工艺

元代景德镇烧制大型器物，与当时景德镇成功进行的制瓷工艺改革密切相关。刘新园和白焜两位先生首先用科学检测数据证明景德镇从元代开始在瓷胎中使用高岭土[6]。高岭土含有较高的氧化铝，具有较高的白度和良好的耐火性，在瓷胎中引入高岭

---

［1］　冯先铭：《我国陶瓷发展中的几个问题》，《文物》1973年第7期。

［2］　［日］矢部良明：《元の染付》，平凡社，1974年。

［3］　李会中、陈孟龙：《试谈元青花与中国画的笔墨》，《景德镇陶瓷》1980年第1期。

［4］　刘新园：《元代窑事小考（一）》，《景德镇陶瓷学院学报》1981年第2卷第1期。

［5］　刘新园：《元青花特异纹饰和将作院所属浮梁磁局与画局》，《景德镇陶瓷学院学报》1982年第3卷第1期。

［6］　刘新园、白焜：《高岭土史考——兼论瓷石、高岭与景德镇十至十九世纪的制瓷业》，《中国陶瓷》1982年第7期。

土的"二元配方",可以提高瓷器的烧制温度,减少变形,从而使制作大型器物成为可能。黄云鹏先生经过试验认为,"二元配方"提高了瓷器的烧成温度,如果用单纯的"二元配方"法配制胎料,瓷坯经过还原焰1 280℃的烧造后明显生烧,只有增加适量的钾、钠来降低烧成温度,才能烧成优质的瓷胎[1]。总体来看,由于元青花是景德镇首次制作的大型器物,因此胎泥的淘洗、揉炼还不充分,存在胎色不够洁白、胎质较粗并有细小气孔的现象。

关于元青花的成型工艺,黄云鹏先生根据文献及实物验证,提出瓶、罐类"琢器"以阴模印坯分段成型,然后节装的工艺,在元青花器物的内壁可见用手或布抹平湿泥留下的抹痕,与拉坯、利坯留下的痕迹明显不同;碗、盘类"圆器"采用直接将坯泥置于阳模上人工挤压拍打成型的工艺,与传统的先拉坯、后用阳模印拍定型的工艺迥异,脱模以前再置辘轳车上旋转修正器物外壁并挖出圈足。高足器的器身和足分别以阳模和阴模成型,然后以"接头泥"节装。元青花大量采用模印方法成型的原因之一是胎泥中加入了可塑性较差的高岭土,增加了拉坯的难度[2]。

元青花使用的青料是从西亚引进的高铁低锰"苏麻离青",已经为科学检测所证明[3]。元人忽思慧在《饮膳正要》一书中介绍了一些产自"回回地面"(指伊斯兰地区)的物产,其中被归入"料物"类的"回回青,味甘寒,无毒,解诸药毒,可传热毒疮肿"[4],其性与《开宝本草》中"出大食国"(泛指阿拉伯帝国及伊朗地区)的"无名异"相同。据明代《天工开物》的记载,"无名异"可用作青花料。"苏麻离青"来自波斯,青花产自中国,用进口的青料绘彩,烧造青花瓷器后再出口,这也是一种"来料加工"吧。至于原料是官方引进还是商业引进已不重要,它已被广泛运用于供应海内外的青花瓷器上。

虽然景德镇窑生产的白瓷适合青花纹饰的表现,但它从未有过生产彩绘瓷器的经历,在元代突然开始生产十分精美的青花瓷器还是造成了人们的疑惑,因为熟练的瓷器彩绘工匠的培养绝不能一蹴而就。刘新园先生结合一些生产工艺的演变等认为其生产工艺与磁州窑关系密切,从文献中关于元代中原人口迁徙江南的记载推测,磁州窑制瓷工匠来过景德镇,景德镇的青花瓷器或者就是"训练有素的磁州窑系的工匠操笔彩绘"[5]。

元青花要求釉有较好的透明度和耐火性,透明度可以使青花纹饰得到较好的表现,提高釉的耐火性则是与瓷坯烧成温度提高相匹配,这样就可以保证产品釉的厚度。科学检测证明元青花的釉中氧化钙(CaO)含量有所降低,而钾(K_2O)、钠(Na_2O)含量大幅提高,呈现出钙-碱釉的特征[6]。

———————————

[1] 黄云鹏、黄滨:《元代景德镇青花瓷的烧制工艺》,黄云鹏主编:《元青花研究》。
[2] 黄云鹏、黄滨:《元代景德镇青花瓷的烧制工艺》,黄云鹏主编:《元青花研究》。
[3] 陈尧成等:《历代青花瓷器和青花色料的研究》,《硅酸盐学报》1978年第4期;陈焕生等:《景德镇元青花的PIXE研究》,《元青花研究》。
[4] (元)忽思慧:《饮膳正要》第三卷,《四部丛刊续编》"子部",商务印书馆,民国二十三年印行。
[5] 刘新园:《元代窑事小考(一)》,《景德镇陶瓷学院学报》1981年第2卷第1期。
[6] 熊樱菲:《元代青花瓷用料的探讨》,中国古陶瓷学会:《中国古陶瓷研究》(第15辑),紫禁城出版社,2009年。

黄云鹏先生考证了元青花的施釉方法,他认为大件琢器和小件琢器分别用"浇釉"和"蘸釉"的方法施釉;大型圆器和小型圆器的施釉方法是"甩釉""浊釉""蘸釉"及"浇釉"[1]。

(五)元青花的文化来源

元青花发源于中国,无疑主要承袭中国传统文化。但是它的出现有特定的历史原因,又处在元代这个多民族交融的历史环境之中,因此元青花包容了众多的文化因素,其中最主要的是中国文化和伊斯兰文化[2]。

元青花中的中国文化因素,主要表现在器物造型和装饰方面。典型元青花的造型特点是硕大雄伟,虽然与唐、宋时期中国瓷器的造型风格迥异,但是其中大部分造型是继承传统造型演变而来,如梅瓶、玉壶春瓶、盖罐、葫芦瓶等。元青花的装饰中人物故事一般以元曲为本,人物形象多为中国装束。动物和植物题材中许多内容都是中国唐宋以来的传统装饰。

在元青花的造型及装饰中可以找到伊斯兰文化因素。元青花中最多见的大盘、大碗与中国传统的瓷器造型不同,而与中亚、西亚的陶制、金属制大盘相似,这与伊斯兰地区围坐共食的饮食习惯相符;扁壶是随身携带的盛器,对于善于经商而经常外出的穆斯林是非常适宜的;高足碗传世不多,仅见2件,还有1件是新疆霍城窖藏出土的(图12)。其造型与美国纽约大都会收藏的1件13世纪后半叶叙利亚的描金玻璃高足碗(图13)十分相似。霍城窖藏还出土1件嵌银铜高足碗,器形与青花高足碗相似,与美国克利夫兰美术馆收藏的嵌银铜高足碗完全相同,应该是波斯、中东一带的产品。一部分元青花作八方造型,给人一种线条挺拔硬朗的感觉。它与中亚、西亚金属器多边棱角的风格比较接近,也与波斯纺织品上流行的八方形图像一致。

图12 元 青花云凤纹高足碗(新疆维吾尔自治区博物馆藏)

图13 13世纪后期 叙利亚描金玻璃高足碗(美国大都会博物馆藏)

---

[1] 黄云鹏、黄滨:《元代景德镇青花瓷的烧制工艺》,黄云鹏主编:《元青花研究》。
[2] 详见拙作:《略论元代青花瓷器中的伊斯兰文化因素》,《上海博物馆集刊》第六期,上海古籍出版社,1992年。

元青花装饰上的伊斯兰文化因素主要表现在颜色和装饰形式方面。青花的蓝色图案不同于以往中国瓷器装饰的传统色彩。蓝色是深远、纯洁、透明的象征，其所在往往是人类知之甚少的地方，如宇宙和深海，令人感到神秘、渺茫和静肃，这与伊斯兰教所宣扬的教义和追求的"清净"境界相符。因此用蓝色装饰器皿和建筑就成为伊斯兰文化的传统。从12世纪起，伊朗、伊拉克、摩洛哥等地出现用彩色釉砖组合图案装饰清真寺和宫殿，其中蓝色成为最重要的颜色。层次丰富、布局严谨、图案满密是元青花的装饰特点，这种风格使人联想起伊斯兰地区的装饰。在瓶、罐等琢器上用多层次的横向带状分区形式装饰，在碗、盘等圆器上采用同心圆分区的方式多层次进行装饰，这在13至14世纪早期西亚地区的金属器皿和陶器上很容易找到它们的原型。随着蒙古军队西征，大批阿拉伯人及波斯人迁居内地，他们构成"色目人"的

图14　元　青地白花凤穿花纹菱口大盘（伊朗国家博物馆藏）

图15　大盘折沿背后的波斯文题记

主体，其中有入仕元朝的官员和学者，有寓居中土的商人，也有被蒙古军队掳掠来的工匠。在伊朗国家博物馆收藏的一件元代青地白花凤穿花纹菱口大盘（图14）的折沿背面有流畅的波斯文题记（图15），意为"侯赛因是真理"。因此，景德镇元青花的制作应该还有西域工匠的直接贡献。

有学者对元青花一些器物的用途提出了新的解释，汪庆正先生认为元代"口径10厘米左右的青花小圆盖盒"的用途"极有可能是饮茶时备用的盛盐盒"[1]；葛师科先生认为元青花匜"与古代的匜虽有某些相似之处，但并不相同，而14世纪中东地区铜器中却有与之更为接近的器物"[2]。用于先秦礼制"盥礼"的匜在元代应该不会再现，如果是用作净器，青花匜的用途或许与"军持"类似，是穆斯林用于净手的用具。

也有学者认为元青花的流行与藏传佛教在元代的盛行有关，藏传佛教认为蓝色代表庄严和神圣，元青花的许多纹饰题材也与藏传佛教相关[3]。

（六）元青花的流传

元青花是一种主要为对外贸易而生产的外销商品。据成书于1349年的《岛夷志

［1］　汪庆正主编：《天民楼珍藏青花瓷器》，上海科学技术出版社，1996年。
［2］　汪庆正主编：《天民楼珍藏青花瓷器》。
［3］　郑宏：《藏传佛教对元代景德镇瓷器的影响探讨》，《陶瓷研究》1998年第3期。

略》[1]记载,当时中国输出"贸易之货"中有"青白花瓷""青白花器""青白花碗""青白瓷""青白碗"等,应该就是青花瓷器[2]。输入这类瓷器的港口包括波斯地区的"加里那"(古地名。故址在今波斯湾东北岸布什尔东南的哈里勒角,为当时东西方海上交通的港口之一)[3]、"甘埋里"(古地名。故址在今伊朗东部,当波斯湾要冲,是东西方通商的重要口岸)、"天堂"(今麦加,穆斯林朝拜中心)等地。伊朗及土耳其收藏的元青花或许就来源于此。

英国《东方陶瓷学会会刊》第41期(1975—1977)刊登了埃伦·斯马特博士(Smart,Ellen)1976年11月23日在东方陶瓷学会宣读的论文《德里塔格拉克宫所藏十四世纪中国瓷器》[4],文章披露了1960年在印度德里图格鲁克皇宫(Tughlaq Palace)

图16 印度德里寇特拉·鲁菲兹城堡花园发现的元青花标本

遗址[5]以北15公里的寇特拉·鲁菲兹城堡[6]发现的一批14世纪中国景德镇生产的青花瓷器残片的情况,可以拼合的器物大约有70件,主要是大盘和碗、碟(图16),纹饰和造型与伊朗和土耳其的14世纪青花瓷器基本一致。旅行家伊本·白图泰[7]曾经在14世纪40年代访问德里期间到过寇特拉·鲁菲兹城堡,他在游记中提到当时有大量中国青花瓷器出口到印度。

《岛夷志略》记载了"天竺"(古代中国对印度等南亚次大陆

---

[1] 《岛夷志略》,著名历史地理游记。是元代航海家汪大渊1339年第二次远航回国以后根据自身经历所著《岛夷志》的节略本,反映了元代后期中西海上交通史。书中涉及亚、非、澳各洲的国家与地区达220多个,详细记载了当地的风土人情、物产、贸易,是不可多得的宝贵历史资料。

[2] "青白瓷"名称出现于宋代,在南宋吴自牧的笔记《梦粱录》卷十三"铺席"条有"平津桥沿河布铺、黄草铺、温州漆器、青白瓷器……"的记载,同卷"诸色杂买"条记录的"家生动事"(日用器具)中也有"青白瓷器瓯、碗、碟、茶盏、菜盒"等。这里记载的"青白瓷"是指景德镇宋元时期生产的那类釉白中透青的"青白瓷"(影青)。而《岛夷志略》中记载的"青白花瓷""青白花器"及"青白瓷"等与上述"青白瓷"不同。陈万里先生认为"青白花瓷""青白瓷"都是青花瓷器(见陈万里:《我对"青白磁器"的看法》,《文物》1959年第6期);汪庆正先生也持同样观点(见《青花釉里红》一书前言,上海博物馆、香港两木出版社1987年联合出版)。因为一直没有发现14世纪30年代的青花瓷器,有的学者对《岛夷志略》中"青白花器"等的解释持保守态度,认为是指传统的青白瓷,即影青[詹开逊:《"青白花瓷器"浅见(一)》,《江西历史文物》1984年第1期]。

[3] 本文对《岛夷志略》中古地名的考释均依据苏继顾:《岛夷志略校释》,中华书局,1981年。

[4] Smart, Ellen, *Fourteenth Century Chinese Porcelain From A Tughlaq Palace in Delhi*, Transactions of the Oriental Ceramic Society, Volume 41, 1975-1977.

[5] 图格鲁克皇宫是14世纪统治印度、北非地区的突厥人建立的苏丹王朝的宫殿遗址。

[6] 寇特拉·鲁菲兹城堡是德里的一个宫殿群,1354年苏丹菲鲁兹·塔格拉克所建。他是穆罕默德·本·塔格拉克的侄子和继承人,14世纪40年代伊本·白图泰游历德里时的主人。

[7] 元代后期到中国访问的非洲摩洛哥旅行家,1354年回国后与人合作,用阿拉伯文写成一部旅行记《伊本·白图泰游记》。

国家的统称）、班达里（印度西南岸古港）、小具喃（位于印度西南部古国"古佛里"的港口）、朋加拉（孟加拉）、乌爹（东枕孟加拉湾，今印度奥里萨邦北部）等地从中国输入的商品中有"青白花器""青白瓷"，即青花瓷器。印度德里发现的元代青花瓷器，为元青花的研究和传播提供了新的资料。

　　宋、元时期，菲律宾、印度尼西亚等东南亚地区是中国对外贸易的重要转口港，输往近东、欧洲的货物往往在此中转。20世纪60年代以后，当地发现的14世纪中国青花瓷器及其标本引起了人们的注意，1967年洛克辛（Locsin）等发表了他们在菲律宾发现的"东方陶瓷"[1]，其中包括元青花，这是所见关于东南亚发现中国陶瓷最早的资料。以后不断有新的资料发表[2]。东南亚发现的元代青花瓷器可以分为两类，一类是大型器物，基本特点与在伊朗、土耳其收藏的一致，有大盘、大罐、梅瓶、玉壶春瓶等；另一类是简笔绘彩的小型器物，有瓶、盘、执壶、军持、小葫芦瓶、多棱小瓶、双系小罐（图17）等。其中军持、多棱小瓶、双系小罐等为东南亚所特有，在中国国内及伊斯兰地区都没有发现。东南亚的元青花中大器主要在印尼发现，而且大部分是残器，这与当时印尼主要作为贸易转口港的地位相符；小型器物则主要在菲律宾发现，且器形特殊，应该是专门为当地定烧的。

　　《岛夷志略》中记录了在菲律宾和印尼青花瓷器贸易的情况，如三岛（指分布在吕宋岛马尼拉湾南北的3个港口）、"爪哇""喃巫哩"（苏门答腊岛西北）、"丁家卢"（苏门答腊岛东岸）等都是当时重要的港口。

图17　元　青花花卉纹双系罐（菲律宾出土）（上海博物馆藏）

［1］　Locsin, Leandro and Cecilia, *Oriental Ceramics Discovered in the Philippines*, Rutland, Vermont: Charles E. Tuttle Co, 1967.

［2］　相关资料见下列文献：Addis, John, *Early Blue and White Wares Excavated in the Philippines*, in Manila Trade Pottery Seminar Introductory Notes, Manila: Research Foundation in Philippine Anthropology & Archaeology, Inc. 1968; Adhyatman, Sumarah, *Antique Ceramics Found in Indonesia*, Jakarta: The Ceramic Society of Indonesia, 1990; Gotuaco, Tan, Diem, *Chinese and Vietnamese Blue and White Found in the Philippines*, Manila: Bookmark, Inc.1997; Miksic, John & Kamei, Meitoku, *Research on Ceramics Discovered at the Trouwulan Site in Indonesia*, The Collection on National University of Singapore, 2010; Kamei Meitoku, "Ceramics Discovered at the Trowulan Site", *Research on Ceramics Discovered at the Trouwulan Site in Indonesia*, The Collection of National University of Singapore, 2010.

图18　元　青花凤首扁壶(新疆维吾尔自治区博物馆藏)

在西安发现了14世纪30年代墓葬出土的元青花匜；在甘肃临洮、武威等地发现了元青花玉壶春、匜、碗、高足杯等[1]；1998年在新疆伊犁距元代阿力麻里古城遗址20公里的霍城县芦草沟镇西宁庄村发现1件青花凤首扁壶(图18)，其造型和纹饰与北京元大都遗址出土的凤首扁壶几乎一样。在霍城县的一个窖藏中还发现1件元青花凤纹高足碗。从西安到甘肃、再到新疆，恰是传统的丝绸之路。这给人一种遐想，即除了海上陶瓷之路外，传统的丝绸之路可能是元青花流传的另一条线路，尽管其流传的数量和影响都不如海路。

(七) 元青花的性质

关于元青花的性质，至元十五年(1278)朝廷在景德镇设"浮梁瓷局"，刘新园先生认为这是专为元廷生产御用瓷器的机构，属官窑性质[2]，元青花属"浮梁瓷局"所烧造，并由官方的"画局"设计[3]。但是从"浮梁瓷局"设置之初"将作院"[4]尚未设立以及它管辖"掌烧造磁器，并漆造马尾棕藤笠帽等事"的职能来看，"浮梁瓷局"应该是当时管辖一方手工业生产的机构，或兼有为朝廷、官府定烧贡瓷等官用瓷器和其他手工业品及课税的功能[5]。

1988年在景德镇风景路珠山北麓发现的元青花纹饰多为五爪云龙纹，刘新园先生据此考证这批瓷器应该是元文宗时期(1328—1331)的官窑产品[6]。近年在景德镇老城区南面的电瓷厂元代窑址中也发现了两片绘有五爪龙纹的元青花标本。曹建文先生认为因两地相差很远，不可能是风景路官窑的产品。这样，元代官窑就不止一处，而且有印花五爪龙纹的卵白釉瓷器在湖田和镇区的多个窑址发现。这说明"元代的官窑与明代独一的官窑不是一个概念，元代的官窑如果存在的话，它实际就是一个作为管理机构的'浮梁瓷局'，景德镇所有的元瓷作坊都要受浮梁瓷局的管理，都可能要承担宫廷下派的烧造任务，而没有任务的时候他们就可以自由地为海内外市场生产"[7]。这样的制瓷作坊的性质应该是民营的。

[1] 贾建威：《介绍几件甘肃省出土的元青花瓷》,《考古与文物》2009年第4期。
[2] 刘新园：《元代窑事小考(一)》,《景德镇陶瓷学院学报》1981年第2卷第1期。
[3] 刘新园：《元青花特异纹饰和将作院所属浮梁瓷局与画局》,《景德镇陶瓷学院学报》1982年10月第3卷第1期。
[4] 据《元史·百官志》,"将作院"设立于至元三十年(1293),较"浮梁瓷局"晚了15年。
[5] 据乾隆四十八年《浮梁县志·陶政》："元更景德镇税课局监镇为提领。泰定后本路总管监陶,皆有命则供,否则止。"
[6] 刘新园：《元文宗——图帖睦尔时代之官窑瓷器考》,《文物》2001年第11期。
[7] 曹建文、徐华烽：《近年来景德镇元代青花窑址调查与研究》,《故宫博物院院刊》2009年第6期。

传世的"至正十一年"云龙纹瓶是典型的元青花,其铭文表明它是为"玉山县顺城乡德教里荆堂社奉圣弟子张文进"所定烧的供器,不可能由官窑生产。有学者认为不是所有"至正型"青花都与上述云龙纹瓶一样是民窑产品,其中"有的可能是元官窑的作品";浮梁瓷局只是一个管理协调机构,而真正的官窑应是"御土窑"[1]。刘新园、白焜先生1982年在《高岭土史考》一文中认为元代称高岭土为"御土",而元青花大器的配料中必定使用高岭土,此"御土"的概念是否仅限于"御用"值得思考。

元末明初著名学者叶子奇对元朝有如下评论:"元朝自世祖混一之后,天下治平者六七十年。轻刑薄赋、兵革罕用,生者有养、死者有葬,行旅万里、宿泊如家。诚所谓盛也矣。"[2]

蒙古军队重视有手艺的工匠,在战争中奉行"惟匠得免"的政策[3],并积极推行对外贸易,景德镇窑业因此得到极大的发展。目前尚未有证据表明元青花的大量出口与朝廷的对外交往有关,亦未能证明元青花的生产与浮梁瓷局有关,因此其性质应属商品,而生产商品的制瓷工场的性质应属民营。民营的制瓷工场除了生产商品之外,也可以承担官府和朝廷的定烧任务,有"枢府"等款的印花卵白釉瓷器就是官府的定烧器,其生产有余还可以出售,甚至出口,韩国新安海底沉船中就曾经发现这类瓷器。

元朝以军事立国,市舶收入是主要的财政来源,于是大力发展对外贸易成为国策。政府先后在泉州、庆元(浙江宁波)、广州等地设立"市舶提举司",制定和颁布"市舶法则",对海外贸易进行管理。外贸给政府带来了巨额收入,每年的市舶收入在元政府的财政收入中占据了很大的比重[4],成为"军国之所资"[5]。丝绸和陶瓷是中国外贸的传统商品,由于元政府对丝织业严加控制,元代丝绸的出口大大少于唐宋时代[6],瓷器遂成为元代外贸最重要的商品,元青花为外销而生产,是市舶收入的主要来源之一。元青花只有作为民窑生产的普通商品输出,才能保证市舶收入,这对于元朝政府来说是很重要的。

原载《幽兰神采——元代青花瓷器特集》,上海书画出版社,2012年

[1] 李民举:《浮梁瓷局与御土窑器》,《南方文物》1994年第3期;陆明华:《元青花瓷器的相关研究》,《元青花研究—景德镇元青花国际学术研讨会论文集》,上海辞书出版社,2006年。
[2] (明)叶子奇:《草木子》卷三上《克谨篇》,明嘉靖二十二年刻本。书中所记多为元朝时见闻。
[3] 《元史》卷一百六十三"张雄飞传":"国兵屠许(河南许昌),惟工匠得免。"(中华书局,1966年);(元)刘因《静修先生文集》卷二十一《武遂杨翁遗事》:"保州屠城,惟匠者免。"(《四部丛刊初编·集部》)
[4] 陈高华、吴泰在《宋元时期的海外贸易》(天津人民出版社,1981年)一书中分析元初至元、大德年间的市舶收入之金约占元朝岁入之数中金的六分之一以上甚至更多。按:当时市舶税货细色(珍贵品)为十取一、粗色(一般商品)为十五取一,另征收船税三十取一。延祐元年以后元政府将市舶税率提高了一倍[据《(至正)四明续志》卷六"赋税·市舶"条],市舶收入也应倍增。
[5] 《元史》卷一百六十九"贾昔剌传",中华书局,1976年。
[6] 详见陈振中:《元代的手工业》,《中国封建经济关系的若干问题》,生活·读书·新知三联书店,1958年。

唐代"黑石号"沉船出水白釉绿彩瓷器研究

　　1998年,当地渔民在印度尼西亚苏门答腊岛和婆罗洲之间的勿里洞岛(Belitang Island)丹戎潘丹(Tanjung Pandan)港北部海域的海底发现大量陶瓷等遗物。在勘查中又发现一些木船构件,确认是一艘沉船,并推测该船可能因撞上西北150米处黑色大礁石而沉没。在一些报道中,沉船被称为"黑石号"(Batu Hitam)或"勿里洞沉船"(Blitang Wreck)。

　　持有印度尼西亚政府颁发的考察和发掘执照的德国"海底探索"公司闻讯后对沉船遗址进行定位,并于1998年9—10月间开始海底遗址的发掘工作。东北季风来临期间发掘工作暂停,1999年4月恢复。经过约一年的发掘,水下考古工作基本完成。

　　沉船中的两件遗物为沉船年代提供了证据:一件是八卦四神铜镜,在镜背的外侧一周铸有文字"唐乾元元年戊戌十一月廿九日于扬州扬子江心百炼造成";另一件是长沙窑阿拉伯文碗,碗的外侧下腹部刻有"□□□□宝历二年七月十六日"等字样。乾元元年为公元758年,宝历二年为公元826年。由此判断,该船在中国装货的年代应该在公元9世纪20年代或以前。

　　从"黑石号"沉船遗骸中打捞上来的遗物十分丰富,数量也极为惊人,基本上都是中国唐代的文物。其中90%以上是瓷器,其他还有金银器、铜镜、银锭、漆器等。总数6万多件。瓷器中以长沙窑彩绘青瓷最多,有5万多件;其他还有越窑青瓷、白瓷、绿彩瓷器、广东青瓷和3件青花瓷器。

　　从"黑石号"沉船遗骸中打捞上来的遗物中发现了约300件中国白瓷和约200件白釉绿彩瓷器。

　　关于"黑石号"沉船中发现的白瓷,本人在2002年10月召开的"中国古代白瓷国际学术研讨会"上发表《唐代"黑石号"沉船出水白瓷初步研究》[1]一文,已经对其作了论述。提出在"黑石号"沉船中发现的白瓷分为精白瓷和粗白瓷两类,精白瓷的胎釉特点和化学成分与邢窑或曲阳窑几乎一致,认为其产地在河北;粗白瓷的胎釉特点和化学成分与巩县窑十分接近,应该是河南的产品。本文主要对"黑石号"沉船发现的白釉绿彩瓷器进行综合研究。

　　白釉绿彩瓷器的装饰方法主要有两种,一种是通体内外饰绿色,表面通常有垂流现

---

[1]　上海博物馆:《中国古代白瓷国际学术研讨会论文集》,上海书画出版社,2005年。

象,并露出彩下白釉。另一种是在白釉上饰以不规则的绿彩斑块,器形主要有杯、盘、碗、盖盒、盖罐、执壶等。

杯可分为三类,一类是无柄杯,一类是单柄杯,还有一类是高足杯。

无柄杯的造型为直口、直壁、深腹、圈足,口沿下和下腹部各有数道旋纹(图1)。

单柄杯有两种式样,一种是敛口单柄杯,基本造型是敛口、弧壁、深腹、下承较宽的浅圈足,杯口一侧有以两根泥条盘筑的圆环形柄,柄环上端贴有一圆形印花作为指垫。杯外中部和下腹部各有3道旋纹(图2)。

图1 无柄敛口杯

另一种是敞口单柄杯,造型为侈口、束腰、折腹、平底、浅圈足,足圈较宽。杯柄呈双复圆环形,上有圆形印花指垫,杯外3道旋纹正好位于按杯柄处(图3),可能起定位的作用。

图2 单柄敛口杯

图3 单柄敞口杯

高足杯有两种式样,一种是单纯高足杯,其造型杯体侈口、束腰、折腹下承高足,足柄下部呈喇叭状,足外沿稍上卷。在杯体的口沿、中部和折服处各有数道旋纹,足柄上、中、下各有两道凸棱(图4)。有的高足杯内底还粘有一条模印的鱼(图5)。高足杯柄中空,与足底相通。

另一种是高足吸杯,杯体与高足杯相似,有的口沿作四瓣花口,杯柄较短,内底有孔与中空的杯柄相通,杯外侧的吸管又与杯柄相通,吮吸吸管,杯内的浆液通过杯柄可以被吸食;模印的鱼(或龟、鸳鸯等)正好遮掩了杯内的孔(图6),结构十分巧妙。由于吸杯的杯柄被用作浆液的通道,因此与高足杯不同,高足吸杯的中空杯柄与底部并不相通。

盘的口径不大,有圆口和四瓣花口两种,浅腹,浅圈足,足跟较宽。盘内心有的有简

图4 高足杯

图5 高足杯内心

图6 高足吸杯

图7 刻花盘

图8 刻花盘

单的刻花,均为线形图案,有折枝花卉、菱形花纹等(图7、8、9),也有素面的。

碗有大、中、小之分。大碗口径在25厘米或以上,敞口、口沿外折、腹壁稍弧、内圜底、假圈足较矮、平底。大碗内满釉、满彩,器外施半釉、半彩,下腹部以下无釉露胎,现火石红(图10、11)。

中型碗的口径在20厘米左右,侈口或敞口,口沿有的作四瓣或五瓣花口,腹壁有出筋,圈足,足端稍宽,有的圈足内有"进奉""盈"字刻铭,均在釉下(图12、13)。

图9 绿彩盘

图10 大碗

图11 大碗底

图12 "进奉"铭碗底

　　小碗口径在10—15厘米之间,有敞口碗和敛口碗,敞口碗敞口、翻沿、浅腹、浅圈足(图14),有的敞口碗的口沿作四瓣花口形,腹壁有出筋;敛口碗口沿内敛、深腹、浅圈足(图15)。小碗大多仅以绿彩装饰,有的碗内底心有刻划的花卉图案;少数碗的内底有贴花团龙纹,外沿以六莲瓣环绕,中间为龙追火球,龙作张口欲吞火球状,龙之须、角、舌、鳞及三爪四肢均清晰可见(图16)。

　　盖盒作圆形,盖顶平坦有菱形刻花,

图13 "盈"字铭碗底

图14　敞口碗

图15　敛口碗

图16　贴花龙纹碗

图17　盖盒

下承圈足（图17）。

　　盖罐器形较大，小口、卷唇、矮领、削肩、鼓腹、平底，盖顶隆起，有宝珠形钮（图18）。

　　执壶侈口外卷、直颈、丰肩、鼓腹、假圈足外撇、平底，肩部一侧有流作龙首状，龙口衔流；肩部另一侧有錾作一伏在壶口的狮子，其后肢直立，前肢扒住壶口，狮首前倾，狮口衔在壶口上，作欲饮水状，十分生动。肩颈间两侧还有泥条盘筑的双复系（图19）。

　　从这些白釉绿彩瓷器的造型看，杯的造型直口、深腹，与沉船发现的白瓷敛口杯（图20）稍有区别，由于白釉绿彩杯的口径稍大，其高度显得稍矮。另外，白瓷杯的表面没有任何装饰。单柄杯的造型与白釉杯相似，敞口杯在国内也有发现，如江苏徐州奎山唐墓出土的白瓷单柄杯[1]（图21）和1957年河南陕县湖滨区出土的白瓷圈柄

─────────────

[1]　徐州博物馆收藏。转引自《中国陶瓷全集》第5卷《隋唐》图版148，上海人民美术出版社，2000年。

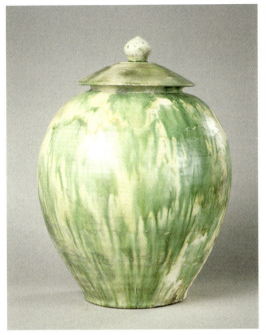

图18　大罐

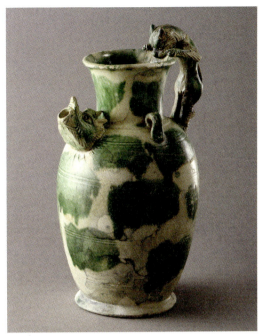

图19　狮柄龙首执壶

图20　白瓷敛口杯("黑石号"出土)

图21　白瓷单柄杯(江苏徐州出土)

杯[1](图22)即是。与国内出土的敞口杯相比,"黑石号"沉船中白釉绿彩杯的口径和腹径略大,高度略矮,杯柄上的"指垫"也不一样,前者是利用圆环泥条一端上挑自然形成,后者则特别加上有印花的圆形泥片做成。高足杯在唐代陶瓷器中比较少见,特别是高足吸杯在唐代陶瓷器中几乎不见。盘、碗的造型为唐代常见。沉船中发现的盖盒较大,与唐代流行的作化妆品盛器的盖盒不同,可能其用途也有别,或许用作

---

[1]　中国国家博物馆收藏。转引自《中国陶瓷全集》第5卷《隋唐》图版179。

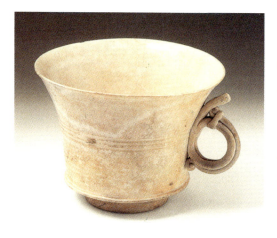

图22　白瓷圈柄杯(河南陕县出土)

镜盒。盖罐与唐代无异,1992年在河南省巩义市(原巩县)北窑湾唐大中五年(851)墓中出土的白瓷盖罐[1](图24)与沉船中发现的绿彩盖罐器形完全相同。类似沉船发现的狮柄执壶在国内也有出土,如陕西省西安市004工地主厂区出土的白釉执壶(图24)和陕西省西安市西郊热电厂唐墓出土的白釉狮柄执壶[2](图25),应该都是河北邢窑的产品。

在"黑石号"沉船中发现的白釉绿彩瓷器国内发现并不多,见于报道的有:1957年河南安阳薛庄唐墓中曾经出土一件白釉绿彩执壶[3](图26);1987年河南省三门峡市化工厂工地唐代墓葬(M13)中也曾经出土白釉绿彩瓷碗[4](图27);1983年在江苏省扬州市三元路曾经出土一件白釉绿

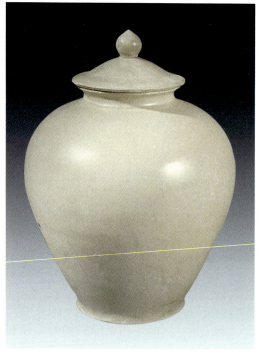

图23　白瓷盖罐(河南巩县大中五年墓出土)

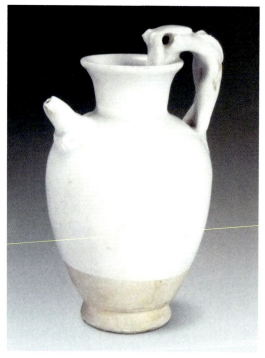

图24　白釉执壶(陕西西安出土)

[1]　见于《河南出土陶瓷》图版16,香港大学美术博物馆,1997年。
[2]　分别见于《中国出土瓷器全集15》图版63、46,科学出版社,2008年。
[3]　见于《中国出土瓷器全集12》图版67。
[4]　见于《中国出土瓷器全集12》图版65。

图25 白釉狮柄执壶（陕西西安唐墓出土）　　　图26 白釉绿彩执壶（河南安阳出土）

图27 白釉绿彩瓷碗（河南三门峡出土）　　　图28 白釉绿彩贴花龙纹碗（江苏扬州出土）

彩贴花龙纹碗[1]，口沿作四出花口、外侈，腹壁斜直，碗心盘龙云气纹贴花与"黑石号"发现的同类碗几乎完全一样（图28）。

关于唐代白釉绿彩瓷器的产地有几种推测，一种认为其装饰与河南巩县唐三彩相似，可能是巩县窑的产品；从个别器物底部刻有"进奉""盈"等款识来看，也可能是河北

---

[1] 扬州博物馆：《扬州三元路工地考古调查》，《文物》1985年第10期。

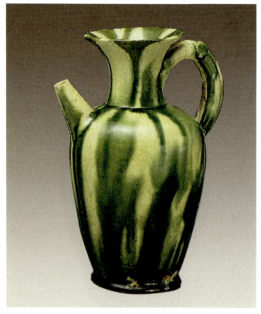

图29　白釉绿彩执壶（上海博物馆藏）

图30　白釉绿彩瓷罐（故宫博物院藏）

图31　白釉绿彩瓷片标本（河北内丘出土）

邢窑的产品，因为在邢窑窑址出土的白瓷标本[1]和一些地区出土的白瓷[2]上发现刻有"盈""翰林"等字款。如果从巩县唐三彩的装饰特点看，通常比较多的是在绿色上加白色斑块，而白底绿彩的确实很少见。笔者曾经到河南省文物考古所和巩县文保所收藏的巩县窑唐三彩陶和白瓷标本中仔细寻找也没有发现。传世文物中，上海博物馆收藏的一件白釉绿彩执壶（图29），故宫博物院收藏的白釉绿彩瓷罐[3]（图30）与"黑石号"沉船中发现的相仿。

　　近年，有学者通过分析比较邢窑、巩县窑、耀州窑及"黑石号"标本的化学构成，认为"黑石号"上发现的白釉绿彩瓷器是河南巩县窑的产品[4]。由于所分析的"黑石号"

［1］　内丘县文物保管所：《河北省内丘县邢窑调查简报》，《文物》1987年第9期。
［2］　在陕西省有两次发现，分别见于翟春玲、王长启：《青龙寺遗址出土"盈"字款珍贵白瓷器》，《考古与文物》1997年第6期；尚民杰、程林泉：《西安南郊新发现的唐长安新昌坊"盈"字款瓷器及相关问题》，《文物》2003年第12期。
［3］　见于《中国陶瓷全集》第5卷《隋唐》图版210。
［4］　LI Baoping, Chen Yuh-shiow and Nigel Wood, "Chemical Fingerprinting: Tracing the Origins of the Green-Splashed White Ware", 刊 *Shipwrecked—Tang Treasures And Monsoon Winds*, Publishend by the Arthur M. Sackler Gallery, Smithsonian Institution, the National Heritage Board Museum Singapore..., in February 2011.

标本样本只有8个,还不足以反映黑石号白釉绿彩瓷器的全貌。2011年在河北省内丘县发现唐代邢窑窑址,出土的白釉绿彩瓷片标本特点与"黑石号"发现的几乎一致[1](图31),目前发掘工作尚在进行当中,我们期待有更多发现。

以上,说明唐代"黑石号"沉船上的白釉绿彩瓷器中既有河南巩县窑产品,也有河北邢窑产品。巩县窑产品胎质较粗,有的在胎的表面施白色化妆土;而邢窑产品胎质较细、较白,一般不用施化妆土。

原载《上海博物馆集刊》第十二期,上海书画出版社,2012年

---

[1] 据好友告知。

元代青花瓷器的输出与伊斯兰文化

元代青花瓷器在中国陶瓷史上占有十分显要的地位,它那硕大雄健的器形、精巧鲜丽的装饰,令世人啧啧称奇。它的出现改变了以往中国瓷器重釉色、轻彩绘的传统,将绘画技法与瓷器装饰有机地结合起来,为明、清两代绚丽多彩的彩瓷的发展奠定了坚实的基础,同时还对元代景德镇的迅速崛起,成为中国的"瓷都"起了相当重要的作用。

一、元代景德镇青花瓷器的输出

元代景德镇青花瓷器是一种主要为对外贸易而生产的外销商品。据成书于1349年的《岛夷志略》[1]记载,当时中国输出"贸易之货"中有"青白花瓷""青白花器""青白花碗""青白瓷""青白碗"等,应该就是青花瓷器[2]。输入这类瓷器的港口包括波斯地区的"加里那"(古地名,故址在今波斯湾东北岸布什尔东南的哈里勒角,为当时东西方海上交通的港口之一)[3]、"甘埋里"(古地名,故址在今伊朗东部,当波斯湾要冲,是东西方通商的重要口岸)、"天堂"(今麦加,穆斯林朝拜中心)等地。伊朗及土耳其收藏的元青花或许就来源于此。

英国《东方陶瓷学会会刊》第41期(1975—1977)刊登了埃伦·斯马特博士(Smart, Ellen)1976年11月23日在东方陶瓷学会宣读的论文《德里塔格拉克宫所藏

---

[1] 《岛夷志略》,著名历史地理游记。是元代航海家汪大渊1339年第二次远航回国以后根据自身经历所著《岛夷志》的节略本,反映了元代后期中西海上交通史。书中涉及亚、非、澳各洲的国家与地区达二百二十多个,详细记载了当地的风土人情、物产、贸易,是不可多得的宝贵历史资料。

[2] "青白瓷"名称出现于宋代,在南宋吴自牧的笔记《梦粱录》卷十三"铺席"条有"平津桥沿河布铺、黄草铺、温州漆器、青白瓷器……"的记载,同卷"诸色杂买"条记录的"家生动事"(日用器具)中也有"青白瓷器瓯、碗、碟、茶盏、菜盒"等。这里记载的"青白瓷"是指景德镇宋元时期生产的那类釉色白中透青的"青白瓷"(影青)。而《岛夷志略》中记载的"青白花瓷""青白花器"及"青白瓷"等与上述"青白瓷"不同。陈万里先生认为"青白花瓷""青白瓷"都是青花瓷器(见陈万里:《我对"青白磁器"的看法》,《文物》1959年第6期);汪庆正先生也持同样观点(见《青花釉里红》一书前言,上海博物馆、香港两木出版社,1987年联合出版)。因为一直没有发现14世纪30年代的青花瓷器,有的学者对《岛夷志略》中"青白花器"等的解释持保守态度,认为是指传统的青白瓷,即影青[詹开逊:《"青白花瓷器"浅见(一)》,《江西历史文物》1984年第1期]。

[3] 本文对《岛夷志略》中古地名的考释均依据苏继庼:《岛夷志略校释》,中华书局,1981年。

图1　印度德里寇特拉·鲁菲兹
城堡花园城出土的元青花标本

十四世纪中国瓷器》[1]，文章披露了1960年在印度德里图格鲁克皇宫（Tughlaq Palace）
遗址[2]以北15公里的寇特拉·鲁菲兹城堡[3]发现的一批14世纪中国景德镇生产的青花
瓷器残片的情况，可以拼合的器物大约有70件，主要是大盘和碗、碟，纹饰和造型与伊朗
和土耳其的14世纪青花瓷器基本一致（图1）。旅行家伊本·白图泰[4]曾经在14世纪40
年代访问德里期间到过寇特拉·鲁菲兹城堡，他在游记中提到当时有大量中国青花瓷
器出口到印度。

　　《岛夷志略》记载了"天竺"（古代中国对印度等南亚次大陆国家的统称）、班达
里（印度西南岸古港）、小具喃（位于印度西南部古国"古佛里"的港口）、朋加拉（孟加
拉）、乌爹（东枕孟加拉湾，今印度奥里萨邦北部）等地从中国输入的商品中有"青白花
器""青白瓷"，即青花瓷器。印度德里发现的元代青花瓷器，为元青花的研究和传播提
供了新的资料。

　　宋、元时期，菲律宾、印度尼西亚等东南亚地区是中国对外贸易的重要转口港，输往
近东、欧洲的货物往往在此中转。20世纪60年代以后，当地发现的14世纪中国青花瓷
器及其标本引起了人们的注意，1967年洛克辛（Locsin）等发表了他们在菲律宾发现的
"东方陶瓷"[5]，其中包括元青花，这是所见关于东南亚发现中国陶瓷最早的资料。以后

[1]　Smart, Ellen, *Fourteenth Century Chinese Porcelain From A Tughlaq Palace in Delhi*, Transactions of the Oriental Ceramic Society, Volume 41, 1975−1977.
[2]　图格鲁克皇宫是14世纪统治印度、北非地区的突厥人建立的苏丹王朝的宫殿遗址。
[3]　寇特拉·鲁菲兹城堡是德里的一个宫殿群，1354年苏丹菲鲁兹·塔格拉克所建。他是穆罕默德·本·塔格
　　拉克的侄子和继承人，14世纪40年代伊本·白图泰游历德里时的主人。
[4]　元代后期到中国访问的非洲摩洛哥旅行家，1354年回国后与人合作，用阿拉伯文写成一部旅行记《伊本·白
　　图泰游记》。
[5]　Locsin, Leandro and Cecilia, *Oriental Ceramics Discovered in the Philippines*, Rutland, Vermont: Charles E. Tuttle
　　Co, 1967.

不断有新的资料发表[1]。东南亚发现的元代青花瓷器可以分为两类，一类是大型器物，基本特点与在伊朗、土耳其收藏的一致，有大盘、大罐、梅瓶、玉壶春瓶、套盒等（图2）；另一类是简笔绘彩的小型器物，有瓶、盘、执壶、军持、小葫芦瓶、多棱小瓶、双系小罐等。其中军持（图3）、多棱小瓶、双系小罐等为东南亚所特有，在中国国内及伊斯兰地区都没有发现。东南亚的元青花中大器主要在印尼发现，而且大部分是残器，这与当时印尼主要作为贸易转口港的地位相符；小型器物则主要在菲律宾发现，且器形特殊，应该是专门为当地定烧的。

《岛夷志略》中记录了在菲律宾和印尼青花瓷器贸易的情况，如三岛（指分布在吕宋岛马尼拉湾南北的3个港口）、"爪哇""喃巫哩"（苏门答腊岛西北）、"丁家卢"（苏门答腊岛东岸）等都是当时重要的港口。

2011年在西安发现了14世纪30年代墓葬出土的元青花匜；1987年在甘肃临洮、2001年在甘肃武威等地发现了元青花玉壶春、匜、碗、高足杯等[2]；本世纪初，来自俄罗斯、英国、美国和瑞典等国家的探险家和考古学家在位于内蒙西北干涸的"黑水"（额济纳河）下游北岸荒漠上发现了黑水城遗址，遗址中出土了相当数量的元青花标本；1998

图2　元　岁寒三友图青花套盒（传印　　　图3　元　青花军持
尼出土）（上海博物馆藏）

---

[1] 相关资料见下列文献：Addis, John, *Early Blue and White Wares Excavated in the Philippines*, in Manila Trade Pottery Seminar Introductory Notes, Manila: Research Foundation in Philippine Anthropology & Archaeology, Inc. 1968; Adhyatman, Sumarah, *Antique Ceramics Found in Indonesia*, Jakarta: The Ceramic Society of Indonesia, 1990; Gotuaco, Tan, Diem, *Chinese and Vietnamese Blue and White Found in the Philippines*, Manila: Bookmark, Inc.1997; Miksic, John & Kamei, Meitoku, *Research on Ceramics Discovered at the Trouwulan Site in Indonesia*, The Collection on National University of Singapore, 2010; Kamei Meitoku, "Ceramics Discovered at the Trowulan Site", *Research on Ceramics Discovered at the Trouwulan Site in Indonesia*, The Collection of National University of Singapore, 2010.

[2] 贾建威：《介绍几件甘肃省出土的元青花瓷》，《考古与文物》2009年第4期。

年在新疆伊犁距元代阿力麻里古城遗址20公里的霍城县芦草沟镇西宁庄村发现1件青花凤首扁壶，其造型和纹饰与北京元大都遗址出土的凤首扁壶几乎一样。在霍城县的一个窖藏中还发现1件元青花凤纹高足碗。从西安到甘肃、内蒙再到新疆，恰是传统的丝绸之路。这给人一种遐想，即除了海上陶瓷之路外，传统的丝绸之路可能是元青花流传的另一条线路，尽管其流传的数量和影响都不如海路。

　　元朝以军事立国，市舶收入是主要的财政来源，于是大力发展对外贸易成为国策。政府先后在泉州、庆元（浙江宁波）、广州等地设立"市舶提举司"，制定和颁布"市舶法则"，对海外贸易进行管理。外贸给政府带来了巨额收入，每年的市舶收入在元政府的财政收入中占据了很大的比重[1]，成为"军国之所资"[2]。丝绸和陶瓷是中国外贸的传统商品，由于元政府对丝织业严加控制，元代丝绸的出口大大少于唐宋时代[3]，瓷器遂成为元代外贸最重要的商品，元青花为外销而生产，是市舶收入的主要来源之一。元青花只有作为民窑生产的普通商品输出，才能保证市舶收入，这对于元朝政府来说是很重要的。

二、"伊斯兰文化"概述

　　本文所提的"伊斯兰文化"是指13—14世纪中、西亚信仰伊斯兰教的穆斯林聚集地区的文化。它以波斯帝国和阿拉伯帝国为中心，包含西亚的叙利亚、伊朗，南亚的印度、斯里兰卡和东非的埃及、肯尼亚等国，吸收、融汇了东西方古典文化而形成的具有地域、宗教和传统特色的文化，包括思想意识、艺术和风俗等丰富内涵。伊斯兰文化以波斯语和阿拉伯语为文字载体，对其他文化采取兼容并蓄的态度，并随实践不断调整、发展、创新，即便在当前仍具有强大的生命力，显示出鲜明的民族、地域和时代特征。伊斯兰文化又被称为"阿拉伯—伊斯兰文化"，与"中国文化""印度文化""希腊—罗马文化"等并称，在世界文化史上占有极其重要的地位。

　　在世界工艺史上，伊斯兰艺术成为了东西方制瓷技术交流的主要方面。它以"反偶像崇拜""反具象"的教条和宏伟、壮丽、精美、朴素的建筑，装饰，成为艺术的经典样式。13—14世纪，随着伊斯兰教在中亚、西亚、南亚、非洲等地广泛传播，伊斯兰样式在印度、伊朗、埃及、叙利亚乃等地扎根，直到现在我们仍可以很容易地识别出这些艺术作品。产生于14世纪的元青花中也融入了当时伊斯兰文化的元素，体现出强烈的异域风情，以下仅简要阐述伊斯兰文化对元青花造型、装饰风格的影响。

---

[1]　陈高华、吴泰在《宋元时期的海外贸易》（天津人民出版社，1981年）一书中分析元初至元、大德年间的市舶收入之金约占元朝岁入之数中金的六分之一以上甚至更多。按：当时市舶税率货细色（珍贵品）为十取一、粗色（一般商品）为十五取一，另征收舶税三十取一。延祐元年以后元政府将市舶税率提高了一倍［据《（至正）四明续志》卷六"赋税·市舶"条］，市舶收入也应倍增。

[2]　《元史》卷一百六十九"贾昔剌传"，中华书局，1976年。

[3]　详见陈振中：《元代的手工业》，《中国封建经济关系的若干问题》，生活·读书·新知三联书店，1958年。

三、元青花中的伊斯兰造型

全世界最为精美的元青花集中于伊朗国家博物馆和土耳其托布卡普宫博物馆中，总数达70余件。其中不乏罕见于其他地区的大盘、大碗、大罐、葫芦瓶、梅瓶、四方扁壶等器形，这些大型碗、盘、四方扁壶、高足碗和器座等精美作品就带有明显的伊斯兰风格。

(一) 大型碗、盘

元代瓷器中多见体量巨大的碗、盘，这在其他各朝制品中极为罕见。目前存世的元青花中，大盘的口径多在40—50厘米之间，最大的可达57厘米。口沿有菱花口（图4）和圆口（图5）两种。菱花口盘只在口沿分瓣，多为十六瓣，也有十三、十四、十七瓣，器身不分瓣。装饰技法上，元青花菱花口盘既有青花，也有青地白花，而圆口盘一般为青花。元青花大碗数量较大盘而言极少，仅见于土耳其托布卡普宫博物馆、伊朗国家博物馆、日本大阪市立东洋陶瓷美术馆等为数不多的几个机构。它们的基本造型为深腹，小圈足，敞口或敛口，口径在30—40厘米之间（图6），最大的达到58厘米。

这些大型碗、盘与中国传统的瓷器不同，更接近中亚、西亚地区的陶制和金属的大盘。美国波士顿艺术博物馆藏有一件11世纪伊斯兰银盘，口径为43.5厘米，与青花大盘类似。大碗是中东地区的常用器皿，特别是自9世纪以后，直径30厘米以上的彩绘陶碗在波斯地区十分流行。这类碗、盘多为饮食器皿，用以盛放食物或饮料。此外，也有一

图4 元 青花鸳鸯莲塘纹菱花口大盘（伊朗国家博物馆藏）

图5 元 青花龙纹大盘（伊朗国家博物馆藏）

图6　元　青花缠枝莲花纹大碗（日本大阪市立东洋陶瓷美术馆藏）

图7　伊朗图书细密画插图

些碗、盘被作为装饰物镶嵌在建筑外墙、居室和陵墓中[1]，这在东非地区考古发现的宫、寺、陵墓等遗址中都有所发现。这种做法在15世纪以后的西方更为常见，许多外销瓷即以相似的方式摆设、陈列。中、西亚及东非，乃至我国新疆等伊斯兰教盛行地区，民众席地或围桌而坐，共饮同食。托布卡普宫博物馆中收藏的15世纪波斯手抄本图书的插图中就有穆斯林们围坐进食、碗盘交错的场景（图7），可为佐证。

（二）器座

这类器物的原型是13世纪西亚流行的黄铜盘座，上、下侈口，中空无底。中段陡直，均匀分布着六个菱形镂孔。它与宣德时期的青花无档尊属于同类器物，其用途是将大盘置于其上，方便席地而坐的人们取食。器座在元青花中极为罕见，目前仅见于英国剑桥大学菲兹威廉博物馆的青花缠枝花卉纹镂空器座（图8）和青海省博物馆的青花缠枝牡丹纹器座，后者的底圈边缘有三个突起的残块，似乎原有三足。

图8　元　青花缠枝花卉纹镂空器座（英国剑桥大学菲兹威廉博物馆藏）

（三）扁壶

此类器物也称为四方扁壶，器身多为扁长方形，上有筒形小口，卷唇，两侧圆肩，各

---

[1]［日］三上次男：《陶磁の道》，东京岩波书店，1969年。

图9 元 青花龙纹扁壶（伊朗国家博物馆藏）

有龙形双系。英国维多利亚和阿尔伯特博物馆、日本出光美术馆、土耳其托布卡普宫博物馆和伊朗国家博物馆（图9）皆有收藏。此器形带有浓郁的异国情调，明显不是中国风格。虽然在伊斯兰陶器中尚未见到相似器物，但就其功能而言，应为随身携带的盛器，对于善于经商且常年外出的穆斯林是非常适宜的，两侧的双系可用来穿绳系于马匹或骆驼上，比单系更为坚固。传世至今的元青花扁壶数量有限且都在国外[1]。中国的龙泉窑青瓷中也有类似的器物。

（四）高足碗

高足碗是元代出现的新器形，敛口，深腹，圈底，下连喇叭形高足（图10）。相似的还有高足杯，又称靶杯，它们和高足碗一样都是独具北方游牧民族特色的瓷器造型。伊朗国家博物馆、英国牛津阿什莫林博物馆、新疆维吾尔自治区博物馆[2]中都有收藏，景德镇湖田窑址中也出土了高足碗的标本。尽管如此，高足碗在元青花中的数量仍然很少，它们与美国纽约大都会博物馆收藏的一件13世纪后半叶叙利亚的描金玻璃高足碗在外形上十分相似（图11）。高足碗在元代盛行，一方面是为了适应蒙古人入主中国以后所带来的新时尚，同时也适合于伊斯兰地区人民席地生活的传统。

图10 元 青花缠枝莲花纹高足碗（英国剑桥大学菲兹威廉博物馆藏）

图11 13世纪后半叶 描金玻璃高足碗（纽约大都会博物馆藏）

[1] 它们分别为土耳其托布卡普宫博物馆、伊朗国家博物馆、英国维多利亚和阿尔伯特博物馆、日本出光美术馆和Harry爵士的收藏品。
[2] 新疆博物馆：《新疆伊犁地区霍城县出土的元青花瓷等文物》，《文物》1979年第8期。

（五）八棱器

元青花梅瓶、大罐、葫芦瓶等器物中有一些器身作八棱形，如河北保定窖藏出土的八棱梅瓶（图12）和玉壶春瓶、日本梅泽纪念馆收藏的青花花卉海涛纹八棱玉壶春瓶。八棱葫芦瓶则见于土耳其托布卡普宫博物馆（图13）和日本山形掬粹巧艺馆。八方形器与我国传统陶瓷的造型相比，线条更为鲜明，给人一种挺拔硬朗的感觉，它与中、西亚金属器多角、棱边的造型更为接近。在伊斯兰地区流行的几何花纹中，常见八角星形系列的各种变形图案，若将各顶角相连，即为正八边形。这种圆形具有一种内聚力，给人自足、安定之感。建于公元7世纪的著名的耶路撒冷"岩石圆顶"圣堂也采用了八边形的平面布局。将这种八边形的布局移植到瓷器造型上，就是元青花中的八方形器物，它与伊斯兰艺术应该存在着某种内在联系。

图12　元　青花龙纹八棱梅瓶　　　　图13　元　青花花卉纹八棱葫芦瓶
（河北博物院藏）　　　　　　　　　　（伊斯坦布尔托布卡普宫博物馆藏）

四、元青花中的伊斯兰风格纹饰

受到穆斯林传统审美观的影响，元青花的纹饰中也融入了不少伊斯兰元素。作为青花主色调的蓝色，很容易让人联想起天空、海洋、远山、湖泊和冰雪。伊斯兰文化圈中的波斯和中东等地，有相当一部分位于内陆高原和炎热的沙漠中，自然环境恶劣，水是非

图14　9世纪　白釉蓝彩树木纹陶盘(美索不达米亚出土)(伊朗国家博物馆藏)

图15　唐　青花盘("黑石号"沉船出水)(新加坡亚洲文明博物馆藏)

常珍贵的资源,蓝色会引起人们美好的遐想。与此同时,蓝色又是崇高、深邃、纯洁、透明的象征,蓝色的所在往往是人类知之甚少的领域,如宇宙和深海,散发着神秘、渺茫和静穆,与伊斯兰教所宣扬的教义和追求的"清净"境界相符。用蓝色装饰器皿和建筑就成为伊斯兰文化的传统。耶路撒冷的"岩石圆顶"圣堂内部有保存完好的镶嵌画装饰,基本色调都是浅蓝、深蓝和金色[1]。用钴料作为釉下彩装饰陶器,早在7世纪的美索不达米亚就已流行(图14)。经化验,我国唐三彩上的蓝彩和唐青花(图15)上所用的钴料正是从西亚地区输入的[2]。从12世纪起,伊朗、伊拉克、摩洛哥、西班牙等地出现用彩色釉砖组合图案装饰清真寺和宫殿。建于14世纪的伊朗大不里士的加布多清真寺和西班牙格拉纳达的阿尔罕姆拉宫殿的壁画装饰就是早期彩釉砖装饰的代表作,在这些彩釉砖装饰中,蓝色发挥了很重要的作用[3]。随着这种装饰方法的发展,蓝色在伊斯兰建筑上所占的比重也越来越大,终于成为装饰的主流色调,如伊朗伊斯法罕的清真寺(图16)、土耳其伊斯坦布尔的宫殿等就是具有典型伊斯兰装饰风格的建筑。与此相反,蓝白相间的花纹装饰并不是我国传统的装饰色彩。就陶瓷器而言,唐三彩中的蓝色仅作为点缀,始终处于从属的地位;唐代以后青花瓷器发展缓慢,不仅质量不高,数量也很少,这些都说明在相当长的时期内,由于蓝色花纹不符合中国人的审美,未能得到社会的认可,其发展难免受到阻滞。典型元青花是在外销的刺激下迅速发展起来的,其鲜艳浓艳的呈色在当时似乎没能引起国内市场的注意,迄今为止不仅国内发现的元青花数量少,就是出土元青花标本的遗址也远不如国外多,这正说明其市场主要在国外。科学测试结果也表明,元青花所用的钴料是一种高铁、低锰且含砷的原料,与西亚的钴矿成分相近[4]。元人

[1]　杨逸咏主编:《世界建筑全集》第三卷,光复书局,1984年。
[2]　张志刚等:《唐代青花瓷与三彩钴蓝》,《景德镇陶瓷学院学报》1986年第1期。
[3]　杨逸咏主编:《世界建筑全集》第三卷。
[4]　陈尧成等:《历代青花瓷器和青花色料的研究》,《硅酸盐学报》1978年第4期;[日]矢部良明:《元の染付》,《陶瓷大系》第41卷,平凡社,1974年。

忽思慧在《饮膳正要》中介绍了一些产自"回回地面"的物产，如被归入"米谷品"中的"回回豆子"，"菜品"中的"回回葱"（洋葱），"果品"中的"八檐仁""必思荅"以及"料物"中的"咱夫兰"（红花）、"马思荅吉"和"回回青"，称"回回青，味甘寒，无毒，解诸药毒，可传热毒疮肿"[1]，其性与《开宝本草》中"出大食国"的"无名异"相同。另据明代《宣德鼎彝谱》和《天工开物》记载，"无名异"是用作瓷器青色的色料[2]。由此看来，元代的"回回青"除了药用价值之外，还被用作青花瓷器的呈色剂。"回回"是元朝时对中、西亚伊斯兰地区和穆斯林的称呼，"回回青"无疑是从伊斯兰地区进口的钴料。这种输入原料、制成青花瓷再返销的做法，不正是"来料加工"贸易形式的雏形吗！

　　典型元青花的装饰以层次丰富、布局严谨、图案满密为特点，完全改变了早期青花瓷器上以布局简疏的花卉为主的传统，形成了独具特色的、具有浓郁伊斯兰文化意味的风格，使人很容易联想起中、西亚地区的陶器、金属器、玻璃器、染织以及建筑装饰。从元青花纹饰的布局来看，瓶、罐等琢器主要采用横向带状分区的形式，纹饰层次繁复，一般有七八个层次；八方形器多利用器物的棱边作纵向的分区；盘、碗等圆器则采用同心圆分区的方法多层次地进行装饰。这些都是典型的伊斯兰式布局，12世纪末至14世纪早期西亚的金属器皿和陶器上很容易找到它们的原形（图17）。典型元青花的纹饰以纤细工丽著称，线条酣畅流利、笔意准确细腻、纹

图16　伊朗伊斯法罕清真寺外景

图17　14世纪　伊朗彩绘盘

[1]（元）忽思慧：《饮膳正要》第三卷，《四部丛刊续编·子部》，商务印书馆，民国二十三年印行。
[2] 汪庆正：《青花料考》，《文物》1982年第8期。

饰形似酷肖,加上层次繁复,遂形成一种花团锦簇、少有空隙、刻意求工的艺术格调,与波斯绘画细密画作品那种表现主题一览无余、直露浅近的作风一脉相承,而与当时中国绘画崇尚简逸、讲究含蓄、重视主观意兴的抒发,把形似放在次要地位的风格恰好形成鲜明的对照。

图18 元 青花"鬼谷子下山"图罐

图19 元 青花牡丹纹梅瓶(上海博物馆藏)

典型元青花的装饰题材主要有人物故事、动物、植物以及几何图形。人物故事一般以元曲、全相平话等民间喜闻乐见的艺术形式为本,人物造型多为宋装,偶尔也可见元装人物。这类题材前代少见,它的出现,一方面受到元代勃兴的戏曲艺术的影响,其内容大多可在唱本、平话及其插图上找到原形(图18);另一方面,12至13世纪波斯彩绘陶器盛行用人物形象装饰,它对于中国制瓷工匠将故事画移植到瓷器装饰上或许起到了一定的借鉴作用。

元青花上的动物题材也十分丰富,龙、凤、鹤、雁、鸳鸯、孔雀、鹅、鸭、鹭鸶、海马、麒麟、锦鸡、狮、鱼、螳螂、蟋蟀等都可以在瓷器纹饰中找到,几乎包括了飞禽、走兽、游鱼、鸣虫等各种动物门类。它们也是中国传统装饰中常见的题材,惟狮、马、瑞兽等形象在西亚艺术品上更为多见。

元青花上的植物纹十分发达,虽然基本上可以在唐、宋以来的传统图案中找到渊源,但仍然使人强烈地感受到其中"阿拉伯式花纹"的意味。所谓"阿拉伯式花纹",在世界艺术史上专指那些以柔美的曲线为主,有规律地展开蔓延状的花、果、叶、草等植物图案,它们或为主纹、或作地纹填充于空隙,共同构成一种复杂、华丽、有强烈装饰效果的花纹(图19)。在伊斯兰世界,这种程序化的花纹被广泛地运用于各种器皿、建筑、绘画乃至书籍装帧中。伊斯兰地区植物花纹的发达有其宗教的原因。根据伊斯兰教的教义,偶像崇拜是完全被禁止的[1],因为伊斯兰教认为,世界万物均为神

[1]《古兰经》第十四章三十五节:"我的主呵,求你使这个地方变成安全的,求你使我和我的子孙远离偶像崇拜",汉译本第195页,中国社会科学出版社,1981年。

所创造，因而万物皆虚幻，但造物主却是永恒长存的，真主是无形象的，是不能以任何形式来比喻和象征的[1]。进而，其规定在艺术作品中不准制作和绘制人和动物的形象[2]。伊斯兰教还认为植物是无生命的[3]。因此，伊斯兰地区的穆斯林艺术家们便在植物花纹图案的设计和制作上驰骋自己的想象，促使植物花纹在伊斯兰艺术中迅速发展，创造出以蔓枝花草为主要内容的"阿拉伯式"花纹，并闻名于世。当然，来自印度和希腊的影响而对抽象的

图20　伊朗伊斯法罕钻石清真寺内墙马赛克装饰

几何、数学概念的培养，也促进了这种以几何图形为基础的图案的普及。尽管后世的伊斯兰教派并不过分拘泥于有关偶像的戒律，只要不涉及宗教内容，也允许艺术家创作一些人物画和有人物、动物的书籍插图，但是植物花纹作为伊斯兰装饰艺术的主体已是不可改变的事实。元青花上的植物纹以缠枝花卉和蔓草为主（图20），常见的题材除了西番莲直接移植自西亚金属器皿上的类似图案之外，菊花、牡丹花就个体来看，虽然仍带有写生的痕迹，但其描绘过于细致规矩，花叶肥大，布局讲求对称，反而使人觉得生意顿失。蔓草边饰则主要为二方连续的重复，这些都表明植物花纹已呈现出图案化的趋势。布局规则的蔓枝花草不仅富有节奏、韵律之美，而且使画面表现出一种理智的整齐和有秩序的流动感，给人以延绵不绝的联想——这可能正是"阿拉伯花纹"的真髓所在。

莲瓣纹早在东晋、南北朝的青瓷上就已流行，宋代瓷器上的莲瓣纹也一如以往，以弧线三角为主。而元青花上的莲瓣纹较之前已大大变形，多作直边、方肩的形式，故称之为"变形莲瓣"。它作为一种常用的边饰，有以仰莲的形式装饰于器物的胫部、腰部和盖沿，也有以覆莲的形式装饰在器物的肩部；在大盘、大碗的口沿、内壁及外壁也经常装饰有仰、覆莲瓣；而装饰在大盘、大碗内底的莲瓣则作放射状的布局，在莲瓣之内常精心描绘各种图案花卉、如意云头、涡卷纹或杂宝等。在12世纪末、13世纪初的波斯彩绘陶器上我们也可以看到类似的边饰，如在单把壶的口沿和腹部、大碗和瓶的口沿。这些边饰的笔划虽不如元青花上的变形莲瓣那么精细，也很难看出他们是否为莲瓣，但是这

---

[1]《古兰经》第三十一章十三节："你不要以任何物配主。以物配主，确是大逆不道的"，汉译本第314页。

[2]《布哈里圣训实录精华》："据《圣训》记载，穆罕默德生前有一次看见他的妻子阿依莎给他准备了一个上面有人物绣像的枕头，便警告她：'难道你不知道，天使不进有画像的房子，在复生日还要让画像者为其所画之物注入生命以示惩罚吗？'"汉译本第95页，中国社会科学出版社，1981年。《圣训》是伊斯兰教创始人穆罕默德的言行和他认可的门人弟子言行的集录，在伊斯兰教经典中，其地位仅次于《古兰经》，其中又以布哈里编纂的《圣训》被认为最具权威。

[3]《圣训》中记载了穆罕默德的一个门徒伊本·艾布巴斯劝谕一位想以绘画为生的人："你若无其他生计，仍想操此技艺（指绘画），可画些树木之类没有生命的东西。"《布哈里圣训实录精华》汉译本第66页。

种单体呈长方形的连续图案,其一端或中央常有规则地饰以各种圆圈、菱形、潦草的简笔花卉,抑或类似杂宝中的双角、火焰图案等,其形式与变形莲瓣十分相似。可以认为,元代青花瓷器上的变形莲瓣就是以波斯陶器上的这种边饰为祖形,再糅合进中国莲瓣装饰的传统而创造出来的一种新的纹样。

尽管元青花的造型、装饰中渗入了伊斯兰文化元素,但它身上更多灿烂的文化元素根植于中国土壤中。中国制瓷工匠善于吸收和融汇外来文化的营养,使青花瓷器在相当短的时间内取得了举世瞩目的成就。典型元青花在元代后期突然出现和迅速发展,必然有其自身的原因,如釉下彩技术的发展和成熟、景德镇制瓷水平的提高、其他窑系(如磁州窑、吉州窑等)画瓷工匠甚至波斯画师的加盟,但是政治、经济、文化等其他方面的原因也是不可或缺的,这些因素共同促成了元代景德镇窑青花瓷器的成长,同时也加速了域外文化对青花瓷器的影响。

原载《2012'海上丝绸之路——中国古代瓷器输出及文化影响国际学术研讨会论文集》,浙江人民美术出版社,2013年

上海青龙镇唐代遗址与江西乐平南窑

2010年在上海青浦白鹤的吴淞江南岸发现了唐宋时期的青龙镇遗址,遗址位于唐代吴淞江的出海口附近(图1)。

经过两次考古发掘,发现了唐代的房址、铸造作坊、灶、水井、灰坑,出土了大量遗物,包括铜镜、铁釜、铁鼎、瓷器、木雕饰件等珍贵文物。

在已经出土的2 000多件文物中,以瓷器数量最大,占90%以上,包括越窑、长沙窑、景德镇窑、龙泉窑、建窑等窑口的产品。

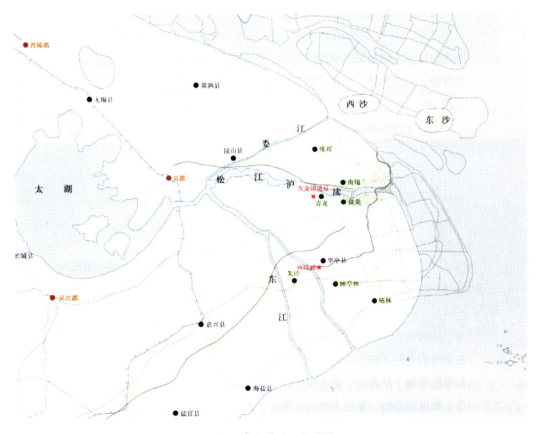

图1　青龙镇地理位置图

　　青龙镇位于上海市青浦区白鹤镇青龙村,地处吴淞江下游南岸,便于出海,因此具备了建设贸易港口的优越条件。从考古资料看,青龙镇形成于唐代,鼎盛于宋代,以港兴市,是当时长江下游重要的贸易港口之一。在青龙镇唐代遗址发现的长沙窑莲瓣纹碗(图2)与在印尼爪哇近海发现的唐代"黑石号"沉船上发现的长沙窑碗一样,具有浓郁的域外风格。众所周知,长沙窑是唐代重要的外销窑场,产品主要作为贸易瓷出口;"黑石号"充分证明了唐代越窑也生产外销商品。青龙镇遗址出土的瓷器与当时的外销瓷器有相当多的相似性,证明青龙镇在唐代已经是繁盛的对外贸易港口。

　　与此同时,发现了3件唐代褐釉瓷拍鼓(图3),类似的褐釉拍鼓在江西景德镇南窑和湖南长沙窑都有发现。

图2　长沙窑碗(青龙镇遗址出土)

图3　褐釉瓷拍鼓(青龙镇遗址出土)

图4　褐釉瓷拍鼓(长沙窑出土)

　　从器形上看,湖南长沙窑出土的拍鼓器形较大,鼓两端更为敞口,鼓身旋纹较密集,为双线贴塑而成(图4),与青龙镇出土拍鼓区别较大;江西乐平南窑出土的拍鼓器形(图5)与青龙镇的比较接近。

图5　褐釉瓷拍鼓(景德镇南窑出土)

乐平南窑和青龙镇出土拍鼓的热释光年代测定结果表明，两者的年代基本一致（见表1）。

表1　乐平南窑和青龙镇出土拍鼓热释光年代测定结果

标本编号	热释光年代	备注
南窑1	距今740年	误差10%
南窑2	距今1 021年	误差10%
青龙镇1	距今792年	误差10%
青龙镇2	距今822年	误差10%

青龙镇出土褐釉拍鼓胎的化学组成与江西乐平南窑褐釉拍鼓瓷胎比较，主量元素的含量非常接近（SiO_2/Al_2O_3稍低一些），微量元素（Rb/Sr，Rb/Zr）也很接近，只是微量元素Zn、Ba稍有差异。因此，从胎成分上说，青龙镇出土褐釉拍鼓更接近江西乐平南窑的产品。

由于尚未取得长沙窑拍鼓标本，暂且将青龙镇拍鼓与长沙窑执壶加以比较。青龙镇拍鼓胎中Fe_2O_3含量（接近4%）是长沙窑执壶胎中Fe_2O_3含量（2%左右）的2倍，且微量元素（Rb/Sr）有差异。因此青龙镇拍鼓制作胎的原料与长沙窑执壶不同。古代同一窑址所生产的瓷器，在原料方面不会有太大的区别，因此可以推断青龙镇拍鼓几乎不可能是长沙窑的产品（见表2）。

表2　青龙镇与南窑出土褐釉拍鼓胎釉成分分析

		Na_2O	MgO	Al_2O_3	SiO_2	K_2O	CaO	TiO_2	MnO	Fe_2O_3	P_2O_5
南窑1	釉	0.20	1.61	13.18	52.95	1.78	17.63	0.32	0.90	8.59	2.84
南窑2	釉	0.15	1.30	15.12	58.05	2.14	12.33	0.41	0.62	7.78	1.56
青龙镇1	釉	0.19	1.56	10.35	52.34	1.10	20.61	0.34	1.15	10.17	2.19
青龙镇2	釉	0.13	1.59	10.18	51.88	1.11	20.19	0.35	1.17	10.56	2.27
南窑1	胎	0.65	0.65	22.99	68.67	2.23	0.53	0.86	0.02	3.30	
南窑2	胎	0.51	0.77	20.50	69.77	2.35	0.48	0.84	0.02	4.70	
青龙镇1	胎	0.85	0.74	20.47	70.42	2.04	0.66	0.96	0.02	3.71	
青龙镇2	胎	0.88	0.92	19.59	70.99	2.20	0.68	0.96	0.02	3.63	

青龙镇出土拍鼓残片釉的特征是：低Al_2O_3（10%左右），低SiO_2（52%）配方，高CaO（接近20%），高Fe_2O_3（接近10%），低K_2O（1%左右）。这些特点与江西乐平南窑拍鼓Al_2O_3（15%左右）、SiO_2（58%）、K_2O（2%左右）的配方有差异。因此，从釉成分上说，

青龙镇出土拍鼓的釉与江西南窑拍鼓釉的原料配方有区别,这可能是在制作工艺有所区别。

目前尚未取得长沙窑拍鼓的标本,还无法对其胎釉成分进行比较。倘若上海青龙镇出土的拍鼓最后证明是由江西景德镇南窑生产的,那么从唐代开始,景德镇就已经成为一个生产外销瓷器的窑场。这对于景德镇陶瓷历史的研究,乃至中国陶瓷史的研究都是一个新的课题。

原载《景德镇南窑考古发掘与研究:2014年南窑学术研讨会论文集》,科学出版社,2015年

关于汝窑、张公巷窑研究的一些思考

汝窑见于宋代以来历代的文献记载，也有实物传世。自1986年在河南宝丰清凉寺发现汝窑窑址以后，学界对其面貌的认识超出了过去对传世汝窑的认识。发现了传世常见的水仙盆、盘、洗、碗、盏托、樽、瓶等（图1），也发现了一些传世未见的新器形，如熏炉、套盒（图2）、方壶等。其胎呈香灰色、釉呈天青色，釉面常见细小的开片（图3）；盘、洗类的圈足常作卷足包釉，底部见形如芝麻的细小支钉痕（图4），这些特点与传世汝窑一致。

河南汝州张公巷窑不见于文献，也没有明确的实物传世。自2000年在张公巷发现一处青瓷窑址以后，关于其时代及性质一直众说纷纭、莫衷一是（图5）。

图1　汝窑洗

图2　汝窑套盒

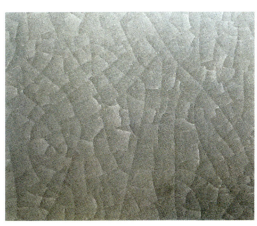

图3　汝窑开片

图4 汝窑盘底部支钉痕　　　　　　　　图5　2015年作者与耿宝昌先生考察河南汝窑

与清凉寺汝窑瓷器相比，汝州张公巷窑瓷器以薄胎薄釉为主。胎质细腻坚实，为汝窑所不及；胎色有粉白、灰白、洁白与少量灰色，几乎不见汝窑的香灰色；釉色浅淡、玻璃质感较强、透明度高于汝窑，感觉比较清亮，极少见到清凉寺汝窑的天青色釉，釉面开片大而稀（图6），与清凉寺汝窑釉面细碎的小开片明显不同；在器物造型上，汝州张公巷产品的器形中大件的比例相对较多，器形中多见的花口折腹盘（图7）、葵口平底盘、四方平底盘等为清凉寺汝窑所不见；底足的处理工艺方面，张公巷碗盘类基本上是足底平切（图8），有垫烧和支烧，支钉痕多为非常规整的小圆点（图9）；而汝窑则多为满

图6 张公巷窑开片　　　　　　　　　　　图7 张公巷窑花口折腹盘

图8 张公巷窑底足　　　　　　　　　　　图9 张公巷窑支钉痕

图10　传开封出土标本（上海博物馆藏）

图11　亚历山大碗（大英博物馆藏）

釉支烧，支钉痕多为典型的"芝麻钉"。随着清凉寺汝窑遗址的发现与发掘，汝窑的面貌已经十分清楚，遗址出土标本与传世实物也能——对应。而张公巷窑遗址出土的标本却难寻传世实物，目前能够与张公巷窑标本较相似的只有两例，一是上海博物馆旧藏传1940年代河南开封出土的4件青瓷标本（图10），一是伦敦大英博物馆收藏的"亚历山大碗"（图11）。目前发现汝州张公巷窑的窑址范围比清凉寺汝窑要小，遗存也比较有限，说明其生产规模不大，时间也不长。从张公巷窑产品制作极为规整、讲究，工艺精湛来看，显然不是一般的民用瓷器，其性质应属官窑。

清凉寺汝窑的时代和性质都已经确认：即北宋晚期专门为宫廷烧制御用瓷器的窑场。对于汝州张公巷窑的时代和性质则引起了众多讨论，有认为其烧造于北宋，也有认为其年代是金代甚至元代；有认为它是与清凉寺汝窑相类的产品，可以归入汝窑，也有认为它完全是与汝窑不同的另外一类产品。

我们对7件张公巷窑遗址出土标本（图12）、5件宝丰清凉寺汝窑遗址出土标本（图13）和4件传20世纪40年代在开封出土的标本用EDAX公司的Eagle Ⅲ能谱仪进行无损成分分析，结果如下：

图12　张公巷窑标本

图13　宝丰清凉寺窑标本

张公巷青釉标本、开封青釉标本与清凉寺青釉标本胎釉主量及部分微量化学组成

样品		部位	Na$_2$O	MgO	Al$_2$O$_3$	SiO$_2$	P$_2$O$_5$	K$_2$O	CaO	TiO$_2$	MnO	Fe$_2$O$_3$	Rb	Sr	Zr
			Wt%										μg/g		
张公巷青釉标本	Z1	青釉	1.10	1.02	12.32	70.84	0.24	4.52	7.63	0.27	0.06	2.00	134	262	202
		胎	0.91	0.52	30.23	63.11	0.21	1.60	0.46	1.07	0.01	1.88	100	403	468
	Z2胎含锌Zn、硫S	青釉	1.41	0.96	12.22	69.62	0.27	4.20	9.27	0.28	0.05	1.72	102	272	192
		胎	0.89	0.56	31.19	62.29	0.22	1.68	0.48	1.05	0.01	1.62	107	454	458
	Z3胎含锌Zn	青釉	1.25	1.17	13.48	68.76	0.47	4.38	8.20	0.25	0.07	1.97	111	275	203
		胎	0.97	0.82	31.48	60.57	0.26	1.77	1.16	1.15	0.01	1.82	87	508	523
	Z4	青釉	0.91	1.08	14.44	69.87	0.27	3.19	8.02	0.22	0.05	1.95	87	224	186
		胎	0.66	0.51	30.17	63.00	0.17	1.93	0.60	1.09	0.02	1.85	119	393	424
	Z5	青釉	1.29	1.02	13.13	69.97	0.28	5.03	6.93	0.29	0.06	2.00	144	236	172
		胎	0.91	0.45	30.73	62.78	0.23	1.78	0.35	1.05	0.01	1.71	108	447	511
	wuming-Z6	青釉	1.39	1.16	12.00	68.81	0.31	3.62	10.85	0.21	0.08	1.57	91	318	192
		胎	2.07	0.95	29.37	59.93	0.81	2.32	1.36	1.21	0.03	1.96	78	525	503
	wuming-2	青釉	1.17	1.15	11.41	69.71	0.35	3.87	10.32	0.23	0.09	1.69	113	323	202
		胎	1.54	0.56	28.47	62.64	0.37	2.4	1.12	1.12	0.01	1.77	91	437	482
开封青釉标本	33263-1(K1)	青釉	1.09	1.22	13.59	68.82	0.38	3.97	8.77	0.23	0.08	1.86	103	301	218
		胎	1.89	0.93	28.70	61.45	0.45	1.95	1.53	1.27	0.01	1.83	77	344	471

（续表）

样品	品	部位	Na₂O	MgO	Al₂O₃	SiO₂	P₂O₅	K₂O	CaO	TiO₂	MnO	Fe₂O₃	Rb	Sr	Zr
			Wt%										μg/g		
开封青釉标本	33263-2	青釉	1.67	0.82	12.30	69.57	0.32	3.52	9.81	0.23	0.09	1.68	110	365	202
		胎	2.01	0.91	29.65	60.57	0.48	2.07	0.81	1.27	0.01	2.23	75	404	472
	33263-3	青釉	1.24	1.20	13.05	68.81	0.31	4.46	8.96	0.25	0.07	1.71	107	258	177
		胎	1.76	0.73	31.11	60.55	0.34	1.97	0.77	1.24	0.01	1.52	76	435	529
	33263-4(K2) 胎中含S	青釉	1.24	1.19	12.76	68.08	0.39	3.86	10.44	0.24	0.08	1.71	104	311	191
		胎	1.06	1.30	30.39	60.1	0.26	2.50	1.26	1.26	0.01	1.88	63	418	453
	82193-7	青釉	1.00	1.23	14.27	65.11	0.47	4.20	11.39	0.21	0.12	2.00	100	230	197
		胎	0.71	0.50	27.53	65.63	0.09	1.60	0.55	1.05	0.01	2.34	96	99	406
	9907-69	青釉	0.73	1.39	14.57	66.35	0.35	4.56	10.29	0.19	0.14	1.42	104	226	151
		胎	0.50	0.72	30.95	61.83	0.15	1.61	0.94	0.93	0.01	2.36	83	119	266
清凉寺青釉釉标本	82193-33	青釉	0.71	1.29	15.08	64.33	0.40	4.49	11.37	0.23	0.18	1.93	116	249	158
		胎	0.65	1.19	27.74	62.62	0.34	1.98	1.18	1.13	0.04	3.13	102	142	328
	82193-38	青釉	0.93	1.44	14.90	64.90	0.44	4.96	10.06	0.23	0.11	2.02	145	256	171
		胎	0.87	0.68	27.79	64.28	0.20	1.87	0.89	1.05	0.02	2.35	108	120	403
	9907-22	青釉	0.94	1.60	14.40	63.15	0.46	4.04	13.00	0.28	0.15	1.97	103	343	178
		胎	1.05	0.93	25.85	64.92	0.35	1.95	0.75	1.20	0.04	2.95	119	114	469

分析结果表明：

1. 从整体上看，张公巷、开封与清凉寺三处共16件青釉标本的胎、釉组成都比较接近，胎中氧化铝（Al_2O_3）含量均值29.45%（在25.85%—31.48%之间）。釉中氧化钾（K_2O）含量为3.19%—5.03%，氧化钙（CaO）含量为6.93%—13%，体现了北方陶瓷高铝胎、高钙釉的特征。

2. 5件清凉寺标本、7件张公巷标本、4件开封标本成分并不完全相同。从胎的化学组成来看，主量元素中氧化铁含量稍有差异。清凉寺标本胎中氧化铁（Fe_2O_3）含量为2.34%—3.13%，平均值为2.63%；而张公巷标本胎中氧化铁（Fe_2O_3）含量为1.62%—1.96%，平均值为1.80%；开封标本胎中氧化铁（Fe_2O_3）含量为1.52%—2.23%，平均值为1.87%。可见开封标本接近于张公巷标本。

由于铁是重要的着色元素，张公巷窑及开封青瓷胎胎色都呈灰白色或白色，而清凉寺窑汝瓷胎呈香灰色，主要原因应该是清凉寺窑汝瓷的Fe_2O_3含量（平均值为2.63%）明显高于张公巷窑青瓷胎里的Fe_2O_3含量（平均值为1.80%），也高于开封青瓷标本胎里的Fe_2O_3含量（平均值为1.87%）。

微量元素中，锶（Sr）含量差异明显，清凉寺标本胎中锶（Sr）含量为99—142 μg/g，而张公巷标本胎中锶（Sr）含量为393—525 μg/g，开封标本胎中锶（Sr）含量为344—435 μg/g。同样，张公巷标本胎中锶（Sr）含量与开封标本接近。微量元素的差异可推断出清凉寺与张公巷、开封标本应该采用了不同的制胎原料。

3. 从釉的化学组成来看，清凉寺汝窑产品釉中氧化锰（MnO）含量在0.11—0.18之间，均大于0.1%；而张公巷和开封标本氧化锰在含量在0.05—0.07之间，两者相差2.5倍。由于锰也是重要的着色元素，因此这可能是张公巷、开封标本的釉色普遍比清凉寺瓷釉色浅淡、清亮的原因之一。

采用"前剂量饱和指数法测定瓷器热释光年代技术"（Pre-dose technique）对5件张公巷和3件清凉寺的标本进行年代测试，结果如下：

样品编号	热释光年代（距今）	出土地点
Z1	1 117 ± 112	张公巷
Z2	1 194 ± 119	张公巷
Z3	1 121 ± 112	张公巷
Z4	1 107 ± 110	张公巷
Z5	1 164 ± 116	张公巷
9907−69	1 148 ± 115	清凉寺
9907−22	1 045 ± 104	清凉寺
82193−33	1 141 ± 114	清凉寺

　　5件张公巷标本的年代范围在距今1 107—1 194年之间,平均为1 140年;3件清凉寺标本的年代范围在距今1 045—1 148年之间,平均为1 112年,两者相差无几。由于没有足够量的清凉寺及张公巷窑的标本作 α、β 年剂量测试,也没有在当地窑址采集土样作环境剂量分析,因此年剂量采用北方窑址的典型值,这样会给热释光年代结果带来一定误差,数据偏早100年左右。

　　从以上测试结果可以给我们启示:

　　1. 无论是胎或釉,张公巷与清凉寺出土标本的化学组成是有明显差别的,这些差别导致了两者在外观上的不同。虽然两地相距约40公里并不远,但产品有明显的差别,严格地说还不能归为同一类;热释光测试也表明,张公巷窑标本的灵敏度要明显高于清凉寺窑(图14、15),这说明两者胎的组成有较大的区别。

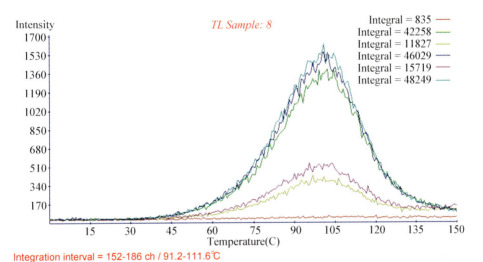

图14　汝州张公巷窑标本热释光灵敏度随温度变化的曲线图

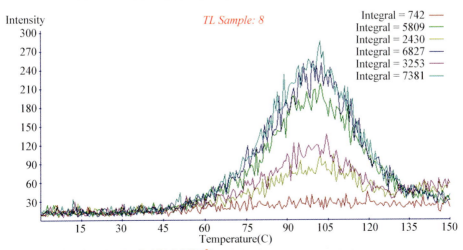

图15　清凉寺汝窑标本热释光灵敏度随温度变化的曲线图

2. 尽管从热释光年代测试上不能清晰地表现出清凉寺和张公巷窑相互之间的早晚关系，但是至少可知如果清凉寺属北宋产品，那么张公巷的时代也不会到金代，更不会是元代。

3. 上海博物馆收藏有4件传20世纪40年代在开封出土的青瓷标本，从标本的胎、釉及器形、工艺特点看与张公巷出土标本几乎一致；用能谱仪测试两者的胎、釉成分，几乎一致，热释光年代也相同。由此可见，这4件标本无疑是产自张公巷窑。

张公巷窑产品与汝窑相比，主要区别于青釉更加清亮，器形中大件的比例也相对较多，烧造时间短、产量少，从窑址出土标本看，当时对成品的拣选要求相当高。若上海博物馆收藏的标本确为在开封出土的话，我认为不排除张公巷窑是北宋官窑的可能性。

（本文科学测试数据得到熊樱菲、吴婧玮的帮助，特表示感谢。）

原载《汝窑瓷器与鲁山窑瓷器研究》，故宫出版社，2017年

花繁锦色、永庆长春：慈禧和她的御用瓷器

慈禧（1835—1908），叶赫那拉氏，是清朝的第七个皇帝咸丰的嫔妃，第八个皇帝同治的母亲，俗称西太后。她统治了中国近半个世纪，在她的统治下，中国逐渐走入积贫积弱的境地。

慈禧的御用瓷器通常署她的居住宫殿、园林名，如：储秀宫、体和殿、长春宫、大雅斋、天地一家春等；也有署吉祥语，如：长春同庆、永庆长春等。

一、慈禧与圆明园及其御用瓷器

慈禧咸丰二年（1852）入宫，咸丰二年至咸丰十年夏天随咸丰皇帝住在圆明园。1860年圆明园被英法联军焚毁，慈禧太后为了自己享乐，不顾国家安危，挪用海军经费重修颐和园作为她退养的离宫。自光绪十四年（1888）起，慈禧每年夏天居颐和园，冬日居储秀宫或西苑，偶尔在颐和园过冬。

圆明园是清朝著名的皇家园林，面积3.5平方千米，建筑面积达16万平方米，一百五十余景，有"万园之园"之称。始建于康熙四十八年（1709），经雍正、乾隆两朝不断扩建，形成"圆明三园"的规模。咸丰十年十月六日，英法联军洗劫圆明园，大肆抢掠文物、焚烧宫室。十多年以后，同治皇帝曾经计划修复圆明园，后终因财政困难、材料难寻等种种原因而被迫停止。

1852—1860年慈禧随咸丰帝居住于圆明园，寝宫为"天地一家春"，"大雅斋"则位于"天地一家春"的西间，是供慈禧绘画习字的画室，1860年圆明园被英法联军焚毁。

据档案记载"大雅斋"有两处，咸丰五年，宫中写挂新匾"大雅斋"两面，分别挂平安室和圆明园的天地一家春殿内[1]。平安室为皇帝寝宫养心殿的西耳房，咸丰年间，懿嫔（即慈禧）随侍时居于此处。此匾后移挂至长春宫后殿怡情书史内东间的东托枋上。怡情书史为长春宫后殿，与长春宫同期建成，面阔五间，东西各有耳房三间。

---

[1] 故宫博物院编：《官样御瓷：故宫博物院藏清代制瓷官样与御窑瓷器》，紫禁城出版社，2007年，第144页。

同治十一年（1872）九月，17岁的同治皇帝举行大婚，并于次年亲政，一直垂帘听政的慈安、慈禧两位皇太后也要归政。为了给两位太后颐养天年，同治皇帝决定要重新修复圆明园，并希望在慈禧太后四十岁寿辰之前完工。同治在十一月二十日，把圆明园东南边的"绮春园"改名为"万春园"，并把"敷春堂"重新命名为"天地一家春"。虽然最后圆明园的修复计划因为诸多原因而流产，但是在圆明园修复计划开始的同时，内廷也为装点圆明园做了大量的准备，包括传办九江关烧造一系列瓷器，其中就有景德镇御窑厂生产的"大雅斋""天地一家春"款瓷器。

同治十三年"三月三十日，据太监刘得印交下画鱼缸、花盆、花瓶纸样十五件，合牌花盆、水仙盆样十八件，传旨：着传九江关监督按照画样合牌样上粘连黄签数目照式加细烧造，统限于本年九月内呈进"[1]。

据同治十三年《九江活计底单》的记载，这些鱼缸、花盆、花瓶及水仙盆等瓷器有三十三组系列纹饰。鱼缸系列的纹饰包括"荷花""藤萝花""球梅花""水墨葵花""五彩葵花""水墨芙蓉花""五彩芙蓉花"等；底釉有"粉地""浅绿地""藕合地""翡翠地""明黄地"等；器形包括二尺六寸见圆和一尺二寸见圆、九寸见圆的鱼缸（图1）、海碗、大碗、中碗、怀碗、高足碗（图2）等各式碗，九寸和七寸的各式盘（图3），五寸和三寸的碟，长靶羹匙，爹斗（图4），茶碗（图5），盖碗，一尺见圆和五寸见圆的盖盒（图6）等。同一个系列不同器物的图样和款式、釉色都是相同的。各种系列、不同造型、不同规格的瓷器共3 576件。

图1　翡翠地墨彩加粉花鸟纹缸（南京博物院藏）

图2　藕合地花鸟纹高足碗（南京博物院藏）

图3　浅绿地粉彩藤萝花鸟纹高足盘（南京博物院藏）

[1]《内务府造办处档案·同治十三年八月十四日》。

图4　藕合地粉彩绣球芍药花纹参斗（故宫博物院藏）　　图5　明黄地粉彩花蝶纹茶碗（故宫博物院藏）

图6　明黄地墨彩花卉纹盖盒（故宫博物院藏）　　图7　粉彩山茶梅鹊纹花盆（南京博物院藏）

花盆分为普通花盆和水仙花盆，普通花盆主要是圆形和长方形，圆花盆的纹饰有"水墨栀子桃花""腊梅""墨藤萝西府海棠""墨梅花""着色梅花""花卉""玉美人""牡丹""丁香海棠""桂子兰孙""三秋献瑞"等。底釉有"粉地""浅绿地""藕合地""浅藕合地""翡翠地""明黄地""大红地""粉红地""蓝地""浅蓝地""豆青地"等。圆花盆（图7）规格分为一尺二寸见圆、一尺见圆、八寸见圆、五寸见圆和三寸见圆等几种，各种圆花盆128对、256件。长方形花盆（图8）纹饰有"寿桃花""水墨梅花""牡丹花"等，底色有"粉地""藕合地""浅藕合地""黄地""浅豆青地""蓝地""翡翠地""大红地""绿地"等。规格

图8　浅绿地粉彩梅鹊纹长方形花盆（南京博物院藏）

图9 明黄地粉彩莲池纹水仙盆（南京博物院藏）

图10 粉彩藤萝喜鹊纹双圆水仙盆（南京博物院藏）

图11 粉彩鲜花采蜜纹银锭式水仙盆（南京博物院藏）

有一尺二寸、一尺、八寸、五寸、三寸等。长方形花盆不能用传统的拉坯法成型，只能用泥片拼合法，各种规格的长方盆共计160对、320件。水仙花盆造型丰富，有圆形（图9）、窝角长方、六角、八角、双圆（图10）、海棠、扇面、腰圆、银锭（图11）、梅花（图12）等样式；纹饰有"谢秋图""墨栀子""墨花卉""藤萝""勤娘子""蝴蝶梅""荷花"等；底色有"粉地""藕合地"

"黄地""明黄地""豆青地""蓝地""深蓝地""浅蓝地""翡翠地""大红地""绿地""浅绿地"等。13款水仙花盆，计124对、248件。

花瓶除圆形外，还有海棠形等。规格分别有二尺高、一尺五寸高及六寸、五寸、四寸、三寸、二寸高等几种。纹饰有"墨藤萝""墨梅花""着色梅花""花卉""玉美人""牡丹花""丁香海棠""桂子兰孙""三秋献瑞"等；底色有"浅绿地""大红地""粉地""藕合地""蓝地""翡翠地""豆青地""浅蓝地""粉红地""浅藕合地"等。每种纹样的花瓶最少26对，最多44对，共计310对、620件。

这些瓷器都在器物上署"大雅斋"楷款和"天地一家春"篆书印章款，有的在底部署"永庆长春"（图13）等吉祥语楷款。各类瓷器共计5 020件（不含爹斗、盖碗），这就是

图12 蓝地粉彩梅鹊纹梅花式水仙盆（南京博物院藏）

晚清著名的"大雅斋·天地一家春""永庆长春"等款瓷器的烧造清单[1]。

由于数量庞大，御窑厂分别于光绪元年和二年烧成解京，共烧造琢圆瓷器坯胎18 814件，其中上色琢器1 604件，上色圆器、靶器3 320件，次色琢器2 927件，次色圆器、靶器7 253件，破损琢器1 367件，破损圆器、靶器2 325件，用银高达58 829.37两[2]。其中符合要求的"上色"器物4 924件，合格率为26.18%，刚刚超过四分之一，次品及废品（包括运输途中打碎的）竟然达到近74%。无

图13　红彩"永庆长春"款

论是二尺六寸见圆的大鱼缸还是三寸小碟，合格品平均每件用银近12两，这在当时是北京一个普通人半年的收入，几乎可以买10.6石粮食[3]，即约1 658斤（以每石合156.45斤计），足以抵5个壮汉一年的口粮。

关于大雅斋瓷器的署款，署"永庆长春""大雅斋"与"天地一家春"三款的瓷器分为三种情况：第一，三款作为一体出现在同一个器物上，主要是一些盘、碗、盖碗、高足碗、爹斗、盖盒、水仙盆等尺寸较小的日常生活用品。第二，署"大雅斋"及"天地一家春"两款的，主要是造型较大的鱼缸、花盆及底足无法书款的高足碗、盘。第三，在各式花瓶上只署"永庆长春"款识。其款识的书写大致相同，"大雅斋""天地一家春"以红彩书于器表，"永庆长春"则以红彩书于器底。

大雅斋瓷器的纹饰以花鸟、花卉为主，这与慈禧爱好绘画有关。据卡尔《美国女画师的清宫回忆》[4]一书记载，卡尔初见慈禧就发现"太后素爱鲜花……她的寝宫、御殿、看戏的御座间，甚至上朝理政、接见大臣的大殿内，都摆放着各种鲜花"。卡尔为其画像时，殿上"到处都是鲜花，……很多精致的瓷花盆主要栽种着兰花，……还有莲花和百合。各种花果香气交织，幽香沁入心脾"。慈禧在画像时问卡尔，她手拿荷花是否合适，她认为"荷花的性格与其相符"。德龄在《御香飘缈录》[5]中也有同样记载，"太后除掉权势货财之外，花卉也许就是伊最宝贵的嗜好品了"。

---

[1]　以上均见于《同治十三年传九江活计底单》。

[2]　据光绪元年、光绪二年《黄单传办瓷器清册》统计。

[3]　据《清军机处档案》记载，光绪十五年上半年，直隶省顺天府、大名府、宣化府的粮价，以谷子、高粱、玉米三种粮食计算，平均每仓石计银一两四钱六分。

[4]　凯瑟琳·卡尔，美国女画师。据中国第一历史档案馆收藏的外交部档案记载，卡尔于光绪二十九年六月十五日（1903年8月7日）进颐和园，至光绪三十年五月十七日（1904年6月30日）离开北京，在宫中（主要是颐和园）近10个半月，主要为慈禧画油画像。她回国以后将在清宫300多天的见闻记录下来，主要以她自己的方式来观察、研究慈禧太后。最新的中文译本是2011年故宫出版社出版的《美国女画师的清宫回忆》（王和平译）。

[5]　裕德龄（1886—1944），前驻法公使裕庚之女，是慈禧太后最宠爱的近身女侍官，也是晚清为数极少的受过西方教育、会说英语、法语和日语的中国女性。少年时随父先后在日本和法国生活了6年，增长了知识、开阔了视野。她17岁时和妹妹被一起招入宫中担任慈禧的御前女官，1905年离开，在宫中约生活了两年。1907年随美籍丈夫去美国。1911年她的第一部英文著作《紫禁城两年》出版，以后撰写了多部英文著作。《御香缥缈录》1933年在纽约出版，她以宫中的亲身经历为基础，叙述了她在慈禧身边的所见所闻及一些鲜为人知的宫廷政治生活内幕。

从清宫档案中也可看出，每到春暖花开时，慈禧都会命宫中画师到紫禁城的御花园中去画盛开的花朵，装成画册存于宫中。慈禧不仅命画师去画，自己也常常作画，在宫内和圆明园都设有"大雅斋"画室。慈禧为了满足自己对绘画和瓷器的爱好，起用擅长工笔画的女画师，分别将浙江人王昭和云南昆明人缪嘉惠（云南中书缪嘉玉之妹）招入宫中加以重用。王昭不习惯宫中生活及慈禧的做派，几年后回到老家。缪嘉惠善画花卉，终于成为慈禧的代笔人，深得慈禧的宠幸。《清宫内务府造办处活计档》中留下了许多这样的记录，"懋勤殿太监交老佛爷御笔画宣纸墨兰屏四条，传旨：造办处托裱，上一块玉璧子，黄绫边边合计，钦此"等，其所画花卉多为牡丹、兰花、梅花、菊花及松鹤等。查阅1925年故宫博物院成立时的《故宫物品点查报告》，古董房内存有大量慈禧的书画作品。

慈禧一生对某些花格外垂青，譬如兰花，在宫中栽种了许多。再者是牡丹花，牡丹作为众花之王，御花园内有大片的种植。不仅如此，在其衣服上还要绣上大朵的牡丹。另外还有菊花、荷花，此两种花在西苑及颐和园内均有大面积种植。因此在署有"大雅斋""永庆长春""天地一家春"及"体和殿制"等瓷器上均以四季花卉为装饰主题，而兰花、牡丹、菊花、荷花出现最多。

同治十三年一批（33种）署"大雅斋"款的瓷器画样诞生。从"大雅斋"瓷器的烧造过程可以看到清宫瓷器画样制度的延续；从传世的慈禧绘画作品也可以看出慈禧的个人爱好对大雅斋瓷器画样的影响。慈禧绘画的风格与瓷器纹饰极为相似，她应该参与了瓷器纹饰的设计。

传世的"大雅斋"瓷器以粉彩为主，也有青花及白釉刻花。主要收藏于北京故宫博物院和南京博物院。

二、慈禧与紫禁城及其御用瓷器

慈禧咸丰二年五月初九进宫，居储秀宫丽景轩，并于咸丰六年在此生下同治皇帝。

咸丰十一年至光绪十年，居长春宫，有时在养心殿后殿西耳房燕禧堂居住。

光绪十年至光绪二十年，再居储秀宫。

光绪二十年至光绪二十六年八月十四日，住宁寿宫乐寿堂，以西暖阁为寝室。

光绪二十六年以后，夏天主要住在颐和园，冬天则住在西苑（今中南海）。宣统元年（1909）十一月十五日慈禧太后在西苑仪鸾殿后殿去世。

（一）储秀宫与"储秀宫制"款瓷器

储秀宫，北京故宫内廷西六宫之一，建成于明代永乐十八年（1420），原名寿昌宫，嘉靖十四年（1535）改名储秀宫。清顺治、嘉庆年间重修。咸丰年间，储秀宫是咸丰皇帝选妃的地方。慈禧尚为兰贵人时就居住在储秀宫后殿，并于咸丰六年在此生下同治皇帝载淳。为庆贺慈禧五十大寿，光绪九年重新装修储秀宫，并将储秀宫与翊坤宫打通，将翊坤宫后殿改建成体和殿[1]，在此慈禧一直居住到光绪二十年。

"储秀宫制"款系列瓷器是慈禧太后的御用瓷器。关于"储秀宫制"款瓷器，清宫档案中有如下记载："总管内务府为劄行事广储司磁库案，呈光绪十六年三月初九日总管增禄口传奉旨，传磁库劄交九江关监督，烧造各色磁盘，绘画图样，粘签贴说，于本年九月内解京，钦此。钦遵相应劄行九江关监督，赶紧督饬厂匠加工敬谨精细烧造，磁质要薄，勿得粗率。事关今奉旨传用要差，必须加意慎重，万勿迟延，俟烧造齐备，解京自行交进。现将画样三十六张一并劄行该监督，详细查照，俟委员赍送时仍将原样解京，以备按款备查可也。"[2]并下列需要烧造的瓷器品目及数量，有"黄地双龙纹大盘"（图14）、"白地五彩大盘""青花西番莲纹大盘"（图15）、"蓝地黄云龙大盘""蓝地绿龙纹大盘"（图16）、"黄地绿龙纹大盘""粉地紫龙盘""黄地九桃纹盘"（图17）和"黄地西番莲纹盘"。其中，大盘均要求烧制"一尺三寸见圆""一尺五寸见圆""二尺见圆""二尺五寸见圆"各6对（含"外备用2对"），6种"大盘"共计144对、288件；3种"盘"除了一款"七寸见圆"或者"八寸五分见圆"的之外，其余的均为"一尺五寸见圆""二尺见圆"和"二尺五寸见圆"。"粉地紫龙盘"各种尺寸的均为各6对（含"外备用2对"），"黄地九桃盘"和"黄地西番莲纹盘"均为四种规格各3对（含"外备用1对"），共计48对、96件，均署"储秀宫制"款（图18）。从这份清单看，要求烧制的瓷器以大盘居多，这与存世"储秀宫制"瓷器以大盘多见相符。从档案看，这批瓷器不属于日常的"大运"任务而属于"奉文传办"，档案记录了分批完成情况如下：第一批"烧成瓷盘共计玖拾陆件"，第二批"烧成瓷盘正用共计捌拾捌件共装贰拾陆桶"，第三批"烧成瓷盘备用共计柒

图14　"储秀宫制"款黄地双龙纹大盘（上海博物馆藏）

图15　"储秀宫制"款青花西番莲纹大盘（故宫博物院藏）

[1] 光绪九年之前，翊坤宫和储秀宫是被围墙和横巷分割，前后互不相联的两组宫殿。《造办处活计档》详细记录了当年为准备庆贺慈禧五十大寿而对翊坤宫、储秀宫进行的大规模改建，拆掉了隔离两宫之间的围墙和横巷，把翊坤宫的后殿改为穿堂殿。据《造办处旨意题头底档》的记录，"体和殿"殿名最早见于光绪九年十一月十七日，当时为了准备布置装修后的翊坤宫、储秀宫，懋勤殿太监刘志安……传旨：着如意馆画士张恺等为"储秀宫正殿……东西配殿""丽景轩正殿……东西配殿"和"翊坤宫正殿……东西配殿""体和殿正殿……东西配殿"绘画钩金博古各色花卉横披提提装斗方画条等"共计549件，这是文献所见首次提及"体和殿"的记录。（详见中国第一历史档案馆藏《造办处旨意题头底档》，光绪十年正月—三月卷）

[2]《清宫瓷器档案全集》卷四十一，中国画报出版社，2008年，第384页。

图16 "储秀宫制"款蓝地绿龙纹大盘(上海博物馆藏)

图17 "储秀宫制"款黄地九桃纹大盘(故宫博物院藏)

图18 青花"储秀宫制"款

图19 明黄地粉彩描金万福万寿纹爹斗(南京博物院藏)

拾件共装拾柒桶"[1]。加上当年在"大运"清单中夹杂的"奉文传办""万寿赏用"清单中有"白地红云龙足尺大盘壹佰件""青双龙足尺大盘伍拾件""五彩八吉祥串花足尺大盘伍拾件""五彩白地里外红百蝠足尺大盘壹佰件"[2],实际完成的数字是554件。

与"大雅斋"款瓷器的纹饰相异,"储秀宫制"款瓷器的纹饰主要是龙纹,这与这两种瓷器的用途相关,"大雅斋"款瓷器大部是陈设器,用于宫室园囿的装饰;而"储秀宫制"款瓷器则主要用作"万寿赏用",用龙纹来显示皇权的威严是再合适不过了。款识均为青花篆书"储秀宫制"四字款(图18)。

慈禧在做大寿的时候,都要在景德镇御窑厂烧造赏赐用瓷。光绪二十年,景德镇御窑厂为慈禧六十岁生日庆典烧造瓷器,据光绪十九年内务府广储司《瓷库堂行簿》记载:储秀宫茶坊传办"各样黄瓷盘、碗、盅、碟共六千七百四十件""黄瓷青龙盘碟七百八十件"。储秀宫膳房传办"各样黄瓷盘、碗、盅碟共二万一千八百四十件,万寿无疆和万福万寿黄瓷各式盘、碗、盅、碟共九千四百三十件"(图19),御膳房传办"万寿

[1] 详见《江西九江关造具光绪十六年分烧造奉文传办续烧正用各项花色瓷大盘花名件数分装桶数清册》,载《清宫瓷器档案全集》卷四十二,中国画报出版社,第370—372页。
[2] 《光绪拾陆年分装运琢圆瓷器名目件数黄册》,载《清宫瓷器档案全集》卷四十二,第361—362页。

图20　黄地万寿无疆纹餐具组合（故宫博物院藏）

无疆黄地五彩、黄地五彩五福、红地金寿字盘、碗、盅、碟共一千八百件，备用一千八百件"（图20）、"赏用花瓶四百件"。御窑厂二月开工，十月解运，一年时间烧造瓷器超过5万件。

实际上，光绪十九、二十两年为庆贺慈禧六十岁寿辰，御窑厂烧造了储秀宫茶膳房用瓷，其中储秀宫茶房共烧造瓷器22种，共烧造坯胎17 300件，其中上色瓷器4 182件，次色瓷器10 919件，破损1 343件，用银11 472.65两。储秀宫膳房烧造了191种，共烧造坯胎184 170件，上色瓷器50 868件，次色瓷器96 235件，破损36 087件，共用银134 601.19两。

光绪三十年为慈禧七十岁寿辰庆典烧造了397种瓷器，共烧造坯胎223 570件，其中上色46 881件，次色123 685件，破损33 003件。共用银153 619.67两。

上述为慈禧寿宴准备的瓷器并不署"储秀宫制"款，一般署光绪款。

（二）体和殿与"体和殿制"款瓷器

体和殿位于西六宫翊坤宫及储秀宫之间，光绪九年，为了准备第二年慈禧五十大寿后将从长春宫搬入，拆翊坤宫后殿及储秀门，建体和殿。殿为黄琉璃瓦硬山顶，面阔五间，前后开门，东西之间各自相连，东西耳房各有一间为通道，用以连通翊坤、储秀两宫，后檐出廊，东西两侧接游廊，与储秀宫东西配殿相连，殿前檐挂"体和殿"三字匾额。此殿建成后成为慈禧的用膳之处。

光绪十二年为慈禧归政，重修储秀宫，在烧制"储秀宫制"瓷器的同时也烧造了"体和殿制"款花盆和各式盒子、釜斗129种，422件。北京故宫收藏署"体和殿制"款瓷器共计81件，南京博物院、上海博物馆等也有收藏。从存世的器物看，器类有圆盒（图21）、水仙盆（图22）、花盆、釜斗及折沿盆（图23）等。其中圆盒、水仙盆、花盆（分圆形、长方形、正方形）有大小不同规格，花盆又分圆形、长方形和方形（图24），有的有盆

图21　"体和殿制"款青花花卉纹圆盒（上海博物馆藏）

图22　"体和殿制"款明黄地粉彩菊花纹水仙盆（南京博物院藏）

图23　"体和殿制"款黄地粉彩鹭莲折沿盆（故宫博物院藏）

图24　"体和殿制"款青花莲池纹方花盆（南京博物院藏）

托（图25）；品种有黄地粉彩、黄地墨彩、白地青花、黄地青花及黄釉暗刻花纹等；装饰图案均为四季花果，常见菊花、牡丹、兰花、芍药、寿桃、松树、芭蕉、萱草、藤萝及虞美人等。款识均为篆书，青花器上用青花款（图26），黄地粉彩及黄地墨彩上书矾红款，黄釉暗刻花器物上为暗刻款。

图25　"体和殿制"款明黄地墨彩松树芭蕉纹花盆（故宫博物院藏）

图26　青花"体和殿制"款

（三）长春宫与"长春宫制"款瓷器

1861—1884年，慈禧在长春宫居住了23年之久。

长春宫建于明永乐十八年，初名长春宫，明嘉靖十四年更名永宁宫，万历四十三年（1615）复称长春宫。清沿明制，康熙、同治及光绪年间曾四次修整。其正间面阔五间，正殿前东西各有一座配殿，四角有转角廊与各殿座相连，转角廊均施以苏式彩画，廊内墙壁画有十余幅以《红楼梦》为题材的壁画，其后殿名为怡情书史。此宫明代时为嫔妃所居，清代为后妃居所，同治时期慈安太后和慈禧太后在此同居，后慈安太后移居钟粹宫，慈安太后移居后直至光绪十年慈禧太后独居于此。

同治十三年为恭备慈禧太后四十大寿庆典，开始修葺长春宫。"正月十一日，员外郎恒谦、太监杨双福来说，长春宫太监刘得印交匾六面，吉星高照两张、长春同庆两张、宝藏典焉、古道堂。传旨：着画件做一块玉璧子，一寸蓝绫边，托钉挺钩，钦此"[1]。由此证实"长春同庆"匾额挂于长春宫内。

署"长春同庆"款的瓷器共计162件，器形有盘、碗、盖碗、茶碗（图27）、斝斗（图28）、盖盒、羹匙及小罐等。装饰为红地金喜字花蝶开光龙凤纹、黄地粉彩万寿无疆纹、黄地五谷丰登纹等。款识均为红彩"长春同庆"四字楷款。

北京故宫收藏署有"长春宫制"款的器物11件，均为笔筒（图29），分为白地青花及白地粉彩两种，装饰图案有飞蝠纹及

图27 "长春同庆"款红地粉彩画龙凤纹茶碗（故宫博物院藏）

图28 "长春同庆"款黄地五谷丰登纹斝斗（故宫博物院藏）

图29 "长春宫制"款白地粉彩画桃蝠纹笔筒（故宫博物院藏）

[1]　见《同治十三年正月清宫内务府造办处活计档》。

图30 红彩"长春宫制"款（故宫博物院藏）

桃蝠纹。足心青花双方栏内或红彩单方框内红彩或青花书"长春宫制"四字楷书款（图30）。

明、清时代景德镇为宫廷烧造的瓷器，通常落帝王年号款。偶尔可见宫室堂名款，也无专门为哪位所烧制。为一位太后专门烧造堂名款瓷器，且数量、品种俱多的情况，慈禧是唯一的一位，由此可见当时慈禧具有无上的权威，可以运用倾国的资源为她服务。由此，清王朝的覆灭是不可避免的。

原载《紫禁城》2019年第11期

瓷器中的文人雅趣

一、何谓"文人"

中国古代文人是一个经济条件优越、生活悠闲、志趣高雅的社会阶层。他们在政治上往往不得志而无所追求，但是在生活中却力求高标准，将自己的文化修养融入日常生活之中。

(一) 士与文人

在中国历史上，与"文人"概念相似的另外一个词是"士"，大致相当于今天的知识分子。在中国漫长的历史进程中，文化主要掌握在文士手里。春秋战国的"游士"，多无恒产，却能够不论贫富皆以道为依归，内蕴不附权势的尊严。汉代的士人们把实行儒家的"礼乐教化"看作是自己的神圣职责。魏晋南北朝时期，中国由一个大一统的帝国走向分裂，社会动荡、王朝频繁更迭，残酷的现实逼迫文人隐逸山林之间。唐代画家孙位的《高逸图》表现的就是魏晋时期的七位名士——嵇康、阮籍、山涛、向秀、刘伶、王戎、阮咸，史称"竹林七贤"。他们在生活上不拘礼法，清静无为，常聚众在竹林喝酒、纵歌，亦是当时玄学的代表人物，他们的作品揭露和讽刺司马朝廷的虚伪，基本上继承了建安文学的精神。但由于当时的高压统治，作家不能直抒胸臆，不得不采用比兴、象征等手法，隐晦曲折地表达自己的思想感情。

中国真正的文人阶层形成于晚唐以后，他们生活悠闲，琴、棋、书、画是必备的艺术修养，诗、词、曲、赋被视作是生活中的乐趣。由于文人具有较高的文化修养，他们对于世间万物往往有自己的看法，这种审美认识被看作是"雅"，和社会上大众审美的"俗"相对应，于是人们把文人艺术化的生活看作是"文人雅趣"。宋代，随着科举制度的完善，文人致仕的机会大大增加，国家的权力主要由文臣掌握，文人也有了较高的政治地位和经济待遇。宋代文人大都具有忧患意识和强烈的社会责任感，重气节、修养。元代汉族文人面对残暴的蒙古贵族统治，或选择反抗，或遁入山林，成为幽栖的隐士。明代早期，文人的尊严和气节在暴政面前化为乌有，在这样的环境之下，其社会地位和经济地位都十分低下。至明朝后期，社会风俗发生了很大的变化，在文人中出现了一批以唐寅、祝允明等为代表的才艺俱全的风流才子。

（二）文人的性格特质

本文不涉及中国古代文人由其对社会政治的强烈参与意识所构成的个体对国家、民族的社会责任感等特质，只谈4至5世纪之间陶渊明所撰《桃花源》中蕴涵的境界——这在千百年来已经成为中国古代文人心向往之的胜景。其《归去来兮辞》等系列田园诗歌显示出历代不衰的强大魅力："采菊东篱下，悠然见南山"[《饮酒（其五）》]的悠闲；"舟遥遥以轻扬，风飘飘而吹衣"（《归去来兮辞》）的飘逸；"登东皋以舒啸，临清流而赋诗"（《归去来兮辞》）的豪放……成为后代文人超脱性格的行为范式。

中国古代多数文人或终生不仕，超脱傲世，以布衣终老；或前期入仕，后期超脱遁隐，颐养天年。这种超脱的文化性格，决定了其"穷则独善其身"的基本人格，也决定了他们清高、愤世、自负、淡泊、知足常乐、与世无争、清心寡欲的特质。

二、瓷器与文人审美

瓷器作为生活用品，在中国古代很长一段时间内是一种高级器皿。文人作为古代高端瓷器的主要消费群体之一，其审美会自觉或不自觉地影响着瓷器的制造。从晚唐开始，文人的诗文中就可以看到其对瓷器的评判；宋代以降，文人对瓷器制作的影响更是与日俱增，他们的志趣成为促进中国古代瓷器发展的助推器。

文人的审美情趣与文人长期的文化熏陶、自我人生的体悟相关。文人情趣的诗歌情怀与瓷器的釉色、纹饰、造型之美可以完美融合。

（一）不事雕琢的釉

瓷器的釉面可体现出文人追求自然天成、不事雕琢的特质，如文人对瓷器"类玉""类冰""千峰翠色""春水""绿云"等叙述（陆羽《茶经》中有越窑"类玉""宜茶"、邢窑"类冰"的评判；陆龟蒙《秘色瓷器》曰："九秋风露越窑开，夺得千峰翠色来。"徐夤《贡余秘色茶盏》云："巧剜明月染春水，轻旋薄冰盛绿云。"）即是。青瓷釉色如玉，迎合了中国古代文人"比德于玉"的观念，尤其是越窑秘色瓷"捩翠融青"（徐夤《贡余秘色茶盏》），引得人无限的遐想和神往（图1）；白瓷的如银似雪，也符合文人清白做人、不入俗流、冰清玉洁的气节（图2）。文人崇玉的滋润剔透、崇冰

图1　唐　秘色瓷碗（陕西法门寺博物馆藏）

图2　五代　白釉穿带壶（上海博物馆藏）

图3　宋　汝窑奁（故宫博物院藏）

的洁净无瑕，于是有了对唐代越窑青瓷、邢窑白瓷的赞美。

宋代汝窑和官窑瓷器的釉面以开片（瓷器釉面的一种自然开裂现象）作为装饰，同样继承了唐代以来文人推崇浑然天成的传统（图3）。哥窑的"金丝铁线"（哥窑的开片在片纹之间往往呈黑色、黄色等，故称"金丝铁线"）则是用染色来突出自然形成的开片（图4）。

建窑黑釉茶盏的出现，为宋代文人间盛行的斗茶增添了新的乐趣。宋徽宗赵佶在《大观茶论》中写道："盏色贵青黑，玉毫条达者为上，取其燠发茶采色也。"蔡襄的《茶录》中有："茶色白，宜黑盏。建安所造者绀黑，纹如兔毫，其坯微厚，熁之久热难冷，最为要用。"苏东坡也热衷于斗茶，有诗句："忽惊午盏兔毛斑，打作春瓮鹅儿酒。"（《送南屏谦师》）这些说的都是建窑的兔毫盏（图5）。陶毂《清异录》："闽中造盏，花纹鹧鸪斑，点试茶家珍之。"此处说的则是建窑结晶釉茶盏中的"鹧鸪

图4　宋　哥窑葵花盘（上海博物馆藏）

图5　宋　建窑兔毫盏（日本京都国立博物馆藏）

图6 宋 建窑曜变天目茶盏（日本静嘉堂文库美术馆藏）

图7 宋 青白瓷枕（故宫博物院藏）

斑"，即釉面有红褐色斑点。此外，"滴珠"（釉中有水滴状的结晶斑）、"曜变结晶釉"（釉面具有红、绿、天蓝等彩色光晕，且随着观察角度的不同而变幻色彩）也是建窑结晶釉茶盏的品种，只是数量更少（图6）。

景德镇如玉般的青白瓷又被称为"饶玉"。蒋祁《陶记》："景德陶，昔三百余座，埏埴之器，洁白不疵，故鬻于他所，皆有'饶玉'之称。"洪迈《容斋随笔》："浮梁巧烧瓷，颜色比琼玖。"李清照《醉花阴》词云"薄雾浓云愁永昼，瑞脑销金兽，佳节又重阳，玉枕纱橱，半夜凉初透"，其中"玉枕"所指可能就是色质如玉的青白瓷枕（图7）。

图8 元 青花瓶（上海博物馆藏）

（二）瓷器纹饰与绘画

花纹装饰与文人的审美意识密切相关，往往成为时代的特征。瓷器纹饰与同时代的绘画有密切联系，尤其是青花、五彩、粉彩、珐琅彩瓷器的花纹装饰往往与中国传统绘画相关。元青花（图8）与明永乐青花（图9）纹饰比较，可以看出图案从繁复的伊斯兰风格向中国文人所推崇的简约风格转变。至清康熙时期，景德镇工匠充分利用"分水"技法（即通过青花与水的混合比例不同使青花呈色有浓淡之别，有"头浓、正浓、二浓、正淡、影淡"五色之分），将中国传统的水墨山水画法移植到青花瓷器装饰上，以浓淡不同的青花来多层次表现远山近水，有水墨山水画中"墨分五色"的韵味（图10）。清雍正时期的粉彩与珐琅彩纹饰多以工笔花鸟为主题，也是取自文人的绘画作品——与恽寿平（1633—1699，清代著名画家）的工笔花卉画有异曲同工之妙。特别是雍正珐琅彩瓷器，其上还配有题诗、篆印，俨然是工笔绘画在瓷器上的再现（图11）。

1. 瓷器与戏曲、小说

元青花、17世纪的青花瓷（即转变期青花瓷，特指明末清初时，景德镇御窑厂已停烧，但是民窑高速发展、空前繁荣，生产出的大量优质且极具特点的青花瓷）及清代康熙五彩瓷器上流行的人物故事画

图9　明　永乐青花茶花纹扁瓶（上海博物馆藏）

图10　清康熙　青花山水图瓶（上海博物馆藏）

图11　清雍正　珐琅彩岁寒三友图瓶（故宫博物院藏）

图12　元　青花鬼谷子罐　　　　图13　清康熙　五彩水浒故事图盘（上海博物馆藏）

多源于元曲。如元青花的"尉迟恭单鞭救主图"取材于"玄武门之变"，即尉迟恭识破李建成、李元吉的阴谋，助唐太宗李世民即位的故事；"鬼谷子下山图"（图12）则表现了孙膑的师傅鬼谷子在齐国使节苏代的再三请求下，下山搭救被燕国陷阵的齐国名将孙膑、独孤陈的故事。另外，明清瓷器上也可以看到当时盛行的小说版画插图，如康熙五彩瓷器上的水浒故事（图13）、崇祯青花瓷器上的"饮茶图""文王求贤图"等。

2. 瓷器与文人生活

瓷器日益渗透到文人的生活当中，一些瓷器的造型透露出文人的时尚与爱好，诸如高端的酒具、茶具、香具与弈棋用品，应该是包括文人在内的社会精英人士的日常用具。

（三）文人的复古之志

宋代文人心存"回向三代"的复古之志，同时又盛行疑古、疑经之风，文献经典不再被宋人奉为金科玉律，他们更愿意将目光从纸本文献转向古代金石器物，以图发掘出比文献记录更真实的礼制原型。宋朝士大夫玩收藏，追求的是博古通今的学术趣味。典型的如宋代收藏家赵明诚、李清照夫妇，当时赵明诚与李清照家境都较宽裕，但是为了搜集名人书画和古董漆器，他们居然"食去重肉，衣去重彩，首无明珠翡翠之饰，室无涂金刺绣之具"（《金石录》后序）。每逢初一和十五，夫妻二人总要到都城开封相国寺一带的市场上去寻访金石书画，然后倾囊买回家里。如此几年，积少成多，他们的书斋"归来堂"，单是钟鼎碑碣之文书就有两千卷之多。

古代文人在休闲、举办雅集与音乐会的时候，往往都会陈列古董，以供清玩。宋代以来文人的"崇古""崇礼"情节亦在瓷器的仿礼器造型之中得以体现。在哥窑、官窑、钧窑（图14）、德化窑、景德镇窑的瓷器中均可看到仿青铜礼器造型的器物。

（四）饮酒佳器

文人好酒。中国古代的文人墨客，不论富贵贫贱，抑或欢喜哀愁，都离不开酒。在李白的诗里我们看到了"举杯邀明月，对影成三人"的自得，看到了"人生得意须尽欢，莫使金樽空对月"的洒脱。苏东坡有"明月几时有，把酒问青天"的佳句。在其他作品中，还有"葡萄美酒夜光杯"的景致，"斗酒诗百篇"的激情，"举杯消愁愁更愁"的比喻，"对酒当歌，人生几何"的潇洒，"酒逢知己千杯少"的喜悦，"酒不醉人人自醉"的意境，"醉翁之意不在酒"的妙喻，"今朝有酒今朝醉"的无奈，"借问酒家何处有，牧童遥指杏花村"的感怀，"红酥手，黄縢酒"的苦痛，一醉方休的痛快……几千年来，酒是中国文学的永恒主题之一。

图14　钧窑出戟尊（上海博物馆藏）

　　饮酒需要好的酒具。在历代酒具中，瓷器又占有重要的一席之地。酒具为文人所用，其喜好会渗入到酒具形制之中。如"黑石号"沉船出水的唐代白釉绿彩吸杯（图15）、明清时代流行的"公道杯"（杯内底有一瓷偶，瓷偶有空心管通于杯底，当注酒过满时则漏，倒酒只可浅平，故民间俗称"公道杯"）都是饮酒的佳器，宋代景德镇窑青白瓷温壶（图16）则是用来温酒的器具。这些酒具都与文人笔下的诗意酒境相融。

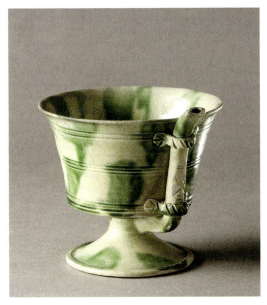

图15　唐　白釉绿彩吸杯（新加坡亚洲文明博物馆藏）

图16　宋　青白瓷温壶（上海博物馆藏）

（五）精巧的茶具

自古以来，文人士大夫乐于将其精神追求和文化性格带入到饮茶活动之中，在催生了中国茶道的同时，也形成了相对独立的文人茶道。唐代陆羽《茶经》中设计的茶艺操作程序，就为当时文人士大夫所热衷。这种艺术性较强的饮茶方式，汲取了古代儒、释、道诸家思想的精华，并融会贯通于饮茶的全过程中，蕴涵着极为丰富而深刻的文人茶道精神。茶道需要好茶，优秀的烹茶过程也需要好茶具。

唐代皮日休《茶中杂咏·茶瓯》"圆似月魂堕，轻如云魄起"一句描绘了邢瓷与越瓷茶具的做工之美，从中可以看出诗人消散品雅的心态。宋代流行"斗茶"，当时的文人士大夫十分热衷于此道，苏东坡《送南屏谦师》云"来试点茶三昧手，忽惊午盏兔毛斑"，于是就有了建窑结晶釉茶盏的风行。就实物而言，唐代"黑石号"沉船中的白瓷托杯（图17）、越窑青瓷茶碗以及宋代青白瓷托盏都可以用作茶具，这在宋代的绘画作品中也有体现。明清宜兴紫砂茶具的兴起，则完全是为了满足文人阶层的需求。清嘉庆时期著名的"曼生壶"（图18，即半瓢壶，以半瓢为器身，流短而直，把成环形）由文人陈曼生设计、题诗，制壶高手杨彭年制作，壶的器形寄寓了文人的巧思与雅趣，是文人与制壶工匠合作的典范。

图17　唐　白瓷托杯（新加坡亚洲文明博物馆藏）　　　图18　紫砂曼生壶（上海博物馆藏）

（六）承香载道

香，不仅芳香养鼻，还可颐养身心、祛秽疗疾、养神养生。早在先秦时期，香料就被广泛应用于生活。从士大夫到普通百姓，都有随身佩戴香囊和插戴香草的习惯。在香道发展鼎盛的宋代，用香成为文人士大夫追求美好生活不可或缺的一部分。香道的含义远远超越了香制品本身，是以香为载体的一种修养身心、培养高尚情操、追求人性美的文化。宋代瓷器中流行的小型香炉（图19）应该不是用作供奉的器具，而是用于香道中焚香、闻香的用具，官窑、哥窑、龙泉窑均有烧造这类香炉。另外，在浙江黄岩灵石寺

图19　宋　官窑炉（上海博物馆藏）

塔出土的北宋咸平元年（998）的青釉香熏、明代成化的素三彩鸭熏（图20）等均是用于闻香的瓷器。

图20　明成化　素三彩鸭熏（上海博物馆藏）

（七）弈棋之乐

围棋起源于战国，原为道家阴阳占卜之用。唐以后受到文人雅士的推崇，成为他们飘逸洒脱、快乐自由生活的一种娱乐方式。唐代李远有诗曰："青山不厌千杯酒，白日唯消一局棋。"唐宋以后，下棋不仅是文人雅士必备的生活交往"功夫"，而且还引领了生活时尚，弈棋与绘画、作诗一样被看作是风雅之事。在陕西铜川耀州窑遗址发现的青瓷围棋罐与围棋子（图21），即可以印证围棋在当时的流行。

比起古人，今天我们的物质生活无疑是极大地丰富了，但是人们的精神生活并没有随着物质欲望的不断满足而越来越丰富；比起古人，现在我们的寿命大大延长了，但是大家活得并不从容，"活得很累"是现代人普遍的心声。这种情况已经引起社会关注，学者对于提升生活质量大致有两种观点：传统文化的复兴和精致文化的推动。瓷器中的文人雅趣或许有助于改善今天人们的生活状态。

图21　耀州窑围棋罐（陕西耀州窑博物馆藏）

原载《紫禁城》2019年第11期

瓷器上的莲花

　　过去有一种传统认识,认为莲花是随着佛教传入中国的。实际上,莲花是中国的原生植物,在河姆渡文化、仰韶文化和大汶口文化中都发现了荷花的遗存,在河姆渡文化遗存中还发现了刻划有荷花图案的陶器残片。在中国最早成书于战国或汉代之间的辞书《尔雅》中就有关于"荷"的解释,《尔雅·释草第十三》:"荷,芙蕖。其茎茄,其叶蕸,其本蔤,其花菡萏,其实莲,其根藕。"疏曰:"芙蕖其总名也,别名芙蓉,江东呼荷;菡萏,莲华也。"

　　青铜器上的莲花装饰主要出现在西周,如上海博物馆收藏的"虎簋",其盖的上部有六瓣莲花的捉手(图1);春秋时期著名的"莲鹤方壶"的盖就是盛开的莲花。

　　瓷器上的莲花装饰出现在魏晋南北朝时期。最早的莲花,出现在1983年南京雨花台长岗村出土的三国青釉褐彩壶(图2)上,在其肩部贴塑有两尊背光、端坐在双兽驮起的莲花座上的佛像。莲花在此仅仅是作为佛像的坐具出现,还不能算作是莲花装饰。

图1　西周　虎簋(上海博物馆藏)　　　　图2　三国　青釉褐彩壶(南京博物院藏)

图3　东晋　青釉点彩划花壶（上海博物馆藏）　　　图4　南朝　青釉莲瓣壶（绍兴市博物馆藏）

　　莲花真正作为瓷器纹饰是在东晋时期出现的，在一件浙江青瓷的上腹部，有一周刻划的莲花瓣纹（图3）。至南朝，瓷器上的莲花纹饰已经比较普遍，主要表现为以仰覆莲花花瓣在器物外部作装饰带的形式，偶见在盘、碗的内心以花的形式出现。多见于浙江的青瓷，也有江西等地的窑口。装饰方法有刻花、浮雕（图4）、立体造型、戳印、点彩等。北朝的莲花尊虽然发现并不多，但是它以高大挺拔的造型、多层次浮雕式的贴塑花纹，为同时代瓷器莲花装饰之最（图5）。

　　南北朝时期莲花图案装饰在中国瓷器上突然流行，与佛教传入中国并广为传播息息相关。莲花与佛教的关系，是与佛祖释迦牟尼的传说故事联系在一起的。传说释迦牟尼降生时百鸟共鸣、百花齐放，在沼泽内突然开出硕大的莲花，佛祖一降生就

图5　北朝　青釉莲花尊　河北景县封氏墓地出土（中国国家博物馆藏）

站立在莲花之上。荷花"出污泥而不染"的特性与佛教所主张的"出世人格"有着天衣无缝的契合。佛教认为：人间迷失自我如同陈淤积垢，有志者应该努力修行，净化自我，不受污染，追求到达清净无碍的境界。莲花的自然美完全可以用来象征佛教的这种思

想。况且莲花昂首挺拔、色泽鲜艳、洁身自处、傲然独立的特点也能吸引人们。它表现在瓷器装饰上,既符合当时的"时尚"——迎合佛教艺术的兴起,也具有美学价值。

进入隋唐、五代时期,随着北方瓷业的兴起,瓷器上的莲花装饰不再以南方青瓷为主,而遍及南北方各地的青瓷与白瓷。1988年5月在湖北武昌马房山隋墓发现的一组青瓷,在高足盘上有戳印的莲瓣(图6),可能是江西洪州窑的产品;1959年河南安阳隋开皇十五年(595)张盛墓中出土的一件青瓷熏炉则以立体的莲瓣装饰炉体(图7)。

唐代瓷器上莲花装饰更为多见,1956年河南陕县刘家渠出土的一件白瓷灯台,其圈足以一周覆莲瓣装饰(图8);在印尼爪哇岛沿海发现的唐代沉船中有一大批长沙窑瓷器,其中一部分碗绘有莲花纹(图9)。除了简单抽象的莲瓣装饰之外,还出现了完全

图6 隋 青釉莲花纹高足盘(武汉市博物馆藏)

图7 隋 青瓷莲花香薰炉(河南博物院藏)

图8 唐 白瓷灯台(中国国家博物馆藏)

图9 唐 长沙窑彩绘莲花纹碗(新加坡亚洲文明博物馆藏)

图10　唐　越窑褐彩油灯（临安市博物馆藏）

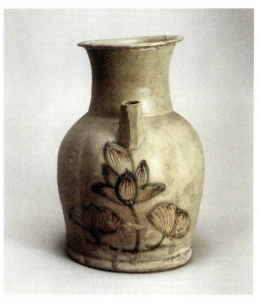

图11　唐　长沙窑彩绘莲花纹壶（长沙市博物馆藏）

图12　唐　越窑秘色瓷碗（法门寺博物馆藏）

写实的荷花，1980年在浙江临安唐天复元年（901）水邱氏墓发现的越窑青釉油灯的外壁绘有褐彩，在吉祥云头中有荷花（图10）；在长沙窑的彩绘瓷器中，也不乏绘画荷花的题材（图11）。1985年西安火烧壁出土的白瓷碗和1987年陕西扶风法门寺塔地宫出土的秘色瓷碗（图12），其造型就如同一朵盛开的荷花。类似荷花造型的器物在唐代极为流行，这与当时流行的一种喝酒方式有关。在唐代小说《酉阳杂俎·前集卷七·酒食》中记载了三国魏正始年间（240—249），当时的魏国名士郑悫夏天在宴客的时候开创了以荷叶当作大酒杯的做法，将大荷叶连同长的叶茎一同采下，放在砚匣里，在荷叶上倒入足足三升的米酒，然后用簪子刺破荷叶的蒂心，形成一个与荷叶的长茎相通的孔洞。这一方法巧妙地利用了荷叶茎内部天然的贯通空腔这一特点，将茎向上拉起，就成了天然的吸管。然后主宾轮流以嘴含住叶茎的一端吸吮，荷叶内的酒液就会顺着茎内部的空腔进入吸酒者的口中。其妙处在于能令酒水染上荷叶的香气，给人一种胜冰赛雪的清凉感，结果引发历下人纷纷效仿，风行一时[1]。至唐代，这种饮酒方法更加风靡，传说唐文宗时的宰相李宗闵在宴客的时候，不但要把酒倒在荷叶中，还要将盛有酒的荷叶扎系起来，一一送到客人面前，再用筷箸将荷叶的蒂芯刺破，然后通过叶茎畅

[1]《酉阳杂俎》："历城北有使君林，魏正始中，郑公悫三伏之际，每率宾僚避暑于此。取大莲叶，置砚格上，盛酒三升，以簪刺叶，令与柄通，屈茎上轮菌如象鼻，传吸之，名为'碧筒杯'。历下教之，言酒味杂莲气香，冷胜于水。"摘自《酉阳杂俎校笺》，中华书局，2015年。

图13 唐 银鎏金碧筒杯（陕西历史博物馆藏）

图14 唐 越窑莲花托碗（宁波博物馆藏）

图15 五代 越窑莲花托盏（苏州博物馆藏）

饮叶中之酒[1]。西安何家村出土了一件银质鎏金的"碧筒杯"（图13），其形式如同荷叶，杯柄形如叶茎，中空，应该是贵族用的吸杯。唐代瓷器的荷花造型应该与"碧筒杯"的流行有一定关系。1975年在宁波和义路唐代遗址出土的一组青瓷托盏，盏呈荷花形，托则为荷叶，全器宛如出水的荷叶托着怒放的荷花在水中飘逸（图14）。五代时间不长，但是瓷器上也不乏莲花装饰，其中最典型的是苏州虎丘塔发现的刻花莲花碗和托，在碗的外壁有三重莲瓣，托的翻沿和圈足部分分别有双重的仰莲和覆莲（图15）；上海博物馆收藏的一件五代定窑"官"字款划花荷叶式笔掭，叶片平坦划以叶的筋脉，两侧卷曲，犹如一叶荷叶栩栩如生。

至宋代，随着中国瓷业发展呈现百花齐放的景象，莲花装饰在瓷器上的表现更是多样化。白瓷以定窑为代表：河北定州北宋至道元年（995）净众院塔基地宫出土的一件高60.7厘米白瓷龙首流净瓶，肩部和腹部刻有莲瓣（图16）；辽宁北票出土的一件定窑白瓷执壶上刻有多重莲瓣装饰（图17）；有以莲花为造型的高足盘；有在器物的内心刻划莲池图案的。青瓷以北方的耀州窑和南方的龙泉窑为代表。耀州窑莲花装饰多见在器物的肩部、腹部作一周带状莲瓣边饰（图18），有的在器物内刻花，或者以荷花或荷叶造型等形式。由于耀州窑刻花采用"半刀泥"技术，即在花纹轮廓上先竖刻一刀，在轮廓外再斜刻一刀，施釉后沿轮廓刻纹较深，容易聚釉，在花纹外沿形成一个釉色由浅而

---

［1］（唐）赵璘《因话录》："靖安李少师……暑月临水，以荷为杯，满酌密系，持近入口，以箸刺之，不尽则重饮。"摘自（宋）陈元靓撰：《岁时广记》，中华书局，2020年。

图16　北宋　定窑刻花净瓶（定州博物馆藏）　　　　图17　北宋　定窑刻花莲瓣纹执壶（辽宁省博物
馆藏）

深的效果，使纹饰具有立体感。龙泉窑青瓷自北宋早期起流行莲花装饰，在一件淡青釉五管瓶的器盖上层堆塑出水荷叶，荷叶中央有花蕾形钮，盖及器物腹部均装饰覆莲纹（图19）。景德镇青白瓷碗也流行刻花莲花纹（图20），采用"半刀泥"的刻花技法，其釉层厚薄之间的釉色差别更加明显，花纹呈现效果超过耀州窑。

彩绘瓷器则以北方磁州窑系的诸多窑场和南方吉州窑为代表。与唐代长沙窑以釉下绘彩为主不同，磁州窑的装饰手法既有釉上彩绘，也有珍珠地划花、剔花等。以黑色彩绘（图21）和黑底留白的装饰最为常见。随着金人占据北方大部，宋代朝廷南迁临安（杭州），北人大量南迁，形成中国历史上第二次人口大迁徙，一部

图18　北宋　耀州窑牡丹纹刻花瓶（上海博物馆藏）

图19　北宋　龙泉窑刻花五管瓶(龙泉市博物馆藏)

图21　金　磁州窑荷花纹枕(上海博物馆藏)

图20　宋　景德镇窑青白瓷刻花碗(上海博物馆藏)

图22　宋　吉州窑莲花纹炉(江西省博物馆藏)

分磁州窑窑工迁入江西,促进了吉州窑彩绘瓷器的发展。吉州窑瓷器以黑色彩绘为主,有黑色绘画和黑底留白(图22)两种,其绘画比磁州窑更为细腻。

　　元代时景德镇青花瓷器异军崛起,莲花装饰有了新的形式。莲瓣纹以往通常是圆肩,而元青花在器物肩部或者下腹部常见的莲瓣则是方肩的变形莲瓣纹,排列稀疏有间隔,俗称"八大码",莲瓣内填以如意云头、花卉、杂宝等;莲花主题更有故事性,如表示历史人物与自然和谐相处的"四爱图"中的"周敦颐爱莲"(图23)、表示为人清高的与松竹梅相并提的"鸳鸯莲池"(图24)等纷纷涌现;开始流行的"鱼藻纹"也往往让鱼在荷花池中游弋(图25)。元代还出现了一种"番莲纹",即花朵为两层花瓣,叶呈葫芦形,有图案化的倾向,通常作为立体器物肩部(图26)或者碗、盘内壁的装饰;元代的莲瓣盘则以花的造型成器,整器犹如一朵盛开的荷花(图27)。

图25　元　景德镇窑青花鱼藻纹罐(大阪市立东
洋陶瓷美术馆藏)

图23　元　景德镇窑青花"四爱图"瓶(湖北省博
物馆藏)

图26　元　景德镇窑青花牡丹纹罐(上海博物馆藏)

图24　元　景德镇窑青花鸳鸯莲池纹盘(故宫博　图27　元　景德镇窑青花莲花盘(上海博物馆藏)
物院藏)

明清时代，景德镇官窑得到很大的发展，瓷器品种不断增加，莲花装饰有了更多的表现形式。莲瓣作为器物下腹部最常见的边饰，回归了圆肩的形式，排列密集。在永乐、宣德朝青花瓷器上莲花经常作为缠枝花卉的主体（图28），也与其他花卉一起组成缠枝或者串枝花卉图案；随着明代帝王信奉藏传佛教，以轮、螺、伞、盖、花、罐、鱼、肠组成的"八吉祥"图案开始流行，在瓷器上，"八吉祥"往往与莲花结合，通常为"莲托八宝"的形式，不仅在青花瓷器上常见（图29），也见于清代的粉彩供器；莲池和鸳鸯莲池更加流行，在存世仅见两件的明宣德五彩瓷器上，装饰的就是鸳鸯莲池图（图30）；官窑瓷器上常见的龙，也会遨游在荷花丛中（图31）；鱼藻图仍然以莲池来表现；青花大盘盘心"一把莲"

图28　明永乐　景德镇窑青花缠枝莲花瓶（上海博物馆藏）

图29　明宣德　景德镇窑青花莲托八宝纹僧帽壶（西藏博物馆藏）

图30　明宣德　景德镇窑青花五彩鸳鸯莲池纹碗（西藏萨迦寺藏）

图31　明成化　景德镇窑青花"龙穿莲池"图盘（上海博物馆藏）

图32　明宣德　景德镇窑青花束莲纹大盘（上海博物馆藏）

图34　清康熙　景德镇窑五彩贴金鹭鸶莲池纹尊（故宫博物院藏）

图33　清康熙　景德镇窑五彩花篮纹盘（上海博物馆藏）

图35　清光绪　景德镇窑粉彩秋操杯（上海博物馆藏）

（图32）寓意"清廉"成为经典图案，从明代宣德一直流传到清代；17世纪外销瓷中流行的"芙蓉手"就是以莲瓣在瓷盘的边沿作连续的开光，在开光内填绘各种纹饰（图33）；清康熙五彩贴金鹭鸶莲池纹凤尾尊通体绘莲池夏景，荷花盛开、彩蝶飞舞、翠鸟栖息、鹭鸶觅食，采用五彩加贴金的技法，色彩艳丽、富贵，是清代瓷器莲花装饰的顶峰（图34）。

　　光绪年间曾经举行过几次秋季军事操练，为纪念清军秋季操练而特别制作纪念杯，其造型为粉彩莲花式，以花茎为柄，柄中空与杯相通，可用来吸吮酒浆（图35）。在柄的背面用墨书写着操练时间和地点，常见的是"光绪三十四年安徽太湖附近秋操纪念杯"，故又称"秋操杯"，是当时操练后的纪念品。其造型与唐代的"碧筒杯"可谓有异曲同工之妙。

原载《紫禁城》2020年第6期

关于哥窑产地的综合研究

一、关于哥窑瓷器产地的讨论

　　"哥窑"指的是一类胎色赭黑、厚釉、釉色灰青或米黄、釉面有细碎染色开片的瓷器。作为宋代五大名窑[1]中的"哥窑"一直处在学术界的讨论热点之中,从元代以来的文献直至今日的研究报告,对其时代和产地都众说纷纭、莫衷一是。长期以来,哥窑瓷器基本不见考古发现,以宫廷收藏为主,因此又被称为"传世哥窑"。以后,随着窑址考古和其他考古资料的不断发现,学术界关于什么是哥窑以及其产地提出了不同的看法。

　　1992年10月,上海博物馆召开"哥窑瓷器学术座谈会",来自北京、江苏、浙江、上海、香港、台湾和美国、英国、日本等地的专家学者参加了会议,这是第一次系统讨论哥窑问题的学术会议[2]。关于哥窑的产地,会议代表提出了杭州、龙泉和北方(或景德镇)三种观点,前两种观点主要依据元代以来的不同文献的记载以及对文献的不同解读;而"北方说"则依据中国科学院上海硅酸盐研究所对20世纪60年代故宫博物院提供的一片"传世哥窑"瓷器标本的胎釉成分测试数据。在会上,故宫博物院耿宝昌先生提出这件碗底是孙瀛洲先生1940年在北京的一家古董铺买的,1956年随同其他文物一起捐给了故宫,并非清宫旧藏,不能代表真正的传世哥窑瓷器,因此这个数据不能作为判断哥窑产地的依据。

　　随着各地相关考古资料的不断发现,现在可以根据文献记载、考古资料及利用科学检测手段,对哥窑产地进行综合性的讨论。

二、什么是"哥窑"

　　什么是哥窑? 哥窑曾经被文献列为"五大名窑"之一,历史上对其特点的描述都源自宫廷收藏。由于其为历代朝廷先后嬗藏,因此又被称为"传世哥窑"。这类哥窑大多

---

[1] 见(明)吕震等撰《宣德鼎彝谱》,传成书于明宣德三年,后被证明是成书于明代后期的"伪书"。其关于"宋代五大名窑"的论述无疑在明代就有。
[2] 陈克伦:《关于哥窑瓷器的讨论》,《文物》1994年第3期。

为宫廷旧藏,加上流散于海内外各地的,总数"只有360件左右"[1]。讨论的基础就是这类哥窑瓷器,考古出土的器物和标本都要与其进行比较,以确定其是否属于"传世哥窑"。

三、文 献 记 载

(一) 杭州说

最早与"哥窑"相关的文献记载见于元代孔齐的《静斋至正直记》:"乙未冬(至正十五年,1355)在杭州时,市哥哥洞窑器者一香鼎,质细虽新,其色莹润如旧造,识者犹疑之。会荆溪王德翁亦云,近日哥哥窑绝类古官窑,不可不细辨也。"[2]

嘉万时杭州人高濂的《遵生八笺》在谈"官窑"时有如下记载:"官窑品格,大率与哥窑相同……窑在凤凰山下……哥窑烧于私家,取土俱在此地……"[3]从后两句文字分析,似乎哥窑的烧造地点在杭州。

在明代洪武二十一年(1388)曹昭的《格古要论》中哥窑和龙泉窑是分别叙述的,其中关于哥窑的论述是:"旧哥窑色青,浓淡不一,亦有紫口铁足,色好者类董窑,今亦少有成群队者。元末新烧者土脉粗糙,色亦不好。"关于龙泉窑的记载是:"古龙泉窑在今浙江处州府龙泉县,今曰处器、青器、古青器。"[4]虽然没有论及"旧哥窑"产于何地,但是排除了产于龙泉的可能性。

(二) 龙泉说

比《格古要论》晚了一个半世纪的陆深《春雨堂随笔》(嘉靖十八年,1539)"哥窑浅白断纹,号百圾碎。……宋时有章生一、生二兄弟,皆处州人,主龙泉之琉田窑。生二所陶青器,纯粹如美玉,为世所贵,即官窑之类。生一所陶者色淡,故名哥窑"[5]。这是有关章生一生、二兄弟烧瓷的最早材料。

《浙江通志》(明嘉靖四十年)中提到"处州……县南七十里曰琉华山……""山下即琉田,居民多以陶为业。相传旧有章生一、生二兄弟,二人未详何时人,至琉田窑造青器,粹美冠绝当世,兄曰哥窑,弟曰生二窑……"[6]但是书中注明此说得自传闻,不知章生一和章生二为"何时人"。

嘉靖四十五年刊刻的《七修类稿续稿》一书中进一步说:"哥窑与龙泉窑皆出处州龙泉县,南宋时有章生一、生二兄弟各主一窑,生一所陶者为哥窑,以兄故也。生二所陶者为龙泉,以地名也。其色皆青,浓淡不一,其足皆铁色,亦浓淡不一,旧闻紫足,今少见

[1] 耿宝昌"序言",刊故宫博物院编:《哥瓷雅集——故宫博物院珍藏及出土哥窑瓷器荟萃》,故宫出版社,2017年。
[2] (元)孔齐:《静斋至正直记(卷四)》,《续修四库全书》第1166册,上海古籍出版社,1995年。
[3] 见《文渊阁四库全书》第871册,上海古籍出版社,2003年。
[4] 见《文渊阁四库全书》第871册。
[5] 见《丛书集成初编》第2906册,商务印书馆,1935年。
[6] 见《天一阁藏明代地方志选刊续编》第24册《浙江通志(上)》,上海书店出版社,1990年。

焉,惟土脉细薄,油(釉)水纯粹者最贵。哥窑则多断纹,号曰百圾破。"[1]《七修类稿续稿》距《浙江通志》成书仅相隔5年,对"相传旧有章生一、生二兄弟,二人未详何时人"的问题具体肯定为南宋时人,并说"生一所陶者为哥窑,以兄故也。生二所陶者为龙泉,以地名也"。这是我们见到的肯定章生一、生二兄弟为南宋时人的最早材料。明嘉靖以后对哥窑、弟窑的进一步演绎,大都来源于此。

明代陆容刊刻于嘉靖年间(或曰成书于弘治七年,1494)的《菽园杂记》一书对龙泉窑记录得比较详细,是研究龙泉窑的重要参考书,书中提到:"青瓷初出于刘田,去县六十里,次则有金村窑,与刘田相去五里余。外则白雁、梧桐、安仁、安福、绿绕等处皆有之。然泥油精细,模范端巧,俱不若刘田。泥则取于窑之近地,其他处皆不及,油则取诸山中,蓄木叶烧炼成灰,并白石末澄取细者,合而为油。大率取泥贵细,合油贵精。匠作先以钧运成器,或模范成形。候泥干,则蘸油涂饰,用泥筒盛之。置诸窑内,端正排定,以柴条日夜烧变。候火色红焰无烟,即以泥封闭火门,火气绝而后启。凡绿豆色莹净无瑕者为上,生菜色者次之。然上等价高,皆转货他处,县官未尝见也。"[2]这段记载从龙泉窑的分布、原料出处、制作工艺、装窑方法直到烧窑,描绘得极其细微,对于"哥窑"只字不提。基于上述情况,宋时龙泉窑章生一、生二兄弟各主一窑的说法,从文献记录的资料看,开始是得自传闻,以后又进一步演绎而渐次形成。

四、考古出土

历年出土被认为是"哥窑"的瓷器不多,主要有以下几例:

1. 1977年安徽安庆元代窖藏,碗(图1)、盘、葵口盏(图2)、把杯,皆黑胎灰青釉[3]。

2. 1975年江苏溧水县永阳镇元代窖藏出土青釉开片长颈瓶2件(图3),赭黑胎,灰青釉或粉青釉,釉质肥润,表面有缩釉点[4]。

3. 1987年安徽六安陈家河三口塘出土碗(图4),圆口、深腹、圈足较高,青釉开片碗,黑胎灰青釉[5]。

4. 1976年在韩国新安郡海底发现沉船,打捞出水的瓷器中包括一件灰青釉开片三足炉[6](图5),有研究者称其为"老虎洞窑青瓷鬲式炉"[7]。

5. 1970年10月南京明洪武四年(1371)汪兴祖墓出土葵口盘(图6)11件,黑胎、灰青釉[8]。

[1]　见(明)郎瑛:《七修类稿续稿》,上海书店出版社,2009年。
[2]　(明)陆容:《菽园杂记》卷十四,见《历代笔记小说大观·明代笔记小说大观》,上海古籍出版社,2005年。
[3]　胡悦谦:《安庆市出土的几件瓷器》,《文物》1986年第6期。
[4]　高茂松:《江苏溧水永阳镇元代窖藏出土的瓷器与初步认识》,《东南文化》2011年第2期。
[5]　《中国出土瓷器全集·安徽卷》图184,科学出版社,2008年。
[6]　《新安海底遗物(资料篇Ⅲ)》,见《韩国文化公报》,文化财管理局,1985年。
[7]　见沈琼华主编:《大元帆影——韩国新安沉船出水文物精华》,文物出版社,2012年,第76页。
[8]　南京市博物馆:《南京明汪兴祖墓清理简报》,《考古》1972年第4期。

图1 碗（安徽安庆元代窖藏出土）

图2 葵口盏（安徽安庆元代窖藏出土）

图3 长颈瓶（江苏溧水元代窖藏出土）

图4 深腹碗（安徽六安陈家河三口塘出土）

图5 三足炉（韩国新安海底沉船出水）

图6 葵口盘（江苏南京汪兴祖墓出土）

　　从上述情况看，考古出土的"哥窑瓷器"均为元代或明代初年窖藏或墓葬出土，多为黑胎、灰青釉，与"传世哥窑"的特征还是有类似之处。汪兴祖墓出土的青釉盘被认为是元代"哥哥窑"或"哥哥洞窑"的产品。

五、传世哥窑瓷器

　　我们考察收藏传世哥窑最主要的3处博物馆：北京故宫博物院、台北故宫博物院和上海博物馆。

（一）北京故宫博物院

　　收藏于北京故宫的传世哥窑已经公开发表的有58件，器形包括胆瓶（图7）2件、贯耳瓶（图8）7件、弦纹瓶（图9）1件、小罐1件、鱼耳炉（图10）3件、双耳炉2件、三足炉（图11）3件、花盆1件、葵口洗（图12）5件、菱口洗1件、圆口洗1件、葵口碗7件、八方碗2件、圆口碗（图13）2件、葵口盘（图14）15件、葵花盘1件、菊瓣盘1件、圆口盘（图15）3件。均为赭黑色胎；釉色主要是灰青色，米黄色较少；釉面开片以一色开片多见，也有"金丝铁线"者[1]。

图7　胆瓶（北京故宫博物院藏）　图8　贯耳瓶（北京故宫博物院藏）　图9　弦纹瓶（北京故宫博物院藏）

---

[1]　北京故宫博物院图片，选自《故宫博物院藏文物珍品大系——两宋瓷器（下）》，上海科学技术出版社、商务印书馆（香港），2002年。

图10　鱼耳炉（北京故宫博物院藏）

图11　三足炉（北京故宫博物院藏）

图12　葵口洗（北京故宫博物院藏）

图13　圆口碗（北京故宫博物院藏）

图14　葵口盘（北京故宫博物院藏）

图15　圆口盘（北京故宫博物院藏）

（二）台北故宫博物院

　　据了解，台北故宫博物院收藏的传世哥窑瓷器约有150件，从已经发表的资料看，器形有胆瓶（图16）、贯耳瓶、鱼耳炉（图17）、三足炉（图18）、高足碗（图19）、单把杯、葵口盏、盘、葵口盘、花口盘、葵花盘（图20）、菊瓣盘（图21）、碗、葵口碗（图22）、碟、洗、葵口洗（图23）、花盆（图24）、渣斗式尊等，以碗、盘、碟最多。胎色赭黑；釉灰青色和米黄色；釉面开片有一色开片和"金丝铁线"者[1]。

图16　胆瓶（台北故宫博物院）

图17　鱼耳炉（台北故宫博物院）

图18　三足炉（台北故宫博物院）

图19　高足碗（台北故宫博物院）

图20　葵花盘（台北故宫博物院）

[1]　台北故宫博物院图片，选自《贵似晨星——清宫传世12至14世纪青瓷特展》，台北故宫博物院，2016年。

图21　菊瓣盘(台北故宫博物院)

图22　葵口碗(台北故宫博物院)

图23　葵口洗(台北故宫博物院)

图24　花盆(台北故宫博物院)

(三)上海博物馆

　　上海博物馆收藏的传世哥窑瓷器有15件,分别是五足洗(图25)1件、葵花盘(图26)1件、葵口盘(图27)4件、圆口盘(图28)2件、葵口碗(图29)1件、贯耳瓶(图30)3件、葵口洗(图31)1件、海棠式洗1件和莲瓣洗1件。均为赭黑色胎;釉色主要是灰青色,米黄色较少;釉面开片有一色开片,也有"金丝铁线"。

图25　五足洗(上海博物馆藏)

图26　葵花盘(上海博物馆藏)

图27　葵口盘（上海博物馆藏）

图28　圆口盘（上海博物馆藏）

图29　葵口碗（上海博物馆藏）

图30　贯耳瓶（上海博物馆藏）

图31　葵口洗（上海博物馆藏）

六、窑址考古资料

（一）杭州老虎洞窑址

　　1998年5至2001年3月，杭州市文物考古所对杭州凤凰山老虎洞窑址进行了两次较大规模的考古发掘。揭露了该窑址的全部文化层，实际发掘面积约2 300平方米，发掘5×5探方86个，两次发掘都有重大收获。据发掘者报告，"老虎洞窑第二层出土的瓷片量多、品种丰富，窑具上有八思巴文……出土的器物同传世哥窑十分相似……我们初步认为这一层的产品是哥窑产品"[1]。在窑址T50中发现一件标本与传世哥窑葵口洗（图32）的造型几乎完全一样。

（二）龙泉溪口、大窑窑址

浙江省文物考古研究所经过几年的考古调查与发掘工作，初步查明龙泉生产黑胎青瓷的窑址除溪口、大窑地区外，还有几乎纯烧黑胎产品的瓦窑垟窑址。这是一个全新的地点，生产包括尊、觚、簋等

图32　葵口洗标本（杭州老虎洞窑址出土）

在内的礼器类产品，清理了包括窑炉、灰坑在内的重要遗迹。无论是溪口还是小梅等地的产品，其基本特征为：时代基本集中在宋代，黑胎、紫口铁足、胎骨厚薄不一；青色釉，釉色深浅不一，开片纹，片纹亦大小不一，粉青釉器物数量较少，质量明显更佳。虽然还不见报告发布，但是在2012年举行的学术研讨会上，不少学者认为龙泉黑胎青瓷应该就是哥窑[2]。

七、外观比较

将杭州老虎洞窑址出土标本（图33—39）和龙泉瓦窑垟窑址出土的黑胎青瓷标本（图40—45）进行比较，发现如下差别：1. 两者均为黑胎厚釉青瓷，釉面均有开片；2. 尽管二者都属于厚釉，但是杭州老虎洞标本的釉更为乳浊，基本不透明，而龙泉瓦窑垟标本的釉还有少许一点透明度；3. 釉色方面，杭州老虎洞主要是灰青色，釉色较浅，有

图33　杭州老虎洞窑址元代地层出土标本

图34　杭州老虎洞窑址元代地层出土标本

［1］　杭州市文物考古研究所：《杭州老虎洞南宋官窑址》，《文物》2002年第10期。
［2］　范昕：《"哥窑"谜团正被解开——"2012龙泉黑胎青瓷与哥窑论证会"得出结论：文献记载的哥窑在龙泉》，《文汇报》2012年11月18日。

图35 杭州老虎洞窑址元代地层出土标本

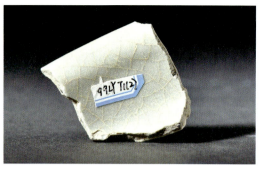

图36 杭州老虎洞窑址元代地层出土标本

图37 杭州老虎洞窑址元代地层出土标本

图38 杭州老虎洞窑址元代地层出土标本

图39 杭州老虎洞窑址元代地层出土标本

图40 龙泉瓦窑垟窑址出土标本

图41 龙泉瓦窑垟窑址出土标本

图42 龙泉瓦窑垟窑址出土标本

图43　龙泉瓦窑垟窑址出土标本

图44　龙泉瓦窑垟窑址出土标本

图45　龙泉瓦窑垟窑址出土标本

的接近月白色,还有少量米黄色,龙泉瓦窑垟几乎都是灰青色,釉色总体比老虎洞深;
4. 从标本的断面看,杭州老虎洞的断面比较整齐,而龙泉瓦窑垟标本的断面多见分层,
呈"犬牙交错"状。

从以上特点看,杭州老虎洞窑址的标本与传世哥窑更为接近。

八、科 学 测 试

最近,上海博物馆运用Bruker公司的Tracer5i手持式荧光能谱仪,在非真空状态下
对馆藏的10件传世哥窑瓷器和由杭州市文物考古研究所提供的杭州老虎洞窑址元代地
层1999年出土的7件标本及由浙江省博物馆提供的6件龙泉瓦窑垟标本用同样的方法
进行测试,取得了可用于比较的数据。

对所有完整瓷器及标本的釉层元素分析均采用对同一件器物不同位置的2—3个
釉面点进行数据采集,结果表明,仪器重复性较好,釉面均匀,数据稳定。

1. 23件样品的共同点是釉中主量熔剂 K_2O/CaO(钾/钙)比例较高,因此容易形
成厚釉。

2. 通过比较老虎洞窑和龙泉窑瓦窑垟瓷片标本发现,二者较为明显的不同是老虎

洞窑标本釉中MnO(锰)含量要显著高于龙泉窑青瓷标本,前者MnO(锰)含量范围为0.55%—0.86%,后者MnO(锰)含量范围为0.13%—0.28%;前者K₂O(钾)含量较后者高,而CaO(钙)含量较后者低,数据反映出二者釉料配方的差异。

3. 从10件馆藏哥窑瓷器的主量元素定性分析基本无差异。

4. 从23件瓷器(或瓷片)的釉面主量元素因子分析图(图46)可以看出,样品分布于两个区域,馆藏传世哥窑瓷器与老虎洞窑瓷片为一类,龙泉(黑胎)瓷片为第二类。

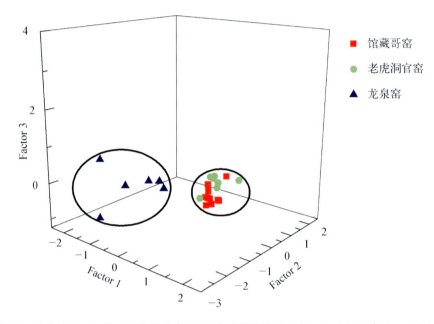

图46　馆藏传世哥窑瓷器与杭州老虎洞、龙泉瓦窑垟瓷片标本釉面主量元素因子分析图

5. 研究表明,瓷器的微量元素可以表现产地特征,老虎洞窑标本的釉中Rb(铷)含量范围在85—155 ppm之间,均值为120 ppm;Sr(锶)含量范围在170—263 ppm之间,均值为219 ppm。而龙泉窑标本釉中Rb(铷)含量范围193—269 ppm,均值为228 ppm;Sr(锶)含量范围在397—599 ppm之间,均值为464 ppm。二者相比,老虎洞窑标本釉中Rb(铷)和Sr(锶)含量均比龙泉窑标本釉中含量低很多,Zr(锆)含量均值老虎洞窑标本为43 ppm,龙泉瓦窑垟标本为65.83 ppm,虽然二者接近,但前者也要低一些。而10件传世哥窑瓷器的釉从微量数据看,Rb/Sr(铷/锶)在0.55—0.99之间,Zr(锆)的含量大部分在30—50 ppm之间,均值为49.25 ppm。反映出这10件哥窑瓷器釉的成分与老虎洞窑标本釉的微量成分更为接近,而与龙泉窑青瓷标本存在差异。

6. 从23件瓷器(或瓷片)的釉面微量元素因子分析图(图47)可以看出,瓷釉主量元素的因子分析也相吻合。

通过瓷釉主量元素与微量元素分析,结果表明:馆藏传世哥窑瓷器的产地是杭州老虎洞地区而并非龙泉地区。这个结论与北京故宫博物院检测的结果应该一致。北京故宫博物院收藏有南京明初汪兴祖墓出土的"哥窑青瓷盘",检测结果表明应产于杭州。

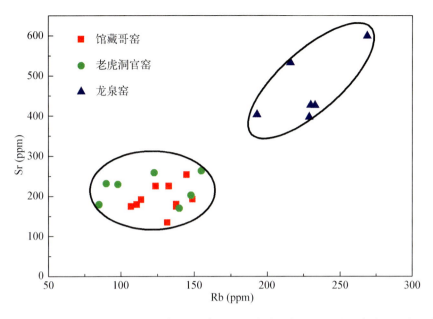

图47 馆藏传世哥窑瓷器与杭州老虎洞、龙泉瓦窑垟瓷片标本釉面微量元素（Rb、Sr）分布图

九、结 论

以上通过对与哥窑相关的文献记载、考古资料、传世实物、窑址标本与传世实物的外观及釉面的科学检测等综合研究，证明传世哥窑的产地应该在杭州。传世哥窑瓷器与老虎洞窑元代地层出土的瓷片标本无论外观还是釉的化学组成均类似，而与龙泉黑胎瓷器无涉。至于龙泉大窑、溪口发现的黑胎带开片的青瓷是过去有较多学者认为的"龙泉仿官"，还是近来学者认为就是"龙泉哥窑"，还有待于今后进一步的研究。

致谢：

感谢杭州市文物考古研究所、浙江省博物馆提供标本；

感谢上海博物馆文物保护科技中心熊缨菲、龚玉武、吴婧玮帮助进行科学测试。

原载《故宫博物院九十二华诞哥窑学术研讨会论文集》，故宫出版社，2020年

从"黑石号"出水瓷器、元青花等看海上陶瓷之路

　　瓷器是中国的发明,它不但是中国人艺术欣赏活动、日常生活中不可缺少的对象,还大量用于外销,有着庞大的海外市场,在海外广大地区产生了深远的影响。瓷器、丝绸和药材自古以来便是中外交换、赐赠和贸易的三大宗。从唐代开始,一艘艘海船满载各色中国瓷器销往世界各地。元代的青花瓷器是伊斯兰世界十分欢迎的生活用具。明代以后还出现根据外国生活习俗和审美情趣专门定制的瓷器。这些瓷器现在分布在埃及、伊拉克、日本、朝鲜、伊朗、土耳其、印度、葡萄牙、荷兰、英国、瑞典等亚、欧、非各国。它们对于我们了解各时期瓷器的生产面貌和当时国外人的文化生活有着很大的帮助。

　　唐代是我国历史上一个非常繁盛的朝代,国力强大,文化发达,国内外使节、僧侣、商人往来密切,中外交流频繁。此时也是瓷业大发展的时期,唐代制瓷业"南青北白"格局的形成决定了南方越窑青瓷和北方白瓷在对外贸易中的主导地位。长沙窑的异军突起,特有的釉下彩瓷以外销为主,在装饰上根据输入地区的需要进行设计,在中亚、西亚市场占有一定份额。五代,吴越钱氏大力发展海外贸易,越窑瓷器外销的范围和规模达到前所未有的高度,即便是远在东非的民众也可获得。这个时期,陶瓷贸易商人遍布全球,波斯、阿拉伯商人穿梭于太平洋、印度洋之间,牟取暴利的同时也使各国之间互通有无,促进了全球各地物质、经济、文化各层面的交流。中国陶瓷毫无疑问成为世界热销商品。在东非的埃及福斯塔特遗址、苏丹阿伊扎布遗址,西亚的伊拉克萨玛拉遗址、伊朗尼沙布尔遗址、希拉夫遗址,东亚的日本九州博多遗址、筑野遗址、奈良平城京遗址,南亚印度河流域的班布尔遗址、阿里卡美遗址,东南亚的菲律宾卡拉塔冈遗址、马来西亚沙捞越尼雅遗址等地都发现了唐代瓷器的标本。最典型的是1998年在印度尼西亚苏门答腊岛和婆罗洲之间的勿里洞岛(Belitang Island)丹戎潘丹(Tanjung Pandan)港北部海域的海底发现的"黑石号"沉船,从"黑石号"沉船中打捞出来的文物超过60 000件,其中瓷器占绝大部分。长沙窑瓷器为最大宗,有55 000余件,大部分是碗,各类壶约700件,当时长沙窑以外销为主;越窑青瓷约250件,其中1件青釉四系大碗十分罕见(图1);白瓷约300件;绿彩瓷器约200件,是唐代极为少见的瓷器品种(图2);以及其他瓷器约500件。特别是在沉船中还发现了3件唐代的青

花瓷器,引起世人瞩目。"黑石号"的目的港,从目前的考古证据看,应该是西亚、中东地区。"黑石号"上装载的长沙窑、越窑白瓷以及白釉绿彩瓷器,在埃及的福斯塔特遗址、苏丹的阿伊扎布遗址,伊拉克的萨玛拉遗址、伊朗的尼沙布尔遗址和希拉夫遗址等地均有发现(图3)。

　　宋代我国制瓷业发展到了一个高峰期,不仅国内的瓷器贸易兴旺发达,外销的市场也更加扩大,延伸到东亚、南亚、西亚和非洲东海岸。宋代,对外贸易成为国家的主要收入来源之一,海路已经取代陆路成为贸易的主要渠道,朝廷强调"东南利国之大,舶商亦居其一",对市舶贸易寄予厚望,务求"岁获厚利,兼使外蕃辐辏中国"。继唐代在广州设立市舶司后,宋朝政府先后在广州、杭州、明州(今浙江宁波)、秀州(今浙江嘉兴)、温州、阴州(今江苏江阴)、澉浦(今浙江海盐)、泉州、密州(今山东诸城)等九处设立市舶司,以管理来华的外商和对外贸易。其中以东南沿海的广州、明州、泉州、杭州四个城市的市舶司规模最大,持续时间最长。此时造船业十分发达,海船的载重量大大提高。宋代所造海船"大如广厦""上平如衡、下则如刃",可破浪而行,为海外贸易提供了坚实的保障。在航海技术上,罗盘针的发明和应用,各种设备和技术的进步,保证了船只海上航行的安全和效率,减少了航运的风险。北宋徐兢的《宣和奉史高丽图经》卷三十二"器皿·陶炉"提到"越州古秘色""汝州新窑器",可见当时有一部分中国瓷器已经成为高丽人的收藏或生活日用器。南宋赵汝适的《诸蕃志》中提到当时有15个国家和地区用瓷器进行贸易,计有占城、真腊、三佛齐、单马令、凌牙

图1　唐　越窑青釉四系大碗("黑石号"沉船文物)(新加坡亚洲文明博物馆藏)

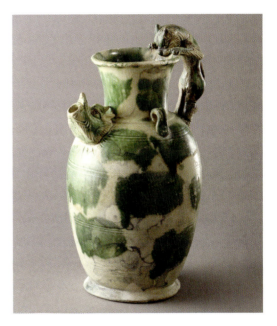

图2　唐　白釉绿彩狮柄执壶("黑石号"沉船文物)(新加坡亚洲文明博物馆藏)

图3　唐　白釉绿彩盘(伊拉克萨玛拉遗址出土)(柏林佩加蒙博物馆藏)

斯、佛啰安、蓝无里、阇婆、南毗、故临、层拔、渤泥、西龙宫、麻逸及三屿等处,地理范围大致是现在亚洲的越南、柬埔寨、马来西亚、印度尼西亚、菲律宾、印度和非洲的坦桑尼亚等地。在印尼的爪哇、苏门答腊,菲律宾的巴拉望,日本的鹿儿岛、五岛列岛以及中国南海西沙群岛、福建平潭、莆田、连江等地海域都发现了宋代运输中国外销瓷器的沉船。当时瓷器贸易品种有青瓷、白瓷及青白瓷,产地包括浙江的越窑和龙泉窑、江西景德镇窑以及广东、福建诸窑口。

　　元代是个多民族大帝国,国家的强盛、版图的扩大增进了各地文化的交流和融合。制瓷业取得突破性进展,景德镇窑青花、釉里红、卵白釉等品种的创烧成功,使瓷器生产达到一个新的高度。瓷器外销领域比宋代更为扩大,区域遍及东亚、东南亚、南亚、西亚、中东和东非等地。元朝灭宋之际,已开始着手接管对外贸易事务,于至元十四年(1277)"立市舶司一于泉州,令忙古鯀领之;立市舶司三于庆元、上海、澉浦,令福建安抚使杨发督之"。1279年统一中国之后,素有重商传统的蒙元统治者依托空前辽阔的疆域,使海外贸易继续保持鼎盛发展的势头。汪大渊的《岛夷志略》中就提到我国瓷器出口到日本、菲律宾、印度、越南、马来西亚等50多个国家、地区。元代外销瓷最为显著的特征是青花瓷的外销,日本的冲绳、福井和印度德里等地出土了破碎的元青花瓷器;东南亚菲律宾等地也有青花碗碟等小件器物出土,质地较为粗糙。西亚、中东等地的元青花一般都是非常精美的大件器,如伊朗阿迪比尔神庙和土耳其托布卡普宫珍藏的元青花,都是国内难得一见的珍品。东非埃及的福斯塔特遗址、肯尼亚、索马里等沿海港口和岛屿也出土大量中国瓷器碎片。除了青花之外,还有龙泉窑、景德镇窑、磁州窑等其他风格的产品。如20世纪70年代在朝鲜半岛新安海底沉船中就打捞出20 000余件中国瓷器,其中龙泉窑青瓷超过12 000件(图4),景德镇窑青白瓷有约5 000件(图5)。

　　元代成熟青花在景德镇出现以后,销往西亚和中东地区,这些青花多为大盘和大瓶,采用进口青料,色泽艳丽,层次丰富。存世于伊朗、土耳其等地的元青花成为鉴别断代的标准器。元青花在西亚、中东的盛行与当地的生活习俗和审美趣味有很大的关系,其造型和纹饰借鉴了当地的风格。在一些伊朗的15世纪细密画上可以看到当地人们用青花器皿盛放食物和饮料的形象(图6)。

　　明清时期瓷器制造业继续发展,特别是景德镇御器厂设立后,不惜成本生产宫廷用瓷,在质量上精益求精,不断取得新的突破,新品种层出不穷。元代出现的青花、釉里红在明代早期进一步发展,烧制

图4　元　龙泉窑青釉五管瓶(新安海底沉船)(韩国国立光州博物馆藏)

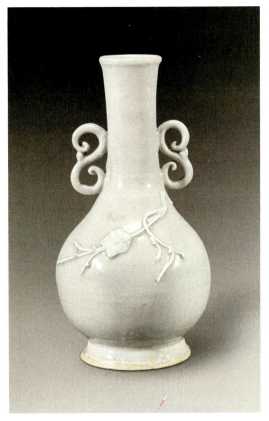

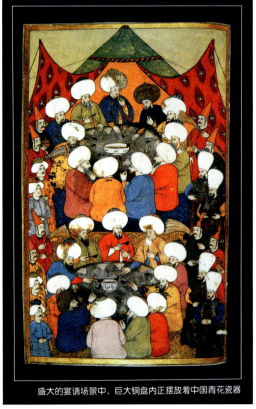

盛大的宴请场景中，巨大铜盘内正摆放着中国青花瓷器

图5　元　景德镇窑青白瓷贴花梅枝纹双耳瓶（新安海底沉船）（韩国国立光州博物馆藏）

图6　15世纪　伊朗细密画中宫廷宴席使用中国青花瓷的场景

技术上逐渐成熟，呈色更稳定。官窑的兴盛带动了民窑的发展，明代中晚期民窑青花的生产兴旺发达，在满足国内需求的基础上，大量输往世界各地，外销瓷市场进一步繁荣。

　　明代瓷器外销主要有四种途径，一是明朝政府对于外国首脑、使节的馈赠；二是各国使节入贡，回国时带回去的贸易品；三是郑和下西洋时进行的贸易；四是民间海外贸易。明初洪武年间一度实行海禁，海外贸易受到一定的打击，但是通过朝贡贸易进行瓷器输出从来没有停止过。永乐、宣德年间郑和七次下西洋，为远洋贸易提供了新一轮的契机。永乐、宣德时期一些产品如青花波斯式执壶、盘座、烛台等的造型来源于中亚地区的金属器（图7、8、9）；正德年间，开始出现适应西方市场需要的瓷器，接受预订生产有皇家、贵族家族纹章的专用瓷器（图10）。嘉靖、万历时期按照欧洲的需要生产专门的餐具，大量销往欧洲。与此同时，输往亚、非等地的瓷器也与日俱增。《明史》《大明会典》《瀛涯胜览》等文献中有很多相关的记载。从现在已发现的材料看，明代中国瓷器特别是青花瓷器几乎遍及亚、非、欧各洲，伊朗、土耳其等地大型博物馆中都藏有中国明代瓷器。东非埃及福斯塔特遗址、索马里和埃塞俄比亚交界的古城废墟中都发现过13至16世纪的中国外销瓷。

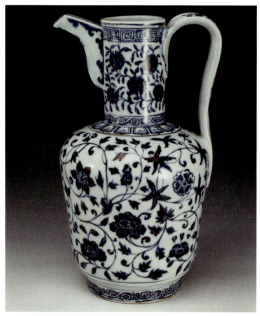

图7　明永乐　景德镇窑青花波斯式执壶/15世纪中亚铜执壶

图8　明宣德　景德镇窑青花盘座/14世纪中亚铜盘座

17世纪正是明清两代朝代更迭时期,政局动荡,景德镇御窑厂基本停止生产,大批优秀工匠进入民间窑场,使民窑瓷器的质量和产量突飞猛进,大量瓷器输往欧洲、亚洲广大市场,遂形成一个中国瓷器贸易的高潮,每年运往欧洲的瓷器高达数百万件。许多国家在广州设置了贸易机构,派船舶进入广州,直接运送瓷器到欧洲。中国瓷器在欧洲已经成为日用品,在上层贵族之间,优质的中国瓷器成为炫耀财富的主要手段。中国瓷

图9 明永乐 景德镇窑青花烛台/14世纪中亚铜烛台

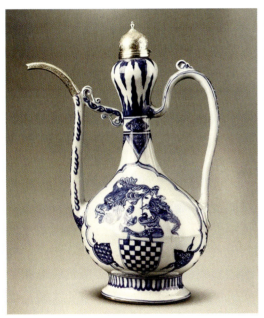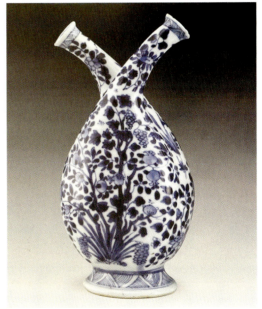

图10 明正德 景德镇窑为葡萄牙王室定烧的青花纹章执壶(英国维多利亚与艾尔伯特博物馆藏)

图11 清康熙 景德镇窑青花油醋瓶 倪汉克捐赠(上海博物馆藏)

器的装饰艺术在这一时期也风靡欧洲上层社会,当时欧洲大多数国家都非常喜欢用中国瓷器作装饰。与此同时,中国生产的瓷器无论在造型还是纹饰上都迎合输出地的需要,如欧洲盛行的油醋瓶(图11)、水果篮(图12)等新的器形,郁金香花以及西洋帆船(图13)等图画形象也出现在外销的瓷器上。

图12 清康熙 景德镇窑青花镂空果篮 倪汉克捐赠（上海博物馆藏）

图13 清康熙 景德镇窑青花西洋帆船图盘 倪汉克捐赠（上海博物馆藏）

图14 9世纪 伊朗蓝彩陶盘（美国弗利尔美术馆藏）

瓷器的外销也促进了国内外陶瓷技术的相互交流。中国瓷器精湛的制造技术随之传到的世界各地，特别是欧洲，对当地的瓷器生产产生了巨大的影响。同时中国也从国外获得了物质技术和艺术风格上的借鉴，造型、釉色装饰上更加丰富多彩。

在唐代频繁的对外交往中，中国将西亚蓝彩陶器（图14）中以氧化钴着色的技术引入国内，并引进原料，在运用钴料制作唐三彩陶器的同时，创烧了最早的白地蓝彩瓷器——青花。典型元代青花及明代永乐、宣德时期的青花瓷也主要是用进口的苏麻离青来发色的，正德、嘉靖时期的青花所用的回青料也是从域外进口。造型上，明代的盘座、八角烛台等也是借鉴了西亚、中东等地的艺术风格。清代珐琅彩瓷器工艺是从欧洲引入的铜胎画珐琅工艺中借鉴的，一些低温釉如胭脂红、锑黄等呈色剂也来自西方。

青瓷烧制技术从12至13世纪起就传入朝鲜半岛（图15）。明代开始青花瓷技术向外传播，朝鲜于15世纪烧成了青花瓷器（图16），越南也在这一时期请我国的制瓷工匠前往烧制青花瓷器（图17），其图案明显借鉴于中国元代青花瓷器（图18）。明代

图15　12—13世纪（高丽时代）　青釉刻花水禽纹
净瓶（大阪市立东洋陶瓷美术馆藏）

图16　15世纪　朝鲜青花岁寒三友图罐（大阪市
立东洋陶瓷美术馆藏）

图17　15—16世纪　越南青花双鱼纹大盘（福冈
市美术馆藏）

图18　元　景德镇窑青花双鱼纹大盘（湖南省博
物馆藏）

晚期，日本开始制作青花瓷器（图19），这主要是受到明末天启年间日本向中国定烧的青花瓷器，即所谓"祥瑞"瓷的启发。16世纪初中国制瓷工匠进入波斯开始烧造瓷器，并影响到周边地区。16—17世纪波斯生产的青花（图20）明显受到中国青花瓷器的影响（图21）。14、15世纪埃及也用本国的原料仿制中国青花瓷。阿拉伯人学会中国造瓷技术后，将其传播到意大利、荷兰等地，对当地蓝彩软质瓷器（精陶）的出现起了很大作用，其中有的产品受到中国瓷器装饰的影响（图22、23），有的则是表现欧洲风景的产品（图24）。

原载《澎湃－古代艺术》2021年8月25日

图19 17世纪 日本青花伊万里山水楼阁图水坛（大阪市立东洋陶瓷美术馆藏）

图20 17—18世纪 伊朗青花人物大盘（日本中近东文化中心藏）

图21 清康熙 景德镇窑青花仕女图大盘 倪汉克捐赠（上海博物馆藏）

图22 17世纪后期 荷兰代尔夫特青花麒麟纹壶（日本出光美术馆藏）

图23 清顺治 景德镇窑青花麒麟图罐（上海博物馆藏）

图24 18世纪 荷兰代尔夫特釉陶青花风景图盘（瑞士日内瓦阿里亚纳博物馆藏）

青花瓷器的发生、发展与传播

一、中国青花的起源

青花瓷器是以氧化钴为着色原料，在瓷器的坯胎上绘画，施透明釉后在 1 200℃左右的高温中烧成的釉下彩瓷器。在中国古代陶瓷中，青花瓷器以其丰富的图案纹饰、幽菁典雅的色彩在数百年来受到了人们的重视和喜爱，并在明清以后逐渐成为中国瓷器生产的主流。中国青花瓷器的生产工艺和文化还传播到世界各地。

用氧化钴对陶瓷进行绘彩的工艺可以追溯到公元9世纪的伊斯兰地区的蓝彩陶器（图1），几乎与此同时，在中国也出现了用钴料绘彩的陶器和瓷器。

有关中国青花瓷器的产生、发展和传播经历了一个漫长的历史过程，唐代青花瓷器的发现是认识中国青花瓷器的起点。

1975年和1983年，在扬州唐城遗址先后发现了10多片青花瓷残片[1]，纹饰中既有中国传统的花卉蜂蝶，又有充满异国情调的菱形开光、棕榈叶片纹和以点彩、条彩组成的各种几何形图案。这为唐代青花瓷器的认知和研究提供了丰富的实物资料。

1998年，德国一家打捞公司在印度尼西亚爪哇附近勿里洞岛海域发现了"黑石号"沉船。沉船中发现3件保存完整的唐代青花瓷盘（图2），其图案与在扬州唐城遗址出土的青花残片有类似的地方。沉船上八卦四神铜镜和一件长沙窑

图1　9世纪　伊朗蓝彩陶盘（美国弗利尔美术馆藏）

---

[1]　南京博物院等:《扬州唐城遗址1975年考古工作简报》,《文物》1977年第9期; 扬州博物馆:《扬州三元路工地考古调查》,《文物》1985年第10期。

图2　唐　青花盘(新加坡亚洲文明博物馆藏)

阿拉伯文碗提供了年代证据[1]，推断该船装货的时间为公元9世纪前期，即唐代中晚期。

白瓷、钴料和彩绘技法是青花瓷器的三大基本工艺要素，唐代的巩县窑既生产白瓷，也生产用氧化钴进行蓝彩装饰的彩色釉陶器(唐三彩)，因此具备了生产青花瓷器的工艺条件。由于巩县窑的白瓷胎不够洁白，因此在其表面先施白色化妆土，再施透明釉。扬州出土青花标本和"黑石号"上青花盘的特点与之相符，可以认为是巩县窑的产品。

二、景德镇窑青花瓷器

(一) 元代青花瓷器

1. 元青花的发现

人们认识元代景德镇生产的青花瓷器是从珀希瓦尔·戴维德爵士收藏的一对有"至正十一年"铭的青花云龙纹象耳瓶(图3)开始的，这对瓶的颈部有用青花书写的题记，其中一件题记为"信州路玉山县顺城乡德教里荆塘社奉圣弟子张文进喜舍香炉、花瓶一付，祈保合家清吉、子女平安。至正十一年四月良辰谨记，星源祖殿胡净一元帅打供"(图4)，应是庙宇供器。两瓶造型和装饰相同，环耳均失，瓶身自上而下装饰有八层图案，分别为缠枝菊花、蕉叶、云凤、缠枝莲花、海水云龙、波涛、缠枝牡丹以及杂宝变形莲瓣。

英国的霍布森先生在1929年公开介绍了这对瓶[2]，可惜没有引起人们的注意。美国华盛顿弗利尔美术馆的学者波普博士在1950年夏天分别对土耳其伊斯坦布尔的托布卡普宫博物馆收藏的中国瓷器和伊朗德黑兰国立考古博物馆(现为伊朗国家博

图3　元　青花云龙纹象耳瓶(伦敦大维德基金会藏)

---

[1] 铜镜镜背外侧一周铸有文字"唐乾元元年戊戌十一月廿九日于扬州扬子江心百炼造成"；长沙窑碗的外侧下腹部刻有"□□□□宝历二年七月十六日"等字样。乾元元年为公元758年，宝历二年为公元826年。

[2] *Blue and White before the Ming Dynasty*, Old Furniture, VI: 20–1929; *Catalogue of Chinese Pottery and Porcelain in the Collection of Sir Percival David*, London 1934.

物馆）内原为阿迪比尔寺[1]收藏的中国瓷器进行深入调研，他以"至正十一年"瓶为标准器对两馆的中国青花瓷器藏品进行辨识，从中分别辨认出了39件和32件与之具有相同风格的青花瓷器，称其为"14世纪青花"。其研究成果分别在1952年和1956年[2]发表。波普博士对元青花纹饰图样特别是植物纹饰所进行的详细辨识和分析，至今仍有参考意义。

图4　"元至正十一年"铭青花云龙纹象耳瓶（伦敦大维德基金会藏）

2. 元青花的收藏与出土

据对已发表资料的不完全统计，世界上现存元青花完整器有约400件。国内主要收藏在北京、上海、辽宁、广东等地一些国家级博物馆以及港台私人机构中。国外的收藏主要分布于欧美、中东、日本和东南亚地区，其中土耳其托布卡普宫博物馆和伊朗国家博物馆无疑是世界上收藏传世元青花最集中的地方，几乎都是质量精美的大件器。日本公私收藏元青花较多，亦有精品。欧美收藏元青花以英国、美国为多。印度尼西亚和菲律宾等东南亚地区则是出土小件元青花较多的国家。

自20世纪50年代以来，各地出土元青花瓷器或标本的来源主要是窑址、墓葬、窖藏、居住遗址及沉船。景德镇发现的烧造元青花的窑址以湖田、落马桥、珠山三处最为典型[3]。各地墓葬中出土的元青花，分别出自元代墓葬和明初藩王、功臣墓，以小件为主且主要在南京。各地20多处元代窖藏中共出土了超过100件元青花完整器。比较重要的有河北保定元代瓷器窖藏和江西高安元代窖藏[4]，两处共出土25件精美的青花瓷。在北京元大都、内蒙古元上都，包头市燕家梁、敖伦苏木古城和元代黑水城、新疆阿力麻里古城等遗址出土的元青花绝大部分为残片标本。在山东菏泽的元代沉船中发现了3件青花瓷。在西沙群岛石屿二号沉船中打捞出了元青花瓷器标本。

国外出土元青花的国家和地区主要有蒙古、日本、菲律宾、文莱、印度尼西亚、泰国、印度、伊朗、叙利亚、黎巴嫩、埃及、苏丹、肯尼亚以及坦桑尼亚等地[5]。各地所出土的元

［1］ 瓷器收藏在附属于14世纪中期萨尔德·阿尔－丁在阿迪比尔为其父亲萨菲教派圣人萨菲·阿尔－丁所建造圣陵神寺的瓷器库中。据波普博士对伊斯坦布尔托布卡普宫档案的研究，托布卡普收藏的中国瓷器的来源之一是1514年奥斯曼土耳其第九任苏丹塞利姆一世击败波斯王沙·伊斯迈尔（Shah Isma'il）后带回来的战利品。

［2］ *Fourteenth-Century Blue-And-White: A Group Of Chinese Porcelains In The Topkapu Sarayi Muzesi, Istanbul*, Smithsonian Institution Freer Gallery of Art Occasional Papers<II:1>1952. *Chinese Porcelains From The Ardebil Shrine*, Smithsonian Institution Freer Gallery of Art, Washington 1956.

［3］ 李一平：《景德镇元代瓷窑遗址概述》，见《元青花研究——景德镇元青花国际学术研讨会论文集》，上海辞书出版社，2006年；曹建文、徐华烽：《近年来景德镇元代青花窑址调查和研究》，《故宫博物院院刊》2009年第6期。

［4］ 河北省博物馆：《保定市发现一批元代瓷器》，《文物》1965年第2期。刘裕黑等：《江西高安县发现元青花、釉里红等瓷器窖藏》，《文物》1982年第4期。

［5］ 陈洁：《海外发现元代青花瓷器》统计表，上海博物馆编：《幽蓝神采：元代青花瓷器特集》，上海书画出版社，2012年。

图5　印度德里塔格拉克宫出土元青花残片

青花标本品种丰富，精粗并存。其中，印度德里苏丹国图格鲁克王朝14世纪后期的皇宫遗址——塔格拉克宫集中出土了一大批元代瓷器残片（图5），与土耳其、伊朗所藏类似[1]，令人瞩目。

3. 元青花的生产条件与制作工艺

元朝政府以军事立国，市舶收入为其主要财政来源，海外贸易十分繁荣，元青花的生产顺应了以伊斯兰地区为主的海外市场的需求。此外，元代重视工匠，为中国和伊斯兰世界的陶瓷技术交流提供了可能。元代景德镇成熟的青白瓷烧制技术为青花瓷器准备了工艺条件；海外贸易发达的元代为来自国外的青花原料创造了条件。元青花的胎料制备在瓷石中又加入了高岭土。这种二元配方工艺可以提高瓷器烧成温度，减少烧造时器物的变形，从而提高产量，并有助于制作胎体厚重的大件器物。元青花所用青料为进口的"苏麻离青"，无论是发色纯正艳丽的精品，还是发色灰暗的器物，使用的都是同一类型的进口青花料[2]。

元青花的釉属于青白釉，釉色白中泛青，光润透亮。从配方来看，元青花的釉继承了宋代青白瓷的传统配釉方法，但又有所改进，增加了釉石、减少了釉灰。因为釉石中富含氧化钾、氧化钠，故元青花的釉由钙釉变成了钙-碱釉，釉层厚度增加，光泽更为柔和，器物的漏釉、缩釉露胎处容易产生火石红。

元青花的琢器和圆器均为模制成型（或称印坯），不同于以往的拉坯成型。这种工艺可以提高成品率和产量。琢器采用阴模印坯和多段粘接技术。大件器分节较多。四方和扁形器物则是左右模印坯、黏合制作。琢器的附件如耳、纽、柄、足、流等经印坯或捏塑而成后粘接在器身上。圆器主要采用阳模印坯。高足碗、杯的上部以阳模印坯，下部高足则是阴模印坯，再将二者以胎泥粘接而成[3]。

元青花的施釉，大件琢器的外壁用浇釉法，故器底常见未刮干净的釉块，器内涂釉，操作率意，釉层不均；小件琢器内部一般不施釉，个别荡釉，器外则蘸釉，故多见手指抓坯的痕迹；大件圆器如大盘、大碗等内外均用甩釉法施釉；中小件圆器的内壁用注釉法，外壁蘸釉或浇釉[4]。

［1］　Ellen S. Smart, "Fourteenth Century Chinese Porcelain from a Tughlaq Palace in Delhi", *Transactions of the Oriental Ceramics Society 1975–1977*, Vol.41, 1977.
［2］　熊樱菲：《元代青花瓷用料的探讨》，《中国古陶瓷研究》第15辑，紫禁城出版社，2009年。
［3］　黄云鹏、黄滨：《元代景德镇青花瓷的烧制工艺》，见《元青花研究——景德镇元青花国际学术研讨会论文集》。
［4］　黄云鹏、黄滨：《元代景德镇青花瓷的烧制工艺》，见《元青花研究——景德镇元青花国际学术研讨会论文集》。

4. 元青花的造型与纹饰

元青花的基本造型有瓶、罐、执壶、瓯、炉、碗、盘、杯、托盏、匜、盒、器座、砚、笔架、水盂、谷仓、花盆等。元青花的许多基本造型又有各种不同样式。在存世数量上,以大盘、梅瓶、玉壶春瓶、罐、高足杯等居多。

元青花"二元配方"的改革有利于制作胎体厚重的大件器物,因此多见高达30—60厘米的大罐、梅瓶、四系扁壶、葫芦瓶,口径为30—50厘米的大盘、大碗等器物。同时又生产小件器物,如小罐、杯、带座小瓶等,来应对不同的市场需求。

元青花造型大部分为创新样式,有从传统造型变化而来的如八棱梅瓶、双耳玉壶春瓶、玉壶春式执壶、盘口六棱瓶等;有完全创新的如高足杯、高足碗、大盘、盘盏、凤首扁壶、四系扁壶、葫芦瓶、六角小瓶、多穆壶等;仿自中亚、西亚地区的金属器的八棱形和扁形器物也是时代特征。

元青花主题纹饰包括人物故事、鸟兽虫鱼、花草瓜果、树木山石等各种内容,还有个别特殊题材如十字金刚杵。人物故事中著名的如"尉迟恭单鞭救主""昭君出塞""鬼谷子下山""蒙恬将军""萧何月下追韩信"及八仙人物、西厢记等杂剧故事等。鸟兽虫鱼常见有龙、凤、孔雀、鸳鸯、雉鸡、绶带鸟、雁、鹭鸶、麒麟、狮子、鹿、鳜鱼、螳螂、天马以及异兽等。花草瓜果主要有牡丹、莲、菊、海石榴、栀子花、桃花、茶花、灵芝、葡萄、瓜藤、牵牛花、鸡冠花、水草等,有以缠枝或折枝的形式出现。树木山石则有松、竹、梅、芭蕉、山石等。辅助纹饰为各种带状边饰,如八宝、杂宝、卷草、变形莲瓣、十字杵、波浪、蕉叶、回纹、菱形、云肩、弦纹、绣球以及栀子花、菊花等。

元青花的大中型器物通体满绘、装饰繁密,其布局受来自伊斯兰装饰艺术的影响;小件器则选择主要部位进行装饰。一部分器物采用通景画的形式,虽然层次不多,但画面仍显得繁密。中东、印度地区的菱花口大盘,其纹饰构图体现了伊斯兰装饰艺术中精确严密的特点。

关于元青花创烧年代,汪庆正先生认为,"胎质细腻、透明釉、色彩鲜艳"的典型元代青花瓷器在1331年以后的新安海底沉船中没有发现,表明至少在14世纪30年代元青花还未在海外流行[1]。陕西西安曲江元后至元五年(1339)张达夫及其夫人墓中发现青花匜[2]则证明,在14世纪30年代景德镇已经有青花瓷器的生产。

(二)明代青花瓷器

1. 洪武青花

从传世和出土的瓷器标本看,洪武青花瓷器的胎与元代一样色白质细,器壁匀厚,元代碗、盘类器口沿薄、底甚厚的现象逐渐消失。

洪武青花瓷器的呈色蓝中泛灰闪黑,与元代浓重鲜丽有疵的青花风格明显有别,因

---

[1]　汪庆正:《元青花和明洪武瓷议》,《景德镇陶瓷》1983年第1期。
[2]　张小丽等:《西安曲江元代张达夫及其夫人墓发掘简报》,《文物》2013年第8期。

此长期来学术界大多认为洪武的青花料是国产的。上海硅酸盐研究所根据景德镇陶瓷考古所提供的样品做测试,得出与传统观念相反的结论:洪武青花料是与元代青花一样的高铁低锰进口料。因此可以认为洪武的青料既有进口的也有国产的,其中类似元代至正型装饰风格的主要使用进口料,而民间使用的日用瓷则多为国产料。有学者认为洪武进口钴料呈色不够鲜丽的原因除了青料外,还应与器物的烧成温度及气氛相关。

图6　明洪武　青花大盘(故宫博物院藏)

洪武青花器多为大件器,形制高大,气势宏伟,此种风格虽承袭元代而来,但在具体造型装饰及制瓷工艺上则有了细微的变化。无论是盘、碗、杯等,洪武的器物尺寸都较元代大。如口径41厘米以上的特大碗,口径45厘米以上的大盘(图6)、高66厘米的带盖大罐及高达32厘米的玉壶春执壶等,明显大于元代同类制品;器物的造型也较元代挺拔俊秀,罐高而秀丽,与元代矮而肥的式样差别明显;执壶形制颇大,流与壶颈之间连接如意形板块,姿态秀美。除大件器外,洪武青花也承袭元代风格,如为东南亚地区生产的形制小巧的水滴、双系罐及碗、盘类器即是。

洪武青花瓷器的装饰与元代相比,题材大大减少,以缠枝牡丹、菊花、莲花与折枝菊花、牡丹、石榴、荷花及松、竹、梅、芭蕉湖石、云龙纹等为多见。纹饰绘画受元末文人画的影响,莲花的叶子由元代的规整工细变得活泼写意,变体莲瓣纹多合用同一条公共边线,海水波涛纹用简单的线条勾勒,与元代及永、宣均有别,云肩纹由元代较大的四朵云肩发展为六朵、八朵乃至更多的小云肩。

在制作工艺上,除口径在20厘米左右的大碗、玉壶春执壶、玉壶春瓶等几种器物底部施釉外,余皆涩胎无釉,但器底多有窑红及刷纹。高足杯的足与器身由元代的胎接改为釉接。

2. 永乐、宣德青花

永乐、宣德两朝是我国青花瓷器生产史上的鼎盛时期,由于这一时期所用的青花料仍是中东地区进口的苏麻离青,青花色泽深浅有致,浓处往往会出现黑色疵点并凹入胎骨,此种青色在细腻洁白的胎色与白中微闪青的釉色的衬托下,显得尤为精美。永乐青花在总体风格上与宣德青花一样,但在具体特征上两者微有区别。

青花釉面基本上多呈白中泛青色,少数器物上有开片,釉面肥润,圈足底部足墙转折处多呈白中闪青泛黄的色调。宣德青花的釉面在总体特征上与永乐器相类,但釉面不如永乐的肥厚,而且釉层表面有较密的橘皮痕。器物的胎质完全一致,但永乐青花器与宣德相比,同样的器物永乐稍轻、宣德略重。在青花的呈色上两者也完全一样,但永乐青花晕散现象较宣德多,清代康熙、雍正、乾隆三朝的仿永、宣器往往是色泽浓艳过之，但无法表现其自然析出的黑疵斑点及浓淡有致的青花呈色。

　　在纹饰绘画上，永乐青花和宣德青花器一样，都用小笔渲染填色，由于笔小蘸料有限，需不断重复蘸料绘画，这样就使得纹饰上留下许多深浅浓淡的笔触痕，与后世采用大支笔一笔绘画的风格迥异。后世仿品往往因无法表现永、宣青花这种浓淡有致且带黑疵的特征而露出破绽。

　　在器物造型上，永乐、宣德青花创烧了许多新的器形。如大型天球瓶、扁壶(图7)、抱月瓶、葫芦形扁瓶、花浇、竹节把壶、多系盖罐、多系把壶、八角形烛台、筒形器座、带盖瓷豆、僧帽壶等(图8)，其中许多器形是受到中东金银器、玻璃器等造型的影响而烧造的。此外，石榴尊、壁瓶、蟋蟀罐、厚胎钵、长方形盒等制品亦颇具特色。

　　在制作工艺上，大部分永、宣青花器皿多施满釉，仅在一部分天球瓶、大盘、梅瓶、大缸等大型器及花浇、鸟食罐、洗等小件器的底部不施釉，露胎处呈白色或火石红色，在大盘等细砂底上往往会出现小块铁斑痕。圈足的加工与洪武官窑器一样，由元代的斜削法改为底足平削。其中大盘的圈足多呈低矮的内撇状，用手无法抓起。各类琢器主要采用分段制作粘接成型的技法而成，器身可见明显的接痕。扁壶类制品同样如此。

　　在装饰上，永乐青花改变了元代层次多而又繁密的构图，流行多留空白、较为疏朗的风格。以花卉、瓜果、龙凤及少量花鸟人物图为典型；宣德纹饰虽较永乐满密，但绝无元代的多层次。多见狮球、波涛海兽、松竹梅、阿拉伯文、人物故事等纹饰。洪武朝流行的扁菊纹及回纹至永乐、宣德时继续生产，但永乐菊花纹具有图案花风格，宣德的扁菊纹则比较写实；回纹已由勾连的形式代替了洪武的二方连续。图案除在白地上用青花

图7　明永乐　青花扁壶(上海博物馆藏)

图8　明宣德　青花高足杯(上海博物馆藏)

绘画外,局部保留了元代青花和印花结合的装饰及蓝地白花工艺,永乐朝出现的青花金彩及宣德朝流行的青花海水地白龙纹装饰甚为精美。

3. 正统、景泰、天顺青花

正统、景泰、天顺三朝的青花一般多无官款,因而无法了解这一时期官窑青花瓷器的详情。近几年来,随着考古资料的不断发现,一批以往被误认为是宣德或正德的三朝官窑制品逐渐被人们所认识,可能是官窑产品。从青花的呈色看,似乎并未完全摆脱永、宣小笔渲染的影响,青花浓艳处仍见黑疵斑点,但与永、宣青花相比,釉色更青。在景德镇发现的正统青花云龙大缸、大罐展现了所谓15世纪"空白期"青花瓷器的风采。

正统至天顺的青花多为民窑产品,青料多为国产料,大多呈蓝中偏灰的色泽。器物制作较粗,纹饰绘画不够精细,以缠枝和折枝花草纹为多见,另有琴棋书画(图9)、楼台亭阁、人物故事等。其中人物及楼宇等画面多置于云雾缭绕的幻境之中。人物脸部鼻子多尖角突出,柳树枝条犹如断续的雨点,线条古朴,画面写意。造型以瓶、罐、执壶、碗、盘类器物多见,器物宽大,瓶、罐类底部挖足较浅,碗、盘类器底足稍深。其中碗、盘类器底有跳刀痕,瓶、罐类器底有褐色铁锈斑痕。

图9 明正德—天顺 青花仕女图罐(上海博物馆藏)

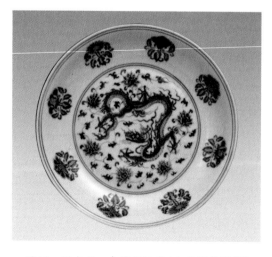

图10 明成化 青花龙纹盘(上海博物馆藏)

4. 成化、弘治、正德青花

成化青花传世数量远较永、宣青花少,故甚为珍贵。典型的成化青花从进口料改为用江西乐平所产的陂塘青(平等青)着色,呈色幽靓淡雅,无黑疵斑痕。图案绘画也改变了永、宣小笔渲染技法,而采用双勾边线,大笔涂抹的方法,给人以清新典雅之感。器形胎体轻薄精巧,釉面滋润肥腴,匀净无瑕疵,釉色白中闪青。传世完整器以精巧规整的碗、盘(图10)等器为多见。器物圈足一般较深,足壁较薄。龙纹是成化官窑最流行的纹饰,其表现形式丰富多样,有云龙、团龙、行龙、飞翼龙、夔龙、花间龙、莲池龙等,此外尚有十字杵、庭院婴戏、松竹梅、藏文、梵文、八吉祥纹等,绘画极为精细。

弘治青花基本上是成化青花的继续，但产量更少。由于继续使用成化朝的平等青，青花色泽仍为偏淡的蓝青色。釉面不如成化晶莹，但仍肥润洁净。纹饰绘画线条纤细柔和，比成化的更秀逸典雅。图案题材仍以龙纹（图11）为主，以双龙抢珠、九龙、飞翼龙、莲池龙为精美。器形也以碗、盘类小件器为多见，形制规整精美，盘底下凹明显，器足较成化略矮。

正德青花的生产规模较弘治时期扩大，产量增加。早期产品与弘治无差别，中期由于采用江西瑞州石子青绘彩，青花呈色蓝中泛灰。胎体较成化、弘治的厚重，釉质肥厚细润、釉面光亮莹澈，圈足底部的釉色呈亮青色。器形丰富多样，大型器逐渐增多，有葫芦瓶、罐、钵、炉、宫碗及砚、笔架、插屏等文房用具及圆筒形与银锭式多层盒等。伊斯兰教及道教题材的图案在这一时期颇为流行。纹饰采用双勾填色、大笔平涂渲染的技法而成，构图满密（图12）。圈足足端修切平齐或呈圆弧状。正德晚期景德镇官窑开始采用回青料加石子青着色，由于回青料中含有一定量的锰，故蓝色浓翠而略泛紫红色，釉内气泡密集。官窑署款多见"正德年制"四字款。

5. 嘉靖、隆庆、万历青花

嘉靖青花料继续采用回青料与石子青相配的青料绘画，青花蓝中泛紫红。嘉靖青花器的胎体有轻薄与厚重之分，釉色白中闪青。器物形制丰富多样，除传统的各式碗、杯、瓶、执壶外，还流行方形盖盒、仰钟式碗、冲耳三足炉、葫芦瓶、大缸（图13）以及仿青铜出戟尊、爵等。琢器器身胎接痕明显，厚胎器多有胎裂现象。青花纹饰除传统的龙凤、花卉、禽鸟、鱼藻、婴

图11　明弘治　青花龙纹盘（上海博物馆藏）

图12　明正德　青花龙纹碗（上海博物馆藏）

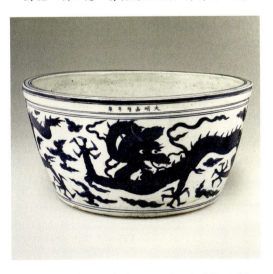

图13　明嘉靖　青花龙纹缸（上海博物馆藏）

戏、人物图外,各种神仙、祥瑞图案,吉祥文字流行,如双龙捧"寿"字、仙人炼丹、群鹤飞翔、灵芝捧寿、群鹤八卦、三羊开泰及用树枝盘曲而成的寿字等。图案绘画不如以前精细,线条古拙,形成了独特的青花绘画风格。

隆庆一朝仅6年,青花基本承袭嘉靖的风格,色泽稳定,浓重艳丽,是明代晚期青花的最佳呈色。器物造型以中小型碗、盘、提梁壶、银锭式盒、四方形盖盒等为典型,胎体匀薄,制作精细。在装饰纹饰上,嘉靖时期风行一时的道教图案不再流行,所见纹饰主要有双龙戏珠、三凤朝阳、团龙、龙凤、仕女婴戏图等。官窑器署款因为避讳,为"大明隆庆年造"。

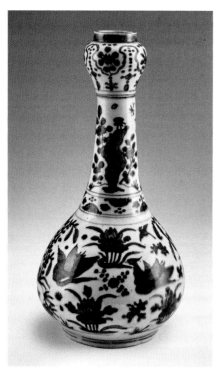

图14 明万历 青花鸳鸯莲池纹瓶(上海博物馆藏)

万历一朝长达48年,是明代在位时间最长的皇帝。从传世产品看,万历前期,青花瓷器的青料仍使用回青料,青花呈色浓艳泛紫。中期以后,回青料已是难觅之物[1],开始改用浙江青料[2]。浙料蓝中闪灰、发色浅淡。万历后期,青料的提纯工艺有所改变,从传统的水选法改为火煅法,从而提高了青料的纯度,使青花的色调变为明艳的蓝青色。万历青花器形丰富多样,各种形式的日常用器和陈设品以及文房用具都有制作。大至龙缸、屏风、各式大瓶(图14)、大罐,小至棋石、笔管、印盒等,无一不有。但器物胎土大多淘洗不精,制作又较粗,因此大件器不如小件器精细,胎体厚重,器物易变形、窑裂。而部分官窑小件圆器则形制规整,胎体匀厚,颇为精细。万历青花器的纹饰除传统的云龙、龙凤、鱼藻、婴戏、花鸟外,也流行反映道教文化的图案,如群仙祝寿、仙人炼丹、老子出关、道观仙人、仙人骑鹤、八仙捧寿、群仙捧寿等,纹饰构图繁复,线条古拙,同时还有辅以镂雕、镂孔等装饰技法。

6. 天启、崇祯青花

天启官窑瓷器传世罕见。上海博物馆藏一对署"天启元年"(1621)款青花团龙纹烛台和北京故宫博物院藏署"天启年米石隐制"青花花卉纹花觚是天启民窑瓷器中的代表。

庙宇供器在明末清初传世瓷器中占有很大比例,以烛台(图15)、花瓶、香炉、净水钵

---

[1] 《明实录》神宗万历二十四年条:"……御用回青系西域回夷大小进贡,实之甚难。因命甘肃巡抚田东设法召买解进,以应烧造急用,不许迟误。"
[2] 督窑官太监潘相在万历二十四年上疏:"描画瓷器,须用土青,惟浙青为上,其余广陵、永丰、玉山县所出土青,颜色浅淡,请变价以进,帝从之。"

图15　明天启　青花烛台(上海博物馆藏)　　图16　明崇祯　青花人物图笔筒(上海博物馆藏)

等制品为多见,器腹往往有供奉人的纪年题铭。此时销往欧洲的外销瓷除传统的中国式样外,出现了根据欧洲人要求烧制的具有西洋绘画风格的器皿;销往日本的一部分外销瓷,亦是特为迎合日本人需要生产的具有浓郁日本艺术风格的制品。

　　崇祯青花在天启基础上进一步发展,青花色泽大多鲜丽明快,佳者呈青翠色,部分青花出现了指捺水印痕。器形有盘、碗、洗、炉、瓶、笔筒(图16)等日用、庙宇供器及文房用具,象腿瓶是这一时期新出现的瓶式。胎釉有粗细之分,细者制作较精,碗、盘类器底部常有粘沙垫烧痕和修坯跳刀痕。除传统纹饰外,历史人物故事图在此时尤为流行,同时还出现了融诗、书、画、印于一体的装饰,部分精细制品上还有"可竹居""竹景"等款识。部分定烧的外销瓷往往将中国的图案与外国纹饰结合于一体,如销往荷兰的器皿上有荷兰的郁金香图案;部分外销日本的青花除了图案有日本风格外,还署"五良大甫(夫)吴祥瑞造"等款。

(三) 清代青花瓷器

1. 顺治青花

　　顺治青花的青料仍延续明末经过煅烧的浙江青料,其色泽主要有两类:一类是青翠鲜丽的色泽,另一类为蓝中泛灰的暗色。产生这种色差的变化除了钴料不同外,也应与烧成条件等密切相关。顺治青花瓷器在许多方面继承了明末的特征。在器形上流行

图17　清顺治　青花人物图净水瓶（上海博物馆藏）

图18　清康熙　青花山水图瓶（上海博物馆藏）

佛前供品净水碗（图17）、瓶、香炉，文房用具笔筒、笔架，日用器碗、盘、将军罐，陈设瓷花瓶、象腿瓶等。瓶、炉多为平底，部分盘、碗类器亦出现了双圈足。器物口沿常刷一周酱釉。纹饰以云龙、瑞兽、人物、山水、花草、博古、神仙、罗汉等为常见。此外，还承袭明崇祯以来集诗、书、画、印于一体的装饰及书纪年款的习俗。

2. 康熙青花

康熙早期青花在许多方面保持着顺治的风格。青花仍以浙江青料为主，青翠亮丽的蓝色和蓝中微呈灰暗的青色多有。器形和装饰在总体风格上与顺治制品相似，特别是常见的香炉、笔筒、净水碗等与之几无差别，但在绘画上正逐渐摆脱顺治时期的稚拙画风，而趋向工细、写意的风格。纹饰仍以云龙、楼阁、故事人物、山水（图18）、博古、花鸟等为常见，其中山石流行披麻皴，并用深浅不一的青花采用没骨法点缀渲染局部图案。部分民窑瓷器上仍流行题句和纪年款。康熙二十年（1681）以后，特别是官窑青花瓷器，由于使用经过煅烧的上等青料，青花色泽浓翠艳丽，并且用"分水法"使青花有了深浅浓淡的层次感，被称为"青花五彩"。康熙官窑青花胎细釉润、制作精湛，纹饰以龙凤、云鹤、群仙祝寿、山水、花卉、缠枝花、冰梅等纹为常见。康熙民窑青花大型的制品如观音瓶、凤尾尊、棒槌瓶等甚为流行，形制丰富多样。纹饰以耕织图、山水、博古、岁寒三友、秋声赋以及取材小说、戏曲、版画题材的人物故事图为典型。图案清新活泼、洒脱自如，其中一些精品胎釉精细、绘画工整，足以与官窑器媲美。

3. 雍正青花

雍正官窑青花胎釉制作、纹饰绘画、器物造型更为精细。雍正好古，青花多仿明永、宣的特点。青花中有类似永、宣青花的黑斑，但都是人为点染而非天然形成的。器形有仿宣德的，但纹饰有雍正的特点，亦署雍正款；也有一类青花仿永、宣点染晕散的特征，

图19　清雍正　青花福寿图瓶（上海博物馆藏）　图20　清乾隆　青花寿山福海图双耳扁壶（上海博物馆藏）

但器形和纹饰则多是雍正的，如寿桃（图19）、折枝花卉等，器底一般多书本朝款。此外，还有一些器物的造型、纹饰仿永乐、宣德或成化、弘治甚至嘉靖、万历制品，但仍书本朝款。雍正民窑青花制作明显不如官窑制品精细，纹饰流行博古图、福寿三星、花鸟、云龙、盆景、山水等。釉面多有橘皮纹。

4. 乾隆青花

乾隆官窑青花呈色明快纯正。釉面滋润恬静，白中微闪青或较白。青花有特意仿宣德，但纹饰、造型则多具有乾隆本朝的特征。如寿山福海图双耳扁壶（图20）、折枝瓜果纹象耳尊、螭虎龙纹合欢瓶、折枝花卉纹四联瓶、蒜头瓶、纸槌瓶等。纹饰繁缛且多有吉祥寓意，造型新颖奇巧。乾隆民窑青花多为民间日用瓷或外销瓷，纹饰以花鸟、人物为典型。

（四）青花加彩瓷器

青花的装饰方法除了白地蓝花、蓝地白花外，还有青花釉里红、青花五彩、青花红彩、斗彩、釉里三彩等。

1. 青花釉里红

青花釉里红是元代景德镇窑新创烧的品种，这是一种分别以氧化钴和氧化铜为彩料在成型的胎体上绘画纹样、施透明釉后于高温窑炉中一次烧成的釉下彩绘品种。由于青花和釉里红在烧造过程中对所需要气氛的要求并不完全相同，而且在元代尚未完全掌握釉里红的烧制技术，因此要使两种色泽都达到鲜丽的程度是相当困难的。目前已能确定的元代青花釉里红器并不多见，红色多以色块来表示，典型的如保定窑藏出土的青花釉

图21　清康熙　青花釉里红"中和堂辛亥"款楼阁图盘（上海博物馆藏）

里红盖罐。明代一朝，基本不见青花釉里红器。至清代康熙前期，景德镇能烧制出色泽浓艳鲜亮，纹饰清晰的青花釉里红瓷器。青花和釉里红两种色泽不仅像永、宣一样都能达到鲜艳的程度，而且釉里红的勾勒、渲染与青花一样不晕散。这个时期典型的青花釉里红多为盘、碗，以青花绘房舍、楼阁、树干等，用釉里红绘树叶、花草、云彩，署"中和堂"干支款，应是康熙十年（图21）、十一年和十二年的制品。以后，青花釉里红成为常见的品种，其造型、纹饰特点与同时期的青花相仿。

2. 青花五彩、青花红彩与斗彩

青花五彩是釉下彩和釉上彩结合的新品种，出现于明宣德时期。以釉下青花描绘蓝色部分，其他颜色以釉上五彩描绘。目前仅见两例，鸳鸯莲池图的碗（图22）和高足碗，均收藏在西藏萨迦寺。五彩瓷器是明代嘉靖、万历朝最重要的产品，当时由于尚未发明釉上蓝彩，故仍用釉下青花描绘蓝色，与釉上五彩相结合，创造出许多传世佳作。至清康熙，出现了新的釉上蓝彩，青花五彩遂不复出现。

图22　明宣德　青花五彩鸳鸯莲池纹碗（西藏萨迦寺藏）

青花红彩是明宣德时期的名作，通常以青花海水与釉上红彩异兽结合或者以青花异兽与釉上红彩结合，使画面更加令人瞩目。

斗彩同样是釉下青花与釉上五彩结合的品种。成化斗茶通常以青花勾勒图案的轮廓，用五彩填色"拼逗"而成（图23）。以后成为传统，历朝都有制作。至清雍正，斗彩以粉彩填色，更富有层次感。

3. 釉里三彩

这是清康熙朝独有的品种，有瓶、笔筒、盘等，纹饰有海水云龙、山水人物、山石花蝶等。以青花和釉里红描绘纹饰主体，凡有礁石、山石部分则以豆青釉配合刻花来表现。刻花使豆青釉釉层的厚度有变化，可以很好地表现出石头的纹理（图24）。

图23　明嘉靖　斗彩花果纹盘（上海博物馆藏）　图24　清康熙　釉里三彩笔筒（上海博物馆藏）

三、其他窑场的青花瓷器

元明清时期，中国的青花瓷器主要由江西景德镇生产，其影响遍及全国及世界。中国其他窑场生产的青花瓷器的影响仅限于本地区或用于外销，主要分布在云南、江西、福建、广东等地区。

（一）云南地区

1. 玉溪窑

玉溪窑位于玉溪市红塔区州城镇瓦窑村，明代早期出现的青花是在青瓷基础上发展而来的，主要有碗、盘、壶、瓶、炉、罐等一些日常生活实用器，多模仿景德镇青花工艺制作，造型古拙。其中青花罐（图25）数量较多，在当地被用作火葬罐使用。釉色青中泛黄，施釉不均。青花色泽浓重而泛黑灰色。装饰纹样明显受到元末明初景德镇青花的影响，绘彩随意。

2. 建水窑

建水窑位于建水县城西北的碗窑乡张家沟，烧制青花瓷开始于明代，常见器形有罐、玉壶春瓶、双耳瓶、炉、高足杯、执壶、碗、盘等。器物一般为砂底，釉面开片现象普遍，叠烧法较为普遍。青花色泽多为黑灰色和黑蓝色，有褐斑。绘画题材以

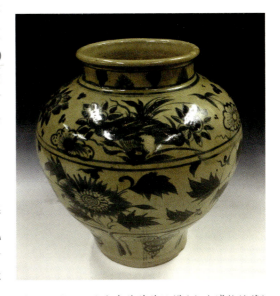

图25　明　玉溪窑青花菊花纹罐（上海博物馆藏）

缠枝莲花、蕉叶、变形莲瓣等植物纹为主,也有龙、凤、狮子、鱼藻等动物纹样。

3. 禄丰窑

以禄丰为代表的滇西地区则是云南青花瓷器出土数量最多的地区。禄丰窑是以生产青花碗盘为主的,烧造水平不能与玉溪窑、建水窑相比。禄丰境内火葬墓中出土的青花火葬罐和玉壶春瓶在窑址中没有发现。

(二)江西地区

地处赣北的乐平,与景德镇毗邻,盛产高岭土、瓷石、釉果等,是景德镇重要的制瓷原料供应地。其青花创烧时间应在嘉靖朝,在器形、纹饰、款识等方面与景德镇民窑产品相似,常见"南溪""水靖镇造""大明年造""万福攸同""富贵佳器"吉祥款。

吉州窑从明代万历后期也开始烧造青花瓷,产品有白地青花和哥釉青花,以碗盘等生活实用器为主。

(三)福建地区

1. 漳州窑

漳州窑绝大部分产品烧造时间为明末清初,以平和县发现的几处窑址最为典型。胎多呈灰白色,胎体致密厚重,釉层肥厚而乳浊,底部粘沙。青花呈灰蓝色或蓝黑色,普遍晕散。器物有碗、盘、碟、杯、盏、盒、罐、炉、瓶等。盘、碟等常见花口器形。装饰以牡丹、菊花等花卉和凤凰、麒麟、狮子等动物花纹,山水、人物、吉祥语等文字也很多见。大盘上特别盛行开光图案(图5),这类大盘曾被称为"汕头器",在海外广为流传。明末清初是漳州窑青花瓷的鼎盛时期,但随着清初政府海禁政策的颁布,月港衰败,造成了外销市场萎缩,漳州窑逐渐停产。

图26　明　漳州窑青花开光双龙戏珠纹大盘(漳州市博物馆藏)

2. 德化窑

德化窑制作青花瓷始于晚明,多为碗类,也有瓶类器。胎体粗糙,釉面泛黄而有开片。青花色泽有蓝灰、蓝黑等色。纹饰简略,多绘花卉、山水、动物纹等,器内可见"春""花""玉""香"等字。在青花上时常可以看到深蓝色的条纹,是德化青花的特点之一。清代前期是德化窑青花瓷生产的鼎盛时期。胎体较厚,青花普遍暗淡,纹饰以牡丹纹、缠枝莲纹、龙、凤和人物最为常见,器底署作坊款。

（四）广东地区

明清时期广东青花瓷器生产以潮州为代表，产品大都外销。潮州窑青花瓷器品种多样，以碗、碟、杯等日用瓷为主，全用细沙垫烧，粘砂现象严重。釉色白中泛黄、泛青。青花蓝中透出棕黄、铁锈等色斑。明代青花瓷器普遍色泽艳丽，清代瓷器则色泽灰暗。

四、中国青花工艺的对外传播

中国的青花工艺源自波斯的低温钴蓝陶器，将青花钴料运用于瓷器则是中国的首创。元代的青花瓷器随着海外贸易的兴盛而传播到中东、西亚地区；明代永乐"三宝太监"郑和率巨大的船队下西洋，也带去了中国的青花瓷器，其中一些是为了输入国的需要而特别制作的；17世纪对于景德镇来说是个特殊时期，官窑停烧、民窑兴起以及欧洲远洋航海技术的进步，为青花瓷器远涉欧洲提供了绝佳良机，各国的"东印度公司"成为中国瓷器出口欧洲的桥梁，他们提供瓷器造型和纹饰的图样，随后把制作精美的青花瓷器运到欧洲，成为当地的奢侈用品。水果盘、油醋瓶、香薰等新的造型及帆船、郁金香、纹章等图案纷纷出现在中国的瓷器上。与此同时，大量具有中国风格的青花瓷器也出现在欧洲市场，传播了中国文化。

元代以后，随着中国青花瓷器及其文化远播海外，其制作工艺也传播到世界各地。

1. 朝鲜、日本和越南

朝鲜高丽王朝晚期受到15世纪前半期明代青花瓷器输入的影响，从15世纪中叶开始青花瓷器的制作，无论在制作工艺还是在器物造型、纹饰及青花原料等方面都受到不同程度的中国风格影响。特别在纹饰方面，如龙纹、缠枝莲花、波涛、松竹梅、莲瓣及连珠纹等明显带有中国青花瓷器的印记。随着朝鲜青花瓷器的发展，至15世纪末才形成与中国不同的朝鲜特色（图27）。

青花制作技术从中国传到朝鲜，再由朝鲜传到日本，日本青花的历史可以追溯到17世纪初。江户早期产品以日用器为主，纹样多是简约的松、竹、梅、柳、葡萄、卷草等植物纹，青花呈色灰蓝，较暗。和

图27　15世纪后期　朝鲜青花梅竹纹罐（大阪市立东洋陶瓷美术馆藏）

图28　17世纪　日本伊万里青花楼阁山水纹水坛

图29　16世纪　越南青花莲池水禽纹盘

中国明代晚期的民窑青花风格上很接近。江户中期的日本青花已显示出浓烈的本土文化特色（图28）。江户后期日本青花瓷制作已很普遍，很多青花纹样受中国清代青花影响，色调艳丽。

越南从14世纪晚期开始在中国的影响下烧制青花瓷器。早期的产品通常是小件碟、碗、瓶、罐之类，纹样主要是些缠枝卷草等，绘制简单迅捷，风格质朴。有的和元代民间风格的青花很相似。还有少量制作精美、画工细致的大件仿元代风格的盘、罐等。15到16世纪，越南青花的烧制达到其青花瓷生产的黄金时期，一度可与中国青花瓷在东南亚瓷器贸易市场上相抗衡。各类瓶、罐、碗、盆基本仿造明代青花风格，纹饰以缠枝莲花、菊花、莲瓣纹居多，大多画得比较工整（图29）。釉色较为浑浊，胎也不细洁。越南青花瓷器的发展，得益于明代的海禁政策，直到隆庆元年（1567）重新开放海禁，中国青花瓷器再次成为东南亚青花瓷器贸易市场中最为重要的产品，在中国产品的强烈影响和冲击下，越南青花瓷逐渐失去其竞争力，从东南亚瓷器贸易市场上隐匿。清代初年，清政府又实施海禁，给越南青花瓷器一个回光返照的机会，随着海禁政策的松懈，大量中国瓷器外销，越南青花最终难免走向衰落。

2. 欧洲地区

欧洲人一直将中国瓷器认为是"伟大的发明"。从13世纪开始，就一直在摸索仿造。代尔夫特是荷兰东印度公司在荷兰的六大据点之一，它在与东方的活跃贸易中获得了丰厚利润。17世纪初荷兰进口了百万件中国瓷器，当时中国瓷器在欧洲被视为富有贵族的奢侈品。中国瓷器的材质与精致程度引起了荷兰代尔夫特陶工们的强烈震撼，直接刺激了当地陶工们对中国瓷器的模仿。明末清初，政局动乱，1647年起欧洲与中国的贸易中断。欧洲贸易商船开始转向日本进口瓷器。在贸易中断期间，荷兰代尔夫特陶工开始在锡釉精陶上用钴料绘蓝彩，在造型与装饰题材及内容上全面复制中国青花瓷器，以填补市场的空缺。18世纪中期以后，随着瓷器制作工艺的普及，绝大部分的代尔夫特陶瓷产品也都是以高温瓷胎制作，成为真正的青花瓷器。其造型与装饰也逐步摆脱中国的影响，形成自己的风格（图30）。

公元17世纪末18世纪初，瓷器一直是中国的专利。但随后，近代欧洲在中国陶瓷的刺激下，依靠先进的科学很快掌握了制瓷技术。最终击败景德镇的是一场我们熟悉的变革——工业革命，当英国人加入瓷器制造，用机械印花代替了手绘，用工厂生产代替了作坊后，中国瓷器开始在国际市场上走向没落。与此同时，中国的国际地位也逐渐衰退，两者的巧合暗含了某种历史的必然。青花瓷器的兴替，折射出世界近代史上一次权力格局的大变迁。

图30　18世纪　荷兰代尔夫特青花风景图盘

原载《青出于蓝：青花瓷的起源发展与交流》，上海书画出版社，2022年

关于古代陶瓷研究的几个问题

一、关于考古材料的运用

在研究古代陶瓷时一定会引用考古资料。由于我国考古专业的基本训练和课程还是集中在材料整理和田野发掘上，对于至关重要的材料解释和历史重建并没有系统的方法论训练。长期以来，我国学界认为考古材料的解释主观性太强，不值得提倡。这是因为，考古材料的解释如果只是一种个人想当然的看法，就难以做到科学的历史重建。考古发现和发掘只是收集研究的基本材料，类型学和年代学梳理只是研究的基础工作。必须重视考古材料的阐释问题，真正的挑战是把考古材料以一种相互关联和合理方式拼合起来，从中寻找意义并做出解释。比如，在杭州老虎山窑址，既发现了南宋官窑的地层，又在其上层发现了类似传世哥窑的标本，不能仅仅满足于对传世哥窑器物的类比，还需要我们去探索南宋官窑与类似哥窑地层之间的关系，以及当时社会变革的情况，进而研究传世哥窑的年代和性质。

二、关于文献材料的运用

在古陶瓷研究中，提倡运用文献资料来加以旁证。运用文献资料，要注意探究资料的原始出处，如关于"龙泉哥窑"的历史记载，追溯其来源，竟然是来自于传说。嘉靖十八年（1539）陆深《春雨堂随笔》是最早提出章生一、生二兄弟烧瓷的材料；明嘉靖四十年（1561），《浙江通志》书中提到"处州……县南七十里曰琉华山……""山下即琉田，居民多以陶为业。相传旧有章生一、生二兄弟，二人未详何时人，至琉田窑造青器，粹美冠绝当世，兄曰哥窑，弟曰生二窑……"但是书中注明此说得自传闻，不知章生一和章生二为"何时人"；嘉靖四十五年（1566）刊刻的《七修类稿续稿》一书中进一步说："哥窑与龙泉窑皆出处州龙泉县，南宋时有章生一、生二兄弟各主一窑，生一所陶者为哥窑，……哥窑则多断纹，号曰百圾破。"《七修类稿续稿》距《浙江通志》成书仅相隔五年，对"相传旧有章生一生二兄弟，二人未详何时人"的问题具体肯定为南宋时人，并说

"生一所陶者为哥窑,以兄故也。生二所陶者为龙泉,以地名也"。这是我们见到的肯定章生一、生二兄弟为南宋时人的最早材料。明嘉靖以后对哥窑、弟窑的进一步演绎,大都来源于此。实际上,成书于成化年间的陆容《菽园杂记》一书对龙泉窑记录更早且详细,从龙泉窑的分布、原料出处、制作工艺、装釉方法直到烧窑,描绘得极其细微,但对于"哥窑"无只字提及。基于上述情况,宋时龙泉窑章生一、生二兄弟各主一窑的说法,从文献记录的资料看,开始是得自传闻,以后又进一步演绎而逐步形成,缺乏直接证据。

三、研究古陶瓷要看到当时的社会环境,
既要有微观的视野,更要有宏观的视野

研究古陶瓷,不能脱离当时的社会环境。因为古陶瓷生产作为一种手工业,与当时、当地的历史背景、社会和经济情况密切相关。在对元末明初一些历史文献进行梳理后,对景德镇明代初年瓷业发展有如下认识:

1. 从元至正十二年(1352)三月红巾军徐寿辉部攻克饶州,到至正二十三年八月朱元璋在鄱阳湖大败陈友谅,收复包括饶州在内的鄱阳湖周围地区,十一年间景德镇及其周围地区遭到多达十一次兵祸。其中不仅有农民起义军与元军之间的战争,也有起义军之间的争夺以及土匪的骚掠。

2. 关于明代初年景德镇的社会情况可以从人口、耕地数的变化进行分析。据洪武二十四年(1391)的统计,与百年前元代至元二十七年的数据相比,浮梁县户数骤减了五分之三,人口几乎减少了一半;耕地则不及七十六年前的三分之一。人口和土地是封建社会国家赋税徭役的主要来源,是封建国家存在的经济基础。封建国家直接掌握的人户与土地多少,往往成为王朝盛衰的主要标志。从人口与耕地情况所反映出来的浮梁与全国经济发展水平极不平衡的原因,只能用元末明初的战争对浮梁地区所造成的破坏程度远远超过全国其他地区来解释。当时,景德镇所在的浮梁地区田园荒芜、人烟凋零、城野空虚、满目疮痍的景象不难想见,在这种情况下景德镇制瓷业自然不可避免遭到毁灭性的破坏。元末战争之残酷在此可见一斑。因此洪武初年在景德镇设立官窑是不可想象的。

四、古陶瓷研究与现代科技

中国科学院上海硅酸盐研究所周仁教授开创了运用现代科技分析古陶瓷标本的先河,以往是以化学方法分析古陶瓷的胎釉,需要取样,且主要分析常量元素。现上海博物馆在国内较早运用X衍射能谱仪对古陶瓷标本的胎釉成分进行无损分析,不仅能分析常量元素,而且能分析微量元素,往往给古陶瓷研究带来意外的收获。如在对哥窑产

地的研究中,科学测试数据成为不可辩驳的证据,但只有科学地进行标本选取,其数据才是可靠的。

上海博物馆王维达教授率先运用热释光分析仪,借鉴牛津大学陶器年代测试技术,开创性地发展了瓷器断代技术,为距今 2 000 年以来的瓷器断代研究提供了新的方法,获得国家文物局科技创新一等奖。严格意义上的瓷器断代分析,需要结合标本当地"宇宙本底"辐射的数据进行计算,不同纬度、不同海拔、不同地质、标本埋藏地层的深浅对于宇宙本底的数据都有所影响。因为宇宙本底数据获取不易,现在往往被忽视了,有的采用南北方的平均数值进行计算,这对于瓷器断代研究,特别是年代少于 1 000 年的标本测试,有时候具有决定性的影响。

五、要重视陶瓷经济学的研究

在进行古代陶瓷研究中,比较重视器物的造型、装饰比较,或者加上胎、釉颜色和质地的认识,往往忽视了陶瓷经济学的研究,比如不同时代、品种陶瓷手工业兴起的社会、经济原因,陶瓷产品的流通与销售等等。如果没有经济原因,很难想象古代陶瓷发展的脉络。没有陶瓷经济学的陶瓷史是不完整的。由于"一带一路"研究的兴起,现在对外销瓷的研究方兴未艾,而对中国古代陶瓷的主要消费市场的研究比较欠缺。笔者早年曾经在杭州看到一批极其漂亮的印花定窑标本,据说是从杭州南宋宫殿遗址发现的,但是我们对宋金割据以后南北两地的经济贸易、交往情况,包括北方定窑产品的南下知之甚少。这些都需要补课。

六、古陶瓷鉴定的方法论

这里说的古陶瓷鉴定是指"目鉴",应该说95%以上的器物都可以通过目鉴确定其时代、产地。古陶瓷鉴定离不开造型、纹饰、胎、釉等特点,我们在观察时,难免需要上手,这是因为"手感"往往是观察之外最重要的鉴定依据,上手包括感觉其重量是否合理、胎和釉的质感如何、彩绘的细部、底部的特点等。这就需要我们了解不同时代、不同窑口产品的原料及制作方法,比如景德镇元代瓷器的成型是运用过去不常见的印模方法,遗留的痕迹自然不同;又如高足杯杯体与杯把的黏结是用胎泥还是釉浆,往往是判断不同时代的依据之一。有的古陶瓷制作中流行的痕迹是不易仿制的,这成为我们鉴定真伪的"法宝"。

原载《中国文物报》2023 年 6 月 20 日

综合研究

关于《图腾艺术史》的对话

　　《图腾艺术史》(以下简称《图腾》)是已故人类学家岑家梧先生的成名之作,重印出书不到两个月即已售罄,行将再版。我们两人,一个是这本书的责任编辑,一个是先睹为快的读者。两年前,我们还有幸与岑家梧先生的夫人冯来仪同志一起访问了岑先生的故乡海南岛,正是在那段时间里,萌生出重印《图腾》的愿望。我们都认为这是一件有意义的工作,却不曾想到它会如此"畅销"。对话就这样开始了——

　　欧阳文彬(下称"欧"):有人说《图腾》生当其时,因为读者的兴趣正向学术著作转化。这话可能有些道理,但我还想进一步了解读者的具体反映,你能否提供一些信息?

　　陈克伦(下称"陈"):我是学历史的,前不久刚读完研究生课程,开始走上讲台。我和同学们都感到,关于氏族社会的起源、发展和解体,是原始社会史中一个重要而复杂的课题,其中令人深感棘手的就是图腾研究。因为图腾制是原始氏族将某种动物或植物当作祖先和保护神加以崇拜而形成的一种社会习俗和风尚,其遗迹至今还不同程度地保留在当代各民族的传统习俗中。对图腾的研究往往被蒙上一层神秘、奇特的纱幕。西方学术界早在18世纪就开始研究图腾问题,多少年来众说纷纭,莫衷一是;在我国学术界,20世纪30年代才引起注意,一度形成高潮,但主要是翻译介绍西方的有关著作。岑家梧先生这本《图腾》是我国第一部,也是迄今为止唯一的全面论述图腾文化的专著。我们久闻其名,却无缘得见,上次在海南岛得知它重印的消息,早就翘首以待了。

　　欧:《图腾》的初版本是1937年由长沙商务印书馆印行的。当时正值抗日战争爆发,交通困难,此书印数本来就不多,1938年长沙大火后就基本绝迹了。如今又过了近半个世纪,你们自然就无缘得见了。

　　陈:你记得吗? 我们上次在海南岛时曾经谈起,我国学术界对于图腾的研究自20世纪30年代一度形成高潮之后,一直处于低谷。解放后更由于这个问题涉及敏感的意识形态而长期被视为禁区,敢于问津者甚少。"文革"以后学术研究重又复兴,民族文化的调查研究也方兴未艾,目前有关我国图腾文化的资料已十分丰富,但这方面某些问题至今尚无定论,我们这些后学者亟须研读像《图腾》这样的专著,以便汲取前人的研究成果,把当前的图腾研究引向深入。

　　欧:我们正有感于此,才起意重印《图腾》。我们感到,此书虽是早期著作,但作者利用当时在日本留学,得以博览群书的机会,广泛涉猎西方学者的著作,借鉴各国图腾研究的成果,同时与日本的人类学家、民俗学家广泛交游切磋,形成了自己的见解,所以著述时能在大量材料中进行取舍,驾轻就熟地旁征博引,加工提炼,试图立体地展示图腾这一神秘之物的面貌,探索图腾与艺术的关系及其规律。此书既提供了丰富的材料,让读者从中窥见当时图腾研究领域和诸家学说的概貌,又因对材料经过严谨的鉴别筛选而显得体系清晰,观点鲜明,至今仍有现实的参考价值。

陈:我同意你的看法,但还想做点补充。《图腾》的现实意义不仅如此。我有一种较深的感受,那就是:作者敢于力排众议,提出独特之见。例如在艺术的起源问题上,他通过大量确凿的例证和精辟的分析认为:"一切艺术都是人类社会经济生活的反映。""图腾艺术,无疑是发生于原始狩猎民族的经济生产的产物。"并尖锐地批评当时国际上流行的"性欲冲动论"和"游戏冲动论"是完全曲解了图腾艺术的意义。尽管这些学说的倡导者如达尔文(C. Darwin)、斯宾塞(H. Spence)都是著名的权威,而作者本人当时还是一个年方23岁的"无名小卒"。

欧:说得很好。你这一说,我倒也想起来了。作者在书中还提出一个重要的观点:"一切变革过程,都不是机械地消灭与产生,而是有机能的转化。"图腾崇拜作为一种意识形态,必然具有一定的延续性,图腾仪式也会"转形改质,构成文明民族的风俗习惯"。因此图腾艺术史的研究,就不限于原始社会之图腾期,必须遍及后期各社会阶段图腾艺术的残存物。这种辩证的科学方法,也可以启迪后来的学者。

陈:是的。从事人类学、民俗学的研究必须进行广泛深入的社会调查,岑先生正是抓紧一切机会这样做的。抗战期间,他仍然不避艰险,先后去云南东北境的嵩明苗族地区、黔东南荔波水族地区和四川巴县一带的"蛮子洞"进行考察,把调查结果陆续写成论文。这些论文记录了我国学者在图腾文化研究这一领域中留下的可贵的足迹,可惜这一足迹中辍于1957年那场政治运动。当时岑先生正率队到海南岛黎族苗族地区进行预期5至7年的民族调查,这可说是岑先生多年的夙愿。作为海南岛的儿子,他多么希望能为家乡的少数民族同胞贡献力量啊!这一计划的夭折,不仅是对岑先生的沉重打击,也是学术界的一大损失。如果不是"文革"的动乱造成岑先生过早的辞世,他一定能取得更大的成就。

欧:我们在编辑《图腾》的过程中,曾经感到此书所收的外国材料比重较大,国内材料略嫌不足。这当然有客观原因,例如此书的写作年代较早,当时国内这方面的材料尚不多见;而且本书是在日本写成,对国内材料的收集更加不易。为了弥补这一不足,我们特地请岑先生的夫人冯来仪同志收集先生有关我国图腾遗制的研究论文以作为本书的附录。但据冯来仪同志说,岑先生遗下的手稿、资料,经过"文革"的"扫荡"已所剩无几。现在收入书中的四篇在这方面虽然有所补充,毕竟不能形成体系。这自然和你所说的挫折有关。

陈:你所说的客观原因,其实就是历史的局限性。现在看来,限于当时的资料和研究水平,书中还有个别观点似有不妥之处。例如书中提到,图腾制度存在于原始社会的氏族社会之前,认为"图腾制发展的最后形态,是为氏族社会之萌芽"。而现在一般认为，图腾是与母系氏族同时产生的，并且随氏族的发展而发展。不过，作者在他以后的著作中也纠正了这一看法，如他在《中国原始史稿》中就说："图腾是……和氏族制、外婚制同时产生的，也和母系氏族紧密联系在一起，是母系氏族阶段的宗教反映。"

欧：历史的局限是无法避免的。除此以外，你感到这本书还有什么不足之处吗？

陈：不足之处还是有的。比如说，总览全书，民族学的典型例证和古史中的神话传说占据了相当大的篇幅，这固然增加了生动性和可读性，却在某种程度上淡化了理论色彩，使作者一些独到的见解淹没在细枝末节的海洋之中。

欧：我倒认为这恰恰是本书的一个优点。正因为作者善于通过一系列具体而形象的事例，来阐明图腾以及图腾与艺术的关系等比较深奥的理论问题，努力做到雅俗共赏，深入浅出，才使这本学术著作在出版后不仅受到学术界的注意，同时也引起了一般读者的兴趣。这有什么不好呢？《图腾》的重印问世，若能启发后来的学者继承岑先生未竟的事业，运用国内资料，撰写一部全新的《中国图腾文化》，那将是学术界一大幸事。希望寄托在你们这一代身上。

原载《书林》1987年第8期

吴越风俗考

"吴越"是为地名，当指春秋时代崛起于长江三角洲地区的句吴、于越二国的疆域所在。其中心地区包括今江苏省的南部、上海市和浙江省的大部分地区。

根据《左传》[1]《史记》[2]等书的记载，吴是由南下的姬姓周人与当地的土著"荆蛮"结合而建立的国家。《史记·吴世家》索隐云："荆者，楚之旧号……，蛮者，闽也，南夷之名。蛮亦称越。……句吴……地在楚越之界，故称荆蛮。"可见，"荆蛮"并不是族名。据考察，吴地的"荆蛮"之人与楚民族关系不大，而与当时广泛分布于我国南方地区的古代越族关系密切。

《越绝书》卷六云："吴越为邻，同俗并土；西州大江，东绝大海；两邦同城，相亚门户。"同书卷七："吴越二邦，同气共俗。"[3]《吕氏春秋·知化篇》也有"夫吴之与越也，接土邻境壤。交通属，习俗同，言语通"的记载[4]。

本文拟根据史籍记录，对吴越地区的风尚习俗略加考究。

一、图腾崇拜

据考证，居住于吴越地区的土著所崇拜的图腾有二：一为蛇，一为鸟。

（一）蛇图腾崇拜

古代越人历来被认为是蛇的子孙。《说文·虫部》："南蛮，蛇种。"[5]越人熟习水性，常在水中，故他们又把蛇当作保护神。由此，吴越地区盛行的断发文身风俗的记载很多，如《说苑·奉使》："翦发文身，烂然成章，以象龙子者，将避水神也。"[6]对"翦发文身"，高诱的《淮南子·原道训》注说："文身，刻画其体，内墨其中，为蛟龙之状以

[1]《左传选》，中华书局，1963年。
[2]《史记》，中华书局，1982年。
[3]（东汉）袁康撰：《越绝书》，上海古籍出版社，1985年。
[4]《吕氏春秋》，万有文库本，商务印书馆，1939年。
[5]（东汉）许慎：《说文解字》，中华书局，1963年。
[6]（汉）刘向编：《说苑》，万有文库本，商务印书馆，1939年。

入水,蛟龙不害也,故曰以象鳞虫也。"[1]颜师古的《汉书·地理志》注说:"(越人)常在水中,故断其发,文其身,以象龙子,故不见伤害也。"[2]这里所谓的"龙""龙子""蛟龙""鳞虫"等,当指自然界中的蛇类。很明显,越人文身,其作用有三:其一,表示自己与蛇是同类;其二,将蛇作为自己的保护神;其三,在身上刻画龙蛇,又有图腾"徽章"的意义。

《吴越春秋》卷四中还有越国在自己的城门上立"木蛇"的记载:"越在巳位,其位蛇也,故南大门上有木蛇,北向首内,示越属于吴也。"在吴国的"大城"也有"蛇门",据说是"以象地户"[3],为了"东并大越,越在东南,故立蛇门,以制敌国"[4]。

1981年在绍兴一座战国墓中曾出土了一批重要的青铜器,其中一件铜插座的四面各饰有两条蛇首相背、互相缠绕的浮雕蛇纹;在一件被称作"小阳燧"的铜器背面,饰有"昂首舞爬的奔龙四条";在一件提梁三足盉的流、盖、提梁及足部,饰有多达56条神态各异、大小不同的立雕兽首蛇。这些蛇纹、龙纹,其风格与同时期中原地区铜器上习见的"蟠螭""夔龙"迥然相异,可以认为是当时的图腾崇拜在器物上的表现。这种将蛇作为装饰的习俗一直延续到后代,如浙江义乌一座西汉墓中出土的陶鼎和陶盆的盖顶上都有盘蛇形的大钮。唐代以后,器物上喜用龙作装饰,其意义与以蛇作装饰应有相似之处。时至今日,在江苏和浙江的农村中,仍有一种"敬蛇"的风俗。人们把住宅里的蛇称为"家蛇",认为其能为家庭消灾去祸而加以保护。在一些地方(如扬州),更把家蛇奉为"家祖",一旦"家祖"出现了,合宅都要焚香化纸,求保平安。这也应是古代蛇图腾崇拜的遗俗。

(二) 鸟图腾崇拜

越人对鸟的崇拜,可以追溯到新石器时代的河姆渡文化。河姆渡遗址发现的"双鸟朝阳"纹牙雕、鸟首形牙匕和双鸟纹骨匕等文物,说明远在七千年前,河姆渡人就对鸟纹装饰特别感兴趣。有人认为这就是以鸟作图腾的表现[5]。绍兴战国墓出土的一件铜房子模型,在房顶上立有一八角形柱,柱顶塑一"大尾鸠",可把它看作是鸟形图腾柱的实物表现。此外,在江苏金坛鳖墩的一座西周墓中曾出土2件器盖塑有飞鸟盖钮的原始青瓷罐和盖碗;在绍兴和上虞的东周墓葬中也曾发现过盖钮作昂首挺立的飞鸟形的原始青瓷鐎盉。这种喜以鸟作装饰的风俗在吴越地区一直流行到汉晋时代,最引人注目的是江浙一带常见的三国西晋青瓷谷仓罐(或称作魂瓶)上,往往堆塑有飞鸟的装饰。

"鸟篆"是春秋战国时期盛行于吴越等地区的一种主要镌刻于青铜器上的特殊篆书

[1] (汉)刘安等编:《淮南子》,万有文库本,商务印书馆,1939年。
[2] 《汉书》,中华书局,1962年。
[3] (东汉)袁康撰:《越绝书》卷二。
[4] (后汉)赵晔撰:《吴越春秋》卷四,江苏古籍出版社,1986年。
[5] 林华东:《试论河姆渡文化与古越族的关系》,见《百越民族史论集》,科学出版社,1982年。

体。其特点是把每一篆字都附加上鸟形或以鸟纹与篆字笔画相结合。著名的越王勾践剑、越王州勾剑、越王者旨于赐剑和吴季子之子戈等吴越青铜器上都有鸟篆体铭文。这种鸟篆体的流行与吴越地区的鸟图腾崇拜不无一定的联系。

对《禹贡·扬州》中的"鸟夷",童书业先生考释为"以鸟为图腾的部族"[1],张崇根同志进一步认为是"长江以南越人的一支"[2]。《吴越春秋》称"大越鸟语之人",《史记·越世家》则把越王勾践描述成"长颈鸟喙"。在中原人的目光中,当时的吴越之民与鸟结下了不解之缘,不但操鸟语,连国君也有鸟相。

关于鸟图腾的起源,有的同志根据《越绝书》《吴越春秋》《水经注》以及《博物志》等古籍上有关"鸟田"的记载,认为越人视"百鸟佃于泽"为祥瑞,将鸟看成是上天派使降福于人的,因此在人与鸟之间便产生了一种超自然的关系,鸟被视作神灵、奉为图腾[3]。

在宁绍一带的农村,至今还流行着一种将鸟头挂在门上的习俗。所用的鸟头,有的是真正的鸟头,有的则是用木头雕成的。据当地人的说法,鸟能替人们祈福消灾。这应该是古代鸟图腾崇拜的孑遗。

二、断发、文身与裸体习俗

吴越地处东南海滨,气候温暖。其地水道纵横、湖泊密布。自然环境使吴越之民习于水上生活,也养成了他们断发、文身和裸体的生活习俗。历代典籍对此记述颇多,如:

《论衡·书虚篇》"禹时,吴为裸国,断发文身"[4]。

《左传·哀公七年》:商末,太伯、仲雍南奔吴地,"断发文身,裸以为饰,岂礼也哉,有由然也。"[5]

《墨子·公孟篇》"越王勾践,剪发文身"[6]。

《史记·越世家》夏少康之庶子封于会稽时,"文身断发,披草莱至邑焉"[7]。

断发文身和裸体之俗与中原华夏族所固有的那种"身体肤发受之父母,不敢毁伤,孝之始也"的传统伦理道德观念截然相悖,故被中原人视为异俗而在史书中屡加记载。

所谓"断发",即"断截其发"而成短发,或者"以椎髻为俗",可见短发或披或髻,也有一定的发式。这里的"断发",不过是与中原的蓄发习俗相对而言。一种认为断发者

---

[1] 童书业:《鸟夷说》,见《中国古代地理考证论文集》,中华书局,1962年。
[2] 张崇根:《鸟夷、东堤补正》,《贵州社会科学》1981年第3期。
[3] 林华东:《再论越族的鸟图腾》,《浙江学刊》1984年第1期。
[4] (汉)王充撰:《论衡·书虚篇》,上海人民出版社,1994年。
[5] 《左传选》。
[6] 《墨子·公孟篇》,《四部丛刊》初编本。
[7] 《史记·越世家》。

必不可椎髻的说法[1]，似可商榷。

　　断发者又必不戴冠。《淮南子·齐俗训》曰："中国冠笄，越人劗发，其于服一也。"又云："越王勾践，劗发文身，无皮弁搢笏之风。"[2]《国策·赵策》[3]也提到"却冠"是"大吴之国"的风俗之一。不冠作为断发所派生的风尚，在当时是越人尊严的标志。如春秋时，廉稽受越王勾践的委派出使于楚，楚使对廉稽说："冠则得以礼见，不冠不得见。"廉稽针锋相对答道："今来得上国，必欲'冠得礼见，不冠不得见'，如此，则上国使适越，亦将劙墨文身剪发而得以礼见，可乎？"[4]战国时，出使梁国的越使诸发把不冠看作是神圣不可侵犯的"国俗"。梁大臣韩子对诸发戏谑道："大王有命，客冠则以礼见，不冠则否。"诸发坚持以越俗相见，说："愿无变国俗。"[5]

　　在史籍当中，文身一般多与断发并提。文身的方法，高诱注《淮南子》："越人以箴刺皮为龙纹。"即用针黥刺花纹于皮肤，再以墨或丹青涂之，使之成为永久性的纹饰，这与近代的文身方法相似。文身的目的，如前述是为了祛避水族的危害和包含了蛇图腾崇拜的含义。到明代还有类似的记载，如明人田艺衡在回忆会稽的房客孙禄时写道：他们父子兄弟"各于两臂背足刺为花卉葫芦鸟兽之形"，当询问其原因时"乃云'业下海为鲜者必须黥体，然后能避蛟龙鲸鲵之害也'"[6]。在近代仍流行文身之俗的黎、高山、傣等少数民族，也有认为若不文身"则上世祖宗不认其为子孙"的[7]。从现代民族学的材料看，文身还有作为一种成年标志的作用。在一些民族当中，文身是成年礼仪的重要组成部分。文身是甚为痛苦的，因此它既是对将成年者的一种考验，文身后留下的纹饰，也是进入婚恋阶段的标志。如傣族男子"凡十四岁到二十岁之间，必施黥纹"[8]；黎族的女子在十二、十三至十六、十七岁间黥纹于"面部、胸部、臀部、腿部四处"[9]。

　　裸体与吴越地区温暖的气候条件有关，也与越人的文身习俗和习水生活密切相关。史书称"裸以为饰"，作为饰的应是文身之纹，裸体则是有意将身纹显露出来。越人裸身又习于水，因此作为"吴越之俗"的"男女同川而浴"[10]就不足为奇了。秦末，秦始皇登临会稽山，在刻石上郑重其事地把越地的"淫泆"提出来严加禁止，规定男女不得淫乱，寡妇不得再嫁，男子不得入赘，女子不得改嫁。可见，秦末越地还保留有较多的原始对偶婚的残余。由此可以认为，裸体之俗与当时相对比较自由的两性关系的婚俗也有一定的联系。在苏南、浙江和上海郊区一带农村中仍可看到，每到盛夏，一些老年妇女

[1]　蒙文通《越史丛考》认为断发、椎髻、编发等发式各有其流行区域。
[2]　（汉）刘安等编：《淮南子》。
[3]　《国策·赵策》，上海古籍出版社，1987年。
[4]　韩婴撰：《韩诗外传》卷八，见许维遹校释：《韩诗外传集释》，中华书局，1980年。
[5]　（汉）刘安等编：《淮南子·人间训》。
[6]　（明）田艺蘅撰：《留青日扎摘抄》卷一，中华书局，1985年。
[7]　（明）顾蚧撰：《海槎余寻》，江苏周厚堉家藏本。
[8]　岑家梧：《西南民族文化论丛》，岭南大学西南社会经济研究所，1949年。
[9]　刘咸：《海南黎族文之研究》，《民族学研究集刊》1936年第1期。
[10]　（清）孙星衍撰：《孔子集语下》引《尚书大传》，清嘉庆刻本。

为求凉快而赤裸着上身,这在当地是司空见惯、习以为常的,这可能就是古代裸体之俗的遗风。

考古发现证实,断发、椎髻和裸体的习俗在吴越地区是确实存在的。如前面提到的出土于绍兴战国墓的有鸟形图腾柱的铜房子模型,据考证,其表现了正在进行图腾崇拜的仪式。屋内六人"均未见衣着痕迹""身后臀沟明显",无疑是裸体而坐,并都"未着冠带"。其中"歌者"二人前胸明显铸出乳突,束髻于顶,似为女子;余"乐师"四人无乳突,挽髻于脑后,应是男子。连在庄重的祭祀活动中都仍然不着衣冠,可见古代越人与中原人完全不同的思想意识和审美情趣。

三、习于水,便于舟

吴越人居于滨海水网地区,故以习水和擅长舟楫而著称。勾践曾说:"夫越性脆而愚,水行而山处,以船为车,以楫为马,往若飘风,去则难从。"[1]故又有"胡人便于马,越人便于舟"[2]之说。吴国也是"不能一日废舟楫之用"。早在新石器时代,生活在这一地区的土著居民就有了习水便舟的本领。如在浙江河姆渡遗址,不仅发现了木桨,还发现了许多水生植物(菱角、芡实等)的遗存和河生、海生动物的遗骸。这说明当时人们不仅能在河湖等水域进行采集活动,而且还能驾船到河口近海处进行捕捞。此外,在吴兴钱山漾遗址也发现了木制的船桨[3]。

据记载,勾践曾在离今绍兴城50里的地方建有"舟室",即造船基地。从勾践迁都琅琊有"戈船三百"相随[4]和前312年越王一次就"献乘舟始罔及舟三百"[5]的记载来看,当时造船的规模当不会小。考古发现表明,当时吴越地区的船主要是独木舟。1958年,江苏武进奄城出土4条战国时期的独木舟;同年,在浙江温州市西山也发现了4条梭形独木舟,其时代略晚于战国;1972年,江苏吴江也发现了战国时期的独木舟;1983年,在江苏宜兴又出土2条独木舟,时代为战国。有的同志根据史书记载的吴国"广丈六尺,长十二尺",共可乘九十一人的战船"大翼",认为当时吴越已有生产木板船的能力;有人根据有关吴越海上活动频繁的记载,推测当时吴越已发明了帆船[6]。这些看法不无一定的道理。但是时至汉代,吴地尚在使用一种用整条独木剖开刳成,再与船底板拼接,刚刚脱离原始独木舟的形态的船,它还不是木板船,只能称为"原始弧形船"或"加板独木舟"[7],从这来看,木板船在汉代至少还未能普及,这与吴越地区当时的生产力发

---

[1] （东汉）袁康撰:《越绝书》卷八。
[2] （汉）刘安等编:《淮南子·齐俗训》。
[3] 浙江省文物管理委员会:《吴兴钱山漾遗址第一、二次发掘报告》,《考古学报》1960年第2期。
[4] （东汉）袁康撰:《越绝书》卷八。
[5] 据《竹书纪年》。
[6] 林华东:《吴越舟楫考》,《东南文化》1987年第2辑。
[7] 陈晶:《江苏武进县出土汉代木船》,《考古》1982年第4期。

展水平也是相符合的。

四、善制青铜兵器和好勇尚武之风

《考工记》曰："郑之刀、宋之斤、鲁之削、吴粤之剑，迁乎其地而弗能为良，地气然也。"春秋战国时期，吴越兵器中以剑最为精良，世称吴越剑"肉试则断牛马，金试则截盘匜"[1]。相传春秋时，著名冶剑匠欧冶子曾为越王铸五剑，分别以"湛卢""纯钧""胜邪""鱼肠""巨阙"名之。其中"巨阙"剑能"穿铜釜、绝铁钅历、胥中决如粢米"；而"纯钧"之剑更是"扬其华，捽如芙蓉始出；观其钑。烂如列星之行；观其光，浑浑如水之溢于塘；观其断，岩岩如琐石；观其才，焕焕如冰释"[2]。吴国也有与欧冶子齐名的制剑工匠干将，他与妻合铸的"干将""莫邪"雄雌二剑名扬天下。后世常以"干将"来泛指宝剑，其影响历千百年而不衰。

吴戈，又称为"吴钩"，也是一种盛行于吴越地区的锐利兵器。我们从屈原的"操吴戈兮被犀甲，车错毂兮短兵接"的诗句中，可以想见当年吴军手持吴戈，驰骋疆场，直捣楚都争霸中原的雄伟场面。青铜戈，历年来在江浙一带出土不少。安徽也曾出土有铭文的"吴王夫差戈"。传世的有"吴季子之子戈"和"吴王寿梦戈"等。吴戈并非吴国所独有，越军中也有操戈的兵士。《左传·定公十四年》曾记载吴伐越，"越子大败之，灵姑浮以戈击阖闾，阖闾伤将指，还卒于陉"。阖闾就是被越戈击伤而死的。

在中原列国盛行青铜礼器、酒器，青铜冶铸业十分发达之际，吴越两国独以青铜戈、剑著称于世。究其原因，恐怕与古代越人的好勇尚武之风大有关系。《汉书·地理志》记载"吴越之君皆好勇，故其民至今好用剑，轻发易死"。《汉书》中还有"越人相攻击，其常事"和"越人之俗，好相攻击"[3]等记载。春秋后期，吴越两国之间互相攻伐数十年，虽两败俱伤而不已，直到一方彻底覆灭方告罢休，可以认为是越人"好相攻击"在政治上的表现；吴越之人，自杀盛行用剑自刭[4]，则是他们好剑而敢死，民风尚勇的表现。在被认为是越人后裔的台湾高山族中，曾流行一种猎取人头的风俗，即以杀人取首为荣。此种风俗一直到明清时代尚有，这应是越人好勇尚武的遗俗。

---

[1]《国策·赵策》。
[2]（东汉）袁康撰：《越绝书》卷十一。
[3]《汉书·严助传》《汉书·高帝纪》。
[4]《国语·吴语》记黄池之会吴晋争长，晋使董褐至吴军，将还，吴少司马与王士五"皆进自刭于客前以酬客"。《史记》《吴越春秋》均记述吴王夫差是"伏剑而死"的。吴越君主赐臣下死，也总是令其以剑自刭，如吴王夫差赐伍员死、越王勾践赐文种死即是。在檇李之役中，勾践使罪人三行属剑于颈，自刭以乱吴师，其规模是相当可观的，而春秋时吴越以外诸国，自杀多以自缢而少有用自刭。

五、烧造和使用几何形印纹硬陶及原始青瓷

几何形印纹硬陶是从新石器时代末期到汉代主要流行于长江以南和东南沿海一带的一种质地坚致，表面拍印有几何形纹饰的陶器。其器形与流行地区的普通陶器一脉相承，具有显著的地方特色。原始瓷是一种主要以瓷石为原料，表面有一层青色的高温釉的器皿。原始瓷出现于商代，虽晚于印纹陶，但二者在一个相当长的时期内同时流行于上述地区。它们应该是平行发展的两类器物。据不完全统计，印纹硬陶多为罐类之属，主要用作盛贮器，而原始瓷器以豆、钵、盘、碗等盛食器和鼎、簋、钟等礼乐器居多，这是二者在使用上的分工。近年来已有学者从多方面论证几何印纹硬陶和原始瓷器是古代越人的文化遗存[1]，这种观念已得到学术界的普遍赞同。

包括吴越在内的我国南方地区盛行印纹硬陶和原始瓷器的主要原因有二：其一，这一地区青铜容器的不发达。南方出土的青铜器以兵器、工具和农具居多，青铜容器的数量很少，且其中还有部分很可能是从中原地区传入的，并不是当地的产品。原始瓷器中有一部分是仿青铜礼器造型的，这说明中原的青铜文化在此地还是有一定的影响。缺乏青铜容器，可能与当地的生产力水平相对较低有关。其二，当地陶器生产十分发达。制造印纹硬陶和原始瓷器不仅在原料选择和制备方面的要求高于一般陶器，而且其烧造温度高达1 100—1 200℃，如果没有相当进步的烧窑技术是难以生产出胎细质坚的印纹陶和原始瓷的。特别是高温釉的发明，为汉代青瓷的出现创造了重要的条件，可以说是陶瓷史上具有划时代意义的事件。但长期以来，不少人认为论制陶水平，北方明显高于南方，现在许多材料表明并不能断然下此结论。在新石器时代早期，南方的制陶水平不会在北方之下，河姆渡遗址的黑陶、彩陶和罗家角遗址的灰白陶充分证明了这一点；在新石器时代晚期，南方良渚文化薄胎黑陶的制作水平就不会低于北方同时代的陶器。印纹硬陶和原始瓷器正是在南方制陶水平大大发展的基础上产生的具有明显地方特色的新品种。因此，印纹陶和原始瓷的出现及其成为古代越人的文化特征之一，并不是偶然的。同时，它们的出现，又为汉代以后南方青瓷的发展奠定了基础。

六、喜 食 异 物

饮食习俗往往与生活环境有密切的关系，《博物志·五方人民》中就说："东南之人食水产，西北之人食陆畜。食水产者，龟、蛤、螺、蚌以为珍味，不觉其腥臊也；食陆畜者，狸、兔、鼠、雀以为珍味，不觉其膻也。"吴越之地迫于江海，有三江五湖之利，因此当地人

---

[1] 吴绵吉：《江南几何印纹陶"文化"应是古代越人的文化》，见《百越民族史论集》。

民习于水居,好食腥味。所谓"楚越水乡,足螺鱼鳖,民多采捕积聚,煮而食之"[1]即是。越人又喜啖蛇,有"蝉蛇顺食之美"[2]。《淮南子·精神训》曰:"越人得髯蛇以为上肴,中国得以弃之无用。"《山海经·海外东经》中也有越人"食稻啖蛇"的记载。越人崇拜蛇图腾,又有食蛇之好,似不可理解。但是图腾崇拜并非一定要伴以杀食禁忌。如我国东北的鄂伦春人视熊为神,但他们依然猎杀熊,只不过在分食熊肉时要举行一种宗教仪式罢了。越人食蛇很可能与它相类似。

越人喜食异物的习俗,既有长期以来形成的生活习惯的原因,同时也与当时吴越地区经济不发达有直接关系。从史书上记载的在秦汉时代越地尚"地广人稀,饭稻羹鱼,或火耕而水耨,果隋蠃蛤……"[3]和"民食鱼稻,以渔猎山伐为业,果蓏蠃蛤……"[4]的记载看,当时越地的农业生产似还未能满足基本的生活需要,人们尚须以渔猎、采集作为获取生活资料的必要补充手段。至今,我国南方人民仍视海产河鲜、山珍禽兽为美味,其食谱之广,常令北方人惊叹不已,真可谓是古之遗风。

七、独特的葬俗——土墩墓和石室墓

从西周到春秋时期,在吴越地区盛行一种不挖墓圹,平地起封的"土墩墓"。这种墓葬形式与其他地区挖坑下葬,然后堆土起封的埋葬习俗明显不同,是吴越地区所独有的葬俗。这种葬制的出现,可以追溯到新石器时代中期的马家浜文化时期。在嘉兴马家浜遗址共发现三十具骨架,埋葬密集,都没有墓圹;以后的崧泽文化和良渚文化也继承了这一文化特点。青浦崧泽墓地共发现97座墓葬,全部是平地覆土掩埋,无墓圹;在吴县草鞋山遗址的第六层中也发现了属于崧泽类型的墓葬89座,……除个别墓葬外,不见基圹和葬具痕迹;武进寺墩发现的两座良渚文化的"玉敛葬"墓均无墓圹,无葬具,系掩土埋葬;青浦福泉山良渚文化墓葬也未见墓坑。

在太湖流域和宁绍平原一带的山顶或山脊上,常可见到一种呈馒头状的土墩,这就是从西周到春秋战国时期盛行于吴越中心地区的又一种独特的葬制——石室墓。石室墓也不挖墓坑,在山上稍经平整的石面或土面上,铺以石片或小石块,然后就地取材,用略加修琢、大小不一的块石砌筑成狭长的墓室。其长宽之比极为悬殊,一般长达数米到十数米,宽仅半米到一米左右。方向一般与山脊的走向一致。石室内壁较为平整,室壁陡立,其横截面略呈下宽上窄的梯形,上面用片石覆盖。石室外堆以高2.5米到5米的馒头形封土。随葬品多位于墓室的中后部,以印纹硬陶和原始青瓷为主。

在《越绝书》和《吴越春秋》中,有一些涉及石室墓的记载。如"虞山,巫咸所居。

[1]（东汉）袁康撰:《越绝书》卷三。
[2]《逸周书·王会解》,《丛书集成初编》,中华书局,1985年。
[3]《史记·货殖列传》。
[4]《汉书·地理志》。

山东西十八里,有数十石室,又有石坛,周回六十丈。又山有仲雍、齐女塚"[1];阖闾之女滕女"自杀,阖闾痛之,葬于国西阊门外,凿池积土,文石为椁,题凑为中,金鼎玉杯银樽珠襦之宝以送女"[2]。

石室墓不挖墓坑是继承了早期平地掩埋的风格;葬于高山之巅,这种尚高的作风又与古越人的崖墓或悬棺葬有相似之处。虽然二者在形式上有诸多不同,但它们之间共同的文化因素还是显而易见的。如石室墓的随葬器物与崖墓、悬棺葬的基本一致;石室墓的结构也有可能是模仿高山的洞穴。因此,可以把这两种不同的墓葬形式看作是同一民族心理的产物。

经以上考察,可以认为建立吴、越两国的主体民族很可能属于同一支越族,即"于越"。从文化系统上看,吴越地区的文化在整个中华民族文化体系中处于一种很特殊的地位,它无论在精神还是物质文化方面都十分顽强地表现出自己不同于其他地区的文化特征。这表明其文化渊源与正统的中原文化有别,它们应是由两种不同基础的文化分别演化而来的。

原载《复旦大学学报》1989年第1期

---

[1]（东汉）袁康撰:《越绝书》卷二。
[2]（后汉）赵晔撰:《吴越春秋》卷四。

《仪礼·士丧礼》中所见丧葬、祭奠器物考略

一、引　言

我国古代的奴隶制在夏朝奠定了基础,经过商朝的发展,到周朝达到了鼎盛阶段。当时不仅极大地强化了奴隶制的国家机器,而且还制定了一整套严密的礼乐制度,人们衣、食、住、行的一切活动,几乎都必须按照它的规定进行。这种制度是适应宗法奴隶制等级制度的需要而出现的,有许多内容渊源于氏族社会的原始习俗,在奴隶制产生以后,它又成为维系和巩固等级制度的锁链及其表现形式。《仪礼》就是关于周代礼制的一部汇编,它的内容虽然大部都源于西周古礼,但一般认为,它所记述的具体规定基本上是东周的制度。到秦汉时代,这种制度的某些内容仍被沿用。

《仪礼·士丧礼》(以下简称《士丧礼》)记载了当时关于士一级贵族从始死以至楔齿、奠帷堂、使人赴君、君使人吊襚、沐浴饭含、陈小敛衣、馔小敛奠及设东方之盥、陈床第、夷衾及西方之盥、小敛迁尸、陈大敛衣奠及殡具、大敛、殡、大敛奠、成服、朝夕哭奠、朔月奠及荐新、筮宅兆、视椁视器、卜葬日等一系列丧葬制度。《士丧礼》记载丧葬制度甚详,在此不再赘言,本文仅就《士丧礼》中所提到的一些丧葬、祭奠器物,结合考古学上的实物材料,进行粗略的考察。

二、殓尸所用的器物和服饰

(一) 具、瑱、幎目、笄和掩

这些是敛尸时用于死者头部的器物。

贝。这是在饭含仪式时用的。《士丧礼》曰:"贝三,实于笄。稻米一豆,实于筐……主人左报米,实于右……实一贝,左中亦如宣。"郑玄注:"贝,水物。古者以为货,江水出焉。"死者口中含的贝是一种曾作为原始货币形态的水生软体动物的外壳。考古材料表明,这种含贝的风俗在商代和西周曾盛行一时。如安阳商代墓葬中就经常发现死者的

口中含贝,多数为一两枚,个别的多达十几枚[1];又如在洛阳中州路发掘的西周墓群中出土的一百多枚贝都是在人头骨附近发现的,其中有两例可以确定就在人的口中[2]。到春秋战国,虽然在一些小型竖穴墓中还有含贝的情形,但已比较少见了,代之而起的是含玉石,有玉片,也有雕琢成形的玉蝉等[3]。汉代,含贝的习俗则完全被含玉和含铜币所代替,也有的含琉璃[4]。考古发现的含贝以齿贝(学名货贝)最常见,也有阿拉伯绶贝,其背面往往都磨有圆孔,应是一种货币的形态。

瑱。《士丧礼》:"瑱用白纩。"郑玄注:"瑱,充耳;纩,新绵。"当是说用新丝绵将死者的双耳塞住。绵不易保存,在考古发掘中常见的是玉、骨或琉璃质的瑱。在汉墓中常常可以发现人头骨旁有柱形的小玉饰[5]、小骨饰或琉璃饰[6],其形一端略粗,一端略细,束腰,其位置亦常在耳部附近,当是用于塞耳的。《说文》释"瑱"云:"以玉充耳也。"瑱字从玉,就是这个道理。

幎目。《士丧礼》:"幎目用缁,方尺二寸,䞓里,著组系。"郑玄注:"幎目,覆面者也;䞓,赤也;著,充之以絮也;组系,为可结也。"所谓"幎目",即以黑色作面,赤色为里,中间絮以丝绵,一尺二寸见方,边沿有宽带子,用以覆盖死者面部。在战国和西汉的墓葬中,曾有与此相类似的发现。如在湖北江陵马山发现的一座战国中晚期楚墓中,死者的面部覆盖着一块梯形的双层绢巾,绢巾的面、里都为黄色,锦缘上方有一条窄缝露出眼部,下方正中有一个三角形孔露出嘴部[7]。又如长沙马王堆一号汉墓女尸的头部,两眼覆盖着的长方形双层织锦[8]也应是幎目。以上两例虽然都用两层织物缝合而成,但中间并不絮绵。在甘肃武威磨咀子48号西汉墓中的两具尸体面部都蒙有肉絮丝绵的"黄绢面罩",在另一座62号墓中的一具女尸头部也有类似情况[9]。此外,在洛阳中州路的东周墓葬中,还曾发现一种"玉面具"[10],也应与幎目有关。

葛洪《抱朴子》所谓"金玉在九窍,则死人为之不朽"[11],这可能就是古人殓时为死者设玲、设瑱、设幎目的目的。河北满城汉墓充分说明了这一点。在满城一号墓和二号墓金缕玉衣的头部内,都发现了玉质的眼盖、鼻塞、耳瑱和口玲,在下腹部则有罩阴部的小玉盒(用半个玉琮改制)或玉圭以及肛门塞[12]。但是,《士丧礼》中记载的在死者口中纳以米和代表货币的贝的做法,还应有另一层意思,即在一定程度上反映了生者对死

[1] 中国社会科学院考古研究所:《殷墟发掘报告》,文物出版社,1987年。
[2] 中国科学院考古研究所:《洛阳中州路(西工段)》,科学出版社,1959年。
[3] 郭宝钧:《山彪镇与琉璃阁》,科学出版社,1959年。
[4] 洛阳区考古发掘队:《洛阳烧沟汉墓》,科学出版社,1959年;中国科学院考古研究所:《长沙发掘报告》,科学出版社,1957年。
[5] 中国科学院考古研究所:《长沙发掘报告》。
[6] 洛阳区考古发掘队:《洛阳烧沟汉墓》。
[7] 荆州地区博物馆:《湖北江陵马山砖厂一号墓出土大批战国丝织品》,《文物》1982年第10期。
[8] 湖南省博物馆:《长沙马王堆一号汉墓》,文物出版社,1973年。
[9] 甘肃省博物馆:《武威磨咀子三座汉墓发掘简报》,《文物》1972年第12期。
[10] 中国科学院考古研究所:《洛阳中州路(西工段)》。
[11] 王明:《抱朴子内篇校释》,中华书局,1985年。
[12] 中国社会科学院考古研究所等:《满城汉墓发掘报告》,文物出版社,1980年。

者阴魂的某种恐惧,希望死者能满意地离去,其灵魂不再来人间作祟;或者是为了供死者在阴冥之中继续享用。在现今一些少数民族中,仍能找到相似的习俗。如台湾高山族中的赛夏人就有在刚死之人的口中放几粒饭的丧俗;云南的拉祜族则是把一些银子(或一枚"半开"银币)放入死者的口中,称为"含口"。

笄。《士丧礼》:"鬠笄用桑,长四寸,纋中。"又曰:"鬠用组,乃笄。"鬠是一种丧髻,组是用以束发的宽丝带,笄则用以固定发髻。根据注疏,笄的形态是中间窄而两头阔,"以安发"。在古代墓葬中,笄并不鲜见,其质地一般有骨、牙、角、玉、金、银、铜、铁乃至木、竹等。唯考古发现的笄比《士丧礼》中所记载的要长得多。若按洛阳金村出土的战国铜尺计算,四寸当约9.2厘米,而出土的笄的长度一般均在20厘米以上。其形常作针形或梳形,亦有一端作扁平的镂空花板状。

掩。《士丧礼》:"掩,练帛。广终幅,长五尺,折其末。"郑玄注:"掩,裹首也。折其末,为将结于颐下,又还结于项中。"贾疏云:"掩,若今人幞头。"掩,当是用来裹死者头部的白色布帛,用以代替冠。在考古发掘中至今尚未发现类似的情况,但在个别战国墓中有用"质"裹住死者头部的现象,似与"掩"有所不同。

(二)决、握和笏

这些是敛尸用于死者两手的器物。

决。《士丧礼》:"决,用正王棘若择棘,组系纩极二。"郑玄注:"决,犹阔也,挟弓以横执弦,"又曰:"设决,丽于掔,自饭持之。"《仪礼·大射仪》:"袒决遂。"郑玄注:"决,犹阔也,以象骨为之,著右巨指,所以弦钩而阔之。"由此可见,决是戴在右手拇指上用以张弓开弦的。根据记载和郑玄的解释,生者和死者所用的决在质地上有所区别,生者"以象骨为之"坚硬耐用,应为实用;而死者的则是用一种灌木制作,可能只是为了丧仪的需要。在先秦西汉的墓葬中,尚未见到明确为"决"的器物,而生者所用的决后世又称为"扳指",应用广泛。至今仍经常可以见到明清时代遗留下来的用玉、瓷、角、水晶等各种材料做成的扳指,其形状为一中空的圆柱。

握。又叫握手。刘熙《释名·释丧制》云:"握,以物著尸手中,使握之也。"[1]握手即死者握于手中的东西。根据《士丧礼》"握手,用玄,缥里,长尺二寸,广五寸,牢中旁寸,著组系"的记载,可以这样理解:所谓"握手",是用玄色布和绛色布各一块——布长一尺二寸,两端的各四寸为阔五寸,中间的四寸为阔四寸——缝合起来,中间絮以丝绵,以玄色为表,绛色为里,两端各有系带。但考古发现的"握手"与上述记载却不尽一致。湖北江陵马厂一号战国墓中出土的"握手"是用双层绢缝合而成的,里层为黄色,表层为褐色,中间裹有丝绵,周边为绵缘,卷成筒状,两端用一根组带系住,中间不断开。设握的方法是中指套入与两端相连的组带中。与《既夕礼》中"设握……系钩

---

[1]（东汉）刘熙撰:《释名·释丧制》,明嘉靖三年(1524)刻本。

中指"的记载相一致,手握住"握手"中央,手外两端各露出寸余[1]。此外,安阳殷墟商代墓葬中常见死者两手握贝[2];长沙马王堆一号墓女尸的两手各握一个香囊[3];满城汉墓以玉质的璜形器为握[4];武威磨咀子62号汉墓的握手则为面裱锦绢的管状木筒[5],均与记载迥异。

笏。《士丧礼》中提到士用"竹笏"。郑玄注引《礼记·玉藻》:"天子以球玉,诸侯以象,大夫以鱼须文竹,士以竹。"不同等级的贵族所用笏的质地也不同,在丧仪中用笏,或正是对当时严格的等级制度的再强调。田野考古尚未发现竹笏。笏又叫"手板",是古代大臣朝见时手中所执的狭长板子,用以"书思对命者"以及"君有教命则书其上"。根据《士丧礼》的记载,可知我国古代沿用甚久的执笏制度早在先秦时代就已存在。

(三)屦、袭、冒、衣和衾

这些都是殓尸时用以裹尸的服饰和被衾。

屦。《士丧礼》曰:"夏葛屦、冬白屦,皆繶缁絇纯,组綦系于踵。"疏云:"繶,谓绦……絇在屦鼻;纯,谓缘口皆以绦为之……綦,屦系也。"又曰:"屦綦结于跗,连絇。"注云:"跗,足上也;絇,屦饰,如力衣鼻,在屦头上,以余组连之,止足坼也。"疏云:"絇在屦头上,以其皆有孔,得穿系于中而过者也。"根据上述记载可知,当时规定士死夏天用葛做的鞋,冬天则用皮做的鞋。鞋上用黑色的丝带作鞋头饰和镶滚鞋口。此外,还须用组带把死者的双脚系缚起来,组带穿过鞋头饰,绕过鞋底,最后在足背上打结。这样做的目的是并拢死者的双脚不使叉开。葛鞋在考古材料中并不罕见,一般鞋帮的衬里用较粗的葛缕编织而成,鞋面用较细的丝缕编织,鞋底则用麻线编成,其形多为翘头方屦,唯不见鞋头饰"絇",如马王堆一号汉墓即是[6]。革屦在武威磨咀子汉墓中也有发现[7]。系缚足屦的方法,江陵马厂战国墓是先将死者双脚的踇趾分别用黄色组带系住,然后再穿上鞋子,组带的上端与关住双手拇指的红色组带相连于腹部[8];马王堆一号汉墓女尸是用组带从鞋外捆住双脚,并且将组带连到两臂一起捆扎起来[9];武威磨咀子48号汉墓女尸则用三道组带分别从臂、手、小腿处加以捆扎,足屦不另加系缚[10],均与记载不同。

袭。《士丧礼》:"乃袭,三称,明衣不在算。"明衣是死者沐浴后所穿的内衣。至于袭,郑玄注云:"迁尸于袭上而衣也。凡衣死者,左衽不纽。"《丧服大记》:"袍必有表,不

---

[1] 彭浩:《江陵马砖一号墓所见葬俗略述》,《文物》1982年第10期。
[2] 中国社会科学院考古研究所:《殷墟发掘报告》。
[3] 湖南省博物馆:《长沙马王堆一号汉墓》。
[4] 中国社会科学院考古研究所等:《满城汉墓发掘报告》。
[5] 甘肃省博物馆:《武威磨咀子三座汉墓发掘简报》,《文物》1972年第12期。
[6] 彭浩:《江陵马砖一号墓所见葬俗略述》,《文物》1982年第10期。
[7] 甘肃省博物馆:《武威磨咀子三座汉墓发掘简报》,《文物》1972年第12期。
[8] 彭浩:《江陵马砖一号墓所见葬俗略述》,《文物》1982年第10期。
[9] 湖南省博物馆:《长沙马王堆一号汉墓》。
[10] 甘肃省博物馆:《武威磨咀子三座汉墓发掘简报》,《文物》1972年第12期。

禅,衣必有裳,谓之一称"。这是说士阶层的死者,除贴身的明衣之外,再穿三套衣服,并且都是左衽的。江陵马山战国墓的死者着两件绵袍、一件夹袍、一件禅裙和一件绵裤,除了最外面的一件绵袍原是右衽,但穿着时把里襟压在外襟之上,成了左衽外,余均为右衽[1]。武威磨咀子48号汉墓中两具尸体均穿两套右衽衣裙[2]。马王堆一号汉墓女尸,直接穿在身上的有绵袍和单衣各一件,也是右衽的[3]。按《士丧礼》的规定,在小敛时须用各种衣服"凡十有九称";在大敛时则要用各种衣衾"凡三十称,今不在算"包裹尸体,但又说两次所用衣衾都可以"不必尽用"。江陵马广战国墓所用衣衾只有十一件;长沙马王堆一号墓连同贴身衣亦只有二十层衣衾,均不足规定之数,可能是"不必尽用"的缘故吧。

冒。《士丧礼》:"冒,缁质,长与手齐;经杀,掩足。"郑玄注:"冒,韬尸者,制如直囊,上曰质,下曰杀。"据记载,冒应施于袭之上。它分为上下两段,上段黑色为质,下段赤色为杀。江陵马山战国墓的发现与记载大致相符,在死者所穿绵袍之上,从头至腹部盖着一件深褐色地、暗黄色图案的长方形锦巾,黄绢里。它的一端与双手齐平,另一端则从面部绕过头顶的发髻,并压在枕骨下,在靠近鼻腔处用组带把锦巾紧系在头上。这与锦巾相接,从腹部至脚套着一件锦缘黄绢裙(裳),长过双脚[4]。看来,上段的锦巾应就是所谓"质"。在此,质并不为直囊,或是一种变通的形式;下段的绢裙则应称为"杀"。值得注意的是,质裹住了死者的头部,并用组带系住,这与《士丧礼》中"掩"的作用相似。马王堆一号汉墓由于裹尸织物腐朽严重,已无法确认是否有冒。但从裹尸织物第八层"灰麻布包裹层,由窄幅麻布十七条缝成两块包裹。胸部边缘有千金绦一段"和第十八层"白麻布包裹层",包裹形式与第八层相似[5]来看,其中很有可能是有冒的。

衣。《士丧礼》中死者的衣服除"袭"外,还有明衣。《士丧礼》曰:"明衣裳用布。"贾疏云:"下浴讫,先设明衣,故知亲身也"。由此可见,明衣就是死者贴身穿的布内衣。马王堆一号汉墓女尸在贴身内衣"信期绣"罗绮绵袍外穿一件细麻布单衣[6],应是所谓"明衣",但并未"亲身"。

衾。《士丧礼》中提到的衾主要是殓尸的包被"夷衾"。根据《礼记·丧大记》记载:"小敛……君锦衾,大夫缟衾,士缁衾。"可见丧仪中的用衾在当时也是按照不同的贵族等级有明确区别的。关于缁衾,《士丧礼》记载:"缁衾,赪里,无紞。"这是一种黑色为面、红色为里、中间絮以丝绵、被端不缝被识的大被(紞是缝缀在被的一端以别上下的丝带,汉代谓之"被识")。江陵马山战国墓出土绵衾三件,面有锦和绣绢两种,白

---

[1] 荆州地区博物馆:《湖北江陵马山砖厂一号墓出土大批战国时期丝织品》,《文物》1982年第10期。

[2] 甘肃省博物馆:《武威磨咀子三座汉墓发掘简报》,《文物》1972年第12期。

[3] 湖南省博物馆:《长沙马王堆一号汉墓》。

[4] 荆州地区博物馆:《湖北江陵马山砖厂一号墓出土大批战国时期丝织品》,《文物》1982年第10期。

[5] 湖南省博物馆:《长沙马王堆一号汉墓》。

[6] 湖南省博物馆:《长沙马王堆一号汉墓》。

绢里,有的在一端缝有黄褐红三色条纹的窄边作为"紌"[1],与文献记载有出入。《士丧礼》中还提到一种"给",郑玄注:"给,单被也。"在江陵马山战国墓中发现的一件展开呈"亚"字形的锦面夹衾[2],在武威磨咀子48号、62号汉墓中发现的"麻布单"[3],很可能就是所谓"给"。

(四)盆、盘和瓶

这些不是祭奠用礼器,而是在殓尸过程中所用的实用器物。

盆。盛食器,可兼作盛水。《士丧礼》:"新盆盘瓶。"郑玄注:"盆以盛水。"《士丧礼》:"祝渐米于堂,南面,用盆。"在这里,盆又用于洗米。一般认为,盆与盂的用途相同,与鉴亦属同类,仅大小相别而已,《说文》:"鉴,大盆也"即是。盆盛行于春秋时期,考古发现的青铜盆的形式一般为平缘,侈口,折肩,敞腹,平底,一般有盖,有的还有双耳。这与颜师古注《急就篇》:"盆则敛底而宽上"基本相符。

盘。盥器。周代的青铜盘多为圆形,浅腹,附耳,圈足,有的圈足下另有三矮足。它一般与匜相配为用,即用匜浇水于手,以盘承接弃水。《士丧礼》中的盘是"夷盘","士有冰用夷盘可也"。郑玄注:"夷盘,承尸之盘。"如按照记载和郑玄的解释,夷盘既要盛冰又要承尸,其器形应较大,绝非一般盥洗时用以承水的盘可以胜任。同时,圆形的盘也不便承尸。现藏中国历史博物馆的西周晚期"虢季子白盘",长方形,直口斜壁,涂腹,四面各有一对兽首衔环耳,矩形四足,长130.2、宽82.7、高41.3厘米,似尚具备作为"夷盘"的条件。但是,如此重器不可能用于一般士阶层的丧仪,因此,据笔者的理解,在《士丧礼》中的盘仅为盛冰之器,将冰盘放在尸床之下,以防尸体腐败,故盘不会太大,器形亦为常见的圆形盘。

瓶。《士丧礼》郑玄注:"瓶,以汲水也。"应是在丧仪中"管人汲"所用之器。现能见到自铭"瓶"者,仅春秋时期"孟城瓶"一例。其铭为"□□孟城作为行瓶,其眉寿无疆,子子孙孙永宝用之"。其器形为直口,圆腹,平底,双耳衔环。瓶既为汲水之器,其颈肩部应有环耳或提链,以便于提携。1963年在山东临朐一处水利工地发现的一批春秋晚期青铜器中,有一件"公孙灶壶",器形为长颈圆腹,矮圈足,颈、腹各有一对环耳,颈耳有提链[4]。这件器物虽然自铭为"壶",但它有提链,应具备了汲水的功能。满城一号汉墓中出土了一件"链子壶",其壶肩部四个小环中各系一条长约50厘米的长链[5],或也是一件汲水之器。此外,《说文》认为瓶即瓮("瓶,瓮也"),《方言》则把瓶看作是小缶("缶……其小者谓之瓶"),看来,瓶不仅用作汲器,亦可作盛器使用。

---

[1] 荆州地区博物馆:《湖北江陵马山砖厂一号墓出土大批战国时期丝织品》,《文物》1982年第10期。
[2] 荆州地区博物馆:《湖北江陵马山砖厂一号墓出土大批战国时期丝织品》,《文物》1982年第10期。
[3] 甘肃省博物馆:《武威磨咀子三座汉墓发掘简报》,《文物》1972年第12期。
[4] 齐文涛:《概述近年来山东出土的商周青铜器》,《文物》1972年第5期。
[5] 中国社会科学院考古研究所等:《满城汉墓发掘报告》。

三、用于祭奠的器物

根据《士丧礼》的记载,用于各次祭奠礼的祭器种类和组合是不同的:始死奠和朝夕哭奠皆用一笾、一豆、两甒;小敛奠用一笾、一豆、两甒和鼎、俎、匕;大敛奠用笾、豆、甒、角、解各二,三鼎、木梡和俎、匕;朔月奠和荐新奠所用祭器与敛奠大致相同,唯以敦代替了笾。

(一)豆和笾

豆。盛食器,是专用以盛放腌菜、肉酱等的器皿。《士丧礼》:"豆……其实葵菹芋蠃醢。"青铜豆出现于商代晚期,盛行于春秋战国。出土和传世的青铜豆都比较少,这可能是当时多用陶豆、漆豆和木豆的缘故。东周时期的豆一般都为深腹、环耳、有盖,盖圆隆,顶部有捉手或三至四个倒足形钮,可仰置。

笾。盛食器,是专用以盛放干果、干肉之类的器皿。《士丧礼》:"两笾……其实栗……脯"。青铜笾很少见,出现于春秋以后。其器形有盘,有柄及圈足,和豆相类,但盘极浅,柄较粗,上面常有镂孔,圈足也较大,又与豆明显不同。

豆和笾应是具有不同功用的两种器物,《仪礼》中曾不止一次地提到它,郑玄"豆宜濡物,笾宜干物"正说明了这一点。《尔雅·器》曰"木豆谓之豆,竹豆谓之笾"则从质地上来区分豆和笾,也有一定道理,或正说明了两者的原始形态。从造型来看,豆深腹、笾浅腹,也与两者的不同功用相符。陈梦家先生从浅盘豆的柄部往往有镂孔花纹这一点,认为它就是仿自竹编的"笾"[1]。豆、笾共存的现象始见于春秋晚期的寿县蔡侯墓,战国时尤为流行。在洛阳烧沟[2]、禹县白沙[3]、辉县琉璃阁[4]等地的战国墓中,常常同时出现两种类型的豆,一种为深腹有盖,另一种为浅盘无盖,两种器形同出于一座墓葬,它们的功用应有所不同,前者应是豆,后者则是笾。

(二)鼎、俎和匕

鼎。鼎是青铜礼器中的重器,在商周时代,它被当作"明尊卑、别上下"的标志。用鼎制度是先秦礼制的核心。东周时期各级贵族以升鼎(正鼎)为中心的用鼎制度,规定士礼用牲三鼎(豚、鱼、腊)或特一鼎(豚)。用三鼎还是用一鼎,往往是因用礼的隆盛或简杀而加以区别。如《士丧礼》中大敛奠用三鼎,小敛奠则用一鼎。鼎是熟性食物的炊食器,三足、两耳和一定深度的腹腔是它的基本结构。《士丧礼》:"陈一鼎于寝门之外,设

---

[1] 陈梦家:《寿县蔡侯墓铜器》,《考古学报》1959年第2期。
[2] 王仲殊:《洛阳烧沟附近的战国墓葬》,《考古学报》1954年第2期。
[3] 陈公柔:《河南禹县白沙的战国墓葬》,《考古学报》1654年第1期。
[4] 郭宝钧:《山彪镇与琉璃阁》。

扃鼏。"扃是鼎上贯通两耳的横杠,鼏是覆在鼎上的。结合春秋时期升鼎的特征,可以认为《士丧礼》中的鼎应具有如下特点:较大的立耳(沿耳)或附耳,半环形腹或圆底腹,三兽足,有平盖或平顶盖(盖顶若隆起则无法设扃),有的亦无盖。

扃和鼏都是鼎的附件,过去因只有记载而不见实物,故对它们了解甚少,目前在考古发掘中已有发现。如1959年安徽省文物工作队在舒城凤凰咀发现两件春秋时代的铜鼎,在平顶鼎盖上各有一根可以抽插的、横穿盖钮并贯鼎耳的扁圆形长铜棍,其长度恰与鼎两耳外缘的间距相等[1];又如1977年山东沂水县刘家店子一号春秋墓出土的十一件沿耳平盖鼎的盖上,均有横穿盖钮并直贯两耳的圆木棍,木棍的两端也仅及鼎耳外缘[2]。这种铜质或木质的圆棍,应就是所谓"扃"。关于扃的功用,殷涤非先生根据《说文段注》"谓鼎扃也,以木横关鼎耳而举之,非是则既炊之鼎不可举也",认为它是"外闭关鼎之具,即闩子"[3]。但从《仪礼·士昏礼》郑注"扃,所以扛鼎"和《公食大夫》郑注"扃,鼎扛,所以举之者"的记载来看,它还具有奉鼎以升进的功用。殷先生认为鼎上棍与鼎耳外缘平齐,无伸执握处,则其为"扛而举之"工具的说法不能成立,此说不确,因为扃横贯两耳,在鼎耳内侧亦可执握。因此,扃应具有扛鼎以举和关鼎双重功能。至于鼏,《说文段注》认为就是鼎盖("古者……鼎盖谓之鼏"),此说流传甚广。但是《仪礼》上的记载是"设扃鼏",即设扃在先、设鼏在后,若鼏为鼎盖的话,那么在设扃之后是无法再设鼏的。在刘家店子春秋墓出土的平盖鼎上有"灰白色的朽灰""朽灰的形状大小与鼎盖同,朽灰在上,木棍在下"[4],结合《公食大夫》:"鼏,若束若编。"郑玄注"凡鼎鼏,盖以茅为之,长则束其本,短则编其中央"的记载来看,这些覆盖物当是用茅束编成的"鼏"的遗迹。在凤凰咀春秋墓出土的铜鼎的盖上发现有织物的痕迹[5],这应是一种用于覆盖的疏布巾,与《仪礼》中的"幂"或"布巾"相似,它们虽然质地不同,但作用是一样的。

俎和匕。俎是切肉、盛肉的案子,匕则是挹取食物的匙。它们都是礼器,常与鼎、鬲同出。《士丧礼》:"素俎在鼎西,西顺,覆匕,东柄",可见俎和匕总是附于鼎而奠的,不但在丧礼中如此,就是婚、冠、宴、飨也是如此。关于俎、匕和鼎的关系及其用途也有记载,如《士昏礼》:"鼎入,陈于阼阶南,西面北上,匕俎从设。"郑玄注:"匕,所以别出牲体也;俎,所以载也。"俎的形状为长方形案面,中间稍凹,案下两端有壁形足或四支足,案面或有镂孔。出土或传世的青铜俎甚少,或当时所用俎多为漆木器,朽蚀不易保存之故。匕的形状类匙而浅,匕体一般作椭圆形,后有柄。为挹取方便,有的匕体前端作成尖形。匕柄常常雕镂有很精美的花纹,这种匕又称为"疏匕"。《士丧礼》中还有"木柶""角柶",实际上是木质或角质的匕。郑玄在《士昏礼》中注云:"柶,状如匕。"《说文》亦释

[1]　安徽省文化局文物队:《安徽舒城出土的铜器》,《考古》1964年第10期。
[2]　山东省文物考古研究所等:《山东沂水刘家店子春秋墓发掘简报》,《文物》1984年第9期。
[3]　殷涤非:《铉鼏解》,《江汉考古》1983年第4期。
[4]　山东省文物考古研究所等:《山东沂水刘家店子春秋墓发掘简报》,《文物》1984年第9期。
[5]　安徽省文化局文物队:《安徽舒城出土的铜器》,《考古》1964年第10期。

椑为匕，"礼有椑。椑，匕也"。可见，椑是匕作为礼器的特称。

（三）甒、角和觯

甒。《既夕礼》："甒，醴酒。"可见甒是一类盛酒器，当与常见的尊、壶、瓮相类。《方言》卷五云："甒、甖也。周魏之间谓之甒。"20世纪50年代以来，在浙江先后发现了几件腹部刻铭自名为"甖"的唐代青釉瓷器。如嵊县出土的一件刻有"元和拾肆年四月一日造此甖（通罌），价值一千文"；余姚县出土的一件刻有"维唐故大中四年故记此甖"[1]。这种瓷甖的形制一般为盘口，喇叭形颈，椭圆腹，平底，习称为"盘口壶"，它的出现，可追溯到东汉。《玉篇》云："甒盛五升，小甖也。"按秦汉量制换算，五升约合今一公升。唐代瓷甖的形制一般较大，其容量当数倍于此。由此可见，把甒看作是一种小型盛酒器是适宜的。

角和觯。二者都是饮酒器。《礼记·礼器》曰："宗庙之祭，尊者举觯，卑者举角。"角，形似爵而无流无柱，左右两翼近似爵尾，多有盖，腹部一侧有鋬，流行于商周之际，但数量甚少。觯，形似有圈足的杯。春秋以后的觯多为长身、侈口、小颈、深腹鼓出，有的有盖。陶制的角和觯在考古上基本不见。

（四）鬲和敦

鬲。炊食器，是专用于煮粥和盛粥和器皿。其主要特征是侈口，有三个袋形中空足，目的是扩大受热面积，便于炊煮加热。陶鬲起源于新石器时代中期，主要流行于黄河中游一带。铜鬲是仿陶鬲而制成的，流行于商周。西周后期到春秋时期的鬲多为宽折沿，裆近平，无耳或有附耳，柱足，有的腹部还有扉棱。到战国中期以后，鬲逐渐衰退。《士丧礼》中的鬲，除了作为炊器"受潘煮于垼"之外，还作为盛食器使用，"夏祝鬻余饭，用二鬲于西墙下，幂用疏希"即是。郑玄注："二鬲则大夫四、诸侯六、天子八，与簋同差。"把鬲视同于与鼎相配的簋，说明其功用的演变，从炊煮器变为单纯的盛食器，而且它在礼仪中的地位也大大提高了。幂，根据《士丧礼》的记载是一种覆盖在鬲上的粗麻布。在湖北江陵凤凰山167号汉墓中，曾发现在随葬的陶瓮、陶罐之类的口部，均奠盖着一块25厘米见方、呈黄褐色并以绛红色镶边的绢巾，在绢巾的上面再加盖[2]。这种绢巾应就是所谓"幂"。

敦。盛食器，是盛放黍、稷、稻、梁等饭食的器皿。《仪礼》成书于战国，而商代和西周的簋此时已演变为敦，故记述亦有敦而无簋。《士丧礼》朔月奠："用特豚、鱼腊，陈三鼎如初。东方之馔亦如之。无边，有黍、稷，用瓦敦，有盖，当筵位。"瓦敦有黍有稷，其数即为二。敦出现于春秋中期，盛行于春秋晚期到战国晚期。它的基本形制为上下内外皆圆，盖、器相合为球体，口沿上下各有两个环耳，盖有三钮，下有三足，足、钮似，分之将

---

［1］ 中国硅酸盐学会：《中国陶瓷史》，文物出版社，1982年。
［2］ 凤凰山167号汉墓发掘整理小组：《江陵凤凰山167号汉墓简报》，《文物》1976年第10期。

盖仰置，若相同的两个器物，唯口部子母相异。一般认为敦的前身是簋，因为两者不仅用途相同，流行时期前后衔接，而且在墓葬随葬品的组合中，敦也明显取代了簋的位置。簋是商周时期与鼎相配使用的重要礼器，因此敦的使用应一如簋制。《士丧礼》朔月奠，用三鼎二敦，恰与簋制相符。陶敦的形制一如铜敦。

《士丧礼》中还提到一种用于盛米的"废敦""新盆、盘、瓶、废敦、重鬲皆濯……"，郑玄注："废敦，敦无足者，所以盛米也。"按前述，敦为球腹，无足则不能稳立，因此，疑此"废敦"乃是在考古中习称为"盒"的一种陶器或铜器。从洛阳中州路战国乙类墓（墓主身份相当于一级贵族）的随葬陶器组合中我们可以看到，"鼎、敦、壶"和"鼎、盒、壶"是战国晚期最常见的组合[1]。在这里，敦与盒地位相等，可以互换。因此，可以把盒看作是敦器的一种变异。盒的器形通常为平底、子口稍敛、有盖、盖顶圆隆。

原载《郑州大学学报》1989年第3期

---

[1]　中国科学院考古研究所：《洛阳中州路（西工段）》。

中原文物流传西藏考略

公元7世纪,松赞干布迎娶文成公主,吐蕃王朝与唐王朝进行"和亲",此后,西藏高原与中原地区之间的经济、文化联系就未曾中断。公元13世纪,西藏正式归入中国元朝版图,从此,中国历代中央王朝对西藏地方一直有效地行使着主权,在政治、经济、文化、宗教等领域制定政策、加强治理。与此同时,随着汉藏交往的频繁,双方在文化方面的影响和交融也愈加显著。在西藏,至今仍收藏着一些与历代中央王朝有关的文物。这些文物一方面以实物证明了西藏自元朝以来,就始终置于中央政府治理之下的历史事实;另一方面,文物本身也反映了西藏文化和中原文化的相互交流与影响。

一、册封文物

(一)元"统领释教大元国师之印"玉印(图1)

此印为青玉质,扁方体,行龙钮,八思巴文,朱文九叠体,印文为"统领释教大元国师之印"的藏文译音,配有红色丝绶带,为元代中央政府对西藏地方佛教领袖的册封之印。

图1 元 "统领释教大元国师之印"玉印(西藏博物馆藏)

　　蒙古王室的"国师"封号始于公元1260年,忽必烈即蒙古大汗位不久,就将追随他8年的西藏佛教萨迦派高僧八思巴"尊为国师,授以玉印。命制蒙古新字"[1]。蒙古王室与西藏地方政教势力的交往开始于13世纪初,成吉思汗在攻占西夏以后曾致信萨迦寺大喇嘛,表示尊重西藏佛教[2],但其进兵西藏的计划因故未及实现。1247年,西藏佛教萨迦派首领萨班(萨迦班智达·贡噶坚赞,萨迦五祖中第四祖)与窝阔台汗的次子阔端在凉州共同议定西藏地方归附纳贡,事实上标志着蒙古汗国对西藏地方统辖的开始。八思巴(洛追坚赞)十岁即随其伯父萨班学佛,萨班临终时又授予其法螺及衣钵,将教法和弟子托付给他,使他成为萨迦派第五世祖师。1252年八思巴被忽必烈召请至军中,奉为上师,为忽必烈一家传授灌顶。1258年,八思巴作为佛教代表之一参加了由忽必烈在开平主持的释道辩论,对佛教获胜起了重要的作用。1260年忽必烈即位后,奉八思巴为国师,令其统领天下释教[3]。1269年八思巴向忽必烈呈献奉命创制的八思巴字(蒙古新字),忽必烈下诏颁行,次年,八思巴被晋封为"帝师"以"辅治国政"[4]。从此,帝师成为管理全国僧政的最高官员,而国师则位居其后。

　　据有关文献记载,元代各朝均设有国师,负责建寺、讲经、禳灾、祈福。他们大都为吐蕃高僧,其中又以萨迦派居多,由皇帝册封、赐印。此印为八思巴文,其时代当在1270年之后,为元代皇帝所颁授。

(二)明"如来大宝法王之印"玉印(图2)

　　此印为白玉质,扁方体,双首龙钮,汉文,朱文九叠体,印文为"如来大宝法王之印",有黄色印绶,是明代永乐皇帝对藏传佛教噶玛噶举黑帽系第五世活佛却贝桑波(在

图2　明永乐　"如来大宝法王之印"玉印(西藏博物馆藏)

[1]《元史》卷二百二《释老志》,中华书局,1976年,第4518页。
[2] 萨囊彻辰著,道润梯步译校:《蒙古源流》,内蒙古人民出版社,1979年。
[3]《元史》卷四《世祖本纪》:"(中统元年,1260)十二月乙巳,以梵僧八合思八为帝师(当为'国师'之误,详见下文),授以玉印,统释教。"第68页。
[4](明)阿旺贡噶索南著,陈庆英译:《萨迦世系史》,西藏人民出版社,1989年,第147页。

《明史》及《明实录》中均称为"哈立麻")的封赐。

噶玛噶举是藏传佛教一个重要的教派,明王朝建立以来,随着萨迦派的逐渐衰落,噶玛噶举派凭借其所建立的庞大寺院集团势力,成为明中央政府治理西藏不可忽视的政治力量。从明太祖朱元璋起,就对噶玛噶举派进行保护和扶持。明成祖即位后不久,于永乐元年(1403)二月乙丑"遣司礼监少监侯显赍书、币往乌思藏征尚师哈立麻"[1]。据诏书,成祖此番召请却贝桑波,一是因为当他还是燕王"居北方时,即闻尚师令名,亟思一晤,今即大位……久怀愿念",同时也请他为"皇考太皇帝……皇姚高皇后……已薨逝者修成解脱仪轨"[2]。

历史文献对却贝桑波奉诏赴南京以及在南京活动的情况记载颇详。永乐四年十二月"己酉,尚师哈立麻至京入见,上御奉天殿",次日"庚戌,宴尚师哈立麻于华盖殿,赐金百两、银千两、钞二万费、彩币四十五表里及法器、茵褥、鞍马、香果、米茶等物……"[3];永乐五年二月"尚师哈立麻奉命率僧于灵谷寺建普渡大斋,资福太祖高皇帝、孝慈高皇后"[4];三月,成祖"封尚师哈立麻为'万行具足十方最胜圆觉妙智慧善普应佑演教如来大宝法王西天大善自在佛',领天下释教,赐印、诰及金、银、钞、彩币、织金珠袈裟、金银器皿、鞍马……"[5],此印即为当时颁封时所赐赠。分封藏传佛教三大教派的领袖为"法王"肇始于此。在三大法王中,"大宝法王"封授最早。继大宝法王之后,永乐十一年五月册封萨迦派领袖昆泽思巴为"大乘法王"[6],在永乐十三年四月封格鲁派创始人宗喀巴大师的大弟子释迦也失为"大国师"的基础上,于宣德九年(1434)六月又册封其为"大慈法王"[7]。明朝中央分封藏传佛教三大法王,目的是"因其俗尚,用僧徒化导为善"[8],加强对西藏的治理。

(三) 清"达赖喇嘛之印"金印(图3)

此印金质,扁方体,如意钮,印文为汉、藏、满、蒙四体,全文为"西天大善自在佛所领天下释教普通瓦赤喇怛喇达赖喇嘛之印",朱文。印重8257克,配有金质印盒。

"达赖"是蒙语"大海"的音译,"喇嘛"则是藏传佛教中对上师(高僧)的尊称,"达赖喇嘛"意为"德智深广如海无所不纳之上师"。自从明朝中央册封宗喀巴大师的大弟子释迦也失为"大慈法王",并被"帝留之京师"[9]之后,格鲁派势力逐渐强大。16世纪70年代,哲蚌寺住持索南嘉措以结纳土默特蒙古贵族和争取明朝中央支持为对策,对付

[1]《明实录·太宗实录》卷十七,(台湾)历史语言研究所校印本,第310页。

[2] 成书于明嘉靖四十三年(1564)的藏文文献《贤者喜宴》中载有永乐帝诏书的全文,民族出版社,1986年汉译本,第1001—1002页。

[3]《明实录·太宗实录》卷六十二,第896页。

[4]《明实录·太宗实录》卷六十四,第910页。

[5]《明实录·太宗实录》卷六十五,第915页。

[6]《明实录·太宗实录》卷一百四十,第1680页。

[7]《明实录·宣宗实录》卷一百一十一,第2491页。

[8]《明史》卷三百三十一列传第二百十九"西域三",中华书局,1974年,第8572页。

[9]《明史》卷三百三十一列传第二百十九"西域三",第8572页。

图3 清雍正二年（1724）"达赖喇嘛之印"金印（西藏博物馆藏）

反格鲁派的势力，巩固既得的地位。1578年索南嘉措在青海与土默特蒙古部首领俺答汗会晤，俺答汗赠予其"圣识一切瓦齐尔达喇达赖喇嘛"的尊号，从此格鲁派索南嘉措转世系统就有了"达赖喇嘛"的尊号，明廷随后认可了这个称号，并在官方文献中称其为"答赖"[1]。万历十六年（1588）三月，索南嘉措在赴京朝觐途中圆寂，格鲁派以索南嘉措为三世达赖喇嘛，并追溯宗喀巴的弟子根敦珠巴为一世达赖喇嘛，根敦嘉措为二世达赖喇嘛，确认转世灵童云丹嘉措为四世达赖喇嘛。由此，形成了格鲁派达赖活佛转世系统。

自从三世达赖传教于蒙古地区，当地的贵族和属民先后信仰了格鲁派，在藏区格鲁派也成为流传最广、势力最大的一个教派。因此，入清以后，中央王朝通过积极扶植格鲁派，利用黄教来抚绥并凝聚蒙藏地区，遂成为清朝的一项国策。还在清军入关之前，1639年皇太极采取蒙古贵族的建议，派人入藏请高僧传教。1642年，由达赖、班禅派遣的活佛伊拉古克三一行抵达盛京（沈阳），皇太极给予隆重接待。顺治元年（1644），清世祖在北京即位后即遣使赴藏迎请五世达赖喇嘛。顺治八年，世祖再次敦请五世达赖前来会晤。次年，五世达赖喇嘛阿旺罗桑嘉措率领蒙藏官员侍从约3 000人赴京，清廷对沿途的接待作了周密的部署。同年十二月达赖抵达北京，世祖在南苑迎接，又修建西黄寺作为其住所，并在太和殿设宴为达赖洗尘。顺治九年二月，五世达赖因不服内地水土"心肝不适"[2]而请辞归，世祖于"甲寅……御太和殿赐宴，并鞍马、金、银、珠、玉、缎匹等物"[3]。三月，五世达赖喇嘛启程离京，清廷命和硕承泽亲王等率八旗官兵送至代噶地方（今内蒙凉城）。同年四月丁巳"遣礼部尚书觉罗郎球、理藩院侍郎席达礼等赍送封达赖金册金印于代噶地方"，金印为满、汉、藏三种文字，印文为"西天大善自在佛所领天下释教普通瓦赤喇怛喇达赖喇嘛之印"[4]。其封号既沿用了明代册封大宝法王的旧例，也

---

［1］《明实录·神宗实录》卷一百六十八：万历十三年十一月"丙寅，北虏顺义王乞庆哈及西僧答赖等表文……"，第3048页。
［2］ 见中国第一历史档案馆藏"藏蒙文老档"《达赖喇嘛为起程回藏时间事奏书》。
［3］《清实录·世祖实录》卷七十二，中华书局，1985年。
［4］ 据记载，此印"文用满汉及图白忒国（即西藏）字"，印文为"西天大善自在佛所领天下释教普通瓦赤喇怛喇达赖喇嘛之印"。见《清实录·世祖实录》卷七十四。

沿用了土默特蒙古部首领俺答汗赠与三世达赖的尊称,其中"普通"为梵文"识一切"的音译,是对显宗大德的尊称;"瓦赤喇怛喇"为梵文"执金刚"的音译,是对密宗大德的尊称。这是清朝中央政府对达赖喇嘛的首次册封,也表明了政府对西藏地方执行的政策保持明朝以来的一贯性。达赖喇嘛的封号及其在西藏政治上的地位由此正式确立。以后,历代达赖喇嘛必须经过中央政府册封,遂成为一项体现中央对西藏实行治理的重要制度。此次展出的金印为满、汉、蒙、藏四种文字,印文中原"喇怛喇"为"拉咀喇",据考证是雍正二年(1724)清王朝颁赐给七世达赖喇嘛格桑嘉措的[1]。

(四)清金瓶(图4)

也称为"金贲巴瓶"。金质,有盖,盖上、瓶沿、肩部及圈足均刻有如意纹装饰,口沿、盖和钮用宝石镶嵌,腹部四周刻"十相自在"(由七个梵文字母和三个图案组成,象征藏传佛教时轮宗的最高教义),有吉祥、保佑的意思。瓶中有如意头象牙签五支。此瓶是乾隆时朝廷所颁发,为确定西藏地区达赖、班禅以及各大活佛的转世灵童掣签所用。

图4　清乾隆五十七年(1792)　金贲巴瓶(西藏博物馆藏)

藏传佛教格鲁派活佛是通过"转世"制度相传承的,转世灵童的确定,形式上须经过一定的宗教仪轨,但往往受到人为的影响。"达赖喇嘛"转世体系形成以后,达赖活佛转世灵童的确定难免为藏、蒙贵族所左右,特别是乾隆十六年(1751)颁行《酌定西藏善后章程》(十二条),规定西藏地方政务由噶厦管理,噶厦受达赖喇嘛和驻藏大臣领导,达赖实际上成为西藏地方的政治、宗教的首领。为改变大活佛转世"以亲族姻娅递相传承,近数十年总出一家"[2],为藏、蒙贵族所操纵的积弊,清廷于乾隆五十七年八月特颁发金瓶一对,分别贮于北京雍和宫和拉萨大昭寺。规定了确定转世灵童的程序,以后凡"遇达赖喇嘛、班禅额尔德尼示寂后,令吹忠等四人认真作法降神,寻觅实有根基之呼毕勒罕(转世灵童之藏语音译,下同),指出若干,将其姓名、生年月日,各写一签,贮于钦颁金贲巴瓶内,拣选熟习经典喇嘛,虔诚诵

[1]　见欧朝贵、其美:《西藏历代藏印》,西藏人民出版社,1991年。原书未录资料来源。笔者曾为此查阅《清实录》《清史稿》等文献,对顺治时颁赐给五世达赖的金印金册、乾隆时颁赐给八世达赖的金印金册和玉印玉册等都记载颇详,惟不见雍正时颁赐金印的记载。《藏宝》(朝华出版社,2000年)也持这种观点。在未有新资料的情况下,暂从此说。

[2]　《清实录·高宗实录》卷一千四百一十一。

经七日,传知各呼图克图(清廷对大活佛的称呼,下同)、喇嘛等,齐集佛前,驻藏大臣亲往监视。凡达赖喇嘛、班禅额尔德尼之呼毕勒罕,即仿互为师弟之义,令其互相拈定。如吹忠四人所指皆同,只有一呼毕勒罕出世者,拟写名签一支,另加空签一支入于瓶内,如法颂经,若对众掣出空签,则名签之呼毕勒罕并非确实,是以不为佛佑,即别寻呼毕勒罕,另行掣签,以杜吹忠等串通妄指之弊。签上须兼写清、汉、唐古拉三样字,使大众一望而知,不致为所蒙混。至前后藏各大呼图克图之呼毕勒罕,亦令驻藏大臣监同达赖喇嘛照例掣签,方可定准。"[1]以后成为定制,沿用至今。此项制度称为"金瓶掣签"。

二、赏赐文物

(一)明洪武景德镇窑釉里红缠枝牡丹纹执壶(图5)

景德镇自元代起逐步成为中国瓷业最重要的产地,但是元末明初的战争,使得景德镇所在的江西鄱阳湖地区备受兵燹之害,景德镇的制瓷业基本上被破坏殆尽。因此,洪武年间景德镇制瓷业尚处在恢复之中,生产的瓷器数量有限[2],能传世至今者就更为罕见了。洪武时期,虽然釉里红瓷器得到较大的发展[3],但如此件执壶这般完好,且器盖、银链均完整保存者也是存世所仅见,因此十分珍贵。这件瓷器在西藏发现,反映了明初中央政府对西藏事务的重视。

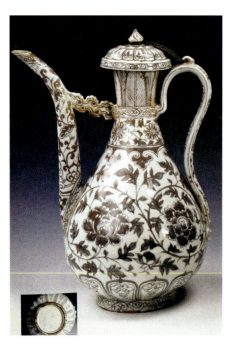

图5 明洪武 景德镇窑釉里红缠枝牡丹纹执壶(西藏博物馆藏)

明朝建立伊始,中央政府即继承元朝在西藏的统辖。洪武二年(1369),朝廷首次派遣官吏赴藏"持诏谕吐蕃"[4],告知中央政府的更迭,藏区先后归附。至洪武六年二月,明朝政府建立朵甘(今甘、青、川三省藏族地区)、乌思藏卫指挥使司,完成了对西藏和其他藏族地区的政权设置。在这期间和以后,中央政府和西藏地方的往来一直没有间断。据不完全统计,洪武一朝35年中,中央政府和西藏地方的官员、使者往来见于记载的就有46次[5]。其中重要的如洪武五年十二月

[1] 见中国第一历史档案馆藏《宫中朱批奏折》。
[2] 详见《明洪武朝景德镇瓷业初步研究》,载《上海博物馆集刊》第七期,上海书画出版社,1996年。
[3] 详见《明洪武朝景德镇瓷器研究》,载吴浩坤、陈克伦主编:《文博研究丛刊》,上海古籍出版社,1992年。
[4] 《明实录·太祖实录》卷四十二,第827页。
[5] 据《明史》《明实录·太祖实录》等史料的统计。

"乌思藏摄帝师喃加巴藏卜遣使来贡方物,诏赐红绮禅衣及靴帽、钱物有差"[1],这是明朝建立以后西藏地方第一批入京朝贡者。次月,喃加巴藏卜亲抵南京,以摄帝师的身份向明朝中央政府举荐乌思藏、朵甘各级官吏,"陈请职名,以安各族",明太祖为此"诏置乌思藏、朵甘卫指挥使司,宣慰司二、元帅府一、招讨司四、万户府十三、千户所四、以故元国公南哥思丹八亦监藏等为指挥同知、佥事、宣慰使同知、副使、元帅、招讨、万户等官凡六十人。以摄帝师喃加巴藏卜为炽盛佛宝国师……皆授职名,赐衣帽、钞锭有差"[2]。可见在任命各级官吏时中央政府对西藏地方的尊重。据记载,在双方频繁的往来中,朝廷对西藏的赏赐除了与封任有关的官印、诏书、牌符之外,主要是钱物、钞锭、白金、白银、彩币以及各种纺织品、衣物、靴帽、茶叶等。

自唐代起,中国瓷器就举世瞩目,成为重要的贸易产品之一。虽然如前所述,明洪武时期景德镇瓷器生产尚在恢复之中,但元代以来的制瓷传统和基础尚存,瓷器制作工艺特别是釉下彩瓷器的制作在全国独树一帜。鉴于中国的制瓷传统,洪武九年起"自是赐于……多用瓷器铁釜"[3],因此朝廷有向臣服于明朝的邻国和属下赏赐瓷器的做法。如洪武十六年八月,朝廷"遣使赐占城(今越南中南部)、暹罗(今泰国)、真腊(今柬埔寨)国王织金文绮各三十二匹,瓷器一万九千事"[4],数量不可谓不多。文献中虽然未见有关向西藏赏赐瓷器的记载,但通过双方的使者将瓷器带往西藏则是十分自然的。从这件执壶的保存情况来看,基本上可以排除后世传入西藏的可能性。

(二)"大明永乐年施"款佛像、坛城、佛塔以及其他法器

在西藏各大寺庙里,有一批署款"大明永乐年施"的鎏金铜佛像、坛城、佛塔和其他法器等,制作十分精致,又具有鲜明的藏传佛教特点。它们都是由朝廷所赐赠。这次赴上海展出的八瓣莲花大威德金刚坛城(图6)、吉祥天母像(图7)、聚莲塔(图8)和涅槃塔等就是其中的精品。

明成祖即位以后,十分重视加强与西藏上层僧俗的联系。永乐四年三月,明成

图6　明永乐　大威德金刚鎏金铜坛城(西藏博物馆藏)

---

[1]《明实录・太祖实录》卷七十七,第1416页。
[2]《明实录・太祖实录》卷七十九,第1437页。
[3]《明实录・太祖实录》卷一百零五,第1754页。
[4]《明实录・太祖实录》卷一百五十六,第2427页。

图7　明永乐　吉祥天母鎏金铜像（西藏博物馆藏）　图8　明永乐　鎏金铜聚莲塔（西藏博物馆藏）

祖封西藏地方帕竹政权执政为"灌顶国师阐化王"[1]，这是明朝中央册封西藏地方政教首领为王的开端。从1406年开始的六七年间，明朝中央在西藏地区册封了4名地方政教首领为王，其中阐化、阐教二王在前藏，辅教王在后藏，护教王在今昌都地区。将宗教名号与世俗爵位合二为一，说明当时的中央政府已经清楚认识到西藏地方"政教合一"的特殊性。除此之外，明成祖还先后分封藏传佛教噶玛噶举派活佛却贝桑波为"大宝法王"[2]，萨迦派活佛昆泽思巴为"大乘法王"[3]，并遣使召请格鲁派创始人宗喀巴大师进京（由释迦也失代表宗喀巴前往）[4]。通过这些措施，以加强中央王朝对西藏地方的统辖。

　　明成祖给予藏传佛教活佛和大师的礼遇极为隆重，除了政治上的原因之外，他笃信佛法，十分崇敬藏传佛教也是原因之一。这可能是元代推崇西藏佛教的影响所及。他即位之初，就遣使带着厚礼"往乌思藏征尚师哈立麻（即却贝桑波）"，原因是"……上在藩邸时素闻其道行卓异"[5]，请他来南京是因为"……皇考太皇帝及笃信佛法，皇妣高皇后薨逝已久，朕思报恩，罔得其方，尚师卿于方便智慧功德等，修得无上之成就，即具佛之本性矣，切望速来为已薨逝者修成解脱仪轨……"[6]永乐四年十二月却贝桑波抵京

［1］《明实录·太宗实录》卷五十二，第775页。
［2］《明实录·太宗实录》卷六十五，第915页。
［3］《明实录·太宗实录》卷一百四十，第1680页。
［4］《明实录·太宗实录》卷一百五十九，第1811页。
［5］《明实录·太宗实录》卷一十七，第310页。
［6］详见西藏档案馆藏《永乐元年二月十八日邀请哈立麻诏》。

后，在其驻地灵谷寺内特意"建造了营盘式的住地，以利藏人居住习俗"[1]。次年二月，却贝桑波率领僧众在寺内建普度大斋，大修佛事，为明太祖及皇后荐福，法事进行了十四个昼夜。却贝桑波在京讲论佛法、广做佛事，又受命去五台山建大斋，为成祖刚故去的皇后荐福[2]。

明成祖重视西藏地方事务并笃信藏传佛教，因此历年对乌思藏的颁赠也较多，其中包括向西藏赠送佛像、法器等。查阅文献中有关永乐年间明成祖对乌思藏的颁赠礼单，其中关于佛像及法器的主要有以下几次：

1. 永乐五年十一月，赐如来大宝法王却贝桑波"……法器……等物"[3]。

2. 永乐六年一月，致信却贝桑波并赐赠大批礼物，其中包括"镀金铜铃杵九副（黑斜皮毂全）、白海螺九个"等法器[4]。同年四月，如来大宝法王辞归，又赐赠"佛像等物"[5]。

3. 永乐十一年二月，向如来大宝法王派遣赴京朝觐的大国师果栾罗葛罗监藏巴里藏卜赠送"镀金铜佛像大宝法王一尊、镀金铜铃杵一副、响铜钹儿一副"及僧帽、僧衣等[6]。

4. 同年二月，明成祖于"静夜端坐宫廷，见圆光数枚，如虚空月……内一大圆光，现菩提宝树……中见释迦牟尼佛像，具三十二种相，八十种好，瞪视逾时……乃命工用黄金范为所见之像……今特遣内官侯显等致所铸黄金佛像于如来（大宝法王）……"[7]。

5. 同年五月在册封昆泽思巴为大乘法王时，"赐诰、印并袈裟、幡幢、鞍马、伞盖、法器等物"[8]。另据《萨迦世系史》的记载，成祖赐予他的还有"银制喜金刚九尊、晶木制大威德、双身宝帐怙主、金刚橛诸尊等"[9]。

6. 永乐十二年正月，大乘法王昆泽思巴辞归，"赐……佛像、佛经、法器……"[10]等物。

7. 永乐十四年五月，宗喀巴弟子释迦也失辞归，"赐佛像、佛经、法器……"[11]。

8. 永乐十五年二月，遣内官赴藏向正觉大乘法王昆泽思巴赠送"……佛像、佛经、金银法器……"[12]。

9. 永乐十七年十月，遣中官前往西藏，向大乘法王、阐化王、阐教王、辅教王、赞善

[1]（明）班钦索南查巴著，黄颢译：《新红史》，西藏人民出版社，1984年，第209页。
[2]《明实录·太宗实录》卷六十九，第977页。
[3]《明实录·太宗实录》卷七十三，第1014页。
[4]详见西藏档案馆藏《致如来大宝法王书及赏单》。
[5]《明实录·太宗实录》卷七十八，第1057页。
[6]详见西藏档案馆藏《成祖回赐大国师果栾罗葛罗监藏巴里藏卜敕谕》。
[7]见《成祖赐噶玛噶举教派楚布寺如来大宝法王诏书》，摘自西藏自治区文物管理委员会：《明朝皇帝赐给西藏楚布寺噶玛活佛的两件诏书》，《文物》1981年第11期。
[8]《明实录·太宗实录》卷一百四十，第1680页。
[9]（明）阿旺贡噶索南著，陈庆英译：《萨迦世系史》，第238页。
[10]《明实录·太宗实录》卷一百四十七，第1725页。
[11]《明实录·太宗实录》卷一百七十六，第1924页。
[12]《明实录·太宗实录》卷一百八十五，第1981页。

王以及大国师释迦也失等颁赠"佛像、法器、袈裟、禅衣"[1]。

　　明成祖以"施主"的身份向西藏佛教各教派施赠的佛像、法器等均属官方铸造,它们或由来自藏地的僧侣、工匠参与创作,或直接以由西藏地方进贡的西藏作品为模范,其风格及造型传承脉络十分清晰。惟内地的作品与西藏作品相比较,更加讲究细部的刻画,连珠镶边和璎珞更为常见,眉毛和胡须、颊髯往往被图案化,而西藏造像中比较强调的凶忿形象则被明显淡化。记载中注明一些法器如铃、杵等带有外套,这与今天我们所看到的情况是一致的。这些佛像和法器大都被供奉在西藏各大寺庙以及贵族的佛堂里。

（三）明永乐、宣德款官窑瓷器

　　由于交通的阻隔,流传在西藏的明清官窑瓷器长期为人们所忽视,自从《萨迦寺》一书披露萨迦寺收藏有两件全世界仅存的明宣德青花五彩莲池鸳鸯纹瓷器后,西藏的官窑瓷器收藏才引起世人的重视。笔者曾四度进藏,对于明代早期官窑瓷器在西藏的流传留下了极其深刻的印象。此次展览中特别选择了几件精品,永乐朝的有:青花开光莲花纹执壶、白釉刻花缠枝莲纹带盖僧帽壶、白釉刻花龙纹高足碗;宣德朝的有:青花五彩莲池鸳鸯纹高足碗、青花莲托八宝纹藏文僧帽壶、青花莲托八宝纹藏文高足碗、青花藏文高足碗等。它们是朝廷命景德镇御窑厂专门为西藏所生产的,反映了当时中央政府与西藏地方的密切关系。

　　如前所述,明初中央王朝的西藏政策在洪武、永乐时起就比较主动积极。1426年宣宗即位以后,也推行积极的西藏政策,如继位之初就派遣礼部尚书进藏召请释迦也失进京,宣德九年六月册封他为"大慈法王"。宣德年间,以贡使身份来京的乌思藏官员和僧侣日益增多,有的请求常驻北京,明廷均准其所请,对官员授其官职、配给鞍马房屋;对僧侣准其入住北京的几所大佛寺,其生活全部由政府承担。与此同时,政府还大力推进西藏地方的朝贡,除厚赏羁縻外,为保持沿途的通畅还恢复和兴修了一些驿站,并对朝贡者提供马匹、车辆、船只和免费供给食宿。朝贡的物品主要是当地的土特产,而朝廷给予的赏赐则价值往往是贡品的数倍。朝廷的赏赐以各种丝织品、衣物、茶叶以及黄金、白银、钞、币为主,也有瓷器。永乐年间对西藏的赏赐,其中关于瓷器的记载有如下几处:

　　1. 永乐六年正月初一,成祖赏赐大宝法王的礼物中有"……白瓷八吉祥茶瓶三个,银索全;白瓷茶盅九个,红油斜皮骹手全,五龙五个,双龙四个……"[2]。

　　2. 永乐六年,明朝中央派遣使者赴藏延请格鲁派创始者宗喀巴大师进京时,曾携带许多礼物,其中有"瓷杯一对"[3]。

　　3. 永乐十一年,大乘法王为成祖"传授灌顶和经咒加持、教戒、随许等诸多佛

[1]《明实录·太宗实录》卷二百一十七,第2162页。
[2] 详见西藏档案馆藏《致如来大宝法王书及赏单》。
[3]《宗喀巴复明成祖书》,载《西藏地方是中国不可分割的一部分》(史料选辑),西藏人民出版社,1986年,第134页。

法……此后皇帝……还赐给了供器……茶器……等物品……不计其数"[1]。

从上述瓷制"茶瓶""茶盅"的记载看，这里的所谓"茶器"很可能是瓷器。

目前能够检索到的有关记载较少，并且都散见于西藏保存的原始档案或藏文史籍中，而在根据中央政府的档案编纂的《明史》《明实录》中却不见记载。这是因为西藏档案和藏文史籍中有关记载比较详尽，而汉文史书中的记载则较为简略。对于朝廷来说，瓷器是普通的日用器皿，不必一一记载；而对于交通不便，视瓷器为稀罕之物的西藏地方来说，皇帝赐予制作精美的御用瓷器却是了不起的大事。

记载中所提到的瓷器大都可以在西藏文物中得到印证。"白瓷八吉祥茶瓶"有"银索"，说明有盖，有盖而用于盛茶的瓶，应该就是在西藏传世较多的白釉刻花僧帽壶。僧帽壶原是流行于藏区的一种盛放酥油茶或青稞酒的金属器具，景德镇窑自元代开始制作瓷质僧帽壶，这应是为赏赐而专门生产的。与此类似的还有明代早期的景泰蓝僧帽壶。"白瓷茶盅"应是茶具，其外表饰有龙纹，其特点与此次在上海展出的"永乐白釉刻花龙纹高足碗"一致。一些器物还有原配的外套(图9)，这在西藏文物中并不是个别现象。

图9　明宣德　景德镇窑青花莲托八宝纹高足碗(配原套)(西藏博物馆藏)

自元以降，西藏一直隶属于中国，中央政府对西藏地方保持着有效的统辖，汉藏之间的交往也十分频繁，这些历史都可以在西藏流传的文物中得到反映。元帝忽必烈笃信藏传佛教，奉八思巴等西藏高僧为国师或帝师以"辅佐国政"；明代之初奉行积极的西藏政策，分封三大法王等；清世祖册封五世达赖并授以金印，表达了清廷希望通过扶持宗教以抚绥藏区的愿望；乾隆时制订严格的灵童选拔制度并颁发金瓶，杜绝了其中人为的弊端并强化了中央政府的权利，这些历史通过文物都得到了印证。元代以后，特别是明清时期，西藏的朝贡和中央政府的赏赐频繁，其中一些赏赐品是专门为西藏所生产的，如符合藏传佛教教义的佛像、法器，适用于藏区生活的瓷器等，它们都带有明显的西藏特色。结合忽必烈、明成祖以及清内廷等历代帝王信奉西藏佛教的史实，同时也反映了西藏文化对内地的影响。

原载《雪域藏珍—西藏文物精华》，上海书画出版社，2001年

---

[1]（明）阿旺贡噶索南著，陈庆英译：《萨迦世系史》，第238页。

小谷城乡土馆藏"制茶、饮茶图屏风"考察

　　今年年初,收到小谷宽馆长的来信,要求我对堺市小谷城乡土馆收藏的"制茶、饮茶图屏风"发表自己的看法,随信寄来了屏风的照片。2月10日上午,小谷馆长、森村先生及夫人一行在曹建南先生的陪同下来到上海博物馆,大家就屏风所表现的时代、地点等交换了一些看法。由于时间的原因,加上我对屏风的了解还比较粗浅,因此当时的讨论并不充分。3月,突然收到小谷馆长邀我参加这次讨论会的邀请,迫使我对屏风的内容进行了较认真的审视。下面,就"制茶、饮茶图屏风"进行一番考察,并就其内容提出自己一些看法。

　　小谷城乡土馆藏"制茶、饮茶图屏风"有两扇十二屏,其内容分别为播种、搭篷、缉别、采茶、选茶、揉茶、烘茶、装壶、储藏、磨茶、饮茶和娱乐。

　　据介绍,该屏风制作于17世纪,为小谷家族祖传。从画中人物的衣着看,所描绘的应该是发生在中国的事情,由于屏风是日本所制,画亦为日本画师的作品,因此其中有的内容则包含了日本的风俗。笔者就屏风所表现的地区、年代和与屏风相关的一些内容作初步考证如下:

一、关于屏风所描绘的地区

　　如上所述,从人物看屏风所描绘的是在中国。那么,是属于中国的北方、抑或南方?

　　屏风的内容主要是表现茶叶的栽种、制作等,因此反映的应该是茶叶产区的事情。唐代陆羽《茶经》一开始就开明宗义:"茶者,南方之嘉木也。"[1]指明茶叶是南方的植物,产茶区亦为南方。以后诸书皆沿用此说。

　　关于具体产地,《茶经》在"八之出"中列举了"山南"(今鄂西一带)、"淮南"(今安徽淮南)、"浙西"(今浙西、苏南、皖南一带)、"剑南"(今四川)、"浙东"(今浙江沿海)、"黔中"(今贵州)、"江南"(今鄂南、江西一带)、"岭南"(广西一带)等地区[2]。

[1]《四库全书》子部九,谱录类二,《茶经》卷上,《饮馔之属》。
[2]《四库全书》子部九,谱录类二,《茶经》卷上,《饮馔之属》。

　　五代毛文锡在《茶谱》中提到的茶叶产地有"彭州"(今四川彭县)、"眉州"(今四川眉山)、"邛州"(今四川邛崃)、"蜀州"(今四川崇庆)、"雅州"(今四川雅安)、"泸州"(今四川泸州)、"建州"(今福建建瓯)、"长沙"(今湖南长沙)、"容州"(今广西容县)、"渠江"(在今四川境内)、"洪州"(今江西丰城)、"婺州"(今浙江金华)等地[1]。

　　宋代,随着"斗茶"的盛行和"北苑龙凤贡茶"声誉鹊起,建安(今福建建阳武夷山)成为当时最负盛名的茶叶产地,当时有"天下之茶建为最,建之北苑又为最"[2]之说。宋徽宗赵佶《大观茶论》、蔡襄《茶录》均对建安贡茶大加赞赏[3]。其他产地还有淮南、江南、两浙、荆湖、岭南等[4]。

　　元代茶叶产地,据元代王祯《农书》"闽、浙、蜀、荆、江、湖、淮南皆有之,惟建溪北苑所产为胜"[5]。

　　明代以后,随着蒸青团饼茶的逐渐减少,炒青、焙青的散茶逐渐流行,主要产茶区也渐渐集中到江南的苏、浙、闽、皖一带,所谓"而今之虎丘、罗芥、天池、顾渚、松萝、龙井、雁荡、武夷、灵山、大盘、日铸诸有名之茶"[6]。

　　清代的茶叶名品基本承袭明代,将苏州之"虎丘""天池",长兴之"阳羡",杭州之"龙井""亘杭、宣、湖、徽四州界"之"天目",庐江之"六安""英山""霍山",休宁之"松萝(森萝)",安庆之"潜山",建阳之"武夷"等茶品视为"茶之近品",并有"近世武夷、龙井不能遍及;即阳羡、罗芥又不易购;苏州虎丘茶亦称奇……;惟天池亦云高品;……若休宁之森萝,色清味旨,亦一时奇产;庐江之六安、英山、霍山,茶品亦精……"等评价[7]。

　　综上所述,中国历代产茶以南方为主,其中福建、浙江、江苏、安徽是宋代以来最重要的茶叶产区。屏风所描绘的应该是中国南方的景色,虽然因为绘画风格的写意性,尚无法从绘画的风景具体考证其描绘的地点,但是屏风的房屋造型和构造清楚无误地表明了其地处南方的特点。考虑到屏风的制作年代日本与中国东南沿海地区的关系[8]以及日本茶道中所受到的中国宋代茶风的深刻影响[9],因此,笔者认为屏风所反映的地区如果是中国,则福建武夷山地区的可能性最大。

———————————

[1] 原书已佚。转引自陈祖椝、朱自振《中国茶叶历史资料选辑》中根据宋《太平寰宇记》《事类赋注》等书辑录。

[2] (宋)周绛:《补茶经》。原书已佚,转引自(宋)王象之:《舆地纪胜》卷一二九,中华书局,1992年。

[3] (宋)赵佶《大观茶论》:"建溪之贡,龙团凤饼,名冠天下。"(宋)蔡襄《茶录》则专论建茶:"臣先任福建转运使日,所进上品龙茶,最为精好。"

[4] 《宋史》卷一百八十三、一百八十四"食货志",中华书局,1977年。

[5] (元)王祯:《农书》卷十"百谷谱九",中华书局,1985年。

[6] (明)罗廪:《茶解》(万历己酉,1609),李际期宛山堂刻本。

[7] 见(清)刘源长辑《茶史》之《茶之近品》,雍正墨韵堂版本。

[8] 众所周知,16世纪中国东南沿海地区屡受日本倭寇侵扰,其中江、浙、闽受害最烈。倭寇的入侵一方面是从事掠抢和走私,另一方面中国东沿海与日本方面的交往也由此比其他地区要更为密切。

[9] 日本的茶文化主要是受中国大陆的影响,日本的茶道历史可以分为三个阶段:平安时代主要受唐代饼茶煮饮法的影响;镰仓、室町、安土和桃山时代主要受宋代末茶冲饮法的影响;江户时代则是受明代叶茶泡饮法的影响。其中,以末茶冲饮法对日本茶道的影响最大。而宋代所推崇的武夷"建茶"自然也对日本社会产生深刻的影响。

二、关于屏风所描绘的时代

对屏风所描绘内容的时代的判断主要依据画中人物的服饰和器物所反映的时代性。

（一）关于服饰

画中人物的服饰基本上具有宋、明时期的特点。

如"播种""搭篷""采茶"等画面中劳者男人一般均作头裹巾子（无脚幞头）、身着交领短褐、腰束绦带的打扮，这在宋代绘画中的可以找相同装束的人物，如著名的宋代世俗画《清明上河图》中，一些驾车、抬轿、挑担等庶民百姓的衣饰与之十分相似。类似的装束在明代的绘画中已经少见，但是王世昌《山水图》中扛柴人的裹巾和衣着却与之相似。

又如"揉茶""晾茶""烘茶""装壶""储藏""磨茶""饮茶"等画面中的妇女有的上穿交领短襦、下着长裙，有的上穿交领衫，腰间束以屋腰，下着裙。在一些宋代绘画中，我们也能找到类似的例子，如宋人《女孝经图》中妇女的穿着就是"上襦下裙"，陈居中《王建宫词图》中也有类似的妇女形象；太原晋祠圣母殿北宋彩塑仕女是上穿右衽交领衫，下穿裙的装束。

再如屏风中妇女的发式均挽作宋代流行的双髻，南宋著名画家李嵩《观灯图》《听阮图》和陈居中《王建宫词图》中的妇女均有发式作双髻的，太原晋祠圣母殿北宋彩塑仕女像的发式也与之相似。双髻的发式在明代不十分流行，但在一些绘画作品中依旧偶见，如杜堇《仕女图卷》和仇英《西园雅集图》中就是。

屏风的孩童发型主要有两种，一为散发一为"鹁角"，美国克利夫兰博物馆收藏的南宋刘松年（传）《听琴图》中的侍童、日本大阪市立美术馆收藏的南宋《牧牛图》中牧童以及台北故宫博物院收藏的梁楷《观瀑图》中侍从均作散发；"鹁角"的例子更多，典型的如苏汉臣《秋庭戏婴图》中孩童的形象，如屏风中孩童那种前顶及四周留发的发式，在宋代画家苏汉臣笔下的儿童形象如《婴戏图》《货郎图》和苏焯的《端阳婴戏图》中屡屡见到。明代通常在儿童头顶的两侧各梳一个小结，散发和鹁角并不流行，但在一些明代绘画中仍可看到，尽管形式与宋代相比有所变化。散发如张路《杂画册》（图26）、唐寅《采菊图》、仇英《人物故事图》和《松亭试泉图》等，鹁角如计盛《货郎图》、郭诩《杂画册》、仇英《婴戏图》等，唐寅的《维摩说法图》则兼有散发和鹁角。

屏风中老者身穿交领衫，头裹披于后颈的"周巾"，或策杖行于屋前，或坐于地头，或骑于马上，或饮于檐下。"周巾"其名见于明代嘉、万年间《三才图会》，宋代绘画中找不到相似的装扮，明代绘画如张路《人物故事图》、周臣《山亭纳凉图》、王仲玉《靖节先生像》中可以看到长者作如此装束。至于老者策杖而行,这在明代山水画中比较常见,如吴伟《踏雪寻梅图》即是。

与唐代相比,宋代的一般平民服饰更趋向于世俗化;入明以后,由于元朝政府以不平等的种族政策统治汉人,对南方的文人和百姓尤为严酷。因此官方在意识形态上提倡恢复汉文化,并以承袭唐宋时期的服饰传统作为制定官服制度的基础,一般服饰也深受其影响,因此明代服饰风格的主流是继承了宋代的传统,尽管有所变化,但是我们仍不难从中找出它们之间的继承发展关系。

就日本而言,13—14世纪蒙古人统治亚欧大陆时并没有占领日本列岛,在日本所谓中国文化的影响主要是唐宋文化的影响,在世俗文化方面受宋代的影响更甚。虽然元朝政府提倡海外贸易,当时中国与日本的贸易关系亦十分密切,但蒙古文化的影响毕竟有限。15—16世纪以后,中国提倡唐宋的传统,而深受唐宋文化影响的日本人脑海中的中国除了明代的风格以外,应该还有比较多宋代的风貌,因此17世纪日本人所绘画的中国就难免有许多宋代和明代的风物了。

(二) 关于器物

屏风绘画中所涉及的器物主要有制茶、储茶和饮茶的器具。

在"磨茶""饮茶""娱乐"三幅画中有几件红色的器物,估计是漆器,有长方盒、盂、六方盒、盏托、高足盘和长颈瓶。

从造型来看,漆盒早在战国时代起就有,但都是单层的;多层相叠的盒出现于南宋,如江苏武进南宋墓出土的莲瓣形戗金朱漆盒和福建福州南宋墓出土的剔犀六方形盒,但一般器物高度均超过直径,器物显得较高;到清代以后,才出现直径超过高度的多层盒。如屏风中的六方盒,在中国应该是17世纪以后的产品。明代有多层长方盒但不多见,与之相似的是提盒,这在明代和清代都有。在"饮茶"图中老者手持红色盏托,托上为茶碗。这种盏托与中国宋代的盏托迥异,明代则盏托已不流行。用盏托饮茶有"以其弭执热之患,无坳堂之覆"[1],在《茶具图赞》中被称为"漆雕秘阁"。如屏风中造型的盏托不见于中国,或许是日本独有的器物。

在秦汉以前,高足盘通常称为"豆"或"笾",前者为盛"菹"(咸菜)和"醢"(肉羹)的容器;后者竹编,是放置"脩"(干肉)和"脯"(干果)的器具。元代起,高足器重新流行,高足碗用作供器或饮器,高足盘则用作盛器,如明代谢时臣《鹿鸣家宴图》中的盛器与屏风中的高足盘造型接近,但是在中国没有就这类器物作饮器的传统。至于漆器的瓶,如屏风的造型和大小,要到清代才比较普遍。

依据考古学的原则,年代通常由内涵所包含的最晚的文化因素决定。虽然对于屏风的考察不是严格意义上的考古学考察,但是在此不妨借用一下考古学的原则。在这个基础上,可以说经过对屏风所描绘人物的服饰和器物所反映的时代性考察,其时代应

---

[1] 见《茶具图赞》,此书传宋代咸淳年间审安老人撰,并经明代朱存理阅。

该是明代后期至清代早期。

三、关于屏风所反映的中国种茶、制茶、饮茶风俗

(一)种茶

在中国,古人就已经认识到茶树喜荫的特性,宋代宋子安在论及建安北苑贡茶时说:建安"群峰益秀,迎抱相向,草木丛条,水多黄金,茶生其间,气味殊美","北苑前枕溪流,……先春朝隮常雨,霁则雾露昏蒸,昼午犹寒,故茶宜之。茶宜高山之阴,而喜日阳之早,……"云云[1]。明代徐光启在《农政全书》中也有"茶,……此物畏日,桑下竹阴地种之皆可"的记载[2]。现代技术告诉我们,虽然光照是茶树生长的首要条件,但是茶树原产地的生态环境是大森林,经常处于漫射光条件之下,因此茶树具有耐荫性。实验证明过强的光照反而会降低茶树的光合作用,而适当减弱光照时,作为茶叶特征物质的茶氨碱含量以及与茶叶品质密切相关的谷氨酸、天门冬氨酸、丝氨酸等有明显的增长趋势,中国的许多名茶如庐山云雾、黄山毛峰、狮峰龙井等往往生长在高山云雾之中,肉质佳、香气高。因此,在平地种植茶树时,往往在旁边适当栽一些遮阴树。如屏风中为茶树搭遮阴棚是符合茶树栽种要求的。

(二)制茶

制茶、储茶及煎茶,关系到茶的品质高低,所谓"茶之为法,释滞去垢,破睡除烦,功则著矣,其或采造藏贮之无法,碾焙煎试之失宜,则虽建芽浙茗,秖为常品"[3]就是。关于明代制茶、储茶之法,《农政全书》中有详细记录:茶叶"采讫以甑微蒸,生熟得所,蒸已用筐箔薄摊,乘湿略揉之,培匀布火烘令干,勿使焦。编竹为焙,裹箬覆之,以收火气。茶性畏湿,故宜箬。收藏者,必以箬笼,剪箬杂贮之,则久而不泡,宜置顿高处,令常近火为……"[4]。屏风中选茶、揉茶、烘茶、装壶、储藏等画面的内容与之基本相符。

(三)饮茶

关于饮茶之法有三,即"茶之用有三:曰茗茶,曰末茶,曰蜡茶。凡茗:煎者择嫩芽,先以汤泡去熏气,以汤煎饮之,今南方多效此。然末子茶尤妙:先焙芽令燥,入磨细碾,以供点试,凡点:汤多茶少,则云脚散,汤少茶多,则粥面聚,钞茶一钱七,先注汤,调极匀,又添注入,回环击拂,视其色鲜白,着盏无水痕为度,其茶既甘而滑。南方虽产茶,而

[1] 见宋子安:《东溪试茶录》,浙江鲍士恭家藏本。
[2] (明)徐光启:《农政全书》,中华书局,1956年。
[3] (明)徐光启:《农政全书》。
[4] (明)徐光启:《农政全书》。

识此法者甚少……"[1]屏风上表现的应该是末茶。尽管到明代,在中国末茶已不流行,但16—17世纪是日本茶道异常迅猛发展的时期,以末茶为主要内容的日本茶道的集大成者——千利休就生活在16世纪后期的堺市。或许这正好为小谷家族的前辈能够在千利休的家乡得到这件"制茶、饮茶图屏风"作最好的注解。

原载[日]《17世纪における茶文化の日中比较研究会论文集》,2003年

---

[1] (明)徐光启:《农政全书》。

中华文明和中国古代艺术

（The Civiliztion and Ancient Art of China）

中华文明源远流长，在五千多年的历史长河中，创造了光辉灿烂的艺术成就。

新石器时代是中华文明的发祥时期。在距今七千多年的遥远年代中，文明的曙光冉冉升起在东方大陆上，黄河、长江等流域出现了许多文化聚集区，显示出中华文明起源的多元性。分布于黄河上游地区的彩陶文化，以红黑两色装饰繁密华丽的图案，展示了五千多年以前的艺术光辉。在南方，良渚文化中沟通天地人神的玉琮和表示财富拥有的玉饰；在东方，大汶口文化精细黑陶所表达的财富和地位的象征，所有这些都展现出在五千年前的中国，已经诞生了用宗教、经济、军事三种权力统治的原始部落。从此，灿烂的中华文明拉开了她伟大历史的序幕。

大洪水的传说已经被考古学所证实，在中国也不例外，许多原始文化的消失与大江大河的泛滥密切相关。夏禹治水并创立了中华第一个王朝，夏王朝被认为是长江、黄河两大文明相融合而诞生的，中华文明由此进入辉煌的青铜时代。浑厚端庄的造型样式、雄浑神秘的装饰纹样、巧夺天工的铸造技术，使青铜器不仅是夏、商、周时代王权的象征，而且也构造了世界文明史上独特的壮丽景象。青铜器的造型大都来自陶器。夏代作为青铜时代的早期，其容器的式样和纹饰还比较简单。进入商代以后，青铜器逐渐具有代表拥有者身份的功能，并通常在重大的祭祀等礼仪活动中使用，其造型日渐多样，装饰也趋于繁缛华丽。商人好酒，青铜器中大都为酒器，如觯、卣、斝等均是。对神的绝对崇拜使商代青铜器花纹以变形、抽象的图案为主，充满了威严和力量。青铜器身上如浮雕般的多层次精致花纹与庄重的造型相互映衬，使之成为青铜鼎盛时期的艺术瑰宝。商代的玉器制作也颇有成就，嵌绿松石铜内玉戈是其中一件制作精致的珍品。20世纪初，在北京药铺出售的"龙骨"上发现了从未见过的文字，这些在河南安阳殷墟大量发现的"龙骨"实际上是刻有文字的龟甲和牛肩胛骨，"甲骨文"是当代汉字的祖先，它不仅证实了传说中商王朝的存在，而且记载了当时一些重要的历史事件，是研究商代历史的重要资料。

商代末年，纣王沉湎于酒色之中，暴行天下，周武王承天命灭商兴周。从商到周，社会发生了巨大的变化：好酒的习俗被彻底改变，商代社会指导一切的神明在周代仅存于仪式之中,礼仪制度被进一步强化。随之,青铜器的器形、纹饰也发生了变化:商代流行的酒器少了,代之以鼎、簋、鬲等饪食器;商代常见的夸张造型已经无影无踪,纹饰也趋于简单,出现了比较写实的动物花纹,一切向实用化演变;西周中期以后,代表贵族身份的用鼎制度已基本完善;长篇铭文在青铜器上也屡见不鲜,成为研究当时历史的重要证据。

春秋、战国是中国思想、文化最为活跃的时期之一。在中华大地上,摆脱原始蒙昧和混沌意识的理性主义思潮日益崛起,其中孔子以积极进取的人生态度、对人格的尊重以及以"仁"为核心的思想,逐渐成为两千多年中国古代社会的精神支柱。孔子也因此和同时代的释迦牟尼及稍晚的柏拉图、亚里士多德共同成为人类思想的先哲。与此同时,春秋、战国也是激烈动荡的时期。周王朝的礼制遭到破坏,200多个诸侯在战争和兼并中最终形成七雄并立的局面。楚国就是称霸于长江中游地区的一个大国,楚国青铜器与中原明显不同,具有自己的特点,成为春秋战国时期青铜器的重要一支。诸侯国的贵族们过着钟鸣鼎食的奢华生活,作为礼器的编钟在中国音乐艺术史上有它特殊的地位。山西浑源李峪村出土的青铜器则是春秋晚期青铜器装饰艺术趋于精细化的典范。在青铜上用不同的材质镶嵌图案,以不同的颜色表现纹饰是战国青铜器装饰的流行时尚。

商周时期,中原地区青铜文化兴盛,而在西北地区依然流行彩陶,这种文化发展的不平衡,在中华文明发展的历史长河中始终存在。

公元前3世纪后期,秦国征服列国,中华复归于统一。秦王朝建立了以皇帝为中心的中央集权制,统一了文字、货币、车轨、度量衡和刑律,为漫长的古代社会打下了坚实的基础。但是秦的暴政迫使人民奋起反抗,项羽和刘邦就是其中的代表。楚汉之争,以刘邦胜利而告结束。公元前3世纪末,一个比秦王朝更加强大的王朝——汉王朝屹立于中华大地之上。汉王朝的统一和富庶,使南北文化逐渐融合,南方楚地的神话幻想和北方的历史故事、南方的诗意情怀和北方的儒学思想相互糅合,构筑成一个富于想象、情感炽烈的浪漫世界。汉代漆器上常绘有瑰丽的纹饰,多见飞舞的流云、怪异的灵兽等,这种纹饰是当时流行的多神信仰与画工自由发挥想象力相结合的产物。玉璧自史前就是礼天的祭器,汉代玉璧上常雕琢有精美的花纹,用作葬玉当有象征财富的含义。当时人们相信灵魂不灭,葬俗讲究"事死如事生",死者生前的用具、宠物以及侍从往往以明器和俑的形式随葬;形象强悍凶猛的镇墓兽被认为兼有保护死者灵魂免受骚扰和引导灵魂升天之作用。与先秦时代不同,汉代青铜器具有写实的艺术风格,如鱼形壶即是。当时西南地区的各族统称"西南夷",汉王朝的强大加上武力的征伐促使他们纷纷归附。居住在今云南地区的滇人有其独特的青铜文化,贮贝器用于存放贝币,其盖上通常铸有祭祀等立体场景,牛、铜鼓等就是祭祀中常用的祭品和祭器。

魏晋是中国历史上一个重大变化的时期,玄学的盛行促进了人们的觉醒,艺术开始关注人的生命价值以及人的才情、气质、风貌和格调。飘逸的魏晋风度不仅造就了一代名士,而且对于自由生活的追求使得他们在日常器用方面也发生了较大的变化。青瓷在东汉出现以后,江南的富庶养育了这棵刚刚出土的嫩苗,魏晋时期发达的城市经济促使青瓷迅速发展壮大。至西晋,青瓷已经在江南的贵族中得到普及,其造型和装饰以端庄、古朴为特点,在某些方面还闪现出已经远去的青铜文化的背影。在魏晋南北朝充满战乱和动荡的岁月中,对宗教的虔诚成为人们唯一的心灵皈依。世界著名的佛教三大石窟——敦煌莫高窟、云冈石窟和龙门石窟都创建于此时。石窟艺术也是中华文明与西域文明融合发展的生动缩影。佛教艺术东渐之路正是汉代以来的丝绸之路,当时的主要交通工具是被誉为"沙漠之舟"的骆驼。至隋代,中国又一次复归统一,传统的东西交往更加频繁,背负硕大行囊的骆驼成为中外文化交流的象征。

唐代国力强盛,在文化上表现出前所未有的开放和融合,它以博大的胸怀容纳来自四方的优秀文化,孕育出富丽堂皇、灿烂辉煌的大唐文明。从海棠式器皿上隐约可看到西亚银制或铜制"多曲杯"的身影;源自西域游牧民族的"胡服"成为当时男女竞相追逐的时装,唐三彩俑形象地反映了这种时尚;其时,贵族妇女流行用来自西方的香料和胭脂化妆,盛放化妆品的瓷盒就是当时的高档用品,特别是最优质的邢窑白瓷,往往成为皇家、贵族的专用品。与此同时,南方的青瓷依然深受上层社会的青睐,其优雅的造型和如玉的釉色成为诗人、作家称颂的题材。在明代画家临摹的唐人画卷中可以看到,唐代宫廷中妃嫔宫女们的生活优雅而丰富,被称为"捶丸""蹴鞠"的游戏就是今天高尔夫、足球的前身。社会的富足在日常使用的器物上也得到表现,用美玉、玛瑙制作雕琢精美的器皿也是唐代的流行时尚。魏晋以来的石窟艺术至此达到顶峰,菩萨像多女性化,其面容端庄秀美,身段妩媚动人,衣着优雅飘逸,表现出唐代妇女恬静富足的生活状态。

铜镜是中国古代常见的梳妆用品,它出现于商代,战国时期是铜镜得到发展的重要时期之一。彼时,铜镜的使用逐渐普及,其造型、纹饰趋于规范,制作也比较精致。若以铜镜纹饰之绮丽、铸造之精美而论,当以汉、唐两代为最。西汉的透光镜将光线照射镜面,可以把镜背的纹饰漫射到反光处,产生了类似透光的效果。青龙、白虎、朱雀、玄武是古代道教所信奉的东西南北四方之神,亦称"四灵"。汉代阴阳五行学和谶纬之学盛行,四灵在当时成为建筑、器物装饰的主要纹样。王莽的新朝是西汉、东汉之间一个短命的王朝,所留下的文化遗产十分有限,四灵博局纹镜是新朝孑遗的少数文物之一。魏晋铜镜题材以神人神兽多见,这与东汉以来的信仰有密切的关系。唐代是铜镜的全盛时期,不仅在数量上,而且在质量方面都达到空前的高度,此时铜镜在造型、纹饰题材、铸造等方面独树一帜,在中华文明史上占有重要的地位。瑞兽葡萄镜以高浮雕表现神态各异的瑞兽和果实累累的葡萄,又以其他飞禽、走兽、花鸟等点缀其间,表现出华丽的装饰风格和高超的制作技术,西域的葡萄和中国传统的瑞兽也是中外文化融合的象征。葵花形铜镜是唐代出现的新流行式样之一,镜背蟠龙飞腾盘绕于云端,形象矫健,线条流畅。在中国,龙纹象征皇权和吉祥,以龙作装饰在中国有悠久的历史,至唐代更为盛行。根据文献记载,蟠龙镜多为扬州铸造,因制作精致,又称"百炼镜",唐代常由地方向皇帝进贡,逢"千秋节"皇帝又赏赐给群臣。宋代以后,铜镜走向衰落,北宋铜镜还有唐代的遗风；至南宋，铜镜开始了创新之路，出现了多种新的样式，桃形即是流行款式之一。在宋代的铜镜上常见铸家名号，从铭文看，浙江湖州已经成为新的制镜中心，且以"石家"居多，其制品大多专注实用，不尚花纹。

10世纪初，契丹民族在广大的北方草原地区统一了各部落，建立起雄踞北国达200多年的契丹王朝，是为辽代。从游牧转向定居的契丹人吸收大量汉文化的因素，创造出绚丽多彩的契丹文化，成为中华文明的一朵奇葩。以游牧生活为传统的契丹民族视金银为珍宝，有用金或银制作面具和网络葬衣覆尸的习俗，以追求不腐和永恒。装饰华丽的鎏金银冠和金手镯是契丹贵族代表身份的饰物。用金银等贵重金属制作日用器物是西亚地区的传统，唐代在中国开始流行。辽代多见金银器皿，其造型、纹饰及錾刻工艺都具有自己的特点。

960年，宋王朝建立，定都于汴梁（今开封），是为北宋；160多年以后，北宋灭于金人，以临安（今杭州）为都城，建立起偏安于江南的政权，是为南宋。宋代是一个注重文化的时代，文人士大夫成为国家政权的支柱。士大夫在作为政治家的同时，必须是一个一流的文人。一代文豪苏东坡就是北宋士大夫的杰出代表，他的著名诗句"明月几时有，把酒问青天"千古传唱。宋代又是一个商业极为发达的时代，城市经济繁荣昌盛，促使手工业迅速发展。磁州窑瓷器以人们喜闻乐见的装饰风格在北方地区广为流传，"醉乡酒海"瓶既表现了当时民间艺术的流行取向，又反映了酒在人们生活中的重要地位。宋代积极鼓励对外贸易，瓷器是当时支撑外贸的最主要商品；与此同时，汴梁和临安都是人口集聚的大都市，瓷器作为日常使用的器皿，城市的需求也十分巨大。庞大的国内外市场大大促进了以瓷器生产为中心的江南手工业的空前繁荣，景德镇青白瓷胎薄釉润而具白玉的品格，有"饶玉"之美称（景德镇旧属饶州）；龙泉青瓷釉质肥润，酷似青玉雕琢而成，深受各地的欢迎。它们的行踪遍及大江南北、长城内外以及亚、非、欧各地，成为当时世界认识中国的标志。

13世纪初，在南宋与金时战时和的争斗中，北方草原的蒙古民族迅速崛起，一代天骄成吉思汗率领蒙古铁骑横扫欧亚大陆，所向披靡，建立起一个强大的蒙古帝国。1271年成吉思汗之孙忽必烈建立"大元"王朝并于8年以后统一了中国。元朝是一个民族多元化的时代，也是一个各族文化的交流和融合空前昌盛的时代。元朝奉行对各种宗教开放的政策，内地的佛教和道教依然得到尊重；大批迁徙内地的中亚各族和来华经商的阿拉伯人都信奉伊斯兰教；元王朝与罗马教廷的关系日益密切，基督教的传播也得到发展。长期以来在蒙古社会中占有统治地位的宗教是萨满教，自忽必烈即蒙古大汗位起，蒙古王室改奉藏传佛教，把西藏佛教萨迦派高僧八思巴尊为"国师""帝师"，令其统领天下释教。随之，莲瓣、杂宝等具有浓郁西藏佛教色彩的艺术形象在内地广为传播，成为器物装饰的主题。宗教的盛行使得各种供器的制作得以兴盛，钧窑以它自然、多变的釉色和稳重的造型成为当时主要的陈设瓷器。以游牧狩猎为传统的蒙古王族在成为统治者后，每逢春秋猎季仍要出猎。春暖花开是捕猎雁鹅的大好时机，用娇小敏捷的鹰鹘（海东青）捕杀天鹅是春猎的传统节目，"鹘攫天鹅"题材即反映了这种习俗。

　　北京紫禁城是明清两代的皇城。在中华五千年的历史长河中,将皇帝的集权推向极致的是明代,绚烂华丽、规模宏大的紫禁城也象征着皇帝权力的至高无上。清代是由中国东北的少数民族满族人所建立的王朝,最后的清王朝在紫禁城度过了将近270年的岁月。

　　明王朝在景德镇设立了供宫廷专用的制瓷工场——御器厂,从此景德镇成为中国的瓷都,也成为世界制瓷艺术的中心。自永乐帝时期开始,由官窑制作的瓷器可以用皇帝的年号记载其年代。当时制作官窑瓷器有极高的质量要求,有时选出运往北京的合格品只有百分之几,其余全部就地打碎掩埋,不许进入市场。自此,凡有帝王年号款的瓷器就是高品质的象征。高温红釉瓷器以永乐、宣德朝最为成功,且十分珍贵;成化官窑瓷器虽然以斗彩为至珍,但是素三彩作为有明一代的创新品种,依然是传世罕见的佳品;刻填彩工艺自出现以后就受到宫廷的青睐,它以刻花和彩绘、釉下和釉上巧妙地结合起来,达到素雅、立体的艺术效果;景德镇窑能在元代迅速崛起的主要因素之一就是烧制成功青花瓷器,这种具有强烈装饰效果的白地蓝花瓷器虽然与中国历来所推崇的讲究“含蓄”的艺术传统迥异,却受到世界的欢迎。由于所使用的青料——钴的来源不同,各时期青花瓷器的发色也有不同的特点,永乐、宣德时期色彩鲜明而纯正;成化、弘治时期淡雅而清新;嘉靖、万历时期则浓重而艳丽,蓝中微微泛紫色,此时的青料是来自新疆的回青。明代的五彩瓷器以色彩浓艳而著称,它将釉下青花和釉上五彩两种不同的工艺来装饰瓷器,需要经过两次烧造而成,嘉靖五彩是最鼎盛时期的珍品。

　　13世纪中叶,掐丝珐琅已从西亚地区传入中国,制作工艺很快被中国工匠掌握,至迟到元代中国已经能够制造。珐琅器很长时间主要在宫廷中制作,明清宫廷内设有专门的作坊,产品专供皇室享用。明代珐琅器的风格多以浅蓝釉为地,以蓝、红、白、绿、黄等多彩釉组成规矩的缠枝花卉图案,具有较强的装饰性。

　　漆器是中国特有的工艺品,七千年以前就有制作。至明清,漆器制作水平已达到炉火纯青的程度,其时描金、堆漆、雕填、螺钿、犀皮、剔红、剔犀、戗金、百宝嵌等工艺无所不备,且均达到极高的水平。清代漆器在工艺上屡有创新,器物制作融入竹编等其他工艺形式,在造型上与特定的用途结合,颇为新颖。具有吉祥寓意的艺术作品深受明清两代皇帝的喜爱,长寿是最常见的题材,桃、灵芝、鹤、仙翁都是长寿的象征物。清代后期,碧绿剔透的缅甸翡翠传入宫廷,深受皇室喜欢。自此,翡翠不仅是皇家贵族的装饰珍品,也成为豪门富家竞相炫耀的奢侈品。由于原料的原因,翡翠通常用于制作首饰,大件陈设品极为罕见,双联龙纹盖瓶玉质晶莹剔透,雕刻细腻精致,是翡翠陈设器中的佳品。

　　明代,皇权集中所导致的暴政极大地扼杀了文人的创作热情与尊严。至明代后期,江南工商业的蓬勃发展带动了新文化的产生,这是因为生活富足起来的人们开始对书画、戏剧等方面产生了广泛的兴趣,在文人中出现了一批才艺俱佳的风流才子。江南的独特环境,给艺术家们提供了丰富的创作素材,大大激发了他们的创作灵感,唐寅、徐渭便是其中的代表人物。唐寅是多才多艺的杰出才子,擅长诗文,尤精书画,他的绘画以山水见长,作品多描绘雄伟险峻的丛山复岭,行笔秀润缜密,刚中含柔;他的工笔仕女也有很深的造诣,人物形象妩媚优雅,神态飘逸潇洒。徐渭是明代后期书画的杰出代表,其性格狂放不羁,作品气势奔放纵横,书法擅长行书,以奇姿纵肆,风格鲜明为特点。17世纪明清两代王朝更迭之时,是又一个动荡的时期,文人自然不能超然于其外,也产生了一些在艺术上脱离传统、注重发挥个性的作品。陈洪绶、王铎都是17世纪前期的著名书画家。陈洪绶的绘画以人物见长,被誉为"三百年来无此笔墨",其人物造型夸张变形,高古典雅,工笔花鸟也颇有超尘绝俗之风格。王铎的书法,用笔苍老劲健,章法跌宕错落,以追求个人性情之表现。19世纪清代后期,上海被辟为商埠,成为国际性的商业都会,同时也成为中国的一个文化中心,汇集了一大批来自各地的画家,以卖画为生,逐步形成一个以上海为中心的画派——"海上画派"(海派),其风格是在继承传统的基础上更多地借鉴西洋画的造型和色彩,具有雅俗共赏的特点。"四任"(四位任姓画家)是海派的代表画家,任熊就是其中之一。任熊绘画兼工山水、人物、花鸟,曾在范湖草堂临摹古画达8年之久,其作品笔法清新活泼,富有装饰趣味,深为当时人们所喜爱。

将中国传统的山水画雕刻制作成供观赏的立体摆设称为"山子",肇始于清代,通常多以玉、石材料精心雕刻而成,偶尔也有以其他材料制作的,如竹根等。山子的稿本可以是著名画家的作品,也可以是雕刻工匠的即兴创作。

竹刻是明清时期兴盛于江南一带的艺术形式,其作品以制作香筒、笔筒、臂搁等文房用具为主,因此其创作通常有文人的意识,传统的山水、人物及戏剧故事往往成为竹刻的装饰主题。

从遥远的新石器时代到最后的清王朝,中华文明跨越了漫长的历史。在东方的大地上,书写出了令世界惊奇、赞叹的历史篇章。她是一部充满了东方智慧和艺术创造的伟大史诗,也是人类古老文明中延续到现在,并且又重新崛起的伟大文明。

英文版原载［美］"5000 Years of Art and Culture",*Bowers Museum*, 2007。
中文版原载《新学科的文化力量》,上海文化出版社,2012年

印尼"黑石号"沉船及其文物综合研究

　　1998年,当地渔民在印度尼西亚苏门答腊岛和婆罗洲之间的勿里洞岛(Belitang Island)丹戎潘丹(Tanjung Pandan)港北部海域的海底发现大量陶瓷等遗物,在勘查中又发现一些木船构件,确认是一艘沉船,并推测该船可能因撞上西北150米处黑色大礁石而沉没。在一些报道中沉船被称为"黑石号"(Batu Hitam)或"勿里洞沉船"(Blitang Wreck)。持有印度尼西亚政府颁发的考察和发掘执照的德国"海底探索"公司闻讯后对沉船遗址进行定位,并于1998年9—10月间开始海底遗址的发掘工作。经过约一年的发掘,水下考古工作基本完成。沉船海域水深约10米,因此对沉船的勘查和沉船文物的打捞并不十分困难。

　　沉船中的两件遗物为沉船年代提供了证据:一件是八卦四神铜镜,在镜背的外侧一周铸有文字"唐乾元元年戊戌十一月廿九日于扬州扬子江心百炼造成"(图1);另一件是长沙窑阿拉伯文碗,碗的外侧下腹部刻有"□□□□宝历二年七月十六日"(图2)等

图1　唐　扬州八卦四神铜镜　　　　　　图2　唐　长沙窑褐彩碗背面刻字

字样。乾元元年为公元758年,宝历二年为公元826年。考虑到长沙窑作为一处以外销为主的瓷窑,时效性很强,其装船应该距烧成时间不远。因此该船装货的时间可以推断为公元9世纪前期,即唐代中晚期。

从"黑石号"沉船中打捞出来的文物超过60 000件,其中瓷器占绝大部分。长沙窑瓷器为最大宗,有约55 000余件,大部分是碗,各类壶约700件;越窑青瓷约250件,白瓷约300件,绿彩瓷器约200件以及其他瓷器约500件。特别是在沉船中还发现了3件唐代的青花瓷器,引起世人瞩目。金银器中有金器11件,金箔2公斤;鎏金银器约20件,银锭18件。其他还有铜镜29件、漆器2件、石砚1件、碎墨若干等。2002年3月,笔者有幸参加上海博物馆组织的考察团,前往正在整理沉船文物的新西兰南岛北端的尼尔斯镇一处果园的文物仓库和收藏沉船珍贵文物的德国汉堡附近一个小镇考察沉船文物(图3)。目前,沉船文物收藏在新加坡亚洲文明博物馆。

图3　与汪庆正先生在新西兰考察沉船文物

一、金银器

黑石号金器均为纯金制成,应为唐代扬州所制。扬州在唐代既是一个商业城市,同时也是手工业制作中心,一些金银器具有西域风格,与当时扬州有一批来自西域的粟特工匠参与制作有关。

伎乐纹八棱金杯(图4),造型为八棱形杯身,侈口,折腹圜底,喇叭形圈足,杯体一侧有环形指錾,其指垫上錾刻了卷发长须的胡人头像。八个棱面由金片锤揲成不同的人形,有一个舞者和七个乐伎,均具有高鼻深目的特征,应为西域胡人。

双雁纹海棠式金碗一对(图5),碗呈海棠形,内壁錾刻三层花纹,珍珠地叶瓣边饰,腹部为花叶间隔的四组团花,底部主纹为珍珠地花叶簇拥的两只浮雕式的大雁。同出的还有两个素面海棠碗(图6)。

"卍"字花卉纹金方盘一对(图7),盘方形,折沿倭角,底坦平。通体珍珠底纹,边沿饰以连叶纹,盘内四角有蜜蜂纹

图4　唐　伎乐纹八棱金杯

图5　唐　双雁纹海棠式金碗

图6　唐　海棠式金碗

图7　唐　"卍"字花卉纹金方盘

图8　唐　花卉纹金圆盘

图9　唐　椭圆形双鹿纹鎏金银盒

样，四周为四组花卉纹，中心为草叶堆砌的"卍"字。在一件方盘背面口沿，刻有"七两二铢"，应是盘的重量。金圆盘（图8）亦为倭角，其装饰图案与方盘几乎一致，只是盘中心以方形的花草图案取代了"卍"字。

鎏金银盒有十多件，鎏金大都已经剥落。椭圆形双鹿纹盒应该是其中制作较为精致的一件（图9），盒呈四出花瓣形，倭角，上下子母口扣合严密。盒身四周以珍珠地为饰，并錾刻半圆形花卉。盒盖在珍珠地上装饰以缠枝叶环绕两只奔鹿，前一个还回首张望，十分生动。这组花纹运用捶揲技术，纹饰突出具有浮雕的效果。

二、长沙窑瓷器

沉船中长沙窑瓷器的碗一部分被用稻草扎成圆筒裹住堆放在船舱里,还有一部分被螺旋状码放在青釉大罐里,只要大罐没有破损,碗的釉面就不会受到海砂的冲击和磨损,因此长沙窑碗的釉面大部分完好如新。700件壶堆放在船舱的前部,没有发现任何包装物遗存。

中晚唐时期崛起的长沙窑产品具有很强的平民意识,器物的纹样没有任何束缚。还流行书写当时流行的民间谚语、俗语、俚语、诗文(图10)等,甚至还有书写器物的用途和窑户作坊的广告,迎合了百姓的欣赏口味,也传播人生哲理及个人情感。

图10　唐　长沙窑褐彩诗文碗

由于长沙窑产品面向普通百姓,以低价参与市场竞争,因此盛销于国内市场,并很快成为外销日用瓷的大宗。特别是"安史之乱"之后,陆上丝绸之路逐渐衰落,湘江岸边的长沙窑通过水运能与扬州、广州、安南等地连接起来,使沉重易碎、不适合大规模长途陆运的陶瓷器找到了新的出口方式,海上陶瓷之路逐渐兴起。"黑石号"沉船上长沙窑瓷器的巨量发现,说明了当时这类瓷器外销的事实。

黑石号上的长沙窑瓷器造型相对比较简单,主要是碗和执壶。多达50 000件碗的造型单一,圆口(极少作花口)、弧腹、浅圈足。碗内满釉、碗的外壁半釉。执壶为圆口稍外侈、直颈、圆肩、直壁、平底,执壶的一侧有六方形的短流,另一侧则有用两根泥条做成的执手,在流和把手的另外两侧各有一个双复系。

长沙窑装饰为釉下彩,彩绘以氧化铁和氧化铜作为呈色剂,在氧化气氛中铁呈现褐色,铜则为绿色。在偶然的情况下,铜也会被还原而呈现红色(图11)。长沙窑瓷器中饰单一的褐彩及褐绿两彩的器物很多,色彩艳丽,色调浓淡不同,也有多

图11　唐　长沙窑红彩碗

图12 唐 长沙窑褐绿彩祥云纹碗

图13 唐 长沙窑褐彩摩羯鱼纹碗

图14 唐 长沙窑褐彩阿拉伯文碗

图15 唐 长沙窑贴花褐彩壶

样色彩的综合运用,突破了以釉色为主要审美标准的传统。纹样大致为植物、动物、人物和几何图形等,也有晕散的相间色彩组成的抽象图案(图12)。

长沙窑碗在碗内壁的绘彩,题材除了常见的简笔花卉与树叶、云气纹、山水纹、漩涡纹及市井流行诗文、俚语等,还有佛教题材的"卍"字佛塔、摩羯鱼(图13)、莲花等。一些过去认为是简笔写意山水画、云气纹和一些隐藏在图案中的简笔纹饰被专家破译,认为是阿拉伯文(图14)。

壶通常采用模印贴花装饰,及用模具印出装饰泥片,施青釉后在贴花部位再施褐釉,高温烧成后纹饰更加醒目。贴花的内容较多表现域外文物因素,如狮子、椰枣树、婆罗树、波罗蜜树、葡萄、寺庙以及胡人舞乐等(图15)。

三、越窑青瓷

"黑石号"沉船中出土的越窑瓷器数量并不多,造型却十分丰富,包括海棠式大碗、海棠式杯、四系大碗、莲花式碗、深腹碗、花口碗、玉璧底碗、刻花圆盘、刻花方盘、大型唾盂、香熏、执壶、背壶等。

海棠式大碗(图16),碗口呈椭圆形,对称有四出花瓣,圈足外卷,足底施釉。

"黑石号"还有一类海棠式杯,数量相对较多。器形较小,呈椭圆形,在其口沿部分象征性地对称刻出四处缺口,好似花瓣之间的凹下部分。圈足较浅,足底施釉。类似器物在唐代墓葬和浙江慈溪上林湖唐代晚期窑址中都有发现。海棠式大碗和海棠式杯的造型始于唐代,应该是受到西亚地区金属制多曲形器皿的影响而出现的。

图16 唐 越窑青釉海棠大碗

四系大碗(图17),敞口、翻沿、矮圈足,口沿下两侧对称各有两个双复小系,估计为穿系绳索便于提携所用。通体素面无纹,青釉匀净莹润。这样大的越窑碗非常罕见。

图17 唐 越窑青釉四系大碗

"黑石号"上的花口碗造型比较丰富,主要有莲花式碗、深腹碗、花口碗及玉璧底碗。莲花式碗口沿稍敛,碗口作四出莲花瓣形,花瓣造型比较细致。花口碗通常为敞口,口沿作四出或五出花口,腹部有相应的出筋,圈足较矮,有的碗内壁还有刻划花卉,以宝相花、莲花多见。除莲花式碗较少见外,深腹碗和花口碗均是常见器物,在浙江越窑唐代晚期窑址中都有发现。钵为敛口、弧腹,圈足外卷。通体青釉,釉面滋润匀净。

出土的越窑青瓷盘有圆盘和方盘(图18)两种,盘较浅。圆盘做成四瓣花口形,

图18 唐 越窑青釉方盘

 图19 唐 越窑青釉唾盂　　　　　图20 唐 越窑青釉香薰

盘心有刻划花,常见线条奔放的牡丹纹;方盘多做成倭角方形,亦有刻划的花卉纹装饰,其造型与同船所出的金盘相类似。

唾盂(图19),器型甚大。通体青釉,釉面光润,足底无釉露胎。如此硕大的唾盂在唐代越窑瓷器中十分罕见,其用途似乎超出了唾盂的范畴。

香薰(图20),整体呈覆钟形,直壁、高圈足外撇、盖顶圆隆、有钮,盖上花形镂空各异,焚香时香气从中溢出,有的圈足足墙上亦有长条状镂空。器物通体施青釉。这种香薰在国内并不多见,可能是为出口专门制作的。

执壶造型为唐代越窑所常见,敞口、翻沿、束颈、斜肩、鼓腹、平底,一侧颈、肩之间有双股曲柄,另一侧肩部有多棱形短流。还有一类执壶壶体稍大,肩部稍挺,腹部呈瓜棱形,颈、肩间对称各有一个双复小系,也是越窑的常见器物。

背壶,杯形口、束颈、扁腹、平底,壶身两侧上下各有两个桥形系,便于穿带所用。壶身有刻划的花卉纹。

越窑青瓷是唐代南方瓷器的代表。在国内外一些遗址发现的越窑瓷器标本、博物馆藏品,以及一些沉船提供的实物资料表明,公元8—9世纪时期的越窑青瓷沿海上陶瓷之路外销到亚洲至非洲的广大地区,是中国外销瓷的重要品种。大部分唐代越窑外销瓷器的种类与供应国内市场上的产品基本一致,无论造型还是纹饰都保留了本土的风格,很少专门为外销而做特别的设计和改变。一部分越窑外销瓷器考虑到销往地的宗教文化因素,其造型和纹饰具有异域文化特点。

四、白　瓷

"黑石号"沉船中发现的白瓷约有300件,造型主要有杯、杯托、碗、执壶、穿带壶等。

　　杯大致可以分为两类,无柄的敛口杯(图21)和单柄的撇口杯(图22)。敛口杯的造型为敛口、弧壁、深腹,下有较宽的浅圈足,足底平切。撇口杯一为束腰型,侈口、束腰、折腹,有较宽的浅圈足,柄呈双复圆环形,上有叶芽形指垫,有的腹部有弦纹;一为垂腹型,侈口、束颈、垂腹,下承较浅的玉璧形足,柄与束腰杯相类,唯腹部较深。口径略大一些、腹深略浅一些、器物显得矮一些。撇口杯是仿金银器的造型,其造型可以追溯到西域的影响,沉船中的金杯也应属于粟特式器物。如果再往前追溯,单柄杯的造型最早可以追溯到公元前3600年前希腊的迈锡尼文明,在希腊伯罗奔尼撒半岛迈锡尼遗址出土的金杯(图23)可以看到其来源。

　　杯托呈盘形,盘沿宽且坦平、浅腹,盘心凹入以承杯体,盘口作四瓣花口,花瓣之间有一道凸起的"出筋",下有较宽的浅圈足。"黑石号"的杯托与杯可以组合为一套托杯(图24)。

　　碗可以分为花口碗、直口碗两类,花口碗为侈口、浅腹、斜弧壁,有的口沿外卷,均为四瓣花口,有较宽的浅圈足或玉璧底。直口碗为直口、弧壁、浅圈足。

图21　唐　白瓷敛口杯

图22　唐　白瓷单柄敞口杯

图23　迈锡尼文明　金杯(雅典希腊国家考古博物馆藏)

图24　唐　白瓷托杯

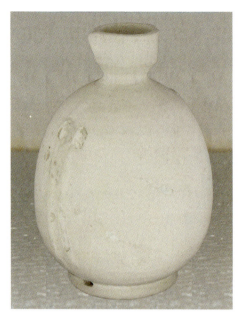

图25　唐　白瓷穿带壶

执壶作敞口、短颈、鼓腹、敛足、平底,肩部一侧有圆形短流,另一侧有双复柄与口部或颈部相连。此类造型执壶为唐代常见。

穿带壶(图25)仅见一件,造型为圆形而与传统的穿带背壶略作扁体有异,口部膨出、细颈、斜肩,腹下部隆起,下接圈足。肩部两侧有用于穿带的扁形方系,系下腹部各有两条细突棱,与之对应圈足两侧有扁方孔用于穿带。

从中国陶瓷发展的历史来判断,这些唐代白瓷应该基本上都是中国北方窑口的产品。目前尚未能确定"黑石号"沉船精白瓷的确切产地是邢窑还是曲阳窑,但是至少可以知道当时外销的白瓷既有河北的产品,也有河南的产品。

五、白地绿彩瓷器

从"黑石号"沉船遗骸中打捞上来的遗物中发现了约200件白釉绿彩瓷器。

白釉绿彩瓷器的装饰方法主要有两种,一种是通体内外饰绿色,表面通常有垂流现象,并露出彩下白釉。另一种是在白釉上饰以不规则的绿彩斑块。器形主要有杯、高足杯、盘、碗、执壶等。

杯可分为两类,一类是无柄杯,一类是单柄杯。无柄杯的造型为直口、直壁、深腹、圈足,口沿下和下腹部各有数道旋纹。单柄杯有两种式样,一种是敛口单柄杯,基本造型是敛口、弧壁、深腹、下承较宽的浅圈足,杯口一侧有以两根泥条盘筑的圆环形柄,柄环上端贴有一圆形印花作为指垫。另一种是敞口单柄杯,造型为侈口、束腰、折腹、平底、浅圈足,足圈较宽。杯柄呈双复圆环形,上有圆形印花指垫,杯外三道旋纹正好位于安装杯柄处,可能起定位的作用。

高足杯有两种式样,一种是单纯高足杯,其造型侈口、束腰、折腹下承高足,足柄下部呈喇叭状,足外沿稍上卷。在杯体的口沿、中部和折服处各有数道旋纹,足柄上、中、下各有两道凸棱。另一种是高足吸杯(图26),杯体与高足杯相似,有的口沿作四瓣花口,杯柄较短,内底有孔与中空的足柄相通,杯外侧的吸管又与足柄相通,吮吸吸管,杯内的浆液通过杯柄可以被吸食;模印的鱼(或龟、鸳鸯等)正好遮掩了杯内的孔,结构十分巧妙。

高足杯来源于西方,在希腊迈锡尼文明遗址发现了最早的高足杯雏形,金质,杯的

图26　唐　白地绿彩高足吸杯　　图27　迈锡尼文明　金质高足杯（雅典希腊国家考古博物馆藏）

两侧有柄，类似奖杯（图27）。这种造型延续到希腊—罗马时期的玻璃和金属质地的高足杯。纽约大都会艺术博物馆收藏的一件罗马时代晚期或者拜占庭时代早期（公元4—5世纪）的玻璃高足杯没有了两侧的提耳，与中国发现的高足杯更加近似（图28）。高足杯在南北朝至隋时期已经传入中国。到唐代高足杯风靡一时，不仅数量多，而且制作精美。这种现象的出现，与当时日益密切的中西交往有很大的关系。

图28　拜占庭时代早期（公元4—5世纪）　玻璃高足杯（纽约大都会艺术博物馆藏）

　　吸杯应该是一种酒杯。传说源自三国时期，在唐代小说《西阳杂俎·卷七·酒食》中讲道，当时的魏国名士郑悫夏天在宴客的时候开创了以荷叶当作大酒杯的做法——将大荷叶连带同长的叶茎一同采下，放在砚匣里，在荷叶上倒入足足三升的米酒。然后，用簪子刺破荷叶的蒂心，形成一个与荷叶的长茎相通的孔洞。这一方法的巧妙地利用荷叶的茎内部天然为贯通的空腔这一特点，将茎向上拉起，就成了天然的吸管。然后主宾轮流以嘴含住叶茎的一端吸吮，荷叶内的酒液就会顺着茎内部的空腔进入吸酒者的口中，其妙处在于能令酒水染上荷叶的香气，给人一种胜冰赛雪的清凉感，结果引发历下（今山东济南）人纷纷效仿，风行一时。至唐代，这种饮酒方法更加风靡，传说唐文宗时的宰相李宗闵在宴客的时候，不但要把酒倒在荷叶中，还要将盛有酒的荷叶扎系起来，一一送到客人面前，再用筷箸将荷叶的蒂心刺破，然后畅饮叶中之酒。西安何家村出土了一件银质鎏金的"碧筒杯"（图29），其形式如同荷叶，应该是贵族的用品。黑石号上的瓷器高足吸杯则可以让这种"时髦"的饮酒方法更为普及，且可以不分南北、不计季节常年进行。

　　绿彩盘的口径不大，有圆口（图30）和四瓣花口两种，浅腹、浅圈足，足圈较宽。盘的内心有的有简单的刻花，均为线形图案，有折枝花卉、菱形花纹等，也有素面的。在柏

图29　唐　鎏金银碧筒杯(陕西历史博物馆藏)

图30　唐　白地绿彩刻花盘

图31　唐　白地绿彩刻花盘(柏林佩加蒙博物馆藏)

图32　唐　绿彩贴花龙纹碗

林佩加蒙博物馆收藏有白地绿彩盘(图31),其造型及刻花与黑石号的盘几乎一致,这些标本出土于公元8—9世纪的伊拉克萨马拉遗址。

碗有大、中、小之分。大碗在口径在25厘米或以上,敞口、口沿外折、腹壁稍弧、内圈底、假圈足较矮、平底。大碗内满釉、满彩,器外施半釉、半彩,下腹部以下无釉露胎,现火石红。中型碗的口径在20厘米左右,侈口或敞口,口沿有的作四瓣或五瓣花口,腹壁有出筋,圈足,足端稍宽,有的圈足内有"进奉""盈"字刻铭,均在釉下。小碗有敞口碗和敛口碗,敞口碗敞口、翻沿、浅腹、浅圈足,有的敞口碗的口沿作四瓣花口形,腹壁有出筋;敛口碗口沿内敛、深腹、浅圈足。小碗大多仅以绿彩装饰,有的碗内底心有刻划的花卉图案;少数碗的内底有贴花团龙纹(图32),外沿以六莲瓣环绕,中间为龙追火球,龙作张口欲吞火球状,龙之须、角、舌、鳞及三爪四肢均清晰可见。在扬州唐城遗址出土了一件与"黑石号"相同的白地绿彩贴花龙纹碗(图33)。

执壶(图34)侈口外卷、直颈、丰肩、鼓腹、假圈足外撇、平底,肩部一侧有流作龙首状,龙口衔流;肩部另一侧有鋬作一伏在壶口的狮子,其后肢直立,前肢扒住壶口,狮首

图33 唐 绿彩贴花龙纹碗(扬州博物馆藏)

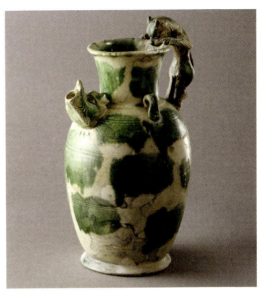

图34 唐 白地绿彩龙首执壶

前倾,狮口衔在壶口上,作欲饮水状,十分生动。肩颈间两侧还有泥条盘筑的双复系。

六、青花瓷器

"黑石号"最引人注意的是在沉船船舱的尾部发现了三件青花瓷盘,这是迄今为止首次发现的中国最早、最完整的青花瓷器。三件青花盘的造型基本一致,纹饰不完全相同,但其构成和母题如出一辙,都是用带有芭蕉叶(或称棕榈叶)风格的植物纹组成,中间是一个方框,四角伸出叶片(图35)。

在1975年扬州唐城遗址发现青花碎片之前,关于中国青花瓷器的发生及发展通常认为是元、明、清时代。1975年和1983年在扬州唐城遗址先后发现了青花瓷残片,纹饰中的棕榈叶纹、菱形纹、梅花点纹、竖条纹等具有伊斯兰风格。"黑石号"沉船中的青花瓷盘纹饰与扬州唐代遗址出土青花残片纹样风格十分相似,而这种纹样在唐代陶瓷器中罕见。"黑石号"沉船中的三件青花瓷与大量无可争议的中晚唐瓷器同处于一艘船上,说明其来自中国,证实唐代已经用钴料作釉下彩烧制青花瓷,并且根据输入地区的要求进行生产,

图35 唐 青花花卉纹盘(新加坡亚洲文明博物馆藏)

已经输出海外。

七、关于"黑石号"沉船的出发港和目的港

关于"黑石号"的出发地，有三种推测：其一扬州说，认为"黑石号"沉船在扬州装载长沙窑（长沙窑产品沿湘江而下，经洞庭湖而入长江到扬州）等货物后出海，然后沿着海岸线至明州、广州等地停靠，分别装上当地的货物，最后按照唐贞元年间贾耽所著《皇华四达记·广州通海夷道》中的路线行驶至今苏门答腊附近沉没。在扬州发现较多长沙窑产品的遗存和与"黑石号"相同的绿彩、青花瓷器以及扬州地区生产金银器，为"扬州说"提供了依据。

其二广州说，认为各地瓷器经内河或者沿海航线运到广州，然后一起装上"黑石号"，再按照"广州通海夷道"中的路线行驶至苏门答腊附近。一部分长沙窑碗被装在广东生产的青釉大罐里再装船，为"广州说"增加了可信度。

最后一种观点则认为"黑石号"沉船上的货物是在室利佛逝（唐代末年以后改称三佛齐，即苏门答腊岛）的港口一次性装载的，而这些装上船的货物则是由不同的船只从扬州、明州和广州分别运到室利佛逝的。

如果是扬州出发，不能解释广东青瓷大罐如何到扬州再装载长沙窑碗；如果是广州出发，在广州的唐代遗址很少发现长沙窑产品；而第三种较为妥当，但亦有可斟酌之处。

室利佛逝等东南亚港口有作为中国货物输往西亚、中东、欧洲中转港的悠久历史，这种情况至少维持到明代。中国的货物输往西亚、中东或者欧洲，依靠中国商船的航海能力可能有一定的困难，而西亚和欧洲的商船也存在同样的问题，因此在东南亚中转成为海上贸易最好的选择。事实上在这些港口的古代遗址中经常发现中国的外销瓷器。如果"黑石号"确实是在室利佛逝港装载了来自各地的货物启航的，那么，不久它就触礁沉没了。

也不能排除"黑石号"是从中国的港口启航的。船上的货物如金银器、"江心镜"产自于扬州，各地窑场的产品运到扬州也不存在很大的困难，而且在扬州唐代遗址发现了除广东青瓷外其他"黑石号"装载的瓷器品种。唯一的疑惑是关于广东窑青瓷大罐内装有长沙窑碗作何解释？也可以设想"黑石号"在扬州装上除长沙窑之外的其他货物，留出中间的舱位到广州再装载长沙窑瓷器和广东青瓷。

关于"黑石号"的目的港，从目前的考古证据看，应该是西亚、中东地区。"黑石号"装载的长沙窑、越窑瓷器在埃及的福斯塔特遗址、苏丹的阿伊扎布遗址、伊拉克的萨玛拉遗址、伊朗的尼沙布尔遗址和希拉夫遗址等地被发现。在柏林佩加蒙博物馆的陈列室里有在伊拉克萨马拉遗址出土的、与"黑石号"一样的白地绿彩瓷器和白瓷，而在欧洲至今尚未有类似发现。因此，"黑石号"的最终目的港应该是阿拉伯帝国的某个港口。

中国文人传统与17世纪江南文人生活

    中国古代文人是一个经济条件优越、生活悠闲、志趣高雅的社会阶层，他们在政治上往往不得志，因此就无所追求，但是在生活中却力求高标准，将自己的文化修养融入到日常生活之中。在中国漫长的历史进程中，文化主要掌握在文人手里。中国真正的文人阶层形成于晚唐以后，他们生活悠闲，"琴、棋、书、画"是必备的艺术修养，"诗、词、曲、藏"被视作是生活中的乐趣。由于文人具有较高的文化修养，他们对于世间万物往往有自己的看法，这种审美认识被看作是"雅"，和社会上大众审美的"俗"相对应，于是人们把文人艺术化的生活看作是"文人雅趣"。4至5世纪之间陶渊明所撰《桃花源》里的境界，千百年来已经成为中国古代文人心向往之的胜景。从唐到宋、元、明各朝，多数文人或者终生不仕，超脱傲世，以布衣终老；或者前期入仕，后期超脱遁隐，颐养天年。中国古代文人这种超脱的文化性格，决定了其"穷则独善其身"的基本人格，也决定了他们清高、愤世、自负、淡泊、知足常乐、与世无争、清心寡欲的基本品德。17世纪江南文人的生活正是反映了中国文人的传统。我们重新审视古代文人的生活，或许对改善今天人们的生活有所启迪。

一

    在中国，"文人"一词在2 000多年以前的诗集《诗经》中就已出现："厘尔圭瓒，秬鬯一卣，告于文人。"这里指的是有"文德"的人；有时也指擅于文章之士，如魏文帝曹丕就说过："文人相轻，自古而然。"在中国历史上，与"文人"概念相似的另外一个词是"士"。他们作为一个社会阶层，大致相当于今天的"知识分子"，但两者还不尽相同。现在在中国，知识分子往往泛指一切有"知识"的人，如大家通常把受过大学教育的人称为"知识分子"。而在西方，"知识分子"（Intellectual）一词有其特殊的含义，常常把知识分子称为"社会的良知"，认为他们是人类基本价值（即自由、平等、理性等）的捍卫者。根据西方学术界的理解，"知识分子"除了应当具备某种知识技能之外，还必须能够关心国家、社会乃至世界上一切有关公共利益的事情，这种关心又必须是超越个人和小团体利益之上的。西方"知识分子"竟然与中国历史上的"文人"（或"士"）在基本精神上有相当程度的契合：2 500年以前，孔子的"士志于道"便已揭示了"士"（或"文人"）是基本价值的捍卫者的地位；孔子的学生曾参则说得更加明白："士不可以不弘毅，任重而道远。仁以为己任，不亦重乎？死而后已，不亦远乎？"；北宋范仲淹提倡的"士当先天下之忧而忧，后天下之乐而乐"，至今仍然在激励着中国读书人的理想和豪情；明代晚期的东林党人的"事事关心"一直到现在还在振动着中国知识分子的心弦。如果根据西方的标准，中国历史上的"文人"（或"士"）作为一个承担着文化使命的特殊阶层，从2 000多年前起便在中国历史上发挥着类似西方"知识分子"的作用。

二

　　"文人"（或"士"）的传统在中国延续了2 000多年，但并不是一成不变的，而是随着中国历史各个发展阶段以不同的面貌出现的。

　　春秋战国（公元前9—3世纪），士是"游士"。当时各地王侯广招天下文人，养为"食客"。相传齐"桓公为游士八十，奉以车马衣裘，多以资币，使周游四方，以号召天下之贤士"（《日知录·士何事》引《齐语》）；春申君有"客三千馀人，其上客皆蹑珠履"；至今仍被传为美谈的"冯𬳿三窟"和"毛遂自荐"的故事（《史记·春申君列传》），都反映出当时君主礼贤下士和私门善待文人的风尚。先秦，士多无恒产，他们却能够不论贫富皆以道为依归，表现出一种自然的尊严，孟子所谓"士穷不失义，达不离道。穷不失义，故士得己焉；达不离道，故民不失望焉。古之人得志泽加于民，不得志修身见于世。穷则独善其身，达则兼善天下"（《孟子·尽心》上）即是。

　　汉代（公元前3—公元3世纪）大兴儒学，士人们把实行儒家的"礼乐教化"看作是自己的神圣职责。到西汉末，随着士人阶层的扩大，他们的背后依附了强大的宗族，因此已经不再是无根的游士，而成为具有深厚社会基础的"士大夫"。士人与宗族的结合，便产生了中国历史上著名的"士族"，他们对于两汉之际的政治变迁产生了特殊的影响，遂成为东汉政权的社会基础。东汉后期，随着外戚宦官专权愈演愈烈，且互相诛戮，士大夫在与外戚、宦官的冲突之中逐渐焕发群体之自觉，形成与之抗争的所谓清流集团，他们"大丈夫处世当扫除天下，安事一室乎"？以天下为己任，向往政治清明，并以此为终生奋斗目标，"依仁蹈义，舍命不渝"。

　　魏晋南北朝时期（公元3—6世纪），中国由一个大一统的帝国重新走向分裂。社会动荡和王朝频繁更迭，残酷的现实逼迫文人隐逸山林之间；随着儒学的中衰，当时文人的思想特点是易、老、庄的玄学取代了汉代的经学，老庄主张道法自然，清心寡欲，提倡隐逸避世，于是隐逸之风大盛。当时，以君臣、父子关系为核心的人伦秩序受到了前所未有的威胁。士人们反对礼制，信奉"无为而治"，认为"盖无君而庶物定，无臣而万事理。……君立而虐兴，臣设而贼生，坐制礼法，束缚下民。……竭天地万物之至以奉声色无穷之欲，此非所以养百姓也"（阮籍《大人先生传》，严可均辑《全三国文》卷四十六）。对君主的权威提出了挑战;对于父子关系,他们反对父道尊严而崇尚自然:"父之于子,当有何亲? 论其本意,实为情欲发耳。子之于母,亦复奚为? 譬如寄物瓶中,出则离矣。"(《后汉书》卷七十《孔融传》)看似无情,却打破了儒学"天地故生人"的传统命题,进而驳斥了世俗的关于"孝"的价值论。在相互之间的交往上,他们益发趋于狂放,"蓬发乱鬓,横挟不带,或襃衣以接人,或裸袒而箕踞。……其相见也,不复叙离阔,问安否。宾则入门而呼奴,主则望客而唤狗。……及好会,则狐蹲牛饮,争食竞割,……终日无及义之言,彻夜无箴规之益"(葛洪《抱朴子》外篇卷二十五《疾谬》)。这种放荡不羁的生活态度实际上就是对当时黑暗政治的反抗。竹林七贤和陶渊明是此时文人的典型代表。

隋唐时代(公元6—10世纪),诗人、文士足以代表当时的"社会良知"。唐代的诗人们用诗歌来抒发自己的感怀。"秦时明月汉时关,万里长征人未还。但使龙城飞将在,不教胡马度阴山"(王昌龄《出塞》)。表达了诗人边塞建功的理想和抱负;"帝子潇湘去不还,空余洞庭秋草间。淡扫明湖开玉镜,丹青画出是君山"(李白《陪族叔刑部侍郎晔及中书贾舍人至游洞庭五首》之五)。表现了祖国山河的俊美;"离离原上草,一岁一枯荣。野火烧不尽,春风吹又生"(白居易《赋得古原草送别》)。以野草旺盛的生命力,来表现朋友间的友情;杜甫的"三吏"(《石壕吏》《新安吏》《潼关吏》)"三别"(《新婚别》《垂老别》《无家别》)用叙事的手法,完全从社会的最底层反映安史之乱给国家、百姓带来的灾难和血泪,同时也表现了普通百姓和作者自己与国家共存亡的精神。诗人还十分关注人民的疾苦:"去年米贵阙军食,今年米贱大伤农。高马达官厌酒肉,此辈杼柚茅茨空。……况闻处处鬻男女,割恩忍爱还租庸。"(《岁宴行》)真实、深刻地刻画出底层百姓生活的悲惨,并发出"谁能扣君门,下令减征赋(《宿石花戍》)"的呼喊。

宋代(公元10—13世纪),随着科举制度的完善,门阀贵族制度的根基被动摇,文人致仕的机会大大增加,国家的权力主要由文臣掌握,文人有较高的政治地位和经济待遇。与此同时,宋代统治者比较宽容,文人不会因言论获罪,比历代更享有"言论自由",他们的学问亦比此前的文人高深。宋代文人心存"回向三代"的复古之志,同时又盛行疑古、疑经之风,文献经典不再被宋人奉为金科玉律,他们更愿意将目光从纸本文献转向古代金石器物,以图发掘出比文献记录更真实的礼制原型。宋朝士大夫玩收藏,追求的是博古通今的学术趣味。典型的如宋代收藏家赵明诚、李清照夫妇的故事,当时赵明诚与李清照家境都较宽裕,但是为了搜集名人书画和古董漆器,他们居然"食去重肉,衣去重彩,首无明珠翡翠之饰,室无涂金刺绣之具"。每逢初一和十五,夫妻两人总要到都城开封相国寺一带的市场上去寻访金石书画,然后倾囊买回家里。如此几年,积少成多,他们的书斋"归来堂",单是钟鼎碑碣之文书就有两千卷之多。他们共同编写的《金石录》,共三十卷,先由赵明诚撰写大部分,其余部分由其妻李清照完成。《金石录》一书,著录其所见从上古三代至隋唐五代以来,钟鼎彝器的铭文款识和碑铭墓志等石刻文字,是中国最早的金石目录和研究专著之一。命运的转折发生在李清照44岁的时候,金军大举南侵,北宋朝廷崩溃,身处国破家亡时的二人带着珍贵的收藏南下。南迁途中,赵明诚身死,而珍贵收藏也不断流失,命运无情地击打着李清照。家国破灭,丈夫身死,李清照忍着世间最大的伤痛,在她的诗词中多有反映。如她的《武陵春·春晚》词中所说的:"物是人非事事休,欲语泪先流。"宋代国力并不强盛,先是受到辽、西夏的侵扰,后又被女真攫取半壁江山,最后为蒙古铁骑所摧毁。正是如此,宋代文人大都具有忧患意识,有强烈的社会责任感,重气节、重修养。范仲淹所倡导的"以天下为己任"和"先天下之忧而忧,后天下之乐而乐"的风范,成为以后"文人"的新标准,并一直影响到近代,而文天祥"人生自古谁无死,留取丹心照汗青"的大无畏爱国精神,至今仍在激励着人们。

元代(公元13—14世纪)的汉族文人面对残暴、文化落后的蒙古贵族统治,或选择反抗,在抵抗失败后遁入山林,成为幽栖的隐士,著名的如谢枋;或选择沉沦,他们往往博学而倜傥,浪荡不羁,成为流连于青楼勾栏的风流才子,但在文学上却有伟大的创作,如著名剧作家关汉卿等即是。

明代早期(公元14世纪后期),朱元璋一反称帝前"礼贤下士"的做法,"大戮官民,不分臧否",所杀的人包括开国元勋、列侯禅将、部院大臣、进士儒生,还不许文人辞官隐居,并且大兴文字狱,滥杀无辜,文臣儒士成了可随意责罚的奴隶和任人宰割的牲口,文人的尊严和气节在暴政面前化为乌有。在这样的环境之下,文人的社会地位和经济地位都十分低下,他们的学问及文学成就亦不及宋、清两代。

以明嘉靖朝(公元16世纪中期)为界,前后期社会风俗发生了很大的变化,在文人中出现了一批才艺俱全的风流才子。他们以唐寅、祝允明等为代表。唐寅是多才多艺的杰出才子,他擅长诗文,尤精书画,其原有心科举,后因科场案牵连,无辜受谪,遂无意于仕途,于是放浪形骸,纵情酒色。晚年筑桃花坞,每日与客人盘桓其中,昼夜宴饮。祝允明曾任小官,因仕途失意而辞官回家。他五岁已能书写盈尺大字,九岁能作诗,少年时博览群书,文章有"奇气",书法尤精,名动海内。喜好酒色奕博,讨厌礼法。有钱时动辄召客豪饮,或分送他人,直至散尽。晚年生活潦倒,出门有债主追讨,他却常以此为乐。明代中期,江南出现大量风流才子型的文人,是与江南城市的经济发展密切相关。当时,南京、苏州、扬州、杭州等城市商业发达,人口众多,又是达官巨贾的销金窟,这些人又爱附庸风雅,喜爱结交名士,求得他们的字画或诗文,以满足虚荣心理。这些人不缺金钱,缺的是名气,交结名士,自然能沾名士的光。这样,就为大批风流文人的出现提供了广阔的生存空间。如唐寅、祝允明这样的著名文人,颇受大家的尊重,也享有富裕的物质生活。但他们与传统的隐居山林的文人不尽相同,不求仕为官,远避仕途,却从不隐姓埋名、默默无闻。他们生活在繁华的都市,与各类官员频繁交往,这同陶渊明式的隐遁山林躬耕南山的隐士大相径庭,但他们从本质上来说又确实是隐士。

三

自南宋以后,中国封建社会政治经济中心逐渐南移,至明代达到一个高峰。明初定都南京，虽然以后永乐迁都北京，但是江南在政治上的独特地位未变，这一方面是因为太祖皇陵建在南京，南京仍有一套完整的中央政府机构，另一方面江南有全国最发达的农业、手工业、商业，是支撑整个王朝的财富之源，因此江南地区在明代政治格局中占据着不可替代的位置。

在经济上，由于江南地区具有优越的地理、气候和物产条件，在17世纪，江南社会创造了当时中国最繁荣的农业、商业和手工业经济，最富饶的物资供应，其生活水准在全国是最高、最富裕的。

独特的政治地位和优越的经济条件，使得江南民众具备远远超出全国的知识水准，其具有高度成就的文学艺术作品，以及所涌现的在当时全国文坛居于领袖地位的一批文人，正是由富饶的江南土地所养育的。

17世纪，正当明清两代王朝更迭之时，是中国历史上又一个动荡的时期，这为人杰地灵的江南抹上了浓重的时代色彩，生活在其中的文人自然不能超然于外，也被时代环境所左右。

随着明代政权的日益腐败，社会矛盾激化，广大文人对时事政治的关注程度日甚。16世纪末，无锡文人在东林书院讲学时议论朝政，得到一部分文人的共鸣，被称为"东林党"。他们反对矿监、税监的掠夺，主张开放言路、实现改良，遭到在朝权贵的嫉恨。17世纪早期，宦官专权，打击东林党人，一些骨干纷纷被逮捕、杀害。继而，江南文人又组织了复社、几社、惊隐诗社等具有政治倾向的社团，人数最多时数以千计。一般的社团有应社、同声、慎交、原社、望社、武林读书社等。社团定期或不定期举行集会，有些集会"连舟数百艘"，规模巨大，江南文人学者对社会性活动的热衷程度由此可见一斑。但是这些文人社团一旦有转变成政治党派的倾向时，最终都会被强大的封建专制政权所摧毁。

除政治活动之外，江南的文人社团也举办一些日常活动，"故文人学士得以跌荡于词场酒海间，亦一时盛事也"（赵翼《廿二史札记》卷三十四）。他们聚在一起谈笑歌舞，流连诗酒，标榜高雅，"仪观伟然，雄怀顾盼，举止蕴藉，吐纳风流"成为当时文人追求的生活方式和典型风度。文人社团一方面"品校执政，裁量公卿"，鼓动清议，当业余政治家；另一方面，各地的著名风月场中都能见到他们的身影，在秦淮河畔、虎丘山下、西湖船舫中载酒征歌，侑酒必依红裙，于是在才子与佳人之中就不难发生许多令人赞叹的风流韵事，孔尚任《桃花扇》中侯朝宗和李香君等脍炙人口的故事就是这种生活的真实写照。

17世纪前后的100多年间，江南地区因为它所具有的特殊传统和地位，遭到王朝更迭和外族统治的巨大冲击，社会生活极不安宁，社会矛盾错综复杂。正是处于不同于其他地区的独特环境，给江南文学艺术家们提供了丰富的创作素材，大大激发了他们的创作灵感，从而涌现了一批名垂青史的大家，他们的作品各具风采，艺术生涯充满了那个时代的鲜明特点。当时的诗文成就虽然不能与汉唐时代相比，但其创作之繁盛远胜于前代。当时江南的诗人、文学家有的是以科举入仕的文人官吏，仕途顺利社会安定时以诗文为消遣。他们在因各种缘故退出政坛后诗文风雅更盛，或"与故人遗老修绿野、香山故事，赋落花及咏物诗""与少年词人争强角胜"以诗文为乐；或"登临赠答，淋漓慷慨"，为世运而忧虑。著名的如陶望龄、王世贞、李日华、汤显祖、陈子龙、钱谦益等。有的诗人、文学家则以布衣、处士终其一生。他们之中有的醉心于山野风光、田园生活，安于隐居避世；有的拒绝清廷的招请，"丈夫忍饥耿介死，不学鹅雁鸣喁啾"；或出家为僧，遁入空门，试图追求一种精神上的解脱。当时出现了诸如程嘉燧、金圣叹、朱耷、范路、顾炎武、黄宗羲等一批杰出的文学家、思想家。他们的创作活动，无论在当时还是后来，对江南乃至全国都产生了很大的影响。

明清时期，中国书画以江南文人书画家的数量最多、成就最高。明清之际，江南画坛异常活跃：一方面，所谓正统画风衍生发展出一些支派；另一方面，文人画也产生了一些在艺术上脱离传统、注重发挥个性的画家，他们结成派别，各处活动，倡导变革。可以说，17世纪江南地区产生的画家、画派之多在任何地区、任何时代都是空前的。其中比较有名的画派有：以董其昌为首的松江派、以赵左为代表的苏松派、以王石谷为代表的虞山派、以王原祁为代表的娄东派、以曾鲸为代表的波臣派、以蓝瑛、陈洪绶为代表的武林派等。

17世纪前期，社会比较安定，江南文人书画家的生活还比较悠闲，他们大都把书画创作作为一种移情悦性、陶冶身心的途径，其创作也较多地表现出文人艺术的特点，带有比较浓重的文人气息。如在当时文坛、画坛皆有极大声望的董其昌，其一生除了担任各种官职的17年之外，把大量的时间和精力用于书画创作、鉴赏和收藏，他所交往的人大都有较高的社会地位和声望，因此他常与各种文人讲诗论画；他有时也在田园式的生活中体验普通百姓的心境，从中捕捉创作的灵感。当时山水画以董其昌影响最大，他的绘画艺术以摹古为主旨，崇尚宋名家，讲究笔墨趣味，有较深的技巧功力，为明末画坛上正统绘画的代表。

17世纪中期以后，受皇室扶植的"四王"画派以王时敏、王鉴、王翚、王原祁为代表，成为当时画坛的正统派，其山水画风影响了整个清代。

随着明王朝的崩溃，王朝的更替带来了社会的动荡，江南文人的民族意识在创作中益发表现出来，给他们的艺术创作带来了很大的影响，在画坛上也是如此。17世纪中期以后，江南出现了一批反正统的画家，他们大多是明末遗民，明末清初不少文人出家为僧，其中弘仁、朱耷、髡残、石涛四人能诗善画，有较高的社会声誉，他们的经历都与当时动荡的社会现实相关，这种经历在他们的艺术创作中往往以一种蔑视现实的反叛精神加以表现，其中八大山人朱耷和石涛中年以前的作品表现得更为显著。四位高僧的绘画风格对以后的"扬州八怪"产生了积极的影响。当时在南京地区聚集了一批遗民画家，他们性情淡泊，生活清贫，遁迹山林，以诗画相酬唱，虽绘画题材及风格不尽相同，但具有相近的艺术意趣，其中龚贤等八位布衣画家，时称"金陵八家"，是当时中下层文人画家的代表。

17世纪的江南地区以其丰富多彩的时代特色而引人注目。其文化的影响不仅使文人的创作更加富有朝气，他们的创作理念也日益渗透到民间艺术的创作之中。与此同时，文化艺术在普通百姓当中的日益普及也促使文人开始转变传统的艺术观念和生活观念，逐步走向世俗化。

由于17世纪的江南经济发达，文化气氛浓厚，在民间出现许多藏书楼，其主人既有富商、官僚,也有文人。当时藏书楼主要集中在苏南和浙北一带,著名的如常熟钱氏绛云楼、述古堂、毛氏汲古楼、张氏爱日精庐,昆山徐氏含经堂、培林堂,吴县朱氏滋兰堂,鄞县范氏天一阁,钱塘吴氏小小园,会稽祁氏澹生堂,慈溪郑氏二老阁等。

除藏书之外,江南文人还爱好收藏,商周彝器、宋元名瓷以及历代书画都是他们竞相追逐的对象。往往得到一件心仪的佳品,会邀请好友一起鉴赏,这样逐渐造就了一批颇有造诣的鉴赏家。收藏和鉴赏也成为当时文人日常生活的主要内容之一。

四

生活在17世纪的文人通常有比较优越的经济条件,因此他们的日常生活悠闲而丰富,他们比较讲究生活的乐趣和品位。明末文震亨在《长物志》中描述了当时文人的居住环境。对于居住,他们认为最好居于山水之间,其次为居于村野之地,再次则居于市镇之郊。如果居室只能混迹于廛市之中,那也要门庭雅洁、室庐清靓。在庭院中种植佳木怪箨,在室内陈设金石图书,这样可以使居之者忘老,寓之者忘归,游之者忘倦;酷暑天使人觉得飒然而寒,严寒中又让人感到煦然而燠。书斋,作为文人日常读书和与友人叙谈之处,宜明净不可太敞,明净可以使心神爽快,太敞则读书时目力太费;傍檐可以置窗栏,以便观景休息,也可以与游廊相通;书斋前的庭院须稍宽敞,以便种花木、列盆景;夏天将北窗除去,前后洞空,以添凉意;庭院中洒以饭汁,以利绿苔的生长,绕墙则种翠芸草,也可用鱼腥水洒于墙上,以引藤蔓的繁茂。如此幽雅的环境,反映出当时文人对环境文化内涵的追求。

在如此的环境之中,当时文人的日常生活又是如何?通过李日华的《味水轩日记》可以略知一二。李日华(1565—1635),浙江嘉兴人,明万历壬辰(1592)进士,官至太仆寺少卿,以后回乡20余年,潜心于文学、书画创作,《味水轩日记》记载了其中8年的生活。他的这段生活经历恰好在17世纪前期,可以看作是当时文人生活的缩影,下面随意摘取几天的日记[1],作为本文的结尾:

万历三十七年(1609)四月二十日

雨霁。苏州陆衡甫骏介沈子广来谒,他们所持王宠(号雅宜山人,吴县人,明代著名书法家)所赞王雅宜行书单幅二诗,古雅劲秀,似献之章草。又示断纹琴,金玉徽轸,与锦囊流苏,烨然照目。鼓之亦常声,断纹浮起,非真品也。祝枝山(号枝山,苏州人,明代著名书法家)草书杜陵《秋兴》,良雄快可喜。

(四月)二十九日

张禹玉扇头释子智舷号秋谭所作新柳诗,有"夜雨尚怜胜不得,春风只管舞教

---

[1] (明)李日华著,屠友祥校注:《味水轩日记》,上海远东出版社,1996年。

频"之句,因为作《新柳图》,以益其态。

七月二十二日

海上僧人量虚来,以普陀茶一裹贻余。余遣僮棹舟往湖心亭挹取水之清澈者……普陀产茶不十数斤,此焙者尤难得。余名之曰观音灵芽……

八月七日

雨时作时止,天气颇凉。购得万历初窑真言字茶杯二只,甚精雅可玩。近鄯善国(西域古国,本名楼兰,在今新疆中部,隋设鄯善郡)告苏摩罗青(又称为"苏麻离青",是一种优质钴料,制瓷中用作绘制青花)已竭,而景德镇匠手率偷薄苟且,烧造虽烦,恐难复睹此矣。然近日建窑造白器物,日以精良。岂人事抟坯之工,亦随造物转移耶?

(八月)十六日

十六日,遇徽友吴历山,出观李伯时临韩干马,有曾公卷跋,俱绢素,未的确。一文王方鼎,样亦稍阔,欠雅。   沈石田仿吴仲圭长卷,笔墨纵横,变化不测,真绝品也。后有题识,乃为其友字存道者所作。末云存道跳跃称誉不已,然不知仲圭染法从董、巨深妙中来,岂易到也。盖沈翁服膺梅老如此,此其所以擅脱胎之妙乎。

万历三十八年(1610)六月二十八日

购得祝枝山行书《古诗十九首》,用金粟山藏经纸五张,款云:甲申秋七月望后一日,过守谿内相园中辱林屋留款,出经纸索书古诗十九首,酒次勉为应命。允明。

文衡山跋云:枝山先生咸称草圣,此卷笔力遒劲,乃法钟繇,人不可及。有客持览书此为识。嘉靖丙戌二月徵明书。

又有彭年、文嘉、顾德润、王世贞、李攀龙、周天球诸跋。盖王文恪公物,后王元美购得以贻李于鳞者。

八月十六日

十六日,钮伯谷昆季招,登酒舫泛南湖。在坐沈子广、高孟益、朱完朴,歌伎梁一,歌童方二、任八。维梢菰蒲间,月色霭黮。游者鼓吹间作,丝肉杂陈,亦有以火花烟爆佐之者。余成一律云:煜煜轻绡隔镜奁,婆娑桂影一分偏。寒潮暗满菱花港,宿雨初收豆荚田。桃扇忽欹窥素面,湘帘半卷压金钿。拍浮幸值鱼龙夜,争探骊珠未肯眠。

原载《品物游心——中国文人的生活与艺术》,上海书画出版社,2021年

博物馆研究

全国文博教育研讨会纪要

　　为了深入探讨文博专业人才的培养问题，由国家文物局和复旦大学联合主办，于1989年10月17日至20日在复旦大学召开了"文博教育研讨会"。国家文物局马自树副局长参加了会议。参加会议的还有复旦大学、南开大学、武汉大学、东南大学、西北大学、杭州大学、上海大学和国家文物局、上海市文物管理委员会、上海博物馆、南京博物院等单位的有关领导、专家学者近30人。会议在认真学习江泽民同志在庆祝中华人民共和国成立四十周年大会上的讲话，提高思想认识的基础上，围绕文博教育的改革、联合办学的途径以及文博教育目前存在的问题和解决办法等展开了广泛、深入的讨论，在一些问题上取得了一致意见。

一、培养合格的文博人才是进一步发展文物事业的关键

　　与会代表一致认为，我国是一个具有数千年传统文化的文明古国，也是世界上保存文物最多的国家之一。大量的珍贵文物有待人们去发现、保护、研究和宣传，它们既是绵延不断、灿烂辉煌的中华文明的标志，也是勤劳勇敢、团结互助的中国民族的骄傲。这些历史瑰宝具有一种强大的精神力量，对一切关心祖国的繁荣昌盛和伟大变革而贡献力量的中华儿女，对一切关心祖国命运的炎黄子孙，都起着不可低估的感召、凝聚和激励作用。用我国极其丰富的历史文物，理直气壮地宣传中华民族的悠久历史和灿烂文化，弘扬中华民族勤劳勇敢、艰苦奋斗的优良传统，充分发挥历史文物在爱国主义教育中不可替代的作用，在今天具有特别深刻的意义。而宣传文物本身固有的历史、科学和艺术价值，对于影响人民的思想感情、道德情操、知识素养、审美情趣，对于提高全民族的文化素质，对于指导人民的社会实践活动等，也都具有十分重要的意义。因此，文物事业是我国社会主义精神文明建设中一个重要的环节，如何在保护好文物的基础上充分发挥文物的社会教育作用，是时代赋予我们的历史使命。

　　据1988年的统计，全国文博系统有职工31 000多人。从文化构成上看，具有大专以上学历的约占总数的33%，67%干部职工的文化程度在高中以下，就是在33%大专

以上学历的人员当中,不乏前几年"文凭热"兴盛时通过各种途径得到的大专文凭,而真正接受过专业系统训练的当不足此数。这对于一支从事文物、博物馆事业的工作队伍来说,文化素质明显偏低。从年龄结构上看,45岁以上的占人员总数的31.6%,35—45岁的占22.9%,35岁以下的约占45.5%,年龄显得老化,中坚力量偏少,虽然有近一半的人员是35岁以下的年轻人,但是文化程度偏低,绝大多数是初中或高中毕业。从专业技术职称看,具有高、中、初级职称的仅占人员总数的38.7%,其中高级职称占4%,中级职称占13%,初级职称占21.7%。来自文博单位和文物管理领导部门的同志认为,目前文博队伍无论在规模上还是在队伍素质方面,都与我国文物大国的地位和所承担的文物保护、研究、管理和宣传的任务不相适应。有计划地培养具有较高的政治素质、较深厚的文化基础和一定的管理才能,有艰苦创业的献身精神的合格的文博专业人才,逐步提高文博队伍的整体素质,是推动我国文博事业健康发展的一项超前任务,也是进一步发挥文物、博物馆事业在社会主义精神文明建设中重要作用的可靠保证。来自高校的同志表示,鉴于中央领导同志、国家教委、国家文物局以及各省市有关领导的重视,我们对办好文博专业充满了信心,决心为发展文博事业培养更多、更好、更合格的专业人才。

二、文博教育目前面临的问题

党的十一届三中全会以来,我国的文博教育事业得到了令人瞩目的发展,目前在全国高等院校中有11所设有考古专业,9所设有博物馆专业。从1984年开始,复旦大学、南开大学、北京大学、吉林大学、人民大学、东南大学接受国家文物局的委托,先后举办学制为两年或两年半的博物馆学、考古学、文物保护和古建筑维修等专业的干部专修科和研究生班。1980年以来,这些高校为文博战线输送了不少文物、博物馆方面各专业的本科生和研究生,还为全国文博系统培训了在职干部500多名。

文博教育工作虽然取得了不少成绩,但是近几年的教学实践表明,目前文博专业教育也存在一些亟待解决的问题,主要表现在以下几个方面:

(一)培养与需要的矛盾

与会的高校代表普遍谈到,近两年来,大学培养的本科生、研究生面临毕业分配难的问题,每年都有一些毕业生由于不能落实专业对口的工作单位而被迫改行,这对国家、对个人都是一种损失。造成这种情况的原因主要有:

1. 前几年,在一些高校中设置有关专业有一哄而上的倾向,个别学校虽不具备条件也勉强上专业,这就扩大了招生的规模,造成教育事业发展与人才有效社会需求之间的矛盾。

2. 过去搞人才需求预测时,对文博事业的发展前景过分乐观,造成宏观指导上的失误。目前的情况是,尽管我国文博专业的现状与11亿人口大国的地位很不相称,但是现在国家的经济正处在一个调整治理阶段,因此文博事业在短期内不会有大的发展,对人才也不会有大的需求。

3. 在一些文博单位内部,由于种种原因,存在"该进的进不了,不该进的却进了"的情况,这种情况的改观,不是高等院校所能解决得了的,甚至要文物主管部门解决也并不容易。

(二)课堂教学与实践的矛盾

文物、博物馆学属于应用性学科,其特点是实践性强,在组织教学时必须注意其专业特点。来自文博系统的同志认为,根据以往的经验,本科生毕业后到博物馆,需要经过5年或5年以上实际工作锻炼才能真正胜任工作,这主要表现在动手能力较差。高校的同志早就注意到了这个问题,他们不断加强课堂教学的直观性,并设法增加学生到文博单位实习的时间,以求解决理论与实践相联系的问题。但目前在落实教学实践基地、征集教学标本、添置必要的教学设备和实习经费等诸方面都遇到不少困难。

(三)课程设置方面"博"与"专"的矛盾

由于从事文物、博物馆工作需要比较渊博的知识,因此各高校在课程设置上普遍存在面面俱到的倾向,其课程几乎涵盖了包括历史学、考古学、文物学、博物馆学等学科。以四年制本科生为例,基础课、专业课和选修课的课程总数多达五六十门;个别学校为了使学生毕业后能适应自然博物馆的工作,还在课程中加入动物学、植物学、地质学等自然科学的内容。据南开大学介绍,由于博物馆学专业的课程涉及面广,因此尽管学生在四年中学习负担很重,但是知识的巩固率却不及专业内容比较单一的其他学科的学生。为此,他们提出确定主干课程和选修课程相结合的办法来解决,即在一、二年级集中学习不多的主干课程,然后确定各自的专业方向,在三、四年级学习有关选修课。文博系统的同志则强调,由于文博工作接触面比较广泛,为了使学生能够适应工作,必须在本科阶段打下比较深厚的专业基础,现有的课程可以有所精选,但不宜作较大的压缩,而且在本科阶段如果再搞专业方向,则会造成学生毕业后适应面更狭窄的后果,这无疑会给毕业分配和学生适应工作带来更多的困难。

三、关于解决存在问题的一些设想

面对目前国家经济比较困难、文物事业在短期内不会有大的发展的实际情况,与会代表认为,要解决文博教学工作中存在的问题,首先必须要使文博教育适应文博事业的发展形势。同志们提出了许多切实可行的解决问题的设想。

（一）巩固和提高现有的专业教育点

1. 国家教委有必要对考古专业和博物馆学专业的设置加强宏观控制，坚决制止盲目上专业点。在条件成熟以后，对现有的专业点进行专家评估或考察，对尚未完全具备办学条件或教学效果不佳的专业点实行撤并。

2. 针对目前各地举办干部专修科和专业合格证书班过滥，教学质量得不到保证的情况，国家教委和国家文物局有必要重申有关成人教育的规定，即只有设有关专业点的高等院校，才能接受委托举办文博干部专修科和专业合格证书班。

3. 教委和各学校领导要加强对专业的领导，努力提高专业教学水平。在目前的巩固提高阶段，要多对专业的特点和规律加以探讨和摸索，总结经验，为今后可能的发展奠定基础。

（二）改革招生和分配制度

1. 控制本科招生规模，实行定向招生，有计划地招收一部分在职本科生。

针对近来对本科生的需求相对减少的趋势，高校除了做到不盲目扩大招生规模之外，还可以搞一些定向招生和有计划招收在职本科生的试点工作。国家文物局的同志认为，目前省级以上博物馆的人员基本上已经饱和，而大量中小型博物馆，特别是一些县级和边远地区的文博单位大学生却寥若晨星。一些全国重点文物保护单位提高在职人员业务素质的任务也很重。通过定向招生，学校在招生时与当地有关部门和学生本人签订合同，学生毕业后回原地工作，这可以在一定程度上缓解分配难的问题，同时对一些确实需要文博人才的地区也是一条有计划补充专业人才的途径。

文博界的领导同志认为，目前有相当一部分文博单位工作不尽如人意的主要症结是在职人员素质低下。除了在职培训以外，可以发挥高校的教育优势，招收一部分在职本科生，包括一部分四年制本科生和二年制的大专起点本科生。根据以往的经验，对一些既有数年文博工作经验，又有进一步学习提高愿望的在职人员进行2至4年的系统培养，他们的政治理论和业务学术水平会有很大的提高，回单位后不仅可以马上胜任工作，而且往往很快就能成为业务骨干，在这一点上比普通本科毕业生要优越，文博单位也欢迎这样的人。因此，在职本科生的培养应该引起有关方面的重视。目前存在的问题是，定向生和在职人员的高考条件相对比较差，有关教育主管部门应该对定向生和在职生的文化水平及其年龄方面的要求适当降低，在职生还可以参照五十年代带干生的招生办法，采取单位推荐和学校考试相结合的办法进行招生。

2. 加强研究生培育工作。

提高文博队伍的质量，研究生的培养也是一个重要方面。目前全国文博系统中具有研究生学历的人员极少，这不利于学科自身的发展和提高。在当前研究生培养萎缩的形势下，应不放松研究生的培养工作，特别是加强在职研究生的培养。

　　一些高校的同志谈到，文物、博物馆有关专业的招生和分配工作，是否可以实行在教委统一领导下，由国家文物局参与统筹协调的办法，尽可能做到有计划地培养人才，做到人尽其才，避免不必要的计划失误和人才浪费，最大限度发挥教育的效益。

（三）加强馆校联系，共同做好教育实践工作

　　国家文物局副局长马自树同志认为，在大学阶段注意给学生打下比较深厚的文化基础是很重要的。学生到文博单位后需要一段适应的时间是客观存在的，在其他行业同样存在这种现象。要求大学生到博物馆后马上就能适应工作是不现实的，我们要求差距缩短一点则是可能的，这就是理论联系实际的问题。作为教育部门，要研究如何缩短这种适应过程的可能性。在打好深厚的理论基础的前提下，进一步理论联系实际，尽快发挥办学的效果。

　　加强实习环节，应包括两方面的内容，一方面是加强课堂教学的直观性。在进行专业课堂教学时，尽可能利用文物标本或电化教学手段进行形象化教育。在进行诸如陈列艺术计划、文物考古技术等涉及专业基本技能的课程教学时，要安排一定的课时进行实习，以培养学生的动手能力。这需要为学校配置供教学用的文物标本和进行实习的器具，文物局和各文博单位应在这方面给予必要的支持，教委和学校领导则应在提供必要的陈列场所和必要的经费上给予保证。另一方面是在制定教学计划时，要安排足够的时间让学生到文博单位实习，将课堂学习内容与具体的工作实践相结合，加强理论与实践的紧密联系，同时提高知识的巩固率。复旦大学的同志认为，在实习时间的安排上，研究生、本科生和干部专修科应视情况不同而加以区别对待。硕士研究生已经学完本科课程，有一定的专业基础，有的还具备一定的工作经验，入学后先以一年半的时间学习政治理论课、外语和有关专业基础课程，此后的一年半时间则安排研究生到文博单位去，根据各人选定的专业方向，请文博界有关兼职教授指导阅读专业文献，接触文物，搜集资料撰写毕业论文，然后回校进行论文答辩。实践证明，用这种方式培养出来的研究生，其理论、实践和研究水平都比较高，从某种意义上说也体现了中央领导同志提倡的"馆校结合，联合办学"的精神。本科生目前主要来自应届高中毕业生，他们年龄偏小，对文物与博物馆学比较陌生，因此在4年当中应安排不少于一个学期的时间到文博单位实习。由于这涉及有关文博单位的安排和承受能力以及日趋短缺的实习经费等问题，目前一些学校的实习时间偏短，有必要加强。两年制的干部专修科的学员都来自文博工作第一线，大多具有丰富的实践经验，因此安排进行2至3个月的实习是适宜的，几年来的教学实习充分证明了这一点。

　　国家文物局的领导同志在会上表示，博物馆界和文物界应该给学校提供一定的实习场所，尽量为实习创造一个好的环境和条件。文物局教育处今后愿意为大家提供信息交流服务，把各地文物战线的一些动态，譬如考古发掘的情况、博物馆的陈列

改建情况经常向有关高校传递信息,使大家根据实际情况来选定、安排实习的时间、地点,使教学实习与实际工作结合得更紧密,这对文博界及高校都有利。高校的同志希望教委能够根据文博专业的特点,尽可能增加实习经费,以保证必要的教育实习能正常进行。

(四)课程设置必须适应文博工作的需要

教学工作要和文博事业的现状和发展相适应,这应该是考虑文博教育工作的一条重要的指导思想,在课程设置方面也是一样。

文博战线希望高校培养的专业人才,首先必须具备较高的政治素质,要能自觉地坚持四项基本原则,反对资产阶级自由化。政治思想教育要生动活泼,要与专业教育相结合,并提倡多读一点马列主义经典著作。另外,要加强文物政策法规的宣传和教育,这不仅是对学生自身的教育,而且还有利于他们将来所要从事的文物保护工作。文物政策法规教育是作为一门独立的课程还是自然融进有关专业课程中进行,各校可视情况自行决定。

其次,高校培养的专业人才还要有比较深厚的文化基础知识,要做到课程设置合理,比例恰当,并逐步提高课程的质量。大家反映,历史学、考古学和博物馆学等基础课程可以有所调整,但不宜作大的压缩。针对目前文博工作面临从事文物研究、文物鉴定和文物修复的人员严重缺乏的实际情况,切实加强文物基础知识的教学。要把加强青铜、陶瓷、钱币、书画、古建、碑帖、工艺等文物学课程的教学放在一个相当重要的地位。在专业教学方面,还必须打破传统文理科的界限,加强文理间的互相融汇。在这方面复旦大学经过几年的努力已经取得了一定的经验,他们在文科教学中开设了计算机基础、核技术与考古学、文物保护基础等课程,在理科(文物保护科学)教学中也开设了考古学、博物馆学和文物学的有关课程,并取得了良好的效果。大家认为,设有文博专业的院校的具体情况不同,因此在课程方面可以有共同的地方,也可以有不同的特点,即根据各自的优势,开设选修有所侧重。不要搞一个模式,而要各具特色各显神通,这对学科的建设无疑是有益的。

再次,我们培养的专业人才还必须具有一定的管理才能。针对文博界近来比较缺乏合格的管理干部的现状,国家文物局马自树同志认为,我们要培养既能动笔,又能实干的适应性比较强的开拓型人才。文博单位的专业性比较强,我们希望各级领导能从本单位产生,馆长至少应具备大专学历,因此管理人才、领导人才实际上要在大学毕业的人员中挑选。这就要求学生具备一定的领导才能和管理才能,仅仅是一个学术专家而不同时是一个管理学家是担负不起领导的任务的。高等学校有条件要逐步开设管理科学、领导科学方面的课程。当然才能不是仅仅依靠课堂教学就能取得的,还必须在平时注重能力的培养。

最后,我们培养出来的文博人才要有献身精神。文博部门很清苦,有些单位又很偏远,如敦煌,自然条件不好,工作又很辛苦,因此需要有艰苦创业、以苦为乐的奉献精神。

另一方面,搞文物工作无名无利,许多同志埋头苦干了一辈子。但是保护祖国的文物遗产是很光荣的,我们培养的学生就要有这种精神,要对学生不断地进行崇高理想和专业思想方面的熏陶和教育,使他们有这方面的思想准备。

(五)发挥高等院校的优势,搞好在职人员的培训

在职人员的培训可以分为两个方面,一是专业学历教育;一是岗位培训。专业学历教育主要依靠有关高校进行。自1984年以来,在国家教委的支持下,一些高校接受国家文物局的委托,举办了一些干部专修科和研究生班,经过几年的教学实践,积累了经验,取得了很好的社会效果。事实证明,这是一条卓有成效的对在职人员进行系统专业培训的途径,其办学模式已经成熟。与会代表一致认为,这种办学形式仍要坚持,同时要求国家文物局对招生计划进行宏观控制,集中扶助教学效果较好的学校,以充分发挥教育的效益。并希望国家教委在安排和下达国家计划时,能够考虑到全国文博系统没有专门的干部管理学院,以及长期以来国家文物局与有关高校所形成的良好合作关系等因素,尽可能满足有关高校上报的招生计划。

专业合格证书是最近出现的一种学历教育的新形式。按照国家规定,应委托设置有关专业的学校举办,以保证教育质量。而目前各地有一哄而起的趋势,希望国家文物局和各地文物行政主管部门、国家教委和各地教育行政主管部门严格加以控制,避免过去曾经出现的单纯为经济效益办学而不顾教学质量的情况再度发生。

岗位培训主要是举办各种短期训练班,不仅是对在职人员进行知识补缺、知识更新的需要,也是对新毕业的大学生进行继续教育的需要。岗位培训的任务主要由国家文物局和各省文物主管部门所属的培训中心承担,也可以委托有关高校进行。既要继续办一些知识普及型的培训班,也可以办一些层次较高的研讨班;高等院校还可以发挥自己与国外学术交流频繁的优势,邀请一些国际上的著名学者来举行一些讲习班,以开阔眼界。

(六)加强科研和教材建设

关于专业教材建设问题,近几年来已经取得了一定的成绩。各校都编写了各具特色的讲义或教材。国家文物局已经组织编写了8种专业教材(目前已出版《中国青铜器》一种),一些学校正在等待其余7种教材的正式出版,希望国家文物局教育处和有关出版单位协调,尽可能早日出书。如果近年来不可能出书,一些高校表示将组织力量编写出版。当然,若由文物局教育处统一规划,让几所高校和有关研究单位分工合作,以避免重复劳动和浪费人力物力则更为稳妥。

要积极鼓励、推动、组织从事文博教学的教师从事文物与博物馆学方面的基础理论研究。科学研究工作是提高教学水平的基础,尤其是基础理论的研究与教员基础素质的高低有密切关系,因此一定要十分重视基础科研的进展状况。我国国内目前有关这一学科领导的许多基本问题的研究十分薄弱,如果不重视基础理论的研究,就很难建立

较高水平的文物与博物馆学学科,教学工作的质量也会受到严重的影响。当然也应该重视一些基础科学技术和国际文博事业发展趋势等方面问题的研究,以使我国的文物博物馆事业逐步跟上世界的潮流。

四、加快文物保护和古建筑保护专门人才的培养

与会代表深刻认识到,目前我国从事文物保护和古建筑保护的专门人才奇缺,需要花大气力加快培养。我国的文物资源十分丰富,但是文物的自然损坏也相当严重。如敦煌石窟的风化日益加剧,一些重要遗址的保护技术也始终没有解决,地面文物抵抗地震、雷电等自然灾害的手段比较落后,博物馆陈列、保管的文物也有防虫、防蛀、防霉变、防紫外线、防锈蚀等保护技术需要加以解决。另一方面,我国还有大量的古代建筑亟待维修,国家虽然每年花大量经费进行抢救性维修,但由于缺乏受过系统训练的专门人才,效果往往不能令人满意。最近,李瑞环同志在山西视察工作时,就十分关心著名的应县木塔的保护工作。此外,随着现代科学技术的发展,国际上越来越注重将现代科学技术引入文物研究领域,在这方面我们虽然已经做了一点工作,但与国外先进水平相比,尚存在较大的差距。所有这些都表明,要使我国的文物保护和文物科研工作跨上一个新的台阶,加速培养人才是当务之急。

近几年来,在文物保护和古建筑保护的人才培养方面,复旦大学和东南大学已经先行一步,做了一些有益的工作。文物保护科学在我国还是一个新兴的技术学科,它需要应用现代的科学技术手段来研究文物自然损坏的原因、机理,研究如何用科学的方法对文物进行保护和修复,以及对文物进行科学的研究、分析和鉴定等。复旦大学发挥综合性大学学科齐全、理科力量雄厚的优势,在文物保护方面进行了一些教学科研工作。在教学方面,从1987年起至今,招收了文物保护的本科生、研究生和干部专修科,并举办了一期短期进修班,为文博战线培训在职干部和培养从事文物保护的新生力量。在科研方面,70年代曾运用质子X荧光分析的方法成功地对著名的"越王勾践剑"进行无损检测。近年来先后与中国军事革命博物馆、上海博物馆等单位合作或独立进行了诸如"铁器缓蚀工艺研究""浸渗处理青铜器有害锈的研究""氪–85示踪法测量文物保护用聚合物的透气性"和"ESR定代方法"等研究课题,一些研究成果受到国际文物保护界的重视,曾3次应邀在日、美等国召开的有关国际会议上做专题报告。与此同时,还与国内外一些著名的高等学校、科研单位以及学者进行了广泛的学术交流。复旦大学目前已经成立了"文物保护科学系"。东南大学是目前唯一培养古建筑保护人才的高校,他们接受国家文物局的委托,先后举办了1届古建筑进修班和3届古建筑保护干部专修班。由于种种原因,东南大学将暂停举办古建筑专修班。与会代表呼吁有关方面尽快协助解决有关问题,使古建筑保护的人才培训工作得以正常进行。

目前，文物保护和古建筑保护专门人才的培养方面存在一些有待解决的问题。首先是专业设置问题。目前，在国家教委的专业目录上，尚未列入"文物保护科学"和"古建筑保护"专业，目前招收的本科生和硕士研究生只能挂靠在其他专业上，从长远看，不利于专门人才的培养，也不利于学科自身的发展。以"文物保护科学"专业为例，它是一门应用学科，既不同于纯粹的化学，也不同纯粹的物理学或生物学，它要求学生知识面宽，并能应用各种物理、化学乃至生物学的研究方法和手段研究文物。在美、英、日等发达国家都有文物保护专业的学士点、硕士点，有的还有博士点。一些社会主义国家也有同类专业，如波兰的哥白尼大学设立文物保护专业已有40—50年的历史，培养了一大批文物保护方面的专业人才。我们希望国家教委能够根据实际情况，尽快批准在有关高校设置文物保护和古建保护的专业点，以利教学和科研工作顺利进行。

其次是招生方面的问题。虽然文物保护和古建筑保护的专业人才奇缺，但是复旦大学和东南大学在举办有关专业的干部专修班和研究生班时，报考者并不踊跃，考试成绩也不理想，因此招生计划不能完成。这一方面是因为文博系统内从事文物保护、古建保护的在职人员很少，其他人员对学习理科缺乏信心，需要文博单位的领导和高校的同志多作宣传和鼓励；另一方面的原因是入学考试的要求较高。一些代表提出，为了加快人才的培养，在招收在职的专科生、本科生和研究生时，应对一些工作卓有成绩，并有丰富实际工作经验的同志实行特殊政策，在保证新生质量的基础上扩大学生的来源。

再就是文物保护和古建保护专业属于应用技术型专业，无论是教学还是科研都需要一定的仪器设备。虽然在高等学校中拥有许多高精尖的科研设备可供利用，但是在日常教学科研中，还必须建立常规的实验室。同时，使用和维护设备也需要有一定的经费。希望国家教委和国家文物局在这方面能给予一定的支持。

五、关于办好复旦大学文博学院的建议

经国家教委批准，今年3月复旦大学文博学院正式成立，这是10年改革开放以来教育战线上的一件大事，是文物博物馆系统在教育事业上取得的重大成就，也是国家文物局与复旦大学长期联合办学结出的硕果。由于这是我国建立的第一所培养文博专业人才的学院，在初创阶段尚无直接经验可资借鉴，所以如何办好复旦大学文博学院，需要集思广益，广泛听取文博界和兄弟院校的意见。这次会议，大家畅所欲言，各抒己见，为进一步办好学院提出不少切实可行的宝贵意见和合理化建议。

国家文物局对此极为重视，马自树同志代表文物局提出三点意见：1. 复旦大学文博学院的建院方针应是培养热爱社会主义祖国，愿为我国文物博物馆事业献身的德才兼备的文博人才。在教学方面。则要坚持注重质量，讲求实效，按需施教，学以致用，教

育与文博部门的实际相结合的原则。自1984年起,国家文物局和复旦大学联合举办了多届文博、文保专修科、专业证书班和研究生班,为国家培养了300多名文博人才。他们回到工作岗位以后发挥了应有的作用。实践证明,我们坚持的办学方针是正确的。希望文博学院今后继续循此方针,进一步巩固和发展。2. 鉴于国家经济仍处于困难时期,对文物、博物馆的投资不可能有较大幅度的增加,文博单位的主要任务只能是在充实和巩固的基础上发展和提高,加之我国人事制度的改革刚刚起步,多数文博单位编制饱和,因此文博学院的规模不宜过大,在招生人数上应贯彻少而精的原则。另外,在招生和分配方面可实际双轨制,即向应届高中毕业生招生与向文博系统成人招生相结合,加强对在职干部的培训。3. 现代科学技术的发展,日益渗透到各个部门和领域,文博部门也是如此。现代科学技术在文物保护工作中的应用,电子计算机、航天遥感等技术在文物部门的运用越来越广泛,目前一些大学培养出来的学生已经不能完全适应文博部门工作的实际需要。从文博单位的人才结构看,这方面的人员也相当匮乏,使我国文物保护工作中现代科学技术的研究和运用相当落后,这样势必大大迟滞我国文物保护和文物管理工作的现代化。复旦大学是一所在国内外都享有一定声誉的文理兼备的综合性大学,基本上能承担以上文博人才的培养重任,近几年在文博干部培训中正朝着“文理融汇”的教育方向迈进并取得一定成效,因此,建议今后把文物保护科学技术的教学和研究作为重点之一。在加强文物保护的同时,还应注重文物管理学和文物政策法规等方面的教学,增设类似文物学、文物鉴定、陈列艺术设计、古代建筑等短线专业课程,并可围绕这些专业办短训班。

国家文物局教育处处长夏桐郁同志把复旦大学文博学院的办院方针概括为16个字,与会同志表示赞赏并对此展开热烈讨论。这16个字是:“文理融汇,扬长补短,馆校结合,由博反约。”

西北大学文博学院院长彭树智同志认为,复旦大学的办院方针对西北大学也是适用的。西北大学也要走“文理融汇”和“馆校结合”的道路,只是西北大学不是采取“扬长补短”的办法,而是要“扬长避短”。

与会代表一致认为,在复旦大学和西北大学是如何办好文博学院的问题,在其他学校则是如何办好文博专业的问题,其精神实质是完全一致的。通过对“如何办好复旦大学文博学院”的讨论,大家从教育方针、培养目标,到具体的课程设置等方面相互交流、共同切磋,最后取得较为一致的认识:即从社会实际出发,重视学科自身发展的规律,发挥各院校的特点,并紧紧依靠国家教委和国家文物局的领导以及文博界的支持,一定会办好专业、办好学院,为培养德智体全面发展的文博专业人才做出自己的贡献。

六、关于定期召开文博教学研讨会的建议

这次“文博教学研讨会”是一个小型学术会议,与会人数不多,但具有代表性;会议

时间不长，但十分紧凑。与会同志一致认为，像这样由业务主管部门和部分文博单位及高等院校的代表欢聚一堂，推心置腹地探讨一些实质性问题，既充分肯定10年改革开放以来文博教育已经取得的成绩，又实事求是地看到当前存在的问题和困难，分析和找寻解决问题、克服困难的各种办法，并把重点放在深入研究今后发展方向及途径方面的会议，确实解决实际问题，真正起到互相交流、互相启发的作用，收到群策群力、集思广益的效果。为此，大家建议今后每年开一次"文博教学研讨会"，及时总结和交流经验，为提高教学质量，更好地培养合格的文博专门人才献计献策。与会代表一致建议，以后拟请国家教委的有关部门来召开和主持这样的会议，以便教委加强对文博教育的领导、关怀和支持。

陈克伦执笔

原载国家文物局编《文物工作》1990年第3期

走过半个世纪的上海博物馆及其中国艺术品收藏

上海博物馆是中国也是世界上非常著名的收藏古代艺术品的博物馆。其丰富的藏品包括从史前到近代中国的各个时期的历史文物。半个世纪来,上海博物馆注重于文物的收藏、保存、研究和陈列,取得了卓越的成果。上海博物馆以古代艺术品的收藏、研究、展示为中心,通过举办展览会、学术研讨会,出版文物图录、书籍等,向观众全面、系统地介绍中国卓越的文化遗产,并致力于与世界的文化交流。

上海博物馆于1952年12月开馆,最初是在南京西路325号旧跑马场大楼,1959年搬迁到河南南路16号的旧中汇银行大楼。在上海市政府的大力支持下,新的上海博物馆于1993年9月在上海市中心人民广场开工,1994年9月完成建筑工程,1995年12月部分展厅试开放。1996年10月底,地上五层、地下两层,建筑面积约4万平方米,陈列展示面积1.1万平方米的上海博物馆新馆全面建成,正式对外开放。

文物是博物馆所有业务活动的物质基础。上海博物馆开馆之初,所有的收藏就是上海市文物保管委员会分配的和旧上海博物馆的收藏品以及华东军政委员会分配的解放军南下收集的文物,总数仅为数千件。新中国建立以后,首任市长陈毅元帅十分重视博物馆的文物收集。50年来,上海市历届政府对上海博物馆的文物收藏事业给予财政等各方面的大力支持,每年投入了大量的财力、物力和人力。上海博物馆的历代馆长都是著名的历史学者、文物专家,非常重视文物的收藏。与此同时,20世纪的上海是远东经济中心,集中了大量的资本,许多文物收藏家也集中在上海,文物市场十分发达。这些因素使上海博物馆在20世纪五六十年代的文物收藏成为可能。经过数十年的努力,上海博物馆收藏的重要文物约12万件,一般文物约88万件,总数达到100万件。收藏的文物有青铜、陶瓷、绘画、书法、碑帖、雕刻、石器、甲骨、简牍、货币、印章、家具、玉器、竹器、木器、牙器、骨器、角器、漆器、刺绣、织染、泥塑、古籍善本、少数民族工艺品等。这些文物除了收购征集之外,还有接受捐赠的,与各地博物馆进行交换、调配和在熔化前从废品中抢救出来的。

上海自古以来就有中国文物收藏半壁江山的美称。上海博物馆能达到现在的藏品规模,与文物收藏家的热心支持是不可分的。50年以来,先后有700余名各界人士捐赠了重要文物，大部分是居住在上海的收藏家及其家族，还有慕上海博物馆之名的已经移居海外的华人华侨收藏家们。1951年上海博物馆尚未建馆之时，潘达于老人就表示要捐赠其家族珍藏的著名的大克鼎和大盂鼎，这是上海博物馆受捐的第一批文物。上海博物馆受捐的重要文物，包括由胡惠春"暂得楼"收藏的陶瓷器；苏州的顾氏"过云楼"所藏的书画；李荫轩收藏的青铜器；孙鼎收藏的金石、封泥；顾丽江收藏的陶瓷器；龚心钊收藏的书画、陶瓷器；刘靖基收藏的书画；孙煜峰收藏的书画；孙志飞收藏的书画；庄长江"两涂轩"收藏的书画；冒广生收藏的书画、名人书札；庄贵仑捐赠王世襄旧藏的明式家具；华笃安收藏的明清流派印；戚叔玉收藏的碑帖书画；郑家相收藏的货币；杜维善收藏的丝绸之路上的流通货币等。收藏家们的捐赠是上海博物馆收藏的一大特色，可以说他们为保存中国优秀文化和丰富上海博物馆的收藏做出了重要贡献。

上海博物馆以青器、陶瓷、绘画、书法收藏最为有名，除此之外还有货币、家具、印章、雕刻、玉器等特色。也就是说，这些都是上海博物馆的中国古代艺术收藏之宝。

上海博物馆收藏7 000多件珍贵古代青铜器，涵盖了从夏王朝到商、西周、春秋，到战国为止的各时代、各地区，形成了中国古代青铜器的完整体系。珍贵的物品有清末以来著名的金石家吴大澂、阮元、陈介祺、潘伯寅等旧藏品，近年又获得重要的考古发掘品。著名的器皿有夏代云纹鼎、商代兽面纹罍、凤纹卣、(兴)父乙觥、亚(窦)方罍、龙纹扁足鼎、西周的小臣单觯、德鼎、厚趠方鼎、鄂叔簋、师遽方彝、大克鼎、齐侯匜、晋侯苏编钟，春秋时期的子仲姜盘、吴王夫差盉、莲瓣盖龙纹壶、牺尊、镶嵌狩猎纹豆，战国时期的商鞅方升等。有的青铜器里有记录当时历史事件的重要铭文，是古文字学者和历史学家重要的实物研究资料。

上海博物馆收藏了13 000多件从新石器时代到清代的各时期、各地区、各窑口的中国陶瓷器，涵盖了中国陶瓷产生和发展的历史。新石器时代的陶器以良渚文化的黑陶最有特色；汉代的陶俑和铅釉陶反映了当时的生活习惯和陶艺的艺术水平；唐三彩以其丰富的造型和高大的形象而闻名。商代的弦纹尊和战国的兽面纹鼎是原始青瓷中的绝品。从东汉时期到唐朝、五代时期的青瓷系列整齐，精品不断涌现。例如，唐代越窑的青釉海棠式碗、青釉盘龙罂等。宋代著名如汝窑盘、官窑炉、哥窑五足洗、钧窑出戟尊、定窑龙纹盘、耀州窑刻花牡丹纹梅瓶、磁州窑"金大定二年"铭虎形枕、龙泉窑盘龙纹瓶、青白釉"淳祐十一年"铭观音等。上海博物馆还收藏了元、明、清各时代的釉上彩、釉下彩、颜色釉等各种瓷器精品。特别是元代卵白釉堆花加彩描金瓷器、明洪武的釉里红四季花纹多棱罐、明永乐白釉暗花碗、明宣德的青花缠枝纹执壶、明成化的孔雀绿釉青花鱼藻纹盘、明万历的青花人物像、清康熙五彩百鸟朝凤纹大盘、清雍正青釉云龙纹缸、清乾隆粉彩八仙图瓶等传世珍品。

多达15 000件的珍贵书画藏品是上海博物馆收藏特色之一，其中有许多是家喻户晓的珍品，包括唐代孙位的《高逸图卷》，五代董源的《夏山图卷》、徐熙的《雪竹图轴》，北宋郭熙的《幽谷图轴》、王诜的《烟江叠嶂图卷》、宋徽宗的《柳鸦芦雁图卷》，南宋梁楷的《八高僧图卷》、李迪的《雪树寒禽图轴》、马麟的《郊原曳杖图册》,元代钱选的《浮玉山居图卷》、赵孟頫的《洞庭东山图轴》、任仁发的《秋水凫鹥图轴》、倪瓒的《渔庄秋霁图轴》、王蒙的《青卞隐居图轴》等著名藏品。书法名品有王羲之的《上虞帖》、王献之的《鸭头丸帖》,唐代怀素的《苦笋帖》、高闲的《千字文》,北宋司马光的《宁州帖》、王安石的《楞严经旨要卷》、苏轼的《祭黄几道文卷》、黄庭坚的《华严经疏卷》、米芾的《多景楼诗册》,南宋赵构(高宗)的《养生论卷》、元代赵孟頫的《秋兴赋卷》、鲜于枢的《韩愈送李愿归盘谷序卷》。明、清两代书画收藏数量众多,各流派都有所涉及,如明代的浙派、吴门派、松江派、武林派等;清代初期的四高僧、四王吴恽、金陵八家,中期的扬州八怪及晚期的海上画派等,都是高质量的代表作。这些作品充分反映了当时书画艺术的发展和变迁。

中国古代的雕塑艺术也有相当数量的收藏。北朝以前主要是影塑和木俑,北朝以后主要是与佛教有关的石佛和金铜佛。其中的名品有北魏释迦牟尼金铜佛像、北齐释迦牟尼石像、隋代阿弥陀佛像、唐代迦叶木雕头像、金代漆金彩绘木雕菩萨像等。有些是有纪年的造像,它们是所属时代雕刻艺术的标准。

明式家具因其简洁的造型、流线,严选的材料等而闻名。上海博物馆汇集了近代主要收藏家的收藏品,充分展示了明式家具的艺术成果。

上海博物馆的中国货币收藏也有相当规模。藏品从商周时代的货币,到春秋战国、秦汉、三国、魏晋、南北朝、隋唐五代、宋、辽、金、西夏、元、明等各个时代的货币,有作为货币使用的金银,以及在中国流通的外国货币。除版本齐全外,还有稀有的传世珍品。此外,丝绸之路上流通的中亚、西亚的金银币也比较齐全。

除此之外的其他艺术品收藏也非常有特色。例如有红山文化、良渚文化以及商周到两汉的玉器藏品。印章收藏除了两周时代封检用的古玺封泥外,还有汉晋、南北朝、唐宋、金元以及明清的文人篆刻流派印。此外还有犀角、漆器、竹刻、木雕、染织、文房四宝、甲骨、简牍等。

利用这些丰富的藏品,上海博物馆新馆设有青铜器、陶瓷器、绘画、书法、印章、雕塑、家具、货币、玉器、少数民族工艺、"暂得楼"陶瓷器等11个展厅,全面系统地向人们介绍中国古代的各种艺术。新馆还设有3个特别展示室,举办国内外极具特色的古代艺术展。1996年以来,来自国外的展览有美国、日本、法国、英国、挪威、意大利、西班牙、荷兰、澳大利亚、墨西哥等国家。中国观众通过《古埃及艺术珍品展》《墨西哥玛雅文明珍品展》等展览,首次与世界古代文明亲密接触。2000年年初,日本文化厅主办的《日本文物精华展》汇聚展示了来自东京、京都、奈良的国立博物馆的珍贵文物,使中国观众有机会鉴赏日本古代文化和艺术珍品,这个展览非常成功。另外,来自国内的展览有新疆、内蒙古、西藏、山西、北京、辽宁、香港等地。《新疆丝绸之路考古珍品展》《草原至宝——内蒙古文物考古精品展》《雪域藏珍——西藏文物精华展》等系列展览向中国内地和外国游客展示了中国古代少数民族的优秀文化遗产。2002年12月2日,北京故宫博物院、辽宁省博物馆、上海博物馆三馆共同举办上海博物馆建馆50周年纪念会,《晋唐宋元书画国宝展》开幕,该展览把中国大陆书画收藏的精髓全部集中在一起,被称为"空前绝后的艺术大展",吸引了国内外的高度关注。

　　走过了50年的上海博物馆将继续努力取得新的发展和飞跃。

原载［日］《中国五千年の名宝》,岛根县立美术馆,2003年

2010年国家一级博物馆科学研究评估报告

　　藏品收藏、科学研究和社会教育历来被认为是博物馆的三项基本功能。如果说藏品是博物馆一切活动的物质基础,那么科学研究就是博物馆一切活动的工作基础,科学研究是认识事物、创造知识的基本方式,也是传播知识的前提和基础。一个博物馆的收藏水准、陈列与展览的科学性和艺术性、社会教育的功效往往取决于其科学研究的能力和水平。因此,科学研究在国家一级博物馆运行评估指标体系当中占据重要地位,占定性评估指标体系权重的20%,定量评估指标体系权重的25%。

　　根据中国博物馆协会的安排,2011年11月至12月份报告撰写人对2010年国家一级博物馆科学研究部分的有关情况进行了评估。现将有关情况报告如下:

一、一级博物馆科学研究运行评估基本情况概述

　　在评估指标体系中,定性一级评估指标"科学研究"之下有两项二级指标,分别是"学术活动"8%和"代表性研究成果"12%;定量一级评估指标"科学研究"之下有三项二级指标,分别是"承担项目"8%、"研究成果"12%和学术会议5%。定性和定量的科学研究指标体系的设置,是以博物馆科学研究的组织和学术特点为基础,涵盖了对博物馆科学研究的组织建制、科研管理、科研实施和科研成果几个层面的评估,能够全面、科学地反映和评估博物馆科学研究的状况(表1)。

　　按照评估指标体系规则,在一级博物馆评估总分中"科学研究"加权平均权重为21.5%[1],即满分是21.5分。2010年82家[2]一级博物馆"科学研究"平均得分12.59,得分率58.56%;定性一级指标"科学研究"平均得分11.56,平均得分率57.80%;定量一级指标"科学研究"平均得分15,平均得分率为60%[3]。

---

[1] "科学研究"在定性指标中的权重为20%,在定量指标中的权重为25%。以定性×70%+定量×30%计算得到"科学研究"在一级博物馆评估总分中的加权平均权重为21.5%。

[2] 在83家一级博物馆中,中国人民革命军事博物馆因故不参加2010年运行评估,因此数据只包括82家一级博物馆。

[3] 定量指标以平均值为合格点计算,因此其平均值保持在60%。

表1 参加评估的82家一级博物馆总分、"科学研究"得分及定性、定量得分

博物馆名称	博物馆类型	博物馆级别	总分	科研总分[1]	定性总分	科研定性	定量总分	科研定量
故宫博物院	历史文化与综合类	省级及以上	77.25	17.17	81.55	15.93	80.23	20.06
中国科学技术馆	自然、科技与专题类	省级及以上	71.10	12.79	74.41	12.03	63.40	14.58
中国地质博物馆	自然、科技与专题类	省级及以上	67.25	14.35	67.99	12.77	65.53	18.05
中国航空博物馆	自然、科技与专题类	省级及以上	64.63	12.25	67.08	11.33	58.91	14.39
首都博物馆	历史文化与综合类	8+3（国家和地方共建）	75.17	14.14	79.68	13.40	64.66	15.88
中国人民抗日战争纪念馆	纪念类	省级及以上	63.28	12.96	65.53	12.40	58.05	14.25
北京自然博物馆	自然、科技与专题类	省级及以上	72.09	16.15	74.05	15.60	67.50	17.44
北京天文馆	自然、科技与专题类	省级及以上	59.09	10.90	59.62	9.10	57.86	15.11
北京鲁迅博物馆	纪念类	省级及以上	64.40	14.66	67.12	14.17	58.04	15.81
周口店北京人遗址博物馆	遗址类	地市级以下	70.41	15.45	72.98	15.07	64.42	16.32
天津博物馆	历史文化与综合类	省级及以上	67.75	11.59	71.10	10.00	59.95	15.31
天津自然博物馆	自然、科技与专题类	省级及以上	62.63	12.80	64.62	11.93	57.98	14.82
周恩来邓颖超纪念馆	纪念类	省级及以上	64.17	11.52	66.64	10.53	58.41	13.83
河北省博物馆	历史文化与综合类	省级及以上	67.04	12.72	70.61	12.03	58.69	14.34
西柏坡纪念馆	纪念类	地市级以下	62.43	13.02	63.33	12.17	60.31	15.00
山西博物院	历史文化与综合类	8+3	74.98	14.62	79.92	14.37	63.47	15.23

[1] "科研总分"是由70%"科研定性（定性一级指标科学研究）"得分和30%"科研定量（定量一级指标科学研究）"得分相加得到的加权平均值。

（续表）

博物馆名称	博物馆类型	博物馆级别	总分	科研总分	定性总分	科研定性	定量总分	科研定量
中国煤炭博物馆	自然、科技与专题类	省级及以上	64.02	12.01	65.21	10.93	61.26	14.52
八路军太行纪念馆	纪念类	省级及以上	64.71	12.31	67.82	11.27	57.45	14.75
内蒙古博物院	历史文化与综合类	省级及以上	69.64	12.89	73.04	12.17	61.71	14.58
辽宁省博物馆	历史文化与综合类	8+3	72.25	14.59	76.36	13.63	62.68	16.84
沈阳"九一八"历史博物馆	纪念类	地市级及以下	60.56	12.88	61.92	11.93	57.39	15.10
抗美援朝纪念馆	纪念类	地市级及以下	58.17	10.85	59.21	9.67	55.75	13.61
旅顺博物馆	历史文化与综合类	地市级及以下	63.26	13.22	65.95	12.53	56.97	14.84
吉林省自然博物馆	自然、科技与专题类	省级及以上	62.71	12.83	64.45	11.87	58.66	15.09
东北烈士纪念馆	纪念类	省级及以上	62.85	11.62	65.45	10.67	56.78	13.84
大庆铁人王进喜纪念馆	纪念类	地市级及以下	59.26	11.14	59.97	9.03	57.63	16.04
爱辉历史陈列馆	纪念类	地市级及以下	62.30	12.47	64.14	11.53	58.02	14.67
上海博物馆	历史文化与综合类	8+3	79.76	17.01	84.41	15.80	68.90	19.85
上海鲁迅纪念馆	纪念类	省级及以上	63.62	13.80	66.02	13.20	58.00	15.19
中共一大会址纪念馆	纪念类	省级及以上	56.82	11.50	57.52	10.47	55.18	13.91
南京博物院	历史文化与综合类	8+3	77.44	16.63	79.21	14.83	73.31	20.83
侵华日军南京大屠杀遇难同胞纪念馆	纪念类	地市级及以下	65.53	12.08	65.63	10.93	65.30	14.76
南通博物苑	历史文化与综合类	地市级及以下	60.81	11.13	60.69	9.40	61.09	15.16

（续表）

博物馆名称	博物馆类型	博物馆级别	总分	科研总分	定性总分	科研定性	定量总分	科研定量
苏州博物馆	历史文化与综合类	地市级及以下	70.05	12.54	74.36	11.63	59.99	14.65
扬州博物馆	历史文化与综合类	地市级及以下	59.74	10.48	60.59	9.00	57.75	13.94
浙江省博物馆	历史文化与综合类	8+3	71.45	13.57	75.76	13.07	61.40	14.75
安徽省博物院	历史文化与综合类	省级及以上	59.68	11.29	60.22	10.00	58.43	14.29
福建博物院	历史文化与综合类	省级及以上	69.54	13.11	73.38	11.97	60.56	15.79
厦门华侨博物院	历史文化与综合类	地市级及以下	59.78	10.48	61.31	9.10	56.19	13.72
中国闽台缘博物馆	自然、科技与专题类	地市级及以下	65.32	12.61	68.29	11.73	58.41	14.66
泉州海外交通史博物馆	历史文化与综合类	地市级及以下	63.39	12.88	66.33	12.07	56.53	14.76
古田会议纪念馆	纪念类	地市级及以下	61.41	10.63	62.42	9.13	59.07	14.11
江西省博物馆	历史文化与综合类	省级及以上	63.83	13.60	66.01	12.97	58.74	15.07
南昌八一起义纪念馆	纪念类	省级及以上	66.20	12.59	68.63	11.57	60.54	14.97
井冈山革命博物馆	纪念类	省级及以上	64.16	12.89	65.11	11.60	61.93	15.90
瑞金中央革命根据地纪念馆	纪念类	省级及以上	61.36	10.50	63.54	9.13	56.26	13.67
青岛市博物馆	历史文化与综合类	地市级及以下	65.24	11.42	8.16	10.37	58.42	13.87
中国海军博物馆	自然、科技与专题类	省级及以上	58.14	10.34	59.17	8.77	55.75	14.02
中国甲午战争博物馆	纪念类	地市级及以下	60.16	11.35	61.86	10.23	56.21	13.95
青州市博物馆	历史文化与综合类	地市级及以下	66.26	14.42	69.31	14.23	59.12	14.84

（续表）

博物馆名称	博物馆类型	博物馆级别	总分	科研总分	定性总分	科研定性	定量总分	科研定量
河南博物院	历史文化与综合类	8+3	73.64	13.81	76.45	13.37	67.08	14.83
郑州博物馆	历史文化与综合类	地市级及以下	63.21	10.98	64.88	9.60	59.32	14.19
洛阳博物馆	历史文化与综合类	地市级及以下	64.12	12.53	66.01	11.87	59.69	14.07
南阳汉画馆	自然、科技与专题类	地市级及以下	63.56	11.94	66.16	11.00	57.50	14.13
湖北省博物馆	历史文化与综合类	8+3	68.52	13.54	72.15	13.03	60.07	14.71
武汉市博物馆	历史文化与综合类	地市级及以下	67.20	12.39	71.26	11.43	57.72	14.61
荆州博物馆	历史文化与综合类	地市级及以下	67.22	13.81	70.88	13.27	58.68	15.06
湖南省博物馆	历史文化与综合类	8+3	74.44	13.55	78.55	12.47	64.83	16.08
韶山毛泽东同志纪念馆	纪念类	地市级及以下	64.39	11.58	66.07	10.47	60.45	14.16
刘少奇同志纪念馆	纪念类	地市级及以下	59.31	11.79	59.98	10.70	57.75	14.35
广东省博物馆	历史文化与综合类	省级及以上	69.02	13.02	72.26	11.80	61.43	15.86
西汉南越王博物馆	遗址类	地市级及以下	64.13	12.50	66.76	11.70	57.98	14.38
孙中山故居纪念馆	纪念类	地市级及以下	66.48	12.67	67.03	11.97	65.19	14.31
广西壮族自治区博物馆	历史文化与综合类	省级及以上	68.97	14.10	71.07	13.12	64.09	16.38
重庆中国三峡博物馆	历史文化与综合类	8+3	76.90	15.94	81.63	15.50	65.86	16.95
广汉三星堆博物馆	遗址类	地市级及以下	66.57	11.44	70.08	10.43	58.37	13.80
邓小平故居陈列馆	纪念类	地市级及以下	60.78	10.53	61.80	8.97	58.40	14.17

（续表）

博物馆名称	博物馆类型	博物馆级别	总分	科研总分	定性总分	科研定性	定量总分	科研定量
自贡恐龙博物馆	自然、科技与专题类	地市级及以下	62.53	10.08	65.49	8.50	55.63	13.76
成都武侯祠博物馆	纪念类	地市级及以下	55.82	11.51	55.35	10.50	56.92	13.87
成都杜甫草堂博物馆	纪念类	地市级及以下	57.68	9.55	58.34	7.67	56.16	13.95
遵义会议纪念馆	纪念类	地市级及以下	58.87	12.73	60.05	12.13	56.12	14.13
云南省博物馆	历史文化与综合类	省级及以上	63.10	11.57	63.38	10.33	62.44	14.46
云南民族博物馆	历史文化与综合类	省级及以上	64.61	13.25	66.91	12.43	59.22	15.16
西藏博物馆	历史文化与综合类	省级及以上	55.78	9.08	56.09	7.07	55.06	13.79
陕西历史博物馆	历史文化与综合类	8+3	75.11	14.45	77.29	13.07	70.01	17.69
秦始皇兵马俑博物馆	遗址类	省级及以上	69.75	14.53	73.91	14.47	60.05	14.67
延安革命纪念馆	纪念类	地市级及以下	58.45	11.36	59.77	10.33	55.38	13.76
西安碑林博物馆	自然、科技与专题类	省级及以上	62.76	11.76	65.48	10.70	56.42	14.23
西安半坡博物馆	遗址类	地市级及以下	57.31	12.21	58.44	11.37	54.66	14.19
汉阳陵博物馆	遗址类	省级及以上	53.61	10.37	53.19	8.70	54.58	14.28
固原博物馆	历史文化与综合类	省级及以上	60.57	11.36	61.99	10.11	57.26	14.28
新疆维吾尔自治区博物馆	历史文化与综合类	省级及以上	62.65	12.00	65.11	10.80	56.90	14.79
平均值			65.00	12.59	67.21	11.56	60.00	15.00

科学研究得分最高的是故宫博物院,得分17.17,得分率79.86%;得分率达到70%(15.05)以上的一级博物馆有6家,分别是故宫博物院、上海博物馆、南京博物院、北京自然博物馆、重庆中国三峡博物馆和周口店北京人遗址博物馆;得分率60%(12.90)以上的还有北京鲁迅博物馆、山西博物院、辽宁省博物馆、秦始皇兵马俑博物馆、陕西历史博物馆等22家博物馆。

定性一级指标"科学研究"得分最高的是故宫博物院,得分15.93,得分率79.65%;得分率达到70%(14.00)以上的博物馆有9家,分别是故宫博物院、上海博物馆、北京自然博物馆、重庆中国三峡博物馆、周口店北京人遗址博物馆、南京博物院、秦始皇兵马俑博物馆、山西博物院、青州市博物馆和北京鲁迅博物馆;得分率超过60%(12.00)还有辽宁省博物馆、首都博物馆、河南博物院、荆州博物馆、上海鲁迅纪念馆等20家博物馆。

定量一级指标"科学研究"得分最高的是南京博物院,得分20.83,得分率83.32%;得分率达到70%(17.50)以上的有5家博物馆,分别是南京博物院、故宫博物院、上海博物馆、中国地质博物馆和陕西省历史博物馆;得分率超过60%(15.00)的还有北京自然博物馆、重庆中国三峡博物馆、辽宁省博物馆、广西壮族自治区博物馆、周口店北京人遗址博物馆等23家博物馆。

一级博物馆中"科学研究"得分率在70%以上的有6家,占7.32%;60%—70%之间的有22家,占26.83%,50%—60%之间的有44家,各占53.66%;有10家得分率在50%以下,占12.20%,最低得分为9.08,得分率36.32%。

"科学研究"定性得分率9家在70%以上,占10.98%;20家在60%—70%之间,占24.39%;36家在40%—50%之间,占43.90%;50%以下的16家,占19.51%;最低得分7.07,得分率35.35%。

"科学研究"定量得分率70%以上有5家,占6.10%;60%—70%的有22家,占26.83%,其余55家得分率在52%—60%之间,占67.07%。最低得分13.61,得分率54.44%。

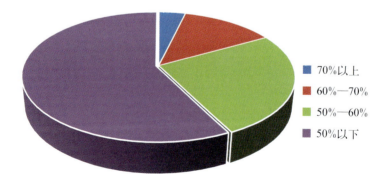

图1　2010年"科学研究"总分得分百分比

二、不同年度、地区、类型、行政级别一级博物馆比较分析

（一）与2008—2009年度的比较

1. 总体情况比较

2010年科学研究的总体情况明显好于2008—2009年度。2008—2009年度科研平均得分为10.51，得分率48.88%，2010年上升到12.59，平均水准超过58%，得分增长了近20%，进步不可谓不快。其中科研定性一级指标平均得分从2008—2009年度的8.59，上升到2010年度的11.56，得分增长将近35%，说明经过2008—2009年度的运行情况评估，一级博物馆普遍加强了科研工作的投入，积极开展过去没有开展而作为一级博物馆应该开展的各项科研工作，评估的促进作用显而易见。

2. 关键指标的比较

从二级指标看，2010年科研定性指标中"学术活动"与"代表性科研成果"得分分别为6.00和5.56，与2008年的5.27和3.31及2009年的5.37和3.22相比，"学术活动"得分增长了12%—14%，而"代表性科研成果"得分则快速增长了约70%，说明各馆所取得的科研成果的层级得到了很大提升。2010年科研定量指标中"承担项目""研究成果"和"学术会议"的得分分别是4.8、7.2和3.0，与2008—2009年的得分情况基本一致。

3. 具体博物馆的比较、分析

82家一级博物馆中，2008、2009、2010三年"科学研究"指标故宫博物院和上海博物馆始终排名在前3位；始终排名在前10位的还有南京博物院和重庆中国三峡博物馆；北京自然博物馆、陕西历史博物馆和首都博物馆则始终排名在前15位。这些博物馆有较为稳定的科研队伍，有较为完善的机制，整体运行比较稳定，他们在总体评估中的排名也一直在前列。

遗址类博物馆中的周口店北京人遗址博物馆科研排名从2008年的第69、2009年的第49上升到2010年的第6位，进步神速。从科研二级指标分析，2008—2010年该馆"学术活动"分别得分3.72、5.87、6.93，"代表性研究成果"得分2.50、2.50、8.14，"承担项目"得分4.49、4.45、4.60，"研究成果"得分5.90、5.77、8.16，"学术会议"得分2.50、2.70、3.56。2009年与2008年相比，"学术活动"项有较大的进步；2010年与2009年相比，不仅"学术活动"保持继续进步的态势，在"代表性研究成果"和"研究成果"方面也取得了突破性的进展，得分增长分别超过2.2倍和0.4倍。由此看来，重视科研成果是取得进步的关键。

自然科技及专题类博物馆中的中国地质博物馆科研排名从2008年的第75、2009年的第67上升到2010年的第13位。从数据分析，其进步的原因有三：一是2010年代表性研究成果得分比2008、2009年大幅提高4.5倍和2.6倍；二是学术活动开展的项目多、质量也高了，得分提高85%和47%；三是研究成果总量提高了约45%。

属于历史文化与综合类博物馆的青州博物馆2008年科研得分排名57,2009年排名55,到2010年急速上升到第12位。分析其进步的原因,虽然2010年比2008—2009年在科研的各个方面都有进步,但是"学术活动"和"代表性研究成果"得分分别提高86%和近1倍,业绩的大幅提升是其进步的关键。青州博物馆作为一个地市及以下级别的博物馆,在科学研究方面能够取得如此成绩是难能可贵的。

纪念类博物馆中科研得分进入前20位的分别是北京鲁迅博物馆和上海鲁迅纪念馆。进步较大的是西柏坡纪念馆,其排名从2008年的41,2009年的39上升到2010年的第27;井冈山革命博物馆的科研排名从2008年的第38,2009年的第52上升到2010年的第29位。

湖南省博物馆的科学研究得分排名从2008年的第4,2009年的第2下降到2010年的第21,是8+3博物馆中下降最多的;省级及以上博物馆中安徽省博物院从2008年的23,2009年的第4下降到2010年的第67,下降幅度较大。这两个博物馆都承担了繁重的新馆建设任务,恐怕是其科研水平下降的主要原因。地市级及以下级博物馆中,以郑州博物馆科研排名下滑最甚,从2008年的第18,2009年的第33下降到2010年的第70位。

在82家一级博物馆中,科学研究排名始终在后10位的有2家,它们是中国海军博物馆和古田会议博物馆;排名始终徘徊在后15位的还有西藏博物馆、成都杜甫草堂博物馆、瑞金中央根据地纪念馆、邓小平纪念馆和抗美援朝纪念馆,这些一级博物馆的运行总排名也靠后。除了西藏博物馆有民族因素之外,其他基本上都属于纪念类博物馆。努力提高科学研究水平是整体提升纪念类博物馆运行水准的重要方面。

(二)不同省市、不同地区之间一级博物馆科学研究方面的差异

1. 不同省市一级博物馆评估总分、"科学研究"得分及定性、定量得分如下(表2):

表2

省 市	博物馆数	平均总分	平均科研得分	平均定性总分	平均科研定性	平均定量总分	平均科研定量
北京市	10	68.85	14.08	71.00	13.18	63.86	16.19
天津市	3	64.85	12.06	67.45	10.82	58.78	14.65
河北省	2	64.73	12.87	66.97	12.10	59.50	14.67
山西省	3	67.91	12.98	70.98	12.19	60.73	14.83
内蒙古自治区	1	69.64	12.89	73.04	12.17	61.71	14.58
辽宁省	4	63.56	12.79	65.86	11.94	58.20	15.10
吉林省	1	62.71	12.83	64.45	11.87	58.66	15.09
黑龙江省	3	61.47	11.74	63.18	10.41	57.48	14.85
上海市	3	66.73	14.10	69.32	13.16	60.69	16.32

（续表）

省　市	博物馆数	平均总分	平均科研得分	平均定性总分	平均科研定性	平均定量总分	平均科研定量
江苏省	5	66.71	12.57	68.10	11.16	63.49	15.87
浙江省	1	71.45	13.57	75.76	13.07	61.40	14.75
安徽省	1	59.68	11.29	60.22	10.00	58.43	14.29
福建省	5	63.89	11.94	66.35	10.80	58.15	14.61
江西省	4	63.89	12.40	65.82	11.32	59.37	14.90
山东省	4	62.45	11.88	64.63	10.90	57.38	14.17
河南省	4	66.13	12.32	68.38	11.46	60.90	14.31
湖北省	3	67.65	13.25	71.43	12.58	58.82	14.79
湖南省	3	66.05	12.31	68.20	11.21	61.01	14.86
广东省	3	66.54	12.73	68.69	11.82	61.53	14.85
广西壮族自治区	1	68.97	14.10	71.01	13.12	64.09	16.38
四川省	5	60.68	10.62	62.21	9.21	57.09	13.91
重庆市	1	76.90	15.94	81.63	15.50	65.86	16.95
贵州省	1	58.87	12.73	60.05	12.13	56.12	14.13
云南省	2	63.85	12.41	65.15	11.38	60.83	14.81
西藏自治区	1	55.78	9.08	56.09	7.07	55.06	13.79
陕西省	6	62.83	12.45	64.68	11.44	58.52	14.80
宁夏回族自治区	1	60.57	11.36	61.99	10.11	57.26	14.28
新疆维吾尔自治区	1	62.65	12.00	65.11	10.80	56.60	14.79

　　从18个有2家以上一级博物馆的省市的得分情况看[1]，科学研究得分最高的是14.10的上海市，得分率65.58%，得分率超过60%的还有北京、湖北和山西3个省市；定性一级指标"科学研究"平均得分以北京市最高，为13.18，得分率65.90%，得分率超过60%的还有上海、湖北、山西、河北4个省市；定量一级指标"科学研究"平均得

---

[1]　因为1个省市如果只有1家一级博物馆在统计学上缺乏代表性，在此仅比较有2家以上一级博物馆的省市。

分以上海市最高,为16.32,得分率为65.28%,得分率超过60%的还有北京、江苏、辽宁3个省市。

科学研究得分排名前20位的一级博物馆中北京市有6家,占北京10家一级博物馆的60%;上海市2家,占66%;陕西省2家,占33%。陕西省6家一级博物馆科研得分排名依次为10、11、48、54、64和78,科研水平参差不齐是造成该省一级博物馆“科学研究”得分总体排名没有位居前列的主要原因。

2. 不同地区的差异

从地区分布看,4个直辖市17家一级博物馆科学研究平均得分13.82,得分率64.28%;东部地区[1]24家一级博物馆平均得分12.46,得分率57.96%;中部地区24家一级博物馆平均得分12.53,得分率58.27%;西部地区17家一级博物馆平均得分11.63,得分率54.09%。直辖市博物馆的科研水平超过及格线且明显高于其他地区,东部和中部地区水平比较接近,而西部地区则科研水平较低。

定性一级指标“科学研究”直辖市博物馆平均得分12.90,得分率64.50%;东部地区博物馆平均得分11.41,得分率57.05%;中部地区博物馆平均得分11.56,得分率57.80%;西部地区博物馆平均得分10.45,得分率52.25%。

定量一级指标“科学研究”直辖市博物馆平均得分15.99,得分率63.96%;东部地区博物馆平均得分14.92,得分率59.68%;中部地区博物馆平均得分14.80,得分率59.20%;西部地区博物馆平均得分14.41,得分率57.64%。

从以上分析看,定性指标直辖市明显较高,东部和中部地区水平接近,而西部地区的水平较低;定量指标除直辖市博物馆较高之外,其他地区基本一致。

在定性二级指标中,“科研活动”项直辖市、东部地区、中部地区、西部地区得分和得分率分别是6.18/77.25%、6.07/75.87%、5.96/74.50%和5.79/72.37%,呈逐步递减趋势,总体情况不错,差别并不大;“代表性科研成果”项的得分和得分率分别是6.71/55.92%、5.35/44.58%、5.60/44.67%和4.66/38.83%,总体情况不理想,所有地区都在及格线以下,直辖市较高,中部、东部地区基本一致,与直辖市的得分率差距约为11%,西部地区比直辖市低超过17%,差距较大。

(三)不同类型一级博物馆科学研究方面的差异

按照一级博物馆的不同类型,科学研究得分如下:

37家历史文化与综合类博物馆平均得分13.10,得分率60.93%;26家纪念馆类博物馆平均得分11.94,得分率55.53%;13家自然科技与专题类博物馆平均得分12.37,得分率57.53%;6家遗址类博物馆平均得分12.75,得分率59.30%。以历史文化与综合类博物馆得分最高,并且达到及格标准;遗址类博物馆其次,自然科技专题类博物馆再次,纪念馆类博物馆得分最低,得分最高与最低之间的差距为9.72%。

---

[1]　东部地区剔除已计入“直辖市”的北京、天津、上海,西部地区剔除已计入“直辖市”的重庆市。

在定性一级指标"科学研究"项，37家历史文化与综合类博物馆平均得分12.10，得分率60.50%；26家纪念馆类博物馆平均得分10.86，得分率54.30%；13家自然科技与专题类博物馆平均得分11.25，得分率56.25%；6家遗址类博物馆平均得分11.96，得分率59.80%。以历史文化与综合类博物馆得分最高，纪念馆类博物馆得分最低，前者得分比后者高11.42%。

在定量一级指标"科学研究"项，37家历史文化与综合类博物馆平均得分15.45，得分率61.80%；26家纪念馆类博物馆平均得分14.46，得分率57.84%；13家自然科技与专题类博物馆平均得分14.98，得分率59.92%；6家遗址类博物馆平均得分14.61，得分率58.44%。以历史文化与综合类博物馆得分最高，其他3类博物馆得分相近，最高和最低得分之间的差距为6.85%。

历史文化综合、纪念、自然科技专题、遗址4类一级博物馆定性二级指标中"学术活动"项的得分和得分率分别是6.19/77.38%、5.79/72.38、5.70/71.25%和6.40/80.00%，以遗址类最高，自然科技专题类最低，最高最低的得分差距是12.28%；"代表性科研成果"项的得分和得分率分别是5.91/49.25%、5.07/42.25%、5.55/46.25%和5.56/46.33%，得分率普遍较低，历史文化综合类与纪念类博物馆之间的得分差距是16.57%。

（四）不同行政级别一级博物馆科学研究方面的差异

按照一级博物馆的不同行政级别，11家8+3国家和地方共建的国家级博物馆"科学研究"平均得分14.71，得分率68.42%；省级及以上博物馆的平均得分12.58，得分率58.51%；地市级及以下博物馆平均得分11.84，得分率55.07%。8+3共建博物馆与地市级及以下博物馆得分之间的差距为24.24%。

在定性一级指标"科学研究"项，11家8+3国家和地方共建的国家级博物馆平均得分13.87，得分率69.35%；省级及以上一级博物馆的平均得分11.54，得分率57.70%；地市级及以下一级博物馆平均得分10.75，得分率53.75%。以8+3共建博物馆得分最高，以地市级及以下博物馆得分最低，两者之间的得分差距为29.02%。

在定量一级指标"科学研究"项，11家8+3国家和地方共建的国家级博物馆平均得分16.69，得分率66.76%；省级及以上博物馆的平均得分15.01，得分率60.04%；地市级及以下博物馆平均得分14.37，得分率57.48%。8+3博物馆得分领先，比省级及以上博物馆高11.19%，比地市级及以下博物馆高16.14%。

3个行政级别一级博物馆定性二级指标"学术活动"项的得分和得分率分别是6.74/84.25%、5.97/74.62%和5.78/72.25，省级及以上和地市级及以下博物馆相差不大，8+3博物馆得分领先约13%—16%；"代表性科研成果"项得分和得分率分别是7.13/59.42%、5.57/46.42%和4.97/41.42%，8+3博物馆得分虽然距及格线还稍有差距，但分别领先省级及以上、地市级及以下博物馆28.01%和43.46%，差距不可谓不大。

三、2010年一级博物馆科学研究数据统计分析

（一）科学研究项得分分析

　　一级博物馆在科学研究方面得分整体仍然偏低，82家博物馆平均得分为12.59，得分率58.56%，虽然与2008—2009年度相比有较大进步，但仍在合格线之下。

　　以具有可比性的定性一级指标比较，一级博物馆"科学研究"的平均得分率比"藏品管理""陈列展览与社会教育""博物管理与发展建设"均低，与"公共关系与服务"一起位于及格线之下。科学研究是博物馆一切工作的基础，我国博物馆总体发展水平不高，应该与科学研究长期低水平运行有密切的关系。

　　如果以21.5为满分、得分率60%为合格线，82家一级博物馆中"科学研究"得分率在60%以上的有28家，占34.15%，其中历史文化与综合类15家，在37家同类博物馆中占46.34%；自然科技及专题类1家，在13家同类博物馆中占7.69%；遗址类2家，在6家同类博物馆中占33.33%；纪念类2家，在26家同类博物馆中占7.69%。以历史文化综合类博物馆得分最高，纪念类博物馆得分最低。最高得分17.17比最低得分9.08高了89.10%。历史文化与综合类博物馆及格率最高也未及半数，纪念类和自然科技及专题类博物馆及格率最低只有不足8%。水平低、差距大，这就是目前我国博物馆科研水平的真实情况，如果不加以改善，将严重制约中国博物馆的发展。

　　在11家国家和地方共建的博物馆（8+3）中，得分率全部在60%以上，平均得分率为68.42%，最高得分（17.01/79.12%）与最低得分（13.54/62.98%）之间得分率相差16.14%。在全部一级博物馆科学研究项排名中，8+3博物馆排名在前10的有5家，排名在前20的有4家，还有2家排名在20开外。8+3共建博物馆应该是研究型博物馆，是科学研究的排头兵，而实际情况与要求有差距，其整体科研水平亟待进一步提高。

（二）科学研究得分与一、二级指标"科学研究"项的关系

　　"科学研究总分"得分排名前20位的一级博物馆中有19家在定性一级指标"科学研究"得分中排名前20位，其中有3家在两个排名中完全一致，均位于前8，说明两者的契合度十分紧密。从定量一级指标"科学研究"得分排名来看，虽然位列前10位的一级博物馆均在科研总分前20位之列，有6家同样位列前10，但在位列前11—20的一级博物馆中有6家不在"科学研究总分"排名前20之列，且没有1家在两个排名中完全一致，说明两者的契合程度不太密切。这种情况与定性、定量指标在总分中的不同权重有关。

　　82家一级博物馆科学研究最高得分17.17是最低得分9.08的1.89倍，定性一级指标"科学研究"项最高得分15.93是最低得分7.07的2.25倍，定量一级指标"科学研究"项最高得分20.83是最低得分13.61的1.53倍。提高学术活动和代表性研究成果的质量是提高博物馆科研水平的关键。

在"科学研究"定性、定量所有二级指标中,以"代表性研究成果"的差距最大,得分最高9.80和最低1.20之间相差8.17倍;其他最高和最低的差距均在2倍以内(1.79—1.96倍)。因此提高一级博物馆科研成果的质量比提高数量更为迫切。

(三)科学研究得分与评估总分的关系

在2010年一级博物馆运行评估得分排名前20的博物馆有14家进入科学研究排名前20,未进入的6家一级博物馆在科学研究排名中也在21—41之间。由此可见科学研究在博物馆总体工作中的重要地位。我们知道,科学研究是博物馆一切工作的基础,博物馆的收藏、陈列、展览、教育等业务工作是在科学研究的基础上进行的,博物馆行政管理水平的高低也与是否认识和掌握了博物馆运行的客观规律密切相关,这些都离不开科学研究。只有提高科研水平才能提高博物馆的运行质量和总体水平。

四、一级博物馆科学研究评估情况分析

此次对一级博物馆科学研究方面的评估,主要包括学术活动和代表性研究成果两大部分。

(一)学术活动

根据国家一级博物馆运行评估指标体系,博物馆学术活动主要包括学术委员会、科研计划、合作研究情况、学术会议、研究成果等5个部分。

1. 学术委员会

(1)学术委员会开展的主要工作

从申报材料来看,绝大多数一级博物馆建立有学术委员会,制定了学术委员会章程,定期召开会议,开展相关工作,从一定程度上发挥了学术委员会的作用。

学术委员会一般由单位的主要领导和业务骨干组成,各博物馆学术委员会人数不一,绝大多数具有高级职称,聘请馆外人士担任学术委员会委员的博物馆并不多,且大都是一些科研能力较弱的博物馆,期望得到外部的学术支持,但是外聘人员能够坚持参加学术委员会活动的并不多。

各馆通过学术委员会的建立,加强本馆的业务建设和学术领导,将学术委员会作为学术业务的咨询、参谋机构,并通过学术委员会加强与国内外同行业务与学术的交流合作,提高博物馆在文物征集、学术研究、陈列展览和社会教育方面的水平。

绝大多数一级博物馆学术委员会制定了章程,对学术委员会的工作职责、组织形式、委员权利与义务、会议制度与经费等进行了明确规定。

大多数博物馆学术委员会围绕本馆业务,根据学术委员会章程,通过召开学术委员会会议,具体指导博物馆的科研及业务工作。

（2）学术委员会存在的主要问题

从申报材料看，有的博物馆规模不大但学术委员会成员却很庞大，估计难以有效地发挥业务指导作用；有的博物馆没有成立独立的学术委员会，而将社会上的专业研究会或学会的理事会作为学术委员会。在评估2008—2009年度运行情况时发现，南昌八一起义纪念馆存在将"江西省八一起义研究会"理事会作为本馆的学术委员会，将其章程作为本馆的"学术委员会章程"，将研究会理事会议作为学术委员会会议的情况在2010年依旧存在；天津周恩来邓颖超纪念馆将"周恩来邓颖超研究中心"作为本馆的学术委员会，将"周恩来邓颖超研究中心章程"作为本馆"学术委员会章程"，将研究中心会议作为学术委员会会议的情况依然如故；成都杜甫草堂博物馆将"杜甫学会"的组织和章程作为本馆的学术委员会和章程的情况没有丝毫改变。

有的博物馆虽然有学术委员会，但没有专门的章程，将学会、协会或研究会章程作为学术委员会章程。如：天津自然博物馆将"中国自然博物馆协会章程"作为本馆的学术委员会章程；邓小平故居纪念馆将"邓小平纪念地协作研讨会章程"作为本馆学术委员会章程等。

博物馆的学术委员会对于促进本馆的业务发展起到了一定的积极作用，但总体来说仍然存在着学术委员会发挥作用不明显、开展活动相对较少等突出问题。有的博物馆将职称评定会议作为学术委员会会议申报，而大多数博物馆的职称评定工作是由专门的"职称评审委员会"承担的。

2. 科研计划

绝大多数一级博物馆制定了科研计划，围绕本馆的科研工作，明确了工作任务和目标。有的博物馆科研计划相对比较科学合理，具有较强的可行性。

极个别的博物馆没有制定科研计划，抑或科研计划内容比较空泛。也有将学会、协会、研究会的计划作为本馆的科研计划。

3. 合作研究情况

整体来说，博物馆在合作研究方面做了不少有益的尝试，通过与高等院校、科研单位，以及其他博物馆的合作，开展相关课题研究，推动和促进博物馆的科研、保护技术等工作。科研的国际合作也呈上升趋势，这有利于中国的博物馆走向世界。

部分博物馆没有开展合作研究，在"研究合作单位"一栏内容空白或者将教育、出版、展览、影视等项目作为"合作研究项目"，这是不合适的。

4. 学术会议

举办学术会议是博物馆重要的学术活动。大多数一级博物馆都单独或通过联合的方式等，举办相关领域的学术会议。随着科研国际合作的展开，学术会议的国际化水平也有所提高。

一些博物馆积极派员参加国内或国际性的学术研讨会，并提交论文。具有较强科研能力的大馆在这方面表现比较突出，如上海博物馆2010年共有203人次出席了79个国内外学术会议，提交论文超过150篇，其中国际会议37个，15个国际会议在境外召开，体现了科研能力和国际交流能力。

从目前的情况看,举办有影响的全国性的学术会议、国际性的学术会议还较少;举办的学术会议的层次以及讨论的内容还有待于提高。

在申报材料中也发现不少问题,如将博物馆成立多少周年的活动、馆内论文交流会等作为学术会议;有的将"参加"的学术会议也列为"举办"的学术会议;有的博物馆将在本馆范围内开会讨论一本书的框架算作举办学术会议,也有将举办讲座性质的论坛算作学术会议,还有将举办的纪念会、颁奖会等均算作学术会议,这些都是不合适的。

有相当部分的博物馆参加学术会议的代表并没有向大会提交论文或者在会议上作学术报告,是否也统计进去?这需要进一步明确。我认为参加学术会议者未能提交论文或报告者,不应视为参加学术会议。建议今后在评估规则中对学术会议的概念进行界定。

(二)代表性研究成果

1. 科研成果

(1)获奖情况

除了自然科学领域之外,国家在文物研究和文物保护领域设立的奖项极少,博物馆学研究尚未成为一门比较成熟的学科,因此真正获得国家级奖项的机会十分罕见。目前只有极少数博物馆能够获得国家级科研奖,也仅见于自然科学项目。从全国来讲,获得省部级奖项的大多是颇有实力的大馆。今后,积极鼓励参加高层次的科研评奖是提高一级博物馆科研水平和社会影响的有效举措。尽管此次申报已经清楚注明国家级奖、省部级奖的范围,但是在材料中还发现很多单位误将国家文物局奖作为国家级奖申报,将省级学会奖作为省部级奖的不实申报情况。

(2)成果质量

绝大多数一级博物馆都填报了本馆所取得的科研成果,以及代表性科研成果。不少博物馆在馆藏文物保护、藏品研究、博物馆理论研究等方面取得了不少成绩,开展了文物科技保护项目,每年发表了一定数量的论文,出版了一些研究专著。如:故宫博物院2010年发表论文410篇(其中11篇发表在国外刊物)、出版著作66部、图录9种、获得专利2项,内容主要涉及科技保护、藏品研究、文物鉴定、明清历史、故宫学、博物馆学等方面,在全国一级博物馆中成绩是非常突出的。

北京自然博物馆2010年发表论文36篇,出版专著1部,数量不算多。但是其中有4篇发表在国外权威杂志,论文质量较高。

从目前的科研成果看,科研成果的应用价值不是很高,或者成果的推广(特别是文物保护的新技术、新方法)没有得到应有的重视,创新力和影响力都较欠缺。除研究专著外,论文发表的刊物水平参差不齐,大多数为地方刊物或自办刊物,在国家级核心刊物和国外期刊上发表的论文屈指可数。在"代表性研究成果"中得分8分以上的博物馆仅寥寥几家,不少博物馆此项得分在5分以下,最低得分仅为1.2。中国博物馆界整体科研水平不高,亟待采取措施提高整个博物馆界的科研能力。

申报材料方面,由于概念不清,有的博物馆将会议论文集、影视作品、期刊、陆续出版的丛书类出版物等作为代表性科研成果;有的博物馆将尚未发表的论文、论著,或尚未鉴定的研究成果作为代表性成果列入,或者将以前完成或者尚未完成的科研成果作为2010年的科研成果列入,在时间上滞后或提前。

2. 承担项目

82家一级博物馆2010年承担的项目不平衡,其中国家级项目极少,省部级项目主要由省级及以上博物馆承担;国际合作研究项目不多,横向合作项目和自立项目比较多。整体来看,各级各类一级博物馆,尤其是国家级和省级颇有实力的大馆,每年承担了一定数量的科研项目。如上海博物馆2010年承担了32项科研项目,既有国家级项目,又有省部级项目,亦有博物馆自立的科研项目;研究内容主要为文物藏品的科技保护、标准制定等,如馆藏文物保存环境应用技术研究,充分发挥上海博物馆在全国博物馆界研究领域的优势;项目资金从1万到300万元不等。南京博物院2010年共承担了41个科研项目,既有200万的大项目,也有5万元的小型项目。其中国家级项目是《吴越文化比较研究》。

一些市地级博物馆也不同程度地开展了一些科研项目,主要围绕本馆业务和研究领域,自筹经费设立科研课题,如南通博物苑2010年自立22个课题,与往年一样,每个课题2 000元。总体来看,历史文化与综合类博物馆承担科研项目数量相对较多,质量和级别相对较高;纪念类博物馆承担科研项目数量相对较少,承担的项目多为自主立项,有的纪念馆没有承担任何项目。

在申报材料方面,对项目的级别何为国家级、省部级、省部级以下,普遍概念不清楚。大多数博物馆将承担国家文物局的项目作为国家级项目申报,一些博物馆申报的材料中没有材料证明其承担的项目为"国家级"或"省部级",此类现象存在较多。

五、对一级博物馆运行评估工作的几点建议

开展一级博物馆运行评估工作很有必要,也非常重要,对于推动博物馆事业的发展具有重要的意义,应继续加大力度开展此项工作。对评估工作的建议如下:

(一)确保申报材料的真实性

应采取措施,确保申报材料的真实性和完整性,如对发表或出版的科研成果应提供原件;应当说明举办学术会议的主要内容、参加单位,若是国际会议,应说明来自哪些国家的多少名专家参加了会议等;代表性科研成果中,应有材料证明其为省部级、国家级等。

（二）科学完善评估指标体系

博物馆收藏、研究、陈列展览、社会教育各项工作不可偏废，其权重应该有合理的配置。对评估的指标体系和分值进行适当的调整和完善，如提高科研会议的分值，提高博物馆界对举办和参加学术会议重要性和必要性的认识，引导和推动博物馆领域的科学研究工作。

为对论文质量进行科学评估，建议今后对发表在国内核心期刊或者国外著名期刊上的论文增加权重，以鼓励高水平的研究论文。

（三）进一步明确和界定有关概念

对学术会议、代表性研究成果、科研成果、省部级和国家级奖项、合作研究项目、科研项目等基本概念进一步明确和界定，以免由于概念不清楚，对如何填报材料理解不一，造成填报材料不准确、不完善。

（四）分类制定一级博物馆评估标准

博物馆目前分为四大类，各类博物馆既有共性，每一类也有其自身的特点。就科学研究来说，每一类博物馆研究内容不一，研究水平不一。若用一个标准对其进行衡量，有的博物馆就达不到一级博物馆的标准，尤其是纪念类博物馆。

（五）以评估推动博物馆科学研究的进步

从"科学研究"方面看，一级博物馆的整体水平并不高，如何通过博物馆运行情况评估促进科研，使一级博物馆真正起到示范作用，是今后值得研究和关注的问题。

充分发挥8+3国家和地方共建博物馆及省级以上博物馆的领头作用，建议由国家文物局或中国博物馆协会组织对一级博物馆进行分类指导，由某一方面运行水平较高的博物馆对水平较低的同类型博物馆进行专项指导。对于数量较多，并且有较高水平一级博物馆的省市，也可以由省市文物局组织对本地区的一级博物馆进行分类指导。指导应该是全面、有实质内容的，要避免把指导工作局限在如何填报"申报材料"上，把评估工作引入重"名"不重"实"的歧途。科学研究方面是如此，其他方面也可以试行。这对于缩小彼此之间的差距，提高一级博物馆的总体发展水平应该是有益的。

（六）制定制度、严肃纪律，保证评估工作的真实性

建议在今后的评估工作中加强实地核实工作，对于"申报材料"不实的单位予以警告，情况严重者给予直接降级处理，以保证评估工作的真实性和严肃性。

原载《中国博物馆》2012年增刊

人物类博物馆陈列展览与社会教育工作的启示

——一级博物馆2011年运行评估思考

一、人物类博物馆的总体运行水平

一级博物馆2011年运行评估的结果已经公布，83家一级博物馆中26家属于纪念类博物馆，其中10家可以归入"人物类博物馆"，它们是北京鲁迅博物馆、周恩来邓颖超纪念馆、大庆铁人王进喜纪念馆、上海鲁迅纪念馆、邓小平故居陈列馆、成都武侯祠博物馆、成都杜甫草堂博物馆、孙中山故居纪念馆（广东中山）、韶山毛泽东同志纪念馆和刘少奇同志纪念馆。

在83家一级博物馆中，10家人物类博物馆中总分排名如下：

序号	博物馆名字	博物馆类型	博物馆级别	年份	总分排名	定性总分排名	定量总分排名
21	孙中山故居纪念馆	纪念类	地市级及以下	2011	19	22	18
22	上海鲁迅纪念馆	纪念类	省级及以上	2011	22	21	54
29	成都武侯祠博物馆	纪念类	地市级及以下	2011	26	33	28
40	成都杜甫草堂博物馆	纪念类	地市级及以下	2011	28	38	25
51	刘少奇同志纪念馆	纪念类	省级及以上	2011	48	55	33
48	北京鲁迅博物馆	纪念类	中央级	2011	51	44	46
52	韶山毛泽东同志纪念馆	纪念类	省级及以上	2011	52	56	38
54	大庆铁人王进喜纪念馆	纪念类	地市级及以下	2011	55	59	31
72	周恩来邓颖超纪念馆	纪念类	省级及以上	2011	74	74	61
77	邓小平故居陈列馆	纪念类	地市级及以下	2011	75	76	55
平均值					45	47.8	38.9

　　总分反映的是博物馆总体运行情况,包括藏品管理、科学研究、陈列展览与社会教育、公共关系与服务、博物馆管理与发展建设等诸方面。人物类博物馆中有4家的排名在83家一级博物馆的前三分之一阵营中,3家在第二个三分之一行列,3家在后三分之一的队伍中,2家位列最后10位。总体排名位于一级博物馆的中位(平均排名45)。

　　在26家纪念类博物馆中,10家人物类博物馆的总分排名如下:

序号	博物馆名字	总分类型排名	定性类型总分排名	定量类型总分排名
1	孙中山故居纪念馆	1	2	2
2	上海鲁迅纪念馆	2	1	17
5	成都武侯祠博物馆	3	4	6
7	成都杜甫草堂博物馆	4	6	5
11	刘少奇同志纪念馆	10	12	8
10	北京鲁迅博物馆	12	8	14
12	韶山毛泽东同志纪念馆	13	13	12
13	大庆铁人王进喜纪念馆	15	14	7
22	周恩来邓颖超纪念馆	24	24	20
25	邓小平故居陈列馆	25	25	18
平均值		10	11	10

　　在纪念类博物馆中总分位列前四位都是人物类博物馆,有7家的排名在前二分之一之中,有2家位于纪念类博物馆排名的最后3位。总体位于26家纪念类的第10,在纪念类博物馆中排名有优势。

　　在一级博物馆中,纪念类博物馆(纪念馆)的运行情况总体不如历史综合类、自然科技类和遗址类博物馆,总分排名只有一家进入前20,位列前三分之一阵营的有4家,而位列后三分之一队伍的却有13家。统计结果表明,除了个别博物馆外,人物类博物馆运行水平在一级博物馆中并不落后,在纪念类博物馆中还比较领先。纪念类博物馆中总分排名进入一级博物馆前三分之一阵营的全部是人物类博物馆,即孙中山故居纪念馆(19)、上海鲁迅纪念馆(22)、成都武侯祠博物馆(26)和成都杜甫草堂博物馆(28),总分平均值(45)高于纪念类博物馆(52.7)。我们还可以发现,总分与定性总分的成绩几乎是同步的,而与定量总分则有较大的差距,如上海鲁迅纪念馆总分排名22、定性总分排名21(纪念类博物馆中最高)、定量总分排名54(在人物类博物馆中排名倒数第3),这与博物馆运行评估的计算规则有关。定性指标反映的是工作项目是否完成以及完成的质量,而定量指标考核的是工作的数量;在计算时定性成绩以70%计入总分,定量成绩以

30%计入总分。说明考核的重点是工作的质量而不是数量。随着运行评估工作的深入，今后两者的差距还会扩大,在2012年运行评估中定性、定量将采取8:2的比例计算。

二、人物类博物馆"陈列展览与社会教育"项运行情况分析

一级定性指标反映了博物馆各类工作运行的总体水准。以展现博物馆社会效益的"陈列展览与社会教育"项来排名,人物类博物馆在一级博物馆中的排名如下:

排名	博物馆名字	定性总分排名	藏品管理排名	科学研究排名	陈列展览与社会教育排名	公共关系与服务排名	博物馆管理与发展建设
22	上海鲁迅纪念馆	21	40	13	15	47	28
21	孙中山故居纪念馆	22	54	29	22	19	2
48	北京鲁迅博物馆	44	68	28	37	72	12
52	韶山毛泽东同志纪念馆	56	38	70	37	32	45
54	大庆铁人王进喜纪念馆	59	32	60	54	65	70
40	成都杜甫草堂博物馆	38	62	59	55	11	27
29	成都武侯祠博物馆	33	48	54	68	10	13
51	刘少奇同志纪念馆	55	38	29	69	51	65
72	周恩来邓颖超纪念馆	74	74	71	76	45	52
77	邓小平故居陈列馆	76	44	82	79	38	74
	平均值	47.8	49.8	49.5	51.2	39	38.8

总体排名与总分相比略有落后,只有2家人物类博物馆进入前三分之一。说明人物类博物馆在陈列展览和社会教育方面的运行质量有待提高,但上海鲁迅纪念馆的排名从"总分"第22逆势上升7位到"陈列展览与社会教育"第15,其原因值得思考。

人物类博物馆一级定性指标"陈列展览与社会教育"项在26家纪念类博物馆中的排名如下:

序号	博物馆名字	定性总分排名	藏品管理排名	科学研究排名	陈列展览与社会教育排名	公共关系与服务排名	博物馆管理与发展建设排名
2	上海鲁迅纪念馆	1	7	1	1	12	7
1	孙中山故居纪念馆	2	15	4	3	3	1

（续表）

序号	博物馆名字	定性总分排名	藏品管理排名	科学研究排名	陈列展览与社会教育排名	公共关系与服务排名	博物馆管理与发展建设排名
10	北京鲁迅博物馆	8	21	3	7	22	2
12	韶山毛泽东同志纪念馆	13	5	21	7	7	10
13	大庆铁人王进喜纪念馆	14	3	17	13	18	20
7	成都杜甫草堂博物馆	6	17	16	14	2	6
5	成都武侯祠博物馆	4	12	13	19	1	3
11	刘少奇同志纪念馆	12	5	4	20	13	17
22	周恩来邓颖超纪念馆	24	24	22	23	11	13
25	邓小平故居陈列馆	25	10	26	25	9	21
	平均值	10.9	11.9	12.7	13.2	9.8	10

总体看，人物类博物馆在纪念类博物馆中该项工作并没有领先优势，平均排名13.2，在中位。在前三分之一和后三分之一各占据4席，说明人物类博物馆陈列展览和教育工作的差距比较悬殊。

"陈列展览与社会教育"由"基本陈列""临时展览""博物馆讲解"和"教育项目"4个子项组成，在二级定性指标中有各子项的排名。首先看人物类博物馆"基本陈列"项在83家一级博物馆中的排名：

序号	博物馆名字	学术活动	代表性研究成果	基本陈列	临时展览	博物馆讲解	教育项目
21	孙中山故居纪念馆	62	14	6	32	23	32
22	上海鲁迅纪念馆	22	8	16	15	23	15
54	大庆铁人王进喜纪念馆	73	48	23	68	41	68
48	北京鲁迅博物馆	20	33	36	45	41	45
40	成都杜甫草堂博物馆	68	52	46	67	23	58
77	邓小平故居陈列馆	83	69	47	75	80	77
29	成都武侯祠博物馆	40	58	59	78	6	76
52	韶山毛泽东同志纪念馆	41	81	60	37	23	37
72	周恩来邓颖超纪念馆	80	59	60	77	41	77
51	刘少奇同志纪念馆	29	28	81	52	50	52
	平均值	51.8	45	43.4	54.6	35.1	53.7

"基本陈列"项的考核内容包括"展品的更新充实""展品的保养""学术交流与社会教育活动"和"品牌的社会认知"等。人物类博物馆能够进入前三分之一行列的有3家,总体排名43.4,在中位偏下的位置。

在纪念类博物馆中,人物类博物馆"基本陈列"项的排名如下:

序号	博物馆名称	基本陈列	临时展览	博物馆讲解	教育项目
1	孙中山故居纪念馆	1	4	6	4
2	上海鲁迅纪念馆	2	2	6	2
13	大庆铁人王进喜纪念馆	3	18	13	18
10	北京鲁迅博物馆	6	9	13	9
7	成都杜甫草堂博物馆	11	17	6	14
25	邓小平故居陈列馆	12	23	24	24
5	成都武侯祠博物馆	18	25	1	23
12	韶山毛泽东同志纪念馆	19	6	6	6
22	周恩来邓颖超纪念馆	19	24	13	24
11	刘少奇同志纪念馆	25	13	17	13
平均值		11.6	14.1	10.5	13.7

在26家纪念类博物馆中,"基本陈列"项排名人物类博物馆占据了前3位,平均排名为11.6,总体水平位于前列。

人物类博物馆二级定性指标"临时展览"项在一级博物馆的排名:

序号	博物馆名称	基本陈列	临时展览	博物馆讲解	教育项目
22	上海鲁迅纪念馆	16	15	23	15
21	孙中山故居纪念馆	6	32	23	32
52	韶山毛泽东同志纪念馆	60	37	23	37
48	北京鲁迅博物馆	36	45	41	45
51	刘少奇同志纪念馆	81	52	50	52
40	成都杜甫草堂博物馆	46	67	23	58
54	大庆铁人王进喜纪念馆	23	68	41	68
77	邓小平故居陈列馆	47	75	80	77
72	周恩来邓颖超纪念馆	60	77	41	77
29	成都武侯祠博物馆	59	78	6	76
平均值		43.4	54.6	35.1	53.7

　　"临时展览"的考核内容主要是"代表性临时展览",指标体系包括"展览的学术文化含量""展览组织科学合理""展览形式设计有探索有突破与内容统一""展览制作精良""开展与展览配套的学术和社会教育活动""网上虚拟展览""展览的社会教育与学术活动""展览的社会认可度""展览输出",还有"其他展览活动"等。人物类博物馆进入前二分之一行列的只有3家,平均排名54.6,恰好处在第二个三分之一的末尾,排名靠后。

　　在纪念类博物馆中,人物类博物馆"临时展览"项的排名如下:

序号	博物馆名称	基本陈列	临时展览	博物馆讲解	教育项目
2	上海鲁迅纪念馆	2	2	6	2
1	孙中山故居纪念馆	1	4	6	4
12	韶山毛泽东同志纪念馆	19	6	6	6
10	北京鲁迅博物馆	6	9	13	9
11	刘少奇同志纪念馆	25	13	17	13
7	成都杜甫草堂博物馆	11	17	6	14
13	大庆铁人王进喜纪念馆	3	18	13	18
25	邓小平故居陈列馆	12	23	24	24
22	周恩来邓颖超纪念馆	19	24	13	24
5	成都武侯祠博物馆	18	25	1	23
平均值		11.6	14.1	10.5	13.7

　　有4家进入前10,其中3家进入前6;有3家位于20之外。反映了在人物类博物馆中,临时展览的水平相差也比较悬殊。

　　"博物馆讲解"是教育工作的主要形式,人物类博物馆在一级博物馆中的排名如下:

序号	博物馆名称	基本陈列	临时展览	博物馆讲解	教育项目
29	成都武侯祠博物馆	59	78	6	76
22	上海鲁迅纪念馆	16	15	23	15
21	孙中山故居纪念馆	6	32	23	32
52	韶山毛泽东同志纪念馆	60	37	23	37
40	成都杜甫草堂博物馆	46	67	23	58
48	北京鲁迅博物馆	36	45	41	45
54	大庆铁人王进喜纪念馆	23	68	41	68
72	周恩来邓颖超纪念馆	60	77	41	77

（续表）

序号	博物馆名称	基本陈列	临时展览	博物馆讲解	教育项目
51	刘少奇同志纪念馆	81	52	50	52
77	邓小平故居陈列馆	47	75	80	77
	平均值	43.4	54.6	35.1	53.7

"博物馆讲解"的考核内容包括"讲解内容的设计与优化""讲解的语种""讲解的结构""讲解的队伍"。人物类博物馆只有1家（成都武侯祠博物馆）进入前10，排名进入前三分之一行列的还有4家，排名最后的邓小平故居陈列馆几乎位列83家一级博物馆之末。平均排名35，比较靠前，说明人物类博物馆比较重视讲解方面的工作。

在纪念类博物馆中，人物类博物馆"博物馆讲解"项的排名：

序号	博物馆名称	基本陈列	临时展览	博物馆讲解	教育项目
5	成都武侯祠博物馆	18	25	1	23
2	上海鲁迅纪念馆	2	2	6	2
1	孙中山故居纪念馆	1	4	6	4
12	韶山毛泽东同志纪念馆	19	6	6	6
7	成都杜甫草堂博物馆	11	17	6	14
10	北京鲁迅博物馆	6	9	13	9
13	大庆铁人王进喜纪念馆	3	18	13	18
22	周恩来邓颖超纪念馆	19	24	13	24
11	刘少奇同志纪念馆	25	13	17	13
25	邓小平故居陈列馆	12	23	24	24
	平均值	11.6	14.1	10.5	13.7

8家排名在26家纪念类博物馆的前半，平均排名10.5，总体水平位于前列。

"教育项目"是博物馆教育工作从单纯的讲解走向社会教育的延伸，人物类博物馆的排名如下：

序号	博物馆名称	基本陈列	临时展览	博物馆讲解	教育项目
22	上海鲁迅纪念馆	16	15	23	15
21	孙中山故居纪念馆	6	32	23	32
52	韶山毛泽东同志纪念馆	60	37	23	37

（续表）

序号	博物馆名称	基本陈列	临时展览	博物馆讲解	教育项目
48	北京鲁迅博物馆	36	45	41	45
51	刘少奇同志纪念馆	81	52	50	52
40	成都杜甫草堂博物馆	46	67	23	58
54	大庆铁人王进喜纪念馆	23	68	41	68
29	成都武侯祠博物馆	59	78	6	76
72	周恩来邓颖超纪念馆	60	77	41	77
77	邓小平故居陈列馆	47	75	80	77
	平均值	43.4	54.6	35.1	53.7

　　"教育项目"的内容主要是"代表性教育项目"，考核内容有"项目主题""科学组织""项目内容""项目的推广"和"社会认知程度"，还有"其他教育项目"。在一级博物馆中，人物类博物馆的教育项目排名并不理想，只有1家（上海鲁迅纪念馆）进入前三分之一阵营，位于后三分之一行列的有5家之多，平均排名为53.7，位置比较靠后。

　　在纪念类博物馆中人物类博物馆"教育项目"项的排名：

序号	博物馆名称	基本陈列	临时展览	博物馆讲解	教育项目
2	上海鲁迅纪念馆	2	2	6	2
1	孙中山故居纪念馆	1	4	6	4
12	韶山毛泽东同志纪念馆	19	6	6	6
10	北京鲁迅博物馆	6	9	13	9
11	刘少奇同志纪念馆	25	13	17	13
7	成都杜甫草堂博物馆	11	17	6	14
13	大庆铁人王进喜纪念馆	3	18	13	18
5	成都武侯祠博物馆	18	25	1	23
22	周恩来邓颖超纪念馆	19	24	13	24
25	邓小平故居陈列馆	12	23	24	24
	平均值	11.6	14.1	10.5	13.7

　　在26家纪念类博物馆中，人物类博物馆排名居中游，前后各有一半，平均值也位于中位。

三、几点思考

至2011年底，在全国3 589家博物馆中，以纪念某位人物或某类人物群体的专题博物馆（纪念馆、陈列馆、故居）有约400家，占博物馆总量的九分之一。这些人物类博物馆充分发挥与人物所在地的历史和现实的紧密联系，通过举办陈列展览、开展教育项目等形式，搭建了我们与前人心灵沟通的桥梁，丰富了人们的精神文化生活、引发了人们的情感共鸣，体现了我们民族尊重历史、立足当下、面向未来的人文关怀。在83家一级博物馆中人物类博物馆只有区区10家，它们是其中的佼佼者，在一级博物馆中的比例恰好也是占九分之一，考察其运行情况，可以从一个侧面了解我国人物类博物馆的生存现状。

1. 虽然纪念类博物馆在一级博物馆中总体运行水准不高，但是人物类博物馆却表现出较高的水平。孙中山故居陈列馆、上海鲁迅纪念馆、成都武侯祠博物馆和成都杜甫草堂博物馆4家进入了总分前三分之一行列，在纪念类博物馆中的排名也遥遥领先。

2. 在一级定性指标"陈列展览与社会教育"项，人物类博物馆在一级博物馆中的排名比总分排名略有落后，平均排名落后了6.2位；总分排名在前4位的博物馆在此项平均排名中下降了16位。其中上海鲁迅纪念馆的排名却上升了7位，从总分的第22到此项的第15，不仅在人物类博物馆中排名第1，在纪念类博物馆中的排名也是第1，甚至排在5家8+3博物馆（中央和地方共建的国家级博物馆）之前。这与该馆长期注重基本陈列和临时展览，关注社会教育有密切的关系，也与该馆在科学研究方面的长期积累有关。科学研究是博物馆一切工作的基础，陈列展览和社会教育是博物馆社会效益的具体体现，当然离不开科学研究的支撑，从2011年运行评估一级定性指标看，该馆"科学研究"项在83家一级博物馆中排名13，在纪念类博物馆中排名第1，在全国博物馆界遥遥领先，这就不难理解该馆陈列展览与教育工作领先的原因了。当然，该馆2011年恰逢新的基本陈列改建完成，也为此项有加分的效应。同时也要看到，人物类博物馆此项总体排名并不高，有4家博物馆处在一级博物馆的后五分之一队伍中，这些博物馆的级别不低，所纪念的人物地位很高，要提高陈列展览和社会教育工作的水平应该有很大的潜力。

3. 在二级定性指标"基本陈列"项，人物类博物馆在一级博物馆中的水平处于中游，位于两头的排名非常悬殊，排名位于前3的孙中山故居陈列馆（6）、上海鲁迅纪念馆（16）和大庆铁人王进喜纪念馆（23）与排名后3位的韶山毛泽东同志纪念馆（60）、周恩来邓颖超纪念馆（60）和刘少奇同志纪念馆（81）的平均差距为52位。人物类博物馆"基本陈列"项在纪念类博物馆中的排名相对靠前，这与纪念类博物馆总体水平不高有关。

4. 在"临时展览"项中，人物类博物馆在一级博物馆中排名中比较落后，最高排名第15（上海鲁迅纪念馆），下一位的排名就在30名开外（孙中山故居陈列馆，第32），平均排名54.6，比纪念类博物馆的平均值（52.6）还低，靠近一级博物馆后三分之一行列。究其原因，应该与人物类博物馆举办的临时展览讲究所谓"时效"有关，追求与纪念日或与政治形势相配合。这与一级博物馆临时展览"展览富有创意,主题明确,符合博物馆使命、目的及社会需求""展览内容能够体现最新研究成果,具有较高的学术、文化含量""展品组织科学合理、层次清晰、重点突出、信息传达有效性强""展览形式设计有新的探索或突破,并与内容设计和谐统一""展览制作精良、经济高效""能够系统、持续地开展与展览相配套的学术交流和社会教育活动"和"展览文化品牌获得社会公众的认知和认可"的要求有了一定的距离。

5. "博物馆讲解"过去一直是纪念类博物馆的强项,但是一级博物馆运行评估对博物馆讲解有了新的要求,比如要求"结合学术研究最新动态、观众反馈意见等,根据不同类型观众(成年、少儿等)的认知心理和审美习惯等不同特点,提供和不断优化讲解内容""提供包括汉语(含相关方言)、英语在内的多语种讲解,以及手语等特殊方式讲解""根据观众需求提供并不断优化,包括定时免费讲解、团队特约讲解、专家(策展人)导览、自动语音导览在内的多种形式的讲解"以及"博物馆讲解队伍的结构和博物馆志愿者在讲解工作中发挥作用"等。纪念类博物馆(包括人物类博物馆)一般规模较小,要全部达到上述要求有一定的难度;另外,现在对讲解所提出来的要求与过去相比已经有了"质"的提高,依靠背诵式、朗读式、表演式的讲解模式已经不能取得高分。因此,纪念类博物馆在此项的排名并没有表现出优势,平均排名41.2。人物类博物馆的总体排名还比较靠前,平均值为35;在纪念类博物馆中排名位于前半的有8家,达80%。说明人物类博物馆重视此项工作取得了应有的效果。

6. "教育项目"项所包括的内容很多,对项目的具体要求有"项目主题鲜明,与博物馆宗旨、目的、陈列展览主题相契合,具有思想性、知识性、趣味性,并能够与中小学教学课程相衔接或能够适应所在地区社区、企业等群体的学习需求""项目组织科学,配有专业的教育辅导人员和专门的教育教学设备,在组织模式上能够与所在地区的教育部门、中小学校或社区、企业等形成良好的合作""项目内容具有延续性,能够形成系列,符合博物馆教育活动系列化、菜单化的要求,并且符合教育对象特点""项目的辅助推广手段丰富,特别是能够通过互联网等数字化手段宣传推广教育内容,实现远程教育""教育项目活动品牌创建及其社会认知、认可度"等。对于人物类博物馆来说这些要求可能高了一些,因此符合要求的不多,只有上海鲁迅纪念馆(第15)进入了一级博物馆前三分之一的行列,在纪念类博物馆中排名第2。这与该馆长期关注学校教育和社会教育相关,也与该馆与所在社区建立了良好的教育互动关系有关。不求形式的"花俏"、取得良好的社会教育效果,除了领导重视之外,还要有一支队伍,能够很好地策划、组织、实施教育项目,要懂得教育心理学,对不同的人群采取不同的教育方式,以求最好的效果。这需要积累,靠一时的激情无法达到预期的目的。纪念类博物馆此项工作的总体水平不高,平均排名52.2,比较靠后;人物类博物馆排名几乎与此同步,平均值53.7,在这方面有很大的提升空间。

原载《中国博物馆》2013年第3期

上海博物馆展览理念的创新与实践

　　展览是博物馆发挥文化传播和社会教育功能的重要方面,它与基本陈列形成一种互补的关系,也是吸引观众不断进入博物馆的重要手段。一个好的展览,要有吸引观众的展览主题、良好的展览策划、精美的展品,除此之外,也要做好展览服务和展览教育工作,这样才能形成展品与观众的互动,可以最大限度地发挥展览的社会效益。

一、特别展览概况

　　随着2008年博物馆免费开放以来,上海博物馆的展览工作进一步深入,在继承先前确立的"3+1"办展思路(即世界古文明系列展、中国边远省份和文物大省文物精品系列展、中外文物艺术名品展和馆藏文物珍品展)的基础上,上海博物馆的办展思路得以拓展。通过对这20余个展览的回顾分析发现,它们基本可归为六大类型:

(一)世界古文明系列展

　　共计举办6个,包括《古代奥林匹克运动与艺术展》(2008)、《哥伦比亚前西班牙时期黄金艺术展》(2009)、《古印度文明——辉煌的神庙艺术》(2010)、《毛利人的世界:新西兰奥塔哥博物馆珍藏文物展》(2011)、《刚果河——非洲中部雕刻艺术展》(2013)、《安纳托利亚文明——从新石器时代到奥斯曼帝国》(2013)。

(二)中国边远省份和文物大省文物精品系列展

　　包括《金玉华年——陕西韩城出土周代芮国文物珍品展》(2012)。

(三)中外文物艺术名品展

　　共计举办5个,包括《意大利乌菲奇博物馆珍藏展:十五世纪—二十世纪》(2010)、《千年丹青——日本中国藏唐宋元绘画珍品展》(2010)、《宝光璀璨——法贝热珠宝艺术展》(2012)、《翰墨荟萃——美国收藏中国五代宋元书画珍品展》(2012)、《从巴比松到印象派——克拉克艺术馆藏法国绘画精品展》(2013)。

（四）馆藏文物珍品和捐赠文物展

共计举办4个，包括《海帆留踪——荷兰倪汉克捐赠明清贸易瓷展》（2009）、《南宗正脉——上海博物馆藏娄东画派艺术展》（2011）、《镜映乾坤——罗伊德·扣岑先生捐赠铜镜精粹展》（2012）和《集古大成——上海博物馆藏虞山画派艺术展》（2013）。

（五）馆内外文物结合的专题展

共计举办3个，包括《南陈北崔——故宫博物院、上海博物馆藏陈洪绶、崔子忠书画特展》（2008）、《竹镂文心——竹刻艺术特展》（2012）、《幽蓝神采——元代青花瓷器大展》（2012）。

（六）围绕人物主题的艺术性展览

共计举办5个，包括《融古开今——纪念谢稚柳百年诞辰书画精品展》（2009）、《利玛窦——明末中西科技文化交流的使者》（2010）、《北方之星——叶卡捷琳娜二世与俄罗斯帝国的黄金时代》（2010）、《鉴真和空海——中日文化交流的见证》（2010）和《汉韵和风——青山杉雨的收藏与书法作品展》（2013）。

二、展览策划

（一）策展原则

1. 始终坚持古代艺术博物馆的性质；
2. 始终坚持以"服务观众"为第一要务；
3. 始终坚持学术性与观赏性的有机统一；
4. 始终坚持"以我为主"的策展原则；
5. 始终坚持对外合作、交流的方针。

以上是上海博物馆举办展览坚持的原则。首先，上海博物馆是古代艺术类博物馆，因此展览应该是精品展；其次，我们始终坚持古代博物馆的宗旨，与古代和艺术没有关系的展览我们通常不做。再次，我们始终坚持以观众服务为第一要务，观众的层面很多，包括专家、学生，也包括普通观众，始终坚持学术性与观赏性的有机统一，不能光讲观赏性而没有学术性，但是又不能过分强调学术性，而使普通的观众看不懂。第四，始终坚持以我为主的策展原则，包括我们的引进展览，我们都主动介入，积极参加策展和展品选择，并不是你拿来什么我们展什么，这种展览我们绝对不做。从日本和美国引进的中国古代绘画展，新西兰的毛利展等，都是根据我们的具体要求来选择展品，因为我们最了解中国的观众，他们喜欢什么，需要得到什么，然后对展品进行调整。有的展览的整个框架都是由我们来做，如"从巴比松到印象派"展，我们根据中国观众的理解方式来制定大纲,与这个展览在欧洲6国和日本巡展的完全不同,效果非常好,也得到外国专家的赞许。另外,我们通常和国外博物馆采取交流办展的模式,这样不仅可以节省越来越昂贵的借展费用,同时也把中国古代艺术介绍给国外的观众,是中国文化走出去的一条很好的途径,这也是我们策展的原则之一。

(二)展览的形式与内容

1. 结合馆藏特点和学术优势推出诸多涉及书画、陶瓷、金石、工艺等各个门类的中国古代艺术展。

2. 积极推进与国内文博机构、国外博物馆的合作、交流办展。

3. 引进各类外国艺术展览,为观众搭建不出国门也能领略世界艺术的平台。

上海博物馆免费开放之后陆续推出的26个展览继承了自身优良的办展传统,在世界古文明系列展、中外文物艺术名品展等类型的展览上一如既往地赢得大量观众和社会的广泛关注。如我们把日本和美国博物馆收藏的中国五代至元的绘画珍品集中到中国展览,尽管工作十分艰难,筹备时间通常超过5年,但是向国内观众和学者提供了集中展示这些流传有序、极其罕见的古代绘画作品的机会。展览的成功举办是我们与国外博物馆长期友好交流的结果,也是我们的取得他们充分信任的结果。2013年举办的"从巴比松到印象派"展非常受观众的欢迎,两个半月展期观众超过50万,展览图录不断加印,印数接近1万册,相关文化创意产品的销售也有200多万元。其他如配合北京奥运会举办的"古代奥林匹克运动与艺术"展等也受到观众的欢迎。

4. 逐渐开始加强了专题展的比重。馆内外文物结合的专题性展览是一种依靠多方力量、整合资源、深入挖掘文物内涵与价值的展览形式。近年来,上海博物馆利用这一形式策划举办了多个既有高度学术性又广受大众欢迎的展览,如在2012年陆续推出的《竹镂文心——竹刻艺术特展》《幽蓝神采——元代青花瓷器大展》。竹刻艺术虽然属于中国古代艺术中的小门类,但展览因精心组织,以我馆藏品为基础,集合了国内多家博物馆所藏精品,赢得了学术界和广大观众的普遍好评。元青花展更是上海博物馆10多年的办展之梦,此次能够邀请国内外数十家博物馆倾力举办,展览之规模与等级可谓空前绝后,是国内外文物研究者、收藏家以及爱好者的一大盛事。我们正在与德国国家博物馆筹备两个非常有意思的展览,一是《埃及文明与中国青铜文明》,把两个时代相近而内容完全不同的文明放在同一个展览中,同样主题下的不同表现形式,这种文明的碰撞与比较会产生意外的效果;另一个是《佛教艺术展》,主要由德国收藏的印度、阿富汗等地的早期佛教造像与佛教传入中国以后的中土佛教造像组成一个展览,展览反映了佛教艺术的发展脉络以及中国佛教造像的渊源。两个展览将于2015年以后在两国举办。这种合作非常有意义,共同做一个主题明确的展览,是我们非常乐意的。

5. 以历史人物为主题的艺术性展览是近年来在国际上颇受欢迎的一种展览形式。免费开放以来,上海博物馆先后举办过《利玛窦:明末中西科技文化交流的使者》《北方之星:叶卡捷琳娜二世与俄罗斯帝国的黄金时代》等展览,获得了观众的高度认可。这类展览综合了历史文物展和艺术展览的优势，因为有人物，故具有生动的故事性；因为有艺术品，故又有强烈的观赏性。更吸引人的是，展览可以全面反映历史人物所处时代的文化艺术面貌，向观众提供巨大的信息量。

三、展览服务

除了在展览策划上坚持以观众为本之外，上海博物馆为了进一步提升公共服务的水平，还在展览服务上狠下功夫，积极凸显展览服务观众的功能。

首先，展览的内容设计更加注重大众化。由免费开放以来推出的历次展览可见，上海博物馆在坚守严谨的学术作风的同时，较以往更加注重展览的通俗性与观赏性。在2011年的《毛利人的世界》展中，展厅的入口布置了一扇极具毛利文化特色的木雕大门，按照毛利人的宇宙观，木门之内即为毛利之域，展厅内复原的毛利部族议事厅使身处其间的观众得以近距离感受毛利人的建筑风格和雕刻技艺。在次年的《竹镂文心》展中，上海博物馆考虑到竹刻工艺的繁复性，特意在展厅中辟出专柜，以实物配合线描图的方式集中展示竹刻的留青、阳文、浅浮雕等各类工艺形式，成为观众喜闻乐见的一种展示方式。除了巧妙植入场景和辅助展品之外，上海博物馆特展的说明文字与免费开放之前相比有了大幅的提升，专业人员不仅增加说明牌的信息量，更突出了文字的通俗性。这一点在《古代奥林匹克运动与艺术展》《哥伦比亚前西班牙时期黄金艺术展》《意大利乌菲奇博物馆珍藏展：十五世纪—二十世纪》《利玛窦——明末中西科技文化交流的使者》以及最近的《从巴比松到印象派——克拉克艺术馆藏法国绘画精品展》和《安纳托利亚文明——从新石器时代到奥斯曼帝国》等展览上表现得尤为突出。经调查发现，观众在展厅中逗留的时间较以往有了大幅的提高，深入了解文物背景信息的需求也逐步增强，展览取得了良好的社会效应。

其次，特展的形式设计也是上海博物馆体现"以人为本"服务理念的重要方面。在免费开放之后推出的一系列特展中，上海博物馆巧妙利用展厅墙壁的色彩、灯光与音乐烘托展厅氛围。在从著名的圣彼得堡艾米塔斯博物馆引进的《北方之星——叶卡捷琳娜二世与俄罗斯帝国的黄金时代》（2010）的展厅中，我们的设计师根据展览内容和俄罗斯的艺术风格设计了一种特别调配的红色作为展厅墙壁的颜色，居然受到艾米塔斯博物馆馆长的喜欢，他向我们的设计师索要颜色样板，表示回去以后要在他们的展厅中使用。在《从巴比松到印象派——克拉克艺术馆藏法国绘画精品展》（2013）中，设计师根据所展油画作品的主色调提炼出淡绿色作为展厅墙壁的色彩，既与展品协调，又减轻了观众看展时眼睛的疲劳感。在展厅设施方面，设计人员舍弃了以往通常设置的栏杆，转而采用更为人性化的平台式防护，于无形中既确保了观众与文物之间的安全距离，也维护了展厅在视觉上的简洁与美感。因此，在展览的形式设计中，设计师只要深入了解展览的内容，将其文化内涵提炼出来，就会取得很好的效果，有时候花费也不多。

四、特展教育工作

随着免费开放后观众数量的激增,上海博物馆进一步加强了特展的教育工作,其宗旨是引导观众对展览产生关注和兴趣,深入阐释展览的文化内涵,充分实现展览的文化意义。

特展教育的主要活动形式包括围绕主题的展厅讲解、特展讲座、教育读物、文化活动、展览体验、网上视频和新媒体(APP)等。这些形式从传统阅读发展为新颖视听,从单向接收演变为多维互动,体现了上海博物馆以观众为导向的教育理念。此类教育手段所具备的因人而异、按需自取的特点也能够满足不同年龄、文化背景和教育程度的观众的各种需求。

以《古代奥林匹克运动与艺术》(2008年5月1日至2008年7月12日)为例,特展主要活动如图所示:

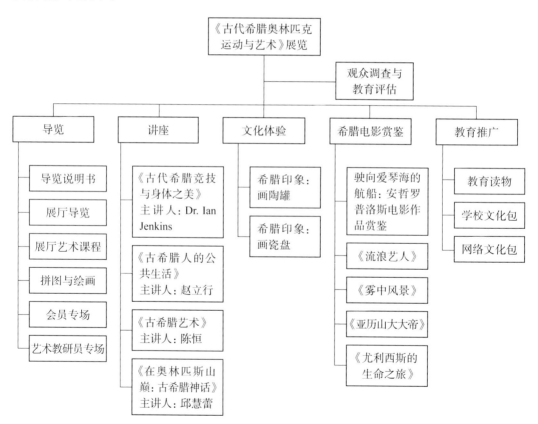

上表所列为本馆特展教育工作的案例之一。所有特展的基本教育活动如下:

1. 特展讲解

特展讲解由特招的高校志愿者担任。通常每一展览请上海一所高校的团委或学生会推荐80名品行兼优、具有较高文化素养和较强语言表达能力的高校学生担任讲解志愿者,经过培训承担讲解服务工作,保证展览期间每天上下午各安排2人,以满足一般观众的咨询和基本讲解需求。此外,教育部全体人员、展览部人员以及相关的学科部门也承担更高层次的讲解工作,主要面向具有专业需要的观众以及重要来宾。

2. 特展讲座

围绕展览的主题开设。视展览的规模、专业程度等情况,每一展览的讲座通常在5场以上,一些重要的展览讲座场次可达数十场。特展讲座的主讲人通常由借展方博物馆的策展人或专业研究人员以及国内学者专家担任。

特展讲座是对特展主题与内容的升华,不仅深入地阐释了展览文化,同时也为观众提供了互动交流的机会,并为观众提供了更加广阔的文化视野。

3. 特展教育读物

特展教育读物的功能与讲座相似,但其影响力更加广泛而持久,本馆力图将其办成"家庭学术读物",即在居家休闲气氛中轻松阅读的具有学术底蕴的读物。近年来本馆的教育读物原则上每一展览一部,印刷发行量通常每版3 000册,其中优秀者如《翰墨荟萃》可印刷数次,发行量达8 000册左右。

2008年以来,除出版展览正式图录外,还配合展览正式出版特展教育读物,主要有《世貌风情》(紫禁城出版社)、《海上锦绣》(香港文汇出版社)、《海帆留踪》(辞书出版社)、《利玛窦——行旅中国记》(北京大学出版社)、《千年丹青》(北京大学出版社)、《唐物:鉴真与空海》(绘本,广西师范大学出版社)、《毛利A到Z》(译林出版社)、《南宗正脉——画坛地理学》(北京大学出版社)、《梁带村里的墓葬——公共考古学的报告》(北京大学出版社)、《竹刻·刻竹》(北京大学出版社)、《翰墨荟萃:细读美国藏中国五代宋元绘画》(北京大学出版社)、《青花的世纪:元青花与元代的历史、艺术、考古》(北京大学出版社)、《元青花(绘本)》(北京大学出版社)等,其中《南宗正脉——画坛地理学》将同名展览中的画家"二王"重新置于明末清初的社会环境,帮助观众从历史地理与美术史两个角度了解明末清初他们所代表的江南山水画家的审美意境,获得中国文物报"2012年度文化遗产优秀图书"。

4. 特展教育推广活动

围绕特展,我们还开展了较为广泛的推广活动。在展览信息推广方面,每一展览通过市教委的教研室—各区县—学校的渠道,发出1 200张展览海报,并同时通报本馆博物馆之友中的1 300余名教师会员,吸引广大中小学生参观、利用展览向学生传播文化。

在展览教育推广方面,则通过"文化包"等形式,帮助学校教师理解展览并做"自助式"讲解。"文化包"通常由展品图片、教学用光盘、动手体验用的示范材料、供参观讨论用的思考题等组成,对于历史、语文或者艺术教师速成"专家"具良好的实用价值。

五、不足与展望

多年来,上海博物馆的特展工作取得了较突出的成绩。但是随着免费开放工作的推进,观众数量的激增及其鉴赏能力的提高,我们清醒地看到了自身尚需提升的诸多方面。与世界先进博物馆所策划的优秀展览相比,上海博物馆还有不少差距。因此,我们应从以下一些方面进一步加强特展工作,努力使之达到世界一流水平:

(一)做好特展工作的战略规划和短期计划

从博物馆的社会使命和业务需求出发,总体把握,慎重思考,合理安排特展的内容、规模、节奏,既要考虑好五年以上的长期规划,又要做好一至两年内的短期计划。

(二)根据工作新情况及时调整、拓展办展思路

办展思路使展览具有系统性和连续性,但是不能僵化不变,需要根据工作进展和新问题的出现进行及时调整,并积极探索新的办展方式。如上海博物馆现有的"世界古文明系列展"和"边远省份与文物大省文物珍品系列展"都有一定的时间和空间的限制。

(三)加强策划具有研究深度的主题性艺术展览

近年来,国内外一些博物馆策划的主题性综合艺术展览为我们提供了宝贵的思路和经验,有的以时代为主题,有的以人物为主题,有的以文化比较为主题,视野广阔,纵横捭阖。展览信息量大,故事性强,雅俗共赏,正是上海博物馆策展需要努力的方向。

(四)推进特展学术性与普及性的密切结合

展览其实就是一个研究成果大众化的过程,既要把展览看作是学术成果的反映,又要在高度的学术研究水平上加强展览的普及教育,真正达到为公众服务的最终目的。

六、对国家支持的期望

随着免费开放工作的推进,在国家文物局及其他相关行政部门的指导和关心下,国内博物馆的特别展览工作取得了长足的进步。国内外交流的加强为我国博物馆的特展工作提出了更高的要求。就与展览有关的国家行政主管部门来说,我们希望今后在以下两个方面得到更大的支持。

（一）简化入境展览审批程序

根据国家文物局制定的《文物入境展览管理暂行规定》，文物入境展览项目的申报至少提前6个月进行；如入境展品涉及所规定的濒危物种制品，则还需要在得到国家文物局或文化部的展览批文后另行申报《濒危物种进出口许可证》，而批准的时间一般至少需要2—3个月。复杂的审批程序和冗长的审批时间给顺利举办展览造成巨大的压力，甚至影响到一些展览的实现。为此，迫切希望有关行政主管部门在展览审批程序上进行切合实际的简化，比如加快审批时间，减少审批环节，甚至取消一些不必要的审批程序（如含有"濒危物种"的古代文物理应是国际公约制定之前的产物，根据公约属于可以豁免的范围，对于其进出境应该大大简化手续）。

（二）引入国家担保制度的可能性

入境展品的保险费是一项不可避免的开支大项。随着国际艺术品市场价格的持续走高，入境展品的保费较以往也有了较大程度的抬升，这对于原本经费预算有限的国内博物馆造成了巨大的经济压力。20世纪70年代，艺术品的国家担保制度产生。自此之后，欧美多国纷纷引进这一制度并已成熟运作，且每年还有更多的国家在考虑借助国家担保来争取更多国外精品入境展出的机会。对于纳入国家担保范围的展览来说，政府补偿可以承担一部分展品损害的赔付。国家担保赋予入境展品的坚实保障将有助于解除主办单位的后顾之忧，增加引进国外优秀文化艺术的可能性，更可以避免商业保险的一些弊端，这也是符合免费开放、服务大众之精神的一项现实探索。为了回避风险，在实施初期可以对国内的博物馆进行风险评估（包括设施设备、操作规范性和以往的安全记录等要素），只有达到一定风险等级的博物馆才有可能获得政府的担保。

原载《回眸、创新——全国博物馆陈列展览学术研讨会论文集》，
译林出版社，2014年

馆藏文物退出机制研究

关于馆藏文物退出机制,《文物保护法》第四章规定:"国有文物收藏单位不再收藏的文物的处置办法,由国务院另行制定。""馆藏一级文物损毁的,应当报国务院文物行政部门核查处理。其他馆藏文物损毁的,应当报省、自治区、直辖市人民政府文物行政部门核查处理;省、自治区、直辖市人民政府文物行政部门应当将核查处理结果报国务院文物行政部门备案。""馆藏文物被盗、被抢或者丢失的,文物收藏单位应当立即向公安机关报案,并同时向主管的文物行政部门报告。"

一、现状与存在问题

目前在馆藏文物退出机制的实践中,依然存在一些问题。一是有法不依。对已经被人为或自然损毁、无法修复的馆藏文物,一般都原状保存而不采取退出馆藏或注销的办法,因为法人都不愿意承担前任或自己的责任;对已经被盗、被抢、或已经遗失(包括被借入方)的馆藏文物,尽管有公安部门的证明,通常也不作注销处理。2005年文化部颁布的《博物馆管理办法》中有"不够本馆收藏标准,或因腐蚀损毁等原因无法修复并无继续保存价值的藏品,经本馆或受委托的专家委员会评估认定后,可以向省级文物行政部门申请退出馆藏"条,并对如何操作有比较详细的规定,但是执行者寥寥。

二是无法可依。博物馆之间文物的调拨和交换在《文物保护法》中没有列入文物退出机制(笔者认为,尽管是国有博物馆之间的调拨、交换,也涉及"国有资产"的转移,除了办理文物移交手续之外,还应该办理"国有资产"的转移手续);《文物保护法》规定的退出文物中有的已经完全损毁,不再有保存价值,这就涉及"国有资产"的灭失,应该有注销手续办理的规定;对于"不够本馆收藏标准"的文物退出馆藏后没有如何处置的规定;对于赝品的退出机制,《文物保护法》没有规定;对于无保留价值的文物(如大量的陶瓷标本、建筑材料等)的处置要有规范,目前存在随意处置的问题;对于已经编目入藏的文物中需要落实政策退还的部分,各地的处理方法各异;《文物保护法》规定司法、海关涉案文物和考古出土文物应该及时移交给有关博物馆收藏,但是存在移交文物不够收藏标准的问题;关于民营博物馆已经注册的馆藏文物(已经进入基本陈列和参加展览的本馆文物应视为"馆藏文物")的退出应该有所规定,目前存在文物随意退出进入市场的问题。

另外,还有一些概念需要明确。包括文物收藏单位之间的调拨、交换是否涉及馆藏文物退出机制;国有文物收藏单位退出馆藏的文物,在国有文物收藏单位中没有愿意接受的单位,是否可以跨越所有制提供给愿意接受的非国有文物收藏单位入藏(可以附带一定条件)等。

二、对策与建议

(一)馆藏文物的退出和注销应当十分慎重,必须考虑到文物收藏单位的长远利益,不得影响收藏体系的完整性,不得注销核心藏品;随着科技的发展和认识水平的提高,有些文物在今后可以得到修复,一些存有疑问的"赝品"也可能被重新认识。

(二)对于数量庞大的一般文物重复品和与博物馆性质不符的文物是否应该退出,一般认为可以将其调拨、交换至其他文物收藏单位,实现文物的合理利用。

(三)特殊时期纳入馆藏的文物(如"文革"期间的抄家物质)属于私人文物,必须退出馆藏,退还原主。对于无人认领的文物,应申请代管号。

(四)建立馆藏文物退出的标准和制度。

(五)建立馆藏文物退出、注销的程序。

(六)馆藏文物的退出须建立专门的档案。

(七)办理馆藏文物的注销手续,须有收藏单位法人代表、文物保管员、文物总账管理员、保管部门负责人签字,单位盖章,账务注销。

(八)对于退出、注销的藏品的处置方式及去向要有规定,注销文物所得必须用于文物征集;文物收藏单位的工作人员及亲属、业务往来等密切相关人员不得接受或购买本单位的注销文物。

三、《文物保护法》修改意见

(一)馆藏文物退出的定义

馆藏文物的退出,应指其在文物收藏单位藏品序列中真正意义的退出(或称注销,不再收藏),包括文物收藏单位系统之外的调拨、移交,不包括同系统文物收藏单位间的调拨、交换等情况。

(二)馆藏文物退出条件

以下情况的馆藏文物可以退出:(1)不符合馆藏要求,与博物馆性质、任务不相符;(2）被盗、被抢或者丢失;(3）自然灾害或不可抗力造成的文物损毁;(4）赝品、复制品、辅助展品等;(5）一般意义的标本;(6）数量庞大的一般文物重复品;(7）政策退还;(8）其他情况。

（三）馆藏文物的退出程序

1. 申请。文物收藏单位提出申请,应包括拟退出文物的名称、数量、退出原因及方式,并附详细的目录、文物信息及照片;

2. 专家初步评审与复审。经本单位或委托的专家委员会初步评估并通过后,报省级政府文物行政部门组织专家委员会复审;

3. 公示。在全省范围内公示,国有文物收藏单位退出收藏的文物若有其他国有文物收藏单位愿意接收,则通过调拨、交换、借用等方式处理,自行终止退出馆藏程序;非国有文物收藏单位接受国有文物收藏单位退出文物的国有产权不得作改变;

4. 批准和备案。一般文物经省级政府文物行政部门批准并报国务院文物行政部门备案,珍贵文物报国务院文物行政部门批准。馆藏文物退出在批准以前不得擅自处置;

5. 建立完整的退出文物档案。包括申报材料、评估、批复、凭证、单据、处置方式、文物归属等存入文物档案,并妥善保存、备查;

6. 对已经退出和注销的馆藏文物要审慎处置,可归入文物资料类保存,也可以按规定优先调拨或移交给公共文化、科研、教育机构。

原载《中国文物报》2014年5月2日

博物馆藏品征集工作的探索与研究

对于一个博物馆来说，藏品是其根本，博物馆的一切工作，包括科学研究、陈列展览、社会教育都是以藏品为基础展开的。与此同时，藏品还是国家、地区、企业的公共财产，对藏品的获取、保存，以及对藏品的文化内涵进行传播与传承是博物馆的职责。

目前，一些博物馆在藏品征集工作中由于缺乏规范的管理制度，或者存在盲目性，或者有畏难情绪，出现了一些不利于藏品征集工作正常开展的问题。本文就藏品征集的标准、来源、程序、制度建设等进行探索和研究，为博物馆建立科学的藏品征集管理办法提供参考。

一、博物馆藏品征集的基本标准

根据有关法规，博物馆的藏品"必须具有历史的、艺术的或科学的价值"[1]。这就要求不同类型的博物馆要按照自身的定位制定藏品的征集标准，对藏品进行严格鉴选。博物馆在建立之初就必须依据自身的特点，制定明确的藏品收藏标准，对藏品的内容、范围、质量进行划定，作为藏品征集的依据。如专题类博物馆收集的藏品，就是与本专题相关的不同时期的实物、图片资料、文字资料以及衍生产物。

博物馆藏品的收藏标准并不是恒定不变的，它应该随着博物馆的发展而发展和变化，收藏的内容和范围会因时代而有所改变。

博物馆在藏品收藏标准不变的情况下，应根据原有藏品收藏研究和情况，对本馆收藏中的缺环、所缺乏的品种以及急需的重点进行优先征集，以保证博物馆藏品体系的系统性、完整性和合理性。

博物馆的藏品，无论是自然的、人文的，还是历史的、艺术的，在收藏过程中，必须确取得其有效的所有权，避免任何司法纠葛。只有所有权合法的物品，才能成为博物馆的藏品。

---

[1]《博物馆藏品管理办法》(文化部1986年6月19日)第一章第二条。

二、博物馆藏品征集的基本原则

（一）藏品征集和接受捐赠工作必须依照《中华人民共和国文物保护法》《中华人民共和国文物保护法实施条例》以及《博物馆管理办法》开展。

（二）藏品征集和接受捐赠的藏品范围必须与征集单位的业务性质相符合，不同性质的博物馆应收集与自身性质相符的藏品。不同的博物馆有不同的藏品征集范围和对象，历史博物馆、革命博物馆、艺术博物馆、自然博物馆、科技博物馆、专题博物馆、人物和重要事件纪念馆、遗址博物馆都有不同的征集范围。

（三）要有明确的目的性。

1. 要从本馆陈列、研究的需要出发。陈列和研究是博物馆业务工作的重要方面，它们是建立在藏品基础上的。征集工作要为陈列、研究服务。

2. 要从保护国家科学文化财富出发。在征集过程中如果遇到不属于本馆征集范围，但又是极有价值的文物、标本，应当向有关博物馆及时通报信息，或者在可能的条件下先行征集，然后再妥善处理，避免这些珍贵文物标本的湮灭损失，这是博物馆义不容辞的责任。征集工作应当体现"博物馆是文物、标本的主要收藏机构"的作用。

3. 要逐步建立完整的藏品体系。应该逐步建立与本馆性质相符的较为完整的藏品体系。这需要长期坚持努力，不断积累、充实。因此，博物馆的征集工作是一项长期的、经常性的工作。征集的重点应该放在本馆藏品中的空白和薄弱环节，亦即要尽可能填补缺项，以保证藏品的系统性、完整性。藏品的丰富与否，不在于藏品数量的增加，而主要应该着重于藏品质量的提高和品种的丰富。

4. 要有科学的计划性。征集计划应建立在调查研究的基础上，要对馆藏品现状进行调查，要对陈列、研究需要进行调查，还要对藏品征集的来源进行调查。

5. 要加强预见性。鉴于近年来现代物品的消失十分迅速，1986年国际博物馆协会（ICOM）发出"博物馆与我们遗产的未来"的紧急呼吁；1996年国际博物馆协会进一步提出"为未来而征集"。我们在征集计划中要采取必要措施，有目的进行，以保证博物馆事业的持续发展。

6. 向社会征集和接受捐赠的藏品来源必须合法、可靠；向社会征集藏品的价格必须公正。

三、博物馆藏品的基本来源

（一）田野采集

田野采集是博物馆搜集自然类藏品最主要的渠道，也是考古调查获取人文标本的主要手段以及进行考古发掘的必要准备。

（二）考古发掘

主要通过科学的田野考古发掘获得。考古发掘是用科学方法发掘留存于地下或水下的古生物和人类文化的遗存物，一般具有比较准确的年代，各种遗址和墓葬可以揭示人类活动的历史内容，有助于科学地探索和恢复历史面貌，也是博物馆藏品和标本的重要来源方式。科学的发掘方式，不但能获得完好的古生物和人类文化实物，提供考证、鉴定文物、标本的标准器，还能提供与文物、标本伴生的各种信息，可以为博物馆的陈列、研究提供科学依据。

我国幅员辽阔、物产丰饶、历史悠久，地下古生物和人类文化遗存非常丰富，有序、合理、科学地进行考古发掘是对古生物和人类文化遗存最有效的保护。"中华人民共和国境内地下、内水和领海中遗存的一切文物，属于国家所有"[1]。这就要求：只有经过国家文物行政部门批准，取得考古资质的单位，才能从事考古发掘工作；一切考古发掘必须呈报政府文物行政主管机构的批准，任何单位或个人不得私自发掘。

（三）民族学调查征集

民族学调查是收集民族文物的主要途径，深入民族地区进行实地调查征集是主要的工作方法。在征集民族文物的同时要重视对民族社会的调查，即对民族的历史、民俗、社会结构、婚姻状况等进行全面的调查，这样才能揭示民族文物的内涵，认识其历史、艺术和科学的价值。

（四）社会调查征集

即对社会各界（包括私人）收藏文物的情况进行调查，有针对性地进行征集。社会征集包括以下形式：

1. 收购

收购私人和机构收藏的传世文物和标本，是丰富博物馆藏品的一种重要手段。收购是博物馆付出一定的经济代价，换取私人和机构拥有文物、标本的所有权。收购文物、标本必须在国家法律法规允许范围内，按照自觉自愿的原则、公平合理地进行。

文物商店、古旧书店出售的符合博物馆收藏标准的文物和古籍，博物馆应享有优先购买权。

拍卖公司拍卖重要文物，博物馆也应该享有优先购买权。

收购包括向私人、文物商店和拍卖公司收购。必须掌握的原则是：

（1）属于国家所有的文物（出土文物、地面文物等）和受国际条约保护的文物标本

---

[1]《中华人民共和国文物保护法》（2002年10月28日）第一章第五条。

不得买卖。

（2）收购对象限于符合博物馆入藏标准的传世文物。

（3）必须坚持自愿出售的原则，以公平合理的代价收购，不能压低或抬高价格。

2. 接受捐赠

收藏文物和标本的私人或机构，出于对自然遗存和人类文化的热爱及对博物馆的信任，无偿出让文物和标本的所有权给国有文物收藏机构，希望通过博物馆的研究、展览、出版等活动，充分发挥文物和标本的作用。捐赠文物和标本给国家，是一种高尚的行为，体现了收藏家和捐赠人热爱祖国、热爱华夏文化和舍己为公的高尚品德。博物馆作为公益性的社会文化机构，需要培育全社会关心、帮助公益性机构的氛围。

把分散于不同环境和保存状况下的文物、标本，统一存放于比较专业的保存环境中，不失为一种积极的保护方式。应当鼓励向国家博物馆捐赠文物，要坚持自愿捐赠的原则。博物馆应该根据捐赠文物的价值给予适当的精神和物质奖励。重要的捐赠还应该报请政府给予嘉奖。博物馆要维持与捐赠者的良好关系，为合适的捐赠品举办展览、出版书籍，也是宣传、鼓励捐赠行为的一种好方法。捐赠文物应该在档案中详细注明，在展览、出版时要明确标明捐赠者，以表达对捐赠者的尊重和感谢。

（五）交换与调拨

有几种形式：

1. 博物馆之间的交换与调拨。各个博物馆由于性质、任务和环境的不同，会有一些与主题不符的藏品或重复量较大的藏品，这些往往会是其他馆的稀缺藏品。不同主题和任务的博物馆，有义务把不符合自己收藏主题的藏品，调拨给符合藏品收藏主题的博物馆收藏。各个博物馆可以在自愿协商的基础上，在互惠互利的原则下，以有易无、以余补缺，是完善藏品体系的一种方式。

2. 根据文物保护法的规定，考古院所在完成考古项目的整理之后，应当及时向博物馆调拨出土文物。

3. 政府和上级部门向博物馆调拨文物。通常是政府部门把受赠的有文物价值的纪念品调拨给博物馆。

4. 文物的国际交流。

（六）接受移交——主要是博物馆接受公安、法院、海关、工商管理等部门依法没收的文物标本

维护和保持藏品搜集渠道的畅通，是确保博物馆藏品来源的非常重要的一环。保持与收藏家良好的联系，了解社会市场动态，对相关的非文物单位进行专业业务帮助，增进博物馆之间的相互沟通，都会为藏品的获得提供帮助。

四、藏品鉴定

藏品鉴定是博物馆藏品征集的必要环节，确保征集对象的真实性是藏品征集的必要条件。

（一）藏品鉴定的主要任务——辨明真伪、判断时代、判明产地、考证内涵、评定价值。

（二）藏品鉴定的目的——保证藏品的科学性，为国家保护真实的科学文化财富。

（三）藏品鉴定的重要性——为博物馆藏品管理、研究利用、公开展出把好真伪第一道关口。因此，藏品鉴定是藏品研究的首要任务。

真伪自古就有，最早的记载见于春秋时期，《韩非子·说林下》："齐伐鲁，索谗鼎，鲁以其雁（赝）往。齐人曰：雁也。鲁人曰：真也。"

历代作伪的技术愈来愈高，文物鉴定的学问也在不断发展。具体方法有：直观方法、考证方法、调查方法、科学检测。

文物是一定历史时期的产物，必然反映当时的时代特征，鉴定文物首先要掌握当时的时代特征，这是文物鉴定的重要依据。鉴定是极其复杂的工作，鉴定的实践经验是非常宝贵的，切忌片面武断，要虚心体察、多方探索，以科学的态度，求得真实的结果。

如书画，要了解书画的发展史，认识时代特点及作者的个人风格，还要从印章、题跋、著录、书画材料以及装裱等多方面进行考察和研究。近代书画作伪肆虐，常见的有"扬州片子""苏州片子"，现代临摹、珂罗版、宣纸印刷等。

青铜器，要掌握中国古代青铜器及其所处时代的发展历史，每个时代不同器物的造型和纹饰特点及其演变规律，还要通过铭文、铸造技术等多方面进行考证。

陶瓷，要了解中国陶瓷的发展历史，熟悉各个时代、各个地区、各个窑口产品的特征，要从造型、纹饰、胎釉以及制作、烧造工艺等方面进行考证。

（四）辨伪是鉴定的第一步，然后才有断代、考证内涵及藏品评价等。

藏品评价，就是评定其历史价值、艺术价值、科学价值，是一个揭示藏品内涵价值的逐步深入的过程。

（五）记录——应包括历次鉴定意见和重要分歧意见，对于真伪、定名、断代、价值、产地、级别等任何有理有据的意见都应如实记录，以作进一步的研究、鉴定。

（六）结论——藏品鉴定各个项目的结论，是产品登记、编目和建档中相关项目的主要依据。

五、藏品征集认定和审查制度

为了规范博物馆向社会征集藏品和接受捐赠工作，应该建立科学的藏品征集认定和审查制度。结合国内外博物馆藏品征集的实践和国际博物馆协会（ICOM）关于博物馆人员的道德准则,在征集工作中,应该对待征集藏品建立认定和审查制度。

(一)建立藏品征集机构、配备专门人员

博物馆必须配备专门从事藏品征集的机构或人员,有计划、有目的地开展经常性的藏品搜集工作,不断地充实博物馆的收藏,使博物馆收藏的藏品体系更加科学、全面。

藏品征集和接受捐赠工作政策性强,专业技术要求高,工作人员必须认真贯彻执行国家有关法律法规,具备必要的政策水平,具备丰富的藏品知识和一定文物鉴定能力,熟悉本馆的藏品情况。同时需要有良好的沟通能力、兢兢业业的工作精神和一心为公、不徇私情的职业道德。

(二)建立专业鉴定队伍

博物馆应组建一支专业鉴定队伍,对搜集来的藏品进行专业的鉴别。鉴定人员对相关专业有深入的了解和研究,有判定藏品时代和真伪的能力,鉴定范围应涵盖博物馆的全部藏品。当博物馆缺乏相应的鉴定人员时,应采取措施聘请同行业内有相关资质的鉴定人员加入鉴定团队,完善鉴定队伍的结构,保证博物馆所有入藏藏品的质量。

博物馆应建立藏品征集专家库,没有条件建立专家库的单位也可以委托省级以上文物鉴定委员会代行待征藏品的认定工作。

藏品征集专家库应包括与征集单位业务相关的各类藏品的鉴定专家,入库专家应该是本领域内具有副研究员以上职称、在本领域从事专业研究不少于10年的专业研究人员。每个门类的专家不少于3名,并应包括至少1名省级以上文物鉴定委员会成员。专家库成员由征集单位和外单位的专家组成。

专业鉴定团队的任务是:对藏品征集人员提交的藏品进行遴选,确定有无收藏价值;同时对需入藏藏品的时代、类别、品名、等级进行确定,提交有效的鉴定意见。

(三)征集和接受捐赠藏品的审查认定

待征集和受赠藏品(以下称待征藏品)的认定工作包括对其来源的调查、真伪的鉴定、科学价值和经济价值的评定等。

待征藏品一般经过初审和复审二级审查通过。如果属国宝或重要文物(二级以上文物),可以直接进入复审阶段。具备一定条件(如国家文物鉴定委员会委员超过3名)的博物馆也可以直接进行复审。

参加认定的专家一般为3—5人,参加两级认定的专家重复者不超过三分之二。征集单位之外的评审专家可依照规定付给相关费用。

(四)初审

1. 初审工作按照下列规定办理:

社会上送来的文物,包括照片或实物等,先由博物馆藏品征集部门与相关业务部门

协同进行初步审验,符合征集单位需求条件者,经单位领导同意提送初审。

2. 初审工作的组织及工作内容:

(1)组织:从专家库中挑选适当人员组成初审专家组,初审专家一般不少于3人。组成人员中应包括至少1名省级以上文物鉴定委员会成员。

(2)工作内容:审查文物状况(含目验)、来源证明、撰写评审记录、搜集市场价格数据等相关信息。

3. 初审会议的程序如下:

(1)提交初审的待征藏品,由负责藏品征集的部门准备资料,安排初审会议。

(2)初审会议由征集单位负责藏品征集的负责人主持,初审专家出席,各有关部门负责人列席。

(3)初审专家对实物及相关参考数据进行审查。初审专家在"初审意见书"上提出审查认定意见(包括对藏品真伪的鉴定、来源的认定及初步的估价意见)并签名。初审以全体出席专家一致赞成为通过,如发生不同意见,则作暂缓处理。

(五)复审

1. 复审工作按照下列规定办理:

通过初审的待征藏品,由负责藏品征集的部门负责准备资料,邀请专家组织复审会议进行复审。

2. 复审工作按照下列程序进行:

(1)组织:从专家库中挑选3—5人组成复审专家组,成员中应包括至少3名省级以上文物鉴定委员会成员,其中1名是国家文物鉴定委员会委员。如有必要可聘请征集单位专家库之外的专家参加。

(2)会议:复审会议由征集单位法人代表或其授权人员主持,复审专家出席,征集单位分管征集工作的负责人和各有关部门负责人列席。

(3)复审专家对待征藏品实物、相关参考数据及"初审意见书"进行审查。复审专家在"复审评审书"上提出审查意见(包括对藏品真伪的鉴定、来源的认定及估值意见)并签名。复审评审书应含征集单位提供的图片及文字资料。复审以全体出席专家三分之二以上赞成为通过。

(4)通过复审的待征藏品,经征集单位法人代表同意并签字后,开始办理后续征集或接受捐赠工作程序。

六、藏品征集经济价值的确定

对于博物馆收购的文物、标本,要有一个收购价值的估算。这种估值如果能够由独立于交易双方以外的第三方作出最为适当。

藏品的征集价格依下列程序确定：

（一）在与出让方洽谈以前，征集单位根据专家组的意见确定征集底价。

（二）如果征集底价与出让方的价格不一致时，依下列方法办理：

1. 底价高于出让方提出的价格时，以出让方的价格成交；

2. 底价低于出让方的价格时，当双方的差距在20%以内，则由负责藏品征集的部门根据市场的情况与出让方洽谈，寻找符合市场情况的合理价位；当双方的差距超过20%，而出让方又坚持时，可以根据情况组织召开"询价会议"，由熟悉市场情况的专家共同商议，得出合理的征集价格。

（三）博物馆参与公开拍卖市场竞标时，依照下列方式办理：

1. 博物馆参加国内外市场竞拍，一般要指定委托代理人，尽量不要自行参与，避免拍卖现场因此而哄抬拟竞拍标的价格；

2. 拟竞拍藏品的相关资料，经征集初审、复审通过；

3. 将待征藏品审查情况连同底价等，报征集单位法人代表或其授权人员核准后办理；

4. 竞拍成交后，将采购竞拍价过程及办理结果之相关文件，由征集单位有关部门和法人代表或其授权人员签字核准，视同完成议价程序。

（四）征集单位待征集的藏品，如果未通过评审应予退回，其退运费及保险费，由征集单位核实支付。

七、建立藏品征集档案

博物馆应建立藏品征集工作档案，对藏品的流传经过和征集过程进行详细记载，及时整理归档。藏品征集档案包括：

（一）出让人亲笔签署的文物出让书或拍卖凭证；

（二）藏品征集部门会同专业研究部门出具的藏品征集报告；

（三）藏品复审评审书；

（四）各级领导机关或相关机构的审批或批复件；

（五）藏品征集清单和付款凭证；

（六）藏品流传经历等文字和图片影音资料。

八、博物馆接受藏品捐赠的原则和程序

博物馆可以接受国内外捐赠的藏品，接受的捐赠藏品应该与本馆的收藏范围相一致。

对于捐赠的文物,须依照以上规定的程序办理,评定其价值后,得予收藏;若认为无入藏价值者,应部分或全部谢绝。

藏品受赠单位可以根据捐赠文物的重要性和评定价值给予捐赠人精神嘉奖和一定的经济奖励。

应建立藏品受赠工作档案,对藏品的流传经过和受赠过程进行详细记载,并及时整理归档。文物受赠档案包括:

(一)捐赠人亲笔签署的文物捐赠书;

(二)藏品征集部门会同相关业务部门出具的文物受赠报告;

(三)藏品复审评审书;

(四)各级领导机关或相关机构的审批或批复件;

(五)藏品受赠清单或相关凭证;

(六)文物流传经历、收藏家背景等文字和图片影音资料;

(七)重要文物受赠简报、宣传资料及新闻稿等文字资料和影像资料等。

藏品受赠单位和相关部门应加强与藏品捐赠者的联系,及时通报本单位的重大活动情况;对重要的文物捐赠者的生活予以关心,在力所能及和合理的范围内帮助其解决实际困难。

捐赠文物在展出或出版时,须标明捐赠者的姓名、堂号或机构名称等,以表示对捐赠者的尊重。

九、国有博物馆征集和接受捐赠藏品的申报

国有博物馆征集和接受捐赠珍贵藏品按照以下程序申报:

(一)国有博物馆征集和接受捐赠的藏品属于一级文物者,经省、自治区、直辖市人民政府文物行政管理部门报国务院文物行政管理部门备案。

(二)国有文物收藏单位征集和接受捐赠的藏品属于二级文物者,报省、自治区、直辖市人民政府文物行政管理部门备案。

(三)国有文物收藏单位征集和接受捐赠的藏品属于三级文物者,按照行政隶属关系报设区的市、自治州级人民政府文物行政主管部门或省、自治区、直辖市人民政府文物行政管理部门备案。

藏品征集是博物馆的一项重要工作,对于从业人员,要求有较强的政策把握能力和专业水平,还要有较高的道德水准。做好这项工作,可以使博物馆的藏品来源源源不断,保证博物馆的事业发展有坚实的基础。制定科学的藏品征集办法,则是使这项工作健康开展的制度保证。

原载《中国华侨历史博物馆开馆纪念特刊》,中国华侨出版社,2014年

创新工作形式　激发文物活力

　　博物馆作为文物收藏、研究、展示机构,文物是实现其社会效益的最重要的载体。作为一座以收藏、展示中国古代艺术为主的综合性博物馆,上海博物馆拥有文物藏品100余万件,其中珍贵文物超过14万件。如何让这些穿越历史的文物在新时代里焕发出新的活力,并吸引更多的人群走进博物馆,这需要博物馆不断创新工作形式,寻找文物与时代的契合点,激发出它们的新活力。以下,就展览策划、教育传播等方面介绍上海博物馆在创新工作方面的心得。

　　举办兼有学术性和观赏性的展览,是吸引观众不断进入博物馆的有效方法。在策划和筹备展览时,博物馆必须开动脑筋,设法让展览不断产生新的亮点,不仅让更多的新观众慕名而来,更保持住对老观众的吸引力。

　　举办展览系列化,是上海博物馆展览策划的一个新举措。经过多年的展览实践和探索,我们逐步建立了"世界古文明系列""中国边远大省和文物大省文物精品系列""中外古代艺术名品""馆藏文物珍品""文物文化专题"等6个展览系列,围绕系列筹备文物展览,这样既可以提高展览的学术水平,也能使观众对展览有新的期待。在此基础上不断深入调研,理性分析观众的欣赏需求和认知水平,结合上海博物馆馆藏特点和学术优势,推出了涉及书画、陶瓷、金石、工艺等各门类的中国古代艺术展,同时也着重推进与国内外博物馆的交流办展,引进各类国外艺术展览,为观众搭建不出国门也能领略世界艺术的平台。

　　上海博物馆在展览策划中,始终坚持以下原则:

　　1. 始终坚持古代艺术博物馆的性质;

　　2. 始终坚持以"服务观众"为第一要务;

　　3. 始终坚持学术性与观赏性的有机统一;

　　4. 始终坚持"以我为主"的策展原则;

　　5. 始终坚持对外合作、交流的方针。

　　展览的成功举办除了得益于上海博物馆优秀的办展传统,更重要的是不断创新的办展思路,如何有效地利用馆藏优势,整合多方面力量,推出具有典型性、代表性的文物精品展。近年来比重不断增加的专题展,就是这种类型的有效尝试。所谓专题展,是指结合馆内外文物的专题性展览。它是一种依靠多方力量、整合资源、深入挖掘文物内涵与价值的展览形式。这种展览形式将文物置入一个主题或是时代背景,配合相应的陈列与说明,使得观众能更深入、准确地欣赏和理解文物。

近十年来,上海博物馆主持策划的《晋唐宋元书画国宝展》《古代奥林匹克运动与艺术展》《千年丹青:日本、中国唐宋元绘画珍品展》《翰墨荟萃:美国收藏中国五代宋元书画珍品展》《从巴比松到印象派:克拉克艺术馆藏法国绘画精品展》《竹镂文心:竹刻艺术特展》和《幽蓝神采:元代青花瓷器大展》等一大批展览都成为上海乃至国外内轰动一时的文化热点。这些展览既有高度学术性又广受大众欢迎。据英国《艺术新闻》统计,在2013年全世界博物馆、美术馆举办的650个艺术展览中,上海博物馆有4个展览跻身于平均每天观众量最多的前20位。

结合重要展览举办国际学术研讨会是充分发挥文物资源作用的良好途径。2012年,我们结合展览举办了4次有关中国古代书画、竹刻艺术、山西韩城出土芮国文物和元代青花瓷器的国际研讨会,国内外知名学者踊跃参加,对文物进行深入研究和探讨,取得了很好的社会效果。

充分利用馆藏文物资源举办各类展览是文物合理利用最主要、也是最直接的途径。除了在本馆举办一系列文物展览之外,我们还精心组织文物到境外和国内其他博物馆举办展览。2008年至2013年,上海博物馆先后在美国、荷兰、新西兰、澳大利亚、英国、爱尔兰、哥伦比亚、法国、日本等地举办各类文物展览16个,提供文物参加在美国、瑞士、土耳其、罗马尼亚、英国举办的15个中国文物展览,为传播中华文化、弘扬中华文明尽心尽力;与此同时,我们利用馆藏文物,组织展览到国内各博物馆展出,先后在浙江、内蒙、山西、甘肃、新疆等地举办6个展览,提供文物参加在北京、江苏、内蒙、辽宁、河南等地举办的20个各类文物展览。我们还与上海地区的博物馆合作,在4个郊县博物馆举办考古成果展,并且提供文物参加在上海地区举办的各类展览,其中就包括提供文物参加在优秀的民营博物馆(上海琉璃博物馆)举办的展览。

文物是博物馆的重要财富,要充分体现其历史、文化和艺术价值,让文物更好地焕发光彩,充分发挥展览的社会效益,就需要在教育和传播方面下大工夫。

教育传播是博物馆的一项重要业务工作,教育活动的深入开展,有利于增加观众对博物馆展览的理解和感悟,上海博物馆的教育部门不断创新教育工作的方式方法,在博物馆教育领域开辟了广阔的空间。

上海博物馆的特展教育活动主要的形式包括围绕展览主题的展厅讲解、特展讲座、教育读物、文化活动、网上视频和新媒体等。

2008—2013年,我们围绕特别展览举办的讲座210场,平均每年约35场,听众总数接近1.7万人次,发挥了很好的文物展览传播作用。

配合展览的教育读物是展览普及教育的另一项有效手段。从2008年到2013年9月为止,已经出版特展读物近20部。教育读物不同于展览图录,是根据不同观众的不同接受水平推出了多种新形式的读物来满足观众离开博物馆后进一步学习的需求,其影响力比展览更加广泛而持久。近年来,配合特展推出的《世貌风情》《南宗正脉——画坛地理学》《海上锦绣》《翰墨荟萃》等教育普及读物都获得了很好的销量,其中《南宗正脉——画坛地理学》一书将同名展览中的画家"二王"重新置于明末清初的社会环境,帮助观众从历史地理与美术史两个角度了解明末清初他们所代表的江南山水画家的审美意境,该书获得中国文物报"2012年度文化遗产优秀图书"称号;《翰墨荟萃》因广受欢迎而印刷数次,总发行量达到8 000册。

除了传统出版领域的教育读物,我们也在最新的数字出版领域做出了尝试,配合《竹镂文心——竹刻艺术特展》《幽蓝神采——元代青花瓷器大展》两个展览编写了"竹镂文心"和"元青花"两个App应用,取得了良好的社会反应。

在展览信息推广方面,我们通过上海市教委的教研室——各区县——学校的渠道,每个展览发出1 200张展览海报,同时通报本馆博物馆之友中的1 300多名教师会员,吸引广大中小学生参观展览、传播文化。我们还通过"文化包"等形式,帮助学校教师理解展览并做"自助式"讲解。"文化包"通常由展品图片、教学用光盘、动手体验用的示范材料、供参观讨论用的思考题等组成,对于历史、语文或者艺术教师速成"专家"具有良好的实用价值。

为了充分发挥文物的作用,传播文物所承载的传统文化精髓,从2008年起,我们与上海电视台"艺术人文"频道合作,推出公益性的"文物博览"("博物志")栏目,所做的节目坚持收藏回归文化,超越文物的市场价值而探索其内在文化价值,以极具特色的国宝级文物为切入点,深入、生动地在大文化的背景下对文物传承进行介绍,展示中华文明的脉络与细节,关注文物的人文情趣、历史故事、艺术品位,了解传统文化的辉煌过去,确认在全球化浪潮下的文化民族身份,以故事来吸引观众。栏目除了与上海博物馆合作之外,我们还帮助联络了国内20多家著名博物馆,6年来共播出312期。栏目获得了中国广播电视协会科技教育节目奖、收藏知识类一等奖、上海市优秀电视栏目奖、集团总裁奖、传媒人奖、优秀栏目奖等多个奖项。与社会上热衷举办各种"鉴宝""寻宝""探宝"等收藏类电视节目完全不同。

我们始终坚信,博物馆在弘扬民族传统文化、丰富群众精神文化生活方面,担负着义不容辞的责任和义务。为此,多年来我们始终重视依托自身文物资源的优势,围绕弘扬和传承爱国主义、民族精神和传统文化,致力于凸显博物馆的社会教育功能,不断提升博物馆的文化影响力。

在未来发展中,我们将继续努力,立足于上海博物馆自身的馆藏特点及优势,充分发挥文物的作用,在更多领域中开拓创新,争取为提升博物馆的社会影响力和文化辐射力不断作出更大的贡献。

原载《让文物活起来——文物合理利用经验集萃》,文物出版社,2014年

博物馆科研的组织与管理

一、博物馆科学研究的意义

如果说藏品是博物馆一切活动的物质基础,那么科学研究就是博物馆一切活动的工作基础。一个博物馆的收藏水准、陈列与展览的科学性和艺术性、文化传播的功效往往取决于其科学研究的能力和水平。

科学研究是博物馆提高收藏水准、做好藏品保护工作的基础,藏品征集工作的基础就是科学研究,只有对本馆的性质、任务及涉及的收藏范畴有深入的研究,并且对符合收藏要求的对象有较强的鉴别能力,才能保证藏品征集工作自信地、有效地、高质量地进行。

博物馆的藏品保护也要依靠科学研究。做好藏品保护工作,需要对不同材质的藏品采取不同的保护措施,合适的温湿度环境、光照和"洁净"的环境是保证藏品安全保管和陈列的基本条件,不同类型的博物馆所面临的保护任务各不相同。做好藏品保护,就需要对藏品的质地、所需要的保存环境及应该采取的保护措施进行科学研究。

科学研究是博物馆举办高水平陈列展览的前提和基础。博物馆的陈列展览应该是在对展示对象进行充分研究的基础之上进行的。博物馆陈列展览水平的高低,在很大程度上取决于科研质量。一个好的陈列展览,首先要有好的选题,而一个好的选题的产生,是来源于扎实、系统的科学研究。只有对与本馆任务相关的学科进行系统研究,对本地区的历史发展过程和本馆藏品的特点进行长期不懈地探索,才能挖掘出文物标本新的内涵,找到突破点,进而提炼出有本馆特点、使观众耳目一新的选题。其次,博物馆的陈列展览是面向广大观众的,不论陈列内容的学术层次多高,展品的内涵何等精深复杂,其展示内容都应为观众所接受,并产生兴趣与共鸣。要做到这一点,就必须对展示内容和陈列语言所包含的信息量进行科学研究,使之与观众的认知结构相吻合。再次,陈列展览要达到满意的展示效果,就必须对陈列展览的表现形式进行研究,包括安排合理的参观路线、科学地运用辅助展品等手段、采用符合人体工程学的设施和营造良好的展示氛围等,恰当地反映陈列和展览内容,增强观众的参观兴趣,提高陈列展览的传播力。

博物馆的文化传播还应该包含对社会的服务,博物馆的科学研究水平也体现在举办研讨会、出版图录、期刊、专著等活动,为社会的科学研究作出贡献。一个博物馆举办学术研讨会,需要对研究的主题有深入研究,并且需要一批研究者,可以在研讨会上发表有见解的研究报告,这是博物馆科学研究长期积累的结果,不是可以一蹴而就的。博物馆出版的图录、期刊和专著等是博物馆向社会提供科学研究的成果,也是文化传播的途径之一。

1990年当选国际博物馆协会主席的加纳人阿尔法·科纳里,在他1993年离任主席,就任马里总统时曾经告诫博物馆:"我们不应该为迎合公众对博物馆兴趣的增长而放弃研究和保管工作,这两项工作依然是博物馆有特色的基础工作。我无法想象一个没有扎实起码的考证工作的博物馆如何从事知识传播活动。"[1]

二、 博物馆科学研究的组织和管理

博物馆的科学研究要与博物馆的任务和工作重点相结合,既要重视研究人员的主动性和创造性,又必须有组织、有计划地进行,以保证科学研究工作取得预期的效果。

(一)博物馆科学研究的组织

科学研究通常是以个人为主的创造性活动,博物馆的科学研究也不例外,要尊重个人的主动性和创造性。但是,博物馆的科学研究又与社会上学术界的有所不同,它是以博物馆业务活动的开展为主要目的。因此,博物馆的科学研究必须有组织、有计划地开展,这样才能使科学研究工作顺利、有效地进行,并取得预期的研究效果。

1. 建立学术委员会

博物馆应该建立学术委员会,学术委员会是博物馆设立的学术评议与审核机构,也是博物馆科学研究工作的组织、指导机构。其任务主要是审议本馆科学研究远景规划和计划草案,对较大型学术活动提出建议,推动并促进馆内学术部门与国内外进行的学术交流及科技合作,审议重大研究课题的开题报告等。并且还担任评价本馆重要的论著及研究成果,对应给予奖励者提出推荐意见;评议研究人员的学术水平和成就;对其确定或提高职称级别提出建议的任务。学术委员会应由副高以上职称的人员组成,组成人员以本馆专家学者为主,包括少量当地社会上与博物馆学术相关的知名学者,人数可以根据博物馆不同的规模控制在7至11人,人数太少或太多均不利于讨论与表决。主任、副主任应由学术上造诣较深、为人正直、办事公道的专家担任。学术委员会应在馆长领导下开展工作,但在学术上具有相对独立的地位。

---

[1]《中国博物馆通讯》1990年第7期,1993年第2期。

一些小型博物馆没有条件建立自己的学术委员会,可以聘请社会上的相关专家组成专家委员会,代行博物馆学术委员会的职能。如果以社会学术团体(如研究会等)代行博物馆学术委员会的职能是非常不合适的。因为博物馆有自身的学术研究要求,与社会学术团体的要求有差距。

2. 学术委员会章程

博物馆学术委员会应该拟定章程,章程包括总则(宗旨)、职责(担负的责任)、组织机构(组成人员及工作机构)、运作规范(运行的准则)等部分组成。学术委员会的一切活动必须遵循章程的规定进行。

3. 学术委员会的运行

博物馆学术委员会要根据章程进行运作。运行评估条件要求一级博物馆的学术委员会要有一定比例的馆外专家参加学术委员会,这些馆外专家不能是挂名的,必须能够正常出席学术委员会会议。

(二) 博物馆科学研究的管理

博物馆的科学研究要重视科研规划和计划的制定与贯彻执行。制定科研规划和计划的具体要求是:

1. 博物馆科研的规划、计划以及每个科研项目,要紧密结合博物馆自身的定位、性质、任务和特点,应该根据博物馆事业发展的需要,综合考虑本馆专业研究队伍的现状以及藏品和研究经费等条件,积极筹划,逐步开展。

2. 在制定科学研究规划和计划时,既要注意充分发挥中、老年专家的积极性,注意充分发挥某一方面学术带头人的重要作用,对他们的研究工作给予支持;又要十分关注青年研究人员的培养,积极采取必要的措施或建立合适的制度,鼓励青年人的积极性和创造性,促使他们在工作实践中早日成才。

3. 在制定科学研究规划和计划时,既要注意充分发挥专家、学者和研究人员个人的作用,又要注意如何整合科研队伍,发挥科研团体的作用。随着博物馆事业的发展,许多研究课题单纯依靠个人已经无法完成,需要多学科、多部门的合作才能进行,因此在制定博物馆科学研究规划和计划时,要关注多学科结合的重大课题,往往可以取得事半功倍的效果。

4. 积极参与社会面上的科研课题和项目,可以促进本馆科研水平的提高和科研人才的培养,因此要鼓励本馆的科学研究课题或项目,积极申报省部级和国家级的科研项目。目前,国家级项目社会科学方面有:国家社会科学基金所属的重大项目、西部社会科学研究项目、重点项目、一般项目、青年项目等;自然科学方面有国家自然科学基金、教育部和科技部等所属的各类基金、计划(如科技部的"国家科技支撑计划")等。各省市以省市级名义设立的哲学社会科学和自然科学项目,国家文物局的课题和项目均属省部级。中央一级学术团体的课题和项目可以视为省部级,省级学术团体的课题、项目属省部以下级别。

5. 科学研究规划和计划要有明确的目标，要有达到这些目标的步骤和措施，要有具体的研究项目和对项目的要求及完成项目的时间。

6. 科学研究规划和计划的制定和实施要充分发挥学术委员会及科研管理部门的作用，做好各部门科学研究的协调工作，使科学研究力量得到最佳的配置，使科学研究的经费和物质得到最合理的分配和使用。

7. 建立课题制或项目制，规范科学研究课题和项目的管理。建立课题（项目）的开题（立项）审批制度、中期检查报告制度以及结题（项）验收评估制度。

8. 建立科学研究成果的评议和奖励制度，可以提高科学研究人员的工作积极性。与此同时，要积极推荐本馆的科研成果申报上级科研奖励项目。国家级、省部级科研奖项的获得能够提升博物馆科研成果的影响力，提高科研成果推广应用的积极性以及加强科研人员的培养力度。

9. 加强与有关科研单位、高等院校和学术团体的联络与协作，一些科研课题和项目可以与馆外的科研单位、高等院校合作进行。鼓励科研人员积极参加各类学术活动。对与博物馆业务密切相关的学术团体及举办的学术活动，博物馆应当在人力、物力上给予支持。

三、博物馆科学研究成果的评价体系

（一）科研成果评价的概念及作用

科研成果即科研人员通过科学研究，采用不同形式表现的研究结果，如论文、著作、陈列、展览、专利、标准、教育项目等。科研成果的评价是用科学民主的方法对科研成果进行分析和评判，以此来考察科研工作的效率和成就，向公众展示科学研究的价值。同时，也是考察管理部门在资助科研方面的政策及相关措施，审查科研经费的使用效果。

科研成果评价有以下作用：

1. 为科研管理提供信息

作为科研评价的重要作用之一，是详细地向资助机构（如政府拨款机构或基金会）报告科研的执行情况、存在的问题和取得的成就。资助机构常常需要这方面的信息，以考察他们所要投资的对象及其取得的各方面成就。

2. 阐述职责及其履行情况

评价是管理者阐明其责任的一种重要手段。管理者不仅要让政府部门（或资助机构）理解公共资金资助的科学研究提供了哪些效益，而且需要通过评价证明政府（或资助机构）的资助工作获得了有价值的结果，从而有助于争取更多的经费支持。

3. 为科研决策提供建议

评价可以对科研决策产生直接影响。例如，对科学政策进行评价，可以发现它产生的积极影响和消极后果，为下一阶段制定科学政策提供有价值的经验和建议。特别是对期限较长的研究活动,评价对研究决策的影响尤为显著,因为它在下一阶段能否获得连续资助依赖于对上一阶段研究绩效的评价。

4. 提高科研的质量与绩效

评价是资助者、管理者和研究人员认识其工作质量和绩效的一种机制。通过评价,可以提供成功或失败的有关证据,分析成功的经验和失败的教训,向人们揭示成功与失败的过程,同时也可以促进研究人员努力使自己的研究符合评价框架内确定的质量标准,从而影响研究人员的行为。由此,评价能提高研究活动的质量和绩效。

(二)科研成果评价的主要方法

在我国,科学研究成果的评价主要使用的方法可以归纳为评议和计量分析。

1. 评议方法

评议是某一或若干领域的专家采用同一种评价标准,共同对涉及相关领域的某一事项进行评价的活动。目前多采用同行评议,它也是合理判断科研绩效的最基本方法。

由于同行评议是一个主观过程,它依赖于评议者的看法和过去的经验,因此,在这种环境中,利用同行评议合理判断研究绩效不仅要遵循同行评议的运作机制、过程、方法与程序,而且更应该注重针对具体评价目标与对象,采用适当的评价战略。

如对一个陈列大纲进行评议,就要对其选题、内容、框架、表现手法、展品组合、理论依据等进行论证,作出科学的评议意见。

常见论证方法有举例论证、道理论证、对比论证、比喻论证等。

2. 计量方法

计量方法是把复杂的现象简化为指标及相关数据,从而可以对研究活动进行数值上的比较。一般而言,有两种类型的计量方法:一是文献计量法。以出版物、出版物的引文和专利、专利的引文为对象;二是经济计量法。主要与资金的测度有关,包括成本/效益分析。博物馆科研成果的计量比较重视前一种方法,科研成本和社会效益的分析往往比较忽视,但却是体现了博物馆"公益性社会文化机构"的特性。

文献计量分析在研究评价中的作用是其他方法不能替代的,尽管"学科同行"能根据自己的专长对它们进行定性评判,但是这些评判缺乏整体性,特别是涉及到交叉学科研究以及具有特殊目标的研究。经验证明,同行不能通过评议方法对它们做出较圆满的评判。

3. 建立科学的科研成果质量评价体系

目前科研成果管理模式太过于偏重定量化,每个科研人员每年都有论文数目指标。在这种制度下,一些论文难免是为了应付科研指标,而不重视论文的质量,甚至催生了一些论文造假的现象。按照科学规律,一篇真正高质量的论文,都是要经过很多的实验,花费很多时间和精力才能完成的。与其说一年发表几篇甚至十几篇没有什么创新的论文,不如花一些时间发表一篇有质量有创新的论文,这才符合科学精神。

（三）科研成果鉴定及其论文质量评价体系存在的具体问题及解决办法

1. 量化考评论文或科研成果的字数和数量，导致重数量轻质量的倾向，而科研的本质在于其科研成果的水平和质量。如果延长论文发表周期，在职称评审、岗位考评中，推行论文"代表作"制，就能依据学术质量和水平加权评判科研人员的学术贡献。

2. 博物馆的科技成果大都属于应用方面。对于那些价值高的先进技术，可以先申报发明专利，再进行论文发表。只要对科研论文质量实行严格的打分制度，对应用性的科研成果采取社会效益和学术效益兼顾的标准，鼓励创新，才能鼓励高质量的科研成果不断涌现，运用于博物馆事业的发展。

3. 完善第三方独立评估制度，加强评估人才的培养和评估机构的建设。在评估机构评审论文时，所有论文采取匿名方式，作者与评审人员不得接触。建立并健全评价监督机制，如建立项目评审问责制，对评审程序及结果予以公示，对出现问题的成果评价要及时公布。如对评审结果有很大异议，可有一次申述机会，并根据申述理由进行重新鉴定。

4. 完善信用体系建设。建立诚信档案并加强信用管理，将信用考核作为能否连续承担科研项目的重要依据。对评价过程中的作弊行为要有明确的惩戒措施。惩治科研不端行为一定要制度化。

（四）博物馆科学研究成果评议的基本要求和方法

博物馆的科研成果与通常意义上的科研成果既有相似之处，也有一定的区别。博物馆的科研成果与普通的科研成果最大的不同是它既重视纯学术的研究，也重视应用性研究。因此，博物馆的科研成果可以是论文、著作，也可以是陈列展览大纲、设计方案、教育读物、教育项目策划书、文物保护方案等。

对于博物馆科学研究成果评议的基本要求主要有：

1. 科研成果的科学性和创新性。博物馆的科研成果要符合科研的一般规律，要有新材料的挖掘、新方法的探索、新观点的论述，要做到论据充分、论点经得起推敲，人云亦云、摘录别人的观点或者仅仅是资料的汇集而没有分析，不能算作真正的学术成果。

2. 科研成果的应用性。博物馆的科学研究主要是为博物馆的业务活动服务的，因此科研成果要具有应用性，一些看似纯学术的研究成果最终还是要体现在博物馆的文化传播（陈列、展览、教育等）上。如对某个考古文化的综合研究或比较研究、对某种器物的年代排序、对某个地质年代生物群的研究等。博物馆学的课题一般有较强的实践性，如对观众的研究、对藏品保护技术的研究等。还有一些成果并不是以文字的方式表现，如一个成功展览的策划、一个陈列的艺术形式设计、一种藏品保护技术、一个专利的获取、一个文化创意产品的设计、一个博物馆教育方案的设计等。因此，论文和论著固然是重要的科研成果形式，但是博物馆科学研究成果的评议对象不能局限于此，要考虑到博物馆的性质与功能，给应用性科研成果以适当的地位。

博物馆科学研究成果评议的方法主要有：

1. 论文、论著的评议与奖励，这是科研成果评议的主要方面。评议可以是博物馆组织的，积极鼓励博物馆的科研人员参加上一级学术团体或政府部门（如文物局、文化厅）组织的评奖，甚至是国家级的评奖。

2. 藏品保护类的科研成果由博物馆组织评议，也可以参加科技类学术团体或政府部门（如科委、科技厅或者科技部）组织的评奖。

3. 陈列、展览类的成果可以参加政府部门的评奖，也可以由博物馆或博物馆学会（协会）组织评议和评奖。

原载《博物馆管理论文集》，上海书画出版社，2016年

人物琐忆

追忆马承源先生

马承源先生离开我们已经快一年了，作为一个曾经随马先生学习和在马先生领导下工作的后学者，过去的一些往事时时浮现在眼前。虽然都是些平凡小事，却也从一个侧面反映了马先生追求完美的工作作风、严谨的治学态度以及对后学者的关心。

初识马先生是20世纪70年代末我还在大学考古专业学习时，一次寒暑假回上海到上海博物馆拜会几位老师，在陈列部办公室看到马先生正在大声批评一位女同志，原因是她书写的展品小说明牌不符合要求。由此，初次领略了马先生耿直的秉性及其对任何事情都讲究完美的认真态度。

大学毕业以后，有两年时间我在浙江省博物馆工作，由于家在上海，到上海博物馆的机会就更多了。记得一次在青铜陈列室，马先生正陪同一位记者参观，他从每一件器物的造型纹饰特点、铭文内容，一直到它的修复过程娓娓道来，我在一旁静静地聆听，真是得益匪浅。这是我在大学学习商周考古课程以来，第一次听一位青铜器研究专家对着实物系统地讲授青铜器的发展历史，给我留下了极为深刻的印象。

1984年我考上复旦大学文博研究生，这是在国家文物局的支持下，复旦与上海博物馆联合举办文博专业所招收的第一届研究生。记得在分研究方向的时候我曾经有过犹豫：因为我在念大学之前有7年铸造造型工的工作经历，所以我在大学时代对商周考古特别感兴趣；大学毕业在浙江博物馆期间，工作的重点是新石器时代考古和青瓷窑址考古，当地墓葬出土的器物以以青瓷为主，接触青铜器的机会并不多。考虑再三还是选择中国古代陶瓷为我的研究方向，汪庆正先生是我的专业导师。我们这届研究生的学习方法与以往研究生最大的不同在于，在学习理论的基础上特别注重结合实物学习，上海博物馆为我们的学习提供了极好的条件。每星期两个半天的专业课都是在上海博物馆上的，每次导师都要结合课程从库房提取许多文物，系统地从器物的分期、特点、辨伪等方面进行讲述，使我们在器物学方面进步极快。我对青铜器有兴趣的事不知怎么被马先生知道了，于是他特意在时间安排上将青铜专业课与陶瓷专业课错开，而且每当上课都打电话通知我。马先生讲课同汪先生一样，注重器物的工艺特点，比如他在青铜器分期方面往往把铸造工艺特点作为断代的根据之一，恰巧我在浙江工作时曾比较系统地阅读了一些青铜器的著作，并且认真作了笔记，其中郭宝钧的《商周铜器群综合研究》一书中就论述了铸造工艺在青铜器分期上的作用，加上我造型工的经历和考古学的专

与马承源馆长和巴黎友人在一起

业背景，于是我在上课时就比另两位历史学背景、专攻青铜器的同学更容易理解，在回答马先生的提问时就显得更为"专业"。我做的课堂笔记通常是文字与器物绘图相结合，容易表现"要点"，因此马先生在检查笔记时也比较满意。这样，在马先生的关照下，我在上海博物馆的专业课除了陶瓷为主业外，还辅修了青铜器专业。以后，我一直将马先生尊为我的老师之一，不管在复旦学习和任教期间，还是调到上海博物馆工作以后，也一直称呼为"马先生"。1998年9月，有机会随马先生访问法国（图1），一天在罗浮宫广场聊起当年随马先生学习青铜器课程的往事，他依然清楚记得当年的情形，并且问我是否对青铜器依然保持兴趣，我作了肯定的回答，不料马先生当即说："愿不愿意改专业？要不今后搞青铜器吧。"看马先生的样子，并不像在开玩笑。

在复旦学习期间还有一件事至今记忆犹新，那是在比我们高一届的先秦史专业的一次研究生论文答辩会上，当时我担任会议的学术秘书。有一位女同学的论文（题目我已经记不清了）中有一处史料引用出现了些许错误，在一定程度上影响了结论的严密性，马先生认为该论文必须修改以后才可以通过，在马先生的坚持下，这位同学最终没有获得学位。几乎所有参加答辩的老师都知道她已经通过博士研究生的入学考试，只要取得硕士学位，就可以得到入学通知。从这件事情，可以看出马先生严谨的治学态度。

马先生在上海博物馆整整工作了50年，将他的毕生精力贡献给了他所热爱的事业。上海博物馆在他主持工作的15年中，在全国乃至世界文博界的地位蒸蒸日上，获得了极高的声誉，当然，这是马先生以及上海博物馆的同仁们辛勤创业的结果。我想，马先生严格、认真的工作作风也是上海博物馆事业发展成功的重要原因。

原载《马承源纪念集》，上海博物馆，2005年

勤于思而博于学

——汪庆正和中国古陶瓷研究

　　不久前，汪庆正先生在回顾他的学术生涯时说道，中国古陶瓷研究是他起步最晚、花费功夫列钱币、碑帖之后的一门学科。但是，正是凭着睿智和对学术的敏感，汪先生在中国古陶瓷领域取得了极为丰硕的研究成果，成为一代泰斗。

　　经过长期的探索，汪庆正先生总结出一套研究古陶瓷的科学方法。他认为，研究中国陶瓷史，要做到两个兼顾：在研究内容上要兼顾陶瓷美术、陶瓷工艺和陶瓷经济三方面的内容，不可偏废。在认识与研究古陶瓷的过程中，关注古陶瓷的造型、纹饰固然重要，但是若是不注意陶瓷制作时留下的工艺特征，往往会陷入造假者的圈套；而重视陶瓷生产、流通的经济学背景和过程，不仅是完整的陶瓷史所必备的，而且会在一些疑难问题上找到更令人信服的证据。在研究的过程中，汪先生强调要兼顾文献、传世实物、考古资料三方面，不可偏废。古代文献往往是历史的真实记录，不可轻易否定，但是有时记载会不全面；流传有序的传世文物是我们认识古陶瓷的老师，如果对文物缺乏最基本的鉴定能力，那么研究往往会建立在不可靠的基础之上，当然，对古陶瓷的认识水平也有一个逐步提升的过程；科学的考古资料是研究古陶瓷产地和时代的重要依据，但也有一定的局限性。科学地认识三者的利弊，将它们结合起来，才是古陶瓷研究的科学态度。汪先生还较早在古陶瓷研究中引入科学检测手段，科学检测包括古陶瓷胎釉成分测定和热释光年代测定两部分，测定数据往往可以从另一个角度来验证研究结论的准确性。

　　据汪庆正先生回忆，他是从"文革"后期开始从事古陶瓷研究的，当时各方面的条件都比较艰苦，唯一的有利条件是上海博物馆有丰富的馆藏，从此，陶瓷库房成了他的研究室。在熟识历代古陶瓷和了解前人研究成果的基础上，他对中国陶瓷发展脉络进行梳理，敏锐地发现其中有许多尚未解决的热点和难点问题。主持上海博物馆《中国历代陶瓷》基本陈列的内容设计和参与《中国陶瓷史》的主编工作成为他全身心投入古陶瓷研究的契机，研究并解决古陶瓷研究中的难解之谜成为他研究的重点。

　　长期以来，汝窑的产地问题一直困扰着古陶瓷研究者，自20世纪30年代，就有学者在河南临汝一带寻找；20世纪50年代至70年代，河南省和北京的专家对遍布河南全境的数十处古窑址进行了全面调查,考察的重点主要放在临汝县(今汝州市)境内,但依然寻访无果。1986年古陶瓷西安年会上,汪庆正先生看到了河南宝丰清凉寺农民犁地时发现的一件青釉洗,虽然釉色与传世汝窑有差别,但是其他诸如胎色、造型、支钉等特点基本符合汝窑的特点。汪先生敏锐地感觉到汝窑的产地问题将要得到解决。回上海之后,他马上派陶瓷研究部的二位同事先后两次前往现场调查,第一次发现了一些典型的汝窑瓷片标本,第二次发现了支烧具、匣钵、火照等窑具,最终证明了汝窑的确切窑址在宝丰清凉寺村。

文献记载历史上的南宋官窑有两处:郊坛下官窑和修内司官窑。早在20世纪20年代,在文献记载的南宋临安郊坛所在的杭州乌龟山下发现了郊坛下官窑,而在记载修内司官窑所在的凤凰山却久寻未见。一些专家、学者纷纷考证,有说郊坛下官窑即为修内司官窑者,也有说修内司官窑就是传世哥窑的。一时,修内司官窑问题已获解决成为古陶瓷界一种时髦的观点。汪庆正先生却在不同的场合坚持认为:历史上有许多事例证明了文献记载的可靠性,常常是我们对文献的理解发生了偏差。因此,文献记载不能轻易否定,在人们对凤凰山的每一寸土地彻底翻遍以前,对修内司官窑的探寻仍应抱有信心。1996年9月,杭州的考古工作者在杭州凤凰山与九华山之间的一条小溪附近的老虎洞发现了宋代的瓷窑遗址,经过科学的调查与发掘,证明这就是人们长期寻觅的修内司官窑遗址。当年朱伯谦先生和杜正贤所长携带在老虎洞发现的瓷片标本专程来沪与汪先生探讨时,汪先生兴奋不已的情景至今仍在眼前。当时他就断定,这些与郊坛下官窑相似而又有区别的标本应该就是修内司官窑的产品,以后的考古发掘和研究已经证明了这一点。为此,汪庆正先生曾几度亲临现场考察,他感到多年带着希望的探索并没有落空。他从发掘现场所见的部分发掘材料和标本,确信该处窑址和南宋人的记载完全相同,应属南宋官窑无疑。而且他还进一步考证推断修内司官窑的创立不可能早过绍兴二十年(1150),窑址烧造的下限一直延续到元代。

北宋官窑问题是长期困扰学术界的另一个重要问题。根据记载,北宋官窑在河南开封,但至今尚未发现窑址。由于寻访一直没有结果,加上黄河自宋代以来多次改道,北宋的都城汴京(今开封)已被掩埋在6米深的淤土之下,于是有学者认为文献记载的所谓"北宋官窑"实际上就是汝窑。对此,汪先生始终持反对态度。1999年夏天,河南有人把在汝州城内张公巷一建筑工地发现的青瓷标本送来上海请汪先生鉴定,汪先生看后大吃一惊。这些标本釉色淡雅、清亮,釉面无开片,底足多见平切垫烧。从标本胎土细腻纯净、造型制作精良等特点看,张公巷窑址的产品绝非一般民间生活用瓷。它们与上海博物馆收藏的4件相传河南出土的"北宋官窑"标本无论在胎釉、造型、工艺等方面都完全一致,与大英博物馆收藏的"亚历山大碗"也基本相似。经过热释光年代测定,其时代在北宋范围之内,胎釉成分分析也证实了上海博物馆收藏的4件标本正是张公巷窑址的产品。当然,所有这些尚不足以证明张公巷窑址就是北宋官窑,但是它可以引发人们的思考:北宋时期一处生产精美青瓷的窑场,其质量之高说明不可能是民窑的产品,其特征又与北方其他名窑有很大的差别,那么该是什么窑呢?当时汪庆正先生认为可能就是北宋官窑。目前,认同这个观点的学者越来越多。

17世纪明末清初之际,社会动荡,战乱纷起,景德镇官窑的生产受到极大的影响,官窑的优秀工匠流向民窑,加上外销瓷需求的大增,促进了景德镇民窑生产的大发展。由于这一时期景德镇生产的瓷器主要输往欧洲和日本等地,因此长期以来关于17世纪景德镇瓷器的研究主要集中在国外。在20世纪80年代后期,汪庆正先生在国内学者中最先开始研究这一课题,认为:过去一些被人们看作康熙末或雍正时期的署干支年款的青花瓷器,其时代要推前60年,属17世纪的典型纪年器物;用这些器物的造型、纹饰及工艺特征作为标准进行对比,可以找出一批17世纪景德镇生产的青花、五彩及白釉瓷器;当时青花发色鲜艳、纯正是因为青料采用了新的"火煅"提纯法,提高了青料中氧化钴的含量;"可竹居"是当时极为重要的民营窑业主的店号,器物大多融诗、书、画、印于一身,这是典型明代文人画的风格,由此可见"可竹居"主人精通诗、书、画、印,可能就是明代的文人画家,正是由于他们的加入,才使得17世纪瓷器具有浓郁的文人书卷气,也是他们艺术才能的张扬和体现。这些成果引起国外学者的极大关注。20世纪90年代初,在美国召开关于17世纪景德镇瓷器的学术大会,在出席会议的近300名代表中,来自中国的只有汪先生一人。回国后他大为感慨,一方面立即着手组织研究,另一方面注重这方面文物的征集。正因为有了十几年的积累,取得了国际公认的成绩,上海博物馆才有可能在2005年至2006年间与英国巴特勒爵士合作,先后在上海和伦敦举办《17世纪景德镇瓷器展》,出席在上海举办的国际学术研讨会的近百位代表中才会有一半以上来自海外。

在汪庆正先生从事中国古陶瓷研究的30年中,他参加主编的《中国陶瓷史》被陶瓷界视为经典之作;他主编的《青花釉里红》《汝窑的发现》《越窑、秘色瓷》《上海博物馆藏康熙瓷器》《景德镇彩绘瓷器》《中国陶瓷全集》等专著是今天研究中国古陶瓷的必备教科书,《简明陶瓷辞典》和《中国陶瓷辞典》(英文版)则已经成为认识和研究中国古陶瓷的常用工具书;他撰写的一系列学术论文为揭开古陶瓷研究中的难解之谜所做出的卓越贡献为世人所公认。1992年以来,在汪庆正先生的主持下,上海博物馆先后主办了哥窑、越窑和秘色瓷、白瓷、17世纪景德镇瓷器等四次国际学术研讨会,促进了相关课题的研究,扩大了中国学者在国际上的影响。

在《17世纪景德镇瓷器展》和研讨会开幕前夕,为此付出极大心血的汪庆正先生离开了我们。可以告慰先生的是,他悉心培养的一批中年和青年学者已经成长起来,他们继承老一辈学者的治学经验和钻研精神,在中国古代陶瓷研究领域一定会取得更多的成就。

原载《上海文博》2005年第4期

潘达于与上海博物馆

　　矗立在上海人民广场南端、与上海市人民政府大厦遥遥相对的上海博物馆新馆建成于1996年，其建筑外形上圆下方，寓意"天圆地方"，也有人看作像青铜器方座簋的造型。确实，青铜器收藏是上海博物馆的强项，收藏的夏、商、周时代的青铜器以时代齐、品种全、重器多而闻名于世。走进上海博物馆青铜陈列馆，无不为之精品云集而惊叹。在陈列馆西周部分的中央，一件硕大的青铜鼎特别引人注目，这就是著名的大克鼎（图1）。大克鼎高93.1、口径75.6厘米，1890年陕西扶风任家村（或称宝鸡渭河南岸）出土。铭文290字，记载克对其祖父师华父的称颂以及周孝王册命克的仪式和赏赐的内容，是研究西周社会政治、经济的重要材料，距今约3 000年。大克鼎是苏州潘达于先生捐赠的，同时捐赠的还有大盂鼎（图2）。

　　说起潘达于，不能不提到著名的"吴中贵潘"。潘氏是苏州的大族，分为大儒巷的"富潘"和钮家巷的"贵潘"。"富潘"子孙众多，行商，富足；"贵潘"为书香门第，世代有

图1　大克鼎

图2　大盂鼎

人在朝中做官,其中以乾隆癸丑科状元潘世恩地位最高,他历乾隆、嘉庆、道光、咸丰四朝,先后任翰林院修撰、侍讲学士、侍读学士,礼部、工部、户部、吏部尚书,军机大臣等职。潘世恩一生做官50余年,仅在道光朝就担任宰相近20年。他学识渊博,先后参加《四库全书》《全唐文》的编纂。潘氏收藏始于其孙潘祖荫。

潘祖荫自小聪颖,咸丰朝壬子科殿试探花,与祖父一样授翰林院修撰,随后一路为官,至光绪初,历任刑部、工部尚书,军机大臣。潘祖荫自幼精通经史、兼工诗词、耽嗜汉学,他钻研金石、文字,喜欢收藏,闻有青铜器出土,往往会倾囊而出,加以收购。曾经被潘祖荫三次上疏密保的陕甘总督左宗棠在陕西访得大盂鼎后,想起大恩人潘祖荫嗜爱青铜器如命,遂将大盂鼎送给潘氏。大盂鼎自道光二十九年(1849)在陕西郿县礼村(今宝鸡眉县杨家村)出土以来,就被视为难得的宝物,其腹内壁291个铭文记载了周康王在宗周训诰盂之事,真实反映了当时的社会状况,有极高的史料价值。大克鼎光绪十五年(1889)在陕西岐山(或曰宝鸡)出土,被天津柯氏所得,后潘祖荫从柯氏处重金购得。其实在购大克鼎之前,潘祖荫已经收藏了大盂鼎、史颂鼎等重器。得到大克鼎后,直隶总督端方曾经诱逼潘氏出让,未能如愿。

潘祖荫没有子女,由其弟祖年的儿子过继给他,不料两次立嗣的两个儿子都先后早夭。光绪十六年潘祖荫在北京逝世,他的遗产由祖年全权处理。潘祖年对家藏文物严格管理,立下"谨守护持,绝不示人"的规矩。潘祖年逝世后,潘达于担起了保护家藏文物的重任。

潘达于(图3)1903年3月出生于苏州,原姓丁名素珍,未读过书,平时留心自学认字,可以看书报。18岁时嫁到潘家,其夫潘承镜是潘世恩第三个儿子的后代,也是潘祖年的孙子,过继给潘祖荫为孙子,结婚后三个月就去世了,没有留下子嗣。潘达于后为夫立嗣子,第一次嗣进不久还是夭折了;第二次嗣进家懋,长大后在苏州担任中学教师,传续潘家香火。后来又过继了一个女儿家华。为了担起掌管门户、守护家产的责任,即随夫姓潘,名达于。对于家藏的文物数量,一开始潘达于并不知情,只知道一定要想办法管好,不能有闪失。当时"光铜器就放满了一大间,另有一大间全放古籍和字画卷轴"。也曾遇到偷盗,"有一次在花园围墙下的草丛里发现四麻袋的青铜古董,这分明是偷贼来不及运出的文物"。盂鼎和克鼎盛名在外,不断有人来试探,包括外国人,愿以600两黄金加洋房来交换,被潘达于一口拒绝。抗战前,潘达于曾经请可靠的摄影师把全部青铜器逐个拍照,有380块玻璃底片存档。抗战开始,苏州也卷进战乱,潘达于一家曾几度外出避难。为了不使家藏文物遭到破坏,在一个中秋之夜,潘达于让家丁在屋内撬开地砖,掘个大坑,放入事先做好的大木箱,把盂鼎、克鼎放入,空隙处

图3　潘达于

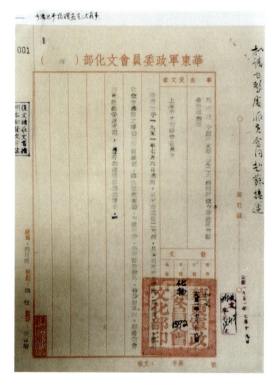

图4　潘达于致华东军政委文化部捐赠信函

塞入小件青铜器和金银器等，盖好箱盖，再铺上土和地砖不留痕迹。古籍、书画则放入一处夹弄，并用杂物把门堆没，不易发现。在抗战期间，日本兵曾经七次闯入潘家，所藏文物终没有被发现。

1949年5月，苏州、上海相继解放。同年9月，上海市文物管理委员会成立，一些著名收藏家被聘为委员，文管会颁布了一系列文物保护的法令和政策。1951年7月，已经移居上海的潘达于致函华东军政委员会文化部（图4），称：

> 谨启者，先祖舅伯寅公当逊清光绪间，学尊公羊，启新民之初轫，网罗金石，创考古之先河。遗箧彝器有盂克二大鼎，为举世所称重。公逝世后，保存迄今逾六十年，中间虽经满清两江总督端方一再威胁利诱，坚拒未为豪夺。达于旅沪日久，所有器物均寄存同族寓庐。总八一三之役，日寇陷苏，屡经指名搜索，幸早复壁妥藏，未罹洪劫，而宅中什物掠夺殆尽矣。窃念盂克二大鼎为具有全国性之重要文物，亟宜贮藏得所，克保永久。近悉上海市文物管理委员会正积极筹备大规模之博物馆，保存民族文化遗产，发扬新爱国主义教育，惟是上海为华东重要地区，全国人民往来辐辏，诚愿将两大鼎呈献大部，并请拨交上海市文物管理委员会筹备之博物馆珍藏展览，俾全国性之文物得于全国重要区域内，供广大群众之观瞻及研究，藉以彰先人津逮来学之初衷。傥荷鉴同下情至，希订期派员莅苏挈运，实深盼切。此上
> 华东军政委员会文化部
>
> 潘达于
> 一九五一年七月六日

当时，上海博物馆在陈毅市长的大力支持下正在积极筹备之中，得此消息的潘达于先生就慷慨将大盂鼎、大克鼎捐出。华东军政委员会文化部于7月19日将信转给上海文管会（图5）。上海文管会得此消息极为振奋，当即派人与北京来沪的专家陈梦家先生一起赴苏州，制作木箱，用棉絮包装，并持文管会副主任徐森玉签发的致苏州火车站信函（图6），得到火车站的大力支持。旋于7月28日装上火车，随车押运，次日抵达上海北站。第二日开箱，"见无丝毫摩擦碰损之变"。

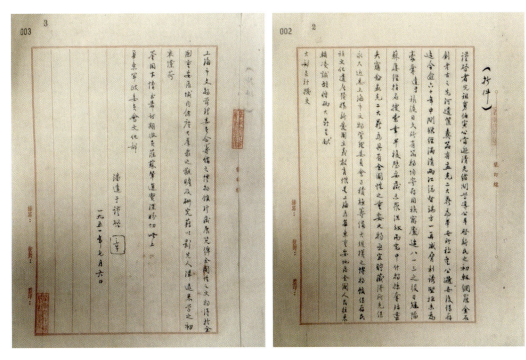

图5　华东军政委文化部关于转潘达于信函的函

8月16日，华东军政委员会文化部致中央文化部"陈报潘达于捐献家藏盂克两鼎请予表扬以示奖励"函（图7），提出"查该盂克两鼎，收藏流传有绪，确为全国性重要文物，允推为国宝，潘家藏弆多年，迭经兵燹，迄能保存无恙，此次慨允捐献政府，□为人民公有，具是保存民族文化遗产之至意，及爱国之热忱，至堪嘉许。……拟请鉴于潘达于此次捐献家藏文物特予表扬，以示奖励"。

10月9日上午，上海市文管会举行"潘达于捐赠盂、克两鼎授奖典礼"，由华东军政委员会文化部文物处唐弢主持，上海市文管会副主任徐森玉报告捐赠经过，华东军政委员会文化部陈望道部长致表扬词，并颁发由中央文化部部长沈雁冰亲署的褒奖状（图8）。

捐赠盂、克两鼎以后，1952年4月，潘

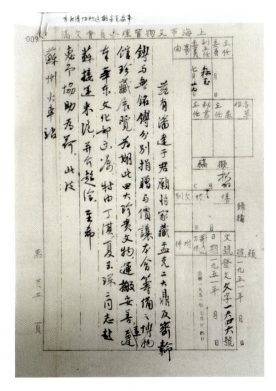

图6　上海市文管会致苏州火车站函

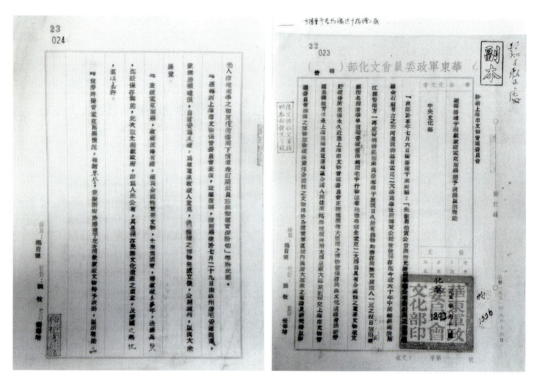

图7 华东军政委员会文化部致中央文化部函

图8 中央文化部褒奖状

达于又将政府给她的2 000元奖金捐给抗美援朝（图9）。实际上当时她的生活并不宽裕，子女都是普通的中小学教师，孙辈幼小。她从一个大家闺秀、名门望族的家庭妇女到里弄生产组自食其力的劳动者，变化不可谓不大。

捐赠两鼎之后，在子女的支持下，1950—1960年，潘达于分批把数百件文物给了上海博物馆、苏州博物馆和南京博物院，包括青铜器、书画、古籍、印章、玉器等。在给上海博物馆的文物中，青铜器有史颂鼎、仲义父（缶罍）、蟠龙纹镈等，书画有明代钱毂《溪山深秀图卷》、明代沈

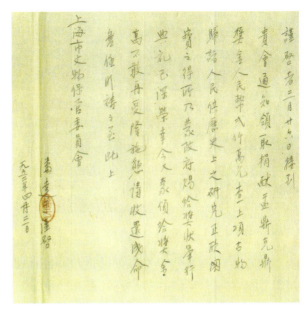

图9　潘达于捐赠奖金函

周《两江名胜图册》、清代弘仁《平冈秋林图卷》、宋拓《兰亭续帖》等，还有赵之谦、吴昌硕等人刻的印章，其中仅赵之谦的印章就有数十方。1963年，她把当年为青铜器逐个照相存档的380块玻璃底片也捐给了上海博物馆，成为研究潘祖荫青铜器收藏的重要研究资料。

上海博物馆历来对有重大贡献的收藏家充分以礼相待，对于曾经给过博物馆帮助的收藏家，博物馆一定不能忘记，秉持把他们当作自己人给予关心和帮助，使他们有一种博物馆是"自家人"的感觉。当潘达于在生活上遇到困难时，上海博物馆及时伸出了帮助之手。每逢过年过节，领导都会上门看望、慰问。在潘达于的晚年，出资帮她解决了医疗、保姆等问题。潘达于90多岁时想回苏州居住，希望上海博物馆能够帮她与当地政府交涉，落实政策，归还潘氏在苏州2 000多平方米的旧宅。上海博物馆了解她的心愿，就在她中意的地段买了一套住房给她，这样她就可以经常回苏州居住了。2004年2月28日，上海博物馆为潘达于举办了盛大的百岁寿诞"人寿鼎盛"活动（图10、11）。听说

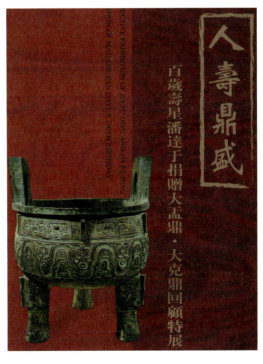

图10　"人寿鼎盛"图录封面

图11　潘达于在活动现场

她曾对大盂鼎1958年被调往北京支援即将成立的中国历史博物馆、在北京展览也没有署明是潘达于捐赠的而颇有微词，上海博物馆趁此机会，得到中国国家博物馆的支持，将大盂鼎运回上海，与分离近半个世纪的大克鼎一起举办了一个回顾特展。当天下午，身着缎袄、脚穿绣花新鞋的潘达于在女儿的搀扶下走进展厅，围着栏绳走了大半圈露出了笑容（图12）。这是她50年来第一次看到大盂鼎与大克鼎摆放在一起。

　　2007年8月，潘达于在苏州仙逝，享年105岁。她是前一天晚上7点左右晚饭后躺在床上安然去世的。第二天一早，上海博物馆的领导和工作人员就赶到苏州筹备后事，体现了上海博物馆一贯的对待收藏家赤诚相待、把他们当作自己人的作风。

图12　潘达于在"人寿鼎盛"展厅

汪庆正先生指导我学习古陶瓷鉴定

我在1990年10月进入上海博物馆工作，但是汪先生指导我认识古陶瓷则始于1985年。1984年9月，我从工作的浙江省博物馆考入复旦大学历史系读文物博物馆方向的研究生，这是复旦大学首次与上海博物馆合作招收文博研究生，也是中国大学第一次招收该专业研究生。复旦大学负责基础课的教学，如朱维铮先生的《经史疏义》《中国学术史》《中国文化史导论》，吴浩坤先生的《文物与博物馆学概论》《甲骨文导读》，张鸣环先生的《考古学概论》，袁樾方先生的《中国古代建筑》，物理二系杨植震先生的《核技术与考古学》等，学校还邀请外地的一些学者来开讲座，记得有北京大学、中央民族学院的教授等。当然，在文物的认识与鉴定方面，唯有上海的文物博物馆专家能够胜任。

当年上海的文博专家荟萃，在原文化局老领导方行局长的精心安排之下，上海博物馆马承源、汪庆正、谢稚柳、黄宣佩等先生以及上海图书馆的顾廷龙先生（古籍版本方向）和上海社会社科院的胡道静先生（文献及上海史方向）分别担任研究生导师。由于文物鉴定具有较强的实践性，当时采用"师傅带徒弟"的教学方法。在研究生入学的第二年就在上海博物馆举行了"拜师"仪式，我的导师就是汪庆正先生。

汪先生是古陶瓷界赫赫有名的学者，是1982年9月出版的《中国陶瓷史》主编小组成员和主要撰稿人。汪先生第一次单独授课时，首先问我对古陶瓷有多少了解。记得我大学本科1982年毕业进入浙江省博物馆工作不久，在杭州新华书店就买了刚刚出版的《中国陶瓷史》。在浙江工作两年，接触的文物和考古资料主要是瓷器，也曾经专程考察了龙泉窑和瓯窑等古窑址，这与浙江有越窑、龙泉窑、婺州窑、瓯窑等历史上著名的窑场有关。我通读了《中国陶瓷史》，加上大学时期宋元考古课程中许多内容都涉及瓷窑考古以及在浙江的考古实践，使我对中国古陶瓷发展历史有了大概的了解，这为我顺利通过汪先生的第一次面试打下了基础。汪先生听了我的叙述，说"可以，以后我在复旦的《中国陶瓷史》课就由你来上了……"我当然不能贸然接受，只是表示我可以作为助教，为汪先生的课程配一些幻灯片，以加深同学们的理解。于是我查遍上海博物馆资料室的古陶瓷图录翻拍图片；依靠在浙江工作时建立的人脉关系，到博物馆和考古所拍摄古陶瓷实物，基本上建立了一套专业幻灯片资料，能够使授课比较形象化。

汪先生十分强调博物馆专家与大学、研究所专家的区别，他认为最大区别是博物馆专家会辨别文物的真伪。如果一篇考证文章的根据主要是文物的话，若论据不可靠，那么文章的论点也是站不住脚的。他还说了徐森玉先生的一件轶闻，那是20世纪40年代徐森老还在北京的时候。一天，徐森老拿出一张拓片给来访的文字学和青铜器专家唐兰先生看，两人研究半天都没有结果，徐森老就请唐先生带回去研究。几天后，唐先生来说这可能是摩崖石刻的拓本，内容是图案还是文字一时难以判断。徐森老听后哈哈大笑，说：这是我在一张烧饼的底部拓的拓片。这当然是文人之间的一段趣闻，也可以看出当时的文人是非常重视文物鉴定的。

1985年汪先生已经担任上海博物馆的领导，日常工作十分繁忙，但是他还坚持为我授课。汪先生给我授课基本上采取对话的方式，以至于需要在课下作大量的准备工作，这种方式对提高学生的研究能力是一种促进。为了便于我学习，汪先生为我在上海博物馆陶瓷部安排了一张办公桌，还办理了资料室的借阅卡，使我可以随时借阅博物馆的专业图书，这些书在复旦大学图书馆和历史系资料室是很少的，这对于我的业务学习十分有益。

对于学习古陶瓷鉴定，汪先生采取的是实物观摩的方式，当时每个星期有两个半天从上海博物馆库房提出20多件文物，一件一件上手仔细看，以时代先后、不同地区、不同窑口的器物分别观摩。开始是先由汪先生讲解，我作一些认知的总结；后来汪先生要我先讲，他再作一些补充，主要是看看我在鉴定方面是否有"悟性"。经过长时间和器物的"亲密"接触，也就是汪先生常说的"盘文物"，我对文物的认知从胎、釉、造型、纹饰等基本特点进入到对瓷器制作各个步骤在器物上留下的细微痕迹加以辨识。通过亲手接触实物，才能深刻体会到"竹丝刷纹""泥鳅背""糯米底""塌底""黑疵"等现象的实质和出现的原因，也能领略"滋润"的手感与仅仅眼睛看不一样的感觉；通过手感，体会到每一种器物的合适重量；通过敲击瓷器的声音来判断烧造温度的高低。通过不断的重复观察、体会，才能在脑海里形成一套瓷器文物的鉴定标准。总之，从表象到本质是认识的一个飞跃，只有多看标准器、多看真的文物，才能在以后的工作中用这个标准判断器物的真伪。

与传统的文物鉴定方法不同，汪先生非常注重从陶瓷制作工艺的角度找出不同时期、不同品种器物的特点，只有了解了不同的工艺手法，才能认识不同特点的形成原理，才有可能总结出鉴定的要点。与汪先生不谋而合的是，上海博物馆的马承源先生在教授青铜器鉴定时也十分强调铸造工艺的作用，青铜器陶范合范时留下的"范线"、固定内模、外模间隙的"垫片"乃至"浇口""冒口"位置等铸造时留下的痕迹，往往成为青铜器鉴定的重要根据。我在读大学之前曾经做过7年的铸造造型工，熟悉铸造工艺；在浙江期间又认真阅读了郭宝钧先生的《商周铜器群综合研究》一书，对郭先生以青铜器铸造的范线判断其分型面的特点作为断代的重要依据之一留下了深刻的印象。汪先生、马先生他们之所以比前人更为进步，在文物界留下赫赫名声，是与他们不断探索的学术精神密切相关。

汪先生认为,研究文物讲究实物与文献及考古资料的结合,从文献中发掘出与实物相关的记载,可以起到"双重证据"的效果,这在他的一系列研究文章中得到了充分的体现。如《"粉彩"即"洋彩"考》一文中引述了《南窑笔记》和《造办处档案》的记载;《官、哥两窑若干问题的探索》分别从宋代的《负暄杂录》《坦斋笔衡》《乾道临安志》《武林旧事》,元代的《辍耕录》《至正直纪》,明代的《遵生八笺》等文献中寻找线索;在《青花料考》一文则从明代文献中提到的"无名异"而追索到宋代的《图经本草》《梦溪笔谈》等文献,考证早期青花料的产地;在数篇研究汝窑的文章,探讨汝窑的烧造年代和性质的文章中也列举古代文献记载为论述提供证据。汪先生强调引用古代文献首先要对文献有正确的理解,他反对对文献的误读和曲解,他几次提到一些人的误读要么是对中国文化缺乏了解,要么是刻意为自己的观点服务,这都是不科学的。

在跟随汪先生学习文物鉴定的同时,我选定当时人们还很少认识到的明代初年景德镇窑瓷器综合研究作为我学位论文的方向。这就是用解剖麻雀的方法,对一个较短时期、一个窑口器物的生产背景、产品种类和特点、产品的流布做一个比较全面的深入研究。这个方法是结合了大学和博物馆不同的科研特点,运用大量的文献和实物资料,所得出的结论不仅仅是关于器物的,也包括当时景德镇的社会历史背景、经济状况等,对于判断当时产品的性质有很大的帮助。学位论文《景德镇窑明洪武朝瓷器研究》又分为《明洪武朝景德镇瓷业研究》和《明洪武朝景德镇瓷器研究》发表。

以后,无论是因为研究需要提看文物还是招待同行、客人观赏文物,汪先生都让我一起参加,这样接触实物的机会就更多了。1990年10月,我从复旦大学正式调入上海博物馆工作,除了每周回学校上课之外,我在汪庆正先生的指导下,用全部时间投入文物工作。认识上海博物馆全部陶瓷文物收藏,是从阅读珍贵文物(国家1—3级品)藏品卡开始的,这样的好处是既熟悉了藏品,又了解了藏品卡中的鉴定意见,其中有的藏品非常详细地记录了早年征集时各位专家不同的鉴定意见。

汪庆正先生对于学术的态度是非常严谨的,他反对没有证据而在论述中加入个人的主观臆想,如"我认为……"等。有时为了证明他的观点,还运用现代科技手段对文物进行检测,进行数据比较,以科学的结论加以旁证。北宋官窑问题是长期困扰学术界的一个重要问题,根据记载,北宋官窑在河南开封,但至今尚未发现窑址。由于寻访一直没有结果,于是有学者认为文献记载的所谓"北宋官窑"实际上就是汝窑,对此,汪先生始终持反对态度。1999年夏天,河南有人把在汝州城内张公巷一处建筑工地发现的青瓷标本送来上海请汪先生鉴定,汪先生看后大吃一惊。这些标本釉色淡雅、清亮,釉面无开片,底足多见平切垫烧。从标本胎土细腻纯净、造型制作精良等特点看,张公巷窑址的产品绝非一般民间生活用瓷,它们与上海博物馆收藏的4件相传在20世纪40年代河南开封出土的"北宋官窑"标本无论在胎釉、造型、工艺等方面都完全一致,与大英博物馆收藏的"亚历山大碗"也基本相似。张公巷窑发现之后,有学者认为窑址距清凉寺汝窑窑址不远,应该属于汝窑的一支;考古发掘者则从窑址中发现有金代、元代的标本,认为张公巷窑的年代属于金代或者元代。为了了解它们之间的关系,汪先生把上海博物馆收藏的标本和张公巷窑出土的标本一起交给中国科学院上海硅酸盐研究所进行科学测试,结果发现两者胎、釉的化学成分类同,可以认为是同一个窑址的产品。由于开封(汴京)是北宋的国都,汪先生认为那几件青瓷标本器形大、造型规整、釉色清亮,有可能是北宋官窑的产品,如果确是如此,那么张公巷窑的发现就有可能解决仅见于文献记载而不见实物的北宋官窑的问题,这是一个重大的学术问题。2004年7月,我与汪先生等一起访问大英博物馆,特地请英国同行拿出其珍藏的"亚历山大碗"仔细观摩,这是一件目前所见唯一与张公巷窑及上海博物馆藏开封标本特点基本一致的完整器。它的流传是否出于宫廷不得而知,因此北宋官窑问题的解决还需要有更多的证据。

　　以后我继续研究汝州张公巷窑与清凉寺汝窑的关系,与汪先生一样,除了利用考古资料之外,还利用科技手段测试清凉寺汝窑、汝州张公巷窑和上海博物馆青瓷标本,得出的结论是:张公巷窑与上海博物馆青瓷标本的胎、釉化学组成,不仅常量元素基本一致,而且可以判断原料产地的微量元素也相同;它们与清凉寺汝窑则存在较大的差别,这些差别导致了两者在外观上的不同。虽然两地相距约40公里并不远,但是产品有明显差别,严格地说还不能归为一类,这就进一步证明了汪先生的判断。另外。运用热释光对标本的年代进行测试,汝州张公巷窑标本的平均年代为距今1 140年,清凉寺汝窑标本的平均年代为距今1 112年,两者相差无几。尽管热释光年代测试的数据还不能清晰地表现出清凉寺汝窑和张公巷窑相互之间的早晚关系,但至少可以证明如果汝窑是北宋产品的话,那么张公巷窑的时代不会到金代,更不会是元代。

　　汪庆正先生严谨的学术精神一直激励着我,永远是我学习的榜样。

原载《中国文物报》2021年3月9日

法国总统希拉克与上海博物馆

众所周知,法国政治家雅克·希拉克先生一直被亚洲文明特别是中华文明的魅力所吸引,特别对中国青铜器的研究有很深的造诣。他自幼喜爱东方文化,带他入门的正是巴黎吉美博物馆的文物。他回忆道:"在去卡尔诺高中上学的路上,我常在吉美博物馆驻足。当时的我是个孤独的孩子,被最古老的文化所吸引……吉美博物馆对于我这样的孩子来说是绝无仅有的启蒙之地。……在吉美博物馆我发现并爱上了亚洲,领略了那些壮丽文明的魅力,感受了它们的宏大。"[1]在他多次访问中国的行程中,参观博物馆成为固定的项目。

1991年,希拉克以巴黎市长的身份访问上海博物馆(河南路老馆),马承源馆长陪同他参观了青铜器馆。

1995年5月7日希拉克当选法兰西共和国总统。1997年5月,希拉克以总统身份首次访华,上海是最后一站。5月18日,希拉克总统访问建成不足一年的上海博物馆新馆,参观了青铜、陶瓷、绘画和玉器馆。他对青铜器特别感兴趣,说已经读过马承源馆长关于青铜器的著作,在青铜器馆展厅里,希拉克总统和马馆长共同讨论青铜器的造型、纹饰和时代。在参观绘画馆时,希拉克总统希望唐代孙位的《高逸图卷》(竹林七贤)到巴黎展览,并且愿意用卢浮宫的达·芬奇《永恒的微笑》(蒙娜丽莎)来交换展览。马馆长邀请总统出席第二年在巴黎池努奇博物馆举办的上海博物馆青铜器展的开幕式。总统在留言簿上写:"上海博物馆是一座非常好的博物馆,感谢马承源馆长的热情介绍。"由于参观时间大大超过了预定时间,总统诙谐地说,我的专机可以推迟起飞。

1998年9月7日起,在希拉克总统的支持下,作为中国赴法展览的交换,池努奇博物馆珍藏的存世仅两件(另一件在日本泉屋博古馆)的商代晚期"虎卣"(图1)在上海博物馆展出3个月。希拉克总统特意为上海博物馆编印的图册撰写序言,在序言中他对虎卣的来源及其神话传说进行了介绍,并表示文物交流"是连接东方与西方的纽带"。

1998年9月18日下午,希拉克总统在巴黎爱丽舍宫总统办公室亲切会见了以马承源馆长为团长的上海博物馆代表团(图2),希拉克总统首先表示他去年5月访问上海博物馆给他留下了深刻的印象,十分赞赏上海博物馆的收藏、陈列及新馆的建筑,特别对青

[1] [法]雅克·希拉克:《希拉克回忆录——步步为赢:1932—1995》(中译本),译林出版社,2010年。

图1　商　青铜虎卣（法国池努奇博物馆藏）

铜陈列表现出极大的兴趣。他认为上海博物馆是当今最伟大的博物馆之一，称马馆长是最伟大的文物专家，在欧洲及全世界都是非常知名的。他对马馆长去年能亲自陪同他参观上海博物馆再次表示感谢。上海博物馆代表团是为参加巴黎池努奇博物馆为庆贺建馆100周年而举办的《古代的礼仪与盛宴——上海博物馆藏青铜器展》开幕而访问法国的。希拉克总统感谢马馆长慷慨提供56件青铜器精品来法国展览，同时他对池努奇博物馆提供著名的"虎卣"在上海博物馆与中国观众见面表示十分高兴。应希拉克总统的要求，马馆长介绍了中国文物博物馆事业的现状与发展，

总统对此表示赞赏。他还与代表团成员一起详细讨论了中国文字的起源、中国青铜器的起源、中国陶器的起源等学术问题，希拉克总统表现出对中国古代文化具有相当深刻的了解和认识。马馆长向希拉克总统赠送了由他主编的《中国青铜器全集》。

为表彰马承源馆长等在中国文物博物馆事业及中法文化交流中做出的杰出贡献，希拉克总统亲自授予马承源馆长由拿破仑创立的"荣誉军团勋章"（图3、4），授予代表团成员陈佩芬、陈克伦由戴高乐创立的"国家功勋骑士勋章"。会见持续了一个半小时。中国驻法国大使蔡方柏参加了会见与授勋仪式。

1998年9月21日下午，希拉克总统参加了在池努奇博物馆举行的上海博物馆青铜器展开幕式，并且在马承源馆长的陪同下饶有兴趣地参观了展览，他们驻足在一件青铜鼎前，为其究竟是夏代还是商代早期展开了热烈的讨论（图5），希拉克总统不愿错过任

图2　1998年　希拉克总统和马承源馆长在巴黎总统府

图3　希拉克总统为马承源馆长授勋

图4　希拉克总统授予马
承源馆长的勋章

图5　希拉克总统与马承源馆长交流

何一件展品,对每一件展品的分类、年代、制作技术等提出专业性很强的问题,马馆长的解答使他十分满意。参观预计45分钟,结果逗留了80分钟。他感谢中国政府、马馆长及其同仁将这样一个精美的展览送到巴黎,希望上海博物馆将来进一步加强与法国的文化交流,把更多的文物送到法国展览。告别的时候,希拉克总统握着马馆长的手说:"我希望在您以后每次来巴黎时都见到您。"

1999年10月,中国国家主席江泽民访问法国,希拉克总统邀请马承源馆长专程赴巴黎参加他为江主席举行的国宴,在宴会上向江主席介绍说"这是我的好朋友"。在希拉克总统的安排下,马馆长在巴黎举行了一场关于中国青铜器的学术报告会,希拉克总统为不能亲自听到报告而"感到遗憾"。

2001年1月,历经5年改建的巴黎吉美博物馆即将重新开馆,已经担任上海博物馆顾问的马承源先生作为中国唯一的博物馆代表应邀参加开馆活动,我有幸陪同前往。1月14日上午,参观吉美博物馆新的陈列预展,经安排在展厅与希拉克总统见面,他们就陈列中的一些中国文物展开了讨论,中国驻法国大使吴建民夫妇参加了会见。次日,新的吉美博物馆隆重开幕。几天后的一个中午,希拉克总统委托他的助手在爱丽舍宫总统府专门宴请了马先生。

2004年1月19日,法国吉美博物馆藏商代青铜"象尊"揭幕仪式在上海博物馆举行。在希拉克总统的倡导下,作为2003年10月至2005年9月中法文化交流年中的一项活动,上海博物馆的青铜"牺尊"与巴黎吉美博物馆的青铜"象尊"进行互换展览3个月。"牺尊"是著名的春秋晚期"浑源青铜器"中的佼佼者,造型奇特、纹饰瑰丽;"象尊"则是现存动物造型青铜尊中最大的一件,其古朴的风格与典雅的气息展现了中国南方青铜文化的神韵。希拉克总统专门为图册(图6)作序,称"这项交流活动是中法两国友谊关系坚固的最佳证明"。

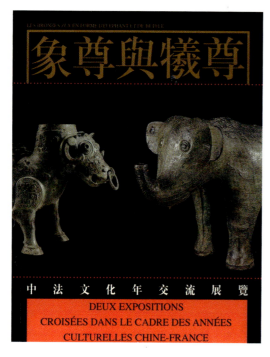

图 6

2004年10月11日下午，希拉克总统又一次访问上海博物馆，他主要参观了青铜器馆，李朝远副馆长重点介绍了新近陈列的一些器物，随后欣赏了从博物馆库房特别提出来的几件青铜器精品，希拉克总统对其中一件豕形罄深感兴趣，就其年代等学术问题与博物馆专家交流了意见。参观持续了一个小时，并表示下次访问上海时还要安排参观上海博物馆。

希拉克总统在访华前两个月，通过法国驻上海总领馆询问马承源（前）馆长届时是否可以陪同总统先生参观半个小时，同时告诉马先生，与总统访华的还有一支空军特技飞行表演队，届时将请他在上海博物馆的楼顶观看在人民广场上空进行的飞行表演。马先生应允了，并为此特地做了新的西装。不料，在希拉克总统访华前不久，马承源先生不幸因病去世。希拉克总统专门发来了唁电，并委托领事馆在马先生的告别仪式上送了一个巨大的白色鲜花花圈表示悼念。

2005年3月，"为感谢上海博物馆副馆长汪庆正先生为中国文化年期间举办的《神圣的山峰》展览所作的勤勉工作"，法国文化部通过法国驻上海总领事馆向他颁发了"法兰西共和国艺术与文学军官勋章"。

2010年11月，国际博物馆协会第22次大会在上海举行，上海博物馆作为承办方积极开展工作，并且成功邀请法国前总统希拉克专程来上海出席大会闭幕活动。11月12日上午希拉克先生在闭幕大会上发表了热情洋溢的讲话。下午，参加了《希拉克回忆录——步步为赢：1932—1995》中文版的首发式，并且为一些中国读者在书上签名。随后，他再一次访问了上海博物馆，参观了他深深喜爱的青铜器馆。

希拉克认为："千百年来，中国人通过各种形式为人类历史、思想文明、文学宝库和艺术创造作出了巨大的贡献。"[1]

2019年9月26日，雅克·希拉克先生在巴黎去世，上海博物馆通过法国驻上海总领事馆专门发了唁电，并且到领事馆进行吊唁。

原载《希拉克总统与中国》，广东人民出版社，2023年

---

[1]　[法]雅克·希拉克：《希拉克回忆录——步步为赢：1932—1995》（中译本）"12. 斗争进行曲"，译林出版社，2010年。

胡惠春先生和"暂得楼"文物收藏

一

胡惠春(1910—1993),名仁牧、字惠春、号渭村,以字行(图1)。其父胡笔江(1881—1938)是现代中国著名金融家。年轻时进入交通银行工作,因工作出色,33岁被提拔为北京分行经理。40岁时与人合议集资筹设中南银行,胡笔江任总经理。1936年,胡笔江重返交通银行,任董事长。1937年7月,上海发起成立上海市各界抗敌后援会,胡笔江担任该会委员。8月12日,胡笔江在上海电台演讲,动员广大爱国人士响应募捐,自己以身作则,从财力物力上支持抗战。1938年8月国民政府组织代表团拟赴英国商谈借款事宜,胡笔江随行参加。8月24日胡笔江所乘飞机在广东珠江口上空遭到日机攻击,中弹后迫降在中山县附近海面。胡笔江从飞机上下来去捡拾失

图1 胡惠春先生

落的公文包,被低空盘旋的日机密集扫射而不幸罹难。胡笔江遇难后,国民政府追认其为烈士,蒋介石电唁家属。毛泽东闻讯,送了挽联致哀,董必武代表中国共产党出席了在武汉举行的隆重追悼会。

父亲罹难后,作为长子的胡惠春继承父业,成为一个银行家,出任中南银行总经理。

胡惠春先生自幼在父亲的安排下接受中国传统教育,深受中国文化影响,有很好的中国文化基础。在燕京大学攻读地质学时还辅修历史,撰写历史系的论文。

胡惠春先生在学生时代就对中国陶瓷情有独钟,他第一次购买的文物是一件晚清的民窑笔洗,虽然品质一般,但却独受其钟爱,随其一生,由此可见他一贯强调的收藏理念是"藏品与藏家的关系应该超越经济价值"。胡惠春先生在收藏中不断追求藏品的完美,不能接受藏品有丝毫的瑕疵。成对收藏是胡惠春先生对完美的另一种表现,他会不断地搜寻相同的器物配对收藏,并讲究摆放陈列的完美。由于其对中国陶瓷的喜爱,胡惠春先生决定集中收藏明清官窑瓷器,作为他藏品的核心。暂得楼是胡惠春先生为

自己的收藏所起的堂号，"暂得"一词取自王羲之《兰亭集序》"欣于所遇，暂得于己，快然自足"，表达了欣然而遇的内心喜悦。胡惠春先生相信这就是他鉴赏一件器物时的感受。

1949年5月上海解放，同年9月上海市古代文物管理委员会（1950年1月改名为上海市文物管理委员会）成立，李亚农、徐森玉、沈尹默、胡惠春等10人被聘为委员。在文管会的会议上，胡惠春委员极力推动上海博物馆的建设，提出：在上海这样的大城市一定要有一个像样的博物馆，而成立博物馆的前提是要有一流的藏品。为此，在1950年11月他以"解莲盦主"的名义向上海市文物管理委员会捐赠瓷器、青铜器、书画等286件文物（其中主要是明清官窑瓷器），以充实未来的上海博物馆。1951年胡惠春先生将银行业务移去香港，并移居香港。1989年9月，胡惠春先生委托其贤婿范季融先生以胡惠春、王华云夫妇的名义将留存在上海的76件文物（其中瓷器51件）捐赠给上海博物馆，并在上海博物馆举办《胡惠春、王华云捐赠瓷器珍品展》。展览开幕前，倪天增副市长代表上海市人民政府授予胡惠春先生为"上海市文物管理委员会永久名誉委员"的聘书。1996年上海博物馆新馆在人民广场开幕，在二楼专设"暂得楼陶瓷馆"用于陈列胡惠春先生捐赠的瓷器。

图2　胡惠春与范季融（右）、胡建国（左）

胡惠春先生去世以后，其婿范季融先生、其子胡建国先生（图2）先后将胡先生珍藏的辽白瓷骆驼壶、唐湘阴窑鹦鹉杯、清康熙豇豆红印盒等以暂得楼的名义捐赠给上海博物馆。

解放初期，受周总理号召，胡惠春与香港知名学者及教育家陈君葆、当时新任中国文化部部长沈雁冰、文化部文物局局长郑振铎、上海市文物管理委员会副主任徐森玉等人，在香港秘密组织国宝收购小组，由内地出资，大量购买战乱散失香港的重要文物，尤其是古籍善本、清宫逸失书画等运回大陆，其中最著名的有《四部丛刊》《吕氏春秋》《晋会要》《王梅溪集》等珍稀版本古籍。

清宫养心殿的西暖阁是乾隆皇帝的御书房，因此处收藏有珍稀的王羲之《快雪时晴帖》、王献之《中秋帖》和王珣《伯远帖》而被乾隆命名为"三希堂"。清末民初，清宫一部分文物散佚宫外，其中王献之《中秋帖》和王珣《伯远帖》流出，被袁世凯手下的郭世五所收，后被其子郭昭俊继承。解放前夕，郭氏携带"二希"先去台北，又到香港兜售，因其索价高而未成。郭为生计，将其抵押给英国某银行，靠贷款度日。贷款到期日迫近，如不能及时赎回，依惯例"二希"将被银行公开拍卖，极有可能流散国外。

1951年10月,徐森玉先生之子徐伯郊在香港获知此事,立即通过徐森玉报告文物局郑振铎局长,郑局长在请徐森玉务必全力设法抢救的同时将此事报告了周恩来总理,请求能够立即拨出专款,一定将"二希"购回。与此同时,胡惠春先生也得悉此事,即出面和英国银行沟通,并答应郭的贷款由他负责偿还。周总理指示当时的政务院财政经济委员会薄一波副主任、中国人民银行南汉宸行长及文物局王冶秋副局长、故宫博物院马衡院长:

> "同意购回王献之中秋帖及王珣伯远帖,唯须派负责人员及识者前往鉴别真伪,并须经过我方现在香港的可靠银行,查明物主郭昭俊有无诓骗或高抬押价之事,以保证两帖能够顺利购回。所须价款确数可由我方在港银行与中南胡惠春及郭昭俊当面商定并电京批准后垫付,待中秋帖及伯远帖运入国境后拨还。"(图3)

在中南银行的担保下,徐伯郊将郭昭俊抵押在英国银行的"二希"帖取出,与郭昭俊一起带着"二希"到澳门,国内派出的王冶秋、马衡和徐森玉在澳门对"二希"鉴定无误后,此次国宝抢救工作顺利完成。胡惠春先生此次为"二希"抢救回国担保并垫付赎金是冒着极大的风险,他提出要为此事保守秘密,因为当时中南银行的业务主要集中在台湾和南洋,为此他与台湾的关系密切,如果泄露了这一秘密,中南银行的业务可能会受到严重威胁。

1960年,胡惠春与陈光甫、利荣森、霍宝材、黄宝熙、叶义、徐伯郊等在香港组织收藏家的联谊会"敏求精舍"(图4),胡惠春先生被推为首任会长,在他参与制定的章程中,严格区别收藏家与古董商的关系。

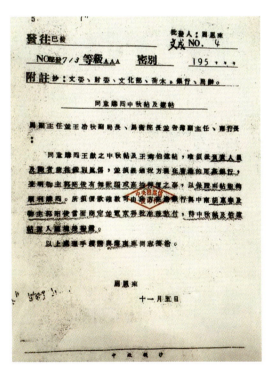

图3 1951年10月周恩来总理关于收购"王献之中秋帖""王珣伯远帖"的指示

早期敏求精舍非常活跃,经常举办专题展览。后来又与大会堂博物美术馆合作,屡次举办较大规模的展览。这一项活动对推广香港市民对文物的兴趣与认识,起了很大作用。敏求精舍的另一贡献是沟通沪港两地博物馆与收藏家之间的关系,通过胡惠春先生与敏求精舍,上海博物馆与香港收藏家建立了良好的关系,他们在20世纪90年代上海博物馆新馆建设中提供了许多帮助。

图4　1960年胡惠春先生与香港"敏求精舍"朋友在一起

二

　　胡惠春先生的收藏中陶器不多,而以瓷器为主,瓷器中又以明清景德镇官窑瓷器精品而著称。有一张胡先生在香港寓所客厅拍摄的照片(图5),中间是一个硕大的清乾隆粉彩九桃瓶,两侧前面是一对明嘉靖五彩鱼藻纹盖罐,后面则是一对明嘉靖青花婴戏图盖罐。都是大件,且为同时代的精品,充分表现出胡惠春先生收藏的水准。有传说胡先生为鱼藻纹罐配颜色一样的盖可是费尽了心机。

　　在捐赠给上海博物馆的文物中也是精品迭出,如钧窑月白釉出戟尊(图6)即是。此类钧窑传世并不多见,而出戟尊则更为罕见,目前已知北京故宫博物院有一件,台北故宫博物院有数件而已。这件钧窑月白釉出戟尊仿商代晚期青铜器尊造型,敞口、圆腹、撇足,在其颈、腹及足部各有四个长方形出戟。通体施月白釉,釉色白中泛蓝,口沿及折角处釉薄,显出土黄胎色。底釉呈芝麻酱色,圈足内刻有"五"。其胎体较为厚重,釉质莹润,造型规整古朴,没有一丝瑕疵,充分体现了胡惠春先生的收藏理念。在明代晚期,钧窑被纳入"宋代五大名窑"。至于其是否是宋代的产品,历来是有争议的。对"宋代钧窑"的质疑始于20世纪30年代,日本学者尾崎洵盛认为这类器物"素有明代所制之说";20世纪50年代,陈万里先生认为"这是在北方金人统治之下及元代一百余年间的产物";英国学者布拉西尔·格雷(Brasil Gray)认为它们可能是15世纪的产

图5　19世纪60年代胡惠春先生在香港寓所

品；20世纪70年代，英国玛格丽特·梅德利
（Margaret Medley）女士根据这类钧窑与元代
钧窑相比，胎釉相似而制作技术更为复杂的
特点，认为其时代当在元末明初。1974年至
1975年，对禹县钧台窑址进行了考古发掘，
尽管没有找到不同时代的地层叠压，但是发
掘者根据窑址附近发现的"宣和元宝"钱范，
断定钧台窑址的时代在北宋。与此同时，有
学者考订此类器物的烧制与北宋晚期朝廷建
设皇家花园，即"花石纲"有关。从20世纪
90年代起，不断有学者对"宋代钧窑"的时
代进行讨论。他们认为钧台窑遗物的造型特
征，具有明显的元及明初风格，其时代亦应在
此时期，即公元15世纪左右。2004年在对禹
州制药厂的钧窑窑址考古发掘中曾经发现一

图6　钧窑月白釉出戟尊（上海博物馆藏）

处灰坑中类似"宋钧"的标本叠压在元代标本之上。另外，在有纪年的宋代墓葬、窖藏
中没有发现此类钧窑器物。因此，钧窑宋、金、元三个时代的产品在考古学上的前后继
承、发展关系并没有真正建立，北宋钧窑的年代判断没有直接的依据，间接的依据也值
得商榷。上海博物馆于2005年分别对1974年和2004年两次考古发掘出土的"北宋钧

窑"标本以及传统认为是金代和元代钧窑的标本运用"前剂量饱和指数法测定瓷器热释光年代技术"进行年代测定,结果表明所谓"宋钧"的年代比传统认为典型的金代钧窑和元代钧窑的年代平均晚100年左右。厘清了钧窑的时代问题,这类钧窑瓷器依然具有极高的历史价值、艺术价值和经济价值。景德镇御窑厂仿钧瓷器的制作通常是按宫廷发往景德镇的陈设类钧窑"旧器"实物仿烧的,因此相当一部分的特点与宫廷收藏的"官钧"基本一致,也有一部分的造型为新创,釉色与传统相比也有变化。暂得楼收藏的清乾隆仿钧窑变釉梅瓶,其釉面以氧化铜发色的红色中闪现蓝色乳光,釉色甚至超过传统的玫瑰紫釉,为景德镇仿钧釉瓷器中的罕见品。钧窑釉属于一种分相釉,造成分相的原因与釉的化学成分及烧造工艺相关。钧窑的釉高硅低铝,且钙、锰总量及磷含量较高,这些都有利于分相的形成。在一定的烧造工艺和较慢的冷却速度下烧成时,会分离成两个成分不同、互不混溶的液相,其中一相以无数孤立小液滴的形式分散于另一个连续相中。钧窑釉中所呈现的蓝色乳光就是无数小于0.2微米的微小液滴对可见光谱中短波光产生散射作用造成的。钧窑釉面的红色或紫红色与以铜为主要着色剂的单色铜红釉明显不同,它除了铜之外还有铁,实际上是铜红与三价铁(Fe^{3+})青色的合成色。

胡惠春先生收藏的明代青花瓷器中,15世纪景德镇窑青花琴棋书画仕女图罐是非常突出的一例。此罐器形高大,腹部主题花纹是四组仕女,其中两组为仕女两两对坐,分别在对弈、弹琴和听琴;还有两组分别是侍女举画给仕女欣赏以及侍女伺候仕女读书的景象,恬静而安详。各组分别以湖石松竹相间隔,在弹琴、读书两组的上方有云气环绕。有这类纹饰布局的瓷器传世并不多见,恰是这一时期景德镇青花瓷器的装饰特点。在中国陶瓷史上的所谓明代"空白期",是指明正统、景泰、天顺三朝瓷器烧造情况不清、面貌不明,未见有明确帝王年号款的官窑瓷器传世,又罕见带有纪年款识的民窑瓷器,因此对于这个时期景德镇御器厂生产情况的认识长期处于混沌之中。在历史文献中有关于这个时期景德镇进贡瓷器的记载,也有关于宫廷要求饶州(景德镇)烧造瓷器的记载。由于当时政局的原因,皇帝几度要求景德镇减少烧制瓷器的数量。从文献记载看,至少证明正统、景泰、天顺年间,景德镇还在为朝廷烧制瓷器。那么,是景德镇窑户还是御器厂烧制,从正统元年(1436)"浮梁民进瓷五万馀,偿以钞"等文献记载看,其相当部分还是由窑户承担的。至于这个时期严格意义上由官府直接管理的"御器厂"是否还维持正常的生产,目前下结论为时尚早,还要等待考古和文献资料的进一步"发掘"。

烧制大型器物十分不易,有明一代景德镇御器厂曾经数次烧大龙缸不成而受到朝廷的斥责。到嘉靖时期,虽然大器的制作增加了,但是较多器物仍不免有变形之虞。暂得楼捐赠的明嘉靖青花云龙纹缸,口径将近60厘米,是嘉靖朝烧制的大型器物中少见没有变形的。嘉靖朝青花呈现一种蓝中微微泛现红紫的浓艳色泽。当时所用的青料是西域(新疆)的"回青"与江西的石子青按比例配制而成,既没有永、宣青花的黑斑,又比成化、弘治青花浓艳。这件青花云龙纹缸充分表现了嘉靖青花的典型特点。

嘉靖黄釉青花龙纹大盘(图7)口径达79厘米,这是非常罕见的大器,盘内莲花环绕着立龙,使龙失去了以往的威严。盘的内壁四周四条龙穿行在莲花丛中,其外壁以缠枝莲花装饰,在一边的口沿下长方框内有"大明嘉靖年制"青花楷书横款。在中国,黄色历来是帝王之色,只能皇室使用而庶民禁用。明代的低温黄釉也称"铁黄",是以铁为着色剂、在氧化气氛中烧成的低温铅釉。铁黄釉创烧于14世纪后期或15世纪早期,它以适量的氧化铁为着色剂,在高温烧成的白瓷或未上釉的素胎上施一层黄釉,再以低温烧成。传世文物中可以见到明代宣德时期的黄釉青花瓷器,嘉靖黄釉青花瓷器并不多见,大器更少,

图7　明嘉靖　黄釉青花龙纹大盘(上海博物馆藏)

原因是制作大盘非常困难,很容易在烧制过程中变形。目前仅在北京故宫博物院有一件类似的收藏。

　　胡惠春先生偏爱颜色釉瓷器,收藏中有不少传世名品。一对清康熙豇豆红釉印盒是胡先生最钟爱的藏品之一,奇妙之处是该印盒外的釉色与传统的豇豆红不同。豇豆红釉又称"美人醉""桃花片",是一种呈色多变的高温铜红釉,是康熙时期的名贵品种。其釉色淡雅,釉面局部氧化而呈绿色苔点。在浑然一体的红色中隐现点点绿斑,更显幽雅清淡、柔和悦目。豇豆红釉用多层次吹釉法施釉,在还原气氛中烧成。其表面存在局部色料发布不均匀的情况,在铜富集且铜颗粒较粗大、氧化钙较多的地方,烧氧化焰时较易熔融,其中的铜以二价铜离子的状态溶解于釉中,当窑炉变为还原气氛时,已经无法改变釉中铜的价态,因此绿色依然存在。其烧制难度极大,常见器形有印盒、水盂、太白尊、柳叶瓶、莱菔瓶、菊瓣瓶等几种小型文房用具。而这对印盒表面几乎全为绿色,成为"豇豆绿釉",是极为罕见的珍品。其器内和底部均为透明釉,器底有"大清康熙年制"三行楷书款。

　　中国瓷器源起于青瓷,最早的原始瓷器即是青瓷,后世著名的越窑、秘色瓷、汝窑、南宋官窑、龙泉窑、哥窑等都属于青瓷。但是,由于制作青瓷对于釉的配方以及烧制气氛、温度的控制要求很高,因此历代青瓷几乎都无法取得一致的釉色,就是同一窑烧制的产品也会呈现不同的釉色。一直到清代雍正朝以后,景德镇御窑厂能够烧成纯净、一致的青釉瓷器,无论是粉青、梅子青,还是仿汝、仿官,各品种釉色的表现十分稳定、完美。雍正皇帝喜好宋代名窑瓷器,命景德镇御窑厂制作仿宋代名窑瓷器,此时的仿制通常以当代的造型而仿宋代名窑的釉。如清雍正仿汝釉刻花龙纹大盘,釉色天青,口径超过50厘米,器形十分规整,毫无变形之虞。与之相仿的还有一件清雍正仿汝釉刻花莲瓣纹大盘。清雍正仿官釉双耳扁瓶的釉色粉青、滋润,釉面隐约可见开片,与宋代官窑的釉十分相似。乾隆仿官釉笔掭,其形似荷花,花瓣间凸起处为褐色,模仿宋官窑"紫

图8　清乾隆　青釉粉彩灵芝水盂（暂得楼藏）

口"的特点，十分有趣。清乾隆青釉兽面纹大瓶，其高度超过56厘米、腹径将近45厘米，造型端庄，其腹部装饰有浅浮雕刻花兽面纹，颈部有刻花蝉纹，均为仿青铜器纹饰，不愧为乾隆高温颜色釉中的巅峰之作。一件小巧的乾隆青釉粉彩灵芝水盂，器身一侧有三支小灵芝，饰以紫色、黄色和赭色，其蒂相连，交映成趣，十分难得（图8）。

至清代，随着珐琅彩从欧洲传入中国，低温黄釉有了新的呈色剂——锑，色泽比传统的铁黄釉娇艳浅淡，釉面柔丽恬雅，并有深浅浓淡的变化，"淡黄釉""柠檬黄釉""鸡蛋黄釉"之称藉此而来。唐英在《陶成纪事》中将之称为"西洋黄色器皿"。目前所见锑黄釉以雍正官窑器为早，以后各朝均有烧造。主要是为了满足宫廷礼仪之需。暂得楼捐赠的低温颜色釉中就有一对雍正黄釉碗，其胎体轻薄、釉色匀净，碗的外壁施柠檬黄釉，碗内则为滋润的透明釉，将雍正官窑制作精美的特点表现得淋漓尽致。

釉色青绿如绿松石，为雍正新创之松石绿，御窑厂工匠能熟练地根据呈色剂铜及助熔剂砷、铅等的含量烧制出典型的松石绿釉，釉色多呈略深的湖绿色。雍正松石绿釉器物胎体多轻薄，器壁光照见影，釉面光亮匀净，器内与圈足施透明釉。乾隆时期御窑厂松石绿釉制作达到了顶峰，釉面滋润匀净，釉色娇艳柔嫩，器皿多内外施松石绿釉。流行剔刻、镂空等装饰工艺，以镂空、剔刻的螭龙、缠枝莲花等纹饰最为精湛。暂得楼收藏的一对清乾隆松石绿釉剔刻花缠枝番莲纹瓶（图9），形似石榴，故又称石榴尊，造型具有时代气息。通体饰以凸起的缠枝番莲花纹，具有很强的立体感。

金红釉是清代康熙晚期景德镇官窑在进口彩料影响下创烧的一种在高温烧成的白瓷或涩胎瓷上施以微量黄金为呈色剂、低温二次烧成的品种，初始阶段用进口原料，故有"洋红"之称。制备金红需要把黄金溶解于以一份浓硝酸和三份浓盐酸配制而成的"王水"中，釉汁细腻、光润、匀净，色如胭脂。釉中金含量的多寡，往往会对釉色的深浅浓淡产生影响，在通常情况下，釉中含万分之二的金，呈

图9　清乾隆　松石绿釉剔刻花缠枝番莲纹瓶（上海博物馆藏）

a　　　　　　　　　　　　b

图10　清雍正　胭脂红釉粉彩花卉纹杯（暂得楼藏）

色较浓艳，釉中含万分之一的金，呈色较浅淡，"蔷薇红""玫瑰红""胭脂红"等称呼由此而来。胭脂红釉一般采用吹釉工艺，釉面有不易察觉的颗粒痕迹。雍正金红釉在清代各朝制品中最负盛名，釉色娇嫩欲滴，釉面匀净明艳。器物外壁施金红釉，内里及圈足底部多施透明釉，胎体轻薄。胡惠春先生收藏的一对胭脂红釉杯（图10），胎体轻薄、胎质细腻，釉色娇柔，杯内透明釉莹润。非常罕见的是在杯的内底以粉彩绘三朵花卉，一朵盛开、一朵刚开、一朵为欲开的花蕊，颜色、形态各异，十分难得。

　　胡惠春先生收藏的早期瓷器并不多，但其中有难得一见的佳品，其子女不久前以胡先生的名义捐赠给上海博物馆的辽代白釉骆驼壶和唐代湘阴窑青釉鹦鹉杯即是。

　　白釉骆驼壶（图11）是便携式的水器。其胎体洁白、轻薄，釉质滋润、光亮。矮圈足较宽，足内底釉下刻有"官"字。辽代瓷窑主要有北京龙泉务窑、赤峰缸瓦窑和辽阳江官屯窑。缸瓦窑和江官屯窑产品比较粗劣，龙泉务窑产品有粗细之分，其细白瓷产品具有胎体洁白细腻，釉质晶莹光亮的特点，但是无论是窑址还是墓葬，均未见胎体如骆驼壶这般细薄的产品，且至今没有发现"官"字款。内蒙古阿鲁科尔沁旗发现辽会同四年（941）去世的耶律羽之墓出土的白釉皮囊壶（图12）的胎釉特点与骆驼壶十分相似，其胎质细白，釉

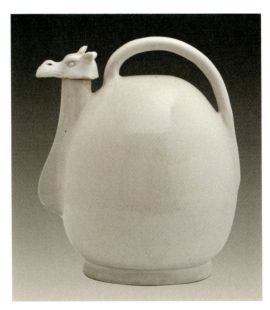

图11　辽　白瓷骆驼壶（上海博物馆藏）

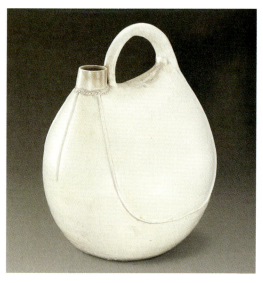
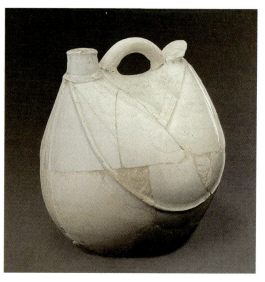

图12　辽　邢窑白釉皮囊壶（耶律羽之墓出土）（内蒙古博物院藏）

图13　唐　邢窑白釉皮囊壶（临城窑址出土）（河北临城文管会藏）

色洁白而莹润。在河北临城祁村唐代邢窑窑址发现同类皮囊壶，胎质细腻、胎色洁白、釉质晶莹（图13）。在陆羽《茶经》中形容"邢窑类银类雪"的制品，就是指这类产品。在邢窑窑址发现了"官"字款标本，由此判断白釉骆驼壶应该是邢窑的产品。

青釉鹦鹉杯造型非常奇特，在圆形圈底的杯体一侧蹲坐一只鹰啄突目的鹦鹉，胎体灰白，施釉较薄，釉透明，能够很好地表现鹦鹉的羽毛等刻纹，釉面有细小开片。南方的青瓷通常特点比较接近，胡惠春先生一直认为鹦鹉杯是越窑的产品，后来经过上海博物馆用荧光能谱仪对胎釉进行分析，发现其胎中氧化铝的含量较高，达到25%左右，比越窑标本高出一半以上，而与湘阴窑标本相似，由此鹦鹉杯极有可能是湘阴窑的产品，

当然是湘阴窑极为罕见的精品。湘阴窑窑址在湖南湘阴，唐时属岳州管辖，故又称岳州窑。汉代已有烧造，唐、五代时期湘阴窑烧造技术水平成熟，器物以碗盘为主，釉色更趋青绿。胎体更轻薄，玻璃质感更强且开细碎片纹。陆羽在《茶经》中评价唐代六个瓷窑的茶碗称："碗，越州上，鼎州次，岳州次，寿州、洪州次。"

在胡先生的收藏中，有一件吉州窑剪纸贴花梅枝纹碗，口径15.9厘米（图14）。碗内两支深色的梅枝环绕，枝头之间还有一只蜜蜂，十分生动。如此精美的吉州窑瓷器极其罕见，同类的碗仅日本收藏一

图14　宋　吉州窑剪纸贴花梅枝纹碗（暂得楼藏）

件。这件吉州窑碗一直在胡惠春先生的收藏中深藏不露,直到最近才被"发掘"出来。

2009年10月,范季融先生在纽约的拍卖公司看到10多件瓷器,他认为是胡惠春先生生前办公室的小件摆设,可能是胡先生的亲戚拿出来的,于是他把这批瓷器都买下来捐赠给上海博物馆。其中三件清康熙素三彩十分引人注目,两件罗汉像神态生动、一件太白醉酒栩栩如生。元代景德镇青白釉褐斑小罐和双耳炉,应该是当时外销东南亚的产品,19世纪30年代已经在国内的市场出现。

胡惠春先生主要收藏瓷器,对其他有兴趣的文物也有涉猎,在捐赠给上海博物馆的文物中有少量的青铜器、铜镜、书画、拓本和漆器。其中青铜器有西周早期亚伯鼎、周父辛簋、铜鼎,铜镜有唐真子飞霜镜,漆器有明剔红牡丹纹盒,书画有明孙克弘《梅花卷》,拓本有《汉敕礼器碑拓本》《汉韩仁铭拓本册》等。

三

1979年,胡惠春先生委托其贤婿范季融先生到上海博物馆了解暂存上海的文物情况,知悉文物安然存在,由上海博物馆代管。到1984年,胡先生已经决定要将这批文物捐赠给博物馆,只有还未想好给哪家博物馆。1988年,胡先生听到上海博物馆将建新馆的消息,他认为能在新馆为他的藏品开设一个专门陈列室,是他多年心血的收藏的最好归宿。他对女婿范季融说:"我对上海博物馆还是有感情的,还是捐献吧。这件事没有别人能代我去办,只有由你去办了。"10月22日,范季融和夫人胡盈莹带着胡惠春的委托书,由美国到了上海,与马承源、汪庆正两位馆长一起就76件文物的捐献、出版图录、举办展览等事宜交换了意见。1989年9月10日,《胡惠春、王华云捐赠瓷器珍品展》还是如期举行。胡惠春因健康欠佳,未能参加揭幕仪式,但应邀的海外宾客46人都如期而至,其中有香港的葛士翘、徐展堂等当代著名的瓷器收藏家,香港中文大学文物馆馆长高美庆、美国大都会博物馆的学者屈志仁和苏珊,堪萨斯纳尔逊博物馆的书画鉴定家何惠鉴,美国大都会博物馆董事、著名收藏家赫茨曼及福克夫妇,英国著名的中国瓷器专家杰姆·艾尔、柯玫瑰和苏玫瑰等以及日本大阪市立东洋陶瓷美术馆馆长伊藤郁夫夫妇等。

在胡惠春先生的影响下,范季融先生也开始关注文物收藏,一开始收藏瓷器,几年下来,按照汪庆正先生的说法已经是"很有水平的瓷器鉴赏家"。1990年,一次范先生与马承源馆长在香港荷里活道古玩市场走过一家小古董铺,马馆长的目光被一件青铜鼎吸引了,一看器物内隐约可见有铭文"晋"字,按常规应该还有其他字,马馆长意识到这可能是山西晋国大墓出土的重要文物,应该是走私出来的第一件。范先生当即买下捐赠给上海博物馆,回去清洗以后一看,有一篇重要的铭文,这是范先生向上海博物馆捐赠的第一件文物,也是上海博物馆从海外抢救回来的第一件文物,这就是著名的昌鼎(图15)。此事激起了范季融先生收藏青铜器的兴趣,他拜马承源馆长为师,开始了

图15　春秋　曽鼎（上海博物馆藏）

他的中国青铜器学习与收藏。自那以后，范季融先生每年两次专程从美国来上海博物馆，马馆长给他讲些青铜器的鉴定要领，而且通常讲的是一些窍门。范先生能做到融会贯通。在学习青铜器鉴定的同时，范先生还花时间识读青铜器铭文，然后寻找相关的史料、文献和史事记载，从中找出历史人物或者与历史事件相关的资料。3年以后，马馆长就认为他已经能够独立看东西了。现在已经是美国著名的青铜器鉴定家了。

范季融先生的青铜器收藏有一个原则，他认为个人收藏要有一个限度，即最好的文物还是应该由博物馆收藏。为此，他曾多次向上海博物馆推荐重要文物的征集，如清末就已经出土并流落日本的一件商代晚期的小臣系方卣（图16）。小臣系方卣高49.2厘米，重14.9千克。盖为四阿屋顶式，盖上有四阿形纽，器作方口、短斜肩、深腹直壁略收，圈足外撇的式样，肩两侧设提梁，提梁两端置圆雕兽首形，盖和器的四隅有扁平形的扉棱，整器显得端庄厚重。卣盖上饰倒置的兽面纹，盖沿饰龙纹，器颈部饰俯首屈体的龙纹，间隔有突出的兽首，腹部上端饰一周鸟纹，腹部饰兽面纹，圈足饰鸟纹，提梁外侧饰两头龙纹，内侧饰阴线刻成的变形兽面纹。整器虽未饰当时流行的云雷纹作地纹，但由于上下纹样分布与搭配有序，且用高浮雕的装饰方法，使得整器的装饰既简朴粗放，又不失神秘庄重。方卣的盖内和器底各铸铭文15字，记载了王赏赐小臣系，于是小臣系铸此方卣祭祀他的先祖乙。小臣是商代的官名，为君王近臣，掌传达王命之职，也可参与辅政，地位颇尊。小臣系方卣的出土时间已不可考，从现有著录看，其最早的所有者应该是清代晚期著名收藏家吴大澂。100年前，吴大澂曾请海派绘画名家任薰将自己的形象及心爱的金石收藏绘于《愙斋集古图》这幅长卷之

图16　商代晚期　小臣系方卣（上海博物馆藏）

中,并配以藏品的全形墨拓,小臣系方卣的全形及铭文拓片即收于此图的下卷之中,当时题为"祖乙方卣"。此器后从吴氏收藏中散佚,流落到日本私人收藏家手中,并多次收录在日本的一些重要青铜器图录,如20世纪30年代梅原末治编撰的《日本蒐储支那古铜精华》。2008年,范季融先生向上海博物馆介绍了这件文物,经过两年的谈判,至2010年上海博物馆终于从日本私人藏家坂本五郎手中购回了这件传世青铜名器,国家文物局领导看到后称其"不愧为国宝"。

2013年冬季,范先生最早向国内传达了皿方罍器身即将出现在2014年春季纽约拍卖市场的信息。随即,他组织美国的一些收藏家竭力为其回归做出了许多努力。最终,皿方罍还是回到了其出土地湖南省,完成了器、盖合一。

2009年11月,范季融先生和夫人胡盈莹女士将其在海外搜集的陕西出土的3件秦公鼎、2件秦公簋,山西出土的晋伯卣、晋侯苏鼎、晋侯对盨和甘肃出土的垂鳞纹鍑捐赠给国家文物局,文化部授予范季融先生夫妇"文化交流贡献奖"。后来,范季融先生向国家文物局表达了希望这批青铜器由上海博物馆收藏的意愿。2015年7月,国家文物局将这批文物调拨给上海博物馆。与此同时,范先生还将两件特别有意思的文物捐给上海博物馆,一件是战国晚期的商鞅铍(图17),一件是商代晚期的乳丁雷纹瓿。

商鞅是战国时期的政治家、军事家,他辅佐秦孝公,积极推行变法,使秦国成为富裕强大的国家,史称"商鞅变法"。传世的有"商鞅"铭文的青铜器6件,其中3件是完整的器物,3件是兵器的附件"殳镦"。3件商鞅完整器中"商鞅方升""商鞅戟"已经收藏在上海博物馆,听说范先生得到"商鞅铍",马承源馆长十分兴奋。2015年7月,范季融先生把商鞅铍捐赠给上海博物馆,他说这是为了纪念马馆长,也是为了让上海博物馆能够聚齐商鞅的完整器,他认为这是马馆长的愿望。铍是一种兵器,其身中线起脊,刃部锋利。近茎处中脊两侧刻有铭文两行16字:"十六年大良造庶长,鞅之造毕湍侯之铸"。"大良造""庶长"均为秦国高等级爵位,铭文把铸造时间、铸造地、监造人、铸造者都一一列出,具有较高的历史价值。

图17 战国 商鞅铍(上海博物馆藏)

乳丁雷纹瓿是一件南方青铜器。2005年上海博物馆副馆长李朝远在纽约看到范先生收藏的这件青铜器，告诉范先生"此器是南方青铜器中非常早的一件，很可能是商代晚期的"。后来，他们在旧金山亚洲艺术博物馆看到一件类似的青铜器，且大部分修复。事后李馆长告诉范先生说"现状完好的这么一件南方青铜器很少见，我很喜欢"，并且约定不久后在上海博物馆举办首阳斋青铜器展时拿到上海展览。后来李馆长病了，展览开幕时范先生告诉李朝远副馆长，他会以向李馆长致敬的方式将这件青铜器捐赠给上海博物馆。

2020年，范季融、胡建国先生将几件瓷器以"暂得楼"的名义捐赠给上海博物馆，其中就有一对清康熙豇豆红印盒。这对印盒的特别之处是其釉面大多呈现绿色，与传统的豇豆红瓷器迥异，这是因为在烧制过程中出现特殊的情况而极为偶然形成的，传世极为罕见。据说这对印盒深受当初乾隆皇帝的喜爱，是放在乾隆书案上御用。胡惠春先生对这对印盒一见钟情，最终花费了很高的价格收入囊中。一次，上海博物馆汪庆正副馆长在纽约范季融先生处见到这对印盒，爱不释手。2005年汪先生去世，范先生表示会以纪念汪先生的名义将这对清康熙豇豆红印盒捐赠给上海博物馆。

有一年汪庆正副馆长访问范季融先生在纽约的寓所，范先生拿出一件明代项圣

a

b

图18　清康熙　斗彩过枝凤竹纹碗（故宫博物院藏）

谟的《山水花鸟册（十二开）》给汪馆长看，其中第一开有郎廷极的题记"胥樵遗墨"，在题记的引首有"纯一堂"篆书印。汪先生敏锐地联想到康熙时景德镇御窑厂生产的"御赐纯一堂"款瓷器（图18），过去一直不知道堂名归属于哪位，这下解决了一个长期悬而未决的问题。郎廷极在担任江西巡抚期间曾经督造景德镇御窑厂官窑瓷器生产，"纯一堂"款瓷器的署款通常是"御赐纯一堂""御赐纯一堂珍藏"，也有"御赐纯一堂"与"大清康熙年制"款一起在器物底部。品种有青花、斗彩和霁蓝釉，青花与斗彩瓷器上绘过墙风纹与竹枝，制作精良，应该是御窑厂专门为郎廷极制作的瓷器。范季融先生感觉到汪庆正先生碍于情面，不好意思提出将这件册页捐赠给上海博物馆的要求。几年以后，当美国纽约一家著名博物馆向范先生提出希望得到这件项圣谟的作品时，范先生在纽约马上打电话给我询问汪先生的意见，当时汪先生已经病重住院，

我赶到医院请汪先生直接与范先生通话,汪先生还是很客气,他告诉范先生:"如果能给上海博物馆那最好了⋯⋯"2005年10月,汪先生谢世,范季融先生专程从纽约赶到上海参加告别仪式,带来了这件项圣谟的《山水花鸟册(十二开)》,汪先生已经看不见了⋯⋯

暂得楼收藏历经两代,凝聚了收藏家的心血与爱国情怀。上海博物馆的文物收藏号称"中国的半壁江山",其中就有如胡惠春、范季融先生的贡献。

原载《暂得楼捐赠文物精粹》,上海书画出版社,2023年

后　记

　　从近百篇中选出这些文章组成这个文集，对我来说是对走过的学术道路的回忆，也是让读者了解我的一个记录。1978年选择"考古专业"进入大学学习，尽管当时有历史原因，但是后来也成为我喜欢的、几乎从事一生的事业。研究生生涯开始，我走向中国古代陶瓷研究的道路，几篇系列文章的发表都源于研究课题，如对明代洪武朝景德镇瓷器、越窑秘色瓷、元青花、"黑石号"沉船瓷器、17世纪景德镇瓷器等的关注，有的课题还开创了某个领域研究的先河。有些文章是为了配合相关展览，也取得了研究成果，如为内蒙古文物展、西藏文物展等撰写的论文即是。参加学术会议提交的论文也有不少收获，如关于北宋早期龙泉窑瓷器的研究、"北宋钧窑"时代的再研究、张公巷窑时代和性质的研究、哥窑产地的再研究等都在学术界引起了关注。

　　对于考古专业来说，民族学是必修的课程，因为许多民俗可以印证远古人类的生活，因此，在西方民族学和考古学都被纳入人类学的范畴。我最早的文章始于民族学研究，与革命老人、出版界先驱欧阳文彬先生的对话记录成为我最早发表的文章。随后，关于吴越风俗、士丧礼、中原文物流传西藏等文章都是如此。从民族学扩展到文化传统，又有了关于中国文人传统的文章。

　　对于从事博物馆工作的我来说，在工作中难免会产生一些想法，于是就有了一系列相关文章。我认为对于博物馆来说，藏品、科研和展览是博物馆工作的基础和重点，不可偏废。而关于人物的文章是对指引我学术进步的老师们和为上海博物馆做出贡献的朋友们的纪念。

　　我的学术成长道路离不开诸位师长的关心和帮助。在厦门大学考古专业陈国强、吴绵吉、庄锦清等老师重实证的考古实践教诲下，我初步形成了自己的学术风格；在浙江省博物馆工作期间，汪济英副馆长给予的信任树立了我的学术自信；在复旦学习期间，在朱维铮、吴浩坤等导师指导下，我加强了对中国古典文献与文物相结合的研究，得益匪浅；在复旦读研究生时拜上海博物馆汪庆正副馆长为专业导师，直到在复旦大学任教及在上海博物馆工作期间，他也一直引导我在专业道路上前行。这本文集的出版可以说是对师长们的汇报。

图书在版编目（CIP）数据

陈克伦陶瓷与博物馆论集 / 陈克伦著 . —上海：
上海古籍出版社，2023.12
（上海博物馆·学人文丛）
ISBN 978－7－5732－0922－1

Ⅰ.①陈…　Ⅱ.①陈…　Ⅲ.①古代陶瓷－考古－中国
－文集②博物馆学－文集　Ⅳ.①K876.34−53②G260−53

中国国家版本馆CIP数据核字（2023）第209660号

上 海 博 物 馆·学 人 文 丛
陈克伦陶瓷与博物馆论集
陈克伦　著
上海古籍出版社出版发行
（上海市闵行区号景路 159 弄 1-5 号 A 座 5F　邮政编码 201101）
（1）网址：www. guji. com. cn
（2）E-mail：guji1 @ guji. com. cn
（3）易文网网址：www. ewen. co
上海丽佳制版印刷有限公司印刷
开本787×1092　1/16　印张34.5　插页4　字数736,000
2023 年 12 月第 1 版　2023 年 12 月第 1 次印刷
ISBN 978－7－5732－0922－1
K·3497　定价：358.00 元
如有质量问题，请与承印公司联系